Gertrud Benker

Christophorus

Patron der Schiffer, Fuhrleute
und Kraftfahrer
Legende, Verehrung, Symbol

Verlag Georg D.W. Callwey, München

Bei der Erarbeitung des Textes konnte sich die Verfasserin auf die im Literaturverzeichnis angeführten unveröffentlichten Manuskripte stützen. Sie ist dafür zu Dank verpflichtet: Prof. Dr. Hermann Bauer, Salzburg, Dr. Renate Beroleit, Hildesheim, Ernst von Borries, München, Dr. Rolf Wilhelm Brednich, Freiburg, Prof. Dr. Franz Grass, Innsbruck, Dr. Günther Kapfhammer, München, Prof. Dr. Leopold Kretzenbacher, München, Dr. Marianne Popp, Regensburg. Sie dankt außerdem Herrn Hermann Jaeger herzlich, daß er in großzügiger Weise seine Sammlung zur Verfügung stellte.

ISBN 3 7667 0329 3

Schutzumschlag: Baur & Belli Design, München
Vorsatz: Albrecht Dürer, Studien,
Federzeichnung 1520/21, Staatliche Museen
Preußischer Kulturbesitz, Kupferstichkabinett, Berlin
Herstellung: Christa Degel, München
Lithos: Oestreicher & Wagner, München
Gesamtherstellung: Passavia Passau
Printed in Germany

Inhalt

Vorwort

In den letzten Jahrzehnten ist »Christophorus« zu einer bedeutsamen Symbolfigur des modernen Lebens geworden: Verkehrshubschrauber, polizeiliche Sicherheitsaktionen, zahlreiche Krankenhäuser führen seinen Namen. Christophorusplaketten finden sich zu Tausenden am Armaturenbrett von Autos und Flugzeugen, an Zündschlüsseln und Halsketten in Form von Anhängern. »Christopher Movement« heißt in Amerika eine sehr einflußreiche Bewegung, die Millionen von Menschen zu einem zeitgemäßen Christentum aktiviert. Studentengemeinden ist das Bild des Heiligen Ansporn. An Straßen, Brücken, vor und in Häusern von Automobilclubs und Kraftfahrzeug-Versicherungen ist es anzutreffen. Wie sollen wir dieses Aufblühen der Christophorus-Verehrung in unseren Tagen deuten?

Wer ist Christophorus?

Einer der bedeutendsten Christophorus-Forscher, H.F. Rosenfeld, konnte allein im europäischen Bereich über 3000 Orte nachweisen, an denen der heilige Christophorus verehrt wurde bzw. wird: Neben selbständigen Patrozinien von Kirchen, Klöstern, Hospitälern, Verehrungsstätten mit Kultgegenständen in Form von Altären, Reliquien und bildlichen Darstellungen, liturgischen, literarischen und brauchtümlichen Zeugnissen wie Liedern, Gebeten, Schutzbriefen, Wallfahrten, Plaketten u.dgl. Wenn man bedenkt, daß vom ersten nachchristlichen Jahrtausend an auch in der byzantinisch-orthodoxen Kirche, also im Orient, der Kult weit verbreitet war, daß ferner die Verehrung des Heiligen nach dem Zweiten Weltkrieg einen ungeahnten und nahezu weltweiten Aufschwung nahm, so stellt sich die Frage nach dem Warum dieser Erscheinungen auch für unsere Zeit als dringlich.

Ist es vielleicht so, daß man ein vorbildliches Leben verehrt, welches man in allen seinen Stationen kennenlernen und bejahen kann? Hat dieser Mann neue Ideen in die Welt geworfen, die dem Verlauf der Geschichte eine Wendung gaben oder Bewegungen auslösten? Hat er die politische Geographie verändert wie etwa Alexander d. Gr. oder Napoleon? Gehört er zu den gemüts- oder geistesstarken Weisen, zu den großen »Innerlichen«?

Wer ist dieser Christophorus, der – zeitweise fast vergessen – heute millionenfach auch wenig fromme Verkehrsteilnehmer begleitet? Wer ist dieser Heilige, den die katholische Kirche vom Späten Mittelalter an mit Reserviertheit behandelt und in jüngster Zeit (1969) sogar aus dem liturgischen Festkalender entfernt hat? [1] – der Martin Luther als das Symbol des christlichen Menschen schlechthin erschien, während aufklärerische Kreise beider Konfessionen viele Formen der Verehrung als Aberglauben geißeln? Wer ist dieser Mensch, der als schwergebeugter Mann und als kraftstrotzender Jüngling, als vergeistigter Christusträger und als hundsköpfiger Krieger aus den Händen der Künstler hervorging? Wie ist dieses merkwürdige Phänomen zu erklären, daß eine Gestalt, die im Mittelalter die meisten religiösen Vorbilder an Beliebtheit übertraf, heute wieder breite Schichten des Volkes, darunter aktive junge, denkende Menschen, mitzureißen vermag?

Eine große Zahl von Forschern – Germanisten, Literarhistoriker, Volkskundler, Kunsthistoriker, Archäologen, Religionswissenschaftler – hat sich mit diesem Fragenkomplex beschäftigt. Es soll hier versucht werden, die Ergebnisse ihrer Bemühungen in Wort und Bild anschaulich werden zu lassen.

Zunächst also: Was wurde über die historische Gestalt des Christophorus ermittelt? Wann, wo und wie hat er gelebt? Die Antwort läßt sich in einen Satz zusammenfassen: Christophorus lebte wahrscheinlich im 3. Jahrhundert n. Chr. in Kleinasien und starb dort als Bekenner seines Glaubens an Jesus Christus. Das »wahrscheinlich« muß deshalb der Aussage beigegeben werden, weil wir kein direktes Zeugnis seiner realen Existenz besitzen, also weder eine historisch fundierte Lebensbeschreibung (Vita), noch ein Zeugnis in Stein, z. B. sein Grabmal, noch eine Nennung in einem amtlichen Dokument oder dergleichen vorliegen haben.

Daß es eine historische Persönlichkeit »Christophorus« gegeben hat, läßt sich nur durch Rückschlüsse erfassen: Als ältester Beleg gilt bis heute eine Inschrift auf einem Stein im nördlichen Kleinasien (Bithynien) nahe dem antiken Chalkedon, unweit des heutigen Ortes Heidar Pascha. Dieser Stein, der in den Ruinen einer dem Christophorus geweihten Kirche gefunden wurde, hat eine Länge von zwei Metern und ist einen Meter breit. In griechischer Sprache steht auf ihm eingehauen, daß Bischof Eulalius von Chalkedon im Mai 450 den Bau einer Kirche zu Ehren des heiligen Christophorus begonnen und sie am 22. IX. 452 geweiht hat. Dabei scheinen auch Reliquien des Heiligen deponiert worden zu sein [2]. Wir wissen demnach nur, daß um die Mitte des 5. Jahrhunderts in der Gegend von Chalkedon ein Heiliger mit dem Namen Christophorus bekannt war und Verehrung genoß. Weder sein Geburtsort, noch die Lebensdaten, noch die Lebensumstände lassen sich nachweisen. Da aber zu einem früheren Zeitpunkt und an einem anderen Ort in der christlichen Welt der Name »Christophorus« nie auftaucht, darf man annehmen, daß es sich bei unserem Mann um einen Christen des näheren Umkreises der Kirche von Chalkedon handelt. Hinweis auf einen gewaltsamen Tod des Heiligen gibt die Tatsache, daß in der Frühzeit des Christentums nur Märtyrer zur Ehre des Kirchenpatronats erhoben wurden.

Daß aus dem gleichen Jahrhundert kein weiteres Kultzeugnis vorhanden ist, kann sowohl auf Lücken in der Forschung als auch auf mangelhafter Überlieferung beruhen. Nun war es schon in frühchristlicher Zeit üblich, Namen nach vorbildlichen Menschen zu geben, also Heilige als Namenspatrone heranzuziehen. Im vorderasiatischen Lydien ist für das Jahr 553 ein Bischof Christophorus von Arkadiopolis bezeugt; möglicherweise hat sich aus einer größeren Anzahl von Namensträgern nur der eines besonders hervorgehobenen Mannes erhalten.

»Le lieu de son supplice est inconnu ...
La date de son supplice est inconnue ...
Le lieu de sa naissance
et sa race sont inconnus ...«
(Masseron S. 32)

(Die Stätte seines Martyriums ist unbekannt ...
Der Zeitpunkt seines Todes ist unbekannt ...
Der Ort seiner Geburt
und seine Herkunft sind unbekannt ...)

1 Erste Verehrungsstätten im Vorderen Orient

ϹΥΝΘΩΑΠЄΤЄΘΗΤΑΘЄ
ΜЄΛΙΑ ΤΟΥΜΑΡ
ΤΥΡΙΟΥΤΟΥΑΓΙΟΥΧΡΙϹ
ΤΟΦΟΡΟΥΙΝΔϛΤΜ.ΜΑΙΩΜЄ
ΤΑΤΗΝΥΠΑΤЄΙΑΝΠΡΩΤΟΓЄ
ΝΟΥϹΚΑΙΑϹΤΟΥΡΙΟΥΤΩΝΛΑΜ
ΠΡΝЄΠΙΘЄΟΔΟϹΙΟΥΒΑϹΙΛЄΩϹΚΑ.
ЄΥΛΑΛΙΟΥЄΠΙϹΚΟΧΑΛΚΗΔΟ
ΝΟϹΚΤΙΖЄΤЄΔЄΠΑΡΑΤΗϹ
ϹЄΜΝΟΠΡΚΟΥΒΙΚΟΥΛΑΡΙ..
ЄΥΦΗΜΙΔΟΥΚΑΙЄΓЄΝЄΤΟΗ
ΚΑΤΑΘЄϹΙϹЄΝЄΙΝΔϛЄ
ΠΛΗΡΟΥΜΜ.ϹЄΠΤЄΜΒΡ...
ΚΒΥΠΝ ....
ΤΟΥΛΑΝΙ ....

2 Griechische Inschrift des Steines aus Bithynien, Mitte 5. Jh.

Als drittes Zeugnis steht der Name eines Frauenklosters in Galatien (Kleinasien), das dem Heiligen geweiht war: Es muß um das Jahr 600 bestanden haben, wie aus der Vita des Theodorus Siccotes (gest. 613) hervorgeht, in der es Erwähnung findet [3].

Zu dieser Zeit aber, also zu Beginn des 7. Jahrhunderts, hat die Kunde vom heiligen Christophorus schon weite Verbreitung gefunden. Wichtig war, daß seine Verehrung bald in der Hauptstadt des östlichen Christentums, in Konstantinopel, Fuß fassen konnte. Im 6. Jahrhundert soll es dort eine Christophorus-Kirche gegeben haben. Zwei Jahrhunderte später verfaßte Theodoros, der Abt des Klosters Studion in Konstantinopel, ein Gedicht zu Ehren des Heiligen; darin ist von einer nahegelegenen heilkräftigen Quelle mit dem Namen des Heiligen die Rede. Und schon vor der Jahrtausendwende ist im Raum Konstantinopel eine Häufung der Namengebung nach Christophorus festzustellen, worin sich eine tief ins Bewußtsein der Allgemeinheit eingedrungene Verehrung des Heiligen kundtut [4].

Frühe Stätten der Christophorus-verehrung im Abendland

Das Fußfassen des Christophoruskultes und seine erste Verbreitung im Bereich der römisch-christlichen Kirche – erfolgten sie durch griechische Kaufleute aus Kleinasien, durch römische Soldaten christlichen Glaubens? Geschah es im Gefolge der Unruhen, die eine beginnende Völkerwanderung im euro-asiatischen Raum hervorriefen? Wiederum steht die Forschung vor einem Rätsel: Die früheste Erwähnung eines Christophoruskultes in Europa kommt von einem Ort, an dem man ihn kaum erwartet hätte. Im nordfranzösischen Reims muß beim Tod des Stadtheiligen Remigius (535 n. Chr.) eine Christophoruskapelle bestanden haben, die man als Grabkapelle zu benützen pflegte. Sollte es sich um einen Irrtum des etwa 300 Jahre später lebenden Chronisten Hinkmar von Reims (gest. 882) handeln? H. F. Rosenfeld schließt dies aus, kann aber nicht erklären, wieso sich der Kult gerade im Landesinneren festsetzte und nicht an den Einfallstoren im Süden, die östlichem Zustrom in weit höherem Maße offen standen, an alten Umschlageplätzen griechischer Kaufleute, beispielsweise Marseille, oder an verkehrsreichen Hauptstraßen. Wir müssen vielleicht an eine ganz persönliche Übertragung der Heiligenverehrung durch eine einflußreiche Persönlichkeit der Kirche, des Adels, des Militärs denken: Sie mag auf einer Reise dem Christophoruskult begegnet sein und ihn der Heimat übermittelt haben.

Ob die anderen frühen Stätten der Heiligenverehrung in Frankreich (in den Diözesen Laon und Verdun, in Paris und Umgebung) von Reims beeinflußt waren, ist nicht nachweisbar. Unter den Merowinger-Fürsten war es üblich geworden, Körperreliquien oder von Heiligen benützte bzw. berührte Gegenstände von einem Kultort zum anderen zu übertragen. So hatte z. B. König Childebert I. (gest. 558) die Tunika des heiligen Vincentius aus Saragossa nach Paris bringen lassen. Um 640 sollen Reliquien des heiligen Christophorus von der alten Kultstätte Toledo in Spanien nach der Abtei Saint-Denis in Paris überführt worden sein. Seither fand der Kult dort viele Anhänger und weite Verbreitung [1]. Anscheinend wurde er vom grundbesitzenden Adel, der ja über die von ihm auf eigenem Boden errichteten Kirchen zu bestimmen hatte (Eigenkirchenwesen), mit Wohlwollen behandelt. Es läßt sich jedoch keine Person oder Personengruppe namentlich ausmachen, die dem Heiligen besonders zugetan war und seine Verehrung förderte. Unterschiedlich zu den deutschsprachigen Ländern, wo der Hauptantrieb der Verehrung beim einfachen Volk lag, herrschte hier im Westen der offiziell-kirchliche Kult des Heiligen vor.

Für das Aufblühen eines Heiligenkultes im Mittelalter war meist der Erwerb von Überresten des Heiligen maßgebend. Man schrieb ihnen ungemeine Heil-

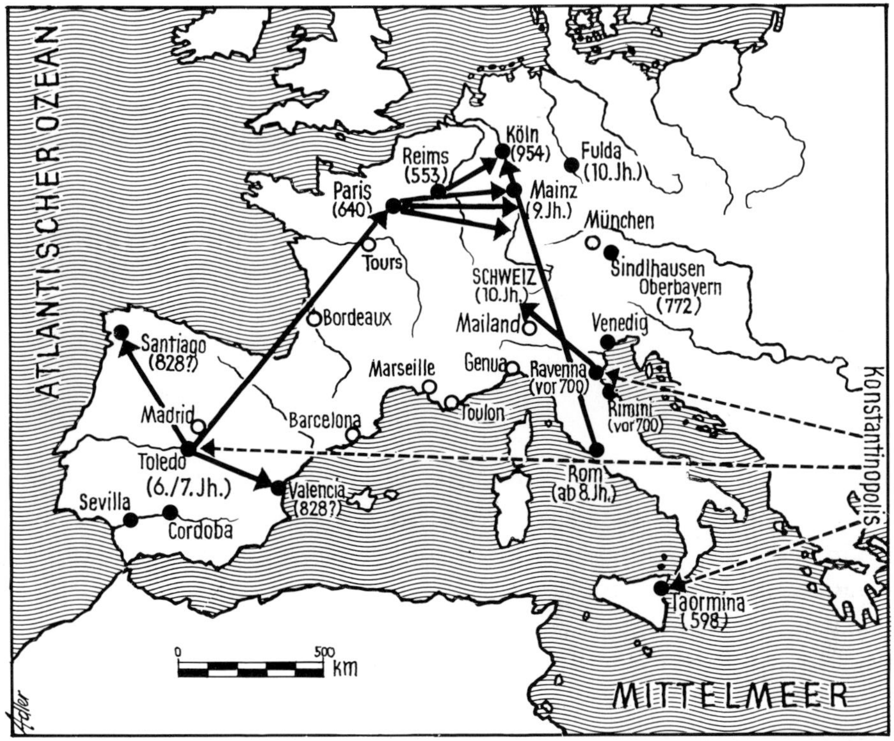

3 Frühe Stätten der Christophorusverehrung in Europa

kräfte zu und setzte deshalb alles daran, in ihren Besitz zu gelangen. Machtpolitische Hintergründe erklären die Häufigkeit von Fälschungen: mit Hilfe der Reliquien wollte man das Ansehen eines Ortes oder Landes mehren. So hatte sich die spanische Stadt Toledo gerühmt, den Leib des Heiligen bald nach seinem Tod unversehrt in ihre Mauern eingeholt zu haben. Bei der Besetzung der Stadt durch die Mauren im Jahr 828 sei dann ein Teil der Reliquien nach Valencia, ein anderer Teil nach Santiago und nach Astorga verbracht worden (s. S. 10) [2]. Diese in frühen Chroniken festgehaltenen Behauptungen haben sich als nicht stichhaltig erwiesen. Sicher ist lediglich, daß in Toledo bereits um 600 ein Christophoruskult bestand und daß auch andere

spanische Städte wie Sevilla und Cordoba sehr bald schon dem Heiligen fromme Ergebenheit bezeugten. Bei den vielfältigen Beziehungen Spaniens zum byzantinischen Osten ist dies nicht weiter verwunderlich. Überliefert sind frühe liturgische Belege, darunter ein Meßbuch, das der hl. Isidor von Sevilla (gest. 636) verfaßt hat; es enthält folgendes Gebet: »O Gott, der du mit unermüdlicher Barmherzigkeit durch den heiligen Märtyrer Christophorus viele Seelen aus dem Irrtum des Unglaubens zum Licht des Glaubens geführt hast, gewähre uns durch seine Verdienste, daß wir im Glauben fest bleiben und immer nach ihm handeln mögen« [3]. Zu Beginn des 7. Jahrhunderts scheint es also schon mehrere Stoßrichtungen der Kultverbreitung gegeben zu haben: vom Oströmischen Reich nach Westen, von Spanien her nach Frankreich, von Nordfrankreich aus gegen Osten.
Teile Italiens waren nach dem Zusammenbruch des Ostgotenreiches (568) bis ins 8. Jahrhundert in byzantinischem Besitz und daher für kulturelle Einflüsse aus dem Osten besonders empfänglich. Eine frühe Erwähnung eines Christophorus-Patroziniums haben wir aus Sizilien: Papst Gregor I. spricht in einem Brief aus dem Jahre 598 an den Bischof Secundinus von Taormina von einem »monasterium Sancti Christophori« in der Diözese Taormina. Da Sizilien damals eine Provinz des Byzantinischen Reiches war, kann man annehmen, daß der Kult des Heiligen von dort »eingeschleppt« worden ist [4]. Hundert Jahre später scheint der Heilige auch im nördlichen Italien Anerkennung gefunden zu haben. Dabei läßt sich bereits ein Charakteristikum der späteren Christophorusverehrung feststellen: Kultstätten erwachsen meist an großen Straßen, die bedeutsam sind für Kriegszüge, für Kaufleute und Pilger. So erweisen sich Rimini, das an einer alten Heerstraße liegt, und ein nicht näher bestimmbarer Ort bei Ravenna, wo sich die beiden Römerstraßen – Via Aemilia und Via Flaminia – kreuzen, als Stätten früher Kirchengründungen mit Christophoruspatronat [5]. Schon damals hat man also den Heiligen in Verbindung gebracht mit Menschen, die unterwegs sind.
In Rom selbst läßt sich erst relativ spät eine Beachtung unseres Heiligen nachweisen: Es gibt ein um 750 entstandenes Reliquienverzeichnis aus Marmor, das der Kirche S. Angelo in Pescheria gehörte, in dem auch Reliquien des heiligen Christophorus genannt werden. Zweihundert Jahre später soll Papst Agapet II. (946–955) unter anderen Reliquien auch solche des Christophorus an Erzbischof Bruno von Köln geschenkt haben. Der Kult scheint damit zum ersten Mal vom Vatikan anerkannt, ja gefördert worden zu sein. Um die Jahrtausendwende nennt den Heiligen eine Benediktion (Segnung) gegen Fieber; die Handschrift wird wohl in vatikanischen Kreisen entstanden sein [6]. Der gleichen Zeit gehört ein Wandgemälde in der römischen Kirche

4–6 Antike Darstellungen nach Schröder (s. S. 62/63)

4 Herakles trägt Dionysos, griechische Vase

5 Herakles mit dem Erosknaben, griechische Bronzestatuette

4

5

6 Herakles und Pluto, griechische Vase

Santa Maria Antiqua an, die früheste erhaltene Darstellung des Christophorus im Abendland.

Wie steht es nun mit der Aufnahme des Heiligen in die offizielle Liturgie? Bereits im »Martyrologium Hieronymianum« ist ihm ein eigener Festtag zugedacht. Dieses größte altchristliche Verzeichnis von Märtyrern und Heiligen ist um 450 in Oberitalien zusammengestellt worden. Dabei dienten ein syrisches Martyrologium, ein Festkalender der Stadt Rom von 354 n. Chr. und andere Kalendarien als Grundlage. Die endgültige Gestaltung erfuhr dieses Verzeichnis in Auxerre (Frankreich) um 600 [7]. Die Ehrung durch einen eigenen Festtag mag zur Ausbreitung des Christophoruskultes auch nördlich der Alpen beigetragen haben. Vom 12. Jahrhundert ab fällt das Christophorus-Fest mit dem des Apostels Jakobus d. Ä. zusammen und wird am 25. Juli gefeiert. Beide Heilige werden in der Folgezeit häufig verwechselt und ihre Funktionen ausgetauscht (s. S. 131).

Im Laufe des Hohen Mittelalters dringt unser Heiliger mehr und mehr in den Meßkanon ein. So heißt es im »Ordo officiorum ecclesiae Lateranensis« (d. i. die vollständige Beschreibung des römischen Meßkanons) von 1130, es soll des Christophorus im Gebete gedacht werden. Die Benediktiner des Inselklosters Reichenau am Bodensee nahmen Christophorus bereits im 9. Jahrhundert in die Allerheiligenlitanei auf und widmeten ihm im 10. Jahrhundert eine eigene Messe. Den Franziskanern stand er durch Betrachtungen im Stundengebet nahe (13. Jahrhundert).

Auf die Übertragung von Reliquien nach Köln 954 wurde bereits hingewiesen; dort scheint sich der Bruder Kaiser Ottos I., der Erzbischof Bruno von Köln, besonders für den Heiligen erwärmt zu haben. Ein bedeutender Mann, der durch die Gestalt des Christophorus in Bann geschlagen wurde, war der Abt von Fulda, Hrabanus Maurus (780–856), der spätere Erzbischof von Mainz. Dieser berühmte Theologe und Lehrmeister beeinflußte nicht nur das Bildungswesen nachhaltig, sondern verfügte auch über künstlerische Qualitäten. Er verfaßte ein Widmungsgedicht für einen Altar, dessen (Ko-) Patron Christophorus war. Auf den Einfluß des Hrabanus Maurus geht vermutlich auch eine erste Christophoruskapelle in Mainz zurück.

Überhaupt scheint der persönliche Einsatz einflußreicher Männer, vor allem der hohen Geistlichkeit, ausschlaggebend gewesen zu sein. Auch für das älteste – urkundlich belegte – selbständige Patrozinium des Heiligen in Deutschland kann dies als Gründungsursache gelten: Sindlhausen in Oberbayern (LK. Bad Aibling) gehörte zur Diözese Freising, an deren Spitze seinerzeit Bischof Arbeo stand. Seine Verehrung des heiligen Christophorus kann der gelehrte Arbeo, dem wir u. a. eine wichtige Beschreibung Bayerns in seiner

Frühzeit verdanken, »aufgrund seiner Herkunft und Bildung ebensogut aus dem norditalienisch-langobardischen Raum mitgebracht haben, wie er sie später durch seine enge politische Bindung an die Karolinger aus dem Westen bezogen haben kann [8]«.

Möglicherweise geht der Kult auch auf jenen im Freisinger Traditionsbuch genannten Kleriker Sindilo zurück, der aus seinem väterlichen Besitz die Kapelle und die umliegenden Güter an Freising schenkte. War er vielleicht auf einer Reise mit dem Christophoruskult in Berührung gekommen? Die Kapelle wurde später nicht mehr erwähnt, und heute erinnert in Sindlhausen nichts mehr an den Heiligen [9].

Zeugnisse, daß hohe kirchliche Würdenträger den Märtyrer aus Kleinasien verehrten, sind für die deutschsprachigen Länder spärlich. Seinen großen Siegeszug trat Christophorus dort erst an, als es ihm gelungen war, ins Bewußtsein und in die Herzen der breiten Masse einfacher Gläubiger zu dringen. Wie in Italien, breitete sich auch gegen Norden die Kunde vom heiligen Riesen vielfach durch reisende Pilger und Kaufleute aus. Für sie wurden jene Unterkunftsstätten errichtet, die Mönche und fromme Laien auf unwirtlichen Alpenpässen gründeten. Mels z.B. am Eingang des Sarganser Tales (Schweiz), wo alle von Süden kommenden Paßstraßen über den Lukmanier, St. Bernhard, Splügen und Septimer sich vereinen, wo die Straße sich zum Bodensee oder nach Zürich wendet, besaß bereits Ende des 10. Jahrhunderts ein St. Christoph-Hospiz.

Das Christophorus-Hospiz in Pfäfers, das älteste Patrozinium der Schweiz (10. Jahrhundert), liegt im Bistum Chur, in einem am Durchgangsverkehr wesentlich beteiligten Landstrich. Einfluß vom Süden her ist anzunehmen, vor allem aus der Gegend von Mailand, das eine wichtige Stätte der Christophorusverehrung war [10].

14 Marter durch Schleifen mit Pferden

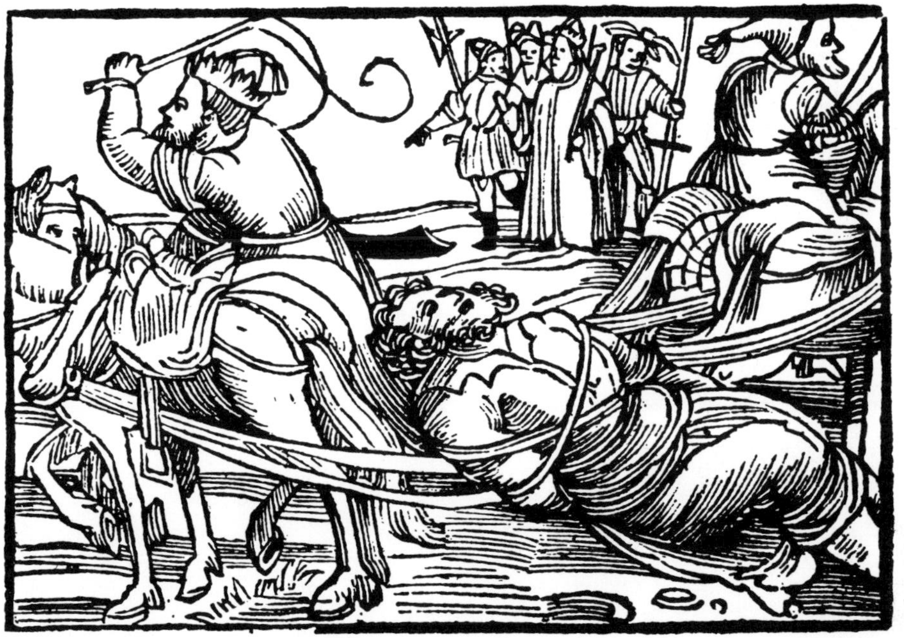

12 Marter durch Aufsetzen eines glühenden Helmes

13 Marter durch Absägen der Füße

Pfahl gebunden und – ähnlich wie der heilige Sebastian – mit Pfeilen beschossen. Diese jedoch erreichen ihr Ziel nicht, sie verharren in der Luft; einer kehrt sogar zurück und trifft den König ins Auge. Dagnus erblindet. Auf den Rat des Heiligen hin bestreicht er das Auge mit dem Blut des Märtyrers, wird sehend und bekehrt sich. Ein Einzelzug, der zunächst als unwesentlich erscheint, erweist sich für die Entwicklung der Legende und ihre bildnerische Gestaltung als wichtig: Christophorus, der schon in den frühesten Fassungen als riesenhaft und von gewaltiger Stärke beschrieben wird, ist im westlichen Zweig der Überlieferung genau festgelegt auf eine Größe von »12 Ellen«. Die meisten Künstler halten sich an dieses Maß, das etwa dem Dreifachen der normalen Größe eines Mannes entspricht. Am gewaltigsten ist wohl jener Christophorus von Sevilla ausgefallen, den Mateo Pérez de Alesio an die Kathedrale malte: er ist neun Meter hoch.

Es ist mehrmals versucht worden, die Körperausmaße an Hand von Reliquien des Heiligen realiter nachzuweisen. So wird in der spanischen Literatur behauptet, daß der in Santiago aufbewahrte Arm des Heiligen und seine in Astorga verehrte Kinnlade einem Riesen anzugehören scheinen [5]. Auch eine Schlüsselbeinreliquie bestätige die enormen Ausmaße der Heiligengestalt: »L'anatomie fournirait, peut-être, un moyen de trancher la question (de la taille de saint Christophe). On conserve une relique notable du saint. C'est la clavicule de l'une des épaules, et sa dimension est le double, certainement, des clavicules ordinaires« [6]. (Die Anatomie würde vielleicht dazu beitragen, die Frage nach der Größe des heiligen Christophorus zu lösen. Man bewahrt eine bemerkenswerte Reliquie des Heiligen auf: es ist ein Schlüsselbeinknochen, dessen Dimension sicher die Ausmaße eines normalen Schlüsselbeinknochens ums Doppelte übertrifft.) Eine exakte Überprüfung dieser Angaben liegt nicht vor.

In der östlichen Überlieferung wird der Phantasie über das Aussehen des Riesen keine Grenze gesetzt. Die Gestalt des Christophorus – zumindest in seinem wilden, heidnischen Zustand – nimmt unmenschliche Züge an: er wird zum Riesen mit dem Hundskopf.

15 Alfred Zacharias, Holzschnitt, 1953

16 Szenen aus einer Legendentafel, 1677, renoviert 1863. Christophorus wird vom Teufel gedingt – ein glühender Helm wird ihm aufgesetzt – Christophorus und die bekehrten Dirnen – der Stab grünt. St. Christoph bei Ebersberg, Oberbayern

S1. Christophous Wirdt Vom Teüffell gedingt.

9. S: Christoph wirdt ein glüchender Helm aufgesetzt.

Die Legende

Die Legende des Reprobus-Christophorus ist im 5. Jahrhundert im Vorderen Orient entstanden und in zahlreichen Handschriften überliefert. Sie erzählt die Geschichte des Bekenners und Märtyrers (Passio). Fassungen des abendländischen Mittelalters zeigen reizvolle Illustrationen zu einzelnen Szenen der Legende

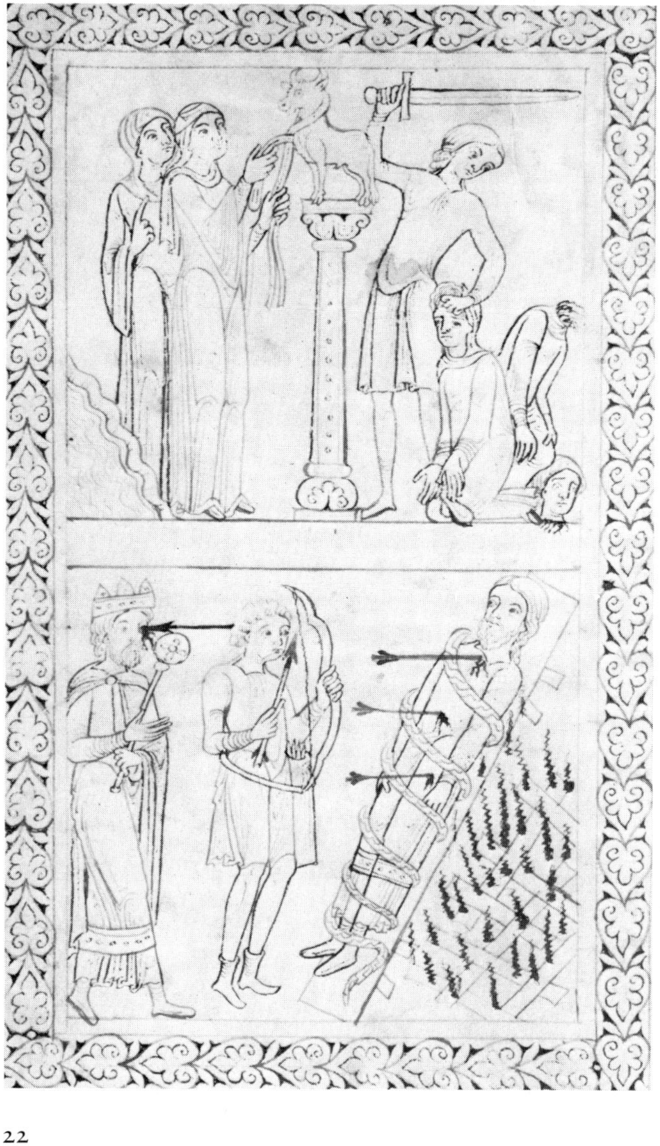

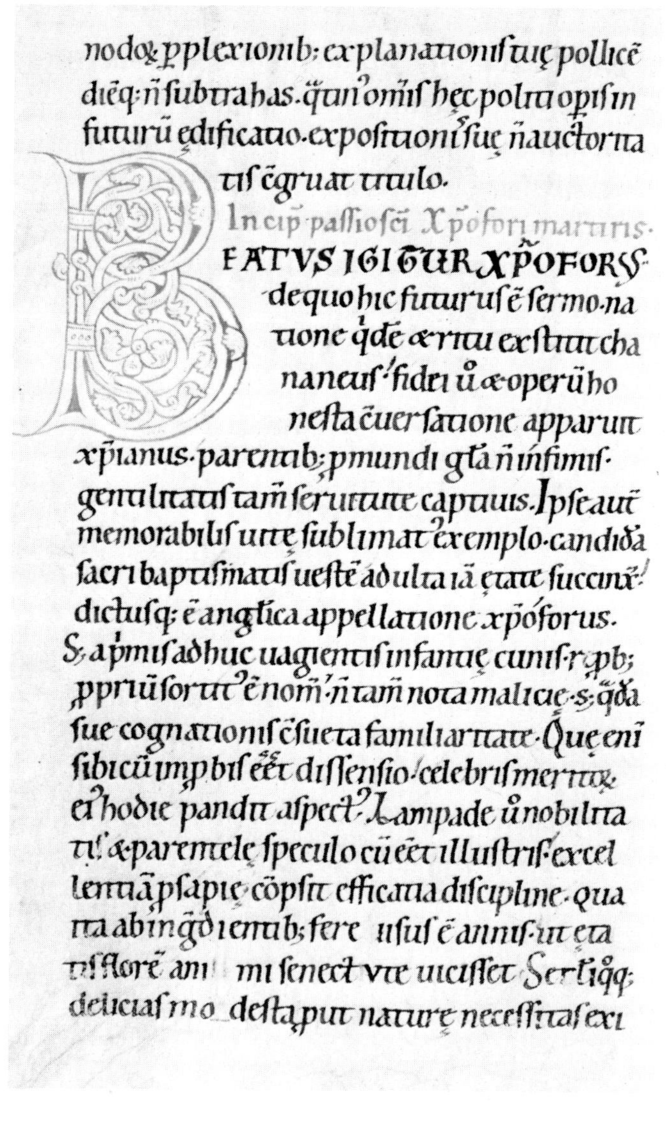
nodo & pplexionib; explanationis tue pollice
dieq; ñ subtrahas. q̄tin omis hec polita opis in
futurũ edificatio. expositionis tue ñ auctorita
tis egruat titulo.
Incip passio sci Xpofori martiris.
BEATUS IGITUR XPOFORUS
de quo hic futurus ē sermo. na
tione q̄dē & ritu exstitit cha
naneus. fidei ũ & operũ ho
nesta cũuersatione apparuit
xpianus. parentib; p mundi glã ñ infimis.
gentilitatis tam̃ servitute captiuis. Ipse aut̃
memorabilis uite sublimat exemplo. candida
sacri baptismatis ueste adulta iã etate succinx
dictusq; ē angelica appellatione xpoforus.
Sz a pmis adhuc uagientis infantie cunis r̃ pb;
ppriũ sortit ē nom̃ ñ tam̃ nota malicie .s. q̄da
sue cognationis csueta familiaritate. Que eni
sibi cũ impbis eet dissensio celebris meritis
ei hodie pandit aspect. Lampade ũ nobilita
tis & parentele speculo cũ eet illustris excel
lentia a psapie cõpsit efficatia discipline. qua
ta ab ingd ientib; fere usus ē annis in eta
tis flore am mi senect ute uicisset. Ser liqq;
delicias mo desta puit nature necessitas exi

17 Handschrift der Prosafassung Walthers von Speyer, 1170/80, Textseite und Miniaturen (Clm 13074, fol 66 v und 68 v): Enthauptung der bekehrten Dirnen und Beschießung des Christophorus mit Pfeilen; ein Pfeil trifft das Auge des Königs. Bayerische Staatsbibliothek, München

18 Seite aus der »Legenda aurea« des Jacobus de Voraigne, um 1270 (Cgm 6, 1362). Christophorus wird geschlagen und mit glühendem Helm versehen. Bayerische Staatsbibliothek, München

19

20

22

23

19–24 Liber pictus, um 1330 (Cod. 370, fol. 50–55), Passio und Christusträgerlegende verbunden
Österreichische Nationalbibliothek, Wien
19 Ein Sänger vor dem König. Christophorus verabschiedet sich, zieht fort, trifft auf Soldaten – ein Dämon gewinnt ihn, flieht vor dem Kreuz – Christophorus trennt sich von ihm
22 Christophorus wird gefesselt, vor den König geführt, der bei seinem Anblick vom Thron fällt – er wird aufgehoben, Christophorus kommt ins Gefängnis, die bekehrten Soldaten werden enthauptet – Dirnen beim gefangenen Christophorus

20 Christophorus spricht mit dem Eremiten, baut ein Haus am Wasser, trägt Menschen über den Fluß, begegnet Christus, pflanzt den Stab in die Erde

21

24

23 Die bekehrten Dirnen vor dem König – sie zerstören die Götzenbilder, werden verurteilt: die eine gehängt, die andere verbrannt – das Feuer kann das Mädchen nicht versehren, es wird enthauptet – Christophorus vor dem König

21 Der Stab grünt – Christophorus geht in die Stadt – Christen werden gemartert – Christophorus wird ins Gesicht geschlagen, er predigt, setzt seinen Stab als Zeichen – Soldaten wollen ihn ergreifen, werden bekehrt – der König sendet neue Soldaten aus

24 Christophorus wird gegeißelt, mit glühendem Helm versehen, in einen Ofen gesteckt, mit Pfeilen beschossen – ein Pfeil fliegt dem König ins Auge, das Blut des Christophorus heilt ihn – Begräbnis des Christophorus

25 Dominikanerbreviarium, Breviaire der Jeanne de Belleville, nach 1323 (Cod. lat. 10484, fol. 260). Enthauptung des Christophorus.
Bibliothèque Nationale, Paris

26 Meister der Maria Magdalena, 16. Jh. Christophorus begegnet dem Teufel.
Bayerische Staatsgemäldesammlungen, München

27–29 Cappella Ovetari, Chiesa degli Eremitani, Padua, Wandgemälde 1448–1457. Martyrium des hl. Christophorus

27 Ansuino da Forli (Werkstatt Mantegna). Christophorus predigt den Soldaten

28 Andrea Mantegna. Pfeilbeschießung, den König trifft ein Pfeil ins Auge

29 Andrea Mantegna.
Abtransport des enthaupteten Riesen

30 Griechische Ikone, 1714. Christophorus als Krieger mit Panzer und rotem Soldatenmantel, in der Rechten das Bekennerkreuz
Ikonenmuseum, Recklinghausen

Die Darstellung des hundsköpfigen Heiligen gehört in der Ostkirche zum gefestigten Bestand der Überlieferung. Die erhaltenen Bilder reichen nur bis zum 15. Jahrhundert zurück. Sie zeigen St. Christophorus Kynekephalos als Repräsentativgestalt in kriegerischer Rüstung als Streiter Christi; hin und wieder werden Legendenszenen erfaßt.

31 Griechische Ikone, 17. Jh. Der Hundsköpfige mit den Heiligen Charalambos und Onuphrios in prächtiger Rüstung mit grünendem Stab.
Privatbesitz

Der Hundsköpfige

Bei der Darstellung des hundsköpfigen Heiligen, des Christophorus Kynokephalos, handelt es sich nicht um eine seltene Erscheinung: Sie gehört im offiziellen Bilderkreis der östlichen Kirche weit länger als ein Jahrtausend zum gefestigten Bestand der Überlieferung. Ein beschreibendes Verzeichnis der bislang bekannten Bilder des hundsköpfigen Christophorus umfaßte bereits im Jahr 1965 die Zahl von 70 Beispielen [1].

In der Christophorusliteratur hält sich die Kunde, es habe bereits zur Zeit des Kaisers Justinian (527–566) im Vorderen Orient eine Darstellung des hundsköpfigen Heiligen gegeben: Sie fußt auf einem Bericht des Schweizer Reisenden J.L. Burckhardt von 1822, worin auch das Katharinenkloster auf dem Berge Sinai beschrieben ist. Demnach sollen noch im 19. Jahrhundert vom ersten Bau dieser frühesten christlichen Klosterkirche Mosaiken in der Apsis erhalten gewesen sein, welche neben den Stifterfiguren des Kaisers Justinian und seiner Gemahlin Theodora unter anderen Heiligen auch Christophorus zeigten, und zwar ausdrücklich mit einem Hundskopf.

Dieser vereinzelte Reisebericht, aus dritter Hand wiedergegeben – das Buch Burckhardts ist nicht mehr greifbar –, ist nun wahrhaftig keine hieb- und stichfeste Quelle für frühe Darstellungen eines Hundsköpfigen im Orient. Alle erhaltenen Bildzeugnisse dieser Art gehen nicht weiter als bis ins 15. Jahrhundert zurück. Dazwischen liegt jener große Bildersturm, der Byzanz im 8./9. Jahrhundert (726–843) heimsuchte. Das Bild des Hundsköpfigen muß aber damals bereits so tief im orientalischen Christentum verwurzelt gewesen sein, daß es in der darauffolgenden Zeit der Bildneuprägungen und Bildblüte wieder dem Kynokephalos Raum gab und ihn bis heute überlieferte. Die festgefügte Tradition der Kirche vermochte Jahrhunderte zu überbrücken [2].

Diese ikonographische Überlieferung, die von der westlichen Bildtradition wesentlich abweicht, reicht von Osten kommend bis an den Karpathenbogen heran und umfaßt die Länder der griechisch-orthodoxen Konfession. Siebenbürgen, Ungarn u.a., wo der Kult vom 14. Jahrhundert an bezeugt ist, bleiben also dem europäischen Zweig angeschlossen. Die Darstellung des Heiligen mit dem Tierkopf ist dort nie heimisch geworden [3].

Wie kam es aber zu der Vorstellung von einem Heiligen, bei dem der Nimbus um ein Tierhaupt gelegt ist? Wo hat man den Ursprung der Bildkonzeption vom hundsköpfigen Krieger zu suchen? Leopold Kretzenbacher, der sich auf Forschungsreisen und in gedanklicher Auseinandersetzung Jahre hindurch mit dem Problem der Kynokephalen befaßt hat, äußert sich dazu:

»Mehr als eine Wurzel sog aus diesem und jenem uns fremdartig erscheinenden, zeitlich und räumlich fernen Umgrunde, ja Phantasielande die Kraft, sich im Denken von vielen so festzusetzen, daß einmal, vermutlich im Bereich des christlich gewordenen Ostmittelmeerraumes, die Grundvorstellung des Fabel-Menschen mit dem Hundskopf sich zum Bildtypus fügte. Ihm wurde ein aus mancherlei Fäden gewobenes Legendenkleid so umgelegt, daß daraus, allen verständlich und fortan vom Bilde her vertraut, der christliche Hundskopfheilige hatte werden können.

War dies bei den Kopten, den frühen und immer noch nachlebenden Christen am Nil der Fall? ... Ihnen war und blieb wohl auch das Bild des Anubis ... aus Bild und Legende vertraut. Oder geschah es in Kleinasien? Dessen ferne, unklar ausgeprägte, nur von Alexander dem Großen einstmals zielbewußt überschrittene Grenzen ›im Osten‹ erschienen dem Menschen des Abendlandes ja als der Rand der Ökumene wenn nicht gar überhaupt als ›das Ende der Welt‹. Aus beiden Bereichen war mancherlei krause Kunde von tiergestaltigen, dabei menschenhäuptigen, häufiger noch von menschenähnlichen, aber tierköpfigen Wunderwesen in das frühe Griechenland gekommen.

Das war gut vierhundert Jahre vor Christi Geburt schon geschehen. Herodot (484–425 v. Chr.), der wagemutige Ägyptenreisende, der Landeseigenheiten suchende und kritisch umhorchende Forscher, der so gerne Selbsterlebtes und von den anderen Erfragtes in seine ›Historien‹ aufzunehmen pflegte, erzählt vom waldreichen östlichen Lybien. Dort gebe es die seltsamsten Fabelwesen und Tiere. Herodot will von ›Eseln mit Hörnern, von Menschen mit Hundsköpfen und von solchen überhaupt ohne Kopf‹ gehört haben...

Mehr noch weiß Ktesias zu berichten, ein griechischer Arzt aus Knidos. Der war vor 400 v. Chr. in Persien in Gefangenschaft geraten. Wegen seiner Heilkunst durfte er aber hochgeehrt am Hofe des Großkönigs Artaxerxes II. verbleiben. Dort aber in Persien ... wußte Ktesias ›im Osten‹ Gehörtes wohl auch so sehr reichlich mit ›Eigenem‹ zu würzen, daß es die Leser seiner oft abgeschriebenen, freilich nur zum Teil in Auszügen erhaltenen ›Indika‹ beinahe selber glaubten. Zumindest haben sie es abendlandweit vom byzantinischen Gelehrten Photios im ausgehenden 9. Jahrhundert angefangen bis über das Mittelalter hinaus verbreitet. Ktesias nun, auf den vor allem sich die Wunderberichte über die Kynokephalen am Rande der Welt beziehen, wußte dieses zu erzählen: daß die Hundsköpfe-Kynokephaloi-Kynamolgoi ein großes Volk seien, ausgebreitet über ganz Indien; an die 120.000 von ihnen soll es geben, schwarz ihr Menschenleib, dazu aber Köpfe, Zähne, Schweife und Schwänze wie die von Hunden; so sprächen sie denn auch. Doch diese Hundsköpfe seien friedfertige Jäger und Sammler in den Bergen... [4]«.

Die Annahme hundsköpfiger Wesen wurde in die philosophisch-theologische und volksreligiöse Vorstellungswelt des abend- und morgenländischen Mittelalters aufgenommen. Eine Kosmographie des 8. Jahrhunderts, dem Bischof Virgil von Salzburg zugeschrieben, weiß von Hundsköpfigen im Hohen Norden. Auch in Rußland wurden Stämme oder Menschengruppen monströser Art vermutet. Kynokephale sind sogar auf einigen Weltkarten verzeichnet [5]. Bedeutende Theologen beschäftigen sich mit dem Problem, ob diese tierähnlichen Wesen unter das Missionsgebot Christi fielen. Die bildende Kunst wiederum suchte eine Antwort, indem sie monströse Geschöpfe Gottes in den vom thronenden Christus mit Segensgestus bedachten Erdkreis aufnahm, z. B. am Tympanon von Sainte-Madeleine zu Vézelay (Burgund).

Im ostkirchlichen Raum bot die Darstellung des Christophoros Kynokephalos überzeugende Lösungen: Christophoros erscheint in ganzer Figur, seltener in Halbfigur, als Krieger in voller Rüstung. Der Repräsentativgestalt des Heiligen sind hin und wieder Szenen seines Martyriums beigefügt, etwa die Vorführung vor dem König, die Dirnenepisode, eine Marter, die Enthauptung. Der Bildtypus des Christusträgers wird im ostkirchlichen Bereich seit dem 14. Jahrhundert vom Westen übernommen, und zwar mit menschlichem Gesicht. Die Kynokephalentradition des Ostens läuft nebenher und wird erst seit dem 18. Jahrhundert mit dem Christusträger verschmolzen [6]. Der grünende Stab als Symbol der göttlichen Bestätigung findet sich nicht so häufig wie das Kreuz in der Hand als Zeichen des bestandenen Martyriums.

Neben naturalistischen Hundekopfbildungen oder Tierdarstellungen existieren aber auch Phantasieformen, die einer »monstrum«-Vorstellung ganz allgemein entsprechen oder ein entstelltes Menschengesicht darbieten. Der frühen Legende und der Meßliturgie des 6. Jahrhunderts nach stammte Christophorus von einem fremdartigen Volk ab, das als wild und der Sprache nicht mächtig geschildert wird. Eines dieser Wesen vom Rande der Welt, deren Körper und Geist in einem Grenzbereich zwischen Menschlichem und Tierischem beheimatet waren, wird nun durch Gottes grenzenloses Erbarmen begnadet; denn der Schöpfer zieht auch die an sich, »qui portentorum more dissimiles exstant ab humana conditione.« [7] (Die wie Ungeheuer geschaffen sind und außerhalb der menschlichen Verhaltensweise stehen.) Dieser Gnadenakt wird angedeutet durch ein Lichtbündel, das den Erwählten trifft, durch

32 Miniatur aus dem Martyrologium des Usuard, um 1140. Eine im Bereich der römischen Liturgie seltene Darstellung des heiligen Riesen mit verunstaltetem Kopf. Württembergische Staatsbibliothek, Stuttgart

einen sternbesetzten Himmelskreis in einer oberen Bildecke oder durch einen auf der Wolke thronenden Christus, der sich segnend dem Reprobus-Christophorus zuwendet. Die »heilige Wolke« fehlt nur selten auf den ostkirchlichen Darstellungen. Aus ihr ergießt sich auf göttliches Geheiß das Wasser des Heils auf den Tiermenschen. Erst durch diesen Taufguß wird er zum Vollmenschen, der für die Gemeinschaft Christi berufen ist. In gläubiger Hinwendung zur göttlichen Sphäre reckt Christophorus seinen Tierkopf, meist im Profil oder Halbprofil gezeigt, nach oben. Häufig wird er mit weit herausgestreckter Zunge gemalt, womit das Wunder der Sprachverleihung angedeutet werden soll. »Der Hundsköpfige wurde von den Fesseln des Tierhaften, die ihn geistig stumm sein ließen, befreit, er sprach seitdem als gotterwählter Verkünder des Evangeliums die Sprache der Menschen mit höchster Eloquenz und größtem Missionserfolg [8].« Zahlreiche Ikonen geben nicht das Wunder des grünenden Stabes wieder, das auch andere Heiligenlegenden kennen, sondern jenes, das nur dem heiligen Kynokephalos allein zukommt: das Entriegeln des Mundes. »Erst durch dieses Motiv der Legende ist die fabulöse heidnische Gestalt des Kynokephalen wirklich verwandelt in eine geistig bedeutsame Gestalt der ostchristlichen Kirchen [9].«

Doch schon im byzantinischen Bereich meldeten sich Zweifel und Unbehagen an dem Heiligen mit der Aureole um den Tierkopf. Davon gibt es ein Zeugnis aus dem 10., später aus dem 18. Jahrhundert. Das zähe Festhalten an dem alten Bildtypus konnte jedoch den hochverehrten Christophoros Kynokephalos bis in unser Jahrhundert herein nicht aus dem Kult verdrängen, wenn auch manches der Bilder einer Übermalung anheimfiel. So wie das Riesenhafte des Heiligen im Raum des abendländischen Christentums heute symbolisch aufgefaßt wird, so mag auch das Absonderliche am heiligen Kynokephalen von den Gläubigen der Ostkirche in dieser Zeit im sinnbildlichen Zusammenhang verstanden werden. Leopold Kretzenbacher berichtet aus seinem Erfahrungswissen: »Es ist den griechischen Mönchen vom Großkloster Dionysyou am Berge Athos unangenehm, wenn der allzu neugierige Wanderer, der ja nicht als betender Pilger kam, vielmehr sehr oft als Tourist nur das Fremdartige sucht, immer noch auf Grund alter Klosterbeschreibungen und Reiseführernotizen nach dem ›Zahn vom Hundskopf des heiligen Christophoros‹ zu fragen beginnt, den ihr Reliquienschatz bergen soll. Und niemals hat mir in meinen letzten beiden Wanderjahrzehnten in der Weite der Traditionslandschaften byzantinisch-orthodoxer Bildgestaltungen zwischen der Ägäis und Leningrad, zwischen Montenegro und den Gestaden des Schwarzmeeres ein Mönch oder ein gläubiger Laie gern und voll die alte Legende erzählt, so oft und so vorsichtig ... ich darnach gefragt hatte ... [10]«.

34 Griechische Ikone, 18. Jh.
Das Tierhaupt ist nach oben
zur segenspendenden Hand Gottes gewandt
Ikonenmuseum, Recklinghausen

33 Russische Ikone, Triptychon, 18. Jh.,
Ausschnitt.
Ikonenmuseum, Recklinghausen

35–40 Griechische Ikone, Anfang 19. Jh. Repräsentativbild des hundsköpfigen Kriegers, umgeben von Medaillons mit Szenen seines Wirkens und Leidens. Ikonenmuseum, Recklinghausen

36 Christophorus wird an den Haaren aufgehängt und mit Messern gestochen

37 Enthauptung

35

36

37

38 Bekehrung der Soldaten. Gnadenstrom aus der »Heiligen Wolke«

39 Verbrennung des Christophorus

40 Verhör vor dem König

38

39

40

42–43 Bulgarische Ikone, 15. Jh. Zwei Details aus einer Ikone mit Bildzyklus des Martyriums.
Nationalmuseum, Sofia.
Christophorus wird dem in einer Säulenhalle thronenden König vorgeführt – Enthauptung. Der Tierkopf liegt mit geschlossenen Augen am Boden, Lichtstrahlen treffen ihn von oben

41 Russische Ikone, 18. Jh. Kunstvolle Messingarbeit mit farbiger Emailfüllung; nur Hände und Kopf des Heiligen als Malerei sichtbar.
Staatliches Historisches Museum, Moskau

43

44 Ikone aus Moskau, um 1750. Die Heiligen, rechts Christophorus, erheben anbetend Hände und Haupt. Über der Wolke Erscheinung der Muttergottes und der Erzengel. Rahmen und Nimbusse aus geprägtem Silberblech
Staatliches Historisches Museum, Moskau

◁ 45 Griechische Ikone, 1776. Christophorus mit entstelltem Menschengesicht. Die Gestalt ragt in den goldstrahlenden Himmel hinein, in dem sich der segnende Christus zeigt. Unten rechts Enthauptungsszene. Ikonenmuseum, Recklinghausen

46 Griechische Ikone, 18. Jh. Christophorus neben dem hl. Modestus; der Stab treibt eine Wunderblüte. Die Kynokephalentradition des Ostens ist hier mit der Christusträgertradition des Westens verschmolzen. Ikonenmuseum, Recklinghausen

47

47 Russische Ikone, um 1600, Ausschnitt. Klar gezeichneter Tierkopf mit weit herausgestreckter Zunge als Zeichen der Berufung zum Verkünder des Evangeliums. Tretjakov-Galerie, Moskau

48

48 Russische Ikone, Ende 17. Jh. Auf russischen Ikonen ist der Heilige hin und wieder mit Pferdekopf dargestellt. Ikonenmuseum, Recklinghausen

49 Russische Ikone, 18. Jh. Ikonenmuseum, Recklinghausen

50 Griechische Ikone, Anfang 18. Jh.
Erzdiakon Stephanos und Christophorus
Ikonenmuseum, Recklinghausen

Der Mensch, der Christus trägt

»Para probar de Christo la doctrina
Fijaste tu seco báculo en la tierra Y,
transformando en palma, produjo Gratos
frutos prodigiosamente.«

(Um die Lehre Christi auf die Probe
zu stellen, stecktest du deinen dürren Stab
in die Erde, in eine Palme verwandelt,
trieb er wunderbar schöne Früchte.)

Hymne von San Frusciano,
11. Jh., nach Cascón S. 51

Christophorus, der Hundsköpfige, während der Taufe aus der heiligen Wolke: die Ikonographie der Ostkirche hat sich jenes Moments angenommen, in dem der Heide von der Gnade gleichsam überfallen, in dem aus dem stammelnden Wilden der wortmächtige Bekenner Christi geboren wurde. Dies geschah zu einer Zeit, als die Legende in Form der Passio bekannt war. Welche Vielfalt von Darstellungsmöglichkeiten bot die phantasievolle Geschichte des Märtyrers, welche Bildfülle bergen die einzelnen Szenen! Merkwürdigerweise hat die bildende Kunst im östlichen und westlichen Bereich der christlichen Kirche nur relativ selten die Gelegenheit wahrgenommen, den sehr populären, in Liedern, Hymnen, Gebeten und Prosatexten fortlebenden Stoff erzählerisch zu gestalten.

Aufgegriffen wurde sehr früh das Wunder des grünenden Stabes, ein allgemein beliebtes Legendenmotiv, das immer für die Bestätigung einer menschlichen Aussage durch den göttlichen Willen steht. Auch Christus soll nach einer alten Legende den Stab auf die Erde gestoßen haben, als er mit seiner Lehrtätigkeit begann. Durch das Grünen ist er sanktioniert, von der Wahrheit Zeugnis zu geben. – Später, als aus dem Wortbekenner Christophorus der Mann im Strom wurde, wandelte sich auch die Funktion des Stabes, er wurde zur Stütze, in seltenen Fällen sogar zur Ruderstange (s. S. 111).

In der schon erwähnten ältesten abendländischen Darstellung – man glaubt heute, sie der zweiten Hälfte des 10. Jahrhunderts zuweisen zu können –, in der Kirche S. Maria Antiqua in Rom, steht Christophorus in einer Reihe von heiligen Martyrern östlicher Herkunft. Er ist ein Mann von zeitloser Jugend, bartlos, in langem Gewand, gekennzeichnet durch den beigefügten Namen. An der rechten Schulter ist in Resten ein Zweig zu erkennen; es ist aber nicht sicher, ob es sich dabei um das Attribut aller Märtyrer, den Palmwedel, handelt, oder um das spezifische Kennzeichen des grünenden Stabes [1].

Ein anderes, der Legende entnommenes Charakteristikum wird in alle Darstellungen aufgenommen: die Riesenhaftigkeit. Nahe der oberitalienischen Stadt Como liegt die Kirche S. Vincenzo di Galliniano/Cantù, in der sich ein Wandbild des Heiligen erhalten hat, das aus der Zeit der Kirchenweihe (1007) stammt: ein Kolossalgemälde des sich dem Beschauer frontal zuwendenden

Heiligen mit dem grünenden Stab. Der Name ist gesichert durch die Inschrift, während die fünfzehn Freskenbilder rings um die Zentralfigur schon von den Forschern des 19. Jahrhunderts in sehr schlechtem Zustand vorgefunden wurden. Soviel aber wird deutlich, daß es sich hier um einen der seltenen Passio-Zyklen handelt: das Hinführen des Heiligen vor König Dagnus, die Dirnenepisode, das Beschießen mit Pfeilen, das Wegschaffen der Leiche [2].
Einige Beispiele dieser Art liegen vor in der Miniaturmalerei und Kleinplastik. Aus Dalmatien stammt ein Reliquienbehälter, der die Pfeilszene in den Mittelpunkt stellt; die Pfeile wenden sich in dieser Version nicht gegen den König, sondern gegen den Henker [3].
Etwa zur selben Zeit setzt man eine Miniatur aus einer Regensburg/Prüfeninger Handschrift an, die zur Illustration eines Textes von Walther von Speyer aus den Jahren 1170/80 gehört. Bemerkenswert ist, daß der Maler sehr frei mit seiner Erzählvorlage umgeht, womöglich auch eine andere Interpretation der Passio vor Augen hat. Er nimmt keine Notiz von der im Text angesprochenen Hundsköpfigkeit vielleicht waren es ästhetisch-religiöse Gründe, die ihn davon Abstand nehmen ließen, einen verehrungswürdigen Mann Gottes mit einem Tierkopf darzustellen [4].
Wenn wir den Weg des Christophorus, wie er sich im Bild dokumentiert, im Bewußtsein des abendländischen Christen verfolgen, so stoßen wir zu Beginn des 12. Jahrhunderts auf ein neues Moment: der Heilige trägt den Heiland. Allgemein gilt das Außenfresko an der Burgkapelle zu Hocheppan bei Terlan in Südtirol als frühestes Beispiel dieser Gruppe, die dann in der Schweiz und in Deutschland und Österreich rasche und weite Verbreitung fand. Der heilige Riese, hoch über normales menschliches Körpermaß hinausragend, verharrt in starrer Frontalhaltung, feierlich-repräsentativ, blockhaft, wie die Romanik bedeutende Persönlichkeiten im allgemeinen darzustellen pflegte. In der einen Hand hält dieser Christophorus den ihm von altersher zukommenden grünenden Stab, in der anderen aber zum ersten Mal ein neues Attribut, einen kleinen Christus. Wenngleich sich wegen des schlechten Erhaltungszustandes das Gesicht nicht erkennen läßt, so dürfte es sich doch nicht um ein kindliches Wesen gehandelt haben. Zu dieser Annahme berechtigt ein Vergleich mit anderen Darstellungen des gleichen Typus. Das überlebensgroße Fresko von Taufers im Münstertal/Tirol zum Beispiel zeigt einen Christus, der deutlich als erwachsener, bärtiger Mann, bekleidet mit einer Tunika, wiedergegeben ist. Das Bild wird dem ausgehenden 12. Jahrhundert zudatiert [5]. Etliche tausend Kilometer von dem Standort dieser Darstellungen entfernt, in Rio Mau/Portugal, hat ein unbekannter Künstler einen Christophorus in Stein gehauen, der mit den Tiroler Heiligen sowohl die strenge, statische Hal-

51 Miniatur aus dem Corveyer Fraternitätsbuch, 1160. Christophorus mit Palmwedel.
Staatsarchiv, Münster/Westfalen

tung gemein hat, als auch das Attribut: der auf dem Arm gehaltene Christus ist kein Kind, sondern ein erwachsener Mann mit Vollbart. Ob es sich um eine Gleichzeitigkeit der Idee (der Namensdarstellung, s.u.) handelt, oder ob ein unmittelbarer Einfluß durch Vermittlung des künstlerischen Motivs – etwa über die Pilger, die in Massen nach Santiago di Compostela strömten, – vorliegt, muß dahingestellt bleiben. Jedenfalls scheint dieser romanische Typus große Verbreitung gefunden zu haben. Nur ein Bruchteil der Darstellungen hat sich bis zum heutigen Tag erhalten, vor allem in den Alpenländern, in Oberitalien, Deutschland und Westeuropa. Er ist nicht auf die Malerei beschränkt. Das Tragen des Heilands unterliegt keinem Schema, es erfolgt einmal auf dem Arm, einmal auf der Schulter, wird mit beiden Armen ausgeführt oder auch nur symbolisch verstanden, wenn Christus der Brust des Heiligen lediglich aufgemalt ist [6].

Wie ist nun diese Christusträgerschaft zu erklären, wie kommt der Heilige zu dem Attribut des Heilands? Die alte Passionslegende gibt – vordergründig interpretiert – keinen Anhalt. Allerdings: der Heilige war ein Blutzeuge, und diesen kam in den ersten nachchristlichen Jahrhunderten der Ehrentitel aller wahren Jesusjünger »Christianus« oder in der verstärkten Form »Christophorus« zu. Wortillustrationen spielen in der bildenden Kunst des Mittelalters eine große Rolle. Auch in unserem Falle bezog man sich bewußt auf die wörtliche Bedeutung des Namens, wie dies schon in der lateinischen Versbearbeitung der karolingischen Zeit geschehen war: »O Christophore tam claro digne nomine/Qui Christi crucem in carne, ipsum fers in pectore [7].« (O Christophorus, würdig eines so berühmten Namens, der du das Kreuz Christi im Fleisch, ihn selbst aber in der Brust trägst). Auch bei Walther von Speyer heißt es ganz deutlich: »nomine vocari Christophorus, quod iuxta Graecam etymologiam diligentius intuenti Christum ferens aut Christi portitor sonat.« (... Christophorus genannt, was gemäß der griechischen Etymologie für einen, der genau hinsieht, wörtlich heißt: »der Christus Tragende« oder »Christusträger«). Die Reihe der Beispiele ließe sich fortsetzen. Rosenfeld hat einleuchtend dargelegt, daß das Motiv des Tragens dem Christen sehr geläufig war; es symbolisiert den engen geistigen Kontakt der Bezugspersonen wie etwa in der Darstellung der »heiligen Anna selbdritt«: Anna trägt Maria, die ihrerseits das Jesuskind auf dem Arm hält. Der mittelalterliche Mensch, mit den Worten der Heiligen Schrift aufs engste vertraut, stieß in seinem Gedächtnis dabei auf die Abschiedsrede Christi an die Jünger: »An jenem Tage werdet ihr erkennen, daß ich in meinem Vater bin und ihr in mir und ich in euch.« (Joh. 14, 20) [8].

Wörtliche Namensübertragungen haben wir bei mehreren Heiligen, so z.B.

bei Agnes mit dem Lamm (agnus), bei Lucia mit dem Licht. Im Falle Christophorus gibt es frühe bildliche »Übersetzungen«, die ganz deutlich kundtun, daß dieser Heilige ein Mann ist, der Christus im Herzen trägt: Christus sitzt oder steht auf der linken Brustseite des Heiligen. Das Wandgemälde von Bacharach zeigt es in Monumentalgröße, die Zwiefaltener Handschrift in Miniatur.

Den kulturgeschichtlichen Hintergrund bilden die Kreuzzüge zu den Stätten des Leidens Christi und im Gefolge davon ein Aufblühen der Verehrung des heiligen Blutes und der heiligen Hostie. Eine starke eucharistische Bewegung im Volke ging Hand in Hand mit dem wachsenden Interesse an den theologischen Problemen der Transsubstantiation (Wandlung von Brot und Wein in den Leib und das Blut Christi). Die römische Synode von 1079 spricht von der Identität der konsekrierten Gaben mit dem Leib und Blut Jesu Christi, das Tridentinum bringt dazu die präzise Definition. Papst Urban IV. ruft 1264 das Fest »Corpus Christi« ins Leben, das zur Ausgestaltung der Fronleichnamsprozession mit der ins Volk getragenen Eucharistie hinführte. Im 12. Jahrhundert war die schaubare Gegenwart des Göttlichen – videre Deum – für die Frömmigkeitshaltung sehr wichtig geworden; die Elevation, das Aufheben und Zeigen der Heiligen Gestalten, wurde eingeführt. Der Gedanke der »geistigen Kommunion« rückte in den Vordergrund, das Anschauen der Hostie galt geradezu als Kommunionersatz. Wie die Hostie Christus in Realpräsenz darbrachte, so bedeutet auch der von Christophorus (dem Volk hin-) gehaltene Heiland diesen selbst, das »seinhafte Abbild der res ipsa« [9]. Bezeichnend für diese Gedankenverflechtung ist die Tatsache, daß man die allerorts gesungene liturgische Hymne auf das heilige Altarssakrament, das »Pange lingua«, zu einem Lobgesang auf Christophorus umdichtete:

52 Pfarrkirche San Fosca bei Pescul, Südtirol, Außenfresko, Mitte 14. Jh.

»Pange lingua Christophóri
Celebre martirium
cui nunc Angelorum chori
Aula triumfantium
Cantu iubilant decori
Nuctu regis gentium.« [10]

(Singe, Zunge, das berühmte Martyrium des Christophorus, an dem sich jetzt die Chöre der Engel im Palaste der Triumphierenden erfreuen mit anmutigen Gesängen auf ein Zeichen des Königs der Völker hin.)

Der Christusträger

Der mittelalterliche Künstler suchte die wörtliche Bedeutung des Namens »Christophorus« darzustellen: der Mensch, der Christus trägt. In romanischer Zeit war der getragene Christus ein Erwachsener.

53

54

53 Älteste bekannte Plastik, Kapitell, um 1150, in der Christophoruskirche in Rio Mau, Portugal. Christophorus trägt den bärtigen Christus

54 Plastik aus Moselsandstein, 12. Jh.

55 Spanische Holzplastik, um 1300

56 Steinplastik in der Vorhalle von St. Emmeram in Regensburg, 1320

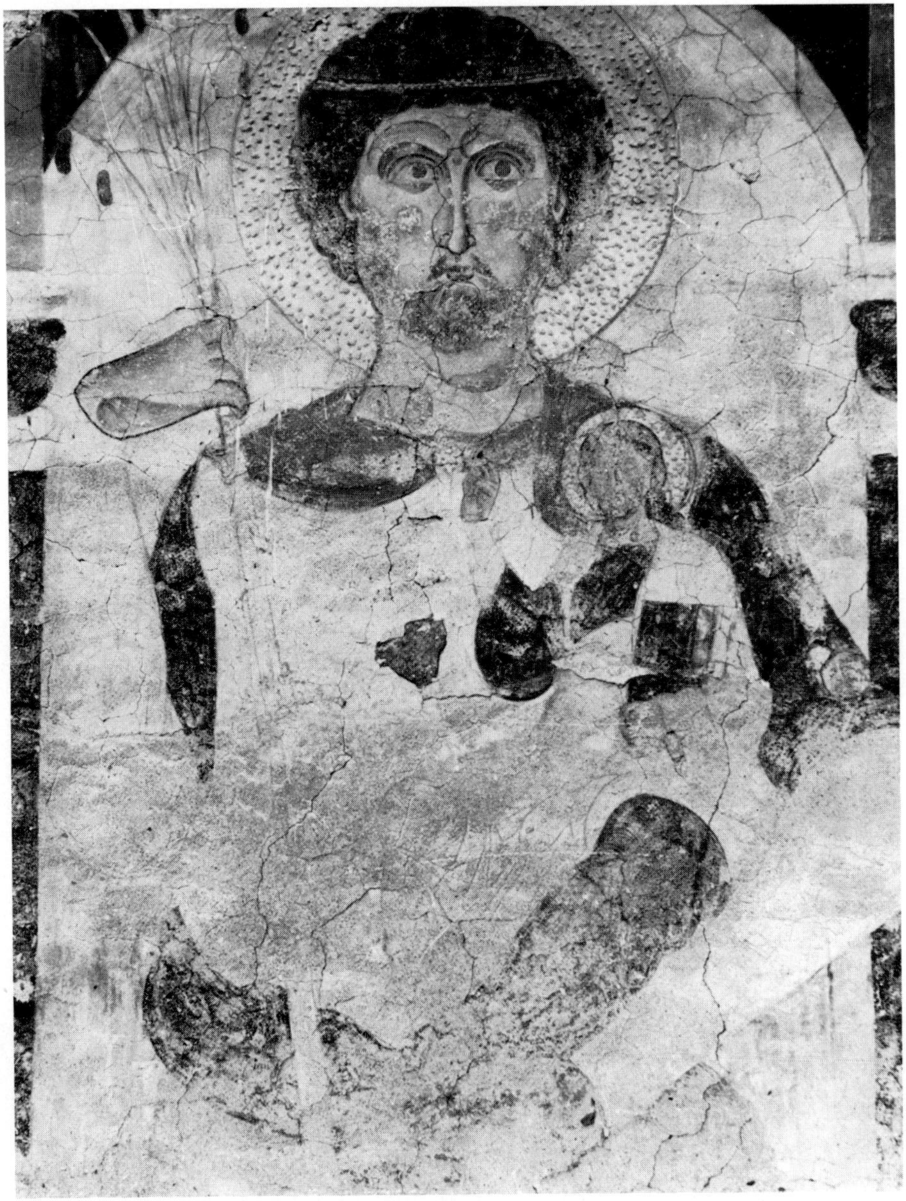

57 St. Peter in Bacharach, Fresko, 2. H. 13. Jh. Repräsentativbild des Christophorus, der Christus am Herzen trägt.

58 St. Johann in Taufers, Südtirol, Fresko, 2. H. 13. Jh. Romanischer Bildtypus des Heiligen in Frontalhaltung. Christus als Erwachsener, auf der Herzseite getragen

Der Riese

Christophorus wurde schon in den frühen Legendenfassungen als riesenhaft und von gewaltiger Stärke bezeichnet. Die Künstler suchen dem Rechnung zu tragen, indem sie ihn die anderen Personen weit überragen lassen. Auch der von Christophorus getragene Christus wirkt sehr klein, so daß er bald als Kind gedeutet wird.

59 Dominikanerkirche in Regensburg, Fresko, 14. Jh. Christophorus (rechts) überragt die Gruppe der Heiligen

60 Wandgemälde in Niedermendig, ▷ Rheinland/Pfalz, Mitte 13. Jh. Christophorus ist dreimal so groß wie die anderen Heiligen

61 Schloßkapelle in Marburg, Fresko, Ende 13. Jh. Streng statuarische Darstellung, der Blick ins Unendliche gerichtet

62 Heilig Geist Hospital in Lübeck, Fresko, 1. H. 14. Jh. Christus thront in der Art der Majestasdarstellungen, in der Linken das Buch des Lebens

63 Romanische Monumentalplastik an der Kirche S. Maria Maggiore in Gemona, Provinz Udine

◁ 64 St. Katharina in Tiers, Südtirol, Wandbild, um 1400

65 Buchmalerei, Einzelblatt, 1. H. 16. Jh.
Germanisches Nationalmuseum, Nürnberg

66 St. Andreas in Köln, Fresko, um 1340

67 Barbarakirche in Kuttenberg bei Prag, Fresko, um 1490

Der Mann im Strom

68 Schriftseite mit Miniatur aus der Legenda sanctorum, Frankreich, 14. Jh. Bayerische Staatsbibliothek, München

Während sich der Sinngehalt des Namens »Christophorus« ab etwa 1130 im Bild erfüllte, und die Gläubigen dies mit Herz und Sinnen aufnehmen konnten, blieb die erzählende Ausdeutung der Christusträgergestalt noch einige Menschenalter ungesagt. Es bedurfte der dichterischen Phantasie, um das auszusprechen, was vielleicht viele schon empfanden, um die verschiedenen Elemente der Legende zu einem einheitlichen Mosaik zu verbinden. Die endgültige Form, in der uns die Geschichte des Christophorus vertraut ist, entstand gegen Ende des 13. Jahrhunderts (zwischen 1263 und 1273) durch einen Mann namens Jacobus de Voragine [1]. Er stammte aus Varazze bei Genua, also aus einer dem Christophoruskult vielfältig erschlossenen Landschaft. Ihm waren nicht nur die Varianten bildlicher Gestaltung geläufig, sein Blick umfaßte auch die ganze Weite der Legendenlandschaft seiner Zeit. Souverän verfügte er über die zu Gebote stehenden Erzählmotive, die Vorlagen z. T. zusammendrängend, z. T. erweiternd; er schuf folgende Christophorusgeschichte:

Der Riese Christophorus will seine gewaltigen Körperkräfte dem mächtigsten Herrn der Welt zur Verfügung stellen. Er tritt in den Dienst eines großen Königs, bis er eines Tages erkennen muß, daß dieser sich vor einer noch stärkeren Macht ängstigt: als der Name des Teufels genannt wird, bekreuzigt er sich. Daraufhin löst Christophorus sein Dienstverhältnis und folgt dem Teufel in die Wüste. Einmal bemerkt er, daß der Teufel einen Bogen um das Kreuz macht, daß er sich also vor diesem fürchtet. Der Riese verläßt ihn daher und begibt sich erneut auf die Suche nach der größten Macht auf Erden. Schließlich unterweist ihn ein Einsiedler in der Lehre Jesu: »Diene, so wirst du ihn finden.« Diesen Auftrag erfüllt nun Christophorus, und zwar nicht dem ursprünglichen Rat des frommen Mannes folgend durch Fasten und Beten, sondern durch tätigen Einsatz. Er trägt alle Menschen, die des Weges kommen und über den Strom wollen, auf seinen starken Schultern ans andere Ufer.

In einer stürmischen Nacht hört er dreimal eine Stimme rufen; erst beim dritten Anruf gewahrt er ein Kind, das er sogleich aufnimmt, um mit ihm durch die Fluten zu waten. Während das Wasser anschwillt, ist ihm, als werde das Kind immer schwerer. »Kind, du bist mir so schwer, als trüge ich die ganze Welt«, stöhnt Christophorus und erhält die Antwort: »Du trägst den, der die Welt geschaffen hat.« Mit Mühe erreicht er das andere Ufer und erkennt in dem Kind Gottes Sohn. Dieser verheißt ihm, durch ein Wunderzeichen die Wirklichkeit des Geschehenen zu bestätigen: er möge seinen Stab in die Erde stekken. Der Riese tut so, und über Nacht wird ein Bäumchen mit Blättern und Früchten daraus.

Dieser eindrucksvollen Geschichte fügt der Verfasser nun die Erzählung von den Martern des Heiligen an, wie sie in der Reprobus-Legende vorgegeben waren.

Die Legende vom Christusträger am Strom verdrängte die Passio fast völlig; Jacobus de Voragine nahm sie in seine große Sammlung »Legenda aurea« auf. Sie erreichte bald weite Kreise in ganz Europa, beeinflußte die religiöse Literatur und die Volksfrömmigkeit. Möglicherweise half Jacobus selbst dazu, sie unters Volk zu bringen kraft seiner Predigten, seiner Stellung als Dominikanerprovinzial und (ab 1288) als Erzbischof von Genua.

Dichter und bildende Künstler haben sich um die Deutung der Christophorus-Gestalt bemüht. Seit Beginn des 19. Jahrhunderts befaßt sich die Forschung eingehend mit den Problemen der Legende und gelangte zu teilweise sehr divergierenden Meinungen; vor allem war es die Frage nach der Verbindung der Heiligenvita mit dem Strommotiv, welche die Geister erhitzte.

In der Romantik hat man einen Bezug zur nordischen Sage von Gott Thor, der den Övandil auf der Schulter durch den Strom trägt, herzustellen versucht. Die germanische Mythologie kommt aber für die Entstehung der christlichen Legende schon wegen des zeitlichen und räumlichen Abstandes nicht in Frage und wird heute als Quelle abgelehnt [2].

Desgleichen lassen sich zum indischen Kulturkreis keine zeitlichen und räumlichen Bindeglieder herstellen, welche die Hypothese einer Übernahme des Gottträgers bestätigen könnten. Frappierend bleibt allerdings die Ähnlichkeit der Motive in der indischen und christlichen Legende. Der in einen Dämon verwandelte König Brahmadatta überwältigt den Prinzen Sutasoma, eine Reininkarnation des Bodhisattva, und trägt ihn fort. Dieser belehrt und bekehrt ihn während des Übersetzens über den Strom, so daß er seine Wildheit verliert [3]. – Auch die Sage von Wischnu, der in Zwergengestalt dem Riesen Bali aufsitzt und zur schweren Last wird, weist eine gewisse Ähnlichkeit mit der Christophorus-Legende auf.

Am meisten Überzeugungskraft kommt noch der These von Bruno Schröder zu, der in antiken Vorstellungen, sowohl der Literatur (Romane, Mythen) als auch der bildnerischen Gestaltung, Motivvorbilder des Riesen sieht, der ein göttliches Wesen über den Fluß trägt. Er belegt die These durch zahlreiche

Beispiele (Kleinplastiken, Gemmen): dargestellt wurde der nackte Herakles mit Keule, wie er den Erosknaben auf der Schulter durchs Wasser trägt. Die als erstarrte Kunstform weiterlebende Gruppe sei durch Umdeutung in die christliche Legende eingeflossen. Schröder formuliert das Ergebnis seiner Untersuchungen vorsichtig: »Es scheint in der Gestalt des heiligen Christophorus ein antikes Kunstgut fortzuleben, das mannigfache Umwandlungen durchgemacht hat: vom poetischen Einfall zum ehernen Standbild, vom antiken Kunstwerk zur christlichen Legende, von der Legende zum Heiligenbilde, vom Heiligenbilde zur Märchengestalt und zur symphonischen Dichtung [4].« Da sich aber ein Weg über die literarische Fixierung zur bildlichen Adaption des antiken Vorbildes nicht finden läßt, erscheint auch dieser Deutungsversuch als sehr vage. Ähnlich ergeht es dem Versuch, den ägyptischen Totengott Anubis, der den Sonnengott Horus über den Nil trug, als motivisches Vorbild für den Christusträger zu beanspruchen. Der schakalköpfige Anubis war in seiner Bildgestalt den koptischen Christen am Nil geläufig; der Kult fand durch die römischen Soldaten weite Verbreitung. Es wäre immerhin denkbar, daß die Kunde davon bis ins abendländische Mittelalter gedrungen ist. Doch lassen sich auch hier keine Bindeglieder finden, die den großen zeitlichen Abstand von fast tausend Jahren überbrücken [5].

Die Untersuchungen der letzten Jahre kommen in der Deutung der Christusträgerschaft nicht wesentlich über die durch Rosenfeld 1937 bestimmte Entwicklungsreihe hinaus: das stufenweise bildliche Verstehen ging dem Entstehen der Legende voran. Die rasche Verbreitung der Darstellung des Heiligen mit dem erwachsenen kleinen Christus auf dem Arm oder am Herzen hängt nicht nur mit der eucharistischen Frömmigkeitsbewegung (s. S. 34) zusammen, sondern auch mit dem Glauben an die apotropäische (Unheil abwehrende) Kraft des Christophorusbildes; davon soll noch ausführlich die Rede sein.

69 Einblattholzschnitt aus Kloster Buxheim, Bodensee, 1423. Frühester datierter Holzschnitt

Da dem Riesen der Überlieferung zufolge ungefähr die dreifache Mannesgröße zukam, mußte der erwachsene Christus auf seinem Arm vergleichsweise klein ausfallen. In Niedermendig z.B. tritt diese Proportion deutlich hervor: Christus ist von gleicher Größe wie die Heiligen des Frieses, während Christophorus alle weit überragt. Es lag nahe, die kleine, oft auch bartlos dargestellte Heilandsgestalt als Kind aufzufassen und die Beziehung Riese – Kind durch erzählendes Ausschmücken zu interpretieren.

Anregend für die Prägung der Geschichte wirkten sicher auch zahlreiche Legenden, die im Umlauf waren, über die Aufnahme armer Pilger oder Hilfeleistungen an Fremden, die sich dann als Christus bzw. heilige Menschen erwiesen. In auffallender Weise zeigt sich Übereinstimmung vor allem mit der

Legende des Julianus Hospitator; einzelne Partien scheinen fast wörtlich in die »Legenda aurea« übernommen worden zu sein: »Von ihm berichtete seit dem 12. Jh. die Legende, er habe, um einen Frevel zu sühnen, sich an einem reißenden Strome niedergelassen, um arme Pilger überzusetzen und sie zu beherbergen. Einstmals in der Nacht, als er in seiner Hütte schlief, hörte er eine Stimme rufen, er möge kommen und ihn übersetzen; er fand einen von Kälte fast erstarrten Mann, holte ihn über den Fluß und trug ihn in seine Hütte; dort erwies dieser sich als Christus selbst [6].«

Bei der Neugestaltung der Christophoruslegende wurden jedoch wesentliche Punkte der Julianuslegende weggelassen, z.B. das Motiv des Elternmordes, Akzente verlagert und andere wichtige Züge hinzugefügt. So fand das Dienstmotiv, also daß Christophorus auszieht, um einem Herrn seine Dienste anzutragen, farbige Ausmalung. Hierin sieht Josef Szövérffy eine starke Abhängigkeit von der zeitgenössischen Literatur, etwa den Parzival-Fassungen des Chrestien de Troyes oder Wolframs von Eschenbach. »Man kann die Christophorus-Gestalt (den einfältigen Riesen auf Dienstsuche) als ein geistiges Gegenstück zum Ritter Parzival betrachten. Woher kommt sonst die Einsiedler-Episode der Christophorus-Legende? ... Man kann natürlich keine direkte, textmäßige Ableitung zwischen den Texten erwarten, sondern nur den allgemeinen Einfluß der damals durch die Parzival-Fassungen landläufig gewordenen Vorstellungs- und Denkkategorien (demütig – einfältiger Held auf Dienstsuche in der Welt; Helfer und Wegweiser, der einen Wendepunkt in der Erzählung bedeutet), erkennen [7].«

Bei dem Motiv des schwererwerdenden Kindes spielt das Bild der Taufe, das ja bereits bei der Reprobus-Legende von Bedeutung war, eine wesentliche Rolle. Das Hinunterdrücken des Christophorus ins Wasser ist eine symbolische Anspielung auf die Taufe durch Untertauchen, wie sie zur Entstehungszeit der Legende in den Alpenländern noch üblich war. Das Geschehen vereint bildlich die geistige mit der irdischen Realität des Christusträgers [8]. Die Vorstellung von der reinigenden und sühnenden Kraft des Wassers entstammt uralten mythischen Überlieferungen. Dieser Ableitung des Einsinkens aus der Taufsymbolik kommt mehr Wahrscheinlichkeit zu, als der Rückführung des Motivs der Gewichtsänderung auf das Sagenmotiv des »Hookup«, wie es von anderen Forschern versucht wurde [9]. Das bedrängende Aufsitzen eines Dämons erzeugt doch wohl andere Gefühle als die »süße Last« des Gotteskindes.

Die Analyse der Vorstellungshintergründe und der Motivübertragung erbrachte auch eine Verbindung der Christusträgerlegende zu volkstümlichen Rechtsbräuchen, die an Rhein und Donau beheimatet waren und in »Weis-

70 Ludwig von Ulm, Einzelholzschnitt, 1468

71 Jost Amman, Holzschnitt, 2. H. 16. Jh. Ausschnitt

72 Meister H. L., Einzelholzschnitt, Anfang 16. Jh. Ausschnitt

tümern« (seit dem 13. Jahrhundert schriftlich festgelegtes Gewohnheitsrecht) überliefert sind [10]. Danach wird dem flüchtenden Verbrecher während der Überfahrt Schutz gewährt, damit die Überfahrt nicht durch einen Kampf gefährdet werde. Möglicherweise hat auch die Angst vor der Rache der Flußgeister, die bis weit herein in die Neuzeit die Menschen beherrschte, eine Rolle gespielt. Das Asylrecht beanspruchten sowohl Julianus als auch Christophorus, der sich durch seinen Teufelsdienst unwissend in Schuld verstrickt hatte. (Auf der Seite des Bösen zu stehen, bedeutete für den Gläubigen des Mittelalters auf jeden Fall ein Schuldigwerden, auch wenn Christophorus der Sinn danach stand, nur dem größten Herrn der Welt zu dienen.) Die im Mittelalter so beliebte und in der Literatur häufig praktizierte Namensauslegung deutete nun Christ-Offerus in der Weise, daß der büßende Riese Christus seine Dienste anbietet (lat. offere). Dieser Namensform begegnet man in mehreren deutschen Fassungen, vor allem auch in den mittelhochdeutschen Christophorusgedichten.

Die Christophoruslegende ist also ein »Bindeglied zwischen der klassischen Sage und dem Volksmärchen, mittelalterlicher Epik und Rechtsbrauch [11].« Tausend Jahre etwa waren vergangen vom ersten Aufflackern einer Christo-

73 Joerg Breu d. J., Einzelholzschnitt, 1. H. 16. Jh. Ausschnitt

phorusverehrung in Kleinasien bis zu der endgültigen Ausformung der Heiligengestalt in Mitteleuropa. Ein Gewebe von unbewußten Reminiszenzen und bewußten Denkinhalten hatte sich über den Heiligen gelegt und aus ihm das dem abendländischen Menschen gemäße Symbol des Christusträgers geschaffen. Während das Repräsentationsbild des alten Typus gelegentlich bis ins 14./15. Jahrhundert hinein beibehalten wird, erfährt die Christusträgerlegende ihre Ausformung im Bild zwischen dem 13. und 15. Jahrhundert.
Die Vorstellung der Romanik hatte den unnahbaren Heiligen geprägt, den Verklärten, der mit weit geöffneten Augen aufs Unendliche gerichtet ist. Der von Gott Ausgezeichnete thronte in aufrechter, frontaler Haltung. Nichts an ihm deutete auf Leiden und Entblößung: in ein langes, edles Gewand gehüllt, mit einem meist hermelinbesetzten Mantel und mit Rock und Schuhen angetan, den Palmzweig (oder Stab) des Sieges in der Hand, bot er einen majestätischen Anblick.
Ganz anders dagegen die gotische Auffassung: Christophorus ist ein schwer Kämpfender, gebeugt unter der allzuschweren Last, unbeschuht, entblößt oft bis übers Knie. Meist erscheint er als körperlich und seelisch Leidender, altgeworden, ja greisenhaft; manchmal wirkt er wie ein gebrochener Mann.
Diese Wandlung in der Verwirklichung des geistigen Bildes steht in Parallele zur Darstellung des Heilandes am Kreuz, wie sie der romanischen und der gotischen Weltanschauung entsprach: Aus dem »König der Herrlichkeit« war der leidbeladene Jesus, der Schmerzensmann, geworden [12].
Der sehr menschlich gesehene Christophorus ist dem Empfinden der Gläubigen näher gerückt. Er, der einfache, schwergeprüfte Furtknecht, konnte Verständnis für das Anliegen des Einfachsten erwarten lassen.
Die Künstler lösten das Problem der Auflockerung des Statuarischen durch eine neue Figurenkomposition. Das Kind setzten sie dem Heiligen auf die Schulter oder ließen es auf seinem Nacken stehen bzw. knien, so daß der Körper des Trägers eine ausgleichende Bewegung vornehmen mußte. Ende des 13. Jahrhunderts beginnt der Heilige seinen Fuß ins Wasser zu setzen; er wird als Schreitender dargestellt, als »bewegter Profiltyp [13].« Dramatische Belebung kommt in die Gestalt. Der Arm mit der Stütze wird nach vorne gestreckt, die Beine sind kräftig gegen das Element angestemmt. Der Mantel bauscht sich im Wind.
Im 15. Jahrhundert dann formt sich die Liebe zum Detail und zur Naturwahrheit aus. Mit erstaunlichem Phantasiereichtum werden Natureindrücke und vielerlei Einzelmotive geboten. Die Landschaft wird zum festen Bildelement. Der Eremit mit der Laterne fehlt selten; oft sind weitere Szenen vom Leben am Ufer, in einem nahegelegenen Bauernhof, in einer Stadt, wiedergegeben.

74 Wolf Huber, Einzelholzschnitt, 1. H. 16. Jh.

76 Tizian, Trionfo delle Fede, Holzschnitt, 1508. Ausschnitt

75 Albrecht Dürer, Holzschnitt, 1511

pas a nous Sei gneur/ non pas a nous : mais a ton
Confesseurs.
Quiconques confessera que Iesus est le filz de Dieu
Dieu demeure en luy, & luy en Dieu. 1. Ioan. iiij.

Während Christophorus zu Anfang des 15. Jahrhunderts meist nach der linken Bildseite hin ausschreitet, zeigt ihn das Ende des Jahrhunderts in einer neuen Form: er kommt auf den Betrachter zu, blickt ihm entgegen; das Bild gewinnt an Tiefenwirkung. Diese dynamische Darstellungsart wird auch im 17. und 18. Jahrhundert bevorzugt [14].
Das Kind wirkt im Gegensatz zu seinem Träger überlegen, ruhig, und strahlt in heiterer Verklärung die Aura des Ewigen aus. Mit einer Hand hält es sich an dem heiligen Riesen fest, mit der anderen umfaßt es die Weltkugel oder führt den Segensgestus aus. Oft stellt das verwunderte, gequälte, betroffene Aufblicken des Heiligen einen Kontakt zum Kind her: die Möglichkeit einer Annäherung des Menschlichen zum Göttlichen ist zu ahnen.
Gegen Ende des 16. Jahrhunderts werden die Darstellungen spärlicher, ihre künstlerische Aussage geringer. Der innere Bezug zum Thema schwindet. Das Körperliche, die nackte Gestalt, der jugendliche Held – dem antiken Heros nachempfunden – reizt vor allem die Künstler des romanischen Südens zur Formgebung. Der Heilige wird entweder in robuster Männlichkeit oder als graziöser Jüngling effektvoll in die Szene gestellt.
Daneben behauptet sich aber auch der Wille zum Gleichnis, zum Emblem. Diese oft überladenen Lehrgemälde rufen als Gegenbewegung wiederum die Sehnsucht nach der Verehrung des Schlicht-Menschlichen oder des Wunderbaren hervor. Nachdem das 19. Jahrhundert höchst selten zur Gestaltung des Themas in romantischer oder neorealistischer Weise beitrug, finden sich die Künstler des 20. Jahrhunderts angesprochen, den symbolträchtigen Heiligen als sehr persönlich geschaute Gestalt oder in stark abstrahierter Form zu erfassen. So spiegelt der ikonographische Entwicklungsprozeß des Christusträgers auch den Wandel der Auffassung vom Christenmenschen, vom Menschenbild überhaupt.

77 Albrecht Dürer, Kupferstich, 1521

78 Bramante, Silberstiftzeichnung, um 1500.
Den kongelige Kobberstiksamling, Statens Museum for Kunst, Kopenhagen

79 Sano di Pietro, La leggenda di S. Cristoforo, Mitte 15. Jh. Pinacoteca Nazionale, Siena

Das Wasser

In der zweiten Hälfte des 13. Jahrhunderts übernimmt die darstellende Kunst das Strommotiv. Das Wasser wird zunächst durch Wellenlinien, später naturgetreu wiedergegeben. Christophorus versucht sich, meist in der Tracht des Fährmanns, mit bloßen Beinen durch die Fluten ans andere Ufer durchzukämpfen. Es entsteht der bewegtere Bildtypus des durchs Wasser Schreitenden.

80 Niederländisches Gebetbuch, Ende 15. Jh. (Cgm. 83, fol. 85). Bayerische Staatsbibliothek, München

81 Gebetbuch aus Kloster St. Erentrud auf dem Nonnberg bei Salzburg, 15. Jh. (Cod. germ. 121) Bayerische Staatsbibliothek, München

82 Deutsches Brevier für Kaiser Friedrich III., Wien, 2. H. 15. Jh. (Cgm 68, fol 1v). Oben Christophorus und Christus als Weltheiland; unten Kaiser Friedrich III. (1455-93) mit seinen drei Söhnen. Bayerische Staatsbibliothek, München

83 Luigi Giani di Portogallo, Gemälde, dat. 1472.
Museo Civico, Pisa

84 Holzrelief, Oberösterreich, um 1520.
Bayerisches Nationalmuseum, München

85 Holzrelief, Oberbayern, um 1500. Detail.
Bayerisches Nationalmuseum, München

86 Kapelle der Burg Klingenberg, Mittelböhmen, 1260-70, spätgotische Wandmalerei, Ende 15. Jh.

88 Pfeilerfigur im Kölner Dom, Holzplastik, um 1470. Christophorus in der Tracht des Fährknechtes mit Stirnbinde, hochgerafftem Rock und Stütze

87 Wange des Chorgestühls, Ende 15. Jh. im ehemaligen Zisterzienserkloster Lügum, Schleswig-Holstein

Der Jüngling

In der Renaissance löst sich die Darstellung vom Sinngehalt der Legende. Die Deutung des Heiligenbildes ist Angelegenheit des Künstlers oder einer Schule. Vor allem in den romanischen Ländern wird Christophorus als antiker Heros oder graziöser Jüngling gesehen.

89 Unbekannter Meister der italienischen Frührenaissance, Ende 14. Jh. Galleria Doria Pamphili, Rom

90 Massaccio, Fresko an einem Pfeiler der Cappella della Passione in der Basilica San Clemente, Rom, um 1420

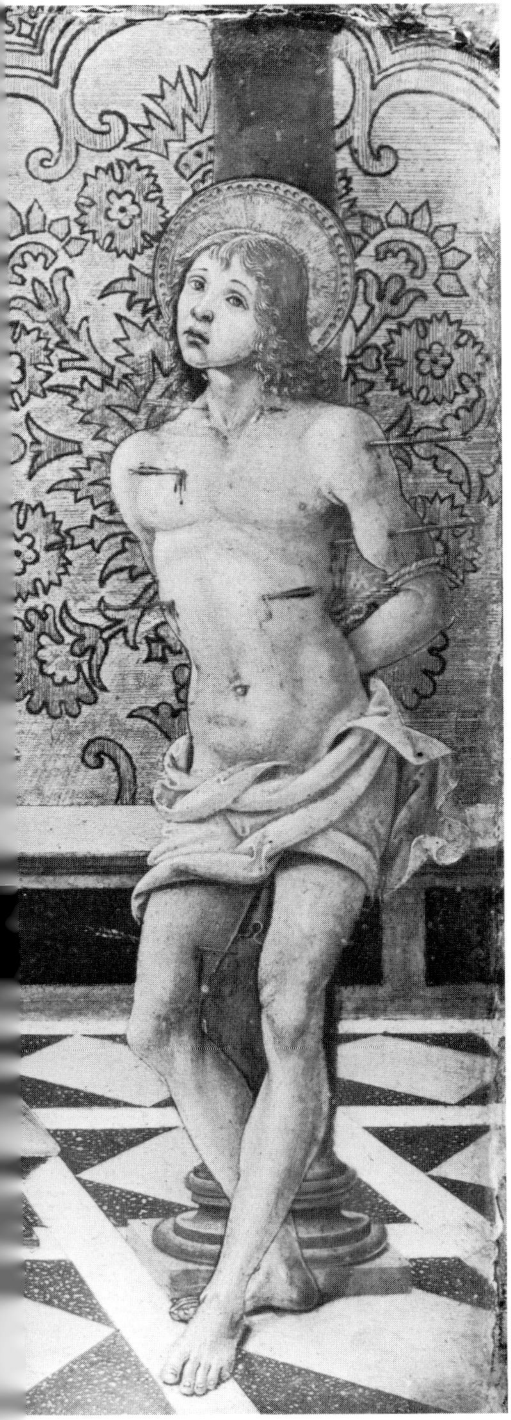

92 Giovanni Bellini, Altar der Kirche SS. Giovanni e Paolo, Venedig, Anfang 16. Jh. Detail

91 Fiorenzo di Lorenzo, Tafelgemälde, 15. Jh. Thronende Madonna zwischen den Märtyrern Christophorus und Sebastian. Städelsches Kunstinstitut, Frankfurt

93 Pinturicchio,
Christo in Croce, nach 1500.
Galleria Borghese, Rom

94 St. Sigmund im Pustertal, Fresko, 1519, Höhe ca. 8 m. Darstellung des Christophorus als siegessicherer Renaissancefürst, mit dämonischen Zauberwesen zu seinen Füßen

95 Aelbrecht Bouts, Altartafel, Anfang 16. Jh. Christophorus zwischen Felskulisse im stillen Wasser; das Kind im optischen Mittelpunkt des Bildes.
Galleria e Museo Estense, Modena

96 Hans Memling, Moreelaltar, 1484. Detail.
Städtisches Museum, Brügge

97 Albrecht Altdorfer, Federskizze, 1512. Rückenansicht des Heiligen mit hochgebauschtem Mantel; seltene Darstellung des auf den Schultern des Heiligen knienden Kindes.
British Museum, London

Der Ritter

Die zeitgenössische Literatur des Rittertums beeinflußt die Ausgestaltung der Christophoruslegende. Der Heilige, der seine Dienste den Schwachen anbietet, erscheint gelegentlich in höfischer Kleidung.

98 Jakobskirche in St. Ulrich, Südtirol, Außenfresko, 1460

99 Schrotblatt-Kopie des Kupferstiches des Meisters »I. A. M.«, genannt Meister von Zwolle, Ende 15. Jh.
Die Darstellung des Christophorus zu Pferd ist eine ikonographische Besonderheit

101 Wolf Huber, Federzeichnung, 1513
Öffentliche Kunstsammlung, Basel

100 Bildinitiale eines Missale aus Bologna, Ende 15. Jh. (Cod. lat. 10072).
Bayerische Staatsbibliothek, München

Die Weltkugel

Auf mittelalterlichen Darstellungen trägt Christus, häufig eine kleine Weltkugel bzw. einen Reichsapfel als Zeichen seiner Macht und Würde. Im 15./16. Jahrhundert nimmt die Weltkugel oft gewaltige Dimensionen an. Das Kind sitzt auf der Kugel, hält diese mit einer Hand hoch, kann aber auch, in einen sphärenhaften Globus eingeschlossen, die der Welt immanente Göttlichkeit verkörpern. Christophorus ist es, als trüge er die ganze Welt auf seinen Schultern, denn »er trägt den, der alles trägt«.

102 Kupferstich nach einem Gemälde des Jan de Cock, um 1520

103 Joachim Patinir, Werkstatt (?), Gemälde um 1521. Privatbesitz

104 Heinrich van der Borcht, Stich nach Francesco Mazzuoli, genannt Parmegianino, 17. Jh.

105 Meister von Meßkirch, Altartafel, 1538
Öffentliche Kunstsammlung, Basel

Der Tiefgebeugte

Seit der Spätgotik wird Christophorus in Mitteleuropa als ein körperlich und seelisch Leidender dargestellt, der von der Last des Gotteskindes, das die ganze Welt trägt, schwer bedrängt wird. Oft drückt sich das allein in den Gesichtszügen aus, oft bricht der Heilige, der zum Greis geworden ist, fast in die Knie und erreicht nur unter äußerster Anstrengung das Ufer. Das Hinunterdrücken ins Wasser ist zugleich eine Anspielung auf die legendäre Taufe des Heiligen durch Christus.

106 Meister der Maria Magdalena, Altartafel, 16. Jh.
Bayerische Staatsgemäldesammlungen, München

107 Albrecht Altdorfer, Kupferstich, Anfang 16. Jh.

108 Albrecht Altdorfer, Holzschnitt, 1513

109 Lukas Cranach, Holzschnitt, 1506

110 Bartolomeo Biscaino, Radierung, Mitte 17. Jh.

111 Niederländische Plastik, Eichenholz, Anfang 16. Jh.
Reichsmuseum, Amsterdam

112-113 Albrecht Dürer, um 1494.
Der Eremit gehört im 15./16. Jh. zum festen Bestand des Bildtypus.
Staatliche Kunstsammlungen, Dessau

114 Konrad Witz, Heilsspiegelaltar, um 1435.
Öffentliche Kunstsammlung, Basel

115 Hieronymus Bosch, um 1500.
Allegorische Ausdeutung der Legende; der Fisch ist eine Anspielung auf die Eucharistie.
Museum Boymans-van Beuningen, Rotterdam

115-117 Gegen Ende des 15. Jahrhunderts erlangt die Realität Gewicht, sowohl in der Landschaft als auch im menschlichen Lebensbereich; das Detail wird liebevoll ausgemalt. Hinzu kommt, im 16. Jahrhundert vor allem in protestantischer Sicht, die allegorische Ausdeutung der Legende. Pilgertaschen, z.B. mit Muscheln und Rosenkranz besetzt, mit Brot und Fischen gefüllt, sind entweder Hinweise auf das Patronat der Reisenden oder auch Anspielungen auf die Eucharistie.

116 Maria Laach,
Fresko, um 1510. Detail

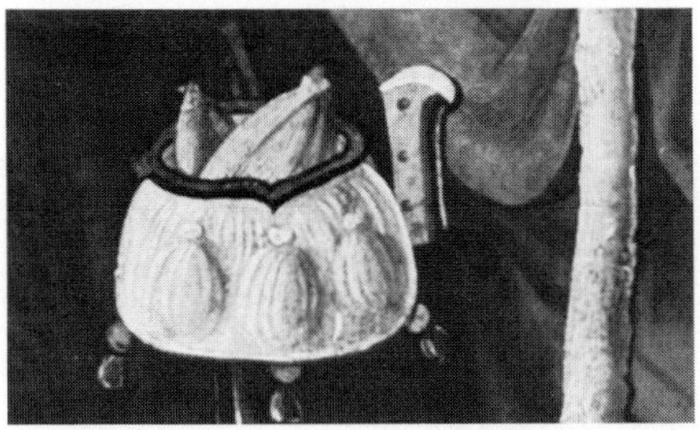

117 Unbekannter österreichischer Meister,
um 1522. Detail.
Galerien der Stadt Zagreb

118 Meister von Frankfurt, Gemälde,
um 1510.
Mauritshuis, Den Haag

120

119

121

Seite 96

119 Hans Baldung Grien, Federzeichnung, Anfang 16. Jh.
Kunsthalle, Karlsruhe

120 Hans Brüggemann (?), Holzplastik im Dom zu Schleswig, um 1520

121 Münchner Meister, Holzplastik im Dom zu München, um 1520

Seite 97

122 Peter Paul Rubens, Zunftaltar der Armbrustschützen in der Kathedrale zu Antwerpen, um 1613.
Bayerische Staatsgemäldesammlungen, München

123 Joos van Cleve, Rückseite des Marienaltars, 1515. Die Hl. Anna selbdritt neben Christophorus mit dem Kind: das Motiv des Tragens weist in beiden Fällen auf einen engen Kontakt der Bezugspersonen hin.
Bayerische Staatsgemäldesammlungen, München

124 Joachim Patinir, Gemälde, Anfang 16. Jh.
Escorial, Madrid

Das Kind

Bereits gotische Darstellungen spielen den Kontrast des schwerbelasteten Menschen zu dem verklärten Christuskind in vielen Varianten aus, um die wunderbare Berührung der beiden Welten zu verbildlichen. In liebevollen Gesten und Blicken, im Aufschrecken, Erstaunen oder Insichschauen vollzieht sich diese Kontaktnahme in der Deutung durch die bildende Kunst.

125 Raigener Brevier, 1343. Das Kind stützt sich mit dem Arm auf den Kopf des Christophorus. Universitätsbibliothek, Brünn

126 Westminster Psalter, 14. Jh.
(Royal MS. 2. A. XXII, fol. 220 v).
British Library, London

127 Augsburger Handschrift, Mitte 15. Jh.
(Cod. germ. 6834).
Bayerische Staatsbibliothek, München

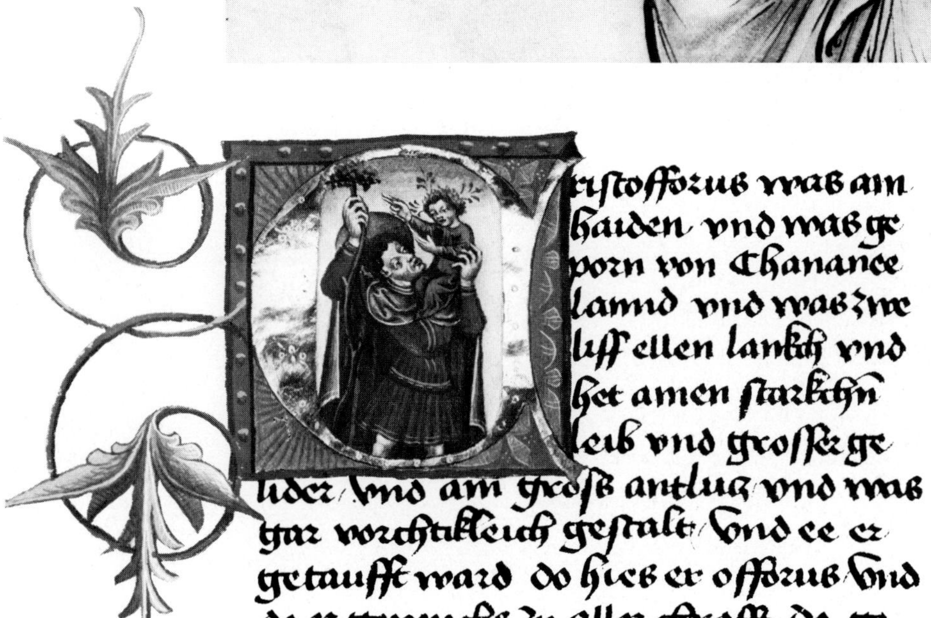

Cristofforus was ain
haiden vnd was ge
porn von Chanance
lannd vnd was zwe
lff ellen lankch vnd
het ainen starkchen
leib vnd grosse ge
lider vnd ain grosß antlutz vnd was
gar vorchtikleich gestalt vnd ee er
getaufft ward do hiess er offorus vnd
do er gewuchs zu aller chraft do ge

129 △

▽ 130

◁ 131

△ 132

Seite 102

128 Hans Burgkmair, Sebastiansaltar, Anfang 16. Jh.
Bayerische Staatsgemäldesammlungen, München

129 Georg Pencz, 1. H. 16. Jh.
Wallraf-Richartz-Museum, Köln

130 Meister des Kefermarkter Altars, Oberösterreich, um 1480. Detail

131 Basler Schule, 16. Jh.
Öffentliche Kunstsammlung, Basel

132 Johann Koerbecke, um 1470.
Diözesanmuseum, Münster/Westfalen

△ 134 Unbekannter Meister, Muri, Schweiz, um 1470.
Schweizerisches Landesmuseum, Zürich

◁ 133 Hans Baldung Grien, Sebastianaltar, 1507.
Germanisches Nationalmuseum, Nürnberg

135 Tizian, Fresko im Dogenpalast, Venedig, 1523

136 Meister von Meßkirch, Wildensteiner Altar, 1536
Fürstlich Fürstenbergische Sammlungen, Donaueschingen

137 Francesco Amato, Radierung, 17. Jh.

△ 135

▽ 136

Die Dämonen

Seit der Mitte des 13. Jahrhunderts wird auf den Christophorusbildern das Wasser als bedrohliches Element dargestellt, bewohnt von dämonischen Untieren. Sirenen suchen den Heiligen zu verführen, Teufel und Meeresgewürm ihm den Weg zu versperren.

138

138-140 Jan Mandyn, Mitte 16. Jh. Gesamtansicht mit zwei Details. Bayerische Staatsgemäldesammlungen, München

139

140 ▷

△ 141

▽ 142

141 Kleinalmerode bei Kassel, Fresko, Ende 13. Jh. Detail

142 Rittersdorf, Kärnten, Fresko, Ende 15. Jh. Ausschnitt

143 Lucas Cranach, Ausschnitt aus einem Gemälde, um 1520. Privatbesitz

rechts
144 Wenns im Pitztal, Fresko am Platzhaus, 1576

143

Gott Allain Die Eer
1 5
7 6
Christoff

146 Meister des hl. Sebastian, Kupferstich, Mitte 15. Jh.

145 Michael Wolgemut, Detail einer Altartafel, 15. Jh.
Bayerische Staatsgemäldesammlungen, München

Stab und Baum

Dem Märtyrer Christophorus gebührt das Attribut des Palmzweiges. Als Missionsprediger trägt er einen Stab mit sich, der in Bestätigung des göttlichen Auftrages zu grünen beginnt und auf manchen Darstellungen Blüten und Früchte hervorbringt. Bei dem Mann im Strom wird der Stab, ein kräftiger Ast, ein dürrer Knüppel oder auch ein umgekehrter Baumstamm mit nach oben ragendem Wurzelstock, zur Stütze im Kampf gegen die Gewalt der Elemente.

147 Einblattholzschnitt, Bayern, Anfang 15. Jh.

148 Jodlbauer in Hagnberg bei Geitau, Oberbayern, Fassadenmalerei, 1786

149 Unbekannter Meister, bemalte Holzplastik, 15. Jh. Altertumsmuseum, Mainz

150 Holzstatue in St. Waltrudis in Herenthals, Provinz Antwerpen, 15. Jh.

152 Meister von Meßkirch, Altarflügel, 1538.
Bayerische Staatsgemäldesammlungen, München

151 Holzplastik, 16. Jh.
Fleischhalle, Antwerpen

154 Gemälde in der Heilig-Geistkirche in Reval, 17. Jh.

153 Holzschnitt, schwäbisch, um 1450

155 Spanischer Druck, 18. Jh.

156 Gold- und Silberstatuette, französisch, Ende 14. Jh.
Metropolitan Museum of Art, New York

157 Spanischer Druck, 19. Jh.

Der Nothelfer

Fast alle Religionen kennen Mittler zwischen Mensch und Gott. Nach christlichem Glauben besitzen diese Mittler kraft ihrer besonderen Heiligkeit – meist ihres für den Glauben vergossenen Blutes wegen – die Gabe, Bitten der Erdenbürger an höchster Stelle wirksam zu unterstützen. Der Mensch in seinen tausend Nöten sucht nach fühlenden Wesen, die sich seiner annehmen, die nicht zu unnahbar, zu göttlich-erhaben, aber doch kraftvoll und gnadenreich sind. Christophorus zählt zu ihnen der Überlieferung nach, so wie alle »Heiligen vom unzerstörbaren Leben«, da ihm dieses »Privilegium« auf sein Gebet hin vor der Hinrichtung zuerkannt worden ist (vgl. S.17).

Meist sind es die Gebeine eines Heiligen, irgendein von ihm benützter Gegenstand oder auch der Ort seines Wirkens, seines Sterbens, die heilsame Kraft ausströmen. Bei Christophorus haben sich derartige Verehrungszentren größeren Stils auf die Dauer nicht ausbilden können, wenn es auch Ansätze dazu gab. Immer wieder glaubte eine Stadt, eine Kirche – oder gab vor – seine Gebeine in ihren Mauern zu haben und dadurch zum Kultzentrum geeignet zu sein (z.B. Toledo, Paris, Köln); aber Christophorus blieb immer unbehaust, der Heilige, der überall und nirgends Heimatrecht besaß.

In der ursprünglichen Passio-Legende, wie sie aus dem Vorderen Orient überkommen ist, bittet der Heilige vor seinem Tod, Gott möge seine Schutzbefohlenen vor Dämonen, Hagel, Wetterschlag, Sturm und Dürre behüten. Es handelt sich also zunächst um ein mehr agrarisches Patronat, um den Schutz der Felder, von Haus und Hof. Dieser Zweig lebte noch lange fort (s.u.). Dazu aber fügten sich früh Auslegungen der Schutzformeln, Abstraktionen vom rein sinnlichen Bereich. Die Bitte um Vergebung der Sünden und das Abhalten böser Mächte wird einbezogen. Häufig erscheint die Formel »si fuerint ibi malefici aut daemoniaci ... salvi fiant« [1] (wenn dort irgendwelche Zauberer oder vom bösen Geist Besessene sind, sollen sie unversehrt bleiben). Nun machte man die Dämonen im Mittelalter auch für Krankheit und Tod verantwortlich, so daß sich eine Ausweitung des Empfehlungsbereiches von selber ergab. Die erste bekannte Versbearbeitung, die noch vor der Jahrtausendwende liegt, bringt diese Krankheitsauffassung klar zum Ausdruck; Christophorus fleht zum Herrn:

»Si mortalitas et taetra orta pestilentia
Homines passim et iumenta populata tulerit,
Tua compescat tam dirum dextera contagium!
Si quis daemone possessus, si quis certe languidus
In illo fortassis loco, in quo requievero,
Tuam rogarit cum meo opem patrocinio.
Ambobus simul succurrens, ambobus subveniens
Illum daemone expurga, istum morbo libera,
Utrosque deinceps tuo subiuga servitio.« [2]

(Wenn ein Sterben und der Ausbruch einer scheußlichen Seuche überall die Menschen und das Vieh verheeren, soll deine Rechte eine so grauenhafte Ansteckung in Schranken halten. Wenn ein vom bösen Geist Besessener oder ein Siecher, an jenem Ort etwa, an dem ich ruhe, deine Hilfe unter meinem Patronat erbittet, so stehe beiden bei, komme beiden zu Hilfe und reinige den einen vom bösen Geiste, den anderen von der Krankheit; danach unterwirf beide deinem Dienst.)

Bei der schon erwähnten Bearbeitung des Walther von Speyer tritt der Schutz vor Krankheiten deutlich in den Mittelpunkt aller menschlichen Nöte, für die der Heilige sich als Schutzhelfer anbietet: es sind dies die Schrecken des Wassers, des Hagels und des Zorns Gottes als Feuerstrahl, Hungersnot und Seuche, Besessenheit und Krankheit [3]. Den Krankheitsschutz suchte man nun zu detaillieren und zu spezifizieren: Christophorus sollte besonders wirksam werden bei Fieber, Zahnweh, Augenleiden, schlimmen Träumen, offenen Wunden, schwerer Geburt.

An der Kirche des Augustinerchorherrenstiftes in Torello (Tessin) befindet sich an der Westfront ein etwa drei Meter hohes Bild des Christophorus (1217) mit dem erwachsenen Christus auf dem Arm. In Majuskelschrift ist zu lesen: »a peste te martir liberat iste« [4] (Dieser Märtyrer hier möge dich von der Pest befreien). Hier ist wohl »Pest« noch im weiten Sinn für heimtückische, lebensgefährliche Krankheit zu verstehen, wie in einer Reihe ähnlicher Inschriften. Erst im Laufe der nächsten Jahrhunderte wurde die Pest als epidemisch auftretende, todbringende Seuche in den Kanon der Zuständigkeit unseres Heiligen miteinbezogen. Neben Christophorus fungierten Sebastian und Rochus als Pestpatrone.

Auf die Funktion als Pestheiliger weist z.B. ein Wandbild (1520/30) in der Pfarrkirche von Auer/Ora im Südtiroler Etschtal hin: der Heilige trägt an der Brust ein Knoblauchbüschel. Neben der alten Volksarznei Knoblauch verwendete man auch Actaea spicata als Heilmittel gegen Pest; sie wird in manchen Gegenden bezeichnenderweise »Christophelkraut« genannt. Nicht nur Heilzwecken soll sie gedient haben, sondern auch »zur Beschwörung der Geister ..., welche verborgene Schätze unter Verschluß halten [5].«

Als die Städte Buda und Pest 1686 die Türkenherrschaft abgeschüttelt hatten, wurden sie von einem neuen Schrecken heimgesucht, von einer Pestepidemie. Der Stadtrat legte ein Gelübde ab, eine prächtige Trinitätssäule zu errichten, falls die Krankheit eingedämmt werde. Das tatsächlich zur Ausführung gelangte Werk (heute im Neuen Rathaus) weist neben der Hauptfigur neun Helfer gegen die Pest auf, worunter sich auch eine gewaltige barocke Christophorusplastik befindet. Budapest war überhaupt ein Zentrum der Verehrung des Heiligen in Ungarn, vornehmlich als Pestpatron. Vom Ende des 18. Jahrhunderts an gab es in Pest (bis 1945) eine »Apotheke zum großen Christoff«, die im gesellschaftlichen und politischen Leben jener Zeit eine maßgebende Rolle spielte. Die Rezepte und Briefbogen trugen das Bild des Heiligen, eine Bronzestatue schmückte den Verkaufsraum [6].

Selbst der Frömmste konnte gegen den »ewigen Ratschluß« nicht an, und so bedeutete es nur einen kleinen Schritt von der Verehrung des Heiligen als Fürbitter in schwerer Krankheit zum Sterbepatron. Christophorus trat neben die Heiligen Josef, Barbara und den Erzengel Michael, welche die große Helferrolle für ein seliges Ableben übernommen hatten [7].

158 Lateinisches Gebetbuch aus Flandern, 16. Jh., Schriftseite mit Christophorus-miniatur (Clm. 28 345, fol. 238). Bayerische Staatsbibliothek, München

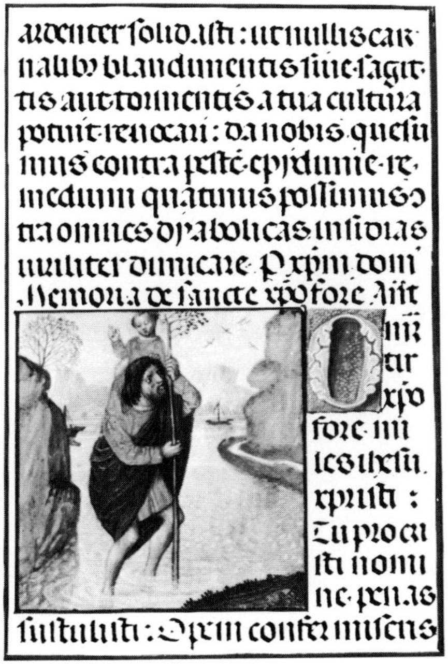

ardenter solido . ish : ut nullis car-
nalibus blandimentis sive sagit-
tis aut tormentis a tua cultura
potuit revocari : da nobis quesu-
mus contra peste epydimie re-
medium quatinus possimus con-
tra omnes dyabolicas insidias
viriliter dimicare. Per xpm dom.
Memoria de sancto xpofore. Ant.

Das Hauptanliegen, das der mittelalterliche Christ an die heiligen Mittler hatte, war, ihn vor einem »jähen Tod« zu schützen. Sein ganzes Leben baute sich auf der Glaubenswahrheit auf, daß das Irdische nur eine Durchgangsstation zum Ewigen, das Erdendasein nur eine Vorbereitung auf das wahre Leben nach dem Tode sei. Ausschlaggebend war allein, in welchem Seelenzustand er vor seinem höchsten Richter erschien. Ereilte ihn der Tod, während Sünde und Schuld auf ihm lasteten, so mußte er den »bösen«, den doppelten Tod erleiden: die ewige Verdammnis. Die Sterbestunde war ausschlaggebend, und daher flehte er in zahllosen Gebeten um ein friedliches Ende mit dem Beistand und Segen der Kirche. Christophorus war für ihn eine Art Rückversicherung.

Bekräftigung mag der Glaube an die apotropäische Kraft des Heiligen nicht zuletzt dadurch erfahren haben, daß, wie ausgeführt, seit dem 12. Jahrhundert Christophorus die Eigenschaft zukam, den Heiland vorzuweisen; man war davon überzeugt, daß das Anschauen des Leibes Christi vor einem plötzlichen Tode bewahre [8]. Sah der Christ in gläubiger Gesinnung zu dem Bild des Christophorus auf, so wurde sein Geist auf ein religiöses Motiv hingelenkt, das komprimiert die ganze christliche Weltanschauung enthielt: Dem Menschen in seiner Unzulänglichkeit kann die Gnade widerfahren, daß er am Göttlichen teilhat, daß er Christus in sein Wesen aufnimmt. Das Anschauen des Bildes läßt für einen Augenblick – gleichsam im Vorbeigehen – das Geheimnis des Glaubens aufleuchten; ein Stoßgebet, ein Gnadenblitz der Erkenntnis, mag dieses Anschauen begleiten. Wer dieses Bild in der rechten Besinnung betrachtet, wird an diesem Tag keines unbußfertigen Todes sterben: Ist dies nicht fast eine Selbstverständlichkeit, da das Bild in ihm ein frommes Besinnen auf die ewigen Bezüge des Menschen herbeigeführt hat? Allein schon der Gedanke an den Heiligen begründe Sicherheit und Vertrauen, wie ein Zweizeiler aus Spanien bestätigt:

»Piensa en San Cristóbal
Y camina confiado!« [9]

(Denk an St. Christophorus
und geh vertrauensvoll deines Weges!)

Die in der Legende nachgewiesene Riesenhaftigkeit des Heiligen kam dem Wunsch des Volkes entgegen, ihn ohne große Mühe täglich sehen zu können: Gut sichtbar mußten ihn die Freskenmaler und Steinmetzen anbringen neben Kirchenportalen, an weithin sichtbaren Mauern, an öffentlichen Gebäuden, Brücken, Stadttoren; auch im Innenraum von profanen und Gottes-Häusern sollte er gut erkennbar sein. So führte nicht nur die legendäre Körpergröße (s. S. 16 und 19 f.), sondern auch der Wille, unter den Schutz des Heiligen zu gelangen, zur Monumentalität der Darstellung.

Es wohnte sogar der Anschauung im Bild eine vollkommenere Erkenntnis, ein universaleres Mitteilungsvermögen inne, als dem Wort. In einer Zeit, in der große Teile der Bevölkerung des Lesens nicht mächtig waren, hatte sie theologische, informierende und pädagogische Bedeutung [10]. Das Bild wurde Andachtshilfe, es erreichte eine gedankliche Hinwendung auf das Heiligmäßige [11]. Von diesem Heiligkeitserlebnis im Anblick des Bildes zeugen zahllose Inschriften, Lieder und Gebete in einer Streuungsbreite über ganz Europa hin und während einer Zeitspanne von mehreren Jahrhunderten.

Das meditative Element der Christophorus-Schau und die sich daran knüpfende willentliche Hinwendung zum Göttlichen betont die mittelhochdeutsche Versbearbeitung (13. Jahrhundert):

»Swer sîn bilde sihet an
des morgens an dem tage fruo
und sîne andâht kêrt dâzuo
und ez êret durch sînen willen
dem wil Got hie bestillen
sîne nôt und sîne erbeit
daz er des tages in kein leit
noch in keine houbetsünde kan
gefalln, daz wizzet âne wân.« [12]

Auch die meist in Form von Zweizeilern beim Bild angebrachten Inschriften sind in der Regel weniger von mystischer Haltung als von vordergründiger Angst vor dem Einbruch plötzlicher Schrecken geprägt:

»Christophori sancti speciem quicumque tuetur
Illo nempe die nullo languore tenetur.« [13]

(Wer immer das Bild des heiligen Christophorus betrachtet, wird sicher nie von Hinfälligkeit ergriffen werden.)

Beischrift einer Miniatur, 13. Jh.

»Christophori per viam cernit cum quisque figuram,
Tutus tunc ibit, subita nec morte peribit.« [14]

(Wer unterwegs der Figur des heiligen Christophorus ansichtig wird, kann sicher gehen, daß er nicht eines plötzlichen Todes sterben wird.

San Pellegrino, Bominaco, 13. Jh.

Unter einem Holzschnitt mit dem Bild des Heiligen (Buxheim) von 1423:

»Christophori faciem die quacumque tueris,
Illa nempe die morte mala non monieris.« [15]

(An welchem Tag auch immr du die Gestalt des Christophorus ansiehst, an dem wirst du nicht an einen üblen Tod gemahnt.)

»Qui te mane videt nocturn tempore ridet liber bibet« [16]

(Wer dich morgens ansieht, wird am Abend noch seines Lebens froh sein.)

Unter einem Fresko der Pfarrkirche Presseck/Ofr., Sakristeieingang

»Per te strena datur, morbi genus omne fugatur
Atra fames, pestis, Christi Christophore testis.« [17]

(Durch dich wird ein gutes Omen gegeben, jede Art von Krankheit, drohende Hungersnot und Seuche wird vertrieben, o Christophorus, du Zeuge Christi.)

Wormser Dom

»Wer St. Christoferum alle tag frü ansicht ...
Der feldtt desselben tags in kainen siechtagen nicht.« [18]

Handschrift der Karlsruher Landesbibliothek,
St. Georg LXXI, 15. Jh.

»Welcher mensch ansiecht sand Cristof gemalten,
Der ist des tags vor ain pösen tod pehalten« [19]

Handschrift der Stiftsbibliothek von St. Florian XI 350, 15. Jh.

Qui voit saint Christophe en passant
(Je dis son image bénite)
Onc ne mourra de mort subize,
Tant sur le diable il est puissant.

Vouz direz, d'après sa légende,
Que, bien qu'il fût un grand géant,
La Providence, en le créant,
S' est montrée encore plus grande.« [20]

(Wer im Vorübergehen St. Christophorus ansieht, ich meine sein geweihtes Bild, wird keines plötzlichen Todes sterben, so viel vermag er über den Teufel.
Seiner Legende zufolge könnte man sagen, daß, wenn er auch ein Riese war, die Vorsehung, die ihn schuf, noch weit mächtiger ist.)

»Christophore Sancte
Virtutes sunt tibi tantae
Qui te mane videt
Nocturno tempore ridet.«

(Heiliger Christophorus, deine Verdienste sind so groß, daß jeder, der dich morgens ansieht, am Abend noch seines Lebens froh sein kann.)

»Puix sou divino tresor,
y per lo mon celebradas
donau Reliquias sagradas
salut, alivio y favor.« [21]

(Quell göttlichen Schatzes bin ich, auf dem Berge verehrt; Die heiligen Reliquien gaben Heil, Besserung und Gunst.)

»Goigs«, d.h. Gebetslied
in Sant Pere Matamargó/Katalonien

GOIGS

DEL GLORIÓS SANT CRISTÓFOL MÁRTIR.

Puig de Deu sou tan amat
Y gosáu de son repós;
Siau lo nostre advocat
Sant Cristófol gloriós.

Se monstrá tan lliberal
Ab Vos la naturalesa
Que en estatura y puresa
Feu no tingueseu igual;
Pregáu al Deu eternal
Se nos mostre piadós.
Siau, etc.

De llum de gracia abrasat
Se trobava vostre cor,
Buscant al mes grant Senyor
Ab incesable combat;
Prest foreu illuminat
De nostre Deu dadivós.
Siau, etc.

Lo dimoni intentava
Desviar los vostres passos
Ab sos enredos y llassos
De pérdrervos procuraba;
Mes qué importa, si guiaba
Deu vostre cor fervorós.
Siau, etc.

Instruit de un Ermitá
En nostra fe verdadera
Ab fervor y amor sencera
Lo Baptisme seus doná,
Y vostre esperit restá
Perfectament luminós.
Siau, etc.

Per penitencia emprenguereu
Passá per un riu los pobres
Y aplaudint Deu vostres obres
En los muscles lo tinguereu;
Y ab lo gran pes coneguereu
Ser un pes maravellós.
Siau, etc.

Lo bastó queus sustentava
Plantareu en la ribera,
Quant convertit en palmera
Delicats fruits vos donaba;
Es que axó significaba
Vostre martiri ditxós.
Siau, etc.

En una presó posat
Lo president va enviar
Dos donas, per intentar
Tentar vostre castedat;
Peró prest quedá burlat
Convertintlas á las dos.
Siau, etc.

Vos condemná lo president
En assots y foch terrible,
Que per Vos fou insensible
Tot aquell tan gran torment;
Antes be mes resplandent
Quedareu y mes hermós.
Siau, etc.

Lo martiri va acabar
Ab una espasa cruel
Que vos, ab piadós zel
Antes vareu perdonar;
Ensenyeunos eix obrar
Puig sou ab Deu poderós.
Siau, etc.

Eix poble que aquí postrat
Publica vostra virtut,
Per Vos espera salut
Miraulo ab pietat;
Lliuraunos de tempestat
En tot donaunos socós.
Siau, etc.

Puig gosa vostre bondat
Del celestial repós.
Siau lo nostre advocat
San Cristófol gloriós.

℣. *Ora pro nobis beatæ Cristophore.* ℟. *Ut digni efficiamur promissionibus Christi.*

OREMUS.

Presta quæsumus, Omnipotens Deus, ut qui beati Christophori martyris commemorationem colimus, intercesione ejus, in tui nominis amore roboremus. Per Christum, etc.

Barcelona: Estampa dels H. de la V. Pla, Princesa, 8 y Arch de Isérn, 1.

159 Gebetslied aus Katalonien

»Mira a San Cristóbal
Y marcha después seguro.« [22]

(Aus dem Spanischen: Schau den Christophorus an und dann geh sicher des Weges.)

»Plens de goig denem el crit	Cristòfol, guardeu de pesta
en celebrar vostra festa:	a n'el poble de Cunit.« [21]

(Voll deines Lobes gehen wir einher beim Feiern deines Festes. Schütze vor der Pest das Volk von Cunit.)

Gesungen am Patronatsfest von Cunit bei Tarragona, 1883

Christophorus wurde der besondere Schutzpatron all derer, die mit einem plötzlichen Tod rechnen mußten. Bildliche Darstellungen häufen sich z.B. in den Alpentälern, in denen Einheimische und Durchreisende von großen Gefährdungen bedroht waren: von Sturzbächen, abgerissenen Brücken, schweren Gewittern, Schnee, Lawinen, schwierigen Aufstiegen, schmalen Saumpfaden, Überfällen auf Engstrecken und was sonst noch an unvorhersehbaren Schrecken ihrer harren mochte [23]. Das Vertrauen auf die apotropäische Kraft des Christophorus-Bildes hat sicher zur raschen Ausbreitung der Christusträgerdarstellungen im Alpenraum – allein in Kärnten gibt es über 500 Außenfresken – und vom Oberrhein ausgehend rheinabwärts beigetragen. Mit der Angst vor dem »plötzlichen Tod« scheint auch das Patronat von Bergwerken zusammenzuhängen, das Christophorus gelegentlich zugesprochen wird. Als Stollenheiliger wird er im Engadin auf dem Berg Sassilion (seit 1481), im Sertigtal bei Davos und in Joachimsthal verehrt [24].
Beistand und Trost erwarteten auch die zum Tode Verurteilten von St. Christoph: In der Schweiz gab es mehrere Bildnisse an Gerichtsstätten, und auch in der Todeszelle des Kerkers von Château de Chillon ist Christophorus (mit anderen Heiligen) unter dem gekreuzigten Heiland dargestellt [25]. Christophorus, der Helfer in Todesnöten, wird neben den Motiven der Gottesmutter und des Gekreuzigten auch häufig auf Sterbeglocken dargestellt, wie z.B. auf einer Sterbeglocke der Benediktinerabtei St. Stephan in Augsburg von 1620 [26].
In München bestand seit dem 13. Jahrhundert ein Christophoruskirchlein (Ecke Perusastraße–Max-Joseph-Platz), neben dem fromme Frauen Wohnung nahmen, die sich »Schwestern vom heiligen Christoph« nannten. Sie widmeten sich Kranken und Sterbenden. Die Familie Püttrich schenkte den »Seel-

160 Zeichnung aus einem spanischen Gebetslied, Tarrasa, 1941

161 Josef Anton Feuchtmayer, gefaßte Holzplastik, um 1750. Manierierte Stellung des Heiligen und des Kindes.
Städtisches Heimatmuseum, Überlingen

162 Hans Leonhard Schäufelein, Einzelholzschnitt, Anfang 16. Jh.

schwestern« ihr Haus, und das kleine Kloster hieß nun »Püttrich-Regelhaus«. Die bayerischen Wittelsbacher waren dem Kloster bis zu seiner Auflösung 1803 besonders zugetan. 1508 begab sich die Witwe Herzog Albrechts IV. und Schwester Kaiser Maximilians I., Kunigunde, in den Kreis der dienenden Nonnen und verbrachte dort den Rest ihres Lebens (bis 1520). Im 17. Jahrhundert war das Interesse an der Institution so groß, daß es zur Gründung einer Bruderschaft kam, der zahlreiche Bürger und Mitglieder des Hofes angehörten. 1806 wurde das Püttrich-Regelhaus abgerissen.

Seit dem Späten Mittelalter mit seiner Neigung zur Ausformung der Details wurde die Schutzkraft des Heiligen genauer spezifiziert. Verschiedene Zünfte, Sozial- oder Berufsgruppen suchten auf Grund von Legendenmotiven oder von Bilddokumenten den Heiligen für sich in Beschlag zu nehmen: Flößer, Schiffer, Seeleute, Brückenbauer, Bergleute, Schatzgräber, Lastträger, Athleten, Kauf- und Fuhrleute, Krieger, Pilger, Kinder, Schwangere, Gärtner, Obsthändler, Färber, Hutmacher, Zimmerleute. Wie leiteten sie ihre Anwartschaft auf den besonderen Schutz durch Sankt Christoph ab?

Bereits in einigen Fassungen der Urlegende schrieb man dem Leib des Heiligen eine wunderbare Beseitigung von Überschwemmungen und Wasserschäden zu (s. S. 17). Gerade in Gebieten, die besonders häufig von Hochwasser oder Sumpffieber heimgesucht wurden, kann man eine Häufung der Verehrungsstätten beobachten, wie z. B. im Arnotal zwischen Florenz und Pisa mit den Kultorten Florenz, Vicano, Tojano, Chinzica, Culignola, Papida, Bottano, Pisa [27].

Die jüngere Legende vom Mann am Strom bot in verstärktem Maße Anlaß, an die Macht des Heiligen über Sumpf und Wasser zu glauben. Wahrscheinlich hängt damit auch die große, volksfromme Verehrung zusammen, die der Heilige weit oben im Norden fand: Im Livländischen, besonders im Deutsch-Baltikum, war der »große Christoph« eng mit Sage und Brauchtum verwachsen. Nahe dem Ufer der Düna stand eine überlebensgroße Holzplastik (heute im Museum) des Heiligen, die als Wahrzeichen der Hauptstadt Riga und als Schutzsymbol der Holzflößer galt [28].

Die Letten überlieferten mehrere Sagenvarianten vom »Kristaps«, der die Leute einst über die Düna trug und dem das Gotteskinderlebnis widerfuhr. Die hölzerne Figur soll zu seinem Gedächtnis errichtet worden sein. Alte Leute hatten zu Beginn des Jahrhunderts noch manche Geschichte vom Kristap im Kopf:

»Wenn die livischen Seeleute in Riga einfuhren, mußten sie den ›großen Kristap‹ besuchen. Es war ein Holzbild mit einem Kinde auf der Schulter. Es war beim Markt am Ufer aufgestellt. Diesem Kristap brachte man verschiedene bunte Bänder und Blumen, auch kleine Lichtchen wurden angezündet. Die Sage war folgende: Kristap war ein Mann, der über Wasser gehen konnte. Eines Abends hörte er ein kleines Kind weinen, er nahm es auf die Schulter und brachte es über die Düna. So ist auch das Standbild errichtet. Manche sagen, das sei das Christkind gewesen. Viele alte Leute sagen, wenn Kristap verschwindet, oder vernichtet wird, verschwindet Riga, denn die Stadt soll auf einem Sumpf erbaut sein.«

Ein anderer alter Bericht weiß vom starken Kristaps zu erzählen, daß er immer Menschen über die Düna getragen habe, einmal auch einen Knaben, »aber der war sehr schwer. Und er sagte, daß er ihn trage, aber er müsse alle Sünden der Welt tragen. Und dem Kristaps war das die letzte Tracht, denn er starb dort. Und ihm wurde am Dünaufer ein Denkmal errichtet, das man noch jetzt sehen kann [29].«

Auch bei den Esten, den Finnen und Lappen fand die Sage vom großen Christoph Eingang.

Lange Zeit war Christophorus in Europa Brückenpatron und Schutzheiliger der Wasserberufe. Erst im Barock, als die Zuneigung zu unserem Heiligen abzuebben begann, wurde er durch Johann Nepomuk, der in Darstellung und Legende dem Zeitgefühl mehr entsprach, ersetzt.

Allen Anfechtungen zum Trotz hat Christophorus (der Legende zufolge) seinen göttlichen Auftrag erfüllt. Nach der »Passio« hat er den Verlockungen der Dirnen ebenso widerstanden wie den Versprechungen des heidnischen Königs. Der Christusträger wird auf vielen Darstellungen wiedergegeben, wie er sich mit äußerster Kraftanstrengung durch die feindlichen Fluten kämpft, von unten aus den geheimnisvollen Tiefen des Wassers tauchen dämonische Gestalten auf; Sirenen, Schlangen und Gewürm suchen ihn zu umschmeicheln und zu bedrängen. Nicht den Aufwand an sittlicher Kraft nahmen sich manche Menschen zum Vorbild, sondern das Ergebnis solcher Anstrengung: die Macht über Dämonen, von der ja schon in den ältesten Fassungen der Legende die Rede ist (vgl. S. 16).

Das Gefühl der Abhängigkeit von übernatürlichen und unterweltlichen Geistwesen äußerte sich in merkwürdigen Mischformen des Magisch-Religiösen. »Contra sagittam diaboli« (gegen den Pfeil des Bösen) sollte ein Christophorusgebet aus dem 12. Jahrhundert helfen, das in einer Handschrift der Münchener Staatsbibliothek vorliegt [30]. Inhaltlich gleicht diese Art von Zaubergebeten den langatmigen kirchlichen Teufelsexorzismen mit ganz bestimmten Zwingformeln. Als Gegengabe für die Hilfe bietet sich der Beschwörer dem Heiligen im Stil eines mittelalterlichen Teufelsbündnisses (vgl. die Paktszene in Goethes Faust) an: »... wir zuschreiben dir auch unseren Leib, wir verschreiben dir unser Herz, dir verschreiben wir unsere Seel ... Sieh dann, o allerheiligster Christoph! Was haben wir dir vor einen unsterblichen Schatz, unsere Seel geschenkt, beschenke uns hingegen mit einem Schatz Geld [31].« Der große Helfer wurde also für die Habgier der Menschen mißbraucht. In manchen Gebeten wird er »Obrist Schatzmeister« genannt, auch »großer, von Gott erwählter Schatzmeister«, »von Gott gesetzter großmütiger Schatzmeister des verborgenen Geldes in der ganzen Welt«. Ursache des Patronats der Schatzgräber war diesen Gebeten zufolge, daß er »Jesum getragen und [32] dadurch erworben, daß er über alle Schätz ist gesetzt worden.« Auf Taufe und Umbenennung durch das Heilige Kind wird angespielt: »Non amplius vocabe te Offery sed Christophorus, ego te creo Thesaurarium tibique do potestatem in omnes thesaurus in terra abditos, ut inter eos, qui te in meo nomine invocant, illos dividas, do etiam tibi potestatem super omnes spiritus malos etc. [33].« (Du sollst nicht weiterhin Offerus, sondern Christophorus heißen, ich mache dich zum Schatzmeister, ich gebe dir Macht über alle Schätze, die in der Erde verborgen sind, damit du sie unter denen, die dich in meinem Namen anrufen, verteilst; ich gebe dir auch Macht über alle bösen Geister usw.)

Besonders nach dem 30jährigen Krieg machten sich verarmte Menschen auf, um nach Kostbarkeiten zu graben, die vor der plündernden Soldateska versteckt worden waren. (Da man die Stellen oft nicht genau kannte, suchte man sie auf magische Weise zu ermitteln.) Breite Schichten des Volkes huldigten diesem zauberischen Treiben unter dem Deckmantel des Christentums. Die Beschwörungshandlung war von Gebeten, Verlesen des Johannes-Evangeliums, Litaneien begleitet; geweihte Kerzen wurden entzündet, Weihwasser gesprengt. Sogar konsekrierte Hostien führte man zum eigenen Schutz und zur Dämonenabwehr mit.

Nicht selten waren Priester an den okkulten Handlungen beteiligt, auch Mönche, die für ihr Kloster Schätze zu heben hofften. In den Mainzer Gerichtsakten von 1753 wird das Protokoll einer Verhandlung gegen einen Dominikanerpater Cronacker aus Heidelberg verwahrt, der das Allerheiligste freventlich beim nächtlichen Christophelgebet mißbrauchte. Nach Aussage der Archivalien hatte sich der Zauberakt folgendermaßen abgespielt: »Zunächst machten die Leute im Garten mit Kreide ein Kreuz und legten die Namen der zwölf Apostel und vier Evangelisten um das Kreuz herum, wobei sie ebenfalls viele Kreuzzeichen anbrachten. Sie stellten dann das Kruzifix zu einem Christophorus-Heiligenbild auf einen Tisch und zündeten zwei geweihte Kerzen an. Um alle Gegenstände und Figuren scheint dann übrigens noch ein Kreis gezogen worden zu sein. Die eigentliche Zeremonie begann, als der Pater das Kreuz mit Weihwasser besprengte. Erst jetzt durften die übrigen Teilnehmer dieser nächtlichen Szene in den Bannkreis treten, worauf der Geistliche die Beschwörung der Schatzgeister in lateinischer Sprache nach zwei von ihm mitgebrachten Büchern (vielleicht Ritualien) vornahm. Der ›Operator‹, der vermutlich mit priesterlichen oder zum mindesten mit weißen Leinengewändern bekleidet gewesen ist, sprach dabei etwa die Formel: ›... Ich rufe und beschwöre dich durch den heiligen Christophorum, deinen Gebieter und aller guten und bösen Geister, Meister der verborgenen Schätze ...‹ Alle trugen Amulette bei sich und verblieben zur Verrichtung des Christophelgebets, das uns leider im vollen Wortlaut nach der Akte nicht bekannt wird, bis zum Morgengrauen im Garten [34].«

Zahlreich sind die Dokumente in Deutschland und Österreich, die den Schatzaberglauben bezeugen. Besonders reich an »Christoffelgebeten« ist auch die ungarische Volksüberlieferung. Dort gibt es die im 18./19. Jahrhundert entstandene Redewendung »er betet oft das Christoffel-Gebet« für einen, der auf merkwürdige Art zu großem Reichtum gelangt. Auch das Zeitwort »christoffeln« ist gebräuchlich, was soviel wie Schatz beschwören, zaubern, heißt.

Diese obskuren »Christoffelgebete« und die mit ihnen verbundenen Geisterzwänge brachten die fromme Verehrung des heiligen Christophorus in argen Mißkredit. Der wesentliche Unterschied in der Glaubenshaltung zwischen dem religiösen Glauben und dem von der Kirche als »Aberglauben« angeprangerten magischen Glauben ist, daß dort der Mensch in demütig bittender Hingabe sich an den von Gott Ausgezeichneten wendet, während hier der Beschwörer in Selbstherrlichkeit vor den Heiligen hintritt und ihn nach seinem Willen lenken will [35]. Mehrmals schritt die Kirche offiziell gegen solchen Aberglauben ein. So befindet sich z.B. in der Fürstbischöflich Speyer'schen Gesetzessammlung von 1788 ein Erlaß des Kardinals Franz Christoph von Hutten (12. Dezember 1753) gegen »höchst gefährliche und an sich vergebliche Gebeter, Exorcismi und Geisterbeschwörungen, die bald als ›Christophelsgebet‹, bald anders benahmst werden.« Es wird bei Strafe angeordnet, daß diese dem Pfarrer oder »Stabhalter« auszuhändigen seien. Diese Verfügung wurde am 18. Dezember 1778 vom Fürstbischof Graf Limburg-Styrum erneut bestätigt; das erste Gebot scheint die gewünschte Wirkung nicht erzielt zu haben [36].

Während viele »Christoffelgebete« und -zeremonien einen mit der offiziellen Liturgie vertrauten, der lateinischen Sprache mächtigen »Meister« brauchten, gab es im Volk alle möglichen kurzen Texte, die leicht zu merken waren. In Westböhmen war folgender Vers, bei dem der Geisterzwang einem Traumorakel gewichen ist, im Umlauf:

163–164 Andachtsbuch einer Vierzehn-Nothelfer-Bruderschaft, München, 1768

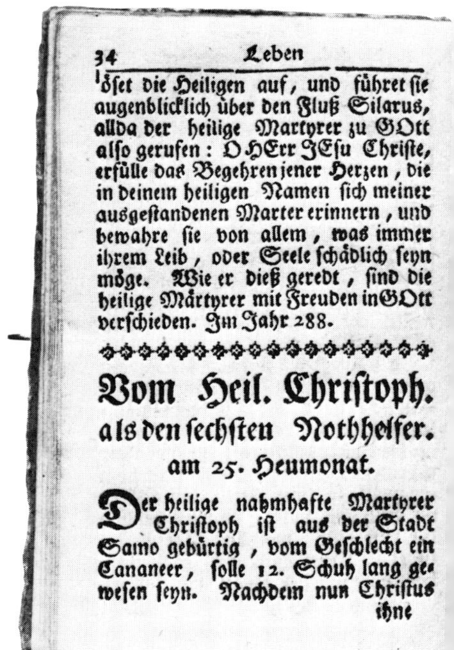

34 Leben

löset die Heiligen auf, und führet sie augenblicklich über den Fluß Silarus, allda der heilige Martyrer zu GOtt also gerufen: O HErr JEsu Christe, erfülle das Begehren jener Herzen, die in deinem heiligen Namen sich meiner ausgestandenen Marter erinnern, und bewahre sie von allem, was immer ihrem Leib, oder Seele schädlich seyn möge. Wie er dieß geredt, sind die heilige Märtyrer mit Freuden in GOtt verschieden. Im Jahr 288.

Vom Heil. Christoph.
als den sechsten Nothhelfer.
am 25. Heumonat.

Der heilige nahmhafte Martyrer Christoph ist aus der Stadt Samo gebürtig, vom Geschlecht ein Cananeer, solle 12. Schuh lang gewesen seyn. Nachdem nun Christus ihne

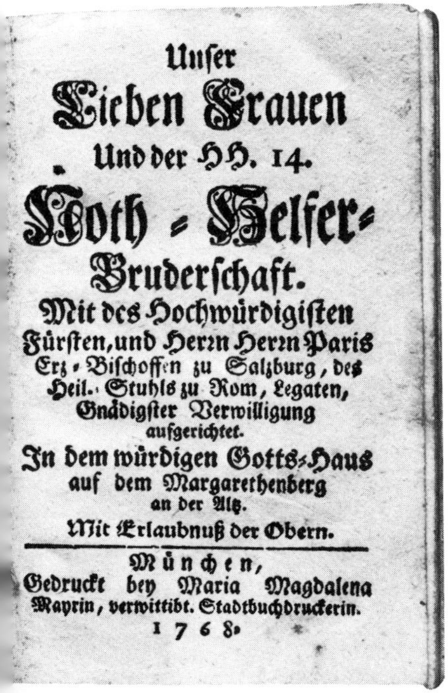

Unser
Lieben Frauen
Und der HH. 14.
Noth - Helfer-
Bruderschaft.
Mit des Hochwürdigisten
Fürsten, und Herrn Herrn Paris
Erz - Bischoffen zu Salzburg, des
Heil. Stuhls zu Rom, Legaten,
Gnädigster Verwilligung
aufgerichtet.
In dem würdigen Gotts-Haus
auf dem Margarethenberg
an der Alz.
Mit Erlaubnuß der Obern.

München,
Gedruckt bey Maria Magdalena
Mayrin, verwittibt. Stadtbuchdruckerin.
1768.

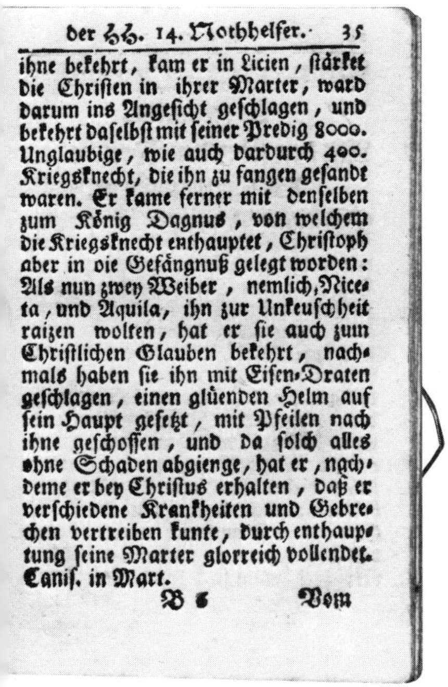

der HH. 14. Nothhelfer. 35

ihne bekehrt, kam er in Licien, stärket
die Christen in ihrer Marter, ward
darum ins Angesicht geschlagen, und
bekehrt daselbst mit seiner Predig 8000.
Unglaubige, wie auch dardurch 400.
Kriegsknecht, die ihn zu fangen gesandt
waren. Er kame ferner mit denselben
zum König Dagnus, von welchem
die Kriegsknecht enthauptet, Christoph
aber in die Gefängnuß gelegt worden:
Als nun zwey Weiber, nemlich, Nice-
ta, und Aquila, ihn zur Unkeuschheit
raizen wolten, hat er sie auch zum
Christlichen Glauben bekehrt, nach-
mals haben sie ihn mit Eisen-Draten
geschlagen, einen glüenden Helm auf
sein Haupt gesetzt, mit Pfeilen nach
ihne geschossen, und da solch alles
ohne Schaden abgienge, hat er, nach-
deme er bey Christus erhalten, daß er
verschiedene Krankheiten und Gebre-
chen vertreiben kunte, durch enthaup-
tung seine Marter glorreich vollendet.
Canis. in Mart.
B 6 Vom

»O Herr Jesu Christ! Ich bitt dich rein,
Laß mir in dieser Nacht erscheinen den hl. Christophorus fein,
Daß er mir zeigt, wo mein begehrter Schatz wird zu finden sein,
O, heiliger Christ! Ich rufe dich an und bitte dich,
Laß mir in dieser Nacht erscheinen
den hl. Nothelfer und Schatzmeister fein,
Der mir zeigt durch einen Traum, wo mein begehrter Schatz zu finden
soll sein [37].«

Daß sich jene Berufsgruppen, die in erster Linie Körperkräfte einsetzen mußten, wie Lastträger, Athleten, Hafenarbeiter usw., den heiligen Riesen mit der unbezwingbaren Leibeskraft zum Patron erwählten, scheint nicht verwunderlich. Einleuchtend ist auch, daß Christophorus zur Abwehr gegen Alkohol herangezogen wurde, da die Trunksucht viele Menschen in Krankheit und Verderben stürzte. Im 16. Jahrhundert wurde ein Christophorusorden gegründet, der Anhänger vor allem in der Steiermark, in Kärnten und Krain hatte; er widmete sich speziell der Bekämpfung der Trunksucht. Vermutlich dachte man dabei an die moralischen Qualitäten des Heiligen im Widerstand gegen die Anfechtungen der Welt [38]. Auch in Sachsen gab es um 1500 eine adelige Genossenschaft, die den Namen des Heiligen trug und sich gegen Alkoholgenuß wandte [39].
Das Wunder des grünenden, blühenden, Früchte tragenden Stabes führte dem Heiligen die Gärtner und Obsthändler zu. In der Diözese Reims besteht seit dem 13. Jahrhundert der Brauch der Äpfelweihe am 25. Juli. Neben dem heiligen Jakob gilt dort Christophorus als Schützer des Obstes.

»Bonjour, bonjour,
saint Christophe,
Envoyez-nous des pommes grosses,
Des cafignons,
Pour manger dans l'saison.«

(Guten Tag, guten Tag heiliger
Christophorus, beschere uns große
Äpfel und Aprikosen, damit wir in
der Saison zu essen haben.)
Masseron S. 161

Noch heute erinnert man sich gelegentlich wieder dieser Eigenschaft: In München z.B. wurde 1927 zu Ehren des Heiligen inmitten einer Gärtnersiedlung im Stadtteil Fasanerie-Nord eine Kirche St. Christoph errichtet.

Um ganz sicher zu gehen, daß man in einem bestimmten Anliegen auch den richtigen Nothelfer erreichte, faßte man im Späten Mittelalter verschiedene Heilige, von denen man sich Anteil an den menschlichen Bedürfnissen und

165 Graduale Cisterciense, Pergamenthandschrift, 1496 (Msc. Lit. 15, fol 315 v). Christophorus unter den Vierzehn Nothelfern unten rechts. Staatsbibliothek, Bamberg

Leiden versprach, zu Gruppen zusammen. In dieser religiös aufgewühlten, von Epidemien heimgesuchten, von sozialen und politischen Drangsalen verunsicherten Zeit wurden die »Vierzehn Nothelfer« geboren. Sie haben sich im südöstlichen Europa zusammengefunden und tauchen früh in den Diözesen Bamberg und Regensburg (Urkunde von 1426) auf. In Franken erblühte der Kult infolge einer Vision (1445) des Klosterschäfers der Abtei Langheim: Am Ort der Erscheinung wurde eine Kapelle, später die weltberühmte Wallfahrtskirche »Vierzehnheiligen«, errichtet. Ende des 15. Jahrhunderts kennt man die Heiligengruppe in ganz Deutschland, sie wandert weiter nach Südeuropa, besonders nach Ungarn und Italien, und wird um 1500 zu einer internationalen Heiligengilde [40].

»Septem novum sanctum«: Die Siebenzahl spielte in der Volksfrömmigkeit immer eine große Rolle (vgl. die sieben Schmerzen Mariae, die »Sieben Fälle« Christi, die sieben Zufluchten usw.); sie bedingt wahrscheinlich auch die Gruppierung in zweimal sieben Heilige, wie dies deutlich wird bei einer der ältesten Darstellungen überhaupt, bei den Vierzehnheiligen der Regensburger Dominikanerkirche: Unter kleeblattbogigen Arkaden sind die Nothelfer zu je sieben beiderseits einer Madonna angeordnet [41].

In der Regel setzt sich der Heiligenchor zusammen aus drei Rittern (Georg, Achatius, Eustachius), drei Bischöfen (Blasius, Dionysius, Erasmus), drei heiligen Jungfrauen (Barbara, Katharina, Margarethe); ihnen schließen sich an die Heiligen: Vitus, Cyriakus, Pantaleon, Ägidius und Christophorus. Sie alle – Cyriakus ausgenommen – verbindet die legendäre Bitte, es möge ihnen nach ihrem Tode von Gott gewährt werden, allen jenen Erhörung zu erwirken, die vertrauensvoll um ihre Fürsprache bäten. Diese Nothelfer waren also »specialiter privilegierte«, »specialibus praerogativis ac singularibus privilegies« (mit speziellen, vorrangigen und einzigartigen Privilegien) Ausgezeichnete [42]. Eine allzufeste Bindung besteht nicht in dieser Gemeinschaft; manches Mal wird ein örtlich Verehrter hinzugefügt oder ausgetauscht, so etwa Nikolaus, Magnus und Rochus. Christophorus jedoch fehlt nie.

Gebete und Liedbitten richteten sich häufig an die Gesamtheit der Vierzehnheiligen; oft wird auch ein Heiliger herausgegriffen und persönlich angesprochen wie in einem schriftlich festgehaltenen Lied aus dem fränkischen Wallfahrtsort Vierzehnheiligen, in dem es heißt:

> »Großer Christoph uns errette
> Aus aller Gefährlichkeit«. [43]

Während dem Heiligen im Hohen und Späten Mittelalter zahllose bildliche Darstellungen der Hoch- und Volkskunst gewidmet sind, nahm sich die

religiöse Lieddichtung recht selten des Christophorus an; dies ist um so merkwürdiger, als man aus dieser Zeit Hunderte von oft endlos langen Wallfahrtsgesängen, Hymnen und Legendenliedern zu Ehren anderer Heiliger kennt. Rolf Wilhelm Brednich hat darauf hingewiesen, daß dieser unerwartete Überlieferungsstand teils auf eine gewisse Reserviertheit der kirchlichen Stellen (vgl. S. 14 und S. 153), teils aber auf die mehr vom Visuellen her bestimmte Form der Devotion (das heilswirksame Schauen!) zurückzuführen ist.
Ein altartiges Lied findet sich in dem »Groß Catholisch Gesangbuch« von David Gregorius Corner, Nürnberg 1631 (Nr. 661), das wahrscheinlich im 16. Jahrhundert entstanden ist; es kann als Beleg dienen für das schon erwähnte Weiterleben der okzidentalen Reprobus-Passio (s. S. 15-19). Im Zusammenhang mit der Nothelferfunktion des Heiligen interessieren hier die der Legende angefügten Schlußverse:

»O heiliger Christophore Martyr fein,
Bey GOtt wöllst vnser Vorbitter seyn,
Die wir dich ehren auff dieser Welt.

Bey Gott thu vns Genad erwerben,
In Frieden zu leben, vnd selig zu sterben,
Durch Jesum Christum, vnseren Herren, Amen.«

Während dabei die Angst vor unvorhersehbaren Ereignissen nur leise anklingt und die Bitte um ein seliges Sterben recht allgemein gehalten ist, werden die Anliegen an den heiligen Christophorus in einem Lied des Valentin Holl, um 1524, sehr genau spezifiziert:

»Du hast auch macht von gott gewertt,
den gächen tod vertreiben,
des Donners krafft würdt gantz verherrtt
an kainem ortt zu plaiben.«

Der in allen Strophen wiederkehrende Refrain bringt die Begründung des großen Vertrauens:

»Dein pitt gen gott hilff hier vnd dortt,
vmb deiner martter ere.« [44]

(Deine an Gott gerichtete Fürbitte hilft hier und dort, auf Grund der Ehre, die dir des Martyriums wegen gebührt.)

166 Kabinettscheibe, 1. H. 16. Jh., im Rittersaal des Fürstenbergischen Schlosses in Heiligenberg

167 Meister der Verherrlichung Mariens, Altarflügel, 2. H. 15. Jh. Christophorus, Gereon, Petrus, Anna selbdritt vor dem Kölner Stadtbild und der Siebengebirgslandschaft.
Wallraf-Richartz-Museum, Köln

168 Tafelgemälde, Ende 15. Jh. Jacobus intercisus, Maria Magdalena, Thekla, Barbara, Christophorus.
Kunstsammlung des Priesterseminars, Freising

Reich ist die spanische Literatur an Anspielungen auf die Wunderkraft des Christophorus. Cervantes (1547–1616) weiß um den Zauber, den der Heilige gerade auf das einfache, unreflektierte Gemüt ausübt. In seiner Novelle »Die Zigeunerin« legt er der Titelheldin eine Volksliedstrophe in den Mund, aus der hervorgeht, wie bezwingend die Kraftübertragung vom heiligen Riesen auf Schwankende, geistig Unstabile, eingeschätzt wurde. In einer für ihre Liebe sehr kritischen Situation singt die Zigeunerin:

Cabecita, cabecita
Tente en ti, no te resbales
y apareja dos puntales
De la patiencia bendita.
Solicita
La bonita
Confiancita.

No te inclines
A pensamientos ruines,
Verás cosas
Que toquen en milagrosas.
Dios delante
Y San Cristobal gigante. [45]

(sinngemäß: Köpfchen, Köpfchen, halte an dich, entgleite mir nicht und baue dir zwei Stützen aus der gesegneten Geduld. Bewerbe dich um die Gunst des Gottvertrauens. Neige dich nicht zu verhängnisvollen Gedanken. Dann wirst du Dinge erleben, die ans Wunder grenzen. Mit Gott und dem heiligen Riesen Christophorus.)

Von Spanien wurde der Christophoruskult nach Übersee »ausgeführt«. Die Zeitgenossen haben Columbus, dessen Namenspatron Christophorus ist, als Mittler des Glaubens aufgefaßt, der das Licht des Christentums missionarisch in die Neue Welt brachte. Die älteste Landkarte Amerikas, die berühmte »Mapa« des Seefahrers Juan de la Cosa (1493), weist am oberen Rand eine Zeichnung des Heiligen auf, die als Ausdruck solchen Symbolismus' zu verstehen ist [46].

Der Glaube an die Schutzkraft des Heiligen führte vor allem in den spanisch beeinflußten Gebieten zu vielgestaltigen Kultformen. So wird z.B. aus Habana (Cuba), das eine Christophorus-Kathedrale besitzt, ein recht eigenartiges Brauchgeschehen berichtet: Am frühen Morgen des Patronatsfestes sammelt sich eine große Volksmenge vor dem noch ungeöffneten Portal. Es herrscht nämlich der Glaube, daß die erste Person, die am Festtag die Kirche betritt, um Christophorus zu besuchen, von dem Heiligen jede Gunst erlangen kann, um die sie ihn bittet, wenn sie vorher zwölf Stunden kein einziges Wort gesprochen hat. Unter den sich andrängenden Menschen sind zahlreiche Negerinnen; jede hofft, daß sie zum Ziele gelangt, und daß den anderen in der Turbulenz des Andrangs oder der Ungeduld des Wartens doch noch ein Wort entschlüpfen möge [47].

Trotz des übergroßen Vertrauens, das man Christophorus entgegenbrachte, entstanden nur relativ wenige Wallfahrtskirchen, die ihm geweiht waren. Die relativ geringe Bedeutung der Christophoruswallfahrten mag darauf beruhen, daß man in täglichem Umgang mit dem Heiligen lebte, sein Bild immer groß vor Augen hatte, seine »wirkende Gegenwart« [48] intensiv empfand. Es gab auch kaum einen Kultort, der wegen eines bedeutenden Reliquienschatzes und wunderbarer Aktivität des Heiligen große Berühmtheit erlangte. Außerdem mochte auch die Zurückhaltung der offiziellen kirchlichen Stellen dämpfend gewirkt haben. Auf jeden Fall wuchsen Wallfahrten selten über den Einzugsbereich der umliegenden Gemeinden hinaus.

Zu den wenigstens zeitweise stark frequentierten Verehrungsstätten des Nothelfers zählt das oberbayerische St. Christoph der Pfarrei Albaching im Landkreis Wasserburg. 1671/74 wurde wegen des Andrangs von Gläubigen die alte Kirche durch einen Neubau ersetzt. Als Kultfigur diente eine spätgotische Heiligenplastik, die zusammen mit den Figuren des heiligen Jakobus und des heiligen Bartholomäus den Hochaltar zierte (heute im linken Seitenschiff) [49].

Um diese Zeit gab es bereits Prozessionen zu dem Heiligtum, und ab 1700 wurden Pferderennen abgehalten. Mehrmals sind in Kirchenrechnungen Ausbesserungsarbeiten, die durch den Umritt nötig geworden waren, erwähnt, z.B. 1802: »die freythofmauer und das geländer um die kirche, welche durch die vielen umreittenden wahlfahrter beschädigt worden ... reparirt [50]«. Bei diesen Rennen wurden auch Sachpreise verteilt, man »warf... auch heuer mehrmal 2 ellen rothes tuch mit einem gemahlenen schilde [auf diesem Schild wurde der heilige Christophorus, der Kirchenpatron, dargestellt], dann einen reitzaun und eine peitsche in die gewinste frei auf, und zwar zum besten dieses gotteshauses.« (Kirchenrechnung von 1794) [51].

Noch im 19. Jahrhundert war die Beteiligung am Umritt groß. »Am Jakobitag [25. Juli, auch Festtag des heiligen Christophorus] kamen bei 700 Pferde in hon. S. Christophori herbei, welche um den Freithof andacht halber herumritten, am Kirchweih kamen 200 [52]«

An die Wallfahrer wurden zur Erinnerung und als Schutzzeichen Gebetszettel und Plaketten abgegeben. Belege dafür liegen erst vom Ende des 18. Jahrhunderts vor: Der Zinngießer Karl Püracher von Wasserburg erhielt 1794 den Auftrag, »200 zinnene Zeichen mit dem darauf geprägten bildniße des heiligen Christophs für die wahlfahrter« herzustellen. 1826 äußert sich Pfarrer Käser in einem Schreiben an die Kreisregierung: »In der Pfarrei Alwaching gehörigen Filiale S. Christoph wurden vormals am 25ten Juli das Patrozinium und am 24ten August das Kirchweihfest begangen, zu beiden Festtagen kamen viele fremde Wallfahrter herbei, so daß ich zur Aushülfe am Altar und im Beichtstuhl mehrere fremde Geistliche brauchte. An beiden Tagen fiel auch für die Kirche ein beträchtliches Opfer. Die fremden Wallfahrter zogen auch Krämer, Bäcker und andere Handwerksleute herbei. Es wurde da viel Bier und Fleisch consumiert [53].« Es kam also zu der in Süddeutschland am Kirchweihfest allgemein üblichen Erquickung von Leib und Seel'. Die Nothelferschaft Sankt Christophs wurde hier in Albaching ganz allgemein auf alle Anliegen in Haus und Hof bezogen, wobei das Pferd als Arbeitstier (Autowallfahrten vgl. S. 147) der besonderen Fürsprache anempfohlen wurde.

Einige andere Wallfahrten sollen hier noch ins Auge gefaßt werden, bei denen die Hilfsfunktion des mächtigen Heiligen genauer bzw. in andere Richtung festgelegt ist:

Die Kaplanei des berühmten, im 14. Jahrhundert gegründeten Hospizes St. Christoph am Arlberg besitzt eine Christophorusfigur, der ein merkwürdiges, für Kultgegenstände jedoch nicht unübliches Schicksal widerfuhr: »Die große St. Christophsfigur der Kapelle aus dem 16. Jahrhundert ist arg zerschnitzelt worden und mußte durch ein Drahtgitter geschützt werden. Denn es war Brauch, daß sich die Hüterbuben bei der Ausreise in die Fremde Splitter der Heiligenstatue als Mittel gegen das Heimweh mitnahmen [54].« Starkes Heimweh mag die Buben aus den Bergen oft angefallen haben, wenn sie nach Norden in die Bodenseegegend geschickt wurden, um bei Bauern ihr Brot zu verdienen. Christophorus, der Patron für Reisende, Pilger und Straßenbenützer aller Art sollte ihnen Linderung verschaffen. Späne aus der Kultfigur wurden auch von Wanderern als Abwehr gegen Unwetter mitgeführt. »Durch das häufige Abschneiden solcher Splitter hatte die Figur des Heiligen so arg gelitten, besonders Nase, Finger, Beine und Zehen, daß 1907 eine durchgreifende Ausbesserung als notwendig erschien und dem Bildhauer Gröbner die Ausführung übertragen wurde [55].« Die Plastik wurde von da ab aus dem Freien in die Kirche überführt und dort durch ein Gitter geschützt. (Das Hospiz ist 1957 abgebrannt.)

Mit dem Glauben an die Kraft des Christophorus, Unwetter, Blitz und Hagel fernhalten zu können, hängt es auch zusammen, daß man ihn in manchen Gegenden zum Ernte- und Brotpatron machte. Möglicherweise spielt hierbei ein Brauchtumsaustausch mit dem heiligen Jakobus d. Ä., der allgemein als Brotheiliger gilt, eine Rolle: beider Fest fällt ja auf den 25. Juli.

Im 19. Jahrhundert unternahmen die Bauern um den Ursulaberg in Kärnten – vor allem die aus den slowenischen Gebieten – zwischen Ostern und Jakobi eine Wallfahrt zum Christophberg nördlich Klagenfurt. Zu Scharen kamen sie mit ihren bunten Fahnen, auf denen das Bild des heiligen Christophorus prangte, den Berg hinan. Der Wallfahrer »nimmt ein bestimmtes Quantum des neueingebrachten Roggens mit, um denselben dort zu opfern, wofür er dann geweihten Roggen erhält. Wer keinen Roggen zum opfern mitgebracht hat, erhält gegen einen kleinen Gelderlag geweihten Roggen, der dann im Herbste unter den Samenroggen gemischt und ausgesat wird [56].« In der westlich an die Kirche angebauten Säulenvorhalle vollzieht sich die eigentliche Kulthandlung: In Körben und Holzkästen wird dort das Getreide aufbewahrt, das die Leute in Rucksäcken herbeischleppen. In dieser Vorhalle befindet sich auch eine Christophorusstatue, außerdem in einer südlich der Kirche gelegenen Kapelle (1782) ein Christophorusfresko mit der Aufschrift:

»Vor HVnger Best Vnd SCHaVrsGfahr
S: ChristoPh DIesses LanD beWahr.«

Das Bewahren vor Unwetter bedeutete den Schutz des Getreides, kam somit dem Schutz vor Hungersnot gleich und – ins Positive gewendet – einer Befürwortung der Fruchtbarkeit. Diese Gedankenfolge führte zu dem Kuriosum, daß der Pest- und Straßenheilige gelegentlich auch zum Beschützer schwangerer Frauen avancierte. In Meransen nördlich von Brixen (Südtirol) gibt es im Untergeschoß der Jakobuskirche ein spätgotisches Wandbild des Heiligen, daß wie jene Plastik am Arlberg den Gläubigen von seiner Substanz ablassen mußte: An der rechten großen Zehe ist eine auffallende Höhlung in die Mauer geschabt. Der Überlieferung zufolge entnahmen ihr schwangere Frauen Sand und glaubten, »daß sie recht dick werde(n) und gut gebähre(n). Aber auch beim Krapfenbacken soll dies gut helfen. Ein paar Körner unter dem Fingernagel heimgebracht und in den Teig gemischt, läßt die Krapfen gut ›aufgehen‹ [57].«
Nicht nur mit derlei konkreten Bestandteilen von Kultgegenständen kamen die Wallfahrer nach Hause; sie erwarben auch eigens am Verehrungsort hergestellte bzw. vertriebene Pilgerzeichen wie Medaillen, Flugblätter, Gebetszettel, die in der Regel mit dem Bild des Heiligen versehen waren und als Geschenk oder zum eigenen Gebrauch mitgeführt wurden. Als Erinnerungszeichen erhielten sie im Amulettbrauchtum besonderes Gewicht [58]; die Andachtsbilder wurden meist ins Gebetbuch eingelegt. Die Wallfahrtsandenken brachten etwas von der Gnaden- und Heilswirkung, die der Kultstätte anhaftete, mit. Geweiht, oft sogar mit dem Kultgegenstand in Berührung gekommen, waren sie selbst »heilig« geworden und so wiederum geeignet zu heilen. Sie fanden Verwendung als apotropäische Talismane [59].

169 Andachtsbild, um 1750. Dämonendarstellung und zauberische Gerätschaft, die sich eventuell auf das Patronat der Schatzgräber bezieht.
Bayerisches Nationalmuseum, München

170 Andachtsbild, 2. H. 19. Jh.
Bayerisches Nationalmuseum, München

Lith. v. Lusser u. Jauch in Altorf

Der Patron des Verkehrs

Bei der Betrachtung der ersten abendländischen Verehrungsstätten des heiligen Christophorus wurde bemerkt, daß diese an alten Römerstraßen, an Pilger- und Handelswegen (s. S. 12) lagen. In Bologna z. B., das für alle Rompilger von Wichtigkeit war, wo sich alles traf, was über den Brenner und Verona kam, was von Osten oder Westen her die Alpen überschritten hatte, war der Kult des Heiligen beizeiten aufgeblüht. Im Hohen Mittelalter gab es in dieser Diözese bereits fünfzehn Gotteshäuser, die dem heiligen Christophorus geweiht waren. Die von Friedrich Rosenfeld erarbeitete kultgeographische Karte zeigt genau, wie sich der Christophoruskult an den Alpentälern entlang, den Durchgangsstraßen folgend, ausdehnte, sich auf den Pässen festsetzte und mit den Reisenden in ihre Heimatländer wanderte [1].
Ebenso wie die Alpen, so bot auch der Appenin zu jenen Zeiten noch schwere Gefährdungen, so daß sich eine Stadt wie Lucca (Toskana), die am südlichen Gebirgsfuß liegt und die große Nord-Süd-Straße beherrschte, schon früh zu einer Christophorusstätte entwickelte: Der 812 gegründeten Christophoruskirche wurden bald hohe päpstliche Privilegien zuteil. Nebenan erbaute man ein Hospital, das durchreisende Pilger gastlich aufnahm. Ähnliche Fremdenherbergen (Xenodochien) entstanden auf dem Boden der Toskana in Altopascio und Siena. Sie sorgten für das Fortkommen der Pilger, dienten Gesunden zur Übernachtung und Kranken als Pflegestätte. Neben Jakobus d. Ä. wurde hier überall auch Christophorus als Pilgerpatron verehrt. »Für die Verbreitung dieser Anschauung war dann der Orden der Cavalieri dell' Altopascio von besonderer Bedeutung. Diese Spitalbrüderschaft hatte sich zur Aufgabe gesetzt, Pilger zu beherbergen und vor Gefahren zu schützen, die öffentlichen Wege in Stand zu halten, die Brücken über den Serchio und andere Flüsse auszubessern und vor allem den Verkehr über den Arno zur Zeit seines Wasserreichtums zu vermitteln; sie gelangte bald zu hohem Ansehen. Sie hatte bald ähnliche Häuser im Bistum Pisa, in Capua, Neapel, auf Sardinien, Sizilien usw., bald aber auch ausserhalb Italiens bes. in Burgund, Flandern, Frankreich, Lothringen, Navarra, Savoyen, auch in Deutschland und England [2].«
Andere Orden und Bruderschaften, die sich in ähnlicher Weise der auf die

»Grandes riesgos requieren poderosos abogados«
(Große Risiken verlangen mächtige Fürsprecher) Cascón S. 140

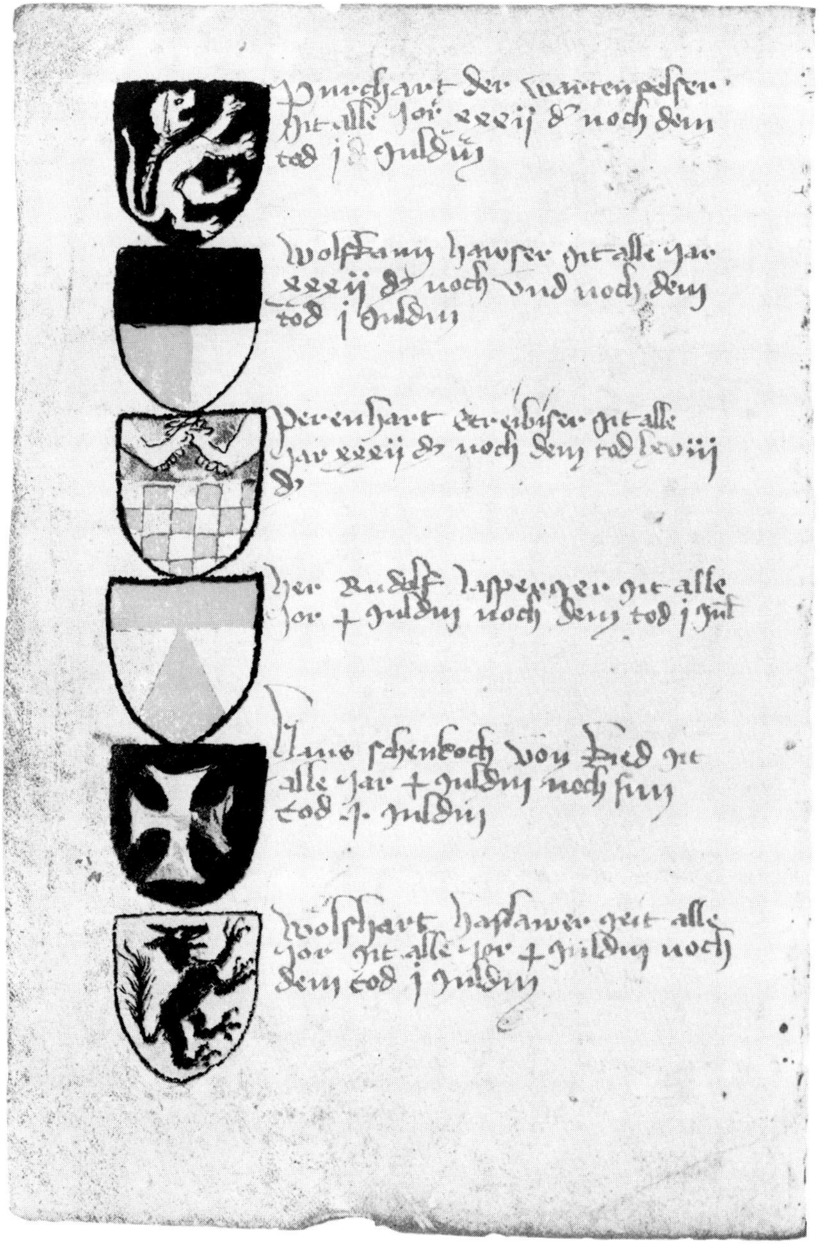

171 Bruderschaftsbuch von St. Christoph am Arlberg, 14./15. Jh. mit Eintrag der Mitglieder, ihrer Wappen und Leistungen. Tiroler Landesregierungsarchiv, Innsbruck

Straße angewiesenen Christen annahmen, bekundeten ebenfalls eine große Neigung zu Christophorus, so der seinerzeit weitwirkende Orden der Cruciferi (Kreuzträger), der Mitte des 12. Jahrhunderts gegründet worden war; sein Fremdenhospiz-Mutterhaus lag in San Severino (Mittelitalien).

Natürlich gab es auch private, städtische oder staatliche Unterstützung von Reisenden. Einige alte Wirtshäuser, die als Raststätten an Verkehrswegen entstanden sind, tragen das Bildnis des Heiligen an der Fassade, z.B. das Wirtshaus Gutjahrs, das auf der Straße Basel – Vierwaldstätter See liegt [3], oder jenes in Pettnau/Tirol, das an der großen Inntalroute Herberge bot [4]. Klösterliche Gastlichkeit war vor allem dort begehrt, wo öffentliche (städtische oder staatliche) Hilfe ausblieb: in abgelegenen, wüsten Gegenden, bei schwierigem Gelände, auf Wegen durch gefürchtete Gebirgsgegenden. Die Alpen konnten seit dem Verfall der Römerstraßen nur unter schweren Gefährdungen passiert werden. Es galt als besonderes Verdienst frommer Männer, den Reisenden an solchen Orten die lebenswichtige Hilfe zu verschaffen.

Eine dieser caritativen Einrichtungen war das Hospiz St. Christoph am Arlberg (s. S. 139). Es wurde in 1800 m Höhe angelegt an der Durchgangsstraße vom südlichen Raum des »Heiligen Römischen Reiches Deutscher Nation« zum nördlichen und westlichen; der Schwerpunkt des politischen Geschehens lag zu dieser Zeit im Westen Deutschlands. Das Motiv der Gründung war Mitleid mit dem Schicksal der Reisenden, die Organisation erfolgte auf Eigeninitiative eines Einzelnen im Namen Gottes und des heiligen Christoph: Heinrich Findelkind aus Kempten stand bei »Jacklin vber Rein« (auf Schloß Arlen bei St. Anton) als Schweinehirt in Dienst. Dort mußte er mitansehen, wie man »da ... pracht vil låͤwt die waren auf dem Arlperg in dem sne [Schnee] verdorben den heten die Vögl die Augen ausgeeszen vnd die cheln [Kehlen] ab das erbarmet mich Hainrich Fündlkind so vbel da het ich xv guldein verdient mit dem Hirtstab da rueft ich vnd sprach ob yemant wolt nemen die xv guldein vnd ein Anfanckh wolt anheben auf dem Arlperg das die låͤwt also nit verdürben.« Als er niemanden fand, seinem Anliegen weiterzuhelfen, da wandte sich Heinrich an »den Almechtigen Got zu hilf und den lieben Herrn der ein grosser Nothelfer ist sand Christofln« [5] und begann selbst das Werk der Nächstenliebe. Im ersten Winter rettete er bereits sieben Menschen das Leben. In einem Aufruf schildert Heinrich, wie er allabendlich die Runde macht mit einem Knecht, »und wen wir in dem sne vinden, den tragen wir in die ellenden herberg und geben im daz almusen unz daz er fur mag kommen« (weiterreisen kann) [6]. 1386 erhielt er vom Landesherrn, Herzog Leopold III. von Österreich, die Genehmigung zum Bau einer Unterkunft. Damit die Gründung Bestand habe und finanziell gesichert sei, wurde eine Bruderschaft zum heiligen Christophorus ins Leben gerufen. Sie konnte schon im Jahre 1414 800 Mitglieder zählen, die teilweise den höchsten Kreisen entstammten, und erstreckte sich weit in die umliegenden Länder. Von einigen Bischöfen (Chiemsee, Aquileja) ist bekannt, daß sie Ablässe stifteten für Wallfahrten nach St. Christoph oder für Unterstützung des guten Werkes. – Die Bruderschaft wurde im Zuge der antiklerikalen Maßnahmen während der Aufklärungszeit aufgehoben, was jedoch die gastfreundliche Betätigung auf dem Arlberg nicht zum Erliegen bringen konnte.

Wie das Arlberg-Hospiz seine caritative Tradition bis in die Gegenwart herein wahren konnte, so geschah es an vielen Pflegestätten Reisender in aller Welt, die aus dem Gedanken der Hilfe am bedürftigen Mitmenschen dem heiligen Christophorus weiterhin die Ehre des Patronats zusprachen. (Nicht immer sind die Patienten dieser Häuser Opfer der Straße.) Ob eine durchgehende Kontinuität der Beschützerrolle Reisender bis in unsere Tage besteht, ist noch zu wenig untersucht, als daß man bindende Aussagen machen könnte. Es ist anzunehmen, daß im Volk das Bewußtsein lebendig geblieben ist, Christophorus schütze vor plötzlichen Schicksalsschlägen – und zu diesen kann man ja im 20. Jahrhundert in erster Linie Verkehrsunfälle zählen. »Man erinnerte sich des Heiligen als des dereinst viel verehrten Patrons gegen jegliche Gefahr, namentlich auf Verkehrswegen ... Er soll Lotse sein, der die Menschen durch den tosenden Strom des modernen Verkehrs glückhaft geleitet [7].«

An manchen Verehrungsstätten konnte der Übergang ins moderne Zeitalter nahtlos erfolgen. In St. Christoph bei Wasserburg (s. S. 138f.) fand am Christophorus-Patrozinium eine Wallfahrt mit Pferdeumritt statt. Ab 1932 kam dazu eine Autowallfahrt am Vortag des 25. Juli. Die Pferdebenediktion blieb weiterhin Bestandteil des Festes; sie findet gemeinsam mit der Weihe von Traktoren, den legitimen Nachfolgern der Arbeitspferde, statt. 1971 war das Verhältnis Pferde–Traktoren: 12:22 [8]. Im Jahr 1974 erfreute sich St. Christoph wiederum der Beteiligung von vielen Hundert Personen- und Lastkraftwagen.

Auch bei den französischen Wallfahrtsorten, von denen das neue Christophorusbrauchtum seinen Ausgang nahm, vollzog sich die Übernahme des alten Straßenheiligen in die Funktion des Verkehrspatrons ganz harmonisch: Ende des 19. Jahrhunderts waren die Orte St. Christophe-le-Jajolet (Normandie) und St. Christophe-de-Rocquigny (Ardennen) noch Ziel zahlreicher wallfahrender Fuhrleute; heute kommen alljährlich einige Tausend Autos und Flugzeuge am 25. Juli zu den beiden Wallfahrtsorten. Man kann sich vorstellen, daß der Lärm bei diesen motorisierten Pilgerzügen ungeheuerlich ist.

Im westfranzösischen St. Christophe war 1899 eine Christophorusbruderschaft gegründet worden; jedes Mitglied sollte durch Anruf des Patrons für sich und seine Begleiter Schutz im ständig wachsenden Straßenverkehr erlangen. Diese Bruderschaft wuchs innerhalb eines Jahrzehnts auf etwa 2000 Mitglieder an. Papst Pius X. erhob sie 1912 zur Erzbruderschaft, was zur Folge

hatte, daß zahlreiche Tochter-Bruderschaften in ganz Europa entstanden und angegliedert wurden [9].
Papst Pius XI. (gest. 1939) führte die Autoweihe am Fest des heiligen Christoph offiziell ein. Er selbst demonstrierte sein Vertrauen auf die Kraft des Heiligen oder seines Symbols, indem er in einem Aufzug des Vatikans (Damasushof) eine Christophorusmedaille anbringen ließ, die er persönlich segnete.
Von der französischen Provinz aus drang der Christophoruskult in die Hauptstadt, wo 1930 in der Nähe des Eiffelturmes die Église Saint Christophe entstand, »die von dem Maler Jaques-Martin Ferrière mit Monumentalbildern des modernen Verkehrs ausgestattet wurde, wie sie wohl in keiner Kirche der Welt sonst zu sehen sind: Flugzeuge und ihre Piloten, Kraftfahrzeuge, Dampfer und Segelboote, Fahrräder, Skiläufer und Alpinisten sind die Gegenstände der künstlerischen Darstellung. Im Morgengrauen des Tages halten an der Kirche oft lange Reihen von Autos, Taxis, elegante Limousinen, deren Besitzer sich in der Frühmesse den Schutz des Heiligen und den Segen des Priesters erbitten [10].« Ein Priester ist ständig bereit, vorfahrende Autos von Reisenden zu segnen.
Häufig entflammt sich der moderne Kult an alter Brauchüberlieferung. In San Cristóbal de Regomir (Barcelona) entstand im Anschluß an ein Tedeum für die Beendigung der Pest 1441 ein Christophorus-Fest. Ein Altar wurde dem Heiligen gestiftet, Prozessionen blühten auf. Die 1505 errichtete Kapelle stand unter der Verwaltung von sieben in der Nähe des Heiligtums lebenden Bürgern. 1906 wurden die Kulthandlungen in Regomir verboten. Es kam jedoch zu keinem Bruch der Kontinuität: eine Menge Autofahrer zogen von nun an am Fest des Heiligen (hier am 10. Juli gefeiert) an der Kapelle vorbei. Einer ihrer Laienverwalter, der Apotheker Christóbal Sarrias, hatte in seinem Urlaub einen Bericht über die Autowallfahrten in Frankreich gelesen und beschlossen, den Kult des Christophorus auf diese moderne Art zu erneuern. 1907 waren es nur ein halbes Dutzend Wagen von Freunden, die sich am Fest des Heiligen die steile Straße nach Regomir hinaufwagten. Heute ist die Zahl der Autofahrer, die an der Segnung teilnehmen wollen, so angewachsen, daß die Kulthandlungen auf zwei Pfarreien verteilt werden mußten [11].
Auch in Österreich nahm man den in Frankreich neu erblühten Kult des Heiligen auf und führte erstmals in der Diözese St. Pölten bei Wien 1928 eine allgemeine Autosegnung durch. Ein Chauffeur hatte die Kunde von dem alt-neuen Verkehrspatron aus Frankreich mitgebracht; zwei Wiener Fiaker sollen sich dann weiter der Idee angenommen haben. Waren es zuerst nur sieben Autos und elf Motorräder, die sich an der Weihe beteiligten, so ist St. Christoph bei Neulengbach in den darauffolgenden Jahren zum berühmtesten Kraftfahr-

zeugwallfahrtsort von Österreich geworden. Die Benediktion vollzieht sich folgendermaßen:

»Vor dem Christophorusaltar versammeln sich zunächst die Fahrzeugbesitzer um den Priester, der betet:

›Heiliger Christophorus! Du hast in Deinem Suchen nach dem Allerhöchsten aus vielem Irren den Weg zu Christus gefunden und Dein Christentum dadurch bewiesen, daß Du den Menschen in Liebe dientest und die gefährdeten Pilger durch die Fluten trugst. Als seligsten Lohn dafür hast Du das Jesuskind selbst empfangen, das Du durch den reißenden Strom tragen durftest. Dir empfiehlt daher jetzt die Kirche als dem himmlischen Helfer und Schutzherrn alle Wanderer, auch die Kraftfahrer. Darum rufen wir zu Dir: Nimm alle, die sich Dir jetzt vor Deinem Bild empfehlen, in Deinen Schutz! Bitte Gott, den höchsten Herrn über Himmel und Erde, daß er sie auf allen ihren Wegen und Fahrten vor dem Bösen und allem Schaden gütig behüte, sie mit dem Heile des Leibes und der Seele segne und zum ewigen Leben des Himmels gelangen lasse. Um das bitten wir Dich um Jesu Christi willen, den Du getragen hast, der mit dem Vater und dem Heiligen Geiste als wahrer Gott lebt und regiert von Ewigkeit zu Ewigkeit. Amen.‹

Sodann erfolgt die Weihe der Plaketten, schließlich geht man zu den Fahrzeugen, über die wiederum der Priester ein Weihegebet spricht, dem die Segnung mit dem Weihwasser folgt. Nach dem Segensspruch ›Der heilige Christophorus gebe dir das Geleit!‹ beendet der Geistliche die Zeremonie.« [12]

In Wien selbst nahm ab 1933 Kardinal Dr. Innitzer im Tiergarten eine Segnung der Autos vor. Von der österreichischen Hauptstadt aus drang der Kult nach dem Südosten: In Budapest hielt Kardinal Seredi 1933 die erste Autoweihe, die eine Beteiligung von etwa 1000 Fahrzeugen erlebte [13]. Die 1939 gegründete Christophorus-Bruderschaft führt jährlich eine kirchliche Einsegnung der Verkehrsmittel vom Kinderwagen bis zum Omnibus durch. Auf der Donau veranstaltet man eine Christophorusweihe der Boote, der Sportler und Pfadfindergruppen. Selbst die Armee war am Zustandekommen des neuen Brauches in Ungarn rege beteiligt: Christophorus hatte man in den 30er Jahren zum Schutzpatron des motorisierten Regiments Nr. 101 erklärt [14].

Um dieselbe Zeit war der moderne Christophoruskult auch nach Böhmen vorgedrungen; Friedland und Reichenbach z.B. fanden regen Zulauf bei Autosegnungen [15]. In der polnischen Stadt Podtowa Lesna soll 1933 der Grundstein zu einer vom polnischen Automobilklub gestifteten »Chrystophoruskirche« gelegt worden sein [16].

Ein Geflecht von spontaner Initiative, Anregung und Übernahme legte sich auch über die deutsche Kultlandschaft. In Berlin führte die »Deutsche Auto-

172 Karikatur des Christophorus als Verkehrspatron, Totter, Wien, 1965

mobilvereinigung Christophorus« (DAVC) im Jahr 1929 eine Autowallfahrt zu dem Kloster Lehnin durch; seither gibt es im Raum Berlin solche Christophorus-Fahrten. Mit ihnen verbunden ist ein Krankentransport zur Kirche. Gehbehinderten und ärmeren Bevölkerungsschichten wird das Auto für alle möglichen Zwecke zur Verfügung gestellt; die Autofahrer, die sich im Namen des Christophorus zusammengefunden haben, praktizieren auf diese Weise ihre caritative Gesinnung. In München wurde 1933 eine Bruderschaft an der St. Maximilianskirche gegründet, die der französischen Erzbruderschaft angeschlossen ist. Gründungsmitglieder waren u.a. so hervorragende Persönlichkeiten wie der Chirurg Professor Max Lebsché, der durch seinen Beruf mit den Folgen der Rücksichtslosigkeit im Verkehr vertraut war, sowie der nachmalige bayerische Verkehrsminister Dr. Frommknecht und Stadtrat Dr. Ernst Konrad Stahl, ein engagierter Christophorusforscher. In langer Kolonne fahren am Bruderschaftsfest im Juli die Fahrzeuge – Kinderroller, Dreiräder, Fahrräder, Motorräder, Krankenwagen, Busse verschiedener städtischer und staatlicher Institutionen und Hunderte von Personenautos – an der segnenden Geistlichkeit vorüber [17].

Wie schon ausgeführt, hatte in oberbayerischen St. Christoph zunächst ein Pferdeumritt mit Segnung bestanden, wozu sich dann eine Kraftfahrzeugweihe gesellte. Den Anstoß zu einer neu aufflammenden Wallfahrt (ab 1932) gab wiederum die Privatinitiative eines einzigen Mannes: Anton Robert Sittl, der im Ersten Weltkrieg als Feldkraftfahrer gedient hatte, rief zu einer Wallfahrt von München nach St. Christoph auf, zur Erinnerung an die Opfer des Krieges und des Straßenverkehrs. »Kein motorsportliches Fest, sondern ein zeitgemäßes Brückenschlagen zu einem im religiös empfindenden Volksteil noch tief verwurzelten Brauchtum. In Achtung vor dem Mitmenschen, in dem stets ein Geschöpf Gottes zu sehen ist, sollen die Teilnehmer an der Christophoruswallfahrt sich ihrer Verantwortung im Straßenverkehr allezeit bewußt werden. ... Mit einer Korsofahrt der blumengeschmückten Kraftfahrzeuge und Motorräder durch die Innenstadt von München begann die Auffahrt. Unter Glockengeläut und Böllerschüssen fuhr man langsam in St. Christoph ein, wo Monsignore Prof. Dr. Richard Hoffmann, ein ehemaliger Feldgeistlicher, das levitierte Hochamt feierte. Nach dem Festgottesdienst wurden am Hochaltar die mitgebrachten Christophorusplaketten und Medaillen geweiht; anschließend fand im Freien von der geschmückten Weihekanzel aus die Benediktion der um die Kirche fahrenden Kraftfahrzeuge statt. – In ähnlicher Weise wie diese Weihe spielte sie sich auch in den nächstfolgenden Jahren ab, sowie in all jenen Orten, wo sie eine Nachahmung fand [18].«

Obwohl das nationalsozialistische Regime der Heiligenverehrung ablehnend gegenüberstand, kam es doch an mehreren Orten Süddeutschlands nach 1933 zu Autosegnungen: Kastl/Opf.; Thyrnau bei Passau/Ndb.; Mitterfels bei Straubing/Ndb.; Wattendorf bei Scheßlitz/Ofr.; Haslach a.d. Kinzig/Baden; Frankenhofen bei Bad Wörishofen u.a. Sogar die deutsche Wehrmacht beteiligte sich an diesen Christophorusfahrten. 1935 wurde von München aus eine Fahrt veranstaltet, bei der sämtliche motorisierten Truppenteile vertreten waren.

»Unter den 40 Teilnehmern waren auch der kommandierende General v. Reichenau und der nachmalige Präsident des deutschen Olympischen Komitees Ritter v. Halt. Die Christophorusfahrt, die größtenteils in Kübel-Geländewagen gefahren wurde ... stellte an die Geschicklichkeit und Findigkeit der Fahrer wie an die Tüchtigkeit und technische Bewährung der Fahrzeuge ziemliche Anforderungen. Die Teilnehmer sollten unter Überwindung verschiedener eingestreuter Geländehindernisse bestimmte Höchstgeschwindigkeiten erreichen [19].«

Hier kommt nun zum ersten Mal eine sportliche Note in diese Christophorusfahrten; sie erinnern bereits an die Rallyes unserer Tage. Der religiöse Brauch ist in den profanen Bereich übertragen, die Idee säkularisiert worden. Von der »heilbringenden Schau«, die im Spätmittelalter zu dem gewaltigen Crescendo im Christophoruskult führte, weiß kaum einer der Autofahrer, deren Blick heute täglich auf das Bild des Heiligen fällt oder es zumindest streift: Millionenfach begleitet es die Verkehrsteilnehmer als Plakette am Armaturenbrett, auf den Hupen der Wagen, den Klingeln der Fahrräder, als Anhänger von Autoschlüsseln und Halsketten. Häufig werden diese Zeichen als Geschenk und als Werbemittel vergeben. Auch nicht oder kaum religiös gesinnte Kraftfahrer führen die Plakette mit sich, teils einer Art magischem Glauben anhängend, teils in unbeschwerter Zuversicht: »Es kann ja nicht schaden [20].«

Nach dem Zweiten Weltkrieg nahm das Interesse an den Kraftfahrzeugsegnungen in Deutschland und seinen Nachbarländern stark zu, vielleicht als Folge der wachsenden Not auf der Straße. Die Zahl der Unfallverletzten und Verkehrstoten zeigte ein stetes Wachstum: Waren es in Gesamtdeutschland 1938 etwa 8000 Tote im Jahr, so meldete die Statistik 1953 allein für die Bundesrepublik 11449 Tote; 1960 bereits 14406, 1972: 18811 Tote. Das waren alarmierende Meldungen, die der Christophorusidee kräftigen Rückenwind gaben.

Ganze Ortsverbände des Allgemeinen Deutschen Automobilclubs (ADAC) beteiligten sich an der Organisation von Christophorusfahrten. Der Verband der Haftpflicht-, Unfall- und Kraftfahrzeugversicherer (HUK) vergibt jedes

173 Mexikanische Brotplastik, 19. Jh.
Privatbesitz

174 Keramische Wandfliesen, Spanien
19. Jh.
Privatbesitz

175 Wachsmodel, Bozen, 1960

176 Vase, Entwurf Paul Auer, 1957.
Ehrengabe des ÖAMTC (Österreichischer Automobil-, Motorrad- und Touring Club)

Jahr einen Christophorus-Preis für ausgezeichnete journalistische Leistungen auf dem Gebiet der Verkehrserziehung, der großes Echo findet. Vom Bayerischen Staatsministerium des Innern wurde im Mai 1974 eine Aktion »Sicher auf Bayerns Straßen« gestartet, wobei die Bevölkerung über Todsünden im Verkehr unterrichtet wurde und Autoaufkleber mit stilisierten Christophorusdarstellungen erhielt.

All diese Maßnahmen gelten dem Kampf gegen Leichtsinn, Selbstüberschätzung und Rücksichtslosigkeit im Straßenverkehr – dem Kampf um die Beherrschung des Machttriebes am Steuer, um das Geltenlassen jedes Verkehrsteilnehmers, um Hilfsbereitschaft in Notsituationen. Tatsächlich ist die Zahl der Verkehrsunfälle von 1973 an (16307 Tote, 487698 Verletzte) rückläufig.

Der führende Geist der amerikanischen Christopher-Bewegung, James Keller, äußert sich dazu folgendermaßen: »Es ist leicht, sich in allgemeinen Reden über gutes Fahren auszulassen. Aber ein Beweis für die Echtheit unserer Gottes- und Nächstenliebe ist die Beobachtung der hundertundeins Kleinigkeiten, die das gute Fahren ausmachen.

Die persönliche Befriedigung, auch zur Sicherheit auf den Autobahnen und Landstraßen beizutragen, mag manchen Kraftfahrer veranlassen, nach Verbesserungen zu streben und mitzuwirken an der Heiligung jedes Bereichs des öffentlichen und privaten Lebens.

Es ist ein erregendes Erlebnis, sich als Werkzeug Gottes zu fühlen in der Verwirklichung seines Gesetzes und seiner Ordnung und dadurch vielen Menschen zu helfen. Es ist dies keineswegs eine Last, sondern schenkt das glückliche Gefühl, etwas Schöpferisches und Konstruktives zu tun [21].«

Diese Werte gerade heute mit Eindringlichkeit und Idealismus hochzuhalten, schmälert nicht den Sinn für Realität und rationale Maßnahmen: In allen Grenzsituationen – und das Problem »Tod auf der Straße« zählt zu diesen – ist der ganze Mensch aufgerufen. Ob die Äußerungen von Skeptikern in unseren Tagen, durch die Christophorusverehrung sei keine Änderung der Situation zu erreichen, der Wirklichkeit näher kommt als die Überzeugung, daß humanes Verhalten durch eine tragfähige Idee unterstützt wird, muß dahingestellt bleiben. Auf jeden Fall will eine »Versicherung der Hilfe des Heiligen« nicht Schutz und Geborgenheit in einer Welt vorspiegeln, »in der die Unsicherheit der Verhältnisse bestimmender Faktor ist« [22]: die Symbolgestalt des Christophorus birgt alle Gefährdungen des Menschlichen in sich; sie täuscht das Ideal nicht vor, sondern arbeitet mit ihm.

Durch die Landstriche Liciens, erleuchtet und fiebernd,
zieht ein hünenhafter Mann, aus Kanaan stammend,
und verbreitet unermüdlich und rastlos,
neben denkwürdigen Wundern, das Licht des Evangeliums.

Ein Baum ist in seiner Rechten erblüht,
Sinnbild der Festigkeit, mit der er im Boden wurzelt,
Entdecker der Gefahren und geheimnisvoller Hirtenstab,
mit dem er die rauhen Pfade Christi geht.

O Christoph von Licien, gewaltiger Heiliger,
gewaltig in Werken, nicht nur an Gestalt,
dem der Höchste die grossartige Aufgabe zuwies,
die Menschen den rechten Weg zu führen:

Wenn die grosse Zahl der Gläubigen auf dem Wege
unter Anrufung deines Namens den Himmel um seine Gunst bittet,
und einstimmig dich zum Leitstern ihrer Wege
und zum mächtigen Fürsprecher jedes Reisenden vor Gott anruft;

Wenn einen Mann deines Namens die Wogen nicht schreckten
auf der gigantischen Suche nach einer neuen Welt,
nach den endlosen und angstvollen Tagreisen
auf den jungfräulichen Fluten der finsteren See;

Wenn, endlich, dein Name »Träger Christi« ist,
da du Jesus auf deinen starken Schultern
durch die tückische Wildnis des Erdkreises trugst
ohne Unfall, Sturz oder Verzagtheit ...

Dann, heiliger Christoph, ziehe deine Hand nicht von
jenen ab, die den Transport zu ihrem Berufe machten,
und ebne und bahne ihnen die Wege
wo immer sie täglich ihr Broterwerb führt ...

Dann, heiliger Christoph, überhöre nicht die Bitten
von uns allen, die wir fest und aus tiefer Seele glauben
dass du, inmitten der vielen Gefahren um uns,
mit Licht und Bremse uns zur Seite stehst.

Allen, die beruflich mit einem Verkehrsmittel unterwegs sind, gelten die Gedanken des spanischen Gedichtes von R.B. Quijano (1952) »A San Cristóbal de Licia«:

»Por los campos de Licia, febril, iluminado,
anda un varón gigante de origen cananeo
difundiendo sin tregua, reposo ni descanso,
entre raros prodigios, la luz del Evangelio ...«

Cascón S. 143

Kritik und bleibende Bedeutung

Beim Studium des Weges, den Christophorus durch die Kulturgeschichte genommen hat, gelangt man zu der Einsicht, daß das Aufkommen der Vorliebe für einen bestimmten Heiligen und seine Legende weitgehend von unwägbaren Geschehnissen und vom persönlichen Engagement Einzelner abhängig ist. Freilich: die Zeit muß reif, der Boden vorbereitet sein, damit die Saat aufgehen kann. Es scheint ähnlich zu sein wie bei Erfindungen, für die plötzlich die Stunde gekommen ist.

Zweimal im Laufe der Geschichte haben sich Kult und Brauch um Sankt Christoph verdichtet, ohne daß die offiziellen Verwalter des christlichen Erbes Anlaß oder Hilfestellung geboten hätten: im ausgehenden Mittelalter und im 20. Jahrhundert. Zumindest in den Ländern des germanischen Nordens, insbesondere in Deutschland und England, läßt sich eine zurückhaltende Einstellung der Kirche erkennen, was das Christophoruspatronat betrifft (s. S. 134), während der romanische Süden – vielleicht einer unterschiedlichen Mentalität entsprechend – eher Zugang zu dem Heiligen der Passio fand [1].

Was aber allerorten die Theologen zu Argwohn und Opposition reizte, war die Verbindung des Christophoruskultes mit außermenschlichen und außerkirchlichen Bereichen, wobei das Bildnis des Heiligen häufig als Kommunikationsmittel gewertet wurde. In Predigt, Volksmission, Beichtzuspruch und Schrift richtete sich die Kirche gegen derartige Auswüchse, vor allem gegen die sogenannten Zwingbücher, die sich im Volk hielten und im Geheimen umliefen trotz Verbot und Aufklärung. »Auf Grund des freundschaftlichen Verhältnisses zu seinen Nothelfern möchte es [das Volk] ihnen auch in seinem außerkirchlichen Glauben und Tun Existenz und Legitimation verschaffen [2].«

Dieser »pervertierte Frömmigkeitsstil« [3] mochte schon Päpste, die im 15./16. Jahrhundert regierten (Pius II. und Pius V.) veranlaßt haben, den heiligen Christophorus weitgehend aus dem offiziellen Brevier zu verdrängen. 1568 verschwand er auch in den deutschen Diözesen aus der Reihe der Heiligen, denen ein Sonderfest gewidmet war.

Die weltliche Obrigkeit folgte dem Beispiel des hohen Klerus. Während Kaiser Friedrich III. kein Hehl aus seiner tiefempfundenen Verehrung des

»Qu'y a-t-il enfin de plus beau qu'un brave géant charitable, aux muscles d'athlète, qui fléchit sous le poids de ce qu'il y a de plus frêle et de plus gracieux au monde: un petit Enfant, un petit Enfant qui trace, sur l'humanité misérable des automobilistes et des ... piétons, le geste auguste de la bénédiction divine?«

Masseron S. 27

(Was gibt es schließlich Schöneres, als einen tapferen und mildtätigen Riesen mit den Muskeln eines Athleten, der sich beugt unter dem Gewicht dessen, was das Zarteste und Graziöseste von der Welt ist: ein kleines Kind, ein Kindchen, das den erhabenen Gestus der göttlichen Segnung zeichnet, über die unzulängliche Menschlichkeit der Autofahrer und der Fußgänger hin ...)

heiligen Christophorus machte, läßt sich unter seinem Sohn und Nachfolger Kaiser Maximilian schon eine gewisse Einschränkung feststellen. So weist das berühmte Gebetbuch mit den Dürerschen Illustrationen nur in der ersten Fassung noch drei Gebete zu Christophorus auf; in der gedruckten Ausgabe sind diese eliminiert [4].

Humanismus und Reformation brachten eine kritische Prüfung der Heiligenviten aus wissenschaftlicher Sicht; Christophorus geriet dabei in argen Mißkredit. Erasmus von Rotterdam bedachte ihn und die übertriebene Bildverehrung mit beißendem Spott: Er spricht von jenen, »qui sibi stultam quidem, sed tamen jucundam persuasionem induerunt, futurum, ut si ligneum, aut pictum aliquem Polyphemum Christophorem adspexerint...« [5] (die sich den dummen, aber angenehmen Glauben zugelegt haben, es werde etwas geschehen, wenn sie irgend einen hölzernen oder gemalten Polyphem für den Christophorus halten).

Auch in der Popularliteratur machte sich diese aufklärerische Skepsis breit. In Jakob Freys weitverbreiteter Schwanksammlung »Gartengesellschaft« (1556) findet sich ein Kapitel »Von einem prediger, der sanct Christoffel so hoch lobte«: Ein humorig-schlaues Bäuerlein setzt seinen wachen Verstand dem wortgewaltigen Prediger, der Christophorus über alle anderen Heiligen preist, entgegen: »Der esel, den Joseph het, ist seliger dann sanct Christoffel; der hat Christum und sein mů̊ter darzů̊ in Egypten unnd wieder heraus getragen. Dem hat got mehr gnad bewissen denn sanct Christoffel, der ihn nů̊r über das wasser oder bach getragen [6].«

So mancher hat um diese Zeit Christophorus nicht mehr sehr ernst genommen; man trieb seine Scherze mit ihm, wie aus volkstümlichen Sprüchen und Inschriften hervorgeht. Sein Nimbus begann zu verblassen. Die sophistische Scherzfrage kam auf:

»Christophorus Christum, sed Christum sustulit orbem:
Constiterit pedibus dic ubi Christophorus?«

In deutscher Sprache erscheint diese Frage in einer Hausinschrift (Bad Tölz):

»Christoph trug Christum,
Christus trug die ganze Welt.
Sag, wo hat Christoph
Damals hin den Fuß gestellt?«

Auch das fromme Spanien schickte seine Zweifler ins Feld. Polo di Medina schrieb 1636 unter ein Gemälde:

Cristóbal santo, una duda
Me tiene con grande asombro
Viéndoos con el mundo al hombro,
Que de verlo un hombre suda.

Aquesta mi duda es:
Decid, santo rubicundo:
Si lleváis al hombro el mundo
En dónde ponéis los pies? [7]

(Hl. Christophorus, ein Zweifel gibt mir zu denken; dein Anblick mit der Welt auf der Schulter bringt einen Mann zum Schwitzen, und dies ist mein Zweifel: sag mir, rotblonder Heiliger, worauf stellst du deine Füße?)

Luther hat die Gestalt des Christophorus als Allegorie des christlichen Lebensweges gedeutet. Nicht die Historie sei wichtig, so führt er in der Tischrede »Von Legenden und Heiligen« aus, sondern das Gleichnis, das kundtue, »wie ein Christ sein sollte« und wie es ihm erginge, wenn er entschlossen sei, die schwere Bürde seiner Überzeugung durchs Leben zu tragen. Das Wasser zu Füßen des Christophorus mit seinen Sirenen bedeute die Welt mit ihren Versuchungen. Der Heilige »hebt sich an eim großen Baum wie an einem Stecken, das ist an Gottes Wort.« Der Einsiedler wird zur Schrift des Propheten, die den Menschen sicher ans andere Ufer – das ewige Leben – geleitet [8].
Der unerschrockene Mann bleibt für Luther und viele seiner Anhänger ein Vorbild sittlichen Bemühens. Man ersetzte sogar zuweilen Christophorus durch Christus. Eine derartige Kontrafaktur (Umdichtung) wird Hans Sachs zugeschrieben:

»Ein ander lied / Sanct Christoff du vil heyliger man /
verendert vnd Christenlich corrigiret.

CHriste warer Sun Gottes fron
des lob wir ewig preysen,
Wer deinen namen růffet an,
dem thůst hilff beweysen.

Wann du bist der ewig mittler
gen Got dem vater Herre,
Dein pitter todt halff vns auß not,
dir sey ewig lob eere.« [9]

Von gleichem Geist getragen sind die Verse, die etwa ein Jahrhundert später neben einem Gemälde (1612) in der Kirche von Nordhausen stehen:

Der St. Christoph ist keine Geschicht
Sondern ein fein christlich Gedicht.
Das Bild bedeut ein Christen-Mann
Der sich auf Gott verlassen kann.
Durchs Meer solt du Trübsal versthan:
Dadurch muss man in Heimat gahn.
Der Baum in seiner Hand da ist
Das liebe Wort vom Jesu-Christ. [10]

Man verstand den Träger des Kindes und das drückende Gewicht desselben im Sinne der Not und Angst einer Seele, die in dieser Welt das Joch Christi auf sich genommen hat: »El río o torrente y el peso del Niño tal vez se entendió también en sentido espiritual para denotar los apuros o angustia de un alma, llevando sobre sí el yugo de Cristo en este mundo [11].«
Lächelnde Güte ist der Wesenszug, den der Cremonenser Dichter Jérome Vida der Symbolfigur des Christophorus zuspricht. Er wendet sich an ihn mit folgenden Worten:

»Christophoro, infixum quod eum usque in corde gerebas,
Pictores Christum dant tibi ferre humeris:
Quem gestans, quoniam multa es perpessus amara,
Te pedibus faciunt ire per alta maris.
Id quia non poteras, nisi vasti corporis usu,
Dant membra, immanis quanta gigantis erant...
Quod potis, ars tibi dat, nequeat cum fingere vera.
Accipe cuncta bono, tu bonus, ista animo.« [12]

(Der du Christus sicher im Grund deiner Seele trägst, Christophorus, dich haben die Maler dargestellt, ihn auf der Schulter tragend; und weil du, während du ihn trugest, zahlreiche Leiden erdulden mußtest, haben sie dich ein tiefes Wasser durchschreiten lassen; damit du dies vermochtest, haben sie dir einen riesenhaften Körper gegeben mit Gliedern, wie sie Giganten eignen... Wozu du mächtig bist, das hat die Kunst dir gegeben, weil sie nur so der Wahrheit Ausdruck verleihen kann. Du bist gut: nimm dies alles daher guten Mutes an.)

In der Ausdeutung der Legende und der bildlichen Darstellung gingen vor allem Theologen der Aufklärungsepoche oft über Luther hinaus, indem sie jede Einzelheit der Heiligengestalt und ihrer Umgebung symbolisch ausdeuteten und so dem Christophorus ein moralisch-pädagogisches Mäntelchen umhängten, z.B.

»La taille du géant figure la grandeur de son courage;
le torrent son martyre; le bâton la croix...« [13]

(Die Körpergröße des Riesen stellt die Größe seines Mutes dar, der Strom sein Martyrium, der Stock das Kreuz...)

Im Grunde stand der Mensch damals bereits vor dem gleichen Problem, das sich auch uns im 20. Jahrhundert stellt: Ist diese historisch anfechtbare, miß-

brauchte, in zahllosen Varianten gepriesene und verdammte Gestalt noch zu retten? Kann ihr über das Symbol bleibender Wert zukommen?
Die Tatsachen scheinen ein Ja zu befürworten. Nicht nur religiös geprägte Autofahrer, auch Verantwortliche des öffentlichen Lebens, vorwiegend aber Jugendliche aller Länder bekennen sich zur Idee des »Fährmanns Gottes«, der die Menschen durch den Strom der Zeit geleiten soll. Um eine Verchristlichung des Lebensraumes geht es der katholischen Studentenverbindung, die den Namen des Heiligen auf ihr Banner geschrieben hat. »Unser Name ist Auftrag und bestimmt die Ziele unserer Gemeinschaft«, heißt es in den Satzungen (1949). In Berlin gibt es ein Christophorus-Kinderkrankenhaus, dessen Ordensschwestern ihren Lebenssinn im Dienst am Kind finden. Auch die Mitglieder des Evangelischen Johannesstiftes, »denen Christophorus das Vorbild für ihre Arbeit ist, die Brüder und Schwestern von dem einen Ufer nach dem andern, von Ost nach West tragen, durch den ›Fluß‹, der unser Vaterland so schmerzlich trennt«, sehen in dem Heiligen die gegebene Symbolfigur ihres Handelns. Ein Berliner Bild für das Fronleichnamsfest, also jenen Tag, an dem Christus durch die Straßen getragen wird und so in den alltäglichen Lebensraum der Menschen kommt, zeigt den Heiligen in einer Trümmerstraße des Zweiten Weltkrieges zwischen einem Kino und einer Bar. Christophorus wird damit der gegenwärtigen Situation angepaßt und eingefügt [14].
In den USA hat sich diese Idee nach 1945 überraschend zu einer Großaktion entwickelt: St. Christopher-Movement unter der geistigen Leitung von Father James Keller erreicht an die zwei Millionen aktiver Anhänger und Ungezählte, die sie beifällig aufnehmen. Als Motto hat sich die Bewegung den Satz erwählt: »Es ist besser eine Kerze anzuzünden, als über die Dunkelheit zu schimpfen.« Die Sektoren des Wirkens sind: Beeinflussung des Erziehungswesens, der Staatsregierung, des Wirtschaftslebens (Betriebe, Gewerkschaften, soziale Gesetzgebung) und der öffentlichen Meinung. Mit Hilfe der Massenmedien – Tausenden von Funk- und Fernsehsendungen, Filmen, Büchern, Zeitungsberichten usw. – wird das Gedankengut breiten Kreisen zugeführt. »Je tiefer man seine eigenen geistigen Wurzeln legt, um so mehr möchte man hinauswirken und die Welt, die Umgebung, heilen. Wer sich ehrlich müht, ein Christophorus oder Christusträger zu sein, wird sehen, wie er vom Negativen zum Positiven kommt – von der passiven Annahme der Wahrheit zum aktiven Leben und der Anwendung dieser Wahrheit in vielen Bezirken, wo es vorher vielleicht unmöglich erschien [15].« »Der Christopher geht in das öffentliche Leben, an einen Arbeitsplatz nach eigener Wahl, ohne Fanfaren zu blasen, ohne Flaggen zu schwingen, ohne Aufsehenerregendes zu tun. Seine einfache Aufgabe ist es, auf Wahrheit zu bestehen, wo andere auf Förderung der Lüge

177 Holzplastik aus Tanganjika, 19. Jh. Monumenti, Musei e Gallerie Pontifici, Vatikan

bedacht sind; Ordnung zu schaffen, wo andere Verwirrung stiften. Wo Haß ist, sucht er Liebe zu schenken. Wo Finsternis herrscht, bringt er Licht... Er wartet nur, das Gewöhnliche zu tun, nicht das Ungewöhnliche, das Ordentliche, nicht das Außerordentliche. Und er weiß, daß diese stete Pflichterfüllung zwar oft mühselige Hingabe und Tag für Tag harte Arbeit, ja sogar eintönige Plackerei erfordert, daß aber dieses dauernde Opfer nie zweck- und sinnlos wird [16].«

Das Hauptwerk Kellers »You can change the world« (Du kannst die Welt verändern), 1950 erschienen, möchte der »Ermüdung der Guten« den Elan und die Zuversicht phantasievoller christlicher Welthaltung entgegensetzen. Der Ruf fand ein Echo auch in Europa.

Dem Christophorus der Legende eignet ein bohrendes Fragen nach seiner Berufung. Er sieht zunächst nicht, woher die Stimme kommt, die ihn ruft. In einer Zeit des Irrens, Zweifelns und Verzweifelns am Sinn des Lebens, der Abwendung vom Metaphysischen, mag diese Haltung des Suchenden die allein noch mögliche »religio« im Sinn der Bindung an das Göttliche sein: Wachsein ist gefordert, Bereitschaft für den Anruf, wo immer er herkommt. Nur dem Höchsten zu dienen, hatte sich Christophorus vorgenommen: sich von allem Kleinen, Kleinlichen, vom ego Eingeengten zu lösen, kann sein Symbol uns bedeuten. Und wen der »Heilige« nichts mehr angeht, wer auf alles »Fromme« allergisch reagiert, der mag sich vom »Riesen«, vom »großen Mann« anrühren und beflügeln lassen: Seine Größe ist das Absehen vom Individuellen, die Hingabe an den bedürftigen Mitmenschen. Seit Jahrzehnten ist das stetige, treue Dienen immer mehr in Mißkredit geraten. Heute beginnen wir die Dringlichkeit und Notwendigkeit eines demütigen, d.h. mit dem Mut zum Dienen ausgestatteten Menschenbildes zu ahnen, mag das Ideal nun Werktreue, Pflichterfüllung, Rücksicht auf den anderen und Geduld mit seinen Schwächen, heißen. Ob der unentwegte Einsatz einmal durch die »Gnade« der Gewißheit, ein Wissen um die rechte Art in der Welt zu sein, belohnt wird? Keiner weiß es. Christophorus erfuhr es.

»Er ist zur Güte berufen, und zwar, er fühlt es gut, zu einer Güte, die seiner Natur gemäß ist.«

Hello S. 63

178 Hinterglasbild, Die Vierzehn Nothelfer, Nordböhmen, frühes 19. Jh. Österreichisches Museum für Volkskunde, Wien

S. CATRINA:
S. BARA:
S. MARGRETA:
S. PANTALEON
S. VITUS:
S. IORGIUS:
S. ERASIMUS:
S. CHRISTOFLUS:
S. DIONISIUS:
S. CIRIACUS:
S. BLASIUS:
ACHATIUS:
EUSTACHIUS
EGIDIUS:

Christophorus in der Nothelfergruppe

Um sicher zu gehen, daß man in einem bestimmten Anliegen auch den richtigen Nothelfer erreichte, und um die Wirkung der Fürsprache zu verstärken, faßte man verschiedene heilige Mittler zu Gruppen zusammen. So entstanden im Spätmittelalter die »Vierzehn Nothelfer«; Christophorus ist einer der wichtigsten unter ihnen.

180

179

181

Seite 160

179 Hans Burgkmair, Tafelgemälde, 2. H. 15. Jh. Christophorus in der rechten Gruppe der Nothelfer.
Bayerische Staatsgemäldesammlungen, München

180 Amulettanhänger aus Silber, um 1500.
Staatliche Museen Preußischer Kulturbesitz, Kunstgewerbemuseum, Berlin

Seite 161

181 Tischplatte aus Kloster Bildhausen, 18. Jh. Einlegearbeit.
Schloßmuseum, Aschach

182 Hinterglasbild, Die Vierzehn Nothelfer, Buchers, Südböhmen, um 1820.
Privatbesitz

183 Hinterglasbild, Die Vierzehn Nothelfer, Böhmen, 19. Jh.
Museum Jindrich, Taus

Seite 163

184 Altarflügel, bayerisch, 1. H. 16. Jh. Christophorus Mitte links.
Bayerisches Nationalmuseum, München

185 J.B. Francken, Mitte 17. Jh. Maria und die heiligen Fürsten.
Bayerische Staatsgemäldesammlungen, München

182

183

ZARO

Seite 164

186 Via Cappuccini in Locarno, Schweiz, Steinplastik, 1636. Schutzpatron des Cristoforo Orelli

187 Bernhard von Bockholt, Steinplastik im Dom zu Münster/Westfalen, 1627

188 Detail zu Abb. 186

Der Anblick des Christophorus schützt vor jähem Tod, daher wurden häufig Bildnisse des Heiligen gut sichtbar an Kirchen und profanen Gebäuden angebracht.

189 Kapelle in Amorsbrunn, Odenwald, Fresko an der Ostseite, 16. Jh.

190 A. J. Walch, Fassadenmalerei, 1749. Spitalkirche zum Heiligen Geist, Füssen

191–192 Wallfahrsmedaille, 2. H. 17. Jh. Fundort: Medel, Graubünden. Rätisches Museum, Chur

193 Votivtafel aus St. Christoph bei Ebersberg, Oberbayern, 1800. Verlöbnis der Pfarrgemeinde Mittbach in Kriegsgefahr

194 Hölzerne Kultfigur aus St. Christoph am Arlberg, 16. Jh. Die Wallfahrer schnitten Späne ab zur Abwehr von Unwetter und Heimweh

195 Wallfahrtsplakette, 17. Jh. Bayerisches Nationalmuseum, München

196 Silberner Anhänger mit Bergkristall, Nürnberg (?), um 1500. Privatbesitz

197 Votivbild aus St. Christoph bei Ebersberg, Oberbayern, 1773

191

192

193

194

195

196

198 Votivbild aus St. Christoph bei Ebersberg, Oberbayern, Mitte 18. Jh.

199 Votivbild aus St. Christoph bei Ebersberg, Oberbayern, 1780

200 Messer mit Elfenbeingriff, Frankreich 16. Jh.
Bayerisches Nationalmuseum, München

201 Detail zu Abb. 200

202 Bemaltes Glas, Böhmen oder mitteldeutsch, 1586
Corning Museum of Glass, Corning, N.Y./USA

203 Gewölbeschlußstein, 15. Jh., Kathedrale zu Barcelona

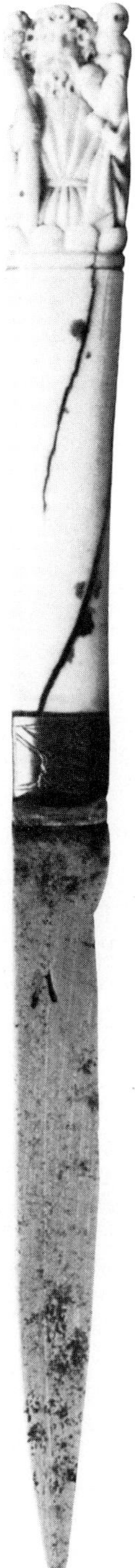

200

201 △

202 △

▽ 203

206 Beckenschläger-Schüssel, Nürnberg, 17. Jh.
Privatbesitz

204 Reliquienkapsel, 15. Jh. Kopie.
Privatbesitz

205 Christophorusglocke, St. Stephan in Augsburg, 1620

207 Christophorusplakette, 1. H. 17. Jh.
Bayerisches Nationalmuseum, München

208 Reliquienbehälter, um 1500. Die Heilserwartung, die mit Reliquien verknüpft ist, verbindet sich mit der »heilbringenden Schau«, die der Christusträger vermittelt.
Bayerisches Nationalmuseum, München

209 Pluviale aus Barcelona, 15. Jh. Goldstickerei auf grünem Samt.
Museo Diocesano, Vich bei Barcelona

211 Votivbild
mit Klosterarbeit, 2. H. 18. Jh.
Privatbesitz

210 Antependium aus Kloster Rheinau (?), 1511. Wollstickerei auf schwarzem Grund, Detail.
Sammlung Oskar Reinhart »Am Römerholz«, Winterthur

212 Andachtsbildchen, Christophorus als Patron der Reisenden, Seefahrer, Milch- und Eierhändler, Kräutersammler usw., Frankreich

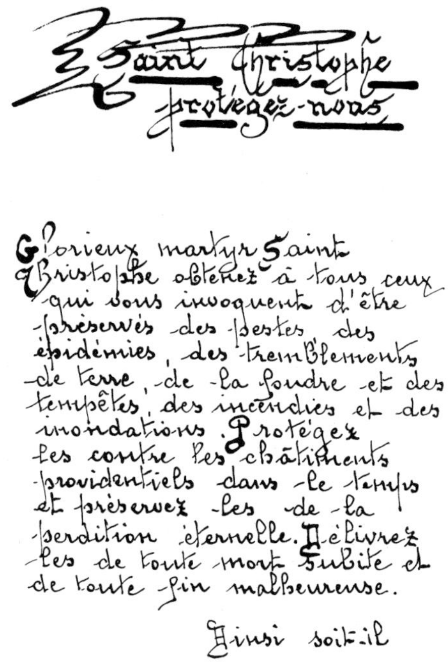
Saint Christophe
protégez-nous

Glorieux martyr Saint Christophe obtenez à tous ceux qui vous invoquent d'être préservés des pestes des épidémies, des tremblements de terre, de la foudre et des tempêtes, des incendies et des inondations. Protégez les contre les châtiments providentiels dans le temps et préservez les de la perdition éternelle. Délivrez les de toute mort subite et de toute fin malheureuse.

Ainsi soit-il

213–214 Französisches Andachtsbild, auf der Vorderseite Christophorus nach Memling

Christophorus heute

215 Weinetikett mit Christophorus als persönlichem Patron und als Beschützer der Weingärten

216 Briefmarken mit berühmten Christophorus-Darstellungen

217 Heinz Bentele, Bronzefigur, 1965, im ADAC-St. Christophorus-Haus, SOS-Kinderdorf, Dießen am Ammersee ▷

220 Josef Henselmann, Bronzeplastik, 1971, am DAS-Haus in München

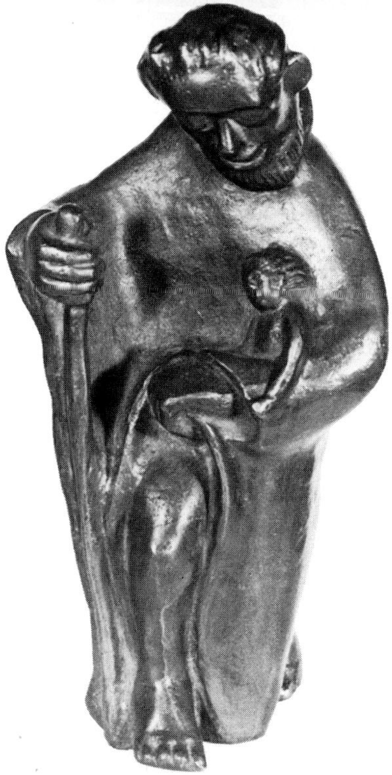

219 Franz Lorch, Bildstock, 1964, im ADAC-St. Christophorus-Haus, SOS-Kinderdorf, Dießen am Ammersee

218 Otto Dix, Tuschzeichnung, 1948. Galerie Klihm, München

Der Verkehrspatron

221 Segnung der Kinder-Fahrzeuge am Christophorustag, St. Maximilian, München

222 Kraftfahrzeugsegnung in St. Christoph bei Ebersberg, Oberbayern

223 Silberplakette, 1959, nach einem Kupferstich von Albrecht Dürer

224 Plakette für das Armaturenbrett, Frankreich

225 Goldmünze (Rückseite) zur 800-Jahr-Feier der Stadt München, 1959

Seite 179 rechts

226 Autosegnung in St. Christoph, Niederösterreich, durch den Apostolischen Nuntius, Erzbischof Rossi, 1964

227 Plaketten für das Armaturenbrett und Autoschlüsselanhänger

SANCT CHRISTOPHORUS LENK UNSER WEG SCHUTZ UNSER STEG
223

INVOQUE ST CHRISTOPHE IL SERA TA SAUVEGARDE
LA PREVOYANCE-ACCIDENTS
23 RUE DE LONDRES - PARIS
224

980
SANCT · CHRISTOPHORUS
225

228 Segnung der Pferde in St. Christoph bei Ebersberg, Oberbayern

Seite 181

231 Karl Weiser,
Fassadenmalerei an einem Hotel, 1961,
Radstädter Tauern, Österreich

229 Segnung der Kraftfahrzeuge in St. Christoph bei Ebersberg, Oberbayern

230 Verkauf von Christophorus-Plaketten und -Anhängern vor der Kirche von St. Christoph bei Ebersberg, Oberbayern

KARL WEISER
KW
1967
ALPENGASTHOF

232 Jörn Pfab, Bronzerelief als Galionsfigur am Bug des Frachtschiffes »Bertha Entz«, 1952

rechts

234 Albert Birkle, Betonglasfenster, 1964, St. Christoph in Dornbirn-Rohrbach

233 Karl Plattner, Fresko an der Kapelle der Europabrücke am Brenner bei Innsbruck, 1964

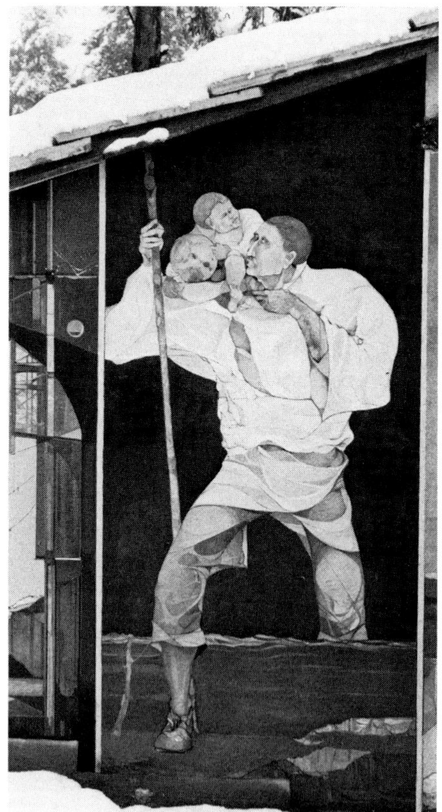

Bildnachweis

Dem Beuroner Kunstverlag, Beuron, dem Verlag Aurel Bongers, Recklinghausen, und dem Residenz-Verlag, Salzburg, danken wir für die leihweise Überlassung von Offset-Lithos.

Adler, Ernst Friedrich, München, 1, 3
Alinari, Florenz, 27–29, 90, 92
Atlantis Verlag, Zürich, 103, 134
Aufsberg, Lala, Sonthofen, 142, 189
Baur, Helmuth, München, *16*, 163, 164, *173*, 200, 201, 207, *211*
Baur-Heinhold, Margarete, München, 148
Bayerisches Landesamt für Denkmalpflege, 167
Bayerisches Nationalmuseum, München, 169, 170
Bayerische Staatsbibliothek, München, 17
Bayerische Staatsgemäldesammlungen, München, 26, 106, 122, 123, 128, 138–140, 145, 152, 179, 185
Beuroner Kunstverlag, Beuron, *105*, 136, *161*, *166*, 234
Verlag Aurel Bongers, Recklinghausen, *30*, 41–44, 47, 48
Verlag Anni Borgas, Münster/Westf., 132
British Library Board, London, reproduced by permission of the, 126
British Museum, London, 97
Buch-Kunstverlag, Ettal, *65*, 135, 143
Dick, Walter, Köln, 88
Dräyer, Walter, Zürich, 210
Eiersebener, Max, Linz, 130
Foto Marburg, 7–14, 18–25, 32, 68, 74, 80–82, 84, 85, 87, 91, 96, 100, 112, 113, 115, 119, 127, 149–151, 154, 158, 184, 208
Frodl-Kraft, Eva, Wien, 58
Ganßauge, Gottfried, Kassel, 141
Germanisches Nationalmuseum, Nürnberg, 147
Graphische Sammlung der Albertina, Wien, 153
Hansmann, Claus, München, *94*, 195, 196
Herbrich, Gertrud, Regensburg, 56, 59
Interfoto Friedrich Rauch, München, 51, 53, 54, 227, 231
Jaeger, Hermann, München, 15, 61, 69, 89, 93, 95, 110, 117, 118, 133, 155, 157, 159, 160, 172, 174–176, 186, 188, 197–199, 204, 212 bis 217, 219, 220, 223, 225
Lichtbildarchiv Kester, München, 230
Galerie Klihm, München, 218
Foto-Studio Kuhn, Augsburg, 205
MAS, Barcelona, 203, 209
Mauritshuis, Den Haag, 118
Metropolitan Museum of Art, New York, *156*
Molodovsky, N.P., Prien/Chiemsee, 193
Monumenti, Musei e Gallerie Pontificie, Vatikan, 177
Museen für Kunst und Kulturgeschichte der Hansestadt Lübeck, 62
Galerie Neufert, München, 31
Neumeister, Werner, München, *52*, 57, 60, 63, 64, 67, 86, 98, 116, 125
Nickel, Fritz, Innsbruck, 233
Nieland, Bernhard, Bad Kissingen, 181
Öffentliche Kunstsammlungen Basel, Kunstmuseum, 101, 114, 131
Petersen, Hans, Hornbaek/Dänemark, 78
Pfab, Jörn, Hamburg, 232
Pfistermeister, Ursula, Fürnried, 190
Photo-Verlag Th. Pies, St. Anton/Arlberg, 194
Verlag Carl Pohlschmidt, Münster/Westf., 187
Rätisches Museum, Chur, 191, 192
Reichsmuseum, Amsterdam, 111
Residenz-Verlag, Salzburg, *178*
Rheinisches Bildarchiv, Köln, 66, 129, 168
St. Christophen, Niederösterreich, Pfarramt, 226
Scala, Florenz, *79*, *124*
Schmidt-Glassner, Helga, Stuttgart, *144*, 182, 183
Verlag Schnell und Steiner, München, 121
Seifert, Murnau, 55, 206, 224
Staatliche Graphische Sammlung, München, 71, 75, 77, 102, 107–109, 162
Staatliche Museen Preußischer Kulturbesitz, Berlin, Kunstgewerbemuseum, 180
–, Kupferstichkabinett, 99
Staatsbibliothek, Bamberg, 165
Stahl, 70, 72, 73, 76, 104, 137, 146
Foto-Wiemann, Recklinghausen, 33–40, 45, 46, 49, 50
Tögel, Gustl, München, 221
Voigt, Th. Elmshorn, 120
Wohner, Helmut, Ebersberg, 222, 228, 229

Anhang

Anmerkungen

Wer ist Christophorus?

1 Acta Apostolicae Sedis 61, 1969, p. 297 ff.
2 Vermutlich beruht auf der Überlieferung des Baubeginns im Mai die Tatsache, daß die Ostkirche das Fest des Christophorus auf den 9. Mai festgelegt hat. – Die Inschrift wurde 1877 von M. Matthieu Paranikos kopiert und veröffentlicht, von Duchesne S. 289 ff. wiedergegeben. Vgl. v. Borries (Manuskript), S. 1 f.; Rosenfeld S. 8 ff.; Grégoire (1929) S. 461 ff.; Schultze II, 2, S. 85 u. S. 416 ff.; Hindringer, in: LThK, Bd. 2, S. 934; Dölger S. 73 ff.
3 Acta Sanctorum April Bd. 3, S. 43 D.
4 Popp, Kirche (Manuskript), S. 1 f.

Frühe Stätten der Verehrung im Abendland

1 Rosenfeld S. 77 f.
2 Cascón S. 21.
3 Cascón S. 15. Die Übersetzungen aus dem Spanischen besorgte Herr Rudolf Schaub, dem an dieser Stelle dafür herzlich gedankt sei.
4 Rosenfeld S. 14 ff. (hier auch Quellenangaben); vgl. Popp, Kirche, S. 3 ff.
5 Rosenfeld S. 25 ff.; Popp, Kirche, S. 3 f.
6 Rosenfeld S. 23.
7 vgl. Wimmer S. 22 und 27 ff.; Kellner S. 269-274.
8 Popp, Kirche, S. 5; Rosenfeld S. 51 ff.
9 Weichselgartner S. 9.
10 Hahn-Woernle S. 4.

Die Legende vom Märtyrer Reprobus-Christophorus

1 Zwierzina S. 130.
2 Rosenfeld S. 347 f.; v. Borries S. 3 ff.; Kunstmann S. 16; Dölger S. 73 ff.
3 Zwierzina S. 395; v. Borries S. 5 f.; Aurenhammer S. 437.
4 Popescu S. 44 ff.; vgl. v. Borries S. 6 ff.
5 Cascón S. 21.
6 Masseron S. 48.

Der Hundsköpfige

1 Loeschke 1965, S. 37.
2 v. Borries, S. 2 und S. 14 f., Anm. 6; J. Kreuser S. 210 unter Berufung auf Stieglitz S. 432, welcher Burckhardt S. 541 f. zitiert; vgl. Rosenfeld S. 13, Weissenhofer S. 26, Masseron S. 32, Cascón S. 16, Loeschke 1965, S. 38.
3 Szövérffy S. 77 ff.
4 Kretzenbacher (Manuskript), S. 3 f.
5 Reallexikon zur dt. Kunstgesch., Sp. 766 ff.; vgl. Brunhölzl S. 75 ff. und Loeschke 1965, S. 73.
6 vgl. Loeschke 1965, S. 55, Abb. S. 85, 3 und 85, 4.
7 »Missa in diem Sancti Christophori« der Liturgia Mozarabica Vetus, 6. Jh., nach Loeschke 1965, S. 73. – Loeschke spricht von einem »bescheidenen Beginn« in der Deutung der Erscheinung. »Um das Ziel wissenschaftlich exakten Erkennens zu erreichen, müßten uns alle überlieferten Varianten der Liturgie und der Legenden bei allen Völkern, die den kynokephalen heiligen Christophorus verehrten, durch die Jahrhunderte von Beginn der Überlieferung bis zum heutigen Tag wissenschaftlich ediert vor Augen liegen. Dazu ist die zielbewußte Arbeit von Generationen notwendig.« (S. 38).
8 Loeschke 1965, S. 66.
9 Loeschke 1965, S. 67.
10 Kretzenbacher (Manuskript), S. 10 f.

Der Mensch, der Christus trägt

1 Grüneisen S. 157 ff., Fig. 304.
2 Rosenfeld S. 278 f.
3 Rosenfeld S. 382 f.; Eitelberger v. Edelberg S. 150 ff., Abb. S. 150.
4 Walther v. Speyer (Ende 10. Jh.) schuf die erste Versfassung; hier ist die Rede von der Abschrift einer Prosafassung von 1170/80; vgl. Hahn-Woernle S. 8; Rosenfeld S. 380 f.; van Marle S. 173; Boeckler S. 49 ff., Abb. 54 u. 55 u. S. 100; Rosenfeld S. 382; Ahrendt S. 96.
5 Frodl S. 47; Müller S. 113; Rosenfeld S. 392; Beruleit S. 3.
6 Hahn-Woernle S. 10 ff.; Porter, Bd. I, S. 123 u. Bd. II, Abb. 138; Rosenfeld S. 392 ff. u. Tafel I, Abb. 1.
7 Monum. Germ. hist., Poetae lat. medii aevi, Bd. 4, 2.3, S. 808 ff.
8 Rosenfeld S. 398 ff.; Dölger S. 73 ff.; Hahn-Woernle S. 10, Anm. 46.
9 LThK, Sp. 1142 ff. (Eucharistie); Reallexikon z. dt. Kunstgesch., Bd. VI, Sp. 154 ff. (Eucharistie); Mayer S. 234 ff.; Schnürer S. 242 f.
10 Cascón S. 24.

Der Mann im Strom

1 Baumgartner, Bd. 2, S. 19 u. Bd. 5, S. 210 ff.; Rosenfeld S. 473 ff.; v. Borries S. 8.
2 Szövérffy, Beitr., S. 63; Rosenfeld S. 372; v. Borries S. 9.
3 Szövérffy, Beitr., S. 64 f.; Schröder S. 88; v. Borries S. 10; v. Garbe S. 103 ff.; Günter, 1922, S. 19 ff.; Rosenfeld S. 370 f.
4 Schröder S. 98.
5 Saintyves, 1924, S. 376 ff.; Rosenfeld S. 376.
6 Nach Rosenfeld S. 432; Acta Sanctorum Jan. III, S. 589 f.
7 Szövérffy, Beitr., S. 67 f.
8 Szövérffy, Beitr., S. 71.
9 Ranke S. 39 u. S. 64 f.
10 v. Borries S. 12 f.; Szövérffy, Beitr., S. 62 bis 74; v. Künssberg S. 83 ff.; Jungwirth Sp. 1150.
11 Szövérffy, Beitr., S. 73 f.
12 Kriß-Rettenbeck, BuZ, S. 84 f.; vgl. Harmening S. 161-181
13 Stahl I, S. 10 ff.
14 Hahn-Woernle S. 16; vgl. Künstle S. 154 ff.

Der Nothelfer

1 Nach Rosenfeld S. 418.
2 Mon. Germ. hist., Poetaelat. medii aevi 4, 2.3. S. 807 ff.
3 Walther von Speyer, Vers 228 ff., Ausgabe Harster S. 100; vgl. Rosenfeld S. 419: »Ut, quaecumque meum sepeliverit arida corpus, Grandinis atque tuae fluctus non sentiat irae Flammae sive famis et acredine libera pestis, Quique diabolicus morbive gravedine pressus Id loca votivas intret referendo querelas, Incolumis per me patriam mereatur adire.«
4 Schmid I, S. 70 ff.; Hahn-Woernle S. 182.
5 Gritsch S. 78; Marzell-Wissmann Sp. 113 f.; Hdw. d. dt. A. II, Sp. 75.
6 Szövérffy S. 82 f.
7 Kriß-Rettenbeck, BuZ, S. 56; vgl. Rudolf.
8 Dumontet S. 31 f.; Browe S. 55 ff.
9 Cascón S. 23.
10 Assunto S. 31 u. S. 45.
11 »Zur Repräsentation bestimmt, kann es als Stellvertretendes zum Kultmittel und zum Zeichen des Mysteriums werden. In ihm kann sich eine individuelle oder gemeinschaftliche Selbstdarstellung entfalten. Und damit wird es – objektiviert – Orientierungsmittel, Richtscheit und Prüfstein. Durch göttlichen Gnadenakt kann das Bild teilhaben an der Macht und Gnade des Urbildes: es wird zum Gnadenbild oder zum Sakramentale.« Kriß-Rettenbeck, BuZ, S. 12, zur Funktion des Bildes ferner: S. 128, Anm. 12; LThK, Sp. 1142 ff. »Eucharistie«; vgl. Browe S. 55 u. S. 59; Dumontet S. 18 ff.
12 Nach Brednich S. 6.
13 Rosenfeld S. 421.
14 Rosenfeld S. 421.
15 Rosenfeld S. 422, hier auch Nachweis von Inschriften aus allen europ. Ländern. Vgl. Grass S. 1 f.
16 Fischer S. 69
17 Detzel S. 253.
18 Rosenfeld S. 422, Anm. 1.
19 Rosenfeld S. 422, Anm. 1.
20 Masseron S. 151.
21 Cascón S. 112.
22 Cascón S. 22.
23 Hitzer S. 135 ff.
24 Hahn-Woerle S. 53.
25 Decollogny S. 93 f.
26 Thurm Nr. 16: hier Nachweis von 13 weiteren Christophorusdarstellungen auf Glokken in Schwaben.
27 Rosenfeld S. 42 f.
28 Loorits S. 89.
29 Loorits S. 90 f.
30 Kyll S. 73.
31 Kyll S. 75
32 Kyll S. 73.
33 Hwb. d. dt. A., Sp. 74 f. (hier weitere Lit.).
34 Merzbacher S. 353.
35 Hampp S. 10.
36 Kyll S. 74; vgl. Popp, Kirche, S. 11.
37 John S. 281.
38 Mick S. 20 u. S. 58.
39 Pauleser S. 24.
40 Vgl. Schreiber; Kultausbreitung in Ungarn S. Pásztor S. 91 ff.; vgl. Stahl I, S. 1.
41 Kriß-Rettenbeck, BuZ, S. 82, glaubt nicht an eine Beeinflussung durch die Zahlenheiligkeit bei der Entstehung von »Vierzehnheiligen«: »Hier dürfte der vierzehnteilige Reliquienschatz des Klosters Langheim Anhaltspunkt für die Vision der 14 Heiligen geworden sein.«
42 Braun Sp. 561 ff.
43 Sammlung des Freiherrn v. Ditfurth, 1855, I, S. 67, Nr. 80, nach Brednich S. 9 f.
44 Liederhandschrift des Valentin Holl, Nürnberg, 1524.
45 Cascón S. 107.
46 Cascón S. 96 ff.
47 Cascón S. 125.
48 Vgl. Kriß-Rettenbeck, BuZ, S. 10.
49 Noderer S. 16 ff.
50 Staatsarchiv Landshut, nach Kapfhammer (Manuskript), S. 6 a; vgl. Schierghofer S. 1-96, bes. S. 30.
51 Staatsarchiv Landshut, nach Kapfhammer (Manuskript), S. 6 b.
52 Pfarrarchiv Albaching, Tagebuch des Pfarrers Joh. Batist Käser (1777-1854)
53 Pfarrarchiv Albaching: Schreiben Pfarrer Käsers vom 4.8.1826; vgl. Kapfhammer (Manuskript), S. 6 cf. u. Krausen S. 59.
54 Hohenegg S. 211; vgl. Gugitz, 1956, 3. Bd., S. 148; vgl. Tinkhauser S. 164-176.
55 Andree-Eysn S. 33.
56 Pliemitscher S. 91 f.; Krausen S. 59; Graber S. 20 f.; Kapfhammer (Manuskript), S. 12 ff.

57 Haider S. 207; dazu äußert Günther Kapfhammer (Manuskript), S. 18: »Die Entnahme von Sand bzw. Erde als Heil- und Genußmittel ist im Bereich der Volksmedizin bekannt und dürfte auf bestimmten Primärkenntnissen beruhen (Salpeter – treibende Wirkung).«
58 Hansmann-Kriß-Rettenbeck S. 246.
59 Gugitz, 1950, S. 77.

Der Patron des Verkehrs

1 Rosenfeld S. 30.
2 Rosenfeld S. 44; Muciaccia, Bd. I, S. 279.
3 Hahn-Woernle S. 29.
4 Benker S. 121, Abb. 81.
5 Nach Gaßler S. 142 f.
6 Herzberg-Fränkel S. 397.
7 Krausen S. 59.
8 Hinweise von Herrn Kurat Alois Hölzl, Juli 1974; vgl. Noderer.
9 Krausen S. 59.
10 Krausen S. 66, Anm. 78.
11 Cascón S. 135 u. 140.
12 Krausen S. 60.
13 Krausen S. 66, Anm. 64.
14 Szövérffy S. 85.
15 Krausen S. 66, Anm. 65; Jahn S. 281.
16 Altöttinger Liebfrauenbote 19. II. 1933
17 Mündliche Auskünfte und Belege von Herrn R. Anton Sittl.
18 Krausen S. 60.
19 Krausen S. 61.
20 Rudolph, L. S. 59.
21 Keller, 1961, S. 35; vgl. Kapfhammer 1974 (Reihe Hanser) S. 131.
22 Kapfhammer (Reihe Hanser) S. 131.

Kritik und bleibende Bedeutung

1 Krausen S. 57; Brednich S. 6 f.
2 Kyll S. 72.
3 Hansmann–Kriß-Rettenbeck S. 14.
4 Brednich S. 11 f.
5 Erasmus von Rotterdam, zitiert nach Hahn-Woernle S. 17, Anm. 89.
6 Vgl. Brednich S. 7.
7 Cascón S. 36.
8 Günter 1949, S. 20 f.; Kunstmann S. 29; Hahn-Woernle S. 17 f.
9 Quelle: Flugschrift, gedruckt durch Hans Guldenmundt, Nürnberg 1540, Landesbibl. Weimar 14,6: 60e, Nr. 58, nach Brednich S. 6 f.
10 Masseron S. 40.
11 Cascón S. 35.
12 Masseron S. 42.
13 Masseron S. 43.
14 Rudolph, L. S. 76; vgl. Pauleser.
15 Keller 1961, S. XI.
16 Höcht S. 11 f.

Literatur und Quellen

Wer ist Christophorus?
Frühe Stätten der Verehrung im Abendland
Die Legende vom Märtyrer Reprobus-Christophorus

Acta Apostolicae Sedis 61, Rom 1969, p. 297 ff.
Acta Sanctorum, Bd. VI Juli, S. 146 ff.; Bd. III Jan., S. 589 f.
Aurenhammer s. Lexikon.

Bauer, Herrmann: Christophorus in der Malerei, Salzburg 1970 (Manuskr.).
Beroleit, Renate: Christophorus in der Freskenmalerei, Hildesheim 1970 (Manuskr.).
Borries, Ernst von: Die Urformen der Legende und ihre Wandlungen bis ins späte Mittelalter, München 1970. (Manuskr.).

Cascón, P. Miguel: San Cristóbal, Santander 1952.

Delehaye, Hipp.: Les origines du culte des martyrs, Bruxelles 1912, 2. Aufl. 1933.
Dölger, Franz: Antike und Christentum, Bd. 4, 1934, S. 73-79.
Duchesne, Louis: Une inscription chrétienne de Bithynie. Bulletin de Correspondance Hellénique, T. 2, 1878, S. 289 ff.

Grégoire, Henri: Inscriptions historiques byzantines VI. St. Christophe et la cublaire Euphémie, in: Byzantion t. IV, 1929, S. 461 bis 465.

Hahn-Woernle, Birgit: Christophorus in der Schweiz. Seine Verehrung in bildlichen und kultischen Zeugnissen. (Schriften d. Schweiz. Ges. f. Vkde., Bd. 53), Basel 1972.
Hermann s. Reallexikon.
Hindringer s. Lexikon.

Kellner, K. A. Heinrich: Heortologie oder die Entwicklung des Kirchenjahres und der Heiligenfeste von den ältesten Zeiten bis zur Gegenwart, Freiburg i. B. 1911 (3. Aufl.), S. 269-274.
Kunstmann, Josef: hol über. Leben, Bild und Kult des heiligen Christophorus, Ettal (1961).

Lexikon der christlichen Ikonographie, Hrsg. Hans Aurenhammer, Wien 1959 ff.
Lexikon für Theologie und Kirche, (= LThK), Bd. 2 (1931), S. 934: Hindringer, Rudolf: Artikel »Christophorus«.

Martyrologium Hieronymianum, Hsg. J. B. de Rossi u. L. Duchesne, Brüssel 1894.
Martyrologium Romanum (= Propylaeum ad Acta Sanctorum Decembris), Hsg. H. Delehaye et socii, Brüssel 1940.
Masseron, Alexandre: Saint Christophe, Patron des Automobilistes, Paris 1933.
Missa in diem Sancti Christophori, in: Le Libre Mozarabicus Sacramentorum (= Monumenta ecclesiae liturgica, Bd. 6), Paris 1912.

Popescu, J.: Die Erzählung oder das Martyrium des Barbaren Christophorus und seiner Genossen, Straßburg 1903 (Diss.).
Popp, Marianne: Die Kirche und der Christophoruskult (= Kirche), Regensburg 1970 (Manuskr.).

Popp, Marianne: Die »Entthronung« des heiligen Christophorus, (= Entthronung), Regensburg 1970 (Manuskr.).

Reallexikon f. Antike u. Christentum II, 1954, Sp. 1244, Hermann, A.: Artikel »Christophorus«.

Rosenfeld, Hans-Friedrich: Der Hl. Christophorus. Seine Verehrung und seine Legende, in: Acta Academiae Aboensis, Helsingfors 1937.

Schultze, Victor: Altchristliche Städte und Landschaften II, Kleinasien, 2. H., Gütersloh 1926, S. 416f.

Weichslgartner, Alois J.; Sankt Christophorus in Oberbayern, Freilassing 1974.

Wimmer, Otto: Handbuch der Namen und Heiligen, Innsbruck 1966 (3. Aufl.).

Zwierzina, K.: Die Legende der Martyrer vom unzerstörbaren Leben, Innsbruck 1909.

Der Hundsköpfige

Borries, Ernst von: Die Urformen der Legende und ihre Wandlungen bis ins späte Mittelalter, München 1970 (Manuskr.).

Brunhölzl, Franz: Zur Kosmographie des Aethicus, in: Festschrift für Max Spindler, München 1969, S. 75-89.

Burckhardt, J.L.: Travels in Syria and the Holy Land, London 1822.

Cordier, Henri: Les Monstres dans la légende et dans la nature, Paris 1890, S. 163 (Cynocephale).

Hermann s. Reallexikon f. A. u. Chr.

Kretzenbacher, Leopold: Kynokephale Dämonen südosteuropäischer Volksdichtung, (= Beiträge zur Kenntnis Südosteuropas und des Nahen Orients, Bd. V), München 1968 (bes. S. 58-71).

Kretzenbacher, Leopold: Hagios Christophoros Kynokephalos, Der Heilige mit dem Hundskopf, München 1970 (Manuskr.).

Kreuser, J.: Der christliche Kirchenbau, seine Geschichte, Symbolik, Bildnerei, Regensburg 1860 (2. Aufl.), Bd. 1, S. 210.

Löhr, D. Aemiliana: Der heilige Christophorus u. seine Wandlungen im christl. Heiligenkult, in: Festschr. f. O. Casel, Düsseldorf 1951, S. 227ff.

Loeschke, Walter: Sanctus Christophorus Canineus. Festschr. f. Edwin Redslob, Berlin 1955, S. 33-82.

Loeschke, Walter: Neue Studien zur Darstellung des tierköpfigen Christophorus, in: Erste Studien-Sammlung (= Beitr. z. Kunst d. christl. Ostens, Bd. 3), Recklinghausen 1965, S. 37-80.

Michaelis, Heinz: Sanctus Christophorus Cynocephalus, in: Forschungen u. Fortschritte, Bd. 31, Heft 10, 1957, S. 311-317.

Michaelis, Heinz: Neue Materialien zur Christophorusforschung, in: Akten d. XI. Internat. Byzantin. Kongresses 1958, München 1960, S. 370-375.

Reallexikon für Antike und Christentum, Hsg. Th. Klausner, Bd. II, Stuttgart 1954, Artikel »Christophorus« von Alfred Hermann.

Reallexikon zur dt. Kunstgeschichte, Hsg. Zentralinst. f. Kunstgesch., München, 1973, Bd. VI, Sp. 766-773 (Cynocephalen).

Rosenfeld, Hans-Friedrich: Der Hl. Christophorus. Seine Verehrung und seine Legende, in: Acta Academiae Aboensis, Helsingfors 1937.

Saintyves, P.: L'origine de la tête de chien de Saint Christophe, in: Revue anthropologique 1924, S. 376ff.

–: Saint Christophe successeur d'Anubis, d'Hérmès et d'Héraclès, Paris 1935.

Schoeps, Hans-Joachim: Religionen, Wesen und Geschichte, Gütersloh 1961.

Stieglitz, C.L.: Geschichte der Baukunst vom frühesten Alterthume bis in die neueren Zeiten, Nürnberg 1837.

Szövérffy, Josef: Der heilige Christophorus und sein Kult, Budapest 1943.

–: Beiträge zur Christophorus-Frage, in: Die Nachbarn, Jb. f. vergl. Vkde., II. Bd., Göttingen 1954.

Weißenhofer, Anselm: Die Darstellung des Heiligen Christophorus in Wien und Niederösterreich, in: Unsere Heimat, Monatsbl. d. Ver. f. Landeskunde v. NÖ u. Wien, Jhg. 27, 1956, S. 26ff.

Der Mensch, der Christus trägt

Ahrendt, E.H.: Der Riese in der mittelhochdeutschen Epik, Rostock 1923 (Diss.).

Bauer, Hermann: Christophorus in der Malerei, Salzburg 1970 (Manuskr.).

Beroleit, Renate: Christophorus in der Freskenmalerei, Hildesheim 1970 (Manuskr.).

Boeckler, A.: Die Regensburg-Prüfeninger Buchmalerei des 12. und 13. Jahrhunderts, München 1924, S. 49-51.

Biehl, Walter: Toskanische Plastik des frühen und hohen Mittelalters, Leipzig 1926.

Buchberger s. Lexikon.

Cascón, P. Miguel: San Cristóbal, Santander 1952.

Clemen, Paul: Die romanische Monumentalmalerei der Rheinlande, Düsseldorf 1916.

Clemen, Paul: Die gotische Monumentalmalerei der Rheinlande, Düsseldorf 1930.

Dölger, Franz Joseph: Antike und Christentum, Bd. 4, 1934.

Eitelberger von Edelberg, Rudolf: Die mittelalterlichen Kunstdenkmale Dalmatiens, in: Jb. d. K.K.Centralkommission z. Erhaltung u. Erforschung d. Baudenkm., Bd. 5, Wien 1861.

Frodl, Walter: Kunst in Südtirol, München 1960.

Grüneisen, W. de: Sainte Marie Antique, Rom 1911.

Hahn-Woernle, Birgit: Christophorus in der Schweiz. Seine Verehrung in bildlichen und kultischen Zeugnissen. (Schriften d. Schweiz. Ges. f. Vkde., Bd. 53), Basel 1972.

Lexikon f. Theologie u. Kirche (= LThK), Hsg. Buchberger Michael u.a., Freiburg 1959 (2. Aufl.).

Löffler, K.: Die Handschriften des Klosters Zwiefalten, Linz 1931, S. 44.

Marle, Raimond van: The Italian Schools of Painting, I, 1932.

Mayer, Anton L.: Die heilbringende Schau in Sitte und Kult, in: Heilige Überlieferung, Münster 1938, S. 234ff.

Mon. Germ. hist., Poetae lat. medii aevi 4, 2.3, S. 807ff. (ed. Strecker).

Müller, Ingrid: Die Darstellung des Hl. Riesen Christophorus in der Tiroler Wandmalerei, Innsbruck 1962 (Manuskr. Maschinenschr.)

Porter, Arthur Kingsley: Romanische Plastik in Spanien, München-Firenze 1928, Bd. I u. II.

Reallexikon f. Antike u. Christentum, Hsg. Th. Klausner, Bd. II, Stuttgart 1954, Artikel »Christophorus« von Alfred Hermann.

Regensburg-Prüfeninger Codex, Bayerische Staatsbibliothek München (Clm. 13074, fol. 66).

Richter, Konrad: Der deutsche Christoph, in: Acta Germanica V 1, 1896 Berlin.

Rosenfeld, Hans-Friedrich: Der Hl. Christophorus. Seine Verehrung und seine Legende, in: Acta Academiae Aboensis, Helsingfors 1937.

Schnürer, Gustav: Kirche und Kultur im Mittelalter, Bd. III, Paderborn 1929.

Stahl, Ernst Konrad: Die Legende vom heiligen Riesen Christophorus in der Graphik des 15. u. 16. Jhs., München 1920, Bd. I u. II.

Usuards Martyrologium, Württemberg. Landesbibliothek, Stuttgart (Cod. hist. fol. 415).

Walter von Speier (Walther von Speyer): Vita et Passio Christophori Martyris, Hsg. W. Harster, München 1878.

Zwiefaltener Psalterium, Württemberg. Landesbibliothek Stuttgart (vgl. Löffler).

Zwierzina, K.: Die Legenden der Martyrer vom unzerstörbaren Leben, Innsbruck 1909.

Der Mann im Strom

Acta Sanctorum, Jan. Bd. III, S. 589f.

Bauer, Hermann: Christophorus in der Malerei, Salzburg 1970 (Manuskr.).

Baumgartner, E.: Archivum Franciscanum historicum, Bd. 2, 1909.

Benz s. Jacobus de Voraigne.

Beroleit, Renate: Christophorus in der Freskenmalerei, Hildesheim 1970 (Manuskr.).

Borries, Ernst von: Die Urformen der Legende und ihre Wandlungen bis ins späte Mittelalter, München 1970 (Manuskr.).

Garbe, R. von: Indien und das Christentum, Tübingen 1914.

Günter, Heinrich: Die christliche Legende des Abendlandes, Heidelberg 1910.

Günter, Heinrich: Buddha in der abendländischen Legende? Leipzig 1922.

Günter Heinrich: Psychologie der Legende, Freiburg 1949.

Handwörterbuch d. dt. Aberglaubens, Hsg. Bächtold-Stäubli, Berlin 1929/30, Bd. II, Sp. 1149ff. Artikel von Jungwirth: »Fährmann«.

Hahn-Woernle, Birgit: Christophorus in der Schweiz. Seine Verehrung in bildlichen u. kultischen Zeugnissen. (Schriften d. Schweiz Ges. f. Vkde., Bd. 53), Basel 1972.

Harmening, Dieter: Vorbemerkungen zu einer Gesch. d. Volksfrömmigkeit im Zeitalter d. Gotik, in: Zt. f. Vkde., Stuttgart-Berlin 1967, Jhg. 63.

Jacobus de Voragine, Legenda aurea, aus d. Lat. übers. von Richard Benz, Heidelberg 1963 (4. Aufl.).

Jungwirth s. Handwörterbuch d. dt. A.

Kriß-Rettenbeck, Lenz: Bilder und Zeichen religiösen Volksglaubens, München 1963 (= BuZ).

Künssberg, E. Frh. von: Fährenrecht und Fährenfreiheit, in: Zs. f. Rechtsgesch., Germ. Abt. 58, 1925, S. 144-205.

Künstle, Karl: Ikonographie der Heiligen, Bd. II, Freiburg 1924, S. 154ff.

Ranke, F.: Volkssagenforschung, Breslau 1935.

Rosenfeld, Hans-Friedrich: Der Hl. Christophorus. Seine Verehrung und seine Legende, in: Acta Academiae Aboensis, Helsingfors 1937.

Saintyves, P.: L'origine de la tête de chien de Saint Christophe, in: Revue anthropologique, 1924.

Saintyves, P.: Saint Christophe successeur d'Anubis, d'Hérmès et d'Héraclès, Paris 1935.

Schröder, Bruno: Der hl. Christophorus, in: Zs. d. Ver. f. Vkde., Jhg. 1925/26, Berlin 1926.

Stahl, Ernst Konrad: Die Legende vom heiligen Riesen Christophorus in d. Graphik d. 15. u. 16. Jhs., München 1920, Bd. I u. II.

Szövérffy, Josef: Der hl. Christophorus u. sein Kult, Budapest 1943.

Szövérffy, Josef: Beiträge zur Christophorus-Frage, in: Die Nachbarn, Jb. f. vgl. Vkde., II. Bd., Göttingen 1954.

Der Nothelfer

Andree-Eysn, Marie: Volkskundliches aus dem bayerisch-österr. Alpengebiet, Braunschweig 1930.

Albaching (Obb.), Pfarrarchiv, Tagebuch u. Briefwechsel des Pfarrers J. B. Käser.

Assunto, Rosario: Die Theorie des Schönen im Mittelalter, in: Kunstgesch., Deutung, Dokumente, Hsg. Ernesto Grassi u. Walter Hess, Köln 1963.

Braun, Josef: Tracht und Attribute der Heiligen in d. dt. Kunst, Stuttgart 1943.

Brednich, Rolf: Der heilige Christophorus im Volks- und Kirchenlied, Freiburg 1970 (Manuskr.).

Browe, Peter: Die Verehrung der Eucharistie im Mittelalter, München 1933.

Cascón, P. Miguel: San Cristóbal, Santander 1952.

Decollogny, Adolphe: Une fresque dans les souterrains de Chillon, Revue historique vaudoise, 1968, p. 93f.

Detzel, Heinrich: Christliche Ikonographie, Freiburg i. Br. 1896, Bd. II.

Dumontet, Eduard: Le désir de voir l'hostie et les origines de la dévotion au Saint-Sacrement, Paris 1926.

Fischer, Georg: St. Christophorus in Presseck, in: Land am Main, Kulmbach 1964.

Graber, Georg: Die Vierberger. Beitrag zur Religions- u. Kulturgesch. Kärntens, in: Carinthia. I 102, (Klagenf.) 1912.

Grass, Franz: Die Funktion des heiligen Christophorus als Beschützer vor jähem Tod und als einer der Vierzehn Nothelfer, Innsbruck 1970 (Manuskr.).

Gritsch, Johanna: Christophorusbilder aus Tirol. Ein Kap. mittelalterlicher Verkehrs- und Kunstgesch., in: Tiroler Wirtsch. in Verg. u. Gegenwart, Beitr. z. Wirtschafts- u. Sozialgesch. Tirols, Bd. 1, Innsbruck 1951, S. 77 ff.

Gugitz, Gustav: Das kleine Andachtsbild in den österr. Gnadenstätten, Wien 1950.

Gugitz, Gustav: Kärntner Wallfahrten in Volksglauben u. Brauchtum, Klagenfurt 1951.

Gugitz, Gustav: Österreichs Gnadenstätten in Kult und Brauch, Bd. 4, Wien 1956.

Handwörterbuch des deutschen Aberglaubens, Hsg. Bächtold-Stäubli (= Hwb. d. dt. A.), Bd. II.

Hahn-Woernle, Birgit: Christophorus in der Schweiz. Seine Verehrung in bildlichen u. kultischen Zeugnissen (Schriften d. Schweiz. Ges. f. Vkde., Bd. 53), Basel 1972.

Haider, Friedrich: Tiroler Brauch im Jahreslauf, Innsbruck-Wien-München 1968

Hampp, Irmgard: Beschwörung, Segen, Gebet, Stuttgart 1961

Hann, F. G.: Sirenendarstellungen auf kärtnischen Christoforosbildern, in: Carinthial, 1894

Hansmann, Liselotte u. Kriß-Rettenbeck, Lenz: Amulett und Talisman, München 1966 (2. Aufl. 1971)

Herzberg-Fränkel, Sigmund: Die Bruderschafts- und Wappenbücher von St. Christoph auf dem Arlberg, in: Mitt. d. Inst. f. österr. Gesch.-Forschung, Erg. Bd. 6, Innsbruck 1910

Hitzer, Hans: Die Straße, München 1971

Hohenegg, Hans: Die Kirchen Tirols. Die Gotteshäuser Nord- und Osttirols in Wort und Bild, Innsbruck 1935

Holl, Valentin: Liederhandschrift, 1524, Germ. Nat. Mus., Nürnberg (Bl. 164 b).

Kapfhammer, Günther: Christophoruswallfahrten in Bayern und Österreich, München 1970 (Manuskr.).

Kapfhammer, Günther: St. Christophorus – Heiliger der Automobilindustrie, München 1974 (= Reihe Hanser 161).

Kapfhammer, Günther: Christophorus – Wallfahrten im Alpengebiet, in: Österr. Zs. f. Vkde., Bd. 77, 1974.

Krausen, Edgar: Der Strukturwandel in der Christophorusverehrung im bayer.-österr. Raum, in: B. Jb. f. Vkde., 1957, S. 57–66.

Kriß-Rettenbeck, Lenz: Bilder und Zeichen religiösen Volksglaubens (= BuZ), München 1953.

Kyll, Nikolaus: Das Christophorusgebet. Ein Zwingbuch im Stile volkstümlicher Gebetbücher, in: Jb. f. Gesch. u. Kultur d. Mittelrheins u. seiner Nachbargeb., Bd. 1, (Neuwied) 1949 (mit weiterer Lit.).

Lexikon für Theologie und Kirche (= LThK), Hsg. Michael Buchberger u. a., 3. Bd., Freiburg 1959 (2. Aufl.).

Loorits, Oskar: Die Christophorus-Legende im Ost-Baltikum, in: Die Nachbarn, Jb. f. vergl. Vkde., II. Bd., Göttingen 1954, S. 89 ff.

Marzell, Heinrich und Wissmann, Wilhelm: Wörterbuch der dt. Pflanzennamen, 1. Bd., Leipzig 1943, Sp. 113–115.

Masseron, Alexandre: Saint Christophe, Patron des Automobilistes, Paris 1933.

Merzbacher, Friedrich: Schatzgräberei und Christophelgebet. Ein archival. Beitrag zur rel. Vkde. d. Mainzer Kurstaates, in: Archiv f. mittelrhein. Kirchengesch. Bd. 4, Speyer 1952, S. 352 ff.

Mick, Ernst Wolfgang: Christophorus. Einleitung von Leonhard Küppers. Recklinghausen 1968.

Mon. Germ. hist. Poetae lat. medii aevi 4, 2. 3, S. 807 ff. (ed. Strecker).

Noderer, Josef: St. Christoph, Kirchenführer von Albaching, München (1941) (in: Schnell u. Steiner, Kl. Kunstführer Nr. 474/75), S. 16–22.

Pauleser, P. Santurin: St. Christophorus, die Gestalt des Christen in der Welt, Miltenberg a. M. 1961.

Popp, Marianne: Die Kirche und der Christophoruskult (= Kirche), Regensburg 1970 (Manuskr.).

Popp, Marianne: Die »Entthronung« des heiligen Christophorus, Regensburg 1970 (Manuskr.).

Paśztor, L.: A magyarskyvallásos élete a Jagellók korában, Budapest 1941.

Pliemitscher, Anton: Der hl. Christophorus als Brotpatron, in: Carinthia I, 1897, S. 91 f.

Rosenfeld, Hans-Friedrich: Der Hl. Christophorus. Seine Verehrung und seine Legende, in: Acta Academiae Aboensis, Helsingfors 1937.

Rudolf, Rainer: Ars moriendi, Von der Kunst des heilsamen Lebens und Sterbens, in: Forschungen zur Vkde., Heft 39, Köln und Graz 1857.

Schierghofer, Georg: Umrittsbrauch und Roßsegen, in: Bayer. Hefte f. Vkde., (München) 8/1921, S. 1–96, bes. S. 30.

Schmid, Ernst: Tessiner Kunstführer, Bd. I–V, Frauenfeld 1948/50.

Schreiber, Georg: Symbole und Gruppierung der Heilbringer. Die 14 Nothelfer in der dt. Volksfrömmigkeit, Innsbruck 1959.

Stahl, Ernst Konrad: Die Legende vom heiligen Riesen Christophorus in der Graphik des 15. u. 16. Jhs., München 1920, Bd. I u. II.

Stauber, E.: Die Schatzgräberei im Kanton Zürich, in: Schw. Arch. f. Vkde., 1916, S. 420 ff.

Szövérffy, Josef: Der heilige Christophorus und sein Kult, Budapest 1943.

Szövérffy, Josef: Beiträge zur Christophorus-Frage, in: Die Nachbarn, Jb. f. vergl. Vkde., II. Bd., Göttingen 1954.

Thurm, Sigrid, Deutscher Glockenatlas, Hsg. Franz Dambeck u. Günther Grundmann, Bayer. Schwaben, München-Berlin 1967.

Tinkhauser, G.: Beschreibung der Diöcese Brixen, 4. Bd., Hospiz St. Christoph auf dem Arlberg, Brixen 1887, S. 164 ff.

Walter von Speier (Walther von Speyer): Vita et Passio Christophori Martyris, Hsg. W. Harster, München 1878.

Der Patron des Verkehrs

Assmann, Dietmar: Fahrzeugweihe, in: Österr. Vkdeatlas, Kommentar, 4. Lieferung, Wien 1973.

Becker, Albert: Christophorus, der Heilige des modernen Verkehrs, in: Zs. f. Vkde., N. F. Bd. II, 1931, S. 272 f.

Benker, Gertrud: Der Gasthof, München 1974.

Cascón, P. Miguel: San Cristóbal, Santander 1952.

Ulrich Klever

KNAURS GROSSES HUNDEBUCH

Mit 460 meist farbigen Abbildungen und großem Rassenteil

DROEMER KNAUR

12., aktualisierte Auflage 1996

Zeichnungen: Mathias Wosczyna, Idstein
Reproduktionen: Krammer, Linz
Druck und Bindung: Mladinska knjiga, Ljubljana
Printed in Slovenia
ISBN 3-426-26063-8

12 14 16 15 13

Inhalt

Die richtige Hundeernährung 56

Nicht immer ist der Hund gesund 68

Die Erziehung zum folgsamen Haushund 82

DER HUND UND SEINE WELT 93

Der Hund, seine Ahnen und wilden Verwandten 94

Der Körper des Hundes und seine Fähigkeiten 102

Der Hund und sein Leben 111

Ein Hund ist der einzige Freund, den man sich kaufen kann

Dieses Buch schreibe ich für alle Menschen, die mit einem Hund glücklich und zufrieden zusammenleben wollen. Die einen Hund zum Freund haben möchten.

Dieses Buch schreibe ich für die Hunde, meine Freunde. Damit sie es bei den Menschen so gut haben, wie sie es verdienen.

Gut – damit meine ich nicht allein das sichere Zuhause, die ausreichenden Mahlzeiten, den regelmäßigen Auslauf, die Zärtlichkeiten und die Streicheleinheiten: Das sind alles Selbstverständlichkeiten, wenn man einen Hund zu sich nimmt. Gut – das heißt für mich, daß ein Hund so weit Hund bleiben kann, wie es in einer Menschengemeinschaft eben möglich ist. Denn Hunde sind nach wie vor Tiere mit ihren Reaktionen, ihrem Verhalten, ihren Gedanken, Vorlieben und Abneigungen. Tiere, die sich uns Menschen angeschlossen und angepaßt haben, so daß wir ihr Anderssein allzuleicht vergessen oder nicht wahrhaben wollen. Davor möchte ich sie bewahren.

Hund und Mensch können sich viel geben.

Zunächst sind sie Partner auf Gegenseitigkeit mit vielen gemeinsamen Erlebnissen. Mit einem Hund ist man ständig beisammen, auch Alleinstehende sind nicht mehr allein. Dazu kommt noch das Wissen um die Gegenwart eines Wesens, das einem treu ergeben ist, das einen bewacht und gern hat.

Hunde gewähren uns heutigen Menschen eine innere Hilfe. Sie können

zwar nicht sprechen, aber sie beherrschen vollendet, was die meisten Menschen ihr Leben lang nicht gelernt haben: Sie können zuhören.

Für Kinder ist der Hund ein ständig bereiter Spielkamerad und eine dankbare Bezugsperson für jeden Gefühlsüberschwang.

Für alte Leute ist er ein Gefährte, der nicht zwischen alt und jung unterscheidet, der Lebensfreude vermittelt, Aufgaben stellt und immer eine Verbindung zur Außenwelt schafft. Mit einem Hund an der Leine kann man die Einsamkeit durchbrechen und Kontakte zu anderen Menschen knüpfen.

Schließlich ist er ein Stück Natur, das man sich in die naturferne Wohnung holen kann, und zu guter Letzt das wirkungsvollste und natürlichste Therapeutikum gegen allen Streß und die meisten Neurosen.

Diese und andere Eigenschaften sind die Voraussetzung dafür, daß man sich einen Hund anschafft und, hat man einmal einen gehabt, nie mehr *ohne* ihn sein möchte.

Wir, meine Frau und ich, leben seit vielen Jahren Tag für Tag und Nacht für Nacht mit einem Hund zusammen. Über die Hälfte der Zeit waren es sogar zwei. Zum einen, weil zwei Basset Hounds sich zusammen wohler fühlen (sie sind nun einmal Meutenhunde), zum anderen, weil das Leben eines Hundes so viel kürzer ist als das eines Menschen. Da wir uns klar darüber sind, daß man mit einem Hund sich auch freiwillig den Tod als Gast ins Haus lädt, haben wir aus dem Egoismus der Liebe die Lücke überbrückt.

Wenn der eine Hund ein paar Jahre älter ist als der andere, ist das möglich.

Der Hund ist durch seine lange Partnerschaft mit dem Menschen zu einem lernbegabten, intelligenten Wesen mit einem erstaunlich hohen Kommunikationsvermögen geworden. Das zeichnet ihn vor allen anderen Haus- und Heimtieren aus. Dazu ist er von seiner wölfischen Rudelvergangenheit her ein Wesen, dem Leben in der Gemeinschaft angeboren ist und das über ein fast ideales Sozialverhalten verfügt. Sozialverhalten heißt, sich innerhalb einer Partnerschaft wohl zu verhalten und die Erfahrungen der Erfahreneren zu achten. So ist der Hund das einzige tierische Lebewesen, das *mit* und nicht nur *neben* uns leben kann.
Für einen Hund zählt nur die Realität: Er kann nicht wie wir Situationen mit Denken überspielen oder verkomplizieren. Mit seiner Realität wird er durch die ihm angeborenen Fähigkeiten fertig, oder er braucht zusätzlich das, was er durch die Erziehung des Menschen gelernt hat.

Wer einen Hund zum Freund hat, kann viel von ihm lernen: das ihm angeborene Streben, sozial (das Gegenteil von asozial) zu sein, störungsfrei und rücksichtsvoll in einer Gemeinschaft zu leben, für seine Freunde dazusein, treu zu sein. Sich anpassen zu können, wobei Anpassung nicht nutzbringende Angleichung bedeutet, sondern ein gutes Miteinander-Auskommen.
Die ihm ebenfalls angeborene Kontaktfreudigkeit, die Wachhunden von uns Menschen weg-erzogen wird. Ein Hund als Menschenbegleiter kann Gleichgültigkeit zwischen Menschen abbauen, er kann Entfremdung überbrücken. Nimmt man den Hund zum Vorbild (das gilt sowohl für den jungen wie für den alten Menschen), wird man mehr Freundlichkeit anderen gegenüber zeigen.
Man sollte von einem Hund auch lernen, daß es schön ist, sich wirklich freuen zu können. Wie man an einem wedelnden, herumspringenden, laut bellenden Hund erkennen kann, ist Freude, auch über geringe Anlässe, etwas Schönes, Befreiendes, Junghaltendes.
Hunde bleiben bis ins hohe Alter hinein neugierig und lernfreudig. Und Neugierde ist eine positive Eigenschaft, wenn sie sich auf Neues bezieht, auf Dinge, aus denen man lernen kann. Wer sich diese Art von Neugierde bewahrt, bewahrt sich die Beweglichkeit seiner Gedanken. Wer im Kopf beweglich ist, ist nicht alt, auch wenn seine Glieder fast schon unbeweglich geworden sind.
Von einem Hund, wenn er natürlich und nicht überzüchtet ist, kann man Wesensfestigkeit lernen. Das ist eine Mischung aus Gelassenheit und Toleranz und einigen anderen positiven Eigenschaften, die verhindern, daß man immer wieder aus der Haut fährt, sich ärgert und/oder in Streit gerät.
Schließlich ist der Hund ein Bindeglied zur Natur. Was das ist, weiß jeder, der in den Betonwüsten einer Großstadt seinem Hund zuschaut, der schnüffelt, das Bein hebt, sich kratzt, kurz – sich fern aller Normen so verhält, wie es der alte Wolf in ihm will. Mag er eine noch so lange Ahnentafel und eine noch so gründliche Erziehung haben.
So manches Mal müßte man ein Hund sein können.

Bisweilen sieht es so aus, als sollten Hunde demnächst verboten werden. Als wollte die schweigende Mehrheit der Nichthundehalter die fünf Millionen Hunde in der Bundesrepublik nur noch kurze Zeit dulden. Nach wie vor wird der Hund als einziges Tier versteuert.
Nachdem die Reiter mit ihren Pferden vor dem Bundesverfassungsgericht gesiegt haben, wissen wir es schwarz auf weiß: Pferde verschmutzen die Umwelt nicht so wie Hunde und sind anderen Menschen nicht so lästig wie diese. Da werden immer wieder öffentliche Diskussionen angefacht, daß der Hundekot allmählich unsere Städte füllt, daß Hunde auf Weiden und Wiesen das Viehfutter verschmutzen, daß bellende Hunde unerträglichen Lärm machen. Da spricht das Bundesverfassungsgericht Mietern ein Grundrecht auf Tierhaltung ab. Da erklärt man, daß die Großstadt für Hunde unzumutbar sei.
Gewiß ist die Großstadt kein Hundeparadies, Sie werden im folgenden Genaueres darüber lesen. Dennoch sollte man sich von dem Geschrei nicht irre machen lassen. Wer mit einem Hund leben möchte, hat ein Recht darauf.

Nachdem ich Ihnen geschildert habe, wie schön es ist, mit einem Hund zu leben, und was man alles von ihm lernen kann, kommen wir zum Alltag, zu den Pflichten.
Das beginnt mit dem Kauf eines Hundes und endet mit den Adressen der Rassenzuchtverbände. Ich beschreibe in diesem Buch 172 verschiedene Rassen mit ihren wichtigsten Merkmalen, zeige sie alle in Farbfotos, schildere ihr Wesen und für wen sie geeignet sind. Ich habe auch nicht den mischrassigen Hund vergessen. Da im letzten Jahrzehnt die Hundeernährung genau erforscht und durch Fertigfutter es dem Hundehalter leichtgemacht wurde, seinen Freund artgerecht zu ernähren, gehe ich auch darauf genau ein. Ich versuche Ihnen die Welt des Hundes nahezubringen, unterstützt durch anschauliche Zeichnungen. Weil es für die Erziehung wichtig ist, das Wesen des Hundes zu kennen, mache ich Sie mit den neuesten Ergebnissen der Verhaltensforschung vertraut.
So vereint dieses Buch mein eigenes Wissen und das Wissen vieler Forscher und Hundepraktiker zu Ihrem Nutzen.

DER MENSCH UND SEIN HUND

Wie man sich einen Hund anschafft

Mit dem Wunsch nach einem Hund fängt in den meisten Fällen *die älteste Freundschaft der Welt* an.

Es gibt natürlich auch Ausnahmen. Man bekommt einen Hund geschenkt, was eine Zumutung sein kann, wenn dieses Geschenk als Überraschung gedacht ist.

Ein Hund läuft einem zu. Der Besitzer ist nicht zu ermitteln, und man will ihn nicht in ein Tierheim geben.

Man hört von einem Hund an einem schlechten Platz. Sieht ihn und nimmt ihn zu sich.

Irgend jemand in der Bekanntschaft oder Verwandtschaft stirbt. Der Hund, den man durch Jahre schon kennt, braucht ein neues Zuhause.

Dies sind Situationen, die einen vor vollendete Tatsachen stellen. Wir wollen aber durchspielen, wie man geplant einen Hund anschafft.

Wer sich einen Hund ins Haus holt, sollte sich über das »Fabrikat« informieren. Bei einem Autokauf studiert man vorher Prospekte, rechnet sich aus, was das Auto beim Kauf und später an Unterhalt kostet, und gibt sich viele Mühe, mit dem Auto vertraut zu werden. Hunde werden mehr und mehr spontan gekauft – und bei den ersten Schwierigkeiten wieder weggegeben oder fortgejagt. Vom Hund als Wegwerfartikel zeugen überfüllte Tierheime und etwa 50000 Hunde jährlich, die zur Urlaubszeit ausgesetzt, aus dem Auto geworfen oder an Rastplatzbäume angebunden werden.

Was beim Autokauf oder einer größeren Anschaffung die verschiedenen Prospekte sind, das ist in diesem Fall das vorliegende Buch. Schon die Tatsache, daß Sie in ihm lesen, zeigt, daß Sie gewillt sind, sich über die Anschaffung eines Hundes Gedanken zu machen. Ich möchte Ihnen den Rat geben, möglichst keinen Hund spontan zu kaufen, denn das geht nur selten gut. Ich habe schon erlebt, daß liebe und wohlmeinende Leute einen Hund von der Kette weg kauften, um ihm ein besseres Leben zu bieten. Sie nahmen ihn mit allen guten Vorsätzen nach Hause und mußten ihn dann nach kurzer Zeit doch in ein Tierheim geben, weil es nicht ging. So bin ich auch gegen Spontankäufe im Tierheim. Mitleid ist eine gute Eigenschaft, aber sie reicht nicht aus, um mit einem Hund ein Stück Leben zusammenzuleben.

Machen Sie sich bitte klar:

Ein Hund wird im Durchschnitt zehn Jahre alt, so lange muß man mit ihm gut auskommen.

Aus dem kleinen Schmusebaby wird bald ein mehrfach so großer Hund, der Dreck macht, täglich gepflegt, gefüttert und spazierengeführt werden muß.

Ein Hund lebt nicht von unseren Speiseabfällen, er braucht sein Spezialfutter, das Sie extra für ihn kochen oder aber als Fertignahrung kaufen müssen.

Ein Hund ist ein Tier und kein verkleideter Mensch.

Ein Hund kostet Jahr für Jahr eine Menge Geld, zwischen 1500 Mark für einen Dackel und das Vierfache etwa für eine Dogge (Steuer und Versicherung eingeschlossen). Bevor wir also weitergehende Überlegungen anstellen, müssen wir prüfen, ob *wir* überhaupt für einen Hund geeignet sind.

Test: Bin ich dafür geeignet, mit einem Hund zu leben?

Diesen Test habe ich vor Jahren ausgearbeitet, und er ist noch immer aktuell. Konrad Lorenz hat ihn in einem Brief an mich sehr gelobt.

Die Fragen sind ehrlich und nach genauer Gewissenserforschung oder im Familienrat mit *ja* oder *nein* zu beantworten. Sie gelten für Erwachsene, denn Kinder haben entweder ein ganz anderes Verhältnis zum Hund und empfinden ihn als eine Art Bruder/Schwester, oder sie überlassen ihn doch bald wieder den Eltern. Daran

Border Terrier sind lebhaft und nur für das Landleben geeignet (Kiki's Border Terrier)

sollten Sie denken, wenn Ihre Kinder sich einen Hund wünschen.

1. Würden Sie sich noch einmal oder überhaupt ein Kind anschaffen? Ein Baby pflegen, großziehen, sich darum kümmern?
2. Können Sie eine Zeitlang – vielleicht sogar für immer – darauf verzichten, ins Kino, Theater, in Diskos oder auf Parties zu gehen?
3. Würden Sie auch einmal eine Urlaubsreise ausfallen lassen?
4. Wissen Sie ungefähr, wie die nächsten zehn Jahre bei Ihnen verlaufen werden? Sie müssen natürlich kein Prophet sein.
5. Können Sie täglich mindestens zwei Stunden Zeit erübrigen?
6. Gehen Sie gerne spazieren? Auch bei Regen, Nebel, Kälte oder Sturm?
7. Sind Sie ein beherrschter Mensch und verlieren nicht bei jeder Gelegenheit die Nerven?
8. Sind Sie konsequent, ohne stur oder gar autoritär zu sein?
9. Haben Sie in den nächsten neun Monaten einige Zeit übrig?
10. Können Sie eine einmal begonnene Sache durchstehen? Auch wenn sie sich nicht so entwickelt, wie Sie es sich erträumt haben?
11. Sind Sie von Natur aus treu?
12. Kennen Sie einen hundelieben Menschen, der bei Ihnen auch einmal *dogsitten* kann? Der eventuell den Hund auch für ein paar Tage zu sich nimmt?
13. Sind Sie sehr besorgt, wenn es um die Sauberkeit Ihrer Böden, Teppiche und Wände geht?
14. Sind Ihnen Flecken, Schmutz und nasse Schuhe ein Ärgernis?
15. Haben Sie Schonbezüge über den Polstermöbeln?
16. Putzen Sie täglich mehr als zwei Stunden Ihre Wohnung, und können Sie sich über die Vorzüge von Reinigungsmitteln unterhalten?
17. Ärgern Sie sich sehr über Laufmaschen oder einen Fleck in der hellen Hose?
18. Müssen Sie mit einem Kinderwagen und (oder) einem Kind, das laufen kann, spazierengehen?
19. Fürchten Sie sich vor großen Hunden? Haben Sie manchmal Angst vor fremden Hunden?
20. Sind Sie sehr weichherzig, besonders Hundeaugen gegenüber?
21. Sind Sie ein lauter Typ? Schreien oder rufen Sie gerne, haben Sie eine durchdringende Stimme, oder lachen Sie oft plötzlich herzhaft? Knallen Sie gerne mit Türen?
22. Sind Sie alleinstehend, den Tag über berufstätig und können einen Hund nicht mit zur Arbeit nehmen?

Wenn Sie die Fragen 1 bis einschließlich 12 ehrlich mit *ja*, Frage 13 bis 22 mit *nein* beantworten können, sind Sie ein idealer Hundehalter.

Können Sie die Fragen 2, 3, 7, 9 und 11 nicht mit *ja* beantworten, rate ich Ihnen vom Kauf eines Hundes ab, genauso wenn Sie die Fragen 13, 19, 20 und 22 mit *ja* beantworten müssen.

Vor allem letzteres ist ein absoluter Hinderungsgrund. Man kann einen Hund den Tag über nicht allein lassen. Wenn er nicht mindestens alle sechs Stunden ausgeführt wird, um sich zu lösen, wird er mit Sicherheit nierenkrank. D. h., man muß drei- bis viermal am Tag mit dem Hund Gassi gehen, damit man zehn Stunden Nachtruhe ausgleicht.

Dieser Test zeigt Ihnen, daß jeder, der einen Hund kauft – das kann ich nicht oft genug wiederholen –, Verantwortung für ein Lebewesen übernimmt. Ein Lebewesen, das uns die Treue hält und nicht versteht, wenn wir es nicht tun.

Wo kann man Hunde kaufen?

Der einfachste Weg zum *richtigen* Hund ist der *Tiermarkt* in der Zeitung. Vier Gruppen von Verkäufern gibt es:

1. Leute, die *aus besonderen Umständen* einen Hund nur *in liebe Hände abgeben* wollen. Das Abgeben ist eine Umschreibung für Verkaufen und ist nicht preiswerter, als wenn man direkt beim Züchter kauft. Man sollte sich sehr genau erkundigen, was denn die *besonderen Umstände* sind, und daran denken, daß es schwierig sein kann, sich einen erwachsenen Hund ins Haus zu nehmen.

2. Hundehalter, die den *Seitensprung* ihrer Hündin verkaufen oder verschenken wollen und denen wirklich daran liegt, daß die Welpen in gute Hände kommen.

3. Tierhändler, die sich hinter einem Zwingernamen tarnen. Man erkennt sie daran, daß sie gleich ein Dutzend verschiedener Rassen anbieten und daß diese Rassen zur Zeit die gefragtesten und modischsten sind. Deshalb Vorsicht: Die Tiere können, wenn sie aus Massenproduktionen stammen, krank sein, die Ahnentafeln wertlos, da sie von irgendeinem obskuren Verein ausgestellt sind. Deshalb sind auch die Preise meist überhöht. Inzwischen bringt eine »Hunde-Mafia« v. a. aus Belgien, Holland und Polen Tiere hierher, die unter schlimmen Bedingungen gehalten wurden und schwer verhaltensgestört und aggressiv sind. Oft findet die Übergabe an merkwürdigen Plätzen wie Autobahnraststätten – direkt aus dem Auto – statt. Finger weg von einem solchen Kauf!

4. Züchter: Entweder Amateure, die es mit ihrer Hündin einmal versucht haben, aus Spaß oder aus Geschäftssinn. Oder Profis, die sich auf eine, zwei oder drei Rassen spezialisierten. Sie inserieren aber eher in Hundezeitschriften oder in Fachblättern. Am besten kauft man beim Profizüchter. Ihn kann man um Rat fragen, bei ihm kann man sich den Hund aussuchen, den man will. Das heißt meistens, daß man warten muß, bis ein Wurf da ist, wenn wir nicht auf einen von ihm inserierten Wurf hin (oder von dem wir auf andere Weise gehört haben) zu ihm gehen. Melden Sie sich bitte vorher an. Ich halte eine

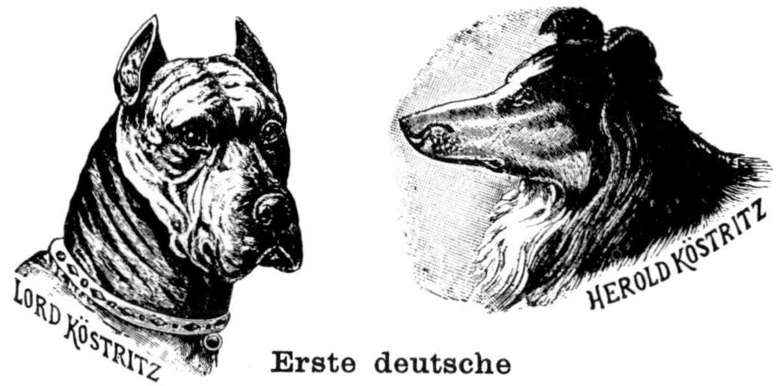

Erste deutsche

Rasse-Hunde-Zucht-Anstalt

Inhaber:

Arthur Seyfarth, Köstritz, Deutschland

prämiiert mit höchsten Auszeichnungen, I. Preisen u. Ehrenpreisen, Diplomen und Vereins-Medaillen.

Lieferant vieler europ. Höfe, kynologischer Vereine, zoologischer Gärten, Fürstl. Hofjagdämter.

Nur Edel-Rassen. Grösstes Versand-Etablissement des Continents *Gegründet 1864.*

für

Renommier-, Luxus-, Salon-, Jagd- u. Sport-Hunde

offeriert und liefert:

Colossal-Bernhardiner . . . . Mk. 150—2000
cremegelb, löwengelb mit schwarzen Haarspitzen, weiss mit roten Platten, div. Grössen von 78—85 cm und vorzügl. Dressur.

Newfundländer . . . . Mk. 150—600
tiefschwarz, schwarz mit weisser Abzeichnung oder gefleckt, mit und ohne Dressur für Wasserapport etc , ca 76—80 cm

Deutsche Colossal-Doggen . . . . Mk. 180—2000
Vollblut-Exemplare edelster Stämme und herrlichste Deckenzeichnung, goldgelb und schwarz gepantert, geströmt, gefleckt, cremgelb mit schwarzer Maske, stahlblau, fromm und besten Appell, Grössen von 76 - 90 cm.

Mastiffs . . . . Mk. 450—1000
cremegelb mit schwarzer Maske, schwerste Spezies, vorzüglich modellierten Köpfen, musterhafte Exemplare, 75 cm. hoch.

Russische Windhunde (Barsoi) . . . . Mk. 250—1000
weiss mit goldbraunen Platten, cremegelb, weiss mit schwarzen Platten, trocknen Köpfen, langen Federruten, hochelegante Begleithunde, 80 – 84 cm.

Verkaufsanzeige eines Tierhändlers Ende des vorigen Jahrhunderts

Ung. "Kuvasz" guter Schutzhund, 4 Mo. m. Pap. z.v. ☎0821/343995

Japan-Chin (Rüde) schw. m. weiß. Stiefeln an liebev. Hände zu vk. ☎602061

Schö. Beagle-Jg'hunde (Hobbyz. d. bayr. Beagelemeute) z. vk. 08165/8107

Bobtailes Westhigland-Terrier, Cocker aus eig. Zucht vk. ☎09936/326

Afghane-Rüde, 3½ J. umständeh. an gt. Platz m. Garten. **☎685530 ab Mo. 18h**

Jg. Rauhhaardackel, 9 Wochen, m. Zub. zu verk. ☎154686

Bildschöne Afghanen, 5 Mt. z.v. ☎0821/465298

Dt. Schäferhündin, 1½ J., Stammbaum, umsth. günstig abzug. ☎08061/2323

4 Pudelwelpen zu verk., ☎4481892 v. Mo.-Fr. 8-18.30 h, Sa./So. ☎4481456

Junger Kater, langhaarig, rot-weiß gefleckt, 22.9. in Pasing entlaufen. Belohnung! ☎887700

Pferdeboxen nähe Dachau frei, Reithalle, 2 gr. Reitplätze und Koppeln, ☎08131/3191

6-jähr. Rappstute, v. Priv. m. Papieren, geländesicher, A- u. L-Springen, VB 8500,- ☎08106/2820

Bildsch., s. lieber Irish-Setter-Rüde, 5 Mon., su. dringend liebev. Platz m. Garten (Unkostenbeitr.) **☎797528**

6-jähr. Lipizzanerstute, mit Papieren, **10-jähr. Turnierponny,** mit Papieren zu verk., ☎08665/678

Wir suchen für liebebed., etw. problem. 9j. **Cocker-Rüden** einen liebevollen Platz. ☎646377

Familiäre Tierpension
Beste Unterbringung 08039/1306

Jg. Shih-Tzu und Bernhardiner-Welpen ☎ 07326/305

Rarität! Jg. tib. Hunde (Lhasa Apso) zu verk., ☎0911/573191

Heutige Tiermarkt-Anzeigen

Wartezeit zwischen Entscheidung und Kauf sogar für psychologisch gut.

Von ganz seltenen Rassen abgesehen, sollte man von einem Züchter in der Nähe kaufen. So kann man sich den Welpen früh aussuchen und *seinen* Hund besuchen, solange er noch bei der Mutter ist. Denn gerade ein Kontakt in den ersten Lebenswochen ist wichtig.

Adressen von Züchtern der verschiedenen Rassen erfährt man bei den Rasseclubs, deren Anschriften auf den Seiten 348ff. dieses Buches abgedruckt sind.

Nur in Ausnahmefällen kauft man einen Hund im Tierhandel, richtiger: Man läßt ihn sich durch einen guten Tierhändler besorgen. Das schreibe ich allerdings halbherzig, weil ich es nie tun würde. Niemals kaufen sollte man Welpen, die in Schaufenstern oder in zooartigen Verkaufsabteilungen ausgestellt werden. Diese Tiere sind oft körperlich und fast immer seelisch krank. Sie leben unter ständigem Streß und bekommen Schocks in einem Alter, in dem das Verhalten für ihr ganzes Leben festgelegt wird. Genaueres darüber lesen Sie in dem Kapitel *Der Hund und sein Leben.* Ich habe selbst mitgemacht, wie ein Schock einen schon größeren Hund im Alter von acht Monaten so verstören kann, daß wir über ein Jahr brauchten, um ihn wieder zu normalisieren. Ich weiß also, was ein neurotischer Hund für Kummer und Mühen machen kann und welch unendliche Geduld man braucht, um ihm zu helfen.

Den Hunden aus den Schaufenstern, die in einer wichtigen Phase ihres Lebens verstört werden, kann man meist nie mehr helfen. Dabei ist die Verlokkung zu einem Spontankauf groß: Alle

Welpen sind drollig, mollig und niedlich. Ihre rundlich-kindlichen Formen sprechen unseren Pflegetrieb an. Vor allem Kinder können diesen lebenden *Püppchen* (im Englischen heißen Welpen nicht umsonst *Puppies*) nicht widerstehen. Sie werden uns in den Ohren liegen, sofort einen kleinen Hund zu kaufen. Tun Sie es nicht, tun Sie es niemals!

Genausowenig kauft man einen Hund, den man vorher nie gesehen hat, über einen Versand. Nicht umsonst warnt der Volksmund, man solle keine Katze im Sack kaufen. Das gilt noch mehr für den sozial geprägten Hund.

Wie alt soll der Hund sein?

Gehen wir davon aus, daß Sie sich einen Hund wünschen, der mit Sicherheit ganz und gar *Ihr* Hund wird. Dann müssen Sie ihn als Welpen zu sich nehmen, damit er sich von klein auf in den Lebensraum und in die Verhaltensweisen seines *neuen Rudels* – das sind für ihn Sie und Ihre Familie – eingewöhnt und lernt, wie er dort zu leben hat.

Über das beste Alter, in dem man einen Welpen zu sich nimmt, gehen die Meinungen auseinander. Früher glaubte man, daß zwölf Wochen, also drei Monate, der richtige Zeitpunkt sind. Die Jungtiere lernen in der Hundeschule von Mutter und Geschwistern Wesentliches, und der Käufer »kann viel besser das persönliche Verhalten, den Charakter und die Art des neuen Hausgenossen beurteilen« (Professor Wolf Herre, Kiel, Institut für Haustierkunde).

Demgegenüber steht der Verhaltensforscher Eberhard Trumler auf dem Standpunkt, den Welpen im Alter von acht Wochen zu kaufen, vor allem, wenn er in einer *vaterlosen* Hundefamilie aufwächst, was beim Züchter normalerweise der Fall ist. In der natürlichen Hundefamilie erzieht der Vater im Spiel die jungen Hunde, nicht die Mutter. In diesem Alter ist der Welpe besonders lernfähig, erkennt den Menschen als Artgenossen an, schließt Kontakte fürs Leben und braucht die ständige Berührung mit Menschen.

Züchter von Rassen, bei denen der Mutterinstinkt verkümmert ist (zum Beispiel Bullterrier), sprechen sich ganz für diese frühe Abgabe aus. Auf keinen Fall sollte man einen Welpen einer Rasse, deren Ohren kupiert werden müssen, ins Haus nehmen, wenn die Operationsstellen nicht völlig und tadellos verheilt sind. Das ist etwa nach der neunten Woche der Fall.

Einem Welpen, der so früh von seinen Geschwistern weggenommen wird, muß man die Möglichkeit geben können, häufig mit anderen Hunden zu spielen. Wächst er die nächsten Monate ohne Hundekontakte auf, kann er ein reiner *Menschenhund* werden. Er wird sich bei späteren Hundebegegnungen scheu oder kontaktlos oder aggressiv verhalten.

Ich halte nach vergleichendem Studium der Forschungen die zehnte bis zwölfte Woche für den besten Zeitpunkt. Der Welpe trennt sich am leichtesten von Mutter und Geschwistern, ist geeignet, in einem *Menschenrudel* zu leben. Er ist klein genug, um noch neue, dauernde Freßgewohnheiten zu lernen (sehr wichtig), und groß genug, um schnell stubenrein zu werden.

Abraten muß ich vom Hund im vierten und fünften Monat. Das ist die Zeit, in der er das Umgebungsbewußtsein entwickelt. Er reagiert dann besonders ängstlich, wenn er an einen neuen Ort kommt oder wenn am gewohnten Ort etwas verändert wird.

Der sechs Monate alte Hund kann wieder unproblematischer sein, aber das hängt ganz davon ab, aus welchem Zwinger er kommt.

Wie man sich seinen Hund aussucht

Auch hier sind sich die Hundeforscher nicht einig. Der amerikanische Tierarzt und Verhaltensforscher Dr. Whitney empfiehlt: »Wählen Sie den Welpen, der Ihnen in allen Punkten am besten gefällt. Manche Leute nehmen den Hund, der sich Ihnen am zutraulichsten nähert; ich bin dagegen, daß der Welpe Sie wählt.«

Eberhard Trumler sagt dagegen genau das Gegenteil: »Ich würde niemals bei einem Züchter einen Hund kaufen, der vor mir davonläuft. Richtig menschensozialisierte Welpen stürzen einem fremden Besucher ohne jedes Anzeichen von Scheu und mit allen Anzeichen von Freude entgegen. Der Welpe, der einem dabei als erster ins Gesicht springt, um den Schnauzenstoß und das Lecken anzubieten, der ist es dann.«

Manfred Müller, der Erfahrungen der Verhaltensforschung in die Schutzhundausbildung eingebracht hat und in seinem Buch »Vom Welpen zum idealen Schutzhund« zeigt, wie man Hunde von klein auf spielerisch erzieht, sagt: »Willst du einen echten Leistungshund, dann entscheide dich für den ruhigsten, kräftigsten oder drahtigsten, kontaktfreudigsten, interessiertesten und mutigsten der Welpen. Niemals aber für denjenigen, der sich dir kriecherisch nähert, vor dir zurückweicht, allzu schreckhaft, schußscheu, nervös, auffallend wehleidig, weich oder besonders ängstlich ist, sich leicht ablenken läßt oder dessen Verhalten stark von dem der übrigen Geschwister sich unterscheidet z.B. sich absondert, am Spiel nicht teilnimmt, unangenehm lästig oder ausgesprochen kontaktscheu erscheint.«

Meine Meinung: Der Welpe muß mir äußerlich gefallen. Er muß gesund (glänzendes, lockeres Fell, klare Augen und rosafarbenes Zahnfleisch) sein, lebhaft und interessiert. Er soll zu mir kommen und mich begrüßen. Ist er der Beherrschende unter seinen Geschwistern, ein sogenannter Kopfhund, so ist er für den Käufer nur dann richtig, wenn dieser selbst nicht nachgiebig, sondern energisch ist. Denken Sie auch daran, daß Temperament und Wesen

für das Zusammenleben wichtiger sind als Körperbau und Schönheit.
Das ist eine ganze Menge Wissen, das Sie nicht vergessen sollten, wenn Sie die Welpengruppe fiepend, spielend, übereinanderkugelnd vor sich sehen. Unterdrücken Sie ein überschwengliches Oh-wie-süß-Gefühl, behalten Sie einen klaren Kopf.
Lassen Sie sich die Hunde nach Rüden und Hündinnen trennen, damit Sie leichter aussuchen können, wenn Sie sich vorher schon für das Geschlecht entschieden haben. Haben Sie Sorge, daß Sie sich selbst nicht richtig entscheiden, nehmen Sie einen hundekundigen Bekannten (er sollte die Rasse kennen) oder sogar einen Kleintierarzt mit.
Die erste Wurfbesichtigung sollte in der fünften bis siebten Woche erfolgen. Sie müssen dann allerdings noch nicht kaufen. In der Praxis ist es oft aber so, daß Sie sich schnell entscheiden müssen, falls Sie die Wahl unter dem ganzen Wurf haben wollen. Bei Abkommen berühmter Hunde muß man manchmal schon ein Jahr vorher *buchen,* damit man beim nächsten Wurf überhaupt einen Welpen erhält. Aber in dem Fall kennt man Mutter und den vorgesehenen Vater und kann sich vorstellen, wie Söhne und Töchter werden.

Wie man sich einen Züchter aussucht
Es ist sehr wichtig, den Züchter zu kennen, bevor man den Hund aussucht. Das heißt, daß man Kontakte aufnimmt, wenn man sich für eine Rasse entschieden hat.
Die Verhaltensforscher haben festgestellt, daß die ersten Wochen und Monate entscheidend für die Wesensentwicklung eines Hundes sind. Je früher und je intensiver der Menschenkontakt ist, desto besser wird sich der Hund in eine Familie einfügen oder an einen Menschen anschließen. Die Amerikaner J. P. Scott und J. L. Fuller haben nachgewiesen, daß junge Hunde, die

Deutscher Pinscher Zwinger vom Bingenheimer Schloß
hat einen Wurf Dt. Pinscher-Welpen 3,1
rot, aus bester Abstammung abzugeben.
WT 9. 2. 80. V.: Astor v. Wanaloha - M.: Nora v. Weihergraben.
Kurt Schwab · Weidgasse 23
6363 Echzell 2 OT Bingenheim
Telefon 06035/2508

Züchteranzeige aus einer Hunde-Fachzeitschrift: ein Wurf, 3 Rüden, 1 Hündin, wird angeboten

zu lange im Zwinger gehalten werden und ohne menschliche Kontakte aufwachsen, Depressionen bekommen oder an übersteigerter Erregbarkeit leiden. Zu lange, das sind drei, vier Monate. Und der Schaden ist um so größer, je bessere Wesensanlagen der Hund hat. Wir sollten uns also keinen Hund aus einem großen Zwinger kaufen, wo der Züchter gar keine Möglichkeit hat, sich mit einem Wurf intensiv zu beschäftigen. Vorsicht auch bei einem Hobbyzüchter, der den ganzen Tag über berufstätig ist. Ideal ist der Züchter, bei dem man die Hunde nicht nur im Zwinger, sondern auch im Haus findet. Der einen guten Handkontakt zu den Welpen hat. Achten Sie darauf, ob die Welpen bereits im frühen Stadium die Hand des Züchters *kennen,* wie er mit ihnen umgeht, wie er mit ihnen spricht.
Ein guter Züchter wird den Käufer beraten. Er wird ihm auch abraten, wenn er findet, daß diese seine Rasse nicht zu ihm paßt. Er wird ihm die Schwierigkeiten der Rasse erklären und ihre Vorzüge. Und er wird sich nach den Lebensumständen des Käufers erkundigen und ihm eventuell gar keinen Hund verkaufen wollen. Seien Sie dann bitte nicht beleidigt: Der Züchter hat eine größere Erfahrung mit der Rasse als Sie.

Was spricht für einen Rassehund?
Es gibt Leute, die schwören auf Hunde, die »Fehltritte« sind. Diese *Promenadenmischungen* oder Mischlinge kauft man aber nicht wie einen Rassehund. Es sind eher Spontanentscheidungen, wenn man den Wunsch und den Willen zu einem Hund hat. Genaueres lesen Sie über diese oft hübschen Hunde auf Seite 284, der letzten Seite des Rasseteils.
Für einen Rassehund sprechen eine Reihe von Gründen, wenn man eine einigermaßen feste Vorstellung hat, was man von einem Hund erwartet. Ob man einen kleinen Hund haben möchte, einen langhaarigen oder großen, ob man mit dem Hund arbeiten will (Schutzhundprüfungen), ob man ihn zur Jagd verwendet, ob man Ausstellungen besuchen möchte.
So hat jede Hunderasse ihre Eigenheiten und speziellen Anlagen, die ihre Angehörigen mehr oder weniger kennzeichnen. Natürlich sind Hunde wie andere hochentwickelte Lebewesen Individuen, aber die Charaktereigentümlichkeiten einer Rasse sind mehr oder weniger auf einen Nenner zu bringen. Jeder, der mehrere Hunde der gleichen Rasse hielt, kann die Individualität wie die Wesensgleichheit bestätigen.
Über die körperliche Ähnlichkeit brauche ich wenig zu sagen: Ein reinrassiger Dackel bekommt nicht plötzlich lange Beine, und eine Deutsche Dogge wiegt nun einmal 60 Kilo. Daß es hier keine Überraschungen gibt, dafür sorgt der Rassestandard, der die Merkmale des Idealhundes beschreibt und nach dem sich die Züchter richten.
So wird die Anschaffung eines Rassehundes nicht zu dem Lotteriespiel, zu dem die eines Mischlings durchaus werden kann.

Wer sich einen Rassehund kauft, muß manchmal eine Menge Geld bezahlen. Je seltener die Rasse, je schwieriger ihre Zucht und je erlesener und prämierter die Eltern, um so teurer der Welpe. Ein guter Züchter investiert sehr viel Geld in seine Hunde. Er reist mit der Hündin über Hunderte von Kilometern zum passenden Rüden. Er fährt Tausende von Kilometern zu Ausstellungen, um Auszeichnungen zu bekommen. Er investiert neben Geld für richtige Ernährung, für Wurmkuren, für Impfungen viele Stunden in die Beschäftigung, Pflege und Sozialisation der Welpen. Dazu kommen die nicht unerheblichen Aufwendungen für Club- und Zuchtgebühren. Alles kostet Geld: der Deckschein, der Wurfmeldeschein, die Ahnentafel je Welpe, der Registrierschein je Welpe und die Übernahme der Ahnentafel ins Zuchtbuch.

Hundezüchten, so wie ich es beschrieben habe, ist kein Geschäft. Der Bullterrierzüchter Dr. Dieter Fleig schreibt in seinem Buch »Gladiatoren II«, daß der Aufwand in keinem Verhältnis zum Erlös steht: »Hierzu bedarf es Liebe, Passion – vielleicht muß man etwas verrückt sein –, aber viel, sehr viel Freude macht es auch.« Und das Finanzgericht Köln hat entschieden, »daß die Zucht und Aufzucht, trotz gelegentlicher Einnahmen durch Welpenverkäufe, auf lange Sicht eine verlustbringende Liebhaberei ist«.

Welche Rasse soll es sein?

Die pingeligsten Fachleute zählen etwas über 400 Hunderassen auf der Welt, wobei die nationalen, manchmal sogar örtlichen Schläge mitgezählt wurden. 310 sind von der Fédération Cynologique Internationale anerkannt. Das heißt, von ihnen gibt es Standards, die den rassentypischen Idealhund beschreiben. Ich habe in dieses Buch 172 Rassen aufgenommen, die in Deutschland gehalten werden und für die es Clubs oder Arbeitsgemeinschaften gibt. Manche Rassen existieren allerdings erst – oder nur noch – in wenigen Exemplaren. Die Qual der Wahl ist also groß, wenn man mehr Träumer als Realist ist.

Denn natürlich kann nicht jeder an jedem beliebigen Platz jede Rasse halten. Genauso, wie es Traumautos gibt, Traumreisen oder sonstige geheime Wünsche, gibt es auch Traumhunde. Lesen Sie zunächst einmal die Beschreibungen der Hunde, die Ihnen optisch gefallen. Ich mache Sie dabei auch auf die Schwierigkeiten einer Rasse aufmerksam und führe die Punkte auf, von denen man sonst wenig hört. Und dann gehen Sie bitte in sich. Für diese Gewissenserforschung habe ich folgende Faustregeln aufgestellt:

- Je größer die Stadt, desto kleiner oder ruhiger der Hund.
- Je höher die Etage, desto kleiner der Hund. Lange Rücken auf kurzen Beinen brauchen Parterrewohnungen oder Lifts.
- Je kleiner die Wohnung, desto kleiner der Hund. In ein Appartement gehört kein Neufundländer.
- Je kleiner oder voller Ihre Wohnung, desto ruhiger der Hund. In einen *Porzellanladen* paßt kein Temperamentsbündel.
- Je knapper Ihre Freizeit, um so *pflegeleichter* sollte Ihr Hund sein. Hundesalons sind ausgebucht wie gute Friseure.
- Je heller Ihre Teppiche sind und Ihre Sessel, desto heller und kurzhaariger sollte das Fell des Hundes sein.
- Kräftige Hunde brauchen eine kräftige Hand, um sie notfalls halten zu können. Ein temperamentvoller, starker Hund hat bei alten Leuten schon manchen Arm- oder Beinbruch verursacht.
- Hunde, die viel laufen müssen, brauchen die Gelegenheit dazu, das geeignete Gelände und einen Herrn zu Fahrrad oder Pferde.
- Eigenwillige und selbstbewußte Hunde verlangen von ihrem Herrn Konsequenz und Durchsetzungsvermögen.
- Jagdhunde gehören nur in die Hand eines Jägers.
- Diensthunde brauchen Arbeit. Sind Sie kein Nachtwächter, Polizist oder Grenzschützer, gehen Sie mit ihnen auf den Übungsplatz und werden Hundesportler.
- Lebhafte Hunde brauchen einen Garten oder Anlagen vor der Tür.
- Große Hunde benötigen ein Haus und einen Garten. Haben sie Wachhundeigenschaften, brauchen sie auch etwas zum Bewachen.
- Schlittenhunde oder Hirtenhunde gehören nicht in die Stadt, auch wenn man einen Geländewagen fährt.
- Es gibt eine Anzahl Hunde, die sich nur im Freien wohl fühlen. Der Komondor gehört dazu, der Huskie und auch der Chow Chow.
- Wer eine Hundehaarallergie hat und dennoch einen Wohnungshund will, kann sich einen mexikanischen oder chinesischen Nackthund halten.
- Eine Rasse aus Prestigegründen zu wählen ist schlicht dumm. Im übrigen schaffen sich über 30 Prozent aller Deutschen (sicherlich gilt diese Zahl auch für Österreich und die Schweiz) den Hund ihrer Kindheit an, wenn sie mit Hunden aufgewachsen sind.

Rüde oder Hündin?

Eindeutig zu beantworten ist diese Frage nur für den, der gerne züchten möchte. Wovon ich allerdings allen Anfängern abrate: Es kommen auch ohne neue Amateurzüchter genügend Hunde auf die Welt. Da die Entscheidung für einen Hund oder eine Hündin sehr von der Person, den Lebensumständen und den Erwartungen des Hundekäufers abhängt, kann ich sie nur da-

Hunde als Arbeitskameraden und Helfer: Hütende Schäferhunde sind als Rasse nicht anerkannt

Die Ahnentafel ist der offizielle Abstammungsnachweis eines Rassehundes. Wichtig ist, daß sie von der Zuchtbuchstelle des dem VDH angeschlossenen Clubs unterschrieben ist. Ebenfalls muß der Züchter die Richtigkeit aller Angaben bestätigen. Auf dem vorgedruckten Formblatt steht der Name des Hundes mit dem Zwingernamen, das Geschlecht, der Wurftag und farbliche oder andere Besonderheiten. Die Zuchtbuchnummer zeigt, daß der Hund ins Zuchtbuch eingetragen wurde. Die Ahnen sind in 3 Generationen ebenfalls mit Zuchtbuchnummern und Auszeichnungen (CH = Champion) aufgeführt

Ahnentafel

Rasse: Shetland Sheepdog (Sheltie)

Name des Hundes: " Queen vom Frau-Holle-Weg " (D)

Geschlecht: Hündin **Haarart:** langhaarig

Farbe und Abzeichen: gelb - weiß

Besondere Kennzeichen: -

Wurftag: 21. Februar 1977

Wurfjahr in Buchstaben: Neunzehnhundertsiebenundsiebzig

Züchter des Hundes – **Name:** Albert Beck – **Wohnort:** Würzburg

(I) Eltern	(II) Groß-Eltern	(III) Urgroß-Eltern
1 Vater: Ch.Cherry v.d. Nordburga-Höhle	3 Ch.Felix vom Tegelberg ZBrH 1480	7 Dello vom Neuacker ZBrH 1282
		8 Souffle from Shiel ZBrH 1177
Farbe: gw. angekört: ja eingetragen im: ZBrH 1851	4 Luna vom Ahnetal ZBrH 1619	9 Ch.Sumburgh Debonair ZBrH 1444
		10 Jsabell vom Ahnetal ZBrH 1393
2 Mutter: Ines vom Frau-Holle-Weg	5 Remus vom Kapellenhang ZBrH 2375	11 Sky at Night of Shelert ZBrH 1866
		12 Fairy vom Kapellenhang ZBrH 1715
Farbe: gw. bed. angekört: ja eingetragen im: ZBrH 2716	6 Allensway Sweet Melody ZBrH 2528	13 Jefsfire Allensway Gold Spark 19729/69
		14 Allensway Honeysuckle Rose 5547/70

Körzucht

Erläuterungen über den Wurf, zu dem dieser Hund gehört:

	Rüden	Hünd.
Wurfstärke bei der Geburt	5	1
Totgeboren	-	-
Getötet	-	-
Im Wurf belassen	5	1
Verendet bis zur Eintragung	-	-
Zum Zuchtbuch gemeldet	5	1
Nicht nachgewiesen	-	-
Ammenaufzucht	-	-

Eingetragen im Zuchtbuch für Britische Hütehunde (ZBrH.)
(Stammverein der Colliefreunde seit 1891, Zuchtbuch seit 1898)

am 28.3.1977

Nummer: 3473

Für die Richtigkeit vorstehender Angaben:
(vom Züchter des Hundes zu unterschreiben)

Name: Albert Beck
Wohnort: Würzburg
Straße: Frau-Holle-Weg

Beglaubigt: 6831 Reilingen/Bd., Hockenheimer Str. 76, den 28. März 19 77

ZUCHTBUCHSTELLE DES
CLUBS DER BRITISCHEN HÜTEHUNDE E.V.
(Collie, Sheltie, Bobtail, Welsh Corgi)
Sitz Frankfurt am Main
im Verband f. d. Deutsche Hundewesen
Sitz Dortmund e.V. (VDH) und i. d. F. C. I.

(Stempel: Club d. Britisch. Hütehunde … Zuchtbuchamt)

Die Ahnentafel hat nur Gültigkeit, wenn sie vom Züchter eigenhändig unterschrieben oder vom Zuchtbuchführer als Abschrift bezeichnet ist.
Ahnentafeln sind Privaturkunden im juristischen Sinne; wer Ahnentafeln fälscht oder mit solchen Mißbrauch treibt, wird strafrechtlich verfolgt.
Die Ahnentafel ist beim Eingehen des Hundes, für den sie ausgestellt ist, unaufgefordert unter Angabe der Todesursache und des Todestages zurückzugeben.

durch erleichtern, daß ich die an das Geschlecht gebundenen Verhaltensmerkmale und ihre Auswirkungen aufzähle.

Eine Hündin wird im Abstand von etwa sechs Monaten regelmäßig läufig, zum erstenmal, wenn sie etwa ein dreiviertel Jahr alt ist. Das bedeutet, daß sie drei Wochen lang Sekret und Blut ausscheidet, die Rüden der näheren und weiteren Umgebung anlockt, den Drang hat, zu streunen, und innerhalb dieser Zeit – etwa eine Woche lang – schwanger werden kann. Die Läufigkeit ist mit Mühen, zusätzlicher Arbeit und besonderer Aufmerksamkeit verbunden.

Allerdings kann man heute die Läufigkeit durch hormonelle Behandlung zeitweilig oder ganz unterbinden. Man bekommt vom Tierarzt einen Überwachungs-Paß, damit man die Behandlungszeiten korrekt einhält. Durch laufend verbesserte Präparate werden die Nebenwirkungen immer geringer.

Von ihrem Wesen her ist eine Hündin anschmiegsamer und leichter zu erziehen, sie ordnet sich schneller in eine Familie ein. Deshalb empfiehlt sich die Hündin für Leute mit weicherer Hand, für Familien mit Kindern, für ein insgesamt gefühlvolleres Klima. Wer sich in den Monaten nach der Anschaffung nicht zu intensiv mit der Erziehung beschäftigen kann, ist mit einer Hündin besser bedient: Von der Stubenreinheit bis zur regulären Ausbildung geht alles leichter. Auch kann eine erwachsene Hündin eher in eine neue Umgebung integriert werden als ein Rüde. Da sich die Hündin meist in einer *Sitzung* entleert oder nicht so sparsam mit dem Harn ist wie ein Rüde, muß man sie nicht so lange und häufig zum Lösen ausführen. Was nicht heißt, daß man mit einer Hündin nicht spazierengehen muß; sie wird bei wenig Bewegung schneller dick.

Sind in der Gegend noch andere Hündinnen, kann es bei Begegnungen unangenehm werden: Hündinnen unter sich gehen gegeneinander – da werden Weiber zu Hyänen. Daß Hündinnen weniger schnüffeln als Rüden, stimmt nicht in jedem Fall, wie es auch draufgängerische und harte Hündinnen gibt.

Ein Rüde braucht meist eine konsequentere Erziehung von Anfang an, er versucht immer wieder auszuprobieren, wer der Boß ist. Das ist um so ausgeprägter, je selbstbewußter der Rüde ist. Sind in der Gegend reichlich Hündinnen, wird er bei jeder Läufigkeit versuchen, zu einer dieser Damen zu kommen, und er wird ihr seine Zuneigung vorher durch lautstarkes Heulen kundtun und uns durch ständiges Winseln nerven. Rüden können wochen- und monatelang liebeskrank sein. In dieser Zeit muß man sehr auf sie achten, auch der Bravste wird durch die Liebe zum Streuner.

Manche Rüden sind Menschen gegenüber sexuell erregt, sie klammern sich wippend an Familien- oder Besucherbeine. Eine unangenehme Gewohnheit, die sich nur durch strenge Erziehung abgewöhnen läßt. Der Tierarzt kann mit Hormonspritzen nachhelfen. Auf Spaziergängen setzen Rüden ihren Harn in kleinen Mengen als Duftmarken ab. Man muß darauf achten, daß sie nicht zu sparsam sind und sich ausreichend lösen. Dabei gibt es *Stammplätze*, die zu den Duftmarkenzentren aller Rüden der Umgebung werden. Liegen sie an Hauseingängen oder in Vorgärten, kann es Ärger mit Hausmeistern und nicht hundenärrischen Bewohnern geben. Rüdenbegegnungen können zu Auseinandersetzungen führen, sind aber meist nicht so feindlich, wie es Begegnungen von Hündinnen sein können. Es kommt auch hier auf den Rüden an: Es gibt Selbstbewußte und Raufer, es gibt Zurückhaltende und Vorsichtige.

Wie wichtig sind Papiere, und wie liest man sie?

Meine Meinung: Einen Hund zu kaufen, nur weil unter seinen Vorfahren etliche Ausstellungssieger sind, weil sein Vater ein Superstar und ein guter *Vererber* ist (was es ganz wörtlich genommen gar nicht gibt), das mag vielleicht das Selbstbewußtsein heben und für einen Züchter wichtig sein, entspricht aber nicht meiner Vorstellung von einem Hundekauf.

Vielleicht habe ich nicht die richtige Einstellung, wenn ich mir die Papierfetischisten anschaue, die ich kenne. Für mich ist das Wesen des Hundes viel wichtiger als seine rassentypische Schönheit. Ich bin auch kein Mensch, der mit seinen Hunden auf Ausstellungen geht und sie ankören läßt, damit er sie als Deckrüde ausleihen oder mit ihnen züchten kann. Wenn Sie das wollen oder wenn es sie interessiert, wie das funktioniert: Sie finden ein ganzes Kapitel darüber.

Sofern Sie einen Rassehund kaufen, erhalten Sie mit dem Hund das Papier, das der Volksmund *Stammbaum* nennt und das in Wirklichkeit *Ahnentafel* heißt und auch ist. Sie wird von einer Zentralstelle des jeweiligen Rassezuchtvereins dann ausgestellt, wenn der Wurf in das Zuchtbuch eingetragen oder vom Zuchtwart abgenommen worden ist. Sie führt die Eltern, Großeltern und Urgroßeltern auf, bei manchen Rassen enthält sie auch noch Angaben über den Wurf, aus dem der Hund stammt. Sie ist eine Art Geburtsurkunde mit Rassezugehörigkeitsbescheinigung.

Ein Stammbaum ist übrigens eine umgekehrte Ahnentafel: hier steht der sagenhafte Ahn an unterster Stelle, und alle Nachkommen sind fein verästelt aufgeführt. Stammbäume macht man für Hunde, die das Bild der Rasse geprägt haben, aber das gehört mehr in die Hobbyabteilung.

Vergleicht man Ahnentafeln verschiedener Hunde einer Rasse, so tauchen vielfach prämierte Hunde immer wieder auf. Und je schmaler die Zuchtbasis, desto mehr miteinander verwandt sind alle Hunde. So ging es in den sechziger Jahren den deutschen Basset Hounds und heute den Mastinos und Mastiffs.

Eine Reihe von Clubs tragen in die Ahnentafeln den HD-Befund ein. Das ist sehr wichtig, denn die Hüftgelenkdysplasie ist eine vererbbare Krankheit der Hüftgelenke bei größeren Hunden. Durch das konsequente Ausschließen von befallenen Hunden aus der Zucht haben die Hovawartzüchter zum Beispiel erreicht, daß heute ein wesentlich höherer Prozentsatz der Hovawarts HD-frei ist als vor zehn Jahren.

Interessant sind auch die Ahnentafeln der Gebrauchshunde. In ihnen sind die Ergebnisse der Wesensprüfungen, der Zuchtschaubewertungen und der Gebrauchsprüfungen eingetragen. Wenn man sich die Papiere der Eltern eines Hundes anschaut, kann man ungefähr ersehen, was wesensmäßig zu erwarten ist (vorsichtig ausgedrückt).

Nachdem auch die Kynologen (= Hundekenner) straff organisiert sind, kann man ohne Papiere nirgendwo mitmachen. Bei keiner Ausstellung, bei keiner Arbeitsprüfung, und Züchten kann man auch nicht. Denn Hunde, die ohne Clubsegen einer Vereinigung von zwei Hunden der gleichen Rasse entstammen, sind in den Augen der Züchter und Vereinsfunktionäre *nur* Promenadenmischungen. Es sind *private* Hunde, obwohl sie biologisch gesehen rasserein sind. Man muß also Papiere haben, und die Papiere bekommt man nur durch den Club.

Da sich auch bei den Hunden die Menschen nicht immer einig sind, gibt es von manchen Rassen mehrere Clubs. Man muß im *richtigen* Club sein, einem, der dem VDH (= Verband für das Deutsche Hundewesen) angeschlossen ist. Er ist die älteste und größte Zuchtorganisation, die deutsche Sektion der *Fédération Cynologique Internationale.* Die Schweizer Sektion ist die Schweizerische Kynologische Gesellschaft (= SKG), in Österreich heißt sie Österreichischer Kynologen-Verband. Die Adressen finden Sie auf den Seiten ab 348 ff. verzeichnet.

Der Kauf des Hundes, und wie man ihn zu sich nimmt

Der Kauf des Hundes ist ein Rechtsgeschäft, über das man am besten ein schriftliches Abkommen trifft. In ihm sollte der Name des Verkäufers und Käufers, der Name des Hundes mit Zuchtbuchnummer und Wurftag sowie die Zusicherung stehen, daß der Welpe gesund ist, ordnungsgemäß entwurmt und mit der ersten Grundimpfung versehen wurde. Es sollte der Preis festgehalten werden und die Zahlungsbedingungen. Wann der Hund abgeholt wird oder ob er geschickt werden soll.

Man sollte sich auch vor Mängeln sichern, die erst später erkannt werden oder in Erscheinung treten. Sie sind in jedem Fall eine Wertminderung des vielleicht sehr teuer bezahlten Hundes. Da der Hund vor dem Gesetz eine *Sache* ist, gelten die Paragraphen für Kauf und Verkauf. Es ist sogar eine Rückgabe oder ein Umtausch möglich.

Ich schreibe dies allerdings mit einem unguten Gefühl, eigentlich nur, um Sie zu informieren und weil nicht alle Menschen ehrlich sind. Bei einem seriösen Züchter genügen auch mündliche Abmachungen, und einen Hund, den ich mir mit Zuneigung ausgesucht habe und der sich an mich gewöhnt hat, umzutauschen, weil er einen Gebißmangel oder ein Stehohr hat, das eigentlich kippen sollte, das würde ich nicht können und wollen.

Beim Kauf macht man aus, ob man den Hund gleich mitnimmt, wann man ihn holt oder ob er geschickt werden soll.

Einen jungen Hund sich schicken lassen muß wirklich schwerwiegende Gründe haben. Denn ein Hund, der allein transportiert wird, kann, ob jung oder alt, einen nicht wieder gutzumachenden Schock bekommen. Stellen Sie sich vor, ein kleiner Hund, der nur die Welt seiner Mutter und Geschwister kennt, der mit Menschen hauptsächlich durch Handkontakt vertraut ist, wird auf einmal allein in einen Behälter gesperrt und auf eine Reise geschickt, auf der es laut ist, wackelt, schüttelt, ihn fremde und unangenehme Gerüche umgeben: Möchten Sie das selbst erleben? Ersparen Sie es auch Ihrem neuen Hund.

Das beste ist, Sie holen den Hund mit dem Auto ab. Nehmen Sie möglichst den Korb oder die Decke mit, in dem oder auf der er zu Hause auch schlafen soll. Eine Begleitperson, die sich unterwegs um den Hund kümmert, ist wichtig. Je kleiner er ist, um so weniger wird ihn die Fahrt beunruhigen. Achten Sie darauf, daß Sie vorsichtig fahren, nicht besonders rasant Kurven nehmen oder abrupt an Kreuzungen bremsen. Denn wenn es dem Kleinen auf seiner ersten Fahrt übel wird, wenn er erschreckt oder geschockt wird, werden Sie zeitlebens mit ihm Autosorgen haben. Und da man heute viel Auto fährt, sind das große Sorgen.

Da der Hund noch nicht stubenrein ist, nimmt man Zellstoff, Zeitungen, eine undurchlässige Unterlage oder andere Dinge gegen Feuchtigkeit mit, damit die Autositze geschont werden. Muß der Welpe unterwegs brechen, ist das nicht tragisch, wenn man kein Aufheben davon macht. Der Brechreiz entsteht durch die Belastung des Gleichgewichtsorgans während der Fahrt. Lassen Sie sich etwas vom Zwinger mitgeben, damit es unterwegs und bei Ihnen nach Zuhause riecht. Fahren Sie nicht die ganze Strecke hintereinander, sondern legen Sie Pausen ein. Schließlich machen Sie mit dem Züchter den

genauen Abholtermin aus, damit er den Kleinen einige Stunden vorher nicht mehr füttert und eventuell einen Tag vorher von den Geschwistern trennt und in Familienkontakt hält. Das erleichtert den Übergang ins neue Menschenrudel sehr.
Eine weitere gute Methode, den Welpen zu bekommen: Der Züchter bringt ihn selbst.

Wann kauft man einen Hund?

Auf keinen Fall zu Weihnachten. Das Fest mit Lichterbaum, Verwandtenbesuch und sonstigem Trubel ist der ungünstigste Zeitpunkt, sich einen Welpen ins Haus zu holen. Die Eingewöhnung muß behutsam geschehen und nicht mit Wunderkerzen und »Oh, du fröhliche«. Außerdem ist es im Winter kein Vergnügen, einen Hund stubenrein zu machen, vor allem, wenn man in der Stadt lebt. Soll der Hund ein Geschenk sein, dann bitte unterm Baum ein Gutschein.
Kaufen Sie den Hund auch nicht, wenn Sie anschließend in den Urlaub fahren, eine größere Party planen oder längeren Übernachtungsbesuch bekommen. Sie sollten sich mindestens zwei Monate Muße und Ruhe für den Hund nehmen.
Der beste Zeitpunkt ist das späte Frühjahr, dann ist er bis zur Regen- und Nebelzeit garantiert stubenrein und leinenführig. Und er hat sich so eingelebt, daß er *Ihr* Hund geworden ist. Bei seltenen Rassen, bei denen es nur einen Wurf im Jahr gibt oder Wartelisten geführt werden, können Sie allerdings den Zeitpunkt nicht bestimmen. Dann müssen Sie eben auf den Urlaub verzichten. Das klingt alles sehr kompliziert und vielleicht etwas übervorsichtig. Ich möchte aber damit erreichen, daß Sie sich den Kauf sehr genau überlegen und gerade in der Anfangszeit viel Mühe machen. Glauben Sie mir, die Mühe lohnt sich – ein Hundeleben lang.

Der erwachsene Hund und der Hund aus dem Tierheim

Über den Hund, der *umständehalber in liebe Hände abzugeben* ist, habe ich schon kurz geschrieben. Die Umstände können natürlich irgendeine Notsituation sein. Meist aber sind es Modehunde oder Tiere von Rassen, die Hundeverständnis verlangen und mit denen ihre Besitzer nicht fertigwerden, weil sie sich beim Kauf überschätzt oder nicht nachgedacht haben.
Grundsätzlich ist die Übernahme und die Eingewöhnung eines erwachsenen Hundes schwieriger als das Aufziehen eines Welpen. Es kann aber auch die große Liebe und das große Glück werden, vor allem bei Hunden, die es vorher nicht gut hatten. Meine jetzige Hündin Stasi ist so ein Fall. Sie kam nach zweifachem Besitzerwechsel 2½jährig zu uns und hat sich sehr schnell in unser Rudel – meine Frau, ein 7jähriger Basset Hound-Rüde und ich – eingefügt, das Streunen und Stehlen aufgegeben. Als kontaktfreudige und liebebedürftige Hündin war sie ein leichter Fall, obwohl wir über ihr Vorleben nichts wußten. Wobei solches Wissen hilfreich ist: Lassen Sie sich vom Vorbesitzer möglichst genau informieren. Ich hoffe, er wird Sie nicht belügen, um den Hund loszuwerden. Außerdem fügt sich eine Hündin schneller ein als ein Rüde.
Abraten möchte ich allen Berufsgestreßten, Vielarbeitern, Nervenbündeln, Ungeduldigen und Seelchen, einen erwachsenen unbekannten Hund zu sich zu nehmen. Sie dürften an der – ich möchte es noch einmal betonen – schwierigen Aufgabe scheitern.
Traurig ist auch das Los der alten Zwingerhunde, die ihrem Züchter nichts mehr einbringen. Sie sind meist nicht stubenrein und werden es kaum noch, da sie ein Leben im Zwinger gelebt haben. Durch ihre Isolation – sie haben nur mit anderen Hunden zusammengelebt – werden sie mit dem Straßenverkehr und den völlig anderen Bedingungen des Lebens mit Menschen nicht fertig. Sie werden scheu, stur oder aggressiv. Die Hündinnen sind nicht mehr schön, weil sie oft geworfen haben. Arme Hunde. Eine Zucht sollte nie so groß sein, daß sie ihren Veteranen nicht das Gnadenbrot geben kann.
Im Tierheim leben Hunde, die davongelaufen sind, die ausgesetzt oder die durch einen Todesfall, durch einen Wohnungswechsel herrenlos wurden oder nicht mehr zu halten waren. Sie können eine Zeitlang dort leben, man bemüht sich um neue Plätze für sie, es gibt Fehlschläge, und der Hund kommt wieder zurück. Schließlich werden besonders schwierige oder ältere Tiere eingeschläfert. Man kann also verallgemeinernd sagen: Wer einen Hund aus dem Tierheim holt, hat ihm (vielleicht) das Leben gerettet. Es gehört viel Geduld und Einfühlungsvermögen dazu, einen solchen Hund zu *seinem* Hund zu machen. Gelingt es, kann der Lohn an Anhänglichkeit, Liebe und Zuneigung groß sein.
Lassen Sie sich beim Aussuchen nur bedingt vom Gefühl des Augenblicks leiten, den bittenden Hundeaugen, den bettelnden Pfoten und was es sonst noch an emotionellen Reizen in der Mensch-Hund-Beziehung gibt. Unterhalten Sie sich mit dem Pfleger, welche Hunde Handkontakte suchen, welche ruhig und zugänglich sind.
Über die Formalitäten der Übernahme und die Kosten gibt Ihnen jedes Tierheim Auskunft.

Die Ausstattung unseres Hundes

In Tierhandlungen, Hundefachgeschäften oder in den Katalogen von Spezialhäusern für Hundebedarf finden wir ein riesiges Angebot. Eine ganze Industrie lebt davon, die Hundebesitzer beziehungsweise ihre Hunde mit Fellglanzspray, schwarzen Slips für die läufige Hündin, Schottenhalsbändern, Vollgummi-Katzenköpfen mit Stimme zum

Spielen, Hundebetten mit Rückenlehne, Gummischuhen, Hundepeitschen, Kauknochen und vielen, vielen anderen Dingen zu versorgen. Auch die Konsumwelt für Hunde ist heil.

Fangen Sie bitte vorsichtig an, Sie werden Ihren Liebling schon noch mit Überflüssigem verwöhnen. Die Kosten für die Erstausstattung sollten den Preis für den Hund nicht übersteigen.

Zunächst braucht er ein Lager, richtiger sogar zwei. Eines für den Tag und eines für die Nacht. Das kann eine dicke Dekke, eine Kokosmatte, ein Schaumstoffkissen mit Überzug oder eine ebenfalls überzogene Matratze sein, die an einer nicht zugigen Stelle liegt, oder/und ein Korb, in den eine Decke gehört, wobei kleine Rassen einen Höhlenkorb vorziehen. Sie haben gerne ein Dach über dem Kopf und rundum Deckung. Die Variante dazu ist ein Zimmerhaus mit Höhle und darüberliegendem zusätzlichem Schlafplatz: Kleine Hunde liegen gerne erhöht, und ein eigener *Balkon* macht die Couch oder den Sessel nicht so begehrenswert. Wem übrigens das Körbchen für die Nacht zu sehr knarrt (weil es im Schlafzimmer steht): Es gibt lautlose Hundekissen mit erhöhtem Rand. Auch aufblasbare Hundekörbe sind geräuschlos und gut für den mitreisenden Hund.

Eine Anmerkung zum Sessel: Unsere Hunde haben immer einen *Stammsessel,* auf dem sie liegen dürfen. Der Stammsessel verhindert, daß sie je nach Laune auf alle Sessel gehen. Wichtig ist der erhöhte Platz und die Möglichkeit, dort zusammengerollt mit Schutz nach drei Seiten zu schlafen. Im übrigen ist Leder abwaschbar, und Stoff kann man durch Neubeziehen irgendwann wieder ersetzen.

Da ein Hund in seinem Korb meist zusammengerollt liegt, wird der Korb meist zu klein gekauft. Ein Hund möchte sich auf seinem Lager auch strecken können. Es gibt Körbe bis zu einem Meter Breite und Hundekissen mit Rand von 60 mal 50 cm bis 115 mal 128. Da hat selbst eine Deutsche Dogge Platz.

Zur Grundausstattung gehören Schüsseln; eine fürs Wasser, die andere für die Mahlzeiten. Bei der *Hundebar* sind an einem Gestell ein oder zwei Näpfe befestigt, deren Höhe man beliebig (bis zu 60 cm) regulieren kann. Der Napf *wächst* mit dem Hund mit, ein großer Hund braucht sich nicht soweit herunterzubeugen. Für Hunde mit langen Ohren gibt es Spezialnäpfe, damit bei der Mahlzeit die Ohren nicht ins Essen hängen. Suchen Sie sich lieber etwas teurere, dafür aber schwere Näpfe aus, damit der Hund nicht mit ihnen herumspielen kann.

Ein Halsband und eine Leine sind ebenfalls unerläßlich. Im Laufe des Hundelebens werden bestimmt mehrere daraus. Zunächst wächst der Hund und mit ihm seine Halsgröße. Deshalb sollten die Jugendhalsbänder nicht allzu kostbar sein.

Das Problem: Schnallt man ein mit Löchern versehenes Halsband zu weit, kann der Hund beim Rückwärtsgehen mit dem Kopf herausschlüpfen, was bei einem noch oder gar nicht erzogenen Hund unangenehm bis gefährlich ist. Schnallt man es zu eng, würgt man den Hund. Bei Rassen mit dicken Köpfen gibt es dieses Problem nicht, daher können Bullys, Bulldoggen und Molosser schöne breite Halsbänder mit Nietenbeschlag und Dachshaarkrause tragen.

Deshalb erfand man das Würgehalsband. Das Lederband oder die Kette läuft durch einen Ring und läßt sich zuziehen: ein Halsbandtyp, den ich für tierquälerisch halte – bis zum Geht-nicht-mehr. Man kann einen Hund so erwürgen, oder der Hund macht es, wenn er sich irgendwo damit verfängt. Die guten Würgehalsbänder haben einen Stopper. Ein eingearbeiteter Ring (siehe Abbildung) sorgt dafür, daß sich das Halsband nur bis zu einer bestimmten Enge zuziehen kann: Der Hund wird nicht gewürgt, kann aber auch mit dem Kopf nicht aus dem Halsband schlüpfen. Der Vorteil dieses Halsbandtyps: Es liegt immer locker um den Hals, es sei denn, Hund oder Herr ziehen an der Leine, und man kann es dem Hund einfach über den Kopf streifen. Dasselbe gilt für die Halskette, die abgenommen in der Hosen- oder Jackentasche Platz hat (Fachausdruck *Kettenwürger mit beschränktem Zug*). Die fürchterlich aussehenden *Stachelwürger,* bei denen man die Krallen nach innen zum Hundehals drehen kann, sind nicht so schlimm, wie sie aussehen. Bei sehr ungebärdigen kräftigen Hunden sind sie oft eine Übergangshilfe, ihnen das Ziehen und Zerren an der Leine abzugewöhnen.

Die Halsbandwahl hängt von der Rasse, vom Geschmack und vom Geldbeutel ab. Ich liebe rundgenähtes Leder, das zu Hause dem Hund abgenommen wird, damit er beim Schlafen nicht einen abstehenden *Kragen* tragen muß. Kettchen sind leichter und (vielleicht) dem Hund angenehmer, allerdings schwärzen sie weißes Fell. Breite Lederhalsbänder schützen bei Raufereien vor gegnerischen Halsbissen und sehen außerdem imponierend aus. Die gleiche Frage stellt sich bei den Leinen. Auch hier liebe ich Leder, auf zwei Längen verstellbar, die eigentlich als *Jagdleinen* oder *Schweißhalsung* verkauft werden. Seit einiger Zeit benutzen wir im Freien (nicht in der Stadt) die *Abroll-Leine* (siehe Abbildung), die einem Hund einen Laufradius von etwa fünf Metern gestattet, sich selbst aufrollt und mit Hilfe einer Bremstaste den Hund kurz bei Fuß führen läßt. Fast ideal, man hat allerdings einen buchgroßen Kunststoffkasten mit Griff in der Hand. Und wenn der einem aus der Hand fällt und sich scheppernd durch den Einrollzug auf den Hund zubewegt, wird er scheu, auch wenn er noch so nervenfest ist.

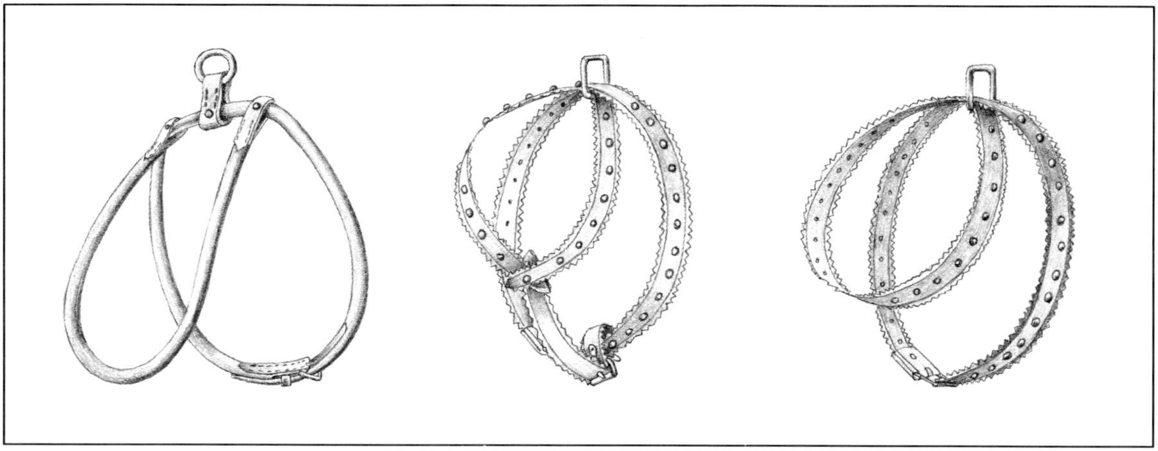

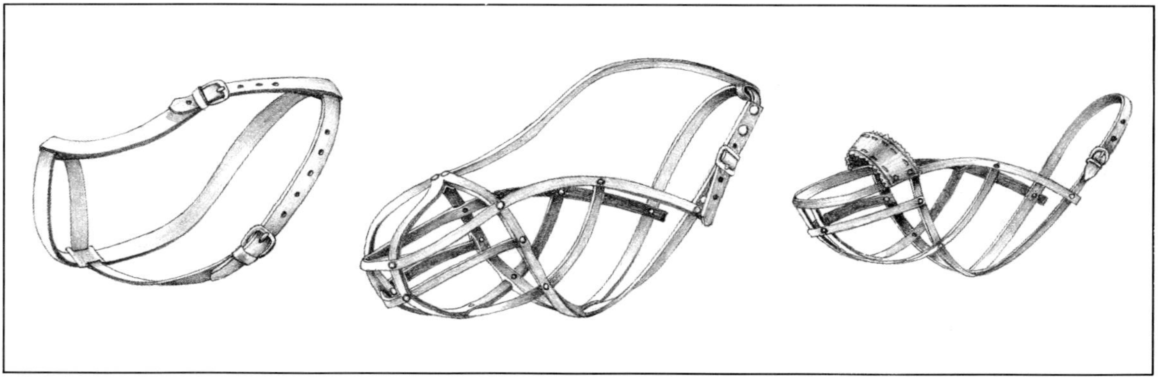

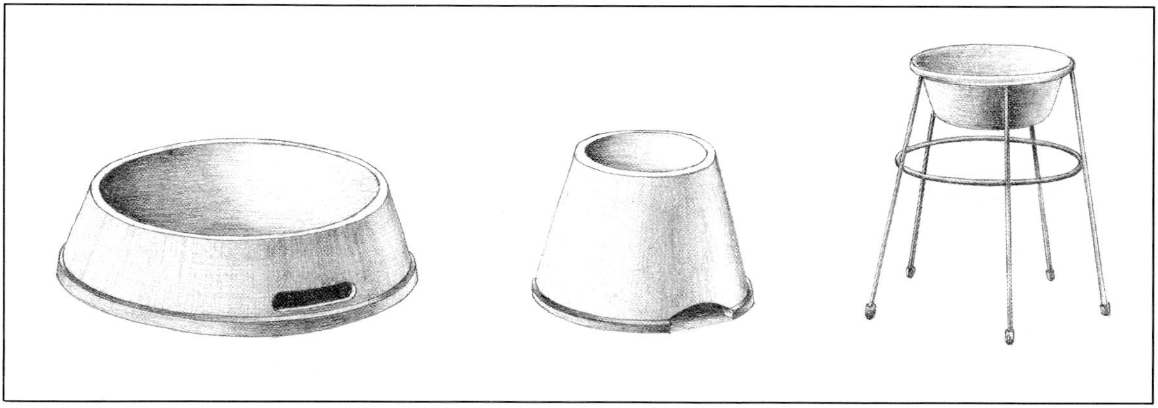

Rundgenähtes Brustgeschirr für einen Chow Chow (oben links), daneben Geschirre mit und ohne Brustriemen für andere Rassen (verschiedene Größen) Nicht für zugstarke Hunde

Einfache, leichte Maulschlaufe aus Leder (Mitte links), daneben kräftiger, beißsicherer Maulkorb mit Stirnriemen und Spezialmaulkorb für Pudel, der die Frisur schont

Robuster Futternapf aus emailliertem Eisen bis 2 Liter Inhalt; hochgezogener Napf für langohrige Rassen; bequemes Napfgestell für hochbeinige oder große Rassen

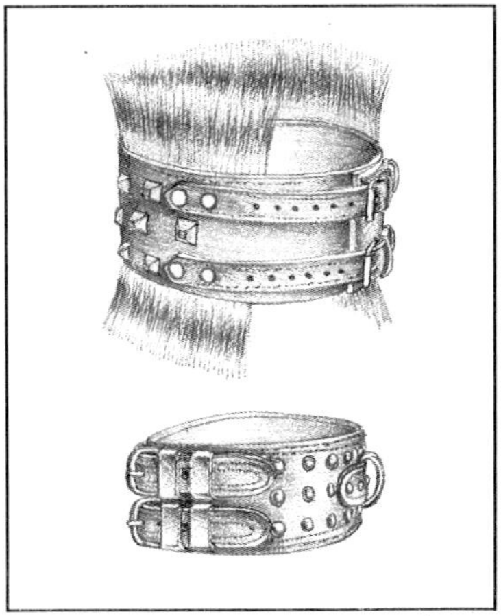

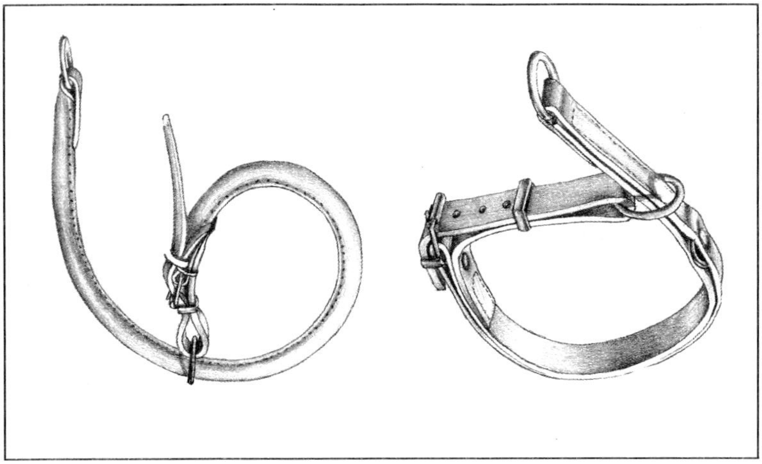

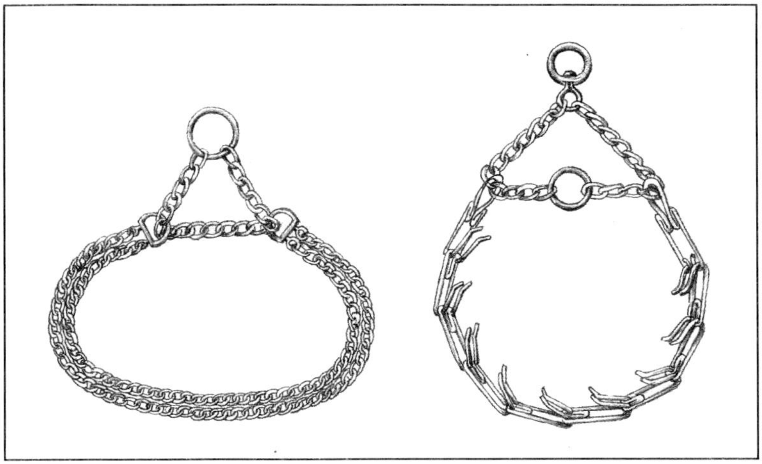

Halsbänder für Bullys und Molosser (links); Lederwürger ohne und mit Stoppring (Mitte); Kettenwürger mit beschränktem Zug (unten links) und Stachelwürger, die Stacheln können nach innen und außen getragen werden

Das Wichtigste an der Leine ist der Karabinerhaken, mit dem man sie an dem Halsband befestigt. Der altmodische Karabiner ist sicher, braucht aber einen starken Daumen beim Ein- und Aushaken. Der Scherenkarabiner, auch Zangenkarabiner genannt, öffnet sich leicht, aber manchmal auch ungewollt. Der Hakenkarabiner oder Bolzenhaken ist leicht, wenn auch nicht blitzschnell zu öffnen oder einzuhängen, und sicher, da der Halsbandring sich nicht von selbst aus dem Haken heben kann (siehe Abbildungen).

Für die Pflege braucht man Striegel und Bürste. Das Angebot ist groß und zum Teil rassenspezifisch. Genaueres darüber im nächsten Hauptkapitel.

Das beste Kauspielzeug sind Kauknochen aus Büffelleder. Hier muß man die Größe ausprobieren. Zu klein oder zu groß ist nicht gut, der Hund verschluckt sie oder vergräbt sie irgendwo. Um einen Riesenbüffelkauknochen gab es zwischen unseren Rüden einmal eine ernsthafte Beißerei. Spielzeug anderer Art sollte so sein, daß keine Stücke abgebissen werden können. Sie werden verschluckt, wenn man sie wegnehmen will, und können sich im Hund als Fremdkörper festsetzen, und ein Tierarztbesuch und eine eventuelle Operation ist nötig.

Bekleidung braucht ein Welpe genausowenig wie ein erwachsener Hund. Er trägt immer seinen wetterfesten Fettanzug, sein Fell, mit sich herum, das ihn bestens gegen jede Witterung schützt. Nackthunde oder frisch geschorene Hunde darf man bei schlechtem Wetter schon mit einem Mäntelchen schützen. Denken Sie aber daran, daß verzärtelte Hunde anfällige Hunde sind.

Lebt der Hund im Freien, hat der Gesetzgeber strenge Verordnungen und Auflagen erteilt (siehe Seite 33/34).

Eine Rechnung, die Sie vor einem Hundekauf aufstellen sollten

Ob sie einen Hund geschenkt bekommen oder 2500 Mark für einen Mastinowelpen zahlen, der Einstandspreis ist die geringste Ausgabe. Die laufenden Kosten sind es, an die man denken muß. Ein Hund muß jeden Tag gefüttert werden. Nicht mit den Resten unserer Tafel, sondern mit einem speziell für ihn zubereiteten Essen. Ob Sie das selbst machen oder als Fertignahrung kaufen,

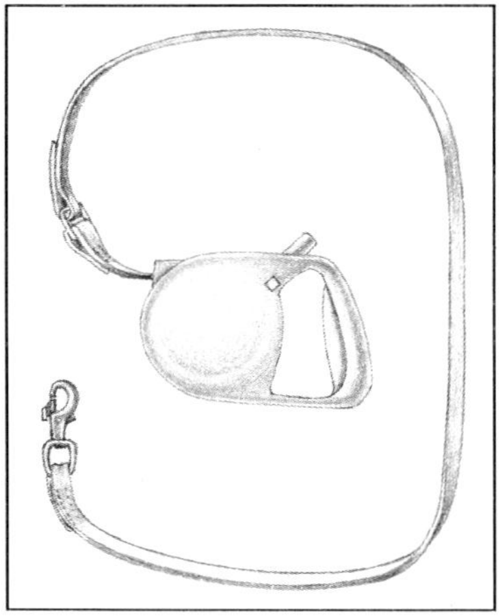

Automatisch aufrollbare Hundeleine, kann in jeder Länge gestoppt werden

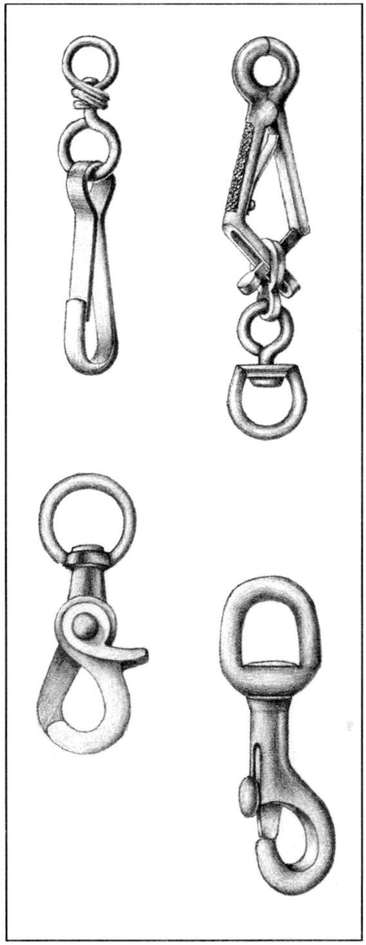

Karabinerhaken (links oben); Scherenkarabiner; 2 Formen des Hakenkarabiners, von denen die rechts unten noch mit einer zusätzlichen Sicherung versehen ist

es läppert sich zusammen. Der Tagessatz liegt, nach Größe und Rasse, etwa zwischen 5 bis 14 Mark (Durchschnittswerte). Das sind im Jahr zwischen 1825 und 5475 Mark.
Die Steuer wird einmal im Jahr entrichtet. Sie liegt im Durchschnitt bei 100 Mark, kann aber auch 200 Mark kosten.
Für die private Haftpflichtversicherung mit zusätzlichem Tierhalterrisiko oder für die spezielle Tierhaftpflichtversicherung setzen wir 140 Mark an.
Arztkosten, Impfungen und Ähnliches ist mit 250 Mark nicht zu hoch kalkuliert.
Eventuelle Ausgaben wie neues Halsband, Kauknochen, neuer Kissenbezug oder verkratzte Zimmertür – sagen wir 150 Mark. Die Grundausstattung kostet um die 150 Mark, wobei nach oben keine Grenzen gesetzt sind.
Das macht, rechnet man das Hundeleben mit zehn Jahren, die recht stolze Summe von 18000 bis 55000 Mark aus, wobei ich den Hundekaufpreis nicht mitgerechnet habe und auch nicht das Geld, das Hunde kosten, die mehrmals im Jahr zum Friseur müssen. Treten Sie in einen Hundeclub ein, zahlen Sie jährliche Beiträge um die 50 Mark, und wollen Sie auf Ausstellungen, dann sind die Kosten nicht mehr genau kalkulierbar.
Haben Sie sich das einmal vor der Anschaffung eines Hundes überlegt? Ich habe das Geld gerne ausgegeben und viel Gegenwert von meinen Hunden dafür bekommen.

Die Sache mit dem Mietrecht

Nach neuesten Schätzungen leben in den alten Bundesländern 3,8 Mio. Hunde, in den neuen 1,2 Mio.; 43% der Hundehalter leben in Mietwohnungen. Glücklich, wer ein Haus besitzt; er kann sich ein Tier nach Gusto anschaffen. Bei Miet- und Eigentumswohnungen verhält sich das anders. Beim Mieten von Wohnung oder Haus zählt, was im Mietvertrag steht. Wenn ausdrücklich Haustierhaltung erlaubt oder verboten ist, ist die Lage eindeutig. Wenn nichts im Mietvertrag steht, darf dies als Erlaubnis genommen werden. Dennoch sollte man mit dem Vermieter sprechen und eine schriftliche Vereinbarung treffen; im Streitfall haben mündliche Absprachen keinen Bestand. Sind in einem Mietshaus bereits Hunde vorhanden, kann einem neuen Mieter die Haltung nicht untersagt werden. Bei Eigentumswohnungen regelt die Eigentümergemeinschaft die Frage der Haustierhaltung.
Selbstverständlich muß man dafür sorgen, daß sich die anderen Hausbewohner nicht mehr als unvermeidbar gestört fühlen können. Wenn Sie sich benachteiligt fühlen oder irgendwelchen Ärger haben, wenden Sie sich an den örtlichen Mieterbund, dessen Adresse Sie dem Telefonbuch entnehmen oder an den Deutschen Mieterverband, Aachener Straße 313, 50931 Köln, erfahren können.
Nehmen Sie Rücksicht auf Ihre Nachbarn, sei es in der Miet- oder Eigentumswohnung, sei es im Reihen- oder freistehenden Haus.
Rücksicht nimmt man mit einem wohlerzogenen Hund.
Und mit dem richtigen Hund.

Wir haben einen Hund gekauft

Hunde wollen Sicherheit. Sie wollen wissen, wo sie hingehören, und sie wollen bei allem dabeisein. Damit haben sie, ohne daß ich sie vermenschlichen will, Ähnlichkeit mit Kindern. Sie werden noch lesen, daß eine gute Hundeerziehung einer guten Kindererziehung ähnelt.

Der neue Hund soll möglichst ohne großen Aufwand in unsere Familie, sein Rudel, integriert werden. Das heißt, daß zu seiner Begrüßung nicht der ganze Familien-Clan mitsamt den Nachbarn versammelt ist und daß diese Begrüßung weder laut noch dramatisch erfolgt. Den Welpen erschreckt es unnötig, und einen erwachsenen Hund verwirrt es. Ein paar Worte zum erwachsenen Hund: Er kommt am besten mit seinem bisherigen Besitzer (wenn das möglich ist), der seine Decke, seine Leine und vielleicht noch etwas Spielzeug mitbringt. Wir lassen uns genau alle Worte sagen, die der Hund kennt, Lob wie Tadel, die Aufforderung, seinen *Abendbach* zu machen. Außerdem erzählt oder – besser noch – schreibt er uns seine Eßvorlieben auf, seine Schlaf- und Spaziergangewohnheiten. Kurz alles, was dem Hund das Einfügen ins neue Leben so leicht wie möglich macht. Der Hund wird uns schon bald zu erkennen geben, was verschwiegen oder geschönt dargestellt wurde.

Dann verschwindet der bisherige Herr, ohne seinen Abschiedsschmerz kundzutun, und wir passen die nächsten Tage auf, daß der neue Hund nicht allein vor die Tür kann. Wir versuchen, sein bisheriges Leben fortzuführen, und stellen es erst allmählich auf unsere Verhältnisse um. Daß so etwas mit einiger Geduld und gutem Willen geht, habe ich zweimal durchexerziert.

In diesem Kapitel will ich Ihnen vor allem schildern, wie Sie einen Welpen eingewöhnen, manches gilt allerdings auch für einen neuen erwachsenen Hund.

Was Sie als Hundeeltern unbedingt wissen müssen

Im Rudel erzieht der Vater die Welpen. Haushunde haben in diesem Sinne keinen Vater. *Wir* müssen die Vaterrolle übernehmen, *wir* müssen uns mit dem kleinen Hund beschäftigen, mit ihm spielen und ihn dabei erziehen. *Wir* müssen ihm durch Autorität – ein Begriff, der in der Natur noch immer gilt – seinen Platz im Leben, in seiner künftigen Familie zeigen. Wobei die ersten Erfahrungen, die ein Hund mit den Menschen macht, für sein künftiges Leben bestimmend sind.

Wichtig sind aber auch möglichst frühe, freundliche Kontakte mit anderen Hunden, damit er weder ängstlich noch ein Raufer wird. Das kann leicht bei einem ganz auf Menschen fixierten Hund geschehen. In Begegnungen mit anderen Hunden sollten wir nicht übertrieben vorsichtig sein, das überträgt sich auf unseren und den fremden Hund. Welpen genießen fast hundertprozentig den Schutz, den die Natur dem Nachwuchs gibt.

Denken wir im Umgang mit dem neuen Hund auch daran, daß für einen Welpen ein Tag ist wie für uns eine Woche oder ein Monat. Er lebt viel schneller als wir und erlebt in kurzen Zeiträumen entsprechend mehr. Er kann ohne weiteres vergessen haben, was vor einer halben Stunde war. So wie wir etwas von vorvorgestern vergessen. Wir müssen deshalb Nachsicht üben und viel, viel Geduld haben.

Die Erkundung des neuen Lebensraums

Gleich nach der Ankunft im neuen Heim müssen wir dem neuen Hund Gelegenheit geben, alles genau zu erkunden. Jeder Hund ist neugierig, er interessiert sich für die Gerüche, für die Dinge. Je jünger der Hund, desto neugieriger ist er. Dabei untersucht er auch die

Der kleine John aus Sussex schließt Freundschaft mit den Foxhounds einer Meute

Beschaffenheit der Dinge, von Teppichen bis zu Stuhlbeinen, und nimmt dabei seine Milchzähne zu Hilfe, die Erstaunliches an Zerstörungskraft leisten können. Das heißt, wenn man einen Welpen im Haus hat, geht einiges von der Einrichtung und der Garderobe kaputt. Daß das Zerfleddern von Turnschuhen und das Zerreißen von Socken nicht zum Dauerzustand wird, verhindert man durch Tadel und dadurch, daß man ihm diese Dinge nicht als Spielzeug gibt. Wie soll ein Hund wissen, daß alte Socken Beute, neue dagegen tabu sind?

Hat man einen Garten, darf er dort sofort umherlaufen und schnüffeln. Er wird sich sicher auch bald lösen. Hier findet er dann seine Duftmarken immer wieder, was ihn jedes Mal zum Lösen reizt. Das hilft ungemein, ihn stubenrein zu machen. Sind Sie sehr stolz auf Ihre Rabatten und Zierbeete, dann legen Sie sich einen Blumengarten im Garten oder einen weitläufigen, abgeteilten Hundeplatz an. Nicht jeder Hund ist ein Graber, aber eine Maus kann ihn schon dazu verlocken.

Gegen Hundeurin sind vor allem Haselnuß, Vogelbeere, Holunder, Birke und Weißdorn resistent, Nadelhölzer mögen ihn dagegen gar nicht. Da ein Hund sein Revier gerne sauberhält, weisen Sie ihm von Anfang an einen Kotplatz zu, den Sie leicht säubern können. So ein *Kinderklo* ist für das ganze Hundeleben eine praktische Angelegenheit. Wer in der Stadt wohnt, sucht sich eines möglichst in der Nähe. Da Hunde Gewohnheitstiere sind, wird er sich am liebsten dort lösen.

Hat der Neuling sich müde geschnüffelt, bekommt er seinen Platz zugewiesen, auf dem er sich immer niederlegt und auf den er später mit der Aufforderung *Platz!* geschickt werden kann.

Der feste Platz in der Wohnung

Hunde sind soziale Wesen, sie fühlen sich in der Gemeinschaft ihrer Familie wohl. Einsamkeit und Isolation sind für sie die schlimmsten Erfahrungen. So gehört sein fester Platz dorthin, von wo er alles, was in der Wohnung vorgeht, beobachten kann. Sein Korb, seine Höhle, sein Sessel, seine Decke oder Matratze sind sein *seelischer Lebensraum.*

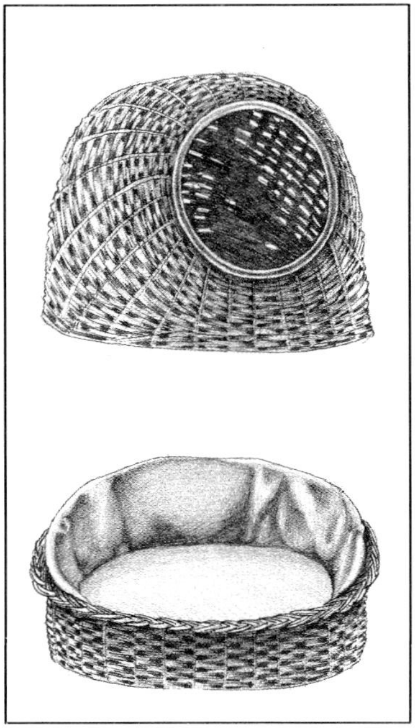

Kleine Hunde lieben die Hundehöhle, große schlafen in der Hundeliege

Der Tagesplatz sollte dort sein, wo sich die Familienmitglieder am meisten aufhalten. Er sollte vor Zug geschützt sein und sich in einem ruhigen Bereich befinden, nicht dort, wo man ständig vorbeigeht. Hunde lieben Ruhe und schlafen viel. Und sie brauchen viel Schlaf für ihr Wohlbefinden.

Kleine Hunde mögen ein Dach über dem Kopf. Das kann ein Tisch sein, eine selbstgebastelte Zimmerhundehütte oder eine Korbhöhle. Bei ihrer Anschaffung rechnen Sie gleich mit einer zweiten. Häufig wird der erste Korb zerbissen.

Hunde lieben es auch, erhöht zu liegen, so daß sie in Nicht-Schlaf-Phasen alles unter Kontrolle haben. Wenn Sie Ihrem Hund einen Sessel zuweisen, können Sie verhindern, daß er auf alle Sessel geht. Was ich allerdings nicht so tragisch finde. Nur müssen regelmäßig die Sessel von Hundehaaren gesäubert werden, damit wir auch von Leuten in dunkler Kleidung besucht werden können (Bassets haaren meist weiß).

Aber nicht nur die Hundesessel müssen regelmäßig gesäubert werden, das gleiche gilt für Körbe, Matten und Dekken. Regelmäßig auslüften, Matratzen- und Kissenbezüge waschen, eventuell dem Waschwasser ein mildes Desinfektionsmittel zusetzen. Hygiene im Umgang mit dem Hund ist wichtig, wie Sie noch lesen werden. Auf keinen Fall darf es in einer Wohnung intensiv nach Hund riechen.

Falls dem Hund der zugewiesene Platz nicht behagt – vielleicht ist eine Wasserader darunter? –, darf man mit ihm umziehen. Hat er aber einen Platz angenommen, dann sollte man Veränderungen vermeiden. Hunde mögen es nicht, wenn man ihre Möbel umstellt.

Neben dem Tagesplatz haben die meisten Hunde einen Platz für die Nacht. Er kann, wenn der Hund auch Wachfunktionen ausüben soll, in der Diele sein. In einem Mietshaus kann das zu ernsten Schwierigkeiten führen, wenn der Hund jeden heimkehrenden Hausbewohner, das Klingeln in anderen Wohnungen, das Geräusch des Liftes mit Bellen vermeldet. In anderen Hundebüchern wird der Hund für die Nacht gerne in der Küche untergebracht oder an einem Platz, der weit von unserem Schlafzimmer entfernt ist. Das ist, um einen Hund stubenrein zu machen, nicht günstig. Dieses Verbannen aus dem Schlafbereich entspringt einer Befangenheit, die den Hund im Schlafzimmer als peinlich empfindet. Dabei beobachtet uns ein Hund nicht als Voyeur, er ist nur glücklich und zufrieden, wenn er in unserer unmittelbaren Nähe schlafen darf.

Stellen wir die Bettenfrage

Drei Zitate: »Hund im Schlafzimmer ist nicht nach jedermanns Geschmack – aber an sich folgerichtig. Wildhundeeltern schlafen auch nicht woanders als ihre Welpen. Natürlich besteht dagegen keinerlei Notwendigkeit, den Hund mit in das Bett zu nehmen. Man kann das als Unsitte bezeichnen – wenn man will. Man muß das aber nicht so auffassen; da kann man tolerant sein ...« (Eberhard Trumler). »Es tut einer festen Bindung zwischen Hund und Herr keinen Abbruch, wenn man ihn nicht mit ins Bett nimmt« (Professor Wilhelm Wegner). »Hunde im Bett sind eine große Schweinerei, und ich habe den Eindruck, daß die Hunde das auch empfinden« (Professor Wolf Herre). Diesen Eindruck habe ich bei allen meinen Hunden nie gehabt, die versuchten, wann immer es möglich war, im Bett zu schlafen, und in Stunden der Wahrheit haben mir viele, viele Hundebesitzer gestanden, daß auch bei ihnen die Betten nicht tabu sind.

Doch um das Bett als Schlafplatz geht es gar nicht, das muß jeder Hundeherr mit seinem Hund selbst ausmachen. Es geht um das Schlafzimmer. Die Nacht ist oft die längste Zeit, in der Hund und Herr zusammen sind. Das gilt vor allem für die Hundeherren, die außer Haus berufstätig sind und ihren Hund für viele Stunden allein lassen. Das nächtliche Zusammensein ist für den Hund wichtig, wobei das Schlafzimmer mit seinen Kleiderschränken dem Hund alle Gerüche seines Herrn vermittelt. Im übrigen genügt ihm die Nähe, das Da-Sein.

Wer sich dazu nicht überwinden kann, der richte den Schlafplatz vor seiner Schlafzimmertür ein. Es soll sogar so wohlerzogene Hunde geben, die bei offener Schlafzimmertür vor der Tür schlafen. Wenn man die Nerven hat, läßt man den jammernden oder heulenden Welpen irgendwoanders in der Wohnung schlafen. Man wischt jeden Morgen das auf, was er nachts gemacht hat, und nimmt gegebenenfalls die Beschwerden der Nachbarn über den nächtlichen Lärm in Kauf. Dann wird auch der erwachsene Hund nicht im Schlafzimmer schlafen. Es sei denn, er wird krank, und man muß die Nacht über auf ihn aufpassen. Dann bleibt er im Schlafzimmer. Die ideale Lösung: eine Matratze (Korb knarrt, wenn der Hund sich umdreht) oder einen Sessel ins Schlafzimmer stellen und den Hund an diesen Platz gewöhnen. Das Bett sollte, zumindest in der Nacht, für ihn tabu sein. Meine ich.

Die erste Mahlzeit und die Eßecke für den Hund

Kehren wir noch einmal zum Zeitpunkt der Ankunft zurück. Der Neuling hat alles beschnüffelt, seinen Platz gezeigt bekommen und wird nun zu Futternapf und Wasserschüssel geführt. Sehr wahrscheinlich wird er jetzt fressen. Wir geben ihm das, was er zuletzt beim Züchter bekommen hat, und möglichst zu der Zeit, die er von seinem bisherigen Zuhause kennt. Seine innere Uhr hat sich darauf eingestellt.

Der Futternapf sollte in der Küche stehen, und dort, nur dort, sollte der Hund gefüttert werden. Daß man ihn bei Tisch nicht füttert, muß selbstverständlich sein. Wenn man von Anfang an streng darauf achtet, erspart man sich spätere ständige Bettelei und Belästigung beim Essen. Ein Hund, der einmal etwas bei Tisch bekam, wird weiter betteln oder sich, zur rechten Größe herangewachsen, auch selbst bedienen. Das ist lästig und bei Besuch peinlich. Geben Sie eventuelle Häppchen möglichst in den Futternapf.

Ein Hund mag seine Mahlzeiten zur gleichen Zeit und am gleichen Platz. Der Platz sollte geschützt liegen (der Ausdruck Eßecke stimmt genau), so daß der Hund in Ruhe und unbeobachtet fressen kann. Steht der Napf ungeschützt, holt sich der Hund Bissen für Bissen heraus und begibt sich damit an eine geschütztere Stelle. Auch Urvater Wolf ließ sich von anderen ungern aufs Maul schauen. Ein falsch plazierter Napf kann aber auch zu Neurosen führen, die sich so äußern:

- Der Hund knurrt während des Fressens böse.
- Der Hund schnappt während des Fressens nach jedem, der sich ihm nähert.
- Der Hund läßt, wenn er frißt, niemanden in die Küche.

Denken Sie bitte daran, daß ein Hund beim Essen genausowenig gestört werden möchte wie wir. Futternapf und immer gefüllte Trinkschüssel sollten auf pflegeleichtem Boden stehen. Beim Trinken wird gespritzt und geschlabbert, und manche Hunde lieben es, möglichst viele Flocken von den Fleischstücken abzuschütteln.

Unser Welpe bekommt vier Stunden vor dem Schlafengehen seine letzte Mahlzeit mit Getränk. Dann kann er sich vor der Nachtruhe noch lösen und müßte dann, wenn er zwölf Wochen alt ist, eigentlich acht Stunden durchhalten können.

Als erstes kommt die Stubenreinheit

Unser Hauptproblem mit dem kleinen Ankömmling ist, daß er noch nicht stubenrein ist. Wir müssen ihn genau beobachten und nach dem Erwachen oder nach reichlicher Mahlzeit ins Freie bringen, damit er sich mehrfach entleeren kann. Ein Stammplatz bewährt sich am besten. Dieses Kinderklo können wir auch für den erwachsenen Hund beibehalten, wenn er sich beim abendlichen Gassigehen schnell entleeren soll.

Das geht übrigens auch in der Stadt, wenn man noch keine Leine benutzt. Der Kleine ist nicht so schnell.

Wichtig ist in dieser Zeit, daß man den Hund genau beobachtet. Sind wir konsequent, bringen wir ihn bei jedem Anzeichen (Hin-und-her-Laufen, Schnüffeln, später Hinlaufen zur Tür) gleich hinaus, dann ist er in drei Wochen stubenrein. Das heißt, daß er kundtut, wenn er muß.

Wenn der Weg ins Freie durch mehrere Zimmer oder über Treppen führt, tragen wir ihn zunächst. Später lernt er, den Weg zu laufen. Dabei loben wir ihn.

In der Nacht können Sie das biologische Gesetz, wonach *man nicht sein eigenes Nest beschmutzt*, sich zunutze machen, indem sie ihn daran hindern, sein Lager selbständig zu verlassen. Lassen Sie ihn in einer Art Karton mit Wänden schlafen. Wird er unruhig, was Sie allerdings nur merken, wenn er im Schlafzimmer schläft, bringen Sie ihn hinaus. Achten Sie aber durch richtige Fütterung und spätes Entleeren darauf, daß er nachts nicht unruhig werden muß. Vermeiden Sie, daß der erwachende Hund Sie als seinen Nachtportier betrachtet.

Passiert das Unglück, so kreischen Sie nicht, wenn Sie es beobachten. Denn dann erschrecken Sie den Welpen bei einer Tätigkeit, die Sie ja unter Kontrolle bringen wollen. Lassen Sie ihn fertig machen. Dann schimpfen Sie ihn mit *Pfui! Pfui! Pfui!* aus, schütteln ihn kurz am Nackenfell und deuten dabei auf das Malheur. Es ist verboten,

- den Hund mit der Nase hineinzustoßen,
- ihn mit Schlägen zu bestrafen,
- ihn an seinen Lösungsplatz zu bringen und auszuschimpfen. Merken Sie sich bitte: Am Lösungsplatz wird nur gelobt, geschimpft wird nur, wenn Sie den Kleinen auf frischer Tat ertappen. Sonst wischen Sie es schweigend weg, möglichst ohne den Hund darauf aufmerksam zu machen. Entduften Sie die Stelle mit Essigwasser (1 : 4) und/oder mit Sagrotan.

Das Lösenlassen auf Zeitungspapier, in eine mit Torf gefüllte Katzenkiste oder ähnliches befürworte ich nicht. Es sei denn, Sie wohnen im sechsten Stock ohne Lift oder sind gebrechlich. Auf diese Weise machen Sie Ihren Hund nie richtig stubenrein. Er wird weiter sein Kinderklo in der Wohnung benutzen und die Straßen möglichst sauberhalten.

Die Zeitung als Welpenklo ist immer nur eine Lösung für Notfälle

Mit Händen, Blicken und Worten sprechen

Da Sie jetzt Vater und Mutter des Welpen sind, aber weder fiepen noch knurren noch bellen können, müssen Sie sich auf andere Weise mit ihm verständigen. Eine wichtige Rolle spielt dabei Ihre Hand. Ich meine nicht das Streicheln, das eigentlich mehr etwas für Katzen ist, sondern das Kraulen oder das Handauflegen an bestimmten Körperstellen. Ein Hund ist Körperkontakt aus seinem Wurflager gewöhnt, er schmiegt sich gerne an einen Rudelgenossen. Immer wenn wir gleichzeitig zwei Hunde hatten, lagen sie beieinander, einer hatte meist seinen Kopf auf den Rücken des anderen gelegt. Die Stelle oberhalb der Schwanzwurzel ist so eine Kraul- und Beruhigungsstelle. Man braucht dort nur die Hand hinlegen. Rüden kann man beruhigen, wenn man ihnen die flache Hand unter den Bauch vor dem Penis legt, bei Hündinnen ist die richtige Stelle im Bauchnabelbereich. Wenn sich Hunde begrüßen, stoßen sie dort mit der Schnauze hin. Es ist eine ähnliche Freundschafts- und Beruhigungsgeste wie bei uns das Hand-auf-die-Schulter-Legen. Der Hals hinter dem Kinn und die Ohrmuschelregion sind ebenfalls gute Körperkontaktstellen. Haben Sie viel Körperkontakt mit dem jungen Hund, gewöhnt er sich sehr schnell an Sie.

Ebenfalls frühzeitig sollte man den Blickkontakt üben. Wölfe verständigen sich im Rudel durch Blicke, der Rudelchef gibt so seine lautlosen Befehle. Das gegenseitige Anschauen vertieft den Kontakt zwischen Herr und Hund. Anschauen ist später bei der Erziehung wichtig. Wir suchen den Blick des Hundes und schauen ihn lächelnd an. Das ist auch für uns selbst eine gute Sache. Den Blickkontakt beenden wir nach kurzer Zeit mit einem freundlichen Wort oder mit einem Kraulen. Das Schauen darf kein Starren sein, denn Starren ist unter Hunden eine Drohgeste.

Wir sollten auch das freundliche und beruhigende Sprechen mit dem jungen Hund üben. Das fängt mit dem Namen an. Zwingernamen wie *Apollo, Gauner* oder *Don Quichotte* sind kaum für den täglichen Gebrauch geeignet. Da kaum ein Welpe schon auf einen Namen hört, kann man ihm einen neuen geben. Denken Sie bitte daran, daß Sie ein Hundeleben lang mit diesem Namen leben müssen oder daß aus einem Bernhardinerbaby einmal ein Riese wird, zu dem *Bimbi* oder *Purzel* kaum paßt. Für den Hund angenehm sind Namen mit *a*- und *o*-Lauten wie die klassischen *Arco, Bosco* oder *Astor*. Ein Hundenamen sollte für den Hund gut zu verstehen sein, aber nicht hart klingen. Für Hunde ist der Wortklang wichtig und nicht der Wortinhalt. Außerdem sollten sich Namen nicht wie Befehle anhören, da sie klanglich verwechselt werden können: *Blitz = Sitz, Ratz = Platz*.

Wenn wir mit unserem Hund sprechen, flechten wir den Namen immer wieder ein. Das schafft Aufmerksamkeit und führt zum Wortverständnis. Wobei ich noch einmal betonen möchte, daß die Wortbedeutung nur vom Tonfall her begriffen wird. So kann denn das Gespräch mit unserem Hund ein fröhliches, zärtliches Wortgeklingel sein, das sich wiederholende Vokabeln wie *lieb, gut, brav, schön* enthält, denn der Welpe ist fähig, einen großen Wortschatz zu lernen.

Haben Sie keine Hemmungen vor sich selber, Ihren Hund mit folgendem Singsang zu animieren: *Duu-bist-braav-jaa-so-liieeb-duu-guute-dicke-feeiine-Stasi-Hundi* ... Eberhard Trumler lobt seinen Schäferhund Thomas immer mit *Du alter Trottel*, und der freut sich riesig.

Wichtig: Wenn Sie gut loben können und mit Worten Ihren Hund seligmachen, wird die Erziehung viel leichter gehen.

Das Spiel als Vorstufe zur Erziehung

Sobald der Neue bei uns ist und sich orientiert, seinen Platz, seinen Namen und die ersten *Streicheleinheiten* bekommen hat, beginnen wir mit dem Spiel. Es hat ein ganzes Hundeleben lang eine familien- oder rudelbindende Funktion. Der Junghund bekommt über das Spiel Freude am Lernen, er wird in eine Gemeinschaft einbezogen und (lassen Sie es mich vermenschlicht sagen) begreift, daß es schön ist, mit Partnern zu spielen. Denn bisher hat er nur ichbezogen gespielt und alles um sich herum als Spielzeug betrachtet.

Das haben Forscher herausgefunden und darüber hinaus, daß Welpen genausoviel Zuwendung brauchen wie Babys, wenn aus ihnen seelisch gesunde Hunde werden sollen. Wir müssen uns viel mit ihnen beschäftigen und immer wieder spielen. Tiere spielen aber nur, wenn sie sonst nichts zu tun haben und wenn sie sich wohl fühlen. Das heißt, zur Spielstunde dürfen sie weder Hunger haben noch müde sein noch sich ängstigen. Der satte, wohl ausgeschlafene, sich entleert habende Welpe ist für uns der beste Spielpartner.

Zum Spiel setzt man sich auf den Boden, um mit ihm auf gleicher Ebene zu sein. Sein Spielzeug, ein Büffelhautknochen, ein Tennisball, ein Stück festes Tuch zum Zerren, sollte Ihren Geruch tragen. Reiben Sie es zwischen der Hand, geben Sie es unter Ihre Achsel. Denken Sie daran, daß kleine Hunde wie kleine Kinder keine Gefahr kennen, und vermeiden Sie Spielzeug aus Plastik, Gummi oder ähnlichem, das zerbissen und verschluckt werden kann. Lassen Sie ihn auch mit nichts spielen, was eigentlich *pfui* ist. Er kann nicht zwischen neuen und alten Schuhen unterscheiden. Mit Steinen darf er nie spielen, es kann sich die üble und gefährliche Angewohnheit des Steinebeißens und Steineverschluckens daraus entwickeln.

Beenden Sie nie ein Spiel mit einer Strafe. Brechen Sie das Spiel ab, wenn der Hund etwas macht, das gegen die Erziehungsprinzipien verstößt. Und spielen Sie nie länger als 15 Minuten. Hunde brauchen Ruhe, junge Hunde noch mehr.

Der Hund, der draußen wohnt

Es gibt Hunde, die den Garten dem Haus vorziehen, die draußen wohnen wollen und uns drinnen nur besuchen. Zwei Chow Chows, die ich kenne, leben so glücklich und zufrieden und lassen sich bei Schnee sogar voller Lust einschneien, obwohl sie eine komfortable Hütte haben. Schlittenhunde gehören ebenfalls dazu oder der Komondor, der unter dem Filzmantel seines Fells jede Witterung erträgt, nur nicht die einer geheizten Wohnung.

Es kommen also für das Leben im Freien Hunde mit dichtem Fell in Frage oder abgehärtete Tiere.

Wer einen Hund im Freien halten will, muß mit der Abhärtung früh beginnen. Das bedeutet jedoch nicht, daß man den kleinen Welpen, der eben anfing, sich dem neuen Familienverband anzuschließen, nun nach draußen sperrt. Man muß ihn nach und nach mit seinem Heim im Freien vertraut machen, ohne dabei die enge Verbindung mit der Familie abzubrechen.

Hunde, die mehrere Jahre im Haus gelebt haben, gewöhnen sich schlecht an das Leben draußen, und kein Hund – vor allem die kurzhaarigen nicht – verträgt es, im Haus gehalten zu werden und dann stundenlang draußen in der Kälte liegen zu müssen. Für Gebrauchshunde ist die Haltung im Freien von Vorteil, da sie ihre Widerstandskraft erhöht und an wechselnde Witterung gewöhnt. Das Haarkleid stellt sich darauf ein, und so können diese Hunde leichter kalte Temperaturen ertragen. Sie müssen ja bei jedem Wetter einsatzfähig sein.

Für das Halten von Hunden im Freien gibt es eine Verordnung, die am 1. Januar 1975 in Kraft getreten ist. Sie regelt 1. die Anbindehaltung, 2. die Zwingerhaltung, 3. die Haltung auf Freianlagen, 4. die Haltung in Schuppen, Scheunen, nicht benutzten Stallungen, Lagerhallen oder ähnlichen Einrichtungen.

Diese Verordnung enthält Mindestauf-

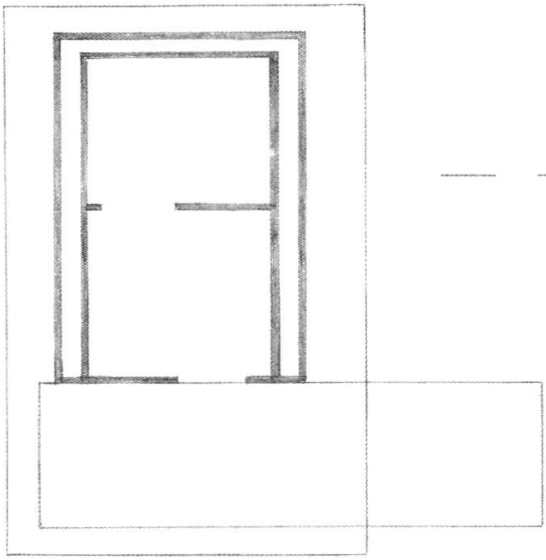

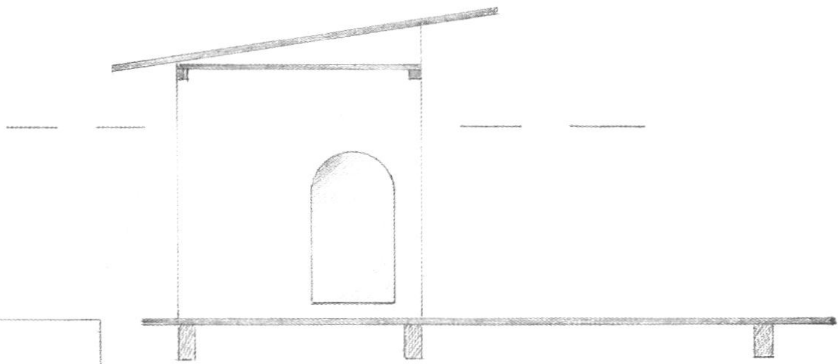

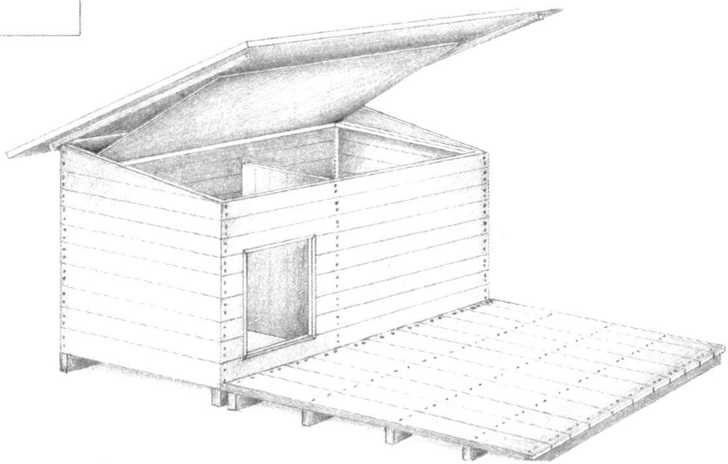

Das komfortable Hundehaus ist wärme- und kälteisoliert, die Doppelwände sind mit Glaswolle gefüllt. Das Dach ist flach, so daß der Hund darauf liegen kann, und aufklappbar, damit die Innenräume leicht zu reinigen sind. Der hintere Raum ist völlig zugfrei. Das Haus steht erhöht und bodenfrei, die Pritsche davor ist teilweise überdacht und ebenfalls als Liegeplatz vorgesehen. Die Größe des Hauses richtet sich nach der des Hundes: pro Raum doppelte Hundelänge ohne Schwanz.

lagen, zum Beispiel, daß ein Zwinger für einen mittelgroßen, über 20 Kilo schweren Hund eine Grundfläche von sechs Quadratmetern haben muß, den Schutzraum nicht eingerechnet. Wer auf diesem Fleckchen einen Hund das ganze Jahr über hält, ist zwar im Recht, in meinen Augen jedoch ein Tierquäler. So ein Minizwinger mag ausreichen, wenn man den Hund mal für eine kurze Zeit festhalten möchte.

Die Verordnung zur Anbindehaltung hat das Schicksal von Kettenhunden verbessert, denn »die Anbindung (Kette, Seil oder ähnliches) muß mit zwei drehbaren Wirbeln versehen sein, die eine Verkürzung der Anbindevorrichtung durch Aufdrehen verhindern«. Und: »Die Anbindung darf nur an einer mindestens 6 m langen Laufvorrichtung (Laufseil, Laufdraht, Laufstange) angebracht werden. Die Anbindung muß an der Laufvorrichtung frei gleiten können und so bemessen sein, daß sie dem Tier einen zusätzlichen beidseitigen Bewegungsspielraum von mindestens 2,5 m bietet.« Ich zitiere dies hier, nicht weil ich glaube, daß einer meiner Leser seinen Hund an die Kette legt, sondern damit es Ihnen auffällt, wenn irgendwo ein Hund falsch gehalten wird. Der Hund an der Kette muß keine Tierquälerei sein. Es gibt Areale, die intensiv bewacht werden müssen, wobei der Hund aber festzuhalten ist. Wenn der Halter guten Handkontakt mit seinem Hund hat, mit ihm auch spazierengeht und ihn regelmäßig ins Haus holt, dann führt der Hund kein unglückliches Leben. Er ist im Mittelpunkt von Aktionen, er hat alles unter Kontrolle und langweilt sich nicht. Er ist vielleicht besser dran als ein Hund in einem Prachtzwinger hinten in einer Ecke des Gartens, in dem er sich langweilt und allein gelassen wird. Isolation ist für einen Hund eine noch größere Belastung als für uns Menschen, da er als Rudeltier in

Wenn Kind und Hund zusammen aufwachsen, entsteht die beste Freundschaft zwischen ihnen

einer Gemeinschaft leben muß. Daß Hunde stark unter Einsamkeit und Langeweile leiden, gilt nicht nur für den Zwingerhund, sondern auch für den, der in einer Luxuswohnung Tag für Tag allein bleiben muß.

Über Zwingerbau, Einzäunung, Bodenbeschaffenheit kann ich mich hier nicht bis ins Detail auslassen, in der Jagd- und Gebrauchshundeliteratur finden Sie genaue Anleitungen.

Wenn auch im Hundehaus Stroheinschütte am besten wärmt, so ist sie wegen der Staubpartikel und des unvermeidbaren Pilz- und Bakterienbefalls nicht zu empfehlen. Füllt man das Stroh in einen flachen Jutesack, der einen abziehbaren Bezug hat, ist es unbedenklich.

Baut man im Garten einen Tageszwinger, in dem sich der Hund für Stunden aufhalten kann, sollte die Lauffläche teils im Schatten liegen, teils Sonne haben. Der Boden kann mit Gras bewachsen, vielleicht auch zum Teil mit Sand bedeckt sein. Auf jeden Fall so, daß sich der Hund eine flache Kuhle graben kann, das ist sein Natur-Lagerplatz. Auf keinen Fall ist Stein- oder Betonboden geeignet. Beim Zwingerbau für den jungen Hund immer berechnen, wie groß und wie stark er einmal wird. Will man keinen Zwinger, hat man aber Angst um seine Blumenbeete und möchte dennoch den jungen Hund bei Sonne unbeaufsichtigt im Garten umhertollen lassen: Die Zubehörindustrie bietet Kleinhundeausläufe an. Das sind Gitterfelder von einem Meter Höhe und zwei Meter Länge, die man in beliebiger Größe zusammensetzen kann.

Meine Meinung zum Zwinger: Hat man einen Hund, der lieber draußen wohnt, der aber ins Haus darf, wann er möchte, und mit dem man täglich spazierengeht, so ist das in Ordnung. Hat man stichhaltige Gründe, warum der Hund im Freien sein soll (Bewachung, abgehärteter Gebrauchshund, er ist draußen besser aufgehoben als drinnen), dann ist auch das in Ordnung, wenn man mit dem Hund engen Kontakt hält, er ins Haus darf, man mit ihm spazierengeht und ihn am Wochenende auf den Übungsplatz führt.

Hält man jedoch einen Hund im Zwinger, weil er die Wohnung nicht schmutzig machen soll, weil er sich in der Wohnung als zu ungebärdig erwiesen hat, dann ist das nicht in Ordnung. Dann sollte man sich lieber ein Pferd, zwei Schafe oder eine Ziege anschaffen, Haustiere, die sich dem Leben im Freien besser anpassen. Als ständiger und alleiniger Lebensraum ist ein Zwinger untragbar. Der Hund verkümmert, wird neurotisch und leidet. Er bellt den ganzen Tag oder wird apathisch, er steht ständig auf den Hinterbeinen am Gitter, er wird aggressiv. Das möchte ich hier eindeutig klarstellen.

Wenn Sie Ihren Hund kurze Zeit draußen an eine Leine, ein Seil oder eine dünne Kette hängen, damit er die Gegend beobachten und dennoch nicht fortlaufen kann, dann haben Sie ihn damit nicht zum Kettenhund gemacht. Sie machen ihm eine Freude!

Das Zusammenleben mit dem Hund

Dieses praktische Kapitel, das allgemeine und spezielle Fragen über den Mensch-Hund-Alltag bis hin zum Hundeurlaub beantwortet, möchte ich mit ein wenig Theorie beginnen. Welche Menschen eignen sich am besten, mit einem Hund glücklich zusammenzuleben? Gibt es so etwas wie eine Hundemündigkeit? Sind ältere Leute für kleine oder behäbigere Rassen besser geeignet, und fühlen sich temperamentvolle Rassen nur bei jungen Leuten wohl?

In Amerika hat der *New Yorker Kennel Club* über mehrere Jahre die Zusammenhänge zwischen Beruf und Hundehaltung beobachtet und ist zu dem Ergebnis gekommen, daß Erfolg im Beruf, verbunden mit hoher Leistungsfähigkeit, eine Art permanente gute Stimmung erzeugt, die auch auf die häusliche Hundehaltung abfärbt. So sind Schwerarbeiter zwischen 18 und 35 Jahren, Handwerker, Vorarbeiter und arbeitende Frauen zwischen 20 und 45 Jahren, Büroangestellte und Sekretärinnen zwischen 22 und 50 Jahren, leitende Angestellte, Selbständige und Künstler zwischen 25 und 65 Jahren im besten Hundealter. Zu ähnlichen Ergebnissen sind auch französische und englische Züchter gekommen: Freude am Beruf und Erfolg ist für die Hundehaltung günstiger als sozialer Abstieg und Unzufriedenheit. Doch ist die Überlegung von Professor Wilhelm Wegner interessant, der in der Bundesrepublik anderes feststellte. Er fand, daß Arbeitslosigkeit und Hundezuwachs in Großstädten in Beziehung stehen, und erklärt dies mit einer vermehrten Zuwendung zum Hund, um dem Streß der Arbeitslosigkeit etwas entgegenzusetzen.

Am schlechtesten leben Hunde mit Menschen, die sie als Statussymbol, Mitbringsel oder Spielzeug betrachten. Sie sind nur gewillt, sich mit dem Hund zu schmücken, wollen sich aber nicht mit ihm beschäftigen. Um Ihnen ein Bild vom Leben mit einem Hund zu geben, habe ich den Tagesablauf des Hundes Arko aufgeschrieben. Er führt ein gutes Hundeleben, deshalb können Sie sich nach diesem Tageslauf richten, individuelle Abwandlungen eingeschlossen.

Ein Tag im Leben eines Hundes

Morgens sechs Uhr: Arko ist von seinem Schlafplatz aufgestanden und hat sich einmal kräftig gereckt und gestreckt. Er ist zum Wassernapf gegangen und hat einige Schlabber Wasser getrunken. Da es in der Wohnung noch ganz still ist, geht er auf seinen Schlafplatz zurück. Er rollt sich zusammen und schläft weiter.

Morgens sieben Uhr: Der Hausherr geht ins Bad. Arko geht mit und legt sich auf die Kacheln. Die sind im Sommer kühl und im Winter warm. Er wartet, bis sein Herr fertig ist, denn dann kommt der erste Spaziergang des neuen Tages.

Morgens sieben Uhr zwanzig: Arko bekommt Halsband und Leine angezogen. Er springt dabei fröhlich hin und her. Das Bellen hat ihm sein Meister wegen der Nachbarn abgewöhnt. Herr und Hund kommen aus dem Haus, und Arko hebt zunächst einmal am Baum gegenüber das Bein. Für längere Zeit, denn er will kein Zeichen setzen, sondern sich – nach der Nacht – entleeren. Trotzdem behält er genug in der Blase, um noch an wichtigen Punkten Nachrichten zu hinterlassen, Meldungen von Feinden auszulöschen oder zu überdecken. Beide gehen flotten Schrittes in den Park, dort wird Arko von der Leine gelassen. Er beschnuppert die Langhaardackeline wie jeden Morgen, und sie knurrt ihn wie jeden Morgen ungnädig an. Er läuft seine Runden, hebt sein Bein und schlägt sich dann in die Büsche. Wenn ein Hund die Möglichkeit dazu hat, macht er sein Geschäft möglichst in Deckung und nicht mitten auf dem Weg. Nach 25 Minuten sind sie wieder zu Hause.

Kurz nach acht Uhr morgens: Die Familie frühstückt. Arko hat sich in seinen Sessel zurückgezogen, nachdem er einen Hundekuchen oder eine kleine Handvoll Frolic oder Dogo gefressen hat. Mit dem Hundekuchen spielt er immer ein bißchen. Jetzt schläft er.

Gegen neun Uhr morgens: Es klingelt, und Arko saust bellend an die Tür. Der Briefträger wird jedes Mal mit Gebell empfangen. Er ist eigentlich der einzige Bekannte, den er anbellt. Die Verhaltensforscher führen es darauf zurück, daß Briefträger, die in so viele Häuser und Wohnungen kommen, keinen eigenen »Hausgeruch« haben, also dem Wächter Hund verdächtig sind.

Gegen zehn Uhr morgens: Frauchen holt die Bürste und bürstet Arko zehn Minuten lang. Sie kämmt ausfallende Unterwolle aus und schaut ihm in die Ohren. (Beides gilt täglich nur für langhaarige Hunde mit langen, herunterhängenden Ohren, sonst macht Frauchen es einmal in der Woche, außer wenn das Winterfell abgestoßen wird und der Hund zu haaren beginnt.) Diese tägliche Pflege hat Arko gerne. Das gibt ein glänzendes Fell, er muß sich nicht häufig kratzen, und es sorgt dafür, daß weniger Haare auf dem Teppich und an den Kleidern sind. Frauchen nimmt einen Striegel aus Kunststoff und eine Bürste mit Naturborsten. Drahtbürsten nimmt sie nicht, da sie die Haut verletzen.

Gegen elf Uhr vormittags: Nach einer dreiviertel Stunde Schlaf spielt Arko mit der fünfjährigen Tochter das Zerr-Spiel. Das Kind hält ein altes Handtuch fest, und Arko versucht knurrend und springend, es ihr aus der Hand zu reißen. Die beiden machen so viel Lärm, daß Frauchen mit ihnen eine halbe Stunde spazierengeht. Dabei hebt Arko wiederum achtmal das Bein und springt etwa fünfzigmal nach einem Stöckchen, das Frauchen hoch hält.

Gegen zwölf Uhr mittags: Arko bekommt seine Hauptmahlzeit: entweder Muskelfleisch mit Flocken oder eine große Dose Vollnahrung, denn Arko ist ein Cocker Spaniel von etwa zwölf Kilo Gewicht mit einem Tagesenergiebedarf von rund 3500 Joule. Arko hat seine ganz bestimmten Eßriten: Er nimmt den ersten Happen aus der Schüssel, die in der Küche steht, und trägt ihn vor die Küchentür. Dort frißt er ihn. Dann kehrt er zur Schüssel zurück und frißt sie zügig leer. Nach einer Portion frischem Wasser zieht sich Arko in seinen Korb zurück und schläft. Das ist besonders wichtig: Hunde brauchen nach dem Fressen Ruhe.

Gegen vierzehn Uhr: Arko steht auf, versucht Frauchen zu animieren, mit ihm spazierenzugehen. Spielt ein bißchen mit einem Ball, der ihm gehört. Knabbert an einem Büffelhautknochen. Legt sich in seinen Sessel. Schlabbert ein paar Schluck Wasser.

Gegen fünfzehn Uhr: Der Nachmittagsspaziergang beginnt. Diesmal bellt Arko freudig, als er Halsband und Leine angelegt bekommt. Der Spaziergang dauert eine Stunde. Dabei hebt Arko mindestens zwanzigmal das Bein. Er scharrt aber nur viermal anschließend: immer nur dann, wenn vor ihm Rüden, denen er zeigen will, daß er der Stärkere ist, etwas hinterlassen haben. Er verschwindet einmal im Gebüsch zum großen Geschäft. Auf der Spielwiese spielt er ausdauernd mit einem Pudel und einem Basset. Er knurrt einen Schnauzer an: Beide gehen steifbeinig und mit gesträubtem Fell umeinander herum. Es kommt aber nur zu diesem Imponierdrohen und zu keiner Beißerei. Am Ende des Spaziergangs hat sich Arko richtig ausgetobt.

Nach sechzehn Uhr: Keine besonderen Vorkommnisse. Arko schläft und träumt von der Spielwiese. Er bellt leise im Schlaf und läuft auf der Stelle.

Gegen achtzehn Uhr: Sein Herrchen kommt nach Hause und wird laut bellend und mit viel Springen begrüßt. Arko läuft vor Freude einige Achten. Dann bekommt er ein Stück Hundekuchen. Arko und sein Meister spielen mit dem Hundekuchen einige Minuten, bis sich Arko in eine Ecke zurückzieht und den Hundekuchen krachend zerbeißt. Anschließend wird noch etwas am Büffelknochen gekaut.

Bis einundzwanzig Uhr keine besonderen Vorkommnisse

Gegen einundzwanzig oder **zweiundzwanzig Uhr:** Arko und sein Herr gehen noch *einmal um den Block*. Diesmal wird beim Halsbandanlegen nicht gebellt. Der Spaziergang dauert etwa zwanzig Minuten. Ist das Wetter besonders schlecht, hat Arko kaum Lust. Sein Herr merkt es daran, daß Arko am Baum gegenüber nicht einfach das Bein hebt, sondern sich auslaufen läßt: Vorsorge für die Nacht. Anschließend liegt Arko noch mit beim Fernsehen oder geht gleich in seinen Korb. Bis zum nächsten Morgen gegen sechs Uhr.

Anmerkung: Ich bitte um Entschuldigung, wenn sich eine Leserin durch den Begriff *Frauchen* herabgesetzt fühlt. Er ist nicht chauvinistisch gemeint, sondern eine Zärtlichkeitsform aus der Mensch-Hund-Sprache. Welche Bezeichnung soll ich sonst benutzen? *Frau Hundehalter, Meisterin?* Ich bin mir durchaus bewußt, daß in vielen Familien das *Frauchen* die erste Bezugsperson des Hundes oder der Rudelboß ist. Wie ja auch das *Alpha-Tier* in manchem Wolfsrudel ein Weibchen ist. (*Alpha-Tier* nennen die Verhaltensforscher den Anführer.)

Kosmetik für den Hund

Da wir uns gerade über *Frauchen* unterhalten haben, bleiben wir bei der Aufgabe, die meistens der Hausfrau obliegt – die Hundepflege. Auch wenn sich Hunde nicht so intensiv putzen wie Katzen, sind sie keine Dreckspatzen. Sie sind von der Natur so ausgestattet, daß ihr Fell in einer Art Selbstreinigungsprozeß mit Staub, Wasser und sonstigem Schmutz recht gut fertig wird. Das heißt natürlich nicht, daß ein in der Wohnung lebender Hund nicht gesäubert, gebürstet und anderweitig kosmetisch versorgt werden muß. Unser Geruchsempfinden hat andere Vorlieben als das der Hunde, und außerdem halten wir es mit der Hygiene. Dem Hund gefällt manches nicht – beim Baden oder Ohrensäubern jammern Hundehelden, denen kein Kampf etwas ausmacht –, anderes lieben sie ungemein. Gerade Fellpflege gehört zu den sozialen Handlungen im Rudel und bringt intensiven Körperkontakt.

Soll man Hunde baden?

Noch immer herrscht die Ansicht, daß man Hunde nicht zu baden brauche, höchstens einmal im Jahr, und daß es sogar schädlich sei, junge Hunde zu baden. Der Grund für diese Meinung ist die Tatsache, daß die Hundehaut die Seifen, die wir Menschen täglich benutzen, nicht verträgt. Außerdem entziehen sie dem Fell jene Fett- und Schutzstoffe, die es unempfindlich gegen Regen und Witterung machen. So weit, so gut. Die modernen, alkalifreien Hunde-Shampoos erlauben es jedoch, einen Hund alle 10–12 Wochen zu baden. Auch Welpen, wenn sie einmal die ersten beiden Schutzimpfungen hinter sich haben und mindestens drei Monate alt sind, dürfen ein Vollbad bekommen. Spezielle Hundebademittel gibt es inzwischen fast so zahlreich wie solche für Menschen, es gibt Shampoos gegen trockene Haut, es gibt solche für fettige Haut, im Tierhandel können Sie die Angebote studieren.

Das heißt aber nicht, daß wir den Hund so häufig baden wie uns selbst, das braucht er nicht. Ein Hund braucht ein Bad, wenn er stinkt und dreckig ist; er muß ins Wasser, wenn er sich in Kot gewälzt oder in Pfützen gesuhlt hat. Wenn er ein frischgedüngtes Feld entdeckt hat oder wenn die Hündin läufig war. Je länger das Fell eines Hundes ist, desto sorgfältiger sollte man ihn baden.

Wir kommen bei unseren Hunden, von Schmutzunfällen einmal abgesehen, mit drei Bädern im Jahr aus, wesentlich mehr sollten es auch nicht sein. Der Grund: Ein Hund schwitzt nicht, weil ihm die Schweißdrüsen fehlen. Dafür hat er Talgdrüsen, die sein Fell regelmäßig und gleichmäßig einfetten. Das gibt ihm einen ausgezeichneten Schutz gegen Kälte und Nässe. Ein Hund mit diesem Fellschutz kann ins Wasser gehen, sich anschließend schütteln und ist kurz darauf wieder trocken. Den sich selber badenden Hund brauchen wir nicht abzutrocknen, nur im Frühjahr und Herbst, wenn es kälter ist, sollte man ihn nach einem Bad im Freien trockenreiben und an einen warmen Platz bringen. Das gilt vor allem für die Gebrauchshunde, die an sich recht abgehärtet sind.

Am besten badet man einen Hund in der Duschkabine. Nicht, weil ich das Baden in der Wanne für unhygienisch halte, Wannen kann man auswaschen, sondern weil die hohen Wannenwände dem Hund unsympathisch sind. Wenn Sie einmal versucht haben, einen sich sträubenden 30-Kilo-Hund in die Wanne zu heben, dann werden Sie meinen Duschkabinenvorschlag besser verstehen. Vor allem dann, wenn ein springtüchtiger Hund Ihnen naß über den Wannenrand ins Bad springt. Wir ziehen uns bei dieser Prozedur immer möglichst aus, denn naß wird man auf jeden Fall, es sei denn, Sie haben einen besonders badefreudigen Hund.

Das Wasser sollte nicht zu heiß sein, eine Temperatur um 34 Grad ist genau richtig. Wir achten auch darauf, daß kein Wasser in die Ohren und kein Schaum in die Augen des Hundes kommt. Das Shampoo nach Gebrauchsanweisung anwenden und an-

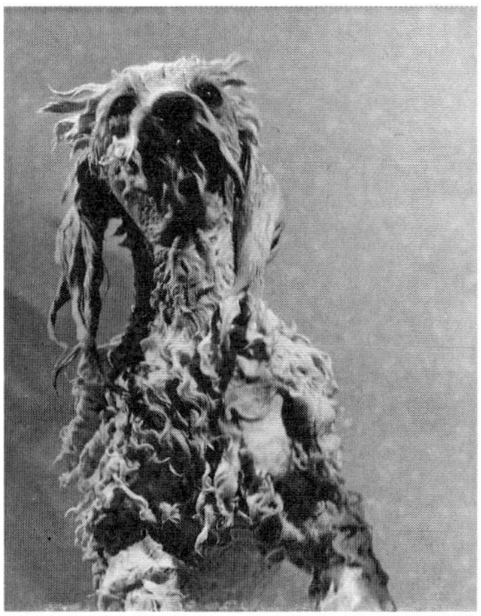

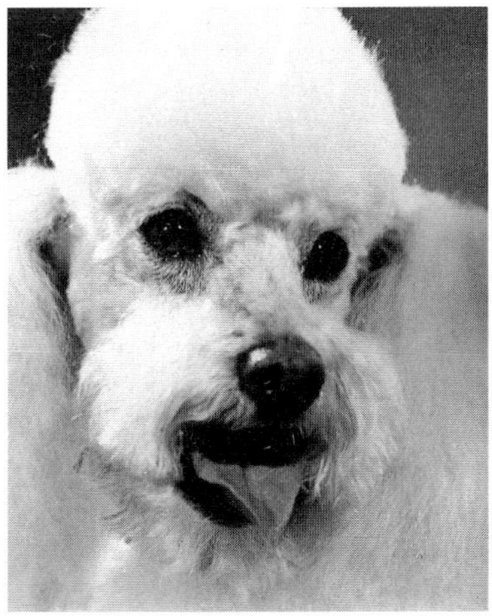

schließend ausgiebig mit der Handdusche aus dem Fell spülen, damit alle Reste gründlich entfernt werden. Wichtig ist das gründliche Trocknen des Hundes hinterher, das Vermeiden von Zugluft und die Möglichkeit, daß der Hund sich trockenrennen kann. Ein gebadeter Hund läuft gerne Achten und Runden, dabei können schon mal die Teppiche fliegen. Wenn Sie Ihren Hund von klein auf an einen Fön gewöhnen, haben Sie es später leichter. Sie rubbeln mit einem großen groben Handtuch die Nässe ab und föhnen ihn dann gründlich trocken. Es gibt Hunde, die genießen das sehr.
Flöhe und anderes Ungeziefer sind kein Grund, einen Hund zu baden.

Von Flöhen und Zecken

Irgendwann bringt Ihr Hund einen oder mehrere Flöhe mit nach Hause. Sie merken es daran, daß er sich intensiv kratzt oder beißt. Ob es ein Hundefloh ist, den er sich eingefangen hat, oder ein Menschenfloh, können Sie nur unter einer starken Lupe oder einem Mikroskop und nach Vergleich mit meiner Zeichnung feststellen. Der Menschenfloh *(Pulex irritans)* ist etwas kürzer und höher als der Hundefloh *(Ctenocephalides canis)*, der länger ist und nicht ganz so gut springen kann. Beide können sowohl von Menschen- wie Hundeblut leben, beide stechen mit ihrem Rüssel die Haut an und saugen Blut, was uns und Hund zum Kratzen bringt. Auf den Flohspeichel können Hunde wie Menschen allergisch reagieren, die Stichstellen werden zu Quaddeln und jucken besonders stark. Flöhe sind viel höher als breit, der schmale Körper kann hervorragend zwischen den Haaren des Felles umherlaufen. Mit welchem Tempo, sieht man, wenn man seinen Hund auf Flöhe untersucht und einen fangen will. Der Panzer eines Flohs ist zäh und fest, man muß schon kräftig und geschickt mit zwei Fingernägeln zudrücken, um einen Floh *zu knacken.*
Der Schnell-Läufer hält sich nur auf seinem Wirt auf, wenn er saugen will, und eine solche Mahlzeit dauert je nach Stärke des Hungers zwischen 20 Minuten und drei Stunden. Dann verläßt er ihn, um in Ritzen, Fugen oder anderen Schlupfwinkeln zu verdauen. Das ist im Zeitalter der Sauberkeit mit Staubsaugern und Putzmitteln aller Art sein Schicksal: Er kann sich kaum vermehren. Dennoch sollte man nicht nur den Hund mit einem Spezialmittel (Jacutin zum Beispiel) flohfrei machen, sondern auch seinen Korb. Meistens aber ist es nur ein eingeschleppter Floh. Im übrigen ist der Menschenfloh bei uns wieder häufiger. Die Gäste aus südlichen Ländern und Touristen haben das bewirkt. Es kann also auch ein Floh sein, den Sie aus der S-Bahn mitbrachten, der Ihren Hund behelligt.
Ein häufiger Sommergast ist der Zeck *(Ixodes ricinus)*, auch Holzbock genannt. Wer ihn kennt, kennt seine zwei Erscheinungsformen: mit leerem und mit vollem Magen. Sehen wir ihn nach einem Waldspaziergang als millimetergroßes braunes Scheibchen auf acht Beinen über unsere Haut oder über das Fell des Hundes spazieren, ist er hungrig unterwegs, sich einen Platz für eine Mahlzeit und einen längeren Aufenthalt zu suchen. Er bohrt seine Saugwerkzeuge in die Haut von allem, was warmes Blut hat, und trinkt so lange, bis sein Leib (richtiger *ihr*, denn nur Weibchen fressen sich so voll) erbsengroß geworden ist. Damit hat das Zeckenkörpergewicht in wenigen Tagen sich um das Zweihundertfache vermehrt. Ein satter Zeck läßt sich einfach fallen. Passiert das draußen, wird das Zeckengeschlecht weitergeführt, in der Wohnung muß das Tier vertrocknen. Da so ein Zeck juckt, sollte man ihn entfernen, wenn man ihn fühlt oder sieht. Vollgesogen scheint er durch das Fell des Hundes. Besser ist, den Hund

Der Hund im Bade: Beim Waschen mit Shampoo darf nichts in die Augen kommen, sonst wird der Hund badescheu

Gründliches Rubbeln mit einem Frottiertuch soll alle Nässe wegnehmen

Dieser Pudel wurde gefönt und gleichzeitig ausgebürstet: das Haar »steht«

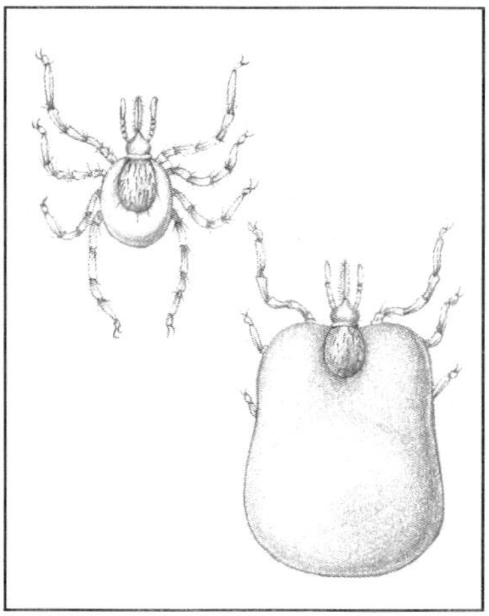

Der Holzbock (Zeck) im Hungerzustand und vollgefressen. Vergrößerung etwa das Dreifache (Abbildung links)

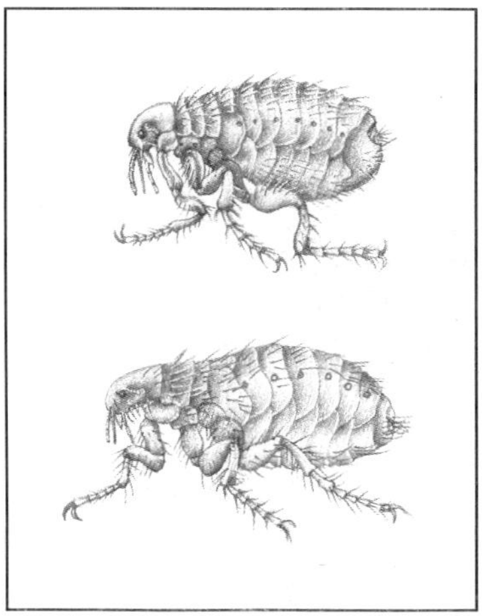

Rechts oben ein Menschenfloh, unten der Hundefloh. 12fache Vergrößerung

nach Wald- und Wiesenspaziergängen abzusuchen. Zecken lassen sich gerne an den Ohren, am Hals und um die Schwanzwurzel nieder, da sie wählerisch sind und oft Stunden suchen, bis sie eine besonders zarte Hautstelle gefunden haben. Einen noch wandernden Zeck muß man mit aller Kraft zerdrücken, da sein Körper sehr derb und widerstandsfähig ist. Wir spülen ihn im Waschbecken weg. Hat ein Zeck sich in die Haut gebohrt, können Kenner ihn *herausdrehen.* Zeck fest zwischen Daumen und Zeigefinger packen – der sackähnliche Körper hält großen Druck aus – und so abziehen, als wolle man eine Schraube herausdrehen. Drehen deshalb, weil man dabei besser und vorsichtiger zieht: Ein Gewinde haben Zecken nicht. Vorne müssen die Krabbel- und Beißwerkzeuge noch dran sein und sich bewegen. Sind sie in der Haut geblieben, können sie unangenehme Entzündungen verursachen. Die sicherere Methode ist das Einpinseln des Zeckenkörpers mit Öl, man verstopft damit die Atemöffnungen des Zecks, und er fällt ab. Ein Tierarzt riet mir, den schon prallen Leib mit einer Nadel anzustechen und aufzureißen. Das ist sofort tödlich. Die Bißstelle können wir mit einer desinfizierenden Hautschutzsalbe behandeln.

Halsbänder gegen Flöhe und Zecken wirken nur bei kleinen Hunden. Ich mag ihren Geruch nicht. Man kann sie vor Waldspaziergängen anlegen, sie dürfen allerdings nicht naß werden, und ein Hund darf nie auf ihnen kauen.

Striegeln und Bürsten – Pflege als Vergnügen

Gegen tägliches Bürsten hat kein Hund etwas einzuwenden, alle genießen es sehr. Das heißt, daß man sich je nach Art des Fells täglich 10–30 Minuten dafür Zeit nehmen muß. Hat man sie nicht, ist zweimal wöchentlich gründlich bürsten besser als täglich oberflächlich. Der Erfolg: ein glänzendes Fell, weniger Haare auf dem Teppich und an den Kleidern – und die ersten drei Wochen einen mittelstarken Muskelkater in der Hand. Wir müssen kräftig bürsten: mit einer Kardätsche oder Bürste mit Naturborsten, einem Borstenhandschuh oder einem Striegel aus weichem Kunststoff, je nach der Fellbeschaffenheit unseres Hundes.

Langhaarige Hunde müssen zuerst gekämmt werden, und zwar bis auf die Haut. Wenn man das regelmäßig macht, verfilzen die Haare nicht, und die Pflege ist wesentlich einfacher. Gegen Drahtbürsten habe ich etwas, genau wie meine Bassets und alle anderen kurzhaarigen Hunde, weil sie leicht die Haut verletzen können. Bei grobfelligen Rassen sind sie wohl nicht zu umgehen. Wir bürsten zuerst gegen, dann mit dem Strich, wobei man am Hals, am Bauch und am Hinterteil um den Schwanz herum auf den Fellverlauf achten muß. Nach dem Bürsten wischen wir noch mit einem angefeuchteten Fensterleder über das Fell, das nimmt den Staub und die Schuppen weg und gibt den letzten feinen Glanz.

Wenn unser Hund im Frühjahr sein Winterfell abstößt, dann arbeitet meine Frau das Fell zunächst mit der Hand durch. Die Folge ist auf jeden Fall ein Muskelkater in den Fingern. Sie arbeitet gegen den Strich, wobei sich die toten Haare der Unterwolle lösen und an die Oberfläche kommen. Dann können sie gut ausgebürstet werden. Das sollte aber auch am Kopf und unter dem Schwanz gemacht werden, was vielen Hunden nicht gefällt. Die toten Haare müssen weg; sie machen das Fell stumpf und jucken einen Hund scheußlich.

Ohrenputzen – ein wichtiges Muß

Sind die Ohren lang und langbehaart, müssen sie mit einem feuchten Tuch von Speiseresten und Straßendreck gesäubert und dann gekämmt werden. Bei Rassen wie Spaniels macht man das täglich. Aber auch bei Bassets, bei denen die Ohren die Konsistenz von Fensterleder haben, werden sie täglich sauber gerubbelt.

Bei Rassen mit Hängeohren ist das Ohrinnere besonders anfällig. Sind sie stark behaart, sollte man zuviel Haarwuchs an der Öffnung zum Gehörgang auszupfen oder schneiden, damit diese Haarbüschel nicht verkleben und den Gehörgang verstopfen. Das führt zu dem gefürchteten *Ohrenzwang,* einer sehr schmerzhaften und langwierigen Entzündung des äußeren Gehörgangs. Er äußert sich durch häufiges Schütteln der Behänge, durch Schiefhalten des Kopfes und durch häufiges Kratzen an der Ohrmuschel. Auch sind Gehörgang und Gehörmuschel deutlich gerötet.

Regelmäßige Kontrolle und Ohrenpflege sind daher erforderlich. Die äußere Ohrmuschel reinigt man mit einem Kleenextuch oder Wattebausch. Das braune Ohrenschmalz entfernt man vorsichtig mit einem Wattestäbchen (Q-Tips), das man mit Ohrentropfen angefeuchtet hat. Am besten läßt man sich einmal vom Tierarzt zeigen, wie das gemacht wird und wie weit man in den äußeren Gehörgang eindringen darf. Dazu zieht man den Behang etwas hoch. Ohrenschmalz ist eine natürliche Selbstreinigung des Ohres; sollte es ausbleiben, läßt man sich Ohrentropfen verschreiben und den Tierarzt ins Ohr schauen.

Gibt das Ohr, wenn wir es am Ansatz vorsichtig bewegen, nach einem Sprung des Hundes ins Wasser oder einem Bad deutlich quatschende Geräusche von sich, muß man es mit einem trockenen Wattestäbchen austrocknen, ähnlich wie bei uns, wenn wir Wasser ins Ohr bekommen haben.

Zeigt sich in den Augenwinkeln Sekret, meist nach dem Schlafen oder nach windigen Spaziergängen, entfernt man es mit einem weichen Tuch oder mit

Drahtstriegel (links) für die Entfilzung langhaariger Rassen. Kardätsche (Mitte) zum Bürsten kurzhaariger Hunde. Gummi- oder Plastikbürste zum Fell säubern (rechts)

Kosmetische Kontrolle der Nägel und der Zähne. Tägliches Bürsten im Freien ist beim langhaarigen Collie nötig

Kleenex. Dabei ist wichtig, daß das Sekret keine Zeit hat, sich zu verkrusten. Die Entfernung wird dann schwieriger, das Fell verfärbt sich, es entstehen kahle Stellen, und es kann sogar Entzündungen geben. Besonders wichtig ist die Augenpflege bei Rassen, die zu tränenden Augen neigen (siehe Seite 69).

Die Pflege von A bis Z

Man sollte auch das Hinterteil, das unter Hunden die Rolle der Visitenkarte spielt, regelmäßig inspizieren. Wir säubern es, wenn sich der Hund selbst beschmutzt. Wir cremen den After ein, wenn er juckt. Das Problem *Schlittenfahren* wird auf Seite 76 behandelt. Bei langhaarigen Hunden muß das Hinterteil häufiger gewaschen und teilgebadet werden. Gerüche kann man gut mit speziellen Trockenshampoos binden.

Die Zähne des Welpen pflegt man durch richtige Ernährung, durch Nagen und Kauen an Hundekuchen, Büffelhautknochen und weichen Kalbsknochen. Das so gekräftigte Gebiß des erwachsenen Hundes muß auf Zahnstein beobachtet werden. Am besten bringt man dem Hund von klein auf bei, sich die Zähne mit einer Zahnbürste reinigen zu lassen. Es gibt spezielle Reinigungsmittel dafür, oder man verwendet eine Zahnpaste, die dem Hund schmeckt. Auch das tägliche Stück harter Hundekuchen ist eine gute Zahnpflege. Unsinnig dagegen ist ein Hunde-Mundspray, das den »Atem Ihres Lieblings wieder frisch und angenehm macht«. Riecht der Hund aus dem Mund, muß er zum Tierarzt. Meist ist starker Zahnstein schuld.

Die Nase ist das wichtigste Sinnesorgan des Hundes. Hat er sie beim Graben und Mäusestöbern verschmutzt, waschen wir sie wieder sauber, achten aber darauf, daß keine Erde in die Nasenlöcher geschmiert wird. Ist der Nasenschwamm bei alten Hunden rissig und borkig geworden, cremen wir ihn regelmäßig mit einer fettreichen, geruchlosen Salbe ein.

Vom heiklen Nägelschneiden

Ist unser Hund kein regelmäßiger Pflastertreter, können seine Nägel zu lang werden. Achten Sie bitte darauf. Manchmal genügt das Abfeilen mit einer kräftigen Nagelfeile. Man macht das am besten, wenn der Hund sich auf die Seite gelegt hat. Die meisten Hunde mögen es nicht gerne. Das Kürzen der Krallen mit einer Nagelschere oder -zange (der Fachhandel bietet Spezielles an) ist nicht ungefährlich, vor allem, wenn die Krallen dunkel gefärbt sind. Dann sieht man nicht, wie weit die durchbluteten Nagelteile gehen. Der Erfolg: eine Verletzung, Blut und ein Hund, der sich von Ihnen nie, nie wieder seine Füße anfassen läßt. Mein Rat: Lassen Sie die Krallen von Ihrem Tierarzt schneiden. Wenn Sie mit dem Hund aus Rasse-Mode-Gründen in den Hundesalon zum Scheren oder Trimmen müssen, gibt es dort vielleicht eine Fach-Pediküre.

Hat Ihr Hund die Wolfs-, After- oder Daumenkrallen, die den Boden nicht berühren und sich nicht abnützen, müssen sie regelmäßig beschnitten werden. Sie wachsen sich sonst zu Haken oder korkzieherähnlichen Gebilden aus, die sich leicht im Ring des Halsbandes verhängen. Diese Krallen sind kein Problem, wenn sie der Züchter in den ersten zwei Lebenswochen entfernt hat. Spätere Entfernung ist nur unter Narkose möglich. Bei großen Rassen wie beim Bernhardiner treten sie auch an den Hinterfüßen auf.

Über Hundefriseure und das Trimmen

Es gibt eine Anzahl von Rassen, die regelmäßig geschoren oder getrimmt werden müssen. Dadurch, daß der Pudel dazugehört und er jahrelang Modehund war, sind die meisten Hundefriseursalons auf Pudelschur eingerichtet. Bei ihnen kann man auch noch die Schnauzer, den Rauhhaardackel, den Spaniel oder manche Terrier zurechtmachen lassen, wenn sie gepflegt aussehen sollen. Wollen Sie jedoch mit Ihrem Terrier auf eine Ausstellung gehen, müssen Sie zum Spezialisten. Denn die verschiedenen Terrier haben sehr präzise Trimmvorschriften. Auf jeden Fall gibt Ihnen Ihr Züchter Auskunft oder aber »Die Terrier-Fibel«, in der die genauen Trimmanleitungen stehen sowie die empfohlene Trimmhäufigkeit. Besonders anspruchsvoll ist der Kerry Blue Terrier, der alle vier bis sechs Wochen getrimmt werden muß.

Was heißt eigentlich trimmen? Das Wort kommt vom englischen *to trim = Haare schneiden.* So wird es denn auch im Duden erklärt mit *Hunden das Fell scheren.* Nach dem Wortgebrauch der Terrierzüchter ist damit das Herauszupfen oder Auszupfen toter Haare und das Kürzen gesunder Haare mit dem Trimmesser gemeint.

Die Rassen der Airedale-, Bedlington-, Irish-, Kerry Blue, Lakeland-, Rauhhaariger Fox-, Scottish-, Sealyham-, Tschechischer (= Cesky) und Welsh-Terrier sollen so zurechtgemacht werden, daß man es deutlich erkennt, während die Rassen Australian-, Border-, Cairn-, Dandie Dinmont-, Deutscher Jagd-, Norfolk-, Norwich- und West Highland White-Terrier nach dem Zurechtmachen so aussehen sollen, als seien sie nicht getrimmt worden. Was das wesentlich schwierigere ist.

Die Beschäftigung mit dem Hund

Der Mensch hat den Hund zu einem Zivilisationswesen gemacht, das sich nicht mehr um seine Nahrung und sein Überleben kümmern muß. Die Energien dafür sind aber noch in ihm vorhanden. Das bedeutet, daß wir, die wir einen Hund zu uns ins Haus geholt haben, uns mit ihm beschäftigen müssen.

Die »Interessengemeinschaft Deutscher Hundehalter«, Auguststraße 5, 22085 Hamburg, an die man sich in Hundefragen um Rat wenden kann, hat feststellen lassen, wieviel sich der deutsche Hundebesitzer täglich mit seinem Hund beschäftigt. Das sind 27% bis zu einer Stunde, 29% bis zu zwei Stunden, 22% bis zu drei Stunden und die restlichen 22% bis zu vier Stunden und mehr. Um einen glücklichen Hund zu haben – mit glücklichen Hunden lebt es sich am besten –, sollten wir uns drei Stunden mit dem Hund abgeben. Es kümmern sich also 56% aller Hundehalter zuwenig um ihren Hund. Wichtig in diesem Zusammenhang zu wissen: Jede Hundegeneration muß neu erzogen werden. Erlernte Eigenschaften werden nicht vererbt, höchstens die Anlagen dazu.

Sich mit dem Hund beschäftigen heißt mit ihm sprechen, ihm Futter geben, ihn pflegen und bürsten, mit ihm spielen und vor allem mit ihm spazierengehen. Ein Hund kann nicht wie ein Wellensittich, ein Goldhamster oder eine Katze nur in der Wohnung gehalten werden. Er muß sich etwa viermal am Tag lösen und zusätzlich sein Laufbedürfnis befriedigen. Es genügt also nicht, ihn an die nächste Laterne zu führen oder nur in den Garten zu lassen, sondern man muß mit ihm mindestens 1½ Stunden unterwegs sein. Rechnen Sie einmal nach, die drei Stunden kommen leicht zusammen.

Bevor wir uns mit dem richtigen Spaziergang, seinen Vorteilen für Ihre Gesundheit sowie für das körperliche und seelische Wohlbefinden Ihres Hundes befassen, möchte ich Ihnen zeigen, wie man erkennt, wes Herren Hund man vor sich hat. Diese Beobachtungen, die Sie auf Spaziergängen und bei Begegnungen mit anderen Hunden und ihren Besitzern machen können, gelten auch für Sie und Ihren Hund. Es kann eine Gewissenserforschung sein, ob wir alles richtig gemacht haben. Denn jeder, der einen gesunden Welpen aufzieht und erzieht, schafft sich den Hund, den er verdient.

Von Hunden und ihren Herren

1. Ein Hund, der bei einem Kommando in sich zusammensinkt und Zeichen von Unterwürfigkeit zeigt, wurde hart und verständnislos ausgebildet.
2. Ein Hund, der auf ein Kommando überhaupt nicht hört, der Herrchen und Frauchen an der Leine hinter sich herzieht oder sich ziehen läßt, wurde antiautoritär erzogen und ist in seiner Familie Rudelboß. Nur in Ausnahmefällen ist er ein besonders starker Charakter, ein *Alpha-Tier.*
3. Ein Hund, der mit eingeknicktem Gang neben seinem Herrn herläuft (das sieht man oft bei deutschen Schäferhunden), wurde zum Sklaven gemacht. Er entspricht dem *Omega-Tier* (*Omega* = letzter Buchstabe im griechischen Alphabet), dem Prügelknaben einer Meute.
4. Ein Hund, der ständig auf dem Bauch kriecht und sich vor jedem Menschen und Hund unterwirft (das sieht man heute viel bei Langhaardackeln aus Massenzuchten), braucht kein geprügelter Hund zu sein, er ist nach seinen Anlagen ein *Unterhund.*
5. Ein Hund, der jeden Fremden fröhlich begrüßt und leicht anderen zuläuft, ist entweder von Hand zu Hand gegangen (häufiger Besitzerwechsel ohne neurotische Störung) oder in der Jugend mit zu vielen Menschen zusammengekommen. Er hat sich nicht einem, sondern allen Menschen angeschlossen.
6. Ein Hund, der freundlich, aber zurückhaltend ist, das ist ein glücklicher Hund. Er wird gut behandelt, versteht sich mit seinem Rudel und ist natürlich geblieben.
7. Ein Hund, der bissig, angriffslustig oder rauflustig ist, wurde falsch erzogen. Er wurde neurotisch gemacht, oder aber sein Herr ist neurotisch.
8. Einen frohen Hund erkennen wir am erhobenen Kopf, am hochgestellten Schwanz, an seiner wachen Neugier, an seinem ganzen lebendigen Wesen.

Der richtige Spaziergang

Ein noch so großer Garten entbindet uns nicht von der Spaziergangspflicht und -freude. Ein Garten ist praktisch, weil wir den Hund frühmorgens und spätabends zum Lösen hinauslassen können. Die Hunde unterscheiden das: Im Garten wird bei Rüden der Urin nicht streng rationiert und an möglichst viele Stellen verteilt, sondern sie lassen sich einfach auslaufen. Unsere Hunde hoben dabei nicht einmal das Bein, sie hockten sich wie eine Hundedame hin.
Beim Spaziergang ist das anders. Wie wir noch genau erfahren werden, prägen Gerüche das Erleben der Hunde. Das ist um so erfreulicher und anregender, je neuer die Gerüche sind. Wir müssen deshalb mit dem Hund regelmäßig spazierengehen, damit er genügend schnüffeln und riechen kann. Wir zerren ihn auch nicht von Bäumen oder Hausecken weg, weil das *Pfui* ist. Für ihn sind es die neuesten Nachrichten aus der Tageszeitung oder ein Erlebnis wie für uns ein Fernsehspiel.
Ein Hund, der sein ganzes Leben in einer Wohnung oder in einem Garten verbringt, deren Gerüche er auswendig kennt und die ihm so langweilig sind wie uns die dritte Wallace-Wiederholung oder die Zeitung von vorgestern, bleibt dumm, uninteressiert oder frustriert. Ein Hund dagegen, der auf Spaziergängen schnüffeln darf, bildet sich – menschlich gedeutet – einen immer weiteren Geruchshorizont. Brechen Sie bitte keines seiner Geruchserlebnisse abrupt durch einen Leinenruck ab. Mir tun jene überdressierten Hunde leid, die neben ihrem Herrn einherschleichen, nirgendwo stehenbleiben und nur im Vorbeigehen ihr Bein heben dürfen. Mir tun aber auch die überzüchteten Rassen leid, die kaum noch riechen können, weil man ihnen für einen besonders verwinkelten Nasengang (Rassenideal) oder ein besonders hübsches Fell den Geruchsinn fast weggezüchtet hat. Sie haben vom Hundeleben so wenig wie ein fast Blinder von einer Kunstausstellung. Vielleicht aber merken sie auch gar nicht, wie weit sie von ihrer Hundenatur entfernt sind.
Des weiteren ist der Spaziergang für den Kontakt mit anderen Hunden wichtig. Ein Hund, der keine anderen Hunde trifft, entwickelt eine Art Kaspar-Hauser-Komplex: Er kann nicht mehr mit anderen Hunden umgehen. Ähnlich ist es mit den Hunden kleiner Rassen, die ständig von ihrem Besitzer auf den Arm hochgenommen werden, damit sie nur nicht mit anderen Hunden Kontakt haben. Das ist der sichere Weg, einen Hund neurotisch oder überängstlich zu machen und dafür zu sorgen, daß er irgendwann einmal gebissen wird. Von der hohen Warte des Armes entwickelt so ein Hund ein Überheblichkeitsgefühl, das ihn sozial falsch reagieren läßt. Bei einer Hundebegegnung, die sich nie ganz vermeiden läßt, benimmt er sich falsch und frech, und das läßt sich der Stärkere nicht gefallen. Oder aber der *Arm-Hund* wird ein solch hysterischer Feigling, daß er schreiend durchdreht, wenn ihn ein Größerer nur beschnuppert.
Das dritte zwingende Argument für den täglichen Hundespaziergang ist die Bewegung. Sie ist gesund für den Hund und für uns.
Wer zügig spazierengeht, bewegt seine Muskeln rhythmisch und aktiviert sie. Er atmet tiefer durch, der Körper wird besser durchblutet. Es schadet weder Hund noch Herr, wenn man zwischendurch kurz im Trab läuft. Schlecht

durchblutete Gefäße werden neu durchblutet (der Arzt nennt das *Kapillarisierung)*, der Organismus wird leistungsfähiger. Damit man sich nicht übernimmt, fühlt man seinen Puls, der auf 110 Schläge in der Minute steigen darf. So ein Zwischentrab kann bis zu sechs Minuten dauern. Mit seinem Hund trifft man ein Übereinkommen: Ein Stück wird geschnüffelt und hier und da stehengeblieben, ein Stück wird zügig gegangen. Das ist gar nicht schwierig, denn viele Hunde drängen streckenweise auf Tempo.

Je einsamer die Gegend, um so umweltfreundlicher ist der Hundehaufen

Bemerkungen zum Thema Leine

Die Leine ist sozusagen der verlängerte Arm des Menschen, der verhindern möchte, daß der Hund sich von ihm entfernt. Der Hund empfindet die Leine als Hemmnis, wenn ihn eine Duftmarke an einen Baum lockt, wenn er eine Katze jagen möchte oder wenn ihm das vom Menschen vorgeschriebene Spaziertempo nicht gefällt. Die auseinanderstrebenden Interessen kann man leicht beobachten, wenn man Hundebesitzer sieht, die sich von einem Boxer oder einem Airedale Terrier durch die Gegend schleudern lassen oder mit aller Kraft und langem Arm versuchen, einen zerrenden Dackel oder Spaniel zu halten. Ist der Hund am Vorderkörper so muskulös wie ein Huskie, der immer schwere Schlitten ziehen will, oder wie ein Basset, der Spuren wesentlich schneller verfolgen muß als sein Herr, dann tut man sich schwer mit der *Leinenführigkeit*. So nennt man die geglückte Erziehung – das Gegenteil der *Leinenzerrigkeit* –, die beim Spazierengehen eine Harmonie zwischen Herr und Hund herstellt. Der Hund geht neben oder vor seinem Herrn an langer, lockerer Leine. Der wichtigste Grundsatz ist übrigens, nie die Leine ganz kurz zu halten.

Wir hängen selber immer noch an den Leinen unserer Bassetrüden, wobei wir heute nicht mehr so durch die Gegend gezerrt werden wie früher. Allerdings ist das absolute Bei-Fuß-Gehen einem Basset gegen seinen Willen nicht beizubringen. Ich finde es im übrigen nicht schön, wenn ein Hund mit eingeklemmter Rute und angelegten Ohren bei durchhängender Leine korrekt am linken Knie seines Führers klebt, ständig eines korrigierenden Ruckes der Leine oder einer anderen Strafe gewärtig.

Ein Hund im Vollbesitz seiner Kräfte, der braven Schrittes neben uns geht, ist kein natürlicher Hund. Ihm hat man eine seiner wesentlichen Eigenschaften und Veranlagungen wegerzogen: das Laufen. Der Hund ist ein Lauftier, und der Trab ist seine normale Fortbewegungsart. Die meisten Hunde bewegen sich immer so, als ob sie Eile hätten, und wenn man sie an der Leine führt, dann ziehen sie eben. Es sei denn, auch wir machen einen flotten Dauerlauf. Kann man den Hund frei laufen lassen, dann wird er voraus traben, an irgend etwas Interessantem schnüffeln, sich von uns überholen lassen, uns wieder einholen, vorauslaufen, zurückkommen und so unseren Weg doppelt und dreifach zurücklegen. Da man heute nur noch selten Hunde frei laufen lassen kann, ist es für jeden normalen Hund, der ausdauernd und gut zu Fuß ist, ideal, neben dem Rad herzulaufen. Selbst kurzbeinige Hunde können das, wir müssen nur das Radfahrtempo auf den Hund ausrichten.

Ebenfalls bewährt hat sich die lange Leine, die sich von selber in einem Kunststoffkasten aufrollt. Sie ist auf Seite 27 abgebildet. Ich habe festgestellt, daß ein Hund, der an kurzer Leine zieht, an dieser Leine mit einem Radius von vier oder fünf Metern durchaus manierlich geht.

Für den großen Spaziergang, auf dem wir den Hund nicht frei laufen lassen können, sollten wir uns eine Spezialleine anschaffen. Es gibt Schweißleinen aus Rindsleder bis zu einer Länge von acht Metern. Mit ihr können wir den Hund zumindest in einem größeren Umkreis laufen und schnüffeln lassen. Wir sollten nur aufpassen, daß uns der Hund nicht in die Leine wickelt. Dennoch müssen wir versuchen, unserem Hund eine gewisse Leinenführigkeit anzuerziehen, denn im Gedränge einer Großstadt kann ein zerrender Hund gefährlich werden.

Der Hund und das Auto

Da unser häufigstes Fortbewegungsmittel das Auto geworden ist, sollten

Der Dalmatinerchampion Cortina vom Hause Lutzina auf Mäusejagd

wir unseren Hund dazu bringen, daß er gerne Auto fährt und daß das Auto für ihn ein sich bewegendes Zuhause ist. Es gibt Hunde, für die ist das Autofahren problemlos. Man kann den Hund zum Autofahren erziehen, wenn man ihn von klein auf daran gewöhnt. Seine erste Fahrt ist meistens die vom Züchter zu uns. Daß man dabei besonders vorsichtig fährt, habe ich bereits beschrieben. Wenn man dann den Hund allmählich mit kurzen Strecken an das Auto gewöhnt, wird er fast mit Sicherheit gerne fahren. Wie man den Hund richtig ein- und aussteigen läßt, wie man verhindert, daß er sich von Fremden in deren Auto locken läßt, und wie man ihm beibringt, daß er unser Auto bewacht, lesen Sie im Erziehungskapitel.

Am besten und sichersten liegt der Hund vorn am Boden vor dem Beifahrersitz, möglichst auf seiner Decke. Da ist es nicht zugig, und es rüttelt am wenigsten. Der Hund darf jedoch nicht so groß sein, daß der Beifahrer seine Beine nicht unterbringen kann. Für einen großen Hund ist der Rücksitz der geeignete Platz. Er sitzt oder liegt dort auf seiner Decke, die man rutschfest in die Polster gesteckt hat. Wenn man ihm im Auto immer den gleichen Platz anweist, dann betrachtet der Hund diesen Platz bald als den seinen und wird während der Fahrt nicht im Auto herumspringen oder herumklettern. Neigt der Hund dazu, muß man ihn anleinen, und zwar so kurz, daß er nicht vom Sitz herunterspringen und sich an seiner Leine erhängen kann. Es gibt aber spezielle Schutzgitter und Schutznetze, die verhindern, daß der hinten sitzende Hund nach vorne springt oder den Fahrer belästigt.

Belüftungsgitter aus unzerbrechlichem Kunststoff klemmt man in die halb geöffneten Fenster. Sie verhindern, daß Hund oder Kinder den Kopf aus dem Fenster stecken. Wird der Wagen geparkt, kann man die Fenster für die nötige Luftzufuhr weit genug geöffnet lassen.

Auf einer großen Reise müssen wir bei aller Kilometerfresserei dem Hund die Möglichkeit geben, sich viermal am Tag lösen zu können und dabei ein wenig herumzuspazieren, was auch uns sehr guttut. Selbstverständlich hat man ihn am Rand der großen Straßen an der Leine.

Halten oder parken wir irgendwo, dann lassen wir den Wagen nicht in der Sonne stehen. Wir berechnen auch den Stand der Sonne und das Wandern des Schattens, wenn wir weggehen wollen und den Hund im Auto lassen, damit er es bewacht.

Wenn ein Hund nicht gerne Auto fährt, ist eine längere Reise ein Problem. Man kann es verringern, wenn man folgende Punkte beachtet:

1. Der Hund sitzt oder liegt so im Auto, daß er die vorbeiflitzenden Bäume und Häuser genausowenig sieht wie die anderen Fahrzeuge auf der Straße.
2. Wir geben ihm durch häufiges Streicheln und Zureden das Gefühl der Geborgenheit und Sicherheit.
3. Wir geben ihm vor der Reise ein Mittel gegen Reisekrankheit, das der Tierarzt verschrieben hat.
4. Wir versuchen, möglichst wenig ruckartig zu fahren und die Kurven nicht so zu nehmen, daß alles im Wagen hin und her rutscht. Wir bremsen nicht übertrieben, und wir machen keine Kavalierstarts.

Wenn wir dann noch für möglichst viel frische Luft und möglichst wenig Zigarettenqualm sorgen, wird der Hund die Fahrt gut überstehen.

Es ist klar, daß Hunde während der Fahrt nicht aus einem geöffneten Fenster schauen dürfen. Es sind schon Hunde wegen eines Kollegen während der Fahrt aus dem Fenster gesprungen. Auf jeden Fall aber bekommt der Hund durch den Fahrtwind eine Bindehautentzündung.

Die Eisenbahn und der Hund

Wer lieber mit der Bahn fährt oder kein Auto hat, für den gelten im Bereich der Deutschen Bahn folgende Möglichkeiten. Kleine Hunde, die auf dem Schoß gehalten oder in einer Box transportiert werden, werden unentgeltlich befördert. Größere Hunde kosten die Hälfte des jeweiligen Fahrpreises für Erwachsene (ohne Zuschlag) erster bzw. zweiter Klasse. Diese Regelung gilt für Züge aller Art, auch ICE. In den Schlaf- und in den Liegewagen dürfen Hunde mitgenommen werden, wenn Fahr-

und Bettkarten für das ganze Abteil gelöst werden. Die Hunde von Schwerbehinderten werden kostenlos befördert. Es ist aber angezeigt, sich vor Antritt der Reise bei der Bahn zu informieren – es könnte Änderungen gegeben haben.

Der Hund geht in die Luft

Das ist eine so komplizierte Geschichte, daß Sie sich auf jeden Fall bei der Fluglinie bzw. im Reisebüro informieren müssen, denn jedes Unternehmen und jedes Bestimmungsland kann andere Beschränkungen auferlegen. Dennoch sollen hier einige allgemeine Informationen gegeben werden. Meist werden Hunde wie aufgegebenes Gepäck befördert; einige Länder verlangen jedoch Transit und Einfuhr wie deklarierte Frachtsendungen. Für die Beibringung der entsprechenden (Gesundheits-)Dokumente ist der Tierbesitzer verantwortlich. Hunde müssen immer in einem speziellen Behälter befördert werden, der – bei rechtzeitiger Bestellung – bei der Fluglinie gekauft werden kann. Zahlreiche Fluggesellschaften halten Reisehütten in verschiedenen Größen bereit. Die Anzahl der erlaubten Tiere an Bord eines Flugzeugs ist begrenzt; deshalb ist die Beförderung nur bei einer bestätigten Reservierung für den Hund möglich. In besonderen Fällen gestattet die Lufthansa, kleine Schoßhunde in die Kabine mitzunehmen; auch dies nur in einem geeigneten Behältnis und nach Reservierung. Auch Chartergesellschaften nehmen Hunde mit.

Größere Hunde werden in Hundereisehütten im Frachtraum befördert, bei internationalen Flügen gilt das wegen der Einreisebestimmungen grundsätzlich für alle Hunde. Bei langen Flugreisen wird der Hund verpflegt; Bord- und Bodenpersonal sind durch Laufzettel über die vierbeinigen Passagiere unterrichtet. Da man mindestens eine Woche vor dem Flug das Ticket für seinen Hund erwerben sollte, kann man am Flughafen gleich die Reisehütte kaufen und den Hund darin schon mal »probewohnen« lassen. Beim Abflug kann er in der Reisehütte bis zum Einsteigen bei uns bleiben; dann wird er in den Frachtraum gebracht, der genauso klimatisiert ist wie die Passagierkabine.

Die Beförderung des Hunds wird meist nach Übergepäckgebühr berechnet (Ausnahme sind Blindenhunde und bei der Lufthansa innerdeutsche Verbindungen); doch die Hundetarife der Luftverkehrsgesellschaften würden ein Buch mit vielen Seiten füllen.

Unser Hund und der Urlaub

Jedes Jahr mindestens einmal kommt die Zeit, in der sich alle Menschen auf Reisen begeben. Diese Zeit nennt man Urlaub, und den verbringt man lieber anderswo. Je mehr Leute verreisen, um so sorgfältiger und rechtzeitiger muß man seinen Urlaub planen, besonders, wenn man Hundebesitzer ist und seinen Freund mitnehmen will. Er hält uns die Treue, das liegt in seiner Natur als Meutetier, und erwartet, daß auch wir ihm die Treue halten. Daher nehmen immer mehr Hundebesitzer ihren Hund in den Urlaub mit. Inzwischen sind das über eine Million pro Saison. Wie überall, macht es auch hier die Masse möglich: Das Reisen mit Hunden wird immer bequemer. Immer mehr Hotels, Gastwirtschaften und Campingplätze sind hundefreundlich geworden. Und wer auf eigene Faust verreisen will, muß sich nur nach den richtigen Adressen erkundigen.

Erschöpfende Auskunft gibt das Sonderheft »Der Hund im Urlaub« der Zeitschrift »Der Hund« (erschienen Januar 1996). Es enthält über 2000 Adressen von Pensionen, Ferienhäusern, Privatzimmern, Bauernhöfen und Hotels in europäischen Urlaubsregionen. Zu beziehen über: Der Hund, Leserservice, Postfach 318, 10108 Berlin.

Wer nach Frankreich fährt, kann im »Michelin France« nachschauen, in welchen Hotels oder Restaurants das Mitbringen von Hunden gestattet ist. Lassen Sie sich von Ihrem Hotel oder Reisebüro die Buchung mit dem Hund auf jeden Fall schriftlich bestätigen.

In manchen Ländern ist noch der Maulkorb vorgeschrieben, zum Teil in der Eisenbahn oder in öffentlichen Verkehrsmitteln. Sollten Sie unterwegs einen kaufen müssen, Maulkorb heißt auf englisch *muzzle,* auf französisch *muselière,* auf italienisch *museruola* und auf spanisch *bozal.*

Einreisebestimmungen für den Hund

Die einzelnen Länder haben mehr oder weniger strenge Bestimmungen für die Einfuhr eines Hundes. Die folgende Liste gibt den Stand von Januar 1996 wieder. Da sich die Vorschriften kurzfristig ändern können, empfiehlt sich vor Reiseantritt die Nachfrage bei Ihrem Tierarzt, Amtstierarzt, beim zuständigen Konsulat, beim ADAC oder beim Deutschen Grünen Kreuz (Schuhmarkt 4, 35037 Marburg).

Jeder Tierarzt trägt alle vorgenommenen Impfungen in den Internationalen Impfpaß des Internationalen Grünen Kreuzes ein. Achten Sie vor Antritt einer Reise darauf, daß keine der vom Reiseland geforderten Angaben übersehen wurde. Auch das amtliche Gesundheitszeugnis und die amtliche Identitätsbescheinigung werden im Internationalen Impfpaß auf den dafür vorgesehenen Seiten bestätigt.

Belgien

Erforderlich ist die tierärztliche Bescheinigung über die Tollwutimpfung, die mindestens 1 Monat vor Einreise erfolgt sein muß. Für weniger als 3 Monate alte Hunde ist sie 6 Monate gültig, für ältere 12 Monate. Der Internationale Impfpaß (Green-Cross-Formular) wird anerkannt.

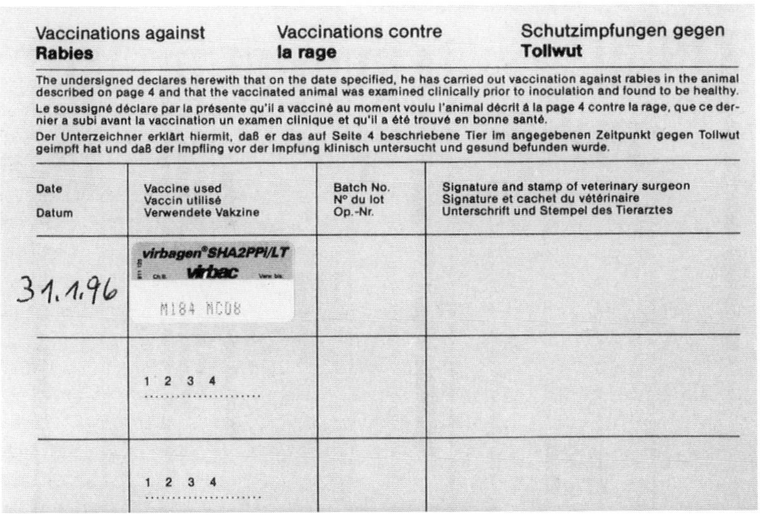

Vaccinations against **Rabies** | Vaccinations contre **la rage** | Schutzimpfungen gegen **Tollwut**

The undersigned declares herewith that on the date specified, he has carried out vaccination against rabies in the animal described on page 4 and that the vaccinated animal was examined clinically prior to inoculation and found to be healthy.
Le soussigné déclare par la présente qu'il a vacciné au moment voulu l'animal décrit à la page 4 contre la rage, que ce dernier a subi avant la vaccination un examen clinique et qu'il a été trouvé en bonne santé.
Der Unterzeichner erklärt hiermit, daß er das auf Seite 4 beschriebene Tier im angegebenen Zeitpunkt gegen Tollwut geimpft hat und daß der Impfling vor der Impfung klinisch untersucht und gesund befunden wurde.

Date Datum	Vaccine used Vaccin utilisé Verwendete Vakzine	Batch No. N° du lot Op.-Nr.	Signature and stamp of veterinary surgeon Signature et cachet du vétérinaire Unterschrift und Stempel des Tierarztes
31.1.96	virbagen® SHA2PPi/LT virbac M184 MC08		
	1 2 3 4		
	1 2 3 4		

In Höhe und Breite stufenlos verstellbares Hundeschutzgitter für Kombis

Eintragung der Tollwut-Schutzimpfung in den Internationalen Impfpaß

Bulgarien
Erforderlich ist der Internationale Impfpaß mit Tollwutimpfbescheinigung und ein amtstierärztliches Gesundheitszeugnis, das nicht älter als 10 Tage sein darf. Die Tollwutimpfung muß mindestens 1 Monat und darf höchstens 12 Monate zurückliegen.

Bundesrepublik Deutschland
Bei der Ein- und Durchfuhr von Hunden im Reiseverkehr wird lediglich der Nachweis einer wirksamen Tollwutschutzimpfung verlangt, die mindestens 30 Tage und längstens zwölf Monate vor dem Grenzübertritt durchgeführt worden sein muß. Die Frist von 30 Tagen entfällt bei einer längstens zwölf Monate nach der vorausgegangenen Tollwutschutzimpfung durchgeführten Wiederholungsimpfung.
Zum Nachweis der Impfung ist ein gültiger internationaler Impfpaß für Hunde oder eine tierärztliche Impfbescheinigung erforderlich.
Für die Rückreise mit dem eigenen Hund nach Deutschland sollten Sie sich grundsätzlich die entsprechenden Angaben gleichfalls vom Amtstierarzt bescheinigen lassen.

Dänemark
Erforderlich ist ein tierärztliches Tollwutimpfzeugnis in deutscher, englischer, französischer oder dänischer Sprache; zu verwenden ist das Green-Cross-Formular. Das Tier muß minimal 30 Tage und maximal 12 Monate vor Einreise geimpft worden sein.

Estland
Amtstierärztliches Gesundheitszeugnis und Bescheinigung im Internationalen Impfpaß über die Tollwutimpfung, die mindestens 7 Tage und höchstens 12 Monate zurückliegen kann.

Finnland
Tierärztliches Tollwutimpfzeugnis in deutscher, englischer, schwedischer oder finnischer Sprache. Aus dem Zeugnis müssen Aussteller, evtl. Amtsbezeichnung des Ausstellers sowie Ort und Datum der Impfung hervorgehen. Die Impfung muß mindestens 30 Tage und darf höchstens 12 Monate zurückliegen. Impfung gegen Staupe ist nicht gefordert, aber zu empfehlen.

Frankreich
Weniger als 4 Monate alte Hunde dürfen nicht eingeführt werden. Für über 4 Monate alte Hunde ist eine Tollwutimpfbescheinigung und ein tierärztliches Gesundheitszeugnis erforderlich. Bei Erstimpfung muß die Impfung mindestens 30 Tage vor Einreise erfolgt sein, bei Auffrischungsimpfung muß der Abstand zur vorangegangenen Impfung den im Herkunftsland geltenden Vorschriften entsprechen. Das Tier muß gut identifizierbar sein (Tätowierung

oder andere Identifikationsmittel, Beschreibung im Internationalen Impfpaß).

Griechenland
Erforderlich sind Internationaler Impfpaß mit Tollwutimpfbescheinigung und amtstierärztlichem Gesundheitszeugnis. Die Impfung muß mindestens 15 Tage und darf maximal 12 Monate vor Einreise erfolgt sein.

Großbritannien
Einfuhr von Hunden nur mit besonderer Genehmigung möglich; vorgeschrieben sind 6 Monate Quarantäne. Einzelheiten sind bei den britischen Konsulaten zu erfragen.

Irland
Wie Großbritannien. Die Einfuhrgenehmigung ist beim Department of Agriculture, Dublin, Ireland, zu beantragen.

Italien
Impfung gegen Tollwut, muß mindestens 20 Tage vor Einreise erfolgt sein. Anerkannt wird ein elfmonatiger Impfschutz. Amtstierärztliches Gesundheitszeugnis, das maximal 30 Tage alt sein darf. Leine und Maulkorb sind mitzuführen.

Bundesrepublik Jugoslawien
Es genügt ein tierärztliches Gesundheits- und Tollwutimpfzeugnis. Die Impfung muß mindestens 15 Tage und darf maximal 6 Monate vor Einreise erfolgt sein.

Kroatien
Wie Jugoslawien.

Lettland
Der Hund muß gegen Tollwut, Staupe, Virus-Hepatitis, Leptospirose und Parvovirose geimpft sein, und zwar mindestens 14 Tage vor und höchstens 6 Monate vor der Einreise. Weiterhin erforderlich ein amtstierärztliches Gesundheitszeugnis mit Nachweis einer Toxoplasmose- und Dermatomykose-Untersuchung, das nicht älter als 21 Tage sein darf.

Litauen
Wie Estland.

Luxemburg
Tierärztliches Tollwutimpfzeugnis. Die Impfung muß mindestens 30 Tage und darf maximal 12 Monate zurückliegen. Für unter 3 Monate alte Tiere ist eine Impfung nicht vorgeschrieben.

Marokko
Erforderlich sind Tollwutimpfung und ein höchstens 10 Tage altes amtstierärztliches Gesundheitszeugnis.

Niederlande
Tierärztliches Tollwutimpfzeugnis. Die Impfung muß mindestens 30 Tage zurückliegen. Für Hunde, die in einem Alter von unter 3 Monaten geimpft wurden, gilt der Impfschutz 3 Monate, für später geimpfte Hunde 12 Monate.

Norwegen
Weniger als 7 Monate alte Hunde dürfen nicht eingeführt werden. Eine Quarantäne ist nicht mehr vorgeschrieben. Verlangt wird eine kostenpflichtige Einfuhrgenehmigung. Das Formular, das bei den norwegischen Vertretungen zu bekommen ist, muß an folgende Adresse geschickt werden: Statens karantenestasjon for dyr, Verkseier Furulundsvejen 44, N-0668 Oslo 6. Die erforderliche amtstierärztliche Untersuchung darf nicht mehr als 10 Tage zurückliegen. Das offizielle Formblatt für dieses Gesundheitsattest wird mit dem Antragsformular für die Einfuhr zugesandt. Höchstens 10 Tage vor Einreise muß der Hund vom Tierarzt gegen Bandwürmer behandelt worden sein. Die Behandlung mit Praziquantel muß vom Tierarzt bestätigt werden. Vorgeschrieben sind Impfungen gegen Leptospirose, Hundestaupe und Tollwut. Neben einer Identitätskennung (Tätowierung am Ohr), die vor der Impfung gegen Tollwut vorzunehmen ist, wird eine Blutprobe zum Nachweis der Immunität gegen Tollwut verlangt. Die Tollwutimpfung darf nicht länger als 12 Monate zurückliegen. Die Blutuntersuchung darf frühestens 4 Monate nach der Tollwutimpfung vorgenommen werden, wenn sie zum ersten Mal durchgeführt wird. Bei jährlich wiederholter Tollwutimpfung und folgenden Blutuntersuchungen ist eine einmonatige Wartezeit zwischen Impfung und Untersuchung ausreichend. Die Blutuntersuchung muß von einer anerkannten Stelle durchgeführt werden; in Deutschland ist dies die Bundesforschungsanstalt für Viruskrankheiten der Tiere, WHO Tollwutzentrum, Paul-Ehrlich-Str. 28, 72076 Tübingen. Diese Untersuchung ist nur bis zur nächsten Tollwutimpfung gültig.

Die norwegischen Zollbehörden kontrollieren bei der Einreise die Identität des Tieres, das Gesundheitsattest und die Einfuhrgenehmigung. Impfpaß, Attest, Einfuhrgenehmigung und Attest der Blutuntersuchung müssen daher im Original mitgeführt werden.
Sind alle diese Bedingungen erfüllt, ist auch die Einreise nach Schweden gestattet.

Österreich
Erforderlich ist ein tierärztliches Tollwutimpfzeugnis, das enthalten muß: Name und Anschrift des Tierhalters; Beschreibung des Tiers nach Rasse, Geschlecht, Alter, Farbe; Name des Impfstoffs und des Herstellers sowie das Produktionszeichen (K.-Nummer). Die Impfung muß mindestens 30 Tage und darf höchstens 12 Monate zurückliegen. Maulkorb und Leine sollten mitgeführt werden.

Polen
Erforderlich ist Internationaler Impfpaß mit Tollwutimpfbescheinigung und amtstierärztlichem Gesundheitszeugnis. Die Impfung muß mindestens 21 Tage und darf höchstens 12 Monate zurückliegen.

Portugal
Erforderlich ist ein amtstierärztliches Gesundheits- und Impfzeugnis. Die Tollwutimpfung muß mindestens 30 Tage zurückliegen, anerkannt wird einjähriger Impfschutz. Das Gesundheitszeugnis sollte unmittelbar vor der Abreise ausgestellt werden.

Rumänien
Erforderlich sind ein tierärztliches Gesundheitszeugnis, das nicht älter als 10 Tage sein darf, sowie eine Tollwutimpfbescheinigung. Die Tollwutimpfung muß mindestens 30 Tage zurückliegen, sie bleibt 12 Monate gültig.

Russische Föderation
Vorgeschrieben ist ein amtstierärztliches Gesundheitszeugnis, das nicht älter als 10 Tage sein darf.

Schweden
Wie Norwegen. Die Einfuhrerlaubnis ist beim Schwedischen Zentrallandwirtschaftsamt, Smittskyddsenheten, S-55182 Jönköping, zu beantragen.

Schweiz
Impfung gegen Tollwut, Gesundheitszeugnis. Die Bescheinigung des Impftierarztes ist ausreichend. Anerkannt wird für die Tollwutschutzimpfung ein einjähriger Impfschutz. Es sind die Art des Impfstoffes, der Name des Impfstoffherstellers und die Chargennummer des verwendeten Impfstoffes anzugeben. Die Impfung muß mindestens 30 Tage vor Einreise erfolgt sein. Bei Durchreise per Eisenbahn oder Flugzeug ohne Zwischenaufenthalt gelten keine Einschränkungen.

Slowakische Republik
Für einen bis zu einem Monat dauernden Aufenthalt sind die im Internationalen Impfpaß eingetragene Tollwutimpfung sowie die Impfung gegen Staupe, Hepatitis und Parvovirose ausreichend. Kann die Impfung gegen die genannten Viruskrankheiten nicht nachgewiesen werden, ist ein amtstierärztliches Gesundheitszeugnis nötig, das bei der Einreise nicht älter als 3 Tage sein darf. Für einen längeren Aufenthalt ist die Einfuhrgenehmigung des staatlichen Veterinäramtes einzuholen.

Spanien
Benötigt wird ein tierärztliches Tollwutimpfzeugnis sowie ein Gesundheitszeugnis, das nicht älter als 14 Tage sein darf. Die Tollwutimpfung muß mindestens 30 Tage und darf nicht länger als 12 Monate zurückliegen.

Tschechische Republik
Wie Slowakische Republik.

Tunesien
Nachweis der Impfung gegen Tollwut, die höchstens drei Monate vor der Einreise nach Tunesien erfolgt sein darf. Amtstierärztliches Gesundheitszeugnis.

Türkei
Erforderlich ist der Internationale Impfpaß mit Bescheinigung der Tollwutimpfung und amtstierärztlichem Gesundheitszeugnis. Die Tollwutimpfung muß mindestens 14 Tage und darf höchstens 6 Monate zurückliegen. Das Gesundheitszeugnis darf nicht früher als 2 Tage vor Reisebeginn ausgestellt sein.

Ungarn
Nötig ist das amtstierärztliche Gesundheitszeugnis, das nicht älter als 8 Tage sein darf, und die Tollwutimpfbescheinigung. Die Tollwutimpfung muß mindestens 30 Tage alt sein, darf aber für die Wiedereinreise nach Deutschland höchstens 12 Monate zurückliegen. Auch eine Impfung gegen Staupe muß im amtstierärztlichen Gesundheitszeugnis oder im Impfpaß nachgewiesen werden.

USA
Das Zeugnis über eine Tollwutimpfung mit einem amtlich zugelassenen Impfstoff muß amtstierärztlich bescheinigt sein. Bei Verwendung eines inaktivierten Impfstoffs wird ein einjähriger Impfschutz anerkannt. Die Impfung muß mindestens 30 Tage vor Einreise erfolgt sein. Für unter 3 Monate alte Hunde wird (für maximal 4 Monate) eine Hausquarantäne angeordnet. Für einzelne Bundesstaaten gelten Sonderbestimmungen, deren Einhaltung bei der Einreise in diese Staaten kontrolliert wird. Auskünfte über die jeweiligen Sonderbestimmungen geben die Konsulate der USA.

Mit dem Hund auf Reisen
Vorweg möchte ich betonen: Klimaveränderungen, eine völlig neue Umgebung, lange Autofahrten, Bahnreisen oder Flüge sind für den Hund nicht angenehm. Das Unangenehme wird jedoch ausgeglichen durch die Tatsache, daß er in unserer Nähe sein kann. Wir müssen uns klar darüber sein, daß wir mit unserem Hund an keiner Gruppenreise teilnehmen können und daß auch das Mitnehmen von Hunden auf Kreuzfahrten unmöglich ist. Ins Hundegepäck gehören:

- eine Decke, auf der er schlafen kann,
- seine Wasserschüssel und ein Freßnapf,
- eine zweite kurze Leine, an der wir ihn im Restaurant oder auch im Hotelzimmer festmachen können,
- Kamm und Bürste, denn unterwegs müssen wir ihn noch sauberer halten als zu Hause,

- ein Trockenshampoo,
- ein dunkles Frottiertuch, mit dem wir ihn trockenreiben und den gröbsten Dreck entfernen können,
- evtl. seinen Lieblingshundekuchen oder einige Dosen mit Hundefertigfutter,
- eine Flasche Wasser für unterwegs.

Ein Hund kann ruhig ein oder zwei Tage so gut wie nichts fressen, dürsten lassen aber dürfen wir ihn auf keinen Fall länger als ein paar Stunden.

Vor der Reise bekommt er wenig zu fressen. Langes Stillsitzen mit vollem Darm ist genauso unangenehm wie langes Sitzen mit vollem Magen. Den kann er aber mühelos durch Erbrechen ins Auto entleeren.

Hängen Sie dem Hund auch einen Adressenanhänger um, und zwar mit zwei Adressen: der Urlaubs- und der Heimatadresse.

Am Urlaubsort muß sich unser vierbeiniger Begleiter genauso wie wir auf die neue Umgebung, womöglich auch auf das neue Klima einstellen. Das heißt, daß man Gewalttouren und sonstige Anstrengungen in den ersten Tagen nicht unternimmt. Wir denken auch daran, daß unser Hund die Hitze des Südens nicht gewohnt ist, und nehmen darauf Rücksicht. Mit einem wohlerzogenen Hund kann man nette Leute kennenlernen.

Sosehr wir darauf achten, daß unser Hund zu Hause andere Hundekontakte hat, in südlichen Ländern sollte man sie vermeiden. Unser Hund kann z.B. einen gefährlichen Bandwurm oder auch die Braune Hundezecke als unangenehme Reiseerinnerung mit nach Hause nehmen. Achten wir auch darauf, daß sich unser Hund nicht zu eingehend mit den Exkrementen der einheimischen Hunde befaßt.

Der Hund als Hotelgast

Gern wird diese Geschichte aus England zitiert: Ein Mann hat sich bei einem Hotel erkundigt, ob er mit seinem Hund

Auf längeren Autofahrten muß man dem Hund unterwegs reichlich Wasser geben

dort übernachten könne. Er bekam folgende Antwort: »Hunde sind uns immer willkommen. Im Gegensatz zu manchen unserer Gäste belästigen sie nicht das Zimmermädchen, putzen sich mit den Vorhängen nicht die Schuhe, brennen mit der Zigarette keine Löcher in die Bettdecke, werfen die Asche nicht auf den Teppich und nehmen den Aschenbecher nicht als Souvenir mit.« Das ist der Standpunkt eines hundefreundlichen Hotels, von denen es immer mehr gibt. Eine Faustregel besagt, daß, je feiner das Hotel, desto eher Hunde mitgebracht werden können. Der Gast ist König, und ein König hat nun einmal ein Gefolge. Es gibt Hotels, die Hundeschlafkörbe bereithalten und eigenes Hundefressen servieren, denn das meist scharf gewürzte Gasthausessen ist nichts für unseren Hund. Das kostet dann ein wenig, von drei bis zu zehn Mark am Tag. Ansonsten füttern wir den Hund mit dem ihm gewohnten Fressen auf dem Zimmer (besser noch im Bad), aus seinem Napf, unter den wir ein Tuch oder eine Zeitung legen. Übriggebliebene Freßreste gehören nicht in den Papierkorb, sie werden mit nach draußen genommen oder für das Zimmermädchen zum Wegräumen bereitgestellt. Es empfiehlt sich, dem Zimmermädchen gleich zu Anfang ein Trinkgeld zu geben, dann werden Sie kaum Ärger haben.

Suchen Sie für den Hund einen ruhigen und zugfreien Platz im Zimmer aus. Legen Sie dort seine Decke hin oder aber in einen Sessel, wenn der Hund es gewohnt ist, im Sessel zu schlafen. Stellen Sie ihm auch einen Wassernapf für die Nacht hin. Sorgen Sie dafür, daß der Hund in der Nacht nicht jeden Gast bellend meldet, der an Ihrer Tür vorbeigeht. Wenn Sie mit einem hotelfähigen Hund reisen und selber Rücksicht üben, tragen Sie dazu bei, daß Hotels hundefreundlich bleiben.

Der Hund geht ins Restaurant

In ein Restaurant sollte man einen Hund nur dann mitnehmen, wenn man ganz sicher ist, daß er niemanden belästigt und möglichst unsichtbar und unhörbar unter dem Tisch liegen bleibt. Er darf sich auch nicht durch weniger stille fremde Hunde aufregen lassen und in deren Gebell einstimmen oder gar versuchen, einen kleinen Kampf auszufechten. Jeden Hund, selbst den gehorsamsten, sollte man im Restaurant anleinen, denn falls eine läufige Hundedame ins Lokal kommen sollte, saust der besterzogene Rüde los. Einfachste

In einer Reihe von Badeorten gibt es besondere Hundestrände

weniger strapaziös als einer, mit dem man sich wirklich beschäftigen muß. Zwei Hunde beschäftigen sich selbst viel miteinander. Wir haben allerdings nie gleichzeitig zwei Welpen aufgezogen, sondern immer zu einem älteren Hund einen jungen hinzugenommen. Ein bißchen auch aus dem egoistischen Grund, daß man beim Tod eines Hundes nicht plötzlich ganz allein ist. Zunächst hatten wir zwei Rüden, was immer wieder einmal zu Reibereien führte. Wir haben sie bewußt nicht entscheiden lassen, wer nun wirklich der stärkere war. Wir wollten nicht, daß Boß Henry auf einmal mit zehn Jahren von dem dreijährigen David abgesetzt würde. Im übrigen gab es nur Reibereien, wenn wir dabei waren, allein waren sie ein Herz und eine Seele.

Als Henry starb, nahmen wir Stasi ins Haus, sie war schon zwei Jahre alt und zum Wegwerfhund geworden. Das ging, bis auf die Läufigkeit, problemlos. Unser Haus ist aber so groß, daß wir die Hunde während dieser Zeit getrennt halten konnten. Später ließen wir Stasi gegen Läufigkeit spritzen. Als David starb, blieb Stasi zwei Jahre allein, und jetzt lebt Schnuffel bei uns, ein Rüde, der so alt wie Stasi ist. Sein Besitzer bekam eine Hundeallergie und mußte sich von ihm trennen. Nach kurzen Schwierigkeiten – Stasi war recht ungnädig und er zu sehr Kavalier – geht es gut, sehr gut sogar. Die beiden spielen viel, Stasi wird schlanker und jünger. Allerdings scheint mir eine wichtige Voraussetzung für das gute Zusammenleben von zwei Hunden zu sein, zumal wenn der Neue bereits erwachsen ist, daß sie Platz genug haben, um sich auch einmal aus dem Weg und eigene Wege zu gehen.

Mit einer Rasse wie Bullterrier oder Kerry Blue kann so etwas schiefgehen, vor allen Dingen vertragen sich hier die Wurfgeschwister nicht miteinander. Je schneidiger die Rasse ist, desto mehr muß man aufpassen, daß nicht einer bevorzugt wird. Dann kann es Beißereien geben.

Ein weiteres Problem, das ein Freund hat, der zwei Irish-Terrier besitzt: Einzeln kann er sie mit in sein Landhaus nehmen, zusammen jedoch bilden sie eine Jagdgemeinschaft, der schon manche Katze zum Opfer gefallen ist. Einzeln bleiben sie ruhig auf dem Grundstück, zusammen durchbrechen oder überklettern sie den Zaun. Ähnliches erzählte mir eine Border-Terrier-Züchterin.

Schließt sich der junge Hund schnell und stark an den älteren an, wird seine Erziehung schwieriger. Denken Sie vor allem bei zwei Hunden daran, daß *Sie* der Rudelboß sind. Knurrt der ältere den jüngeren an, ist es sein gutes Recht. Unterdrückt er ihn zu sehr, weisen Sie ihn in seine Schranken. Versuchen Sie von Anfang an, beide Hunde zusammen zu füttern, dann wird es später keinen Ärger geben. Konfliktpunkte zwischen den beiden Hunden können herumliegendes Spielzeug oder Kauknochen sein. Selbst wenn der ältere Hund schon jahrelang nicht mehr gespielt hat, das vom jüngeren will er haben. Wenn Sie Kinder hatten, kennen Sie das.

Wie ich schon sagte, zwei Hunde sind für einander ein Gewinn und auch für Sie.

Die richtige Hundeernährung

Heute ist ein Hund den gleichen Risiken der Überflußgesellschaft ausgesetzt wie ein Mensch. Über die Hälfte aller Hunde in der Bundesrepublik, in Österreich und in der Schweiz ist falsch ernährt, wobei Unterernährung kaum noch festzustellen ist. Da die meisten Hundebesitzer nicht fachkundig und von überlieferten falschen Vorstellungen beeinflußt sind, ist auch die Hundeernährung verkehrt.

Dabei ist die richtige Ernährung in den letzten Jahrzehnten wichtiger geworden, als sie es in den Jahrtausenden vorher gewesen ist.

Denn der tägliche Kontakt zwischen Mensch und Hund wird immer enger, der Raum, auf dem beide leben, immer begrenzter. Der Hund ist Haushaltsmitglied, Konsument und Tischgenosse geworden.

Glücklicherweise werden die wissenschaftlichen Erkenntnisse über die richtige Hundeernährung immer größer. Während sich die Forscher lange Zeit nur für die Haustiere interessierten, die richtig ernährt werden mußten, um beste Nahrung für uns zu liefern, ist seit anderthalb Jahrzehnten der Hund dran. Die Forschungen wurden zum größten Teil von der Hundenahrungsindustrie angeregt. Während die Ergebnisse weitgehend dem Hundehalter unbekannt blieben, führte die Vermenschlichung des Hundes zu zwei grundlegenden Fehlern.

Der häufigste: Der Hund erhält seinen Anteil von der menschlichen Nahrung. Er bekommt Gulasch mit dicker Sauce und Nudeln und Kuchen und Bratkartoffeln und Butterbrote mit Wurst, kurz alles, was auf den häuslichen Tisch kommt. Er wird dabei so dick wie sein Frauchen und Herrchen: Übergewichtige Menschen haben oft übergewichtige Hunde.

Der zweite Fehler ist die reine Fleischnahrung, die genauso schädlich ist. Da hat man einmal gehört, daß der Hund ein Raubtier sei, und Raubtiere leben nun mal von Fleisch.

Die einseitige Fleischernährung stört den Mineralhaushalt. Haarausfall ist noch eine der harmlosesten Folgen, schlimmer sind Kieferverformungen, Gelenkschmerzen und Nierenkrankheiten. Man erkennt die reinen Fleischhunde an dem schwarzen, mengenmäßig geringen und übelriechenden Kot.

Kleiner geworden ist die Gruppe, die den Hund als reines Nutztier betrachtet, als landwirtschaftlichen Vor-der-Tür-Hund oder als Schrottplatzbewacher, und die am Futter spart. Diese Halter füttern den Hund mit Abfällen und mit Knochen. Zu ihnen gehören jene Hundesportler, die finden, daß man früher Hunde auch nicht extra ernährt hat und daß Knochennahrung unerläßlich für den Knochenbau und die Beißkraft ist. Diese armen Knochenhunde erkennt man an ihrem weißen, harten und kalkhaltigen Stuhl. Auch sie sind falsch ernährt.

Zu den Pflichten des Hundehalters gehört die richtige Ernährung. Sie ist sogar im neuen Tierschutzgesetz verankert. In §2 heißt es: »Wer ein Tier hält, betreut oder zu betreuen hat,

1. muß dem Tier angemessene artgemäße Nahrung und Pflege sowie eine verhaltensgerechte Unterbringung gewähren,
2. darf das artgemäße Bewegungsbedürfnis eines Tieres nicht dauernd und nicht so einschränken, daß dem Tier vermeidbare Schmerzen, Leiden oder Schäden zugefügt werden.«

So kann nach dem Gesetz ein verzärtelter, überfütterter oder nur mit Fleisch ernährter Hund dem Besitzer weggenommen werden, genauso wie einer, der nur schnell vor die Tür gelassen wird und mit dem man nicht spazierengeht.

Vielfach wird bei Hunden der Energieverbrauch auf Sparflamme zurückgedreht, die Kalorienaufnahme aber nicht. Und gerade diese Hunde werden mit

Ein idealer Hund: der Deutsch-Drahthaar-Rüde Arras vom Höllranken

Leckerbissen ernährt. Eine einseitige Fütterung mit Herz, Leber oder schierem Rindfleisch bringt eine Energiezufuhr, die der Organismus eines Haushundes nicht einmal annähernd verarbeiten kann.
Seinen Hund richtig zu ernähren, muß man lernen. Sowie man auch lernen muß, sich selbst richtig zu ernähren. Und wie schwer das ist, zeigen die vielen Übergewichtigen.
In diesem Kapitel gebe ich Ihnen die nötigen Anhaltspunkte und Hinweise, jeweils nach dem neuesten Stand der Forschung. So brauchen Sie sich kein Spezialwerk über Hundeernährung zu kaufen oder gar ein Hundekochbuch.

Die Eßgewohnheiten des Hundes

Ein Hund ist kein Mensch, der nur zufällig ein Fell und vier Beine hat. Er ist aber auch kein Raubtier mehr, obwohl er aus seiner Raubtiervergangenheit viele Eßgewohnheiten beibehalten hat. Deshalb muß man, wenn man einen Hund richtig ernähren will, wissen, wie sich seine Vorfahren ernährt haben.
Es steht fest, daß unsere Hunde von den Wölfen abstammen. Der Wolf frißt hauptsächlich Kleintiere. In Notzeiten schließen sie sich bei der Jagd zu Rudeln zusammen und reißen gemeinsam auch größere Tiere und verschlingen von der Beute soviel wie nur eben möglich. Wölfe kennen Großmutters Spruch »Gut gekaut ist halb verdaut« nicht, ein richtiger Räuber muß schlingen, sonst nimmt ihm sein Kumpan etwas weg. Sein Magen ist recht geräumig und kann große Stücke vertragen. Er ist darauf spezialisiert, konzentrierte, eiweißreiche Nahrung zu verarbeiten, die in größeren Zeiträumen in größeren Mengen anfällt. Die Hundeahnen konnten sich nur alle paar Tage sattfressen. Jeder Wolf hat die Fähigkeit, abseits der Gruppe das Heruntergeschlungene wieder zu erbrechen und erneut in Ruhe zu verzehren. Das gleiche macht er, wenn er beim Schlingen einen zu großen Knochen oder etwas anderes Unpassendes erwischt hat.
Beim Fressen wird aber nicht nur das Muskelfleisch verschlungen, sondern auch Sehnen und Bänder und vor allem der Magen und die Eingeweide mit dem darin enthaltenen Speisebrei, der größtenteils pflanzlicher Herkunft ist. Die ausgewogenste Wolfsnahrung sind die Kleintiere mit der Zusammensetzung von 40% Eiweiß, 50% Fett und 10–15% Kohlenhydrate.
Ist die Beute zu groß, wird der Rest liegengelassen oder vergraben und später verzehrt. Auf das Fressen folgt immer eine ausgiebige Ruhepause und, wenn möglich, ein ebenso ausgiebiges Wassertrinken.
Wer einen Hund hat, wird manches aus der wölfischen Vergangenheit wiedererkennen. Anatomisch ist der Hund noch immer der Beutetierfresser; das sehen wir am Gebiß und am Verdauungstrakt. Er vergräbt gerne Nahrungsreste oder Knochen im Garten oder in Zimmerecken oder auf dem Sofa, obwohl er weiß, daß er täglich seine Mahlzeiten erhält. Er schlingt und kann häufig die Grenzen seines Hungers nicht erkennen. Er gibt leicht das Heruntergeschlungene wieder von sich, ohne daß wir gleich eine Krankheit vermuten müssen. Mit Wonne frißt er wieder Ausgegrabenes. Auch wenn dieses vergammelte Fleisch für unsere Nasen stinkt: Er darf es ruhig fressen. Dieses Fleisch ist in der Erde wie ein alter Käse reif geworden und ist deshalb kein schlecht gewordenes, kein verdorbenes Fleisch, das ihn vergiften würde. Ganz im Gegensatz zu dem im Kühlschrank verdorbenen Fleisch. Das ist etwas ganz anderes und sehr gefährlich. Nicht nur, daß sich auf diesem Fleisch die Bakterien in großen Mengen vermehren und schwere Verdauungsstörungen hervorrufen können, es haben sich auch Schimmelgifte gebildet, die zu Leberschädigungen und Nervenentzündungen führen können.
Bisher habe ich geschildert, wie weit unser Hund noch eine Wolfsnatur hat. In anderen Ernährungsfragen hat er sich stärker an uns angepaßt. Nach wie vor braucht er aber sein tägliches Quantum Eiweiß, das mindestens 25% seiner Nahrung ausmachen und 50% nicht überschreiten sollte. Der Rest sollte sich aus pflanzlichen Bestandteilen – Kohlenhydraten und Fett – zusammensetzen. Je weniger der Hund arbeitet, um so weniger Fett braucht er. Die Mindestmenge ist jedoch 5%. Der Anteil der Kohlenhydrate sollte 45% nicht überschreiten. Kohlenhydrate sind jedoch wichtig, denn auch bei der Hundeernährung gilt der Satz »Fett verbrennt nur richtig im Feuer der Kohlenhydrate«.

Anmerkungen zur Ernährungslehre

Aus meiner Arbeit als Kochjournalist weiß ich, daß Begriffe wie Eiweiß oder Kohlenhydrate zwar bekannt sind, aber nicht von jedem erklärt werden können. Ich halte es deshalb für wichtig, Ihnen zu erzählen, wie das Lebewesen Hund lebt, atmet, läuft, springt, wedelt, bellt und sich wälzt. Für das, was das Lebewesen Mensch macht, gilt ähnliches.
Was lebt, braucht Energie, und die Energie liefert die Nahrung. Genauer gesagt die chemischen Bausteine der Nahrung: Eiweiß, Kohlenhydrate und Fett. Der Körper verwandelt die Energie der Nahrung in andere Energieformen: in Wärme, damit die Körpertemperatur ständig 38,5 Grad beträgt; in Elektrizität, damit das Nervensystem funktioniert; in chemische Energie, damit der Körper wachsen und ständig neue Zellen bilden kann; in mechanische und Bewegungsenergie, damit er atmen, bellen, die Muskeln zusammenziehen und strecken und dadurch laufen und springen kann.
Die Energieumwandlung erfolgt durch einen Verbrennungsprozeß. Deshalb mißt man die Nahrungsmittel nach ihrem energieliefernden Brennwert für

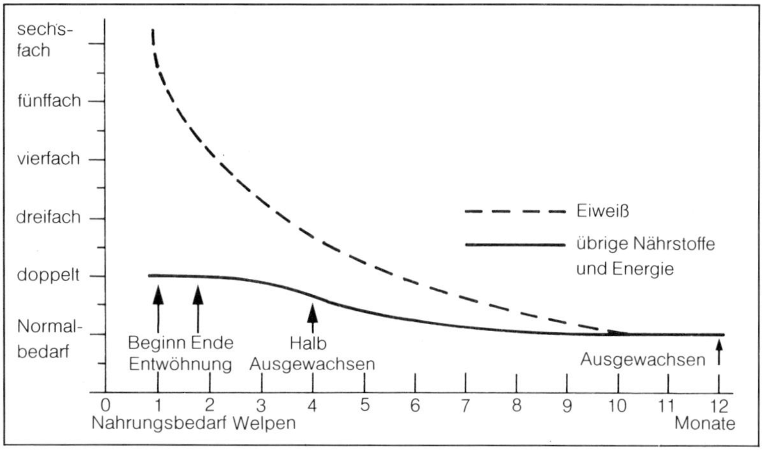

Hündinnen sowie für Welpen vor und nach der Schutzimpfung, und schließlich

- als *Abmagerungs-Diät* für den zu dicken Hund.

Der junge Hund ist da und will fressen

Von der Mutter entwöhnt und vom Züchter schon auf feste Nahrung umgestellt, kommt der Welpe ins Haus.

Auf jeden Fall haben wir den Züchter gefragt, was er ihm zu fressen gegeben hat. Vielleicht hat er uns sogar einen Futterplan aufgestellt. Wenn er in der Zubereitung nicht zu umständlich ist, können wir weiter dasselbe geben.

Stellen wir ihn auf neue Nahrung um, dann sollten wir behutsam vorgehen. Sonst gibt es Durchfall. Warum, lesen Sie auf Seite 303. Denken wir daran, daß jetzt die Freßweichen für ein ganzes Leben gestellt werden! Darum mache ich Ihnen einige Ernährungsvorschläge, die Hundeernährungsspezialisten im Auftrag der Fertigfutterhersteller erarbeitet haben. Traditionalisten unter meinen Lesern, alternativen Hundehaltern und Natürlichdenkern möchte ich ausdrücklich erklären, daß ich hier keine Werbung für Vorgefertigtes machen will (in meiner Menschenküche lehne ich Vorgefertigtes aus Geschmacksgründen ab). Ich möchte Ihnen nur den besten und leichtesten Weg zur richtigen Hundeernährung zeigen, und der ist mit Vollnahrung gesäumt.

Wir füllen dem Welpen die Schüssel mit einem der Nahrungsvorschläge und lassen ihn 15 Minuten fressen. Dann nimmt man die Schüssel weg. Was er dann nicht gefressen hat, braucht er nicht mehr, und wir bringen ihm gleichzeitig bei, beim Fressen nicht zu trödeln. Außerhalb der Fütterungen bekommt er nichts. Er lernt dadurch, daß er nur das fressen darf, was in seinem Napf ist. Auch eventuelle Belohnungen legen wir immer in den Napf. Dadurch verhindern wir schon in früher Jugend, daß unser Hund später bettelt, von Fremden etwas annimmt.

Als Getränk bekommt er nach der Mahlzeit frisches Wasser.

Nach einem Jahr geben wir nur noch eine Mahlzeit, entweder gegen 13 Uhr oder 18 Uhr. Dann bekommt er die Nahrung eines erwachsenen Hundes, die Sie aus den Tabellen errechnen können. Es sei denn, der Züchter hat Ihnen für spezielle Rassen, die sich langsam entwickeln und sehr groß sind, einen anderen Futterplan gegeben.

Am einfachsten ist die Ernährung mit Pal für Welpen. In der Spezialnahrung ist alles enthalten, was der wachsende Körper zum Aufbau braucht. So können Sie auf die Kalktablette pro Tag, den Teelöffel Lebertran, Tetravitol oder Sanostol zweimal pro Woche verzichten. Andererseits lernt ein Welpe bei ihrer Einnahme schon von klein auf, ohne Anstellerei Medikamente zu schlucken. Der Energiegehalt von Pal für Welpen beträgt pro 100 Gramm 462 kJoule/110 Kalorien.

Zeitraum	Anzahl der Fütterungen	erste Fütterung	letzte Fütterung
3. Lebensmonat	5	7 Uhr	19 Uhr
4./5. Lebensmonat	3	8 Uhr	18 Uhr
6./7. Lebensmonat	3	9 Uhr	17 Uhr
8.–12. Lebensmonat	2	9 Uhr	15 Uhr

Und so füttert man:

Alter der Welpen in Monaten:	2–3	4–6	7–12
Gewicht des ausgewachsenen Hundes:	Normaldosen pro Tag (auf Anzahl der Fütterungen verteilen):		
6–8 kg (z. B. Dackel)	1	1½	1¾
12–15 kg (z. B. Cockerspaniel)	1½	2	2½
20–26 kg (z. B. Setter)	2	3½	4
28–35 kg (z. B. Schäferhund)	2¾	4½	5

Andere Hunde entsprechend ihrem Gewicht mehr oder weniger.

Komplizierter sind die folgenden Zusammenstellungen:

Alter des Welpen	Gewicht des Welpen	Mahlzeiten pro Tag	kJoule/Kalorien-Bedarf pro Tag	Nahrungsvorschlag (Menge dem kJoule/Kalorien-Bedarf anpassen
3. Monat	3–4 kg	4–5	3000/715	I, II, III oder IV
4. Monat	6½ kg	3–4	4600/1095	1½fache Menge von II, III oder IV
5. Monat	8½ kg	3	5600/1335	etwa doppelte Menge von II, III oder IV

Die Menge ist entsprechend dem Wachstum während des ersten Jahres zu steigern, um dann wieder auf den Bedarf eines erwachsenen Hundes gesenkt zu werden.

Die obigen Zahlen sind gedacht für Hunde, die später einmal zwischen 13 und 15 Kilo wiegen wie Spaniel, Kleinpudel oder Mittelschnauzer. Kleine Rassen wie Dackel, Zwergpudel und Zwergschnauzer benötigen etwa die Hälfte der angegebenen kJoule/Kalorien, große Hunde wie Deutscher Schäferhund, Boxer, Basset Hound oder Collie etwa die doppelte Menge.

Wichtig ist, daß das Futter weder zu heiß noch zu kalt ist. Es sollte Zimmertemperatur haben. Zutaten aus dem Kühlschrank gehören nicht sofort in den Napf.

Die in der Tabelle angegebenen Nahrungsvorschläge I bis IV sind wie folgt zusammengestellt:

Vorschlag I: 1 Normaldose Pal oder andere Fleischnahrung; 50 g Haferschleim oder feine in Milch gekochte Haferflocken; ½ zerdrückte Banane.

Vorschlag II: 250 g Lunge oder Pansen beziehungsweise 200 g Leber, Herz oder mageres Rindfleisch, alles gekocht und fein geschnitten; 120 g gekochter brauner Reis; 1 Eßlöffel Keimöl; 1 Eßlöffel Bierhefe, 1 Eigelb, ½ zerdrückte Banane. Dazu ⅛ Liter Vorzugsmilch.

Vorschlag III: 1 Normaldose Vollnahrung; 100 g gekochter Blumenkohl oder Möhren püriert und mit 1 Eigelb vermischt; 80 g gekochter brauner Reis; 1 Eßlöffel Keimöl. Dazu ⅛ Liter Vorzugsmilch.

Vorschlag IV: 250 g gekochtes Hühnerfleisch; 50 g gebrühte Vollkornflokken; 1 Eßlöffel Bierhefe; 1 Eßlöffel Keimöl. Dazu ⅛ Liter Vorzugsmilch.

Jeder Vorschlag enthält etwa 3000 kJoule/715 Kalorien.

Ob die Ernährung ausreichend ist, erfährt man durch regelmäßige Gewichtskontrolle. Wie die Tabelle auf Seite 60 zeigt, müssen Welpen ständig zunehmen.

Wie man einen Hund wiegt

Bei Welpen und kleinen Hunden ist das kein Problem, wir wiegen sie auf einer Baby- oder Küchenwaage. Der Hygiene halber legt man ein Moltontuch unter. Wird der Hund größer und schwerer, nehmen wir die Badezimmerwaage. Das ist schon schwieriger, denn die Wiegefläche ist meistens nicht größer als 30 × 30 cm. Das einfachste: Wir stellen uns auf die Waage und wiegen uns. Dann nehmen wir den Hund auf den Arm; das Übergewicht ist das Hundegewicht. Irgendwann jedoch ist es nicht mehr möglich, zum Beispiel einen Bernhardiner auf den Arm zu nehmen. Bei großen Hunden fragen wir also den Züchter, wie er seine Rasse wiegt, oder unseren Tierarzt.

Fragen zur Ernährung

1. Wieviel Wasser braucht ein Hund?

Das Bedürfnis der Wasseraufnahme wird bestimmt von Hunger *und* Durst; von besonderen Leistungen wie Arbeit, Schwangerschaft oder Milchproduktion; vom Wetter wie Luftfeuchtigkeit, Hitze oder Kälte. Ein Teil des Flüssigkeitsbedarfs wird durch die Nahrung gedeckt – rohes Fleisch kann bis zu 80% aus Wasser bestehen –, was auch besagt, daß der Hund bei Trockenfuttergabe mehr Wasser als sonst trinken muß. Ein Hund von etwa zehn Kilo Körpergewicht trinkt am Tag ungefähr 0,35 Liter Wasser. Kleine Hunde trinken relativ mehr als große, doch Genaueres darüber ist noch nicht bekannt. Es gibt eine Untersuchung, die festgestellt hat, daß Hunde das meiste nach dem Fressen trinken, besonders dann, wenn sie nur einmal am Tag gefüttert werden. Aus diesem Grund sollte ständig frisches Trinkwasser bereitstehen, das man auf jeden Fall täglich erneuert. Es darf nicht zu kalt sein und auch nicht zu lange im Napf bleiben, da sich in verschmutztem Wasser Bakterien sammeln können.

2. Wann und wie oft füttere ich meinen Hund? Der Hund bekommt eine Hauptmahlzeit am Tag und eine kleine Nebenmahlzeit. Letztere kann ein Stück Hundekuchen sein oder eine Handvoll Halbfeuchtfutter. Der Mittag hat sich für die Hauptmahlzeit als sehr günstig erwiesen: Überschüssige Flüssigkeit kann bis zum Abend ausgeschieden werden, in der Nacht kann der Hund richtig verdauen, sich morgens lösen und hat dann bis mittags wieder Hunger. Da Hunde *Gewohnheitstiere* sind, gibt man ihnen ihre Mahlzeit möglichst zur gleichen Zeit. Nach der Mahlzeit braucht ein Hund Ruhe, schon seine Wolfsvorfahren gingen nach dem Essen schlafen. Das ist vor allen Dingen für große Rassen wichtig, deren voller Magen sich bei heftigen Bewegungen oder beim Springen umdrehen kann. Eine Krankheit, die umgehend operiert werden muß, sonst stirbt der Hund.

3. Braucht mein Hund Gewürze? Ein nach menschlichem Geschmack gewürztes Essen braucht der Hund nicht, da Pfeffer, Muskat oder Lorbeerblatt für seine Nase Reizstoffe sind. Außerdem ist ein solches Essen für den Hund nicht schmackhaft. Kochsalz enthält jedoch das lebensnotwendige Mineral Natrium, so daß eine leichte Salzung sogar gut ist. Der wachsende Hund braucht die doppelte Menge, eine säugende Hündin die dreifache Menge Natrium wie ein normaler Hund. Hat ein Hund stärkeren Durchfall oder erbricht er sich häufiger, sollte man den Kochsalzgehalt geringfügig erhöhen, wenn man nicht mit ihm zum Tierarzt geht. Auf Zucker kann ein Hund völlig verzichten, deshalb gewöhnt man ihn am besten gar nicht erst an Süßes. Wenn Hunde Obst fressen, schadet es nicht. Schaden können nur die Kerne, die bei Kirschen zur Verstopfung führen, bei Pfirsichen zu Fremdkörpern werden, die man operativ entfernen muß. Einen Blinddarm hat der Hund allerdings nicht. Alle Obstkerne, auch die von Äpfeln und Birnen, enthalten geringe Mengen von Blausäure, die bei Welpen zu Vergiftungserscheinungen führen können.

4. Wie ist das mit der Verdauung? Der Hund sollte einmal am Tag Stuhlgang haben. Der Haufen wird um so größer, je mehr Ballaststoffe im Futter waren. Bei überwiegender Fleischnahrung ist die Stuhlmenge klein, schwarz und übelriechend, dabei oft nur alle zwei Tage. Heller bis weißer und harter Stuhl deutet auf zu umfangreiche Knochenfütterung hin, Verstopfungen sind nicht selten die Folge. Idealer Hundekot ist gut geformt, mittelbraun bis hell und in der Menge der Rassengröße angepaßt. Zuviel Milchzucker, Leber oder Pansen können zu Durchfällen führen. Wobei man mit Pansen oder Euter einen harten Stuhl wieder weicher machen kann. Jeder Hund kann das Absetzen seines Kotes willentlich steuern, diese Fähigkeit macht ihn stubenrein. Durch Krankheit, Durchfall oder großen Schrecken kann diese Hemmung auch einmal durchbrochen werden.

5. Warum bekommt mein Hund bei Nahrungsumstellung Durchfall? Gibt man einem Hund, der bisher fast nur mit Fleisch ernährt wurde, die nötigen Kohlenhydrate zum selbstgemachten Futter oder stellt ihn auf Fertignahrung um, bekommt er meist Durchfall. Dann gibt man ihm dünnen schwarzen Tee mit etwas Salz, legt einen Fastentag ein und führt die Umstellung vorsichtig fort. Man mischt die *neue* Nahrung unter die *alte* und steigert langsam die Anteile der *neuen* Nahrung bis zur vollständigen Umstellung. Der Durchfall ist die Folge einer starken Säuregewöhnung durch fast ausschließliche Eiweißernährung (Aminosäuren). Bekommt er nun basenhaltige Kohlenhydrate gefüttert, gibt es in Magen und Darm eine Revolution.

6. Warum frißt mein Hund Kot? Das ist ein typisches Zeichen für falsche Ernährung. Besteht durch reine Fleischnahrung ein Säureüberschuß, so bekommt der Hund Gier nach alkalischen (basenbildenden) Stoffen, obwohl der Hundeorganismus die Fähigkeit hat, einen sehr großen Teil der Eiweißsäuren zu binden. In Aas sind wie im Kot Eiweiße in alkalischen Ammoniak umgesetzt. Frißt er den Dreck, kann er seinen Säureüberschuß abbauen. Man gewöhnt seinem Hund dieses Verhalten ab, indem man Basenbildner mitfüttert. Das sind vor allem Obst und Gemüse, die man jedoch nicht zu lange kochen darf, weil dann die Basenbildner ins Kochwasser gehen und das Gemüse selbst zum Säurebildner wird. Das beste bei selbstgemachter Nahrung ist blanchierter Kopfsalat, er enthält die größten Alkalianteile.

7. Füttere ich roh oder gekocht? Hier geht es vor allem um Fleisch, da wir Gemüse und andere Kohlenhydratträger wie Haferflocken und Reis sowieso kochen müssen. Wenn auch das rohe Fleisch für den Hund artgemäßer erscheint (kein Wolf hatte ein Lagerfeuer), so ist es ernährungsphysiologisch gleich, ob man roh oder gekocht füttert. Das im Fleisch enthaltene Eiweiß und Fett erhält der Hund so oder so. Doch immer mehr Tierärzte raten, dem Hund Fleisch nur noch gekocht zu geben. In neuester Zeit ist eine Virusinfektion aufgetreten, die für den Menschen ungefährlich, für den Hund aber tödlich ist. Die Aujeszkysche Krankheit tritt bei Schweinen ohne Symptome auf. Das infizierte Fleisch jedoch macht den Hund auf den Tod krank. Im übrigen können durch rohes Fleisch, vor allem

Hühnerfleisch oder Pansen, Salmonellen übertragen werden. Bei jungen Hunden ist das gefährlich. Erwachsene Hunde überstehen die Infektion unmerklich, können sie aber auf den Menschen übertragen. Aus diesen Gründen ist das Fleisch in der Fertignahrung entweder gekocht oder sterilisiert.

Als Beifutter kann man Eidotter roh geben, während das Eiklar Vitamine zerstört und Stoffe für Durchfälle enthält. So ist auch die Beifütterung von gekochten Eiern gesünder.

8. Knochen für den Hund? Knochen sind keine Hundenahrung. Selbst die starken Verdauungssäfte in einem Hundemagen reichen nicht aus, ein Überangebot an Knochen aufzulösen. Dadurch wird der Darminhalt verhärtet, und es kommt zu Verstopfung. Geflügelknochen und Wildknochen können splittern und den Hund verletzen, Kotelettknochen können in der Speiseröhre steckenbleiben.

Frische Knochen enthalten etwa 10% Kalzium und 10% Phosphor, wären also zur Mineralstoffergänzung sehr geeignet. Denn gerade Kalzium und Phosphor fehlen im Fleisch und auch in den als Beifutter verwendeten pflanzlichen Produkten. Die einzig geeigneten Knochen sind die weichen Kalbsknochen, die ohne weiteres zerbissen und im Magen völlig verdaut werden. Unbedenklich sind auch gekochte Hühnerhälse und die frischen Knorpel der Knochen.

Wer durch Knochen die Gebißmuskulatur seines Hundes stärken will, der nehme Büffelhautknochen, an denen der Hund herumbeißen kann ohne die Gefahr, sich einen Zahn auszubeißen oder ein Zahnstück abzubrechen. In der Vollnahrung ist Knochenmehl enthalten, aus dem sich der Hund die für ihn wichtigen Mineralien holen kann, ohne daß Verstopfung auftritt. Bei selbstgemachtem Futter sollte man auf ein gutes Knochenmehl nicht verzichten.

9. Warum hat mein Hund keinen Appetit? Ein Fastentag macht gar nichts und ist durchaus natürlich. Geht die Appetitlosigkeit über einen Tag hinaus, kann ein Rüde verliebt sein oder sich bei einer Hündin die Läufigkeit ankündigen. Auch mangelnde Bewegung kann zu Appetitlosigkeit führen. Ein flotter Marsch weckt den Hunger wieder. Bei jungen Hunden können Zahnschmerzen die Ursache sein, wenn sie zwischen vier und sieben Monaten ihre Zähne wechseln. Bei älteren Hunden kann starker Zahnstein und dadurch bedingte Schleimhautentzündung Appetitlosigkeit hervorrufen, oder aber die Zähne sind vereitert und schmerzen. Hier ist ein Besuch beim Tierarzt angebracht, genauso, wenn bei Appetitlosigkeit eine erhöhte Temperatur über 39 Grad Celsius auftritt. Ein Hund kann auch appetitlos sein, weil ihm das gleiche Essen zum Hals heraushängt. Man sollte es in so einem Fall mit Abwechslung versuchen oder gezielt einen Fastentag einlegen.

Ein Hund, der relativ wenig frißt, ist besser als ein Hund, der zuviel frißt, der immer und zu jeder Zeit fressen will. Mangelnder Appetit ist nur dann besorgniserregend, wenn der Hund dabei abmagert.

Der zu dicke Hund

Durch falsche Ernährung, durch zusätzliche Happen, durch Süßigkeiten sind etwa ein Drittel aller Haushunde zu dick. Es sind meist sehr vermenschlichte Hunde, denn die Ursachen des Übergewichts beim Hund sind ähnlich wie bei dicken Menschen. Und auch die Folgen sind die gleichen: Belastung von Kreislauf, Atmung und Skelett (besonders schlecht bei langrückigen Hunden wie Dackel); Störungen der Leberfunktion, Zuckerkrankheit, Hautausschläge; erhöhtes Risiko bei Operationen und Verkürzung der Lebensdauer. So schrieb Eugen Roth mit Recht: »An seinem frühen Grab erschüttert / Steh'n jene, die ihn überfüttert.«

Vor allem die zusätzlichen Happen, die sich der Hund mit wahrer Meisterschaft und unwiderstehlichem Gesichtsausdruck erbettelt, sind die Dickmacher.

Im übrigen: Weniger als 5% aller übergewichtigen Hunde sind dick wegen Hormonstörungen, alle anderen sind überernährt. Ich habe Ihnen das Normalgewicht aller aufgeführten Rassen vermerkt, doch sind das nur Anhaltspunkte, da es auch innerhalb der Rassen unterschiedlich kräftige Hunde gibt. Mit diesen Angaben, dem vergleichenden Wiegen des Hundes und der Fettmenge über den Rippenbögen kann man die Fettsucht seines Hundes feststellen. Wenn man die Rippenbögen nicht mehr sieht (wie bei einer Reihe Rassen erwünscht) und bei Rassen, die *prall* sein sollen, auch nicht mehr durch Tasten spüren kann, ist der Hund offensichtlich zu dick, von Hängebauch und anderem zu schweigen.

Das Tragische: Ein einmal fetter Hund braucht gar nicht mehr viel zu sich zu nehmen und bleibt doch dick. Eine langfristige Überernährung hat dafür gesorgt, daß nur noch wenig Nahrung für die Erhaltung dieses Zustandes notwendig ist.

Um den Hund wieder gesund zu machen (Fettsucht ist als Krankheit anzusehen), muß man durch eine Diät seine Nahrung reduzieren. Die wichtigste Voraussetzung für diese Diät ist der feste Wille und die unerschütterliche Konsequenz des Hundebesitzers. Aus eigener Erfahrung weiß ich, daß es fast schwieriger ist, das Gewicht seines geliebten Hundes zu reduzieren, als das eigene.

- Wenn wir festgestellt haben, was ein normalgewichtiger Hund unserer Rasse benötigt, reduzieren wir die kJoule/Kalorien-Menge auf 60%.
- Wir geben nicht eine Hauptmahlzeit am Tag, sondern verteilen die er-

Fettsucht führt zum frühen Tod

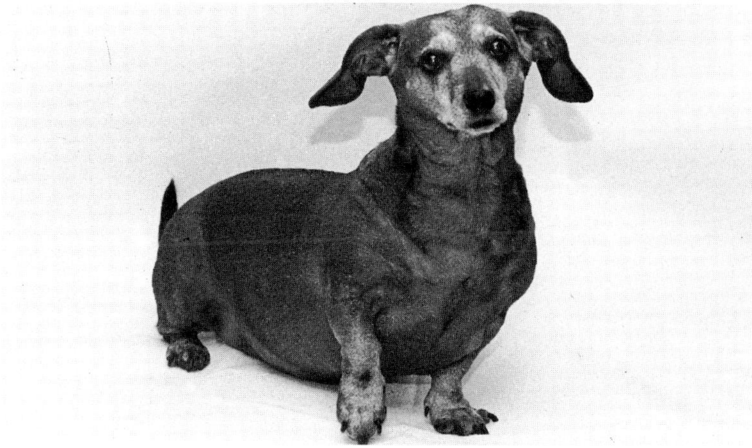

Wie diesem Dackel geht es vielen Hunden: sie werden überfüttert

rechnete Menge auf vier kleine Mahlzeiten.

- O Wir gehen viel mit dem Hund spazieren. Nicht weil er dadurch schneller schlank wird, sondern weil sich die aufgenommene Energie richtiger verteilt.
- O Wir wiegen ihn einmal in der Woche vor der ersten Mahlzeit und möglichst nach der morgendlichen Entleerung.
- O Erwünscht ist eine Gewichtsabnahme von 500 Gramm in der Woche. Besonders dicke Hunde werden mehr verlieren. Aber ein Kilo sollte nicht überschritten werden.
- O Wir füttern energiearme Nahrung wie mageres Fleisch, Fisch (wenn der Hund nicht auf Fischeiweiß allergisch reagiert), Magerquark und gedämpftes Gemüse wie Möhren, Spinat, Kopfsalat. Dazu Multivitaminpräparate und Mineralien nach Rücksprache mit dem Tierarzt.
- O Wesentlich einfacher tut man sich mit vorgefertigter Fleischdosennahrung, der man keine Flocken, sondern nur etwas Gemüse zufügt.
- O Oder man läßt sich vom Tierarzt die *Prescription Diet* für Abmagerung geben, die sättigt und Hunden gut schmeckt. Sie ist speziell gegen Übergewicht entwickelt worden, wie es auch für dicke Menschen Fertigdiäten gibt.
- O Frisches Trinkwasser bekommt der Hund wie normal. Es sollte ständig zur Verfügung sein.

Dem Hundebesitzer kann ich nur noch die Kraft wünschen, die Abmagerungskur mit Stärke bis zum gewünschten Erfolg zu überstehen.

Nicht immer ist der Hund gesund

»Gesundheit ist der Zustand vollkommenen körperlichen, geistigen und sozialen Wohlbefindens, und nicht allein das Nichtvorhandensein von Krankheit und Gebrechen.« Diese Definition der Weltgesundheitsorganisation (WHO) können wir auch auf den Hund übertragen, wobei für das geistige und soziale Wohlbefinden allein der Hundehalter zuständig ist. Wie man beides erzielt und erhält, ist Thema dieses Buches. Zur Erhaltung der körperlichen Gesundheit braucht er die Mithilfe des Tierarztes.

Der Tierarzt bekämpft mit bewährten Impfungen erfolgreich die großen Hundekrankheiten. Hält der Hundebesitzer die Termine für Wiederimpfungen ein, tut er nicht nur viel für die Gesundheit des eigenen Hundes, sondern auch gleichzeitig für die aller Hunde, denn Infektionskrankheiten lassen sich nur durch lückenlose Impfungen beherrschen, einschränken und schließlich ganz beseitigen. Daß diese Gesundheitsvorsorge mit Kosten verbunden ist, muß jedem Hundebesitzer klar sein: Krankheit kostet noch mehr Geld oder aber das Leben.

Züchter und Hundehalter betreiben durch artgerechte Aufzucht und Ernährung, durch ausreichende Vitamin- und Mineralstoffversorgung die beste Gesundheitsvorsorge, wie wir im vorigen Kapitel gelesen und gelernt haben. Durch regelmäßige Entwurmung werden innere Parasiten bekämpft, Flöhen und Zecken ist mit etwas Aufmerksamkeit und einschlägigen Mitteln ebenfalls leicht beizukommen.

Doch genau wie wir kann auch der Hund krank werden. Es gibt eine Anzahl spezifischer Hundekrankheiten, andere Erkrankungen hat der Hund mit dem Menschen gemein, wie Diabetes und Nierensteine, Schnupfen und Durchfall.

Zur Bekämpfung von Krankheiten benötigt man Arzneimittel. Diese läßt man sich am besten vom Tierarzt verschreiben oder von ihm geben. Im Gegensatz zum Menschenarzt darf der Tierarzt laut Gesetz Medikamente abgeben, allerdings nur für von ihm behandelten Tiere. Obwohl ein Teil der für den Hund geeigneten Medikamente aus der Humanmedizin stammt, sollten wir beim eigenmächtigen Griff in den häuslichen Medikamentenschrank vorsichtig sein. Nicht alles, was sich für uns eignet, hilft dem Hund. So stoppt zwar Mexaform S unseren Durchfall, für einen Hund aber ist es ein tödliches Gift. Weitere Beispiele für unverträgliche Menschen-Medikamente sind Antibiotica mit Tetracyclinen, die bei zahnenden Hunden eine Gelbfärbung der zweiten Zähne verursachen können.

Wenn Sie die Naturheilmethoden der chemischen Therapie vorziehen und auch Ihren Hund so behandeln möchten: Es gibt homöopathische Heilverfahren auch für Hunde. Der Verfasser von »Unsere Hunde – gesund durch Homöopathie«, Dr. med. vet. H. G. Wolff, schreibt in seinem Vorwort: »Die Homöopathie ist eine aktive Medizin, indem sie die Heilkraft des Organismus stärkt und sie nicht in Antibiotika- und Cortisonspiegeln ertränkt«, und er weist darauf hin, daß viele Hunde durch diese Heilmethode wieder gesund wurden. Dies nur als praktischer Hinweis, wie auch die Erwähnung, daß selbst mit Akupunktur Erfolge erzielt wurden. Und zwar mit der *Aqua-Akupunktur* oder *Neuraltherapie,* bei der pharmazeutische Präparate wie Procain, Vitamin B_1 oder B_{12} in minimalen Dosen in die Akupunkturpunkte injiziert werden. Das ist bei Hunden vorteilhafter als die Nadel-Akupunktur, da die Nadeln zwischen 10 und 20 Minuten stecken bleiben müssen.

Welche Rassen neigen zu welchen Krankheiten?

Wenn Sie sich intensiver mit Hunden einer oder mehrerer Rassen beschäftigen, werden Sie bestimmt auf den Begriff *Rassendisposition* stoßen. Er bedeutet die Anfälligkeit einer Rasse für bestimmte Krankheiten, wie sie in speziellen Untersuchungen festgestellt wurde. Er bedeutet allerdings nicht, daß alle oder die Mehrzahl der Hunde einer Rasse mit dieser Krankheit geschlagen sind, wie gerne verallgemeinernd behauptet wird.

Die bekannteste dieser *rassentypischen* Krankheiten ist die *Dackellähme,* die bei Hunden mit extrem langen Rücken auf kurzen Beinen wesentlich häufiger vorkommt als bei anderen Hunden. Die Lähmungserscheinungen sind Folge eines Bandscheibenvorfalls, einer verknacksten Wirbelsäule. Ebenfalls häufig ist die *Hüftgelenkdysplasie,* bei der die Gelenkpfanne flach bleibt. Eine Krankheit, die großen Hunden angeboren sein kann oder als Entwicklungsstörung auftritt. Für den Deutschen Schäferhund stellt sie trotz intensiver züchterischer Gegenmaßnahmen noch immer ein großes Problem dar.

Eine Neigung zu *Harnsäuresteinen* hat zum Beispiel der Dalmatiner, der als einzige Hunderasse die beim Eiweißstoffwechsel anfallenden *Purine* wie wir Menschen als Harnsäure ausscheidet und nicht wie die anderen Hunde abbaut. Die *Blasensteine* bei Dackeln, Bassets oder Scotchterriern sind meist *Zystinsteine.* Sie werden allerdings fast nur den männlichen Tieren gefährlich, da schon kleinere sich im Harnleiter festsetzen können. Meine beiden Bassetrüden, die allerdings verwandt waren, mußten deswegen operiert werden und sind schließlich daran gestorben.

Bei großen Hunden mit tiefer Brust wie Deutschen Doggen, Bluthunden, Molossern, Deutschen Schäferhunden und Irischen Wolfshunden können nach dem Fressen *Magenumdrehungen* auftreten, die tödlich sind, wenn sie nicht umgehend operiert werden. Sie entstehen durch Überfressen, durch zu hastiges Schlingen, durch Spiel oder Springen direkt nach der Mahlzeit. Kennzeichen: vergeblicher Versuch, zu erbrechen, schnelles, tonnenförmiges Anschwellen des Leibes. Wird der Hund nicht innerhalb von höchstens zwei Stunden operiert, muß er qualvoll sterben. In seltenen Fällen ist eine Magenumdrehung auch ohne vorheriges Fressen beobachtet worden.

Die kleinen Terrierrassen neigen zu *Schlundverstopfung* durch zu hastiges Herabwürgen von zu großen Fleischstücken.

Mit dem Namen der Rasse verknüpft ist die *Spanielwut,* eine im Alter von zwei bis drei Jahren auftretende Aggressivität bei einfarbigen, meist blonden Cokker Spaniels. Kennzeichen: wütendängstliches Beißen (auch des Besitzers) ohne Vorwarnung. Diese neurotische Störung soll in den meisten Zuchten ausgemerzt worden sein.

Relativ häufig gibt es Hunde, die unter *epilepsieähnlichen Anfällen* leiden, die sich in Krämpfen der Rücken- und Gliedmaßenmuskulatur zeigen. Sie treten ohne besondere äußere Ursache auf, oft sogar nachts beim schlafenden Tier. Anfällige Rassen, genauer gesagt Blutlinien innerhalb der Rassen, sind Scotch Terrier (daher *Scottie cramps* = Schottenkrämpfe), Pudel, Boxer, Beagle und Tervueren. Einer unserer Bassets litt ebenfalls darunter (etwa zwei bis drei Anfälle im Jahr, meist in der Zeit, wenn er liebeskrank war). Der Tierarzt behandelt die Krämpfe erfolgreich mit Mylepsium-Tabletten.

Augenkrankheiten treten bei bestimmten Rassen vermehrt auf. So leiden Hunde mit tiefliegenden Augen wie Chow Chow, Airedale Terrier, Shar Pei und Rottweiler eher an einer Einrollung der Lidspalte *(Entropium).* Bernhardiner, Neufundländer, Bassets, Boxer, Spaniel und Bluthunde am Gegenteil, dem *Ektropium.* Die untere Lidspalte ist herabgesunken, zeigt die rote Bindehaut, die oft entzündet ist. Andere Rassen wie Mops und Pekinese sind für Hornhautentzündung *(Keratitis)* prädestiniert. Das dritte Augenlid des Hundes, die Nickhaut und ihre Drüse, kann bei Doggen, Bernhardinern, Schäferhunden oder Pudeln Ursache eines häßlichen, das Fell verfärbenden Tränenflusses sein. Bei Collies und Shelties können *Sehstörungen* und *Augenanomalien* auftreten, und zwar nicht nur bei Blue-merle-Tieren (Blauschimmel). Das die *Tigerung* hervorrufende Gen, auch Merle-Faktor genannt, ist häufig mit Defekten gekoppelt, so daß Tigerdogge, Tigerteckel und Blue-merle-Collie wie Sheltie unter *Hör- und Sehstörungen* bis zur Taubblindheit leiden können. Der *Grüne Star (Glaukom)* kann bei Spaniels, Pudeln, Foxterriern und Bassets angeboren sein. Er tritt gehäuft in bestimmten Familien auf.

Zu *Ohrenentzündung (Otitis, Ohrenzwang)* neigen nach statistischen Erhebungen vor allem Cocker Spaniels, Pudel und Labrador-Retriever, wenn der betreffende Hund gerne und viel ins Wasser geht. Das entspricht einer Untersuchung beim Menschen, wonach Schwimmer fünfmal häufiger Ohrenentzündungen haben als Nichtschwimmer. Aber auch der Bluthund mit seinem schweren Behang neigt dazu, obwohl er kurzhaarig ist. Dagegen hatte es keiner unserer Bassets je mit den Ohren. Die den weißen Bullterriern nachgesagte Disposition zu *Taubheit* ist durch die starke Einkreuzung farbiger Bullterrier nicht mehr oder kaum noch vorhanden. Heute sind weiße Bullterrier in Wirklichkeit farbige Bullterrier, bei denen die Farbe Weiß vorherrscht.

Dagegen sind *Hautkrankheiten* für den Bullterrier eine große Gefahr, wie überhaupt Terrier zu juckenden Allergien und Ekzemen neigen. Auch bekommen ältere kurzhaarige Hunde leichter eine Furunkulose als langhaarige. Hunde mit Hautfalten neigen zu Entzündungen, beim Mops meistens in den Falten über der Nase.

Eine der *Bechterew-Krankheit* beim Menschen ähnliche Wirbelgelenkentzündung mit Rückgratversteifung nimmt bei allen Rassen mit steigendem Alter zu, doch bei Boxern tritt sie ab dem sechsten Lebensjahr am häufigsten auf.

Ebenfalls besteht bei Boxern im Alter eine Neigung zu *Tumoren* (Geschwulsten) verschiedener Art. Insgesamt sind Tumorerkrankungen zusammen mit Nierenschäden die häufigsten Todesursachen alter Hunde. Die bei den Boxern verbreitetsten Krebsarten sind die Erkrankungen der Mastzellen (Mastozytome), die an den Gefäßen liegen und die Zahl der weißen Blutkörperchen beeinflussen, Tumore der Haut und des Gesäuges (Mammatumore). An ihnen erkranken ebenfalls Dackel und Spaniel, und zwar ältere Hündinnen. Vorangegangene Trächtigkeiten hemmen die Tumorbildung, Scheinträchtigkeit fördert sie. Kastration beziehungsweise Totaloperation ist wie beim Menschen risikomindernd. Spaniels sind für Talgdrüsentumore anfällig, männliche Cocker für Analdrüsentumore.

Nachdem Sie diese Liste des Schreckens gelesen haben, möchte ich nochmals auf die Definition der rassetypischen Krankheiten aufmerksam machen: Diese Krankheiten können vorkommen, müssen es aber nicht. Forschung und Statistik stecken noch in den Anfängen, besonders befaßt mit dieser Problematik hat sich Professor Dr. Wilhelm Wegner am Institut für Tierzucht und Vererbungsforschung der Tierärztlichen Hochschule Hannover. Ich habe das Thema aufgegriffen, damit Sie wissen, auf was man bei welchen Rassen achten und mit welchen Krankheiten man rechnen muß. In vielen Veröffentlichungen, die sich mit einer Rasse beschäftigen, steht darüber nichts.

Die großen Hundekrankheiten

Ihre Namen liest man immer wieder, und wer sich für Hunde interessiert, hat sie schon gehört: die Staupe, die ansteckende Leberentzündung *(Hepatitis)*, die Stuttgarter Hundeseuche *(Leptospirose)* und die Tollwut. Sie werden auch *die bösen Vier* genannt. Zu ihnen ist seit wenigen Jahren eine neue Infektionskrankheit gekommen, die Parvovirose, die im Volksmund Katzenseuche heißt. Ebenfalls neu ist die Aujeszkysche Krankheit, die bisher nur Schweine befiel. Der Virus wird auf den Hund durch infiziertes Schweinefleisch übertragen. Während man diese Krankheit dadurch vermeiden kann, daß man kein rohes Schweinefleisch (Schlachtabfälle, verendete Ferkel und ähnliches) verfüttert, kann man seinen Hund gegen die anderen Krankheiten durch regelmäßige Impfung schützen.

Hier die Krankheiten in Kurzporträts:

Staupe, Übertragung eines Virus durch Kontaktinfektion wie bei der menschlichen Grippe. Beginnt mit Appetitlosigkeit, Fieber, tränenden Augen und laufender Nase. Kommt in drei Formen vor:

- Darmstaupe mit Durchfall
- Lungenstaupe mit Lungenentzündung
- nervöse Staupe mit Zuckungen und Lähmungen.

Ist keine reine Welpenkrankheit, da auch erwachsene Hunde befallen werden können. War früher eine tödliche Geißel, die viele Hundeleben beendete, ist heute durch systematische Impfung stark zurückgedrängt, aber nicht völlig verschwunden.

Ansteckende Leberentzündung. Sie wird ebenfalls durch Viren im Kontakt von Hund zu Hund übertragen. Das Krankheitsbild ist dem der Staupe ähnlich. Ist ebenfalls durch systematische Schutzimpfung zurückgegangen. Der Impfstoff ist immer mit dem gegen die Staupe kombiniert. Kombination heißt SH.

Stuttgarter Hundeseuche oder Leptospirose. Erreger sind spiralige Bakterien verschiedener Art, von denen eine seltene auch auf den Menschen übertragbar ist. Verursacht beim Hund Nierenentzündung mit Harnvergiftung des Blutes und beim Menschen Gelbsucht. Die Erreger werden vom Hund in stehenden Gewässern aufgenommen oder von Hund zu Hund übertragen. Der Impfstoff L schützt gegen alle Erreger und verhindert die Übertragung.

Tollwut, eine Viruskrankheit, die sich bisher nicht ausrotten ließ. Da die Infektion für den Menschen sehr gefährlich ist und stets tödlich verläuft, ist die Schutzimpfung unserer Hunde dagegen besonders wichtig. Durch ihn wird die Übertragungskette vom tollwuterkrankten Wildtier (vor allem Füchse) auf den Menschen unterbrochen: Der Erreger kann durch den geimpften Hund nicht übertragen werden. Die Impfung ist in Tollwutsperrbezirken für den Hund gegebenenfalls lebensrettend, da freilaufende und aufgegriffene Hunde als tollwutverdächtig getötet werden können. Deshalb sollte man unbedingt die gelbe Marke mit der Jahreszahl der letzten Impfung ans Halsband hängen. Die Eintragung in den Impfpaß, nicht länger als ein Jahr zurückliegend, gestattet dem Hund die Auslandsreise.

Parvovirose, eine Viruskrankheit, die auf Hundeansammlungen wie Ausstellungen und Körungen übertragen wird, wahrscheinlich durch Speichel, Urin und Kot. Erbrechen und Durchfall mit Blut vermischt, bei jungen Hunden Herzschädigungen. Streß ist ansteckungsfördernd, deshalb sind Hunde in Händlerzwingern oder Tierheimen anfälliger. Ein spezieller Impfstoff ist im Handel, es kann auch der Katzenimpfstoff Felidovac-P verwendet werden.

Der komplette Impfschutz gegen die »bösen Vier« sieht so aus: Die geimpfte Mutter gibt mit ihrer Milch den Welpen Schutzstoffe, die sie bis einschließlich der 7. Woche immunisieren. Deshalb erhält der entwurmte Welpe in der 8. Woche die *erste Grundimpfung* gegen Staupe, Hepatitis und Leptospirose (SHL). Das geschieht mit einem Kombinationsimpfstoff. Die *zweite Grundimpfung* erfolgt in der 12. bis 14. Woche mit dem Kombinationsimpfstoff SHL, in Tollwutsperrbezirken durch Impfstoff T ergänzt. Damit hat der Hund eine Grundimmunität, die das Tier zwei Jahre gegen Staupe und Hepatitis und ein Jahr gegen Leptospirose und Tollwut schützt. Wenn man jetzt in den richtigen Abständen (nach 11 bis 12 Monaten LT, nach zwei Jahren SHLT) wieder impft, bleibt der Hund (und damit auch wir) ein Leben lang geschützt.

Während die erste Grundimpfung immer vom Züchter veranlaßt wird (verlangen Sie beim Welpenkauf die Impfbescheinigung), ist die zweite Grundimpfung Sache des Hundebesitzers. Kommt der Welpe mit zehn Wochen zu uns, ist diese Impfung ein guter Anlaß, seinen Tierarzt kennenzulernen und von ihm gleich die Neuerwerbung anschauen und untersuchen zu lassen. Er kann am besten Gebißmängel, Einhodigkeit und andere Grundfehler feststellen: Es ist dann noch Zeit, beim Züchter/Verkäufer eine *Mängelrüge* auszusprechen oder sogar den Hund zurückzugeben, an den wir uns noch nicht zu sehr gewöhnt haben und der uns noch nicht zu sehr in sein Herz geschlossen hat.

Die Tollwut-Impfmarke fürs Halsband

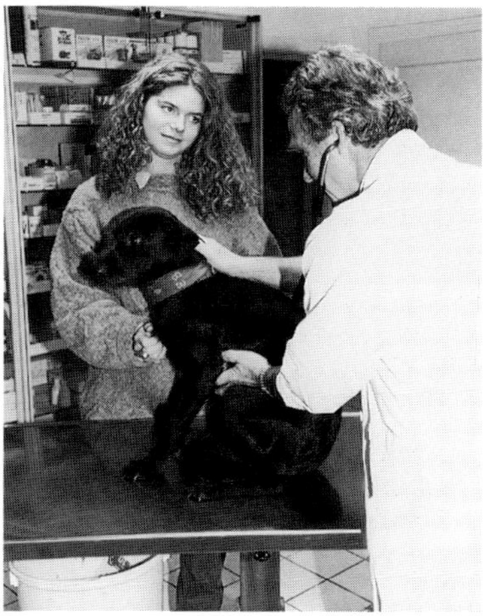
Beim Tierarzt

Unser Tierarzt, unser Hund und wir

Zu der Gemeinschaft von Hund und Mensch gehört auch der Tierarzt. Er sollte, wie unser Hausarzt uns, nach einiger Zeit unseren Hund kennen. Dann fällt es ihm leichter, Krankheiten festzustellen. Das heißt, wir sollten den Tierarzt möglichst nicht wechseln.

Zu einem Tierarzt kommt man durch Empfehlung anderer Hundehalter; dadurch, daß er günstig in der Nähe praktiziert oder daß er – auf dem Lande – der einzige in der Gegend ist. Wobei man sich möglichst einen Tierarzt aussuchen sollte, der auf Kleintiere spezialisiert ist und auch operiert. Das ist in der Großstadt selbstverständlich, auf dem Land nicht immer.

Ich gehe lieber einmal zuviel als zuwenig zum Tierarzt, finde es andererseits aber übertrieben, meine Hunde vierteljährlich zur Untersuchung vorzuführen. Im übrigen brauchen Sie bei Tierärzten keine Sorge zu haben, daß sie nur aufs Geld schauen. Wer sich für diesen Beruf entscheidet, tut es aus Neigung zum Tier und nicht, um schnell reich zu werden.

Gerade mit einem jungen Hund sollte man häufiger zum Arzt gehen, damit er lernt, daß ihm beim Tierarzt nichts Übles widerfährt. Sprechen Sie es mit dem Arzt ab, daß Sie auch einmal kommen dürfen, wenn dem Hund nichts fehlt: Der Arzt begrüßt ihn, er schaut ihn sich auf dem Tisch an, streichelt und entläßt ihn wieder. Dies empfiehlt sich vor allem bei großen oder von Natur aus scharfen Hunden, die später entspannt zum Tierarzt gehen werden. Daß ein guter Tierarzt Sie verstehen wird, werden Sie sogleich sehen. Ich habe nämlich meinen und einige andere Tierärzte gefragt, was Sie sich von ihren Patienten und deren Besitzern wünschen.

Knigge für die Tierarztpraxis

Schon der Welpe sollte an eine Untersuchung durch den Tierarzt gewöhnt werden. Wer früh beginnt, erspart sich später Kämpfe oder einen Hund, den man kaum untersuchen kann.

Jeder Hund sollte sich ohne Schwierigkeiten in den Fang oder in die Ohren schauen oder seine Pfoten hochheben und untersuchen lassen. Er soll, auf einen Tisch gehoben, ruhig stehen bleiben. Das ist wichtig bei einem verklemmten Knochen im Fang (Hammelkotelettknochen neigen dazu) oder bei einer blutenden Schnittwunde an den Pfoten (durch zerbrochene Flaschen, die heute überall herumliegen). In solchen Fällen hat man keine Zeit, mit seinem Hund lange darüber zu diskutieren, ob er sich nun freundlichst behandeln lassen möchte.

Im Wartezimmer die Hunde bitte angeleint lassen. Welpen, die zwar possierlich umeinandertapsen, können spontan Urin lassen, Hunde mit Durchfall ebenso spontan Kot. Auch sollte man die Tiere sich nicht beschnüffeln lassen, obwohl sie im Wartezimmer besonders friedlich sind. Jeder kann den anderen anstecken, und wir wollen ja nicht, daß unser *nur* verletzter Struppi eine Virusinfektion mit nach Hause nimmt.

Man sollte annehmen, daß Hunde saubergemacht werden, bevor man sie zum Tierarzt bringt. Das scheint nicht selbstverständlich zu sein, sonst würden die Doktoren nicht diesen Wunsch äußern. Blutende Wunden sollte man behelfsmäßig verbinden und die Tiere in eine Decke einschlagen.

Sicherlich lieben Tierärzte unsere Diagnosen sowenig wie Menschenärzte. Sie schätzen es aber, wenn Sie sachlich und präzise die Symptome beschreiben, die der Hund zeigt und die Sie mißtrauisch gemacht haben. Da der Hund sich nicht äußern kann, müssen Sie für ihn sprechen. So habe ich die »Anzeichen für verschiedene Krankheiten« nicht deshalb aufgeführt, damit Sie sicher wissen, was dem Hund fehlt, sondern wann er zum Tierarzt muß, ob es gefährlich sein könnte und damit Sie in Notfällen übergangsweise helfen können. Tierärzte haben sonntags und Mittwoch nachmittag keine Sprechstunde, und Krankheiten bevorzugen es, eben zu diesen Zeiten auszubrechen.

Es gibt große und mächtige Hunde, die im Wartezimmer zittern wie Espenlaub, und kleine, die sich wie die Teufel benehmen. Andere stellen sich stur, und wieder andere lassen sich alles klaglos gefallen. Gerade diese Hunde stellen sich zu Hause meist furchtbar an. Deshalb kommen Tierärzte nicht gerne ins Haus.

Da die meisten tierärztlichen Untersuchungen, Eingriffe und Spritzen dem Hund kaum weh tun – alle schmerzhaften Behandlungen werden mit örtlicher Betäubung oder unter Vollnarkose durchgeführt –, ist ein Aufwand mit Beißkorb, Festbinden und anderen Zwangsmitteln eigentlich übertrieben. Das alles entspringt aus der Angst vor der Angst und kann durch eine frühzeitige und richtige Erziehung vermieden werden. Üben Sie zu Hause Zahnuntersuchung, Ohrensäubern (bitte vom Tierarzt zeigen lassen), Fiebermessen und Zäpfchengeben. Sie werden es später leichter haben. Und unser Tierarzt auch.

Umgang mit dem kranken Hund

Ein Hund kann nicht zu uns kommen und sagen: »Ich habe Kopfweh«, »Mir tut der Bauch weh« oder »Ich bekomme einen grippalen Infekt«. (Anmerkung: Wir können mit unserem Schnupfen ihn und der Hund uns mit seinem anstecken. So kommen niesende Hunde oft zusammen mit verschnupften Kindern in die tierärztliche Sprechstunde.) Wenn dem Hund aber die Nase läuft, wenn es in seinem Bauch rumpelt, dann kann er Schnupfen oder eine schwerere Krankheit bekommen oder Bauchweh haben. Deshalb ist es wichtig, daß wir den Hund beobachten und Veränderungen registrieren. Veränderungen können sein

- Unruhe
- ungewöhnliche Ruhe
- Appetitlosigkeit
- trockene Nase

und weitere Anzeichen, die ich Ihnen noch genau aufschlüssele. Die Summe der Veränderungen sollte verdächtig sein, auch wenn der vorher matte Hund im Freien wieder ganz mobil ist. Das täuscht und erweckt falsche Hoffnungen. Hat ein Hund keine Lust, nach draußen zu gehen, während er sonst ganz wild darauf ist, sondern stiert er nur apathisch in die Gegend, dann stimmt etwas nicht. Ein Tierarzt ist notwendig.

Im übrigen mag ein kranker Hund kein grelles Licht, keine Unruhe, sondern Ruhe. Beruhigendes Zureden, aber kein Gejammer. Die beruhigende Hand auf dem Rücken, an der Seite des Halses oder der Flanke hilft ihm mehr als wehleidiges, hektisches Gestreichel. Sie nimmt ihm die kreatürliche Angst. Hierher gehören einige Handgriffe, die jeder Hundehalter können muß.

Fiebermessen: Normales Thermometer mit Vaseline oder anderer reizloser Creme einfetten, auf 36 Grad herunterschlagen und es dem stehenden oder auf der Seite liegenden Hund zunächst drei Zentimeter vorsichtig nach unten, dann unter leichtem Drehen gerade in den After schieben. Möglichst bis zum Strich 40 Grad. Eine Minute drinlassen (der Hund darf sich dabei nicht bewegen: gut zureden und loben!), herausziehen, mit Watte abwischen und ablesen. Vorsichtshalber sollte man eine Schnur fest um das eingekerbte Ende des Thermometers binden, damit man es schnell und sicher herausziehen kann, wenn der Hund auf einmal unruhig wird.

Von Fieber spricht man, wenn die Temperatur 38,8 Grad überschreitet. Die Normaltemperatur liegt zwischen 38,2 und 38,8 Grad. Der Puls bei großen, erwachsenen Hunden hat 60 bis 80, bei kleinen oder jungen Hunden 80 bis 120 Schläge in der Minute. Ein schlechtes Zeichen ist Untertemperatur: Hat ein Hund zwischen 37,5 und 37,8, sofort zum Tierarzt. Bitte durch nochmaliges Messen feststellen, ob man nicht nur das Thermometer zu kurz eingeführt hat. Bei unserem David fiel die Temperatur auf 37,7 und dann auf 37,3, bevor er starb.

Eingeben von Medikamenten in Pulverform: Pulver mit Hackfleisch, Leberwurst oder einer anderen Lieblingsspeise umgeben und dem Hund möglichst weit nach hinten in den Fang schieben. Darauf achten, ob er es auch schluckt.

Eingeben von Pillen: Den Fang öffnen, dabei die obere Lefze zurückziehen. Pille zwischen Daumen und Zeigefinger nehmen, mit dem kleinen Finger den Unterkiefer zurückdrücken. Die Pille soweit wie möglich in den Hals schieben. Das alles muß schnell geschehen und ist in Wirklichkeit nicht so kompliziert wie hier beschrieben. Eine andere Methode habe ich illustrieren

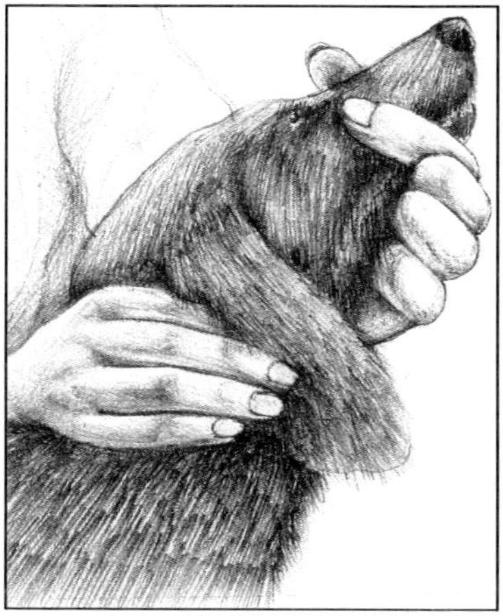

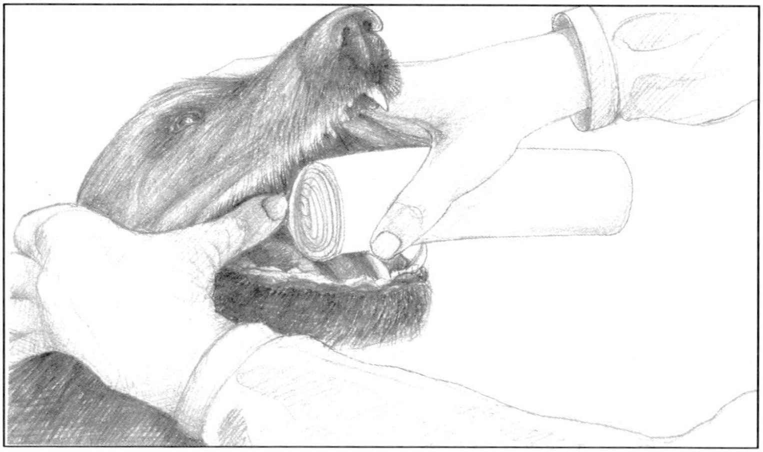

So hält man einen kleinen Hund bei einer Impfung oder Spritze

Ein weicher Knebel aus einer Elastikbinde hält den Fang offen, die Pille wird eingegeben

So hält man einen größeren Hund bei einer wenig schmerzhaften Impfung oder Spritze

lassen. Wie immer man auch die Pille ihm gibt, den Hund mit einem freundlichen Stups oder Klaps oder Nasenpuster ablenken und abwarten, ob er schluckt. Es gibt Spezialisten, die eine Pille noch nach zwei oder drei Minuten ausspucken können.

Eingeben von Flüssigkeit: In die seitlich weggezogene Backentasche bei leicht hochgehaltenem Kopf die Flüssigkeit vorsichtig und langsam eingießen. Eine Schnabeltasse oder eine große Pipette ist dafür besonders geeignet. Tropfen auf die Zungenspitze oder hinter den Fangzähnen zwischen die Zähne geben.

Einführen von Zäpfchen: Zäpfchen bei gleicher Stellung wie zum Fiebermessen tief in den Darm schieben. Den Hund dabei beruhigen. Kleine Hunde auf den Schoß nehmen. Darauf achten, daß das Zäpfchen nicht wieder herausgepreßt wird. Der Hund sollte sich möglichst vorher entleert haben.

Festhalten des Hundes, der steht oder sitzt: Hund in den Arm nehmen, so daß sein Kopf in der Armbeuge liegt, leicht angehoben und vom Behandelnden abgewandt ist. Die andere Hand hält die Schulter (siehe Zeichnung). Schnappt der Hund, bindet man ihm mit einer elastischen Binde den Fang zu oder legt ihm einen Maulkorb an.

Festhalten eines Hundes, der liegen soll: Der Hund liegt auf der Seite, die linke Hand faßt das unten liegende Vorderbein, wobei der linke Unterarm den Hals und damit auch den Kopf des Hundes festhält. Genauso fixiert der rechte Unterarm den Leib des Tieres, während die rechte Hand das untenliegende Hinterbein hält. Dabei zieht man den ganzen Hund an den eigenen Körper heran. So kann man auch große Hunde ohne Kraftaufwand halten (siehe Zeichnung).

Anlegen eines Schnauzenverbandes: Will der Hund beißen, so legt man ihm den in der Zeichnung dargestellten Schnauzenverband an, der unverrückbar sitzt. Zunächst macht man aus einem etwa einen Meter langen Stück kräftiger Binde, einer Krawatte oder einem ähnlich festen Band eine Schlinge, die man dem Hund über den Fang streift. Unter dem Fang einfach, aber fest verknoten, die Enden kreuzen, um den Hals legen und hinter den Ohren mit einer Schleife zubinden. Der Hund kann nicht mehr schnappen.

Anlegen eines Druckverbandes: Einen Stoffbausch direkt auf die Wunde legen. Eine Binde mehrfach fest darumschlingen, nach jeder dritten Tour noch etwas Watte dazwischenlegen. Straffer Halt wird erzielt, wenn beim Binden die Rolle mehrfach gewendet wird. Daran denken, daß Laien Verbände meist zu locker anlegen. Blutet trotz Druckverband die Wunde weiter, oberhalb der Wunde zum Körper hin die Blutzufuhr mit einem Gummischlauch, einer Krawatte oder einem Gummigürtel/Hosenträger (fest-elastisches Material ist wichtig) abbinden. Nach einer Stunde einmal lockern. So schnell wie möglich einen Tierarzt aufsuchen.

Erste Hilfe für unseren Hund bei Unfällen

Ruhe bewahren ist wie bei allen Unfällen wichtigste Voraussetzung. Bevor Sie den Hund anfassen – auch wenn es der eigene ist –, daran denken, daß er unter Schockwirkung steht oder stark erregt ist. Ein sonst lieber Hund kann beißen, weil er nur an Abwehr denkt. Reden Sie ihm gut zu und versuchen Sie, die Neugierigen, Wohlmeinenden oder dumm Redenden auf Abstand zu halten oder zum Weitergehen zu bewegen, weil der Hund durch die Fremden noch erregter wird. Ist er nicht am Kopf verletzt und läßt er sich nicht anfassen, legen Sie ihm einen Schnauzenverband an. Entfernen Sie ihn möglichst aus der Gefahrenzone. Starke Blutungen durch Druckverband stoppen. Bei Brüchen weich lagern, Kissen oder Mantel um verletzte Gliedmaßen legen, seitlich abstützen. Möglichst schnell zu einem Tierarzt bringen. Bei Lebensgefahr über Notruf Hilfe anfordern. In einer Reihe von Städten hat der Deutsche Tierschutzbund Kraftfahrzeuge mit der Aufschrift »Tierhilfe« für verletzte Tiere eingesetzt.

Ist der Hund ohnmächtig, ihm die Zunge aus dem Fang ziehen, damit er nicht erstickt. Auch das Halsband abstreifen. Bei Krampfzuständen oder starkem Zittern bei Kälte zudecken, bei Hitze in den Schatten legen. Eventuell Kaltwasserumschläge um die Läufe oder in der Herzgegend machen, bis der Tierarzt kommt. Beim Transport zum Arzt den Hund weder zusammenrollen noch zu fest in Decken einwickeln. Als Trans-

Anlegen eines Schnauzenverbandes

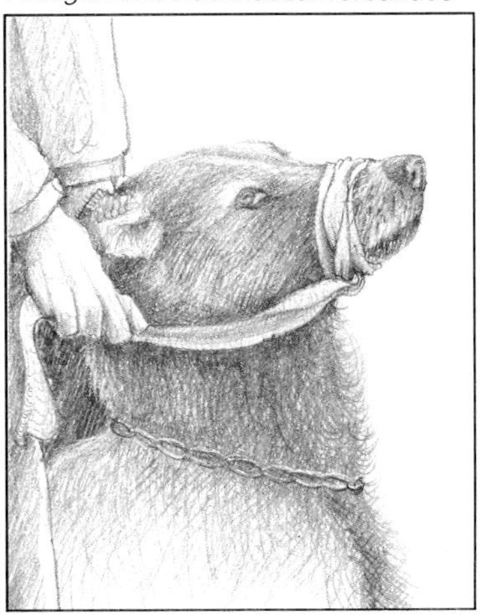

Richtiges Festhalten eines Hundes, der auf der Seite liegen soll

portmittel eignet sich alles, was sich gut tragen läßt, je nach Hundegröße von einer Tasche bis zu einer Holzplatte. Auch eine Decke kann zur Tragbahre werden, wenn sie vier Leute an den Ekken anfassen und straffziehen. Ist ein Tierarzt nicht sofort erreichbar, sollte der Hund an einen ruhigen Ort gebracht werden, der ihm möglichst vertraut ist und an dem er sich sicher fühlt. Anmerkung: In den deutschsprachigen Ländern werden im Jahr etwa 300000 Hunde angefahren oder überfahren.

Anzeichen für verschiedene Krankheiten

Die folgende Aufstellung ist nicht als Anleitung zur Selbsthilfe gedacht. Sie beschreibt Symptome, die eine Krankheit ankündigen. Sie dient als Hilfe für eine genaue Beobachtung und Beschreibung der Symptome beim Tierarzt. Bitte nehmen Sie nicht gleich das Schlimmste an, aber seien Sie auch nicht zu sorglos. Von mir angegebene Medikamente haben unseren Hunden geholfen. Sie sind zum Teil verschreibungspflichtig.

Aggressivität: Knurrt der Hund uns plötzlich an oder schnappt nach uns, dann kann er irgendwo Schmerzen haben, und wir haben diese Stelle berührt. Es kann auch eine angeborene Wesensschwäche sein, wie die Spanielwut, oder es kann durch einen Milieuwechsel für einige Zeit erfolgen – zum Beispiel bei Umzug oder Neumöblierung. Schließlich könnte es beim nichtgeimpften Hund Tollwut anzeigen, wenn er, im Tollwutsperrbezirk lebend, etwa bis zu sechs Wochen vorher mit einer Bißwunde nach Hause gekommen ist.

Appetitlosigkeit: Temperatur messen, Stuhlgang und Urin beobachten. Bei erhöhter Temperatur und gestörtem Allgemeinbefinden zum Tierarzt gehen. Rüden können bei Liebeskummer appetitlos sein, Hündinnen bei Scheinträchtigkeit. Hohe Temperatur zeigt Infektionskrankheit an.

Augen, die tränen: Kann Katarrh der Augenschleimhaut sein, den wir nicht mit Borwasser behandeln, weil es den Juckreiz erhöht. Mit schlechtem Allgemeinbefinden und Fieber verbunden, können sie Staupe ankündigen. Es kann aber auch Staub oder ein sonstiger Fremdkörper im Auge sein. Oder ein Briefträger hat von seinem Pfefferspray Gebrauch gemacht. Dann das Auge mit Wasser auswaschen. Tränende Augen können schließlich Folge einer der Allergien sein, unter denen Hunde heute mehr und mehr leiden. Im Sommer ist es möglicherweise eine Pollenallergie (ähnlich dem menschlichen Heuschnupfen).

Bewegungsstörungen: Zunächst auf eine Verletzung hin untersuchen. Die Art des Lahmens beobachten, um sie dem Tierarzt genau schildern zu können. Ist sie ein- oder beidseitig? Ist der Schmerz lokalisierbar oder nicht? Tritt das Lahmen plötzlich auf oder nur nach längerem Liegen? Lahmen kann eine einfache Verstauchung als Ursache haben oder bei älteren Hunden einen rheumatischen Anfall. Bewegungsstörungen können Dackellähme anzeigen, Tetanus oder die angeborene Hüftgelenkdysplasie. Sie können in Folge von Staupe oder Leptospirose auftreten. Lahmt der Hund auf der Hinterhand, kann es auch eine Kreislaufstörung sein. Denken Sie auch an eine Bruchverletzung eines Laufes.

Blut im Stuhl: Anzeichen für eine Vergiftung mit Rattengift, wenn mit häufigem Erbrechen gekoppelt. Auf jeden Fall zum Tierarzt.

Blut im Urin: Auf jeden Fall zum Tierarzt. Kann eine akute Blasen-Nieren-Erkrankung sein, dann ist der Gang des Hundes verspannt. Bei Blasen- und Harnröhrensteinen oder -gries kommt der Urin nur zögernd und wird dann ganz verhalten. Der Hund versucht sich zu entleeren, kann es aber nicht. Sofort zum Tierarzt, da auf jeden Fall eine Katheterisierung oder eine Operation notwendig ist. Kann auch Rattengift anzeigen, wenn gleichzeitig Schwindelanfälle auftreten.

Durchfall: Eventuell Ernährungsstörung oder nach Schneefressen, dann bewährt sich Tannalbin. Bei blutigem Durchfall: von Darmgrippe bis zu Rattengift verschiedene Ursachen möglich. Temperatur messen. Falls erhöht (etwa 38,9) und gestörtes Allgemeinbefinden, zum Tierarzt.

Abnormaler Durst: Der Hund kann Salziges gefressen, er kann durch Durchfall oder Erbrechen Wasser verloren haben, das sein Körper ersetzen muß. Es kann aber auch ein Zeichen für Zuckerkrankheit (Diabetes) und, mit Fieber verbunden, für eine Gebärmutterentzündung sein. Bitte zum Tierarzt.

Eiter am Penis: Anzeichen von Vorhautkatarrh, der das Befinden nicht beeinträchtigt. Es empfiehlt sich Supracillin. Die Tube hat eine lange Spezialspitze, die sich leicht unter die Vorhaut einführen läßt.

Erbrechen: Geschieht meist, wenn der Hund zuviel, zu schnell oder weniger Bekömmliches oder Knochen gefressen hat. Häufiges Erbrechen kann verschluckte Fremdkörper anzeigen oder einen, der noch im Hals sitzt. Zum Tierarzt. Ist Erbrechen mit erhöhter Temperatur verbunden, ist das Allgemeinbefinden gestört, zittert der Hund und hat er blasse Schleimhäute, können die Krankheitsursachen von Gastritis bis zum Darmverschluß reichen. Schnell zum Tierarzt.

Geschwollener Fang: Entweder ein Insektenstich, wenn er nach Bienen oder Wespen geschnappt hat. Schwellung geht relativ bald zurück. Bei Schlangenbiß mit schlechtem Allgemeinbefinden gekoppelt. Kann auch eine Zahnwurzelentzündung mit starken Schmerzen sein. Zum Tierarzt.

Fieber: Anzeichen für Infektionskrankheit oder schwerere Erkrankung. Auf jeden Fall zum Tierarzt. Äußere Anzeichen glanzloses Fell, trübe Augen, Mattigkeit, trockene, heiße Nase, größere Körperwärme als sonst. Sicher festzustellen jedoch nur durch Temperaturmessung.

Stumpfes Fell: Immer ein Zeichen dafür, daß mit dem Hund etwas nicht stimmt. Zum Tierarzt.

Geschwollenes Gesäuge: Entweder ist die Hündin scheinträchtig (tritt besonders bei zu dicken Hündinnen mit engem Menschenanschluß auf), oder sie hat eine Milchdrüsenentzündung (Gesäuge rot angelaufen) oder einen Brusttumor. Zum Tierarzt.

Geschwulst: Auf jeden Fall zum Tierarzt. Es kann ein harmloser Grützbeutel sein, genauso aber auch etwas Gefährliches. Vieles läßt sich operieren, doch soll man nicht zu lange warten. Eine Geschwulst am After kann sich als verklebter Kotballen herausstellen, aber auch ein Analdrüsentumor sein.

Haarausfall: Gründe dafür reichen vom physiologischen Haarwechsel bis zur Stoffwechselstörung mit Schuppenbildung. Meist durch Vitaminmangel entstanden; kann durch Biotingaben behoben werden. Haarausfall zeigt auch Darmparasiten oder Mykosen (Pilzbefall) an. Es bilden sich runde haarlose, gerötete Stellen, die mit Juckreiz verbunden sind. Haarausfall kann auf Nierenkrankheiten hinweisen oder auf Rattengift (Thallium). Tritt erst acht Tage nach der Vergiftung auf. Unbedingt zum Tierarzt.

Husten und Niesen: Entweder hat der Hund etwas in die Nase oder in den Hals bekommen, von der Abgaswolke eines Lasters über Staub bis zur Getreidegranne, oder er ist erkältet. Erkältung kann ebenso ein Symptom für Staupe sein wie ein gewöhnlicher Schnupfen. Husten zeigt auch eine Halsentzündung an. Bläst der Hund seine Backen auf, ist seine Nase verstopft, oder er hat sich beim Laufen angestrengt, oder er ist auf einer interessanten Spur. Bläst er beim Wasserlassen die Backen auf, hat er Schmerzen. Bitte Urin beobachten.

Juckreiz: Fell gegen den Strich untersuchen, häufigste Ursache sind Flöhe. Er tritt aber auch bei Allergien, Diabetes und der Aujeszkyschen Krankheit auf. Findet man keine Flöhe, sollte man den Tierarzt befragen. Ekzeme sind immer langwierig, wir lassen uns für unsere Bassets Delmesonschaum verschreiben, der zunächst den Juckreiz stillt. Xeroformpulver verhindert, daß sich der Hund an juckenden Stellen beißt. Durch ständiges Beißen und Kratzen können diese blutig werden. Wir müssen aber auch daran denken, daß sich Hunde an Stellen beißen und kratzen, die ihnen weh tun oder in der Nähe von schmerzenden Stellen liegen, die sie nicht mit Pfoten oder Schnauze erreichen können. Halsmanschette (siehe Foto Seite 79).

Kopf schief halten: Es kann auf eine Entzündung des Gehörgangs zurückzuführen sein ebenso wie auf eine Störung des Gehirns. Man geht besser zum Tierarzt. Normal ist, wenn der Hund nach dem Fressen mit schiefem Kopf über den Boden streicht. Er putzt sich die Schnauze und fühlt sich dabei richtig wohl.

Kopf schütteln: Fremdkörper im Ohr oder Ohrentzündung. Unbedingt zum Tierarzt. Bewährt haben sich bei unseren Hunden Stulln 701 oder Volon A Tropfen.

Krämpfe: Entweder sind es epilepsieähnliche Anfälle (Krümmung des Rükkens, Versteifung der Gliedmaßenmuskulatur, schlagend-zuckende Bewegungen, teilweise totale Körperverhärtung) oder aber Folge von Hysterie oder hochgradiger Erregung. Bei säugenden Hündinnen deutet es auf einen starken Abfall des Blutkalziumspiegels hin (Eklampsie) und ist sehr gefährlich, kann aber durch eine Spritze sofort behoben werden (Tierarzt). Krämpfe können auch zeigen, daß sich der Hund mit Giftweizen oder Schneckenkorn vergiftet hat. Neigen Rüden zu Erregungskrämpfen, gibt man ihnen in den Zeiten starker Erregbarkeit (Frühjahr und Herbst) über eine Woche lang täglich einen Eßlöffel Calcibromat Granulat unters Fressen, das übrigens gerne genommen wird.

Maulgeruch: deutet auf falsche Ernährung hin, auf Zahnfleischentzündung, kariöse Zähne oder auf eine Gastritis. Der Tierarzt sollte sich den Hund anschauen.

Nase: Sie soll feucht-naß und kalt sein. Doch auch das ist kein hundertprozentiges Zeichen für Gesundheit, wie auch die warme, trockene Nase kein Zeichen für Krankheit oder erhöhte Temperatur ist. Viele Hunde haben nach dem Aufwachen eine trockene Nase. Bleibt sie, sollte man die Temperatur messen. Dauerndes Lecken der Nase kann einen Fussel oder einen Fremdkörper auf der Zunge bedeuten, es kann aber auch anzeigen, daß der Hund Halsweh hat. Leckt sich der Hund beim Wasserlassen die Nase, tut ihm etwas weh. Hier hat bei unseren Hunden eine kleine Dosis Uromed über einige Tage geholfen. Bitte aber Tierarzt fragen.

Schleimhäute sind blaß: ein Anzeichen für starken Blutverlust, eine Vergiftung mit Rattengift oder einen Kreislaufzusammenbruch. Zum Tierarzt. Die Schleimhäute sind beim Hund an den Lefzen und im Auge sichtbar.

Schlittenfahren: Rutscht der Hund auf dem After mit nach vorne gerichteten Hinterbeinen, dann hat er

- einen schmutzigen After, die Haare sind verklebt, und das juckt. Dies geschieht nach dünnem Stuhl (Durchfall) und ist durch Säubern und Einkremen mit Nivea oder Penatencreme leicht zu beheben. Beide Cremes ziehen sofort in die Haut ein. Der Hund hinterläßt beim Sitzen keine Fettflecke.
- Im After hängt ein Grashalm, den man herauszieht.

- Beim Fellwechsel jucken den Hund Haare vom Schwanz, deshalb immer auch die Schwanzinnenseite ausbürsten.
- Die Analdrüsen sind verstopft, der Hund hat dann Stuhlbeschwerden. Man kann eine Schwellung feststellen, es stinkt penetrant. Vom Tierarzt ausdrücken lassen, später kann man das auch selber (Vorsicht, es spritzt).
- Die Analdrüsen sind entzündet. Zum Tierarzt gehen.
- Der Hund hat einen Bandwurm. Stuhlgang anschauen, den in ihm müssen Bandwurmglieder sein. Wurmkur machen.
- Der Hund hat eine Darmentzündung. Gleichzeitiges Belecken des Afters, Durchfall, Erbrechen. Zum Tierarzt gehen.

Abnorme Schwanzhaltung: Der Hund hat sich am Schwanz verletzt; die Analdrüsen sind entzündet (eventuell gleichzeitiges Schlittenfahren); der Rüde hat eine vergrößerte Prostata (Prostatitis). Auf jeden Fall zum Tierarzt.

Harter Stuhlgang: zu viele Knochen oder auch zuviel Trockenfutter. Läßt sich mit einer Eutermahlzeit und vielleicht auch etwas Milch oder Leinsamen wieder beheben.

Trägheit: Übermäßige Trägheit kann auf einen Herzfehler deuten, oder der Hund ist zu dick, oder der Hund merkt sein Alter, wobei es Hunde gibt, die recht früh alt werden.

Umfallen: Auf jeden Fall zum Tierarzt. Es kann eine harmlose Kreislaufattakke nach längerem Liegen sein, genauso aber auch das Zeichen für schwere Herz- oder Kreislaufdefekte oder aber der Beginn eines epilepsieähnlichen Anfalls. Zum Tierarzt.

Urin: Ist er dunkel gefärbt, kann er eine Krankheit anzeigen. Blut im Urin deutet auf Penisverletzung, eine Entzündung oder Blasenstein hin. Ansonsten hängt die Urinfarbe vom Fressen ab.

Zahnstein: Regelmäßige Zahnsteinentfernung (zwei- bis dreimal im Jahr) ist bei allen Zwergrassen eine unbedingte Notwendigkeit. Der gelblichbräunliche Belag wird am besten vom Tierarzt entfernt, bevor er sich kalkigschalenförmig auf den Zähnen ablagert. Deutsche Schäferhunde zum Beispiel leiden kaum bis nie an Zahnstein.

Wie der Hund uns krank machen kann

Der Fachausdruck heißt *Zoonosen* und bezeichnet die Krankheiten, die Hunde wie Menschen befallen und zwischen ihnen übertragen werden können. Sie werden beim Hund vom Tierarzt, bei uns vom Humanmediziner behandelt. Der beste Schutz: Sauberkeit im Umgang mit dem Hund. Sich möglichst nicht im Gesicht lecken lassen, sich häufig die Hände waschen. Besonders bei Kindern darauf achten, da sie sich am leichtesten anstecken.

Der Hundespulwurm kann auf Kleinkinder übertragen werden, wenn diese sich mit nicht sorgfältig und regelmäßig entwurmten Welpen allzu innig abgeben. Das Kind muß die Wurmeier verschlucken, um sich zu infizieren. Da der menschliche Körper nicht der richtige Aufenthalt für diese Würmer ist, verschwinden sie in den meisten Fällen ohne Symptome. Bei massivem Befall können sich die Larven jedoch im Körper festsetzen und Schäden verursachen.

Gefährlich ist der Hundebandwurm *(Echinococcus granulosus),* der jedoch relativ selten auftritt. Der Hund infiziert sich durch Fressen von rohen Schlachtabfällen und scheidet die Bandwurmeier aus (Kot wie mit Reiskörnern bestreut). Diese Eier müssen durch den Menschen aufgenommen werden. Sie wandern dann in die Leber, was gefährlich und schwer diagnostizierbar ist. Hier hilft Hygiene im Umgang mit dem Hund, richtige Fütterung und Beobachtung des Hundekotes. Wesentlich mehr Menschen bekommen den Bandwurm durch Genuß von rohem Fleisch als über den Zwischenwirt Hund. Den Tierarzt fragen, ob in der Gegend Bandwürmer beobachtet worden sind: Es gibt wirksame Behandlungsmittel. Vorsicht auch mit dem Verfüttern von rohem Pferdefleisch. In ihm können Bandwurmfinnen vorkommen. Häufiger ist der in Hundeflöhen lebende Bandwurm *(Dipylidium caninum),* der jedoch harmlos ist und nicht im Menschen leben kann. Sollte ein Kleinkind einen bandwurmbefallenen Hundefloh verschlucken, kann es solche Würmer ausscheiden, was jedoch kein Grund zur Panik ist.

Durch den Massentourismus ist die braune Hundezecke *(Rhipicephalus sanguineus)* auch bei uns eingeschleppt worden. Sie kann sich aber, aus subtropisch-tropischen Ländern stammend, nur bei Temperaturen über 20 Grad entwickeln. Da sie gelegentlich auch den Menschen befällt und Hirnhautentzündung hervorrufen kann, sollte man vorsichtig sein. Unser Tierarzt weiß, ob sie in unserer Gegend überhaupt schon vorgekommen ist. Kleine Hunde schützt man gegen Zeckenbefall durch Spezialhalsbänder (sie riechen für empfindliche Nasen unangenehm), große sollte man nach Waldspaziergängen (Farn und hohe Gräser) untersuchen. Wie man Zecken knackt, habe ich auf Seite 39 beschrieben.

Hautpilze *(Dermatophyten)* können sowohl vom Hund auf den Menschen als auch vom Menschen auf den Hund übertragen werden. Hund wie Mensch zeigen kreisförmige, gerötete Flecken, die jucken. Die Behandlung von Tierarzt wie Hautarzt ist langwierig, aber erfolgreich. Warum diese Mikropilze in neuerer Zeit sich mehr und mehr verbreiten, ist ungeklärt.

Wenn ein Mensch allergisch gegen Hundehaare ist, kann er Ekzeme bekommen oder asthmatische Anfälle. Hier hilft nur, den Kontakt mit Hunden meiden oder, leider, das Tier wegzugeben. Ekzeme des Hundes sind nicht übertragbar, aber schwer zu behandeln.

Ob Hunde auch auf Menschen allergisch reagieren, ist noch nicht untersucht worden. Jedoch kommen Hundeallergien, wie gesagt, immer häufiger vor. Hier helfen oft nur die Erfahrungen anderer Hundebesitzer, die in Verbands-, Club- und Fachzeitschriften mitgeteilt werden.

Mit der Toxoplasmose, einer Ansteckungskrankheit durch einzellige Lebewesen, hat der Hund kaum zu tun. Die Krankheit wurde publizistisch ausgebeutet, weil sie zu Entwicklungsstörungen des Foetus im Mutterleib führen kann. Man steckt sich fast nur durch Man steckt sich fast nur durch den Genuß von rohem Fleisch, vor allem Schweinemett, an und durch Katzenkot. Es ist bei Schwangerschaft ratsam, die Katze untersuchen zu lassen, ob sie Toxoplasmose-Ausscheider ist. Die eine Zeitlang üblichen Blutuntersuchungen des Hundes sind nicht mehr nötig.

Seit die menschliche Tuberkulose fast ausgerottet ist, werden auch keine Hunde mehr durch Menschen angesteckt, die ihrerseits wieder Menschen infizieren können.

Dagegen sind Tollwut und eine spezielle Art der Leptospirose *(Leptospira icterohaemorrhagiae)* auf den Menschen übertragbar. Daß man sich durch regelmäßige Impfung des Hundes dagegen schützen kann, habe ich bereits gesagt.

Genauso wie Schnupfen und grippale Infekte können auch Mumps und Mandelentzündung vom Menschen auf den Hund und umgekehrt übertragen werden.

Der Hunde-Hausarzt

Bei kleineren Wehwehchen behandeln wir unseren Hund selbst, wir beugen schwereren Erkrankungen dadurch vor oder versorgen den Hund, bis man mit ihm zum Tierarzt geht.

Damit aus einer Ohrenreizung keine schmerzhafte und langwierige Ohrenentzündung wird, träufelt man dem Hund zum Beispiel Auresan in das betroffene Ohr. Bei allen Ohrentropfen ist es wichtig, daß sie zimmerwarm sind. Hat man einmal vergessen, sie anzuwärmen, und Kaltes ins Ohr getropft, bekommt man nie wieder etwas ins Ohr hinein: Der Hund wird sich in Zukunft wie närrisch anstellen.

Da sich Hunde die Ohren relativ gerne putzen, aber sich äußerst ungern etwas hineintropfen lassen, habe ich gute Erfahrungen mit einem getränkten Wattebausch gemacht, den ich im sauberen Ohr ausdrücke, wobei ich den Behang etwas hochziehe. So kommt die Flüssigkeit auch in den Gehörgang. Anschließend die Ohrmuscheln gründlich massieren. Geht die Reizung nicht weg und schüttelt der Hund den Kopf weiter, bitte zum Tierarzt gehen. Wir achten auch darauf, ob unser Hund regelmäßig Ohrenschmalz bildet. Bleibt es aus, kann es im Gehörgang zu einer Pfropfenbildung kommen.

Hat sich der Hund verbrannt oder verbrüht, behandelt man die Stellen sofort und mehrmals mit einem Guß kalten Wasser. Keine Brandsalbe verwenden. Über die eigentliche Behandlung entscheidet der Tierarzt.

Ist der Hund von einer Biene, Wespe oder Hornisse gestochen worden, wird die Schwellung mit einem kalten Umschlag oder einem Eisbeutel gekühlt. Man kann auch ein Antihistamin-Gel wie Tavegil oder Soventol auf den Stich auftragen. Bei Stichen in Zunge oder Rachen oder mehreren Stichen sofort den Tierarzt aufsuchen.

Entzündungen zwischen den Zehen oder den Ballen können im Winter durch pulverigen oder harschigen Schnee sowie durch Streusalz verursacht werden. Der Schnee setzt sich zwischen den Zehen als Eisklümpchen fest und reibt, das Salz ätzt, wenn die Ballen Risse oder Schrunden haben; auch kann sich der Hund an gestreutem Splitt verletzen. Er leckt dann seine Pfoten oder benagt sie. Vor dem Spaziergang die Pfoten mit Penatenöl oder Hirschtalg einfetten, nach dem Spaziergang waschen. Die angebotenen Anti-Salz-Sprays sind nicht zu empfehlen. Kleinere Verletzungen desinfiziert man mit Jodtinktur oder Xeroformpuder, der durch seinen intensiv medizinischen Geruch den Hund vom Belecken abhält. Zur Weiterbehandlung eine Wundsalbe. Um den Hund am Lecken zu hindern, legen wir einen Verband an: an den Pfoten aus einem elastischen Strumpf oder einem Gitterstrumpf (Stülpa-Verband). Kleine Geschwüre oder Liegebeulen an den Gelenken mit Peru-Lenicet-Balsam behandeln. Hat der Hund ein Ekzem oder reißt er sich immer wieder den Verband herunter, bekommt er einen Halskragen aus Pappe oder Plastik, den einem der behandelnde Tierarzt leiht. Dieser Schutz ist leichter und angenehmer als der früher benutzte Plastikeimer mit ausgeschnittenem Boden.

Die Pille und der Liebesschrei

Auf die Probleme der Sexualität habe ich schon bei der Frage »Rüde oder Hündin« hingewiesen. Geschlechtsreife Rüden geben im Frühjahr oder Herbst ihrer Liebe lautstark Ausdruck, wenn in näherer oder weiterer Umgebung Hündinnen läufig sind. Auch versuchen sie mit allen Mitteln, zu einer Hündin zu gelangen. Das ist keine Krankheit, sondern der Ruf der Natur. Es kann aber lästig werden und manche Hunde übererregen. Sprechen Sie mit Ihrem Tierarzt, ob er ein Beruhigungsmittel verschreibt oder dem Hund eine dämpfende Hormonspritze gibt. Hier gehen die Meinungen, ob zweckmäßig oder nicht, auseinander. Dagegen kann man die Läufigkeit der Hündin durch eine Antiläufigkeitsspritze unterbinden, die Hormongabe täuscht dem Hundekörper Schwanger-

Der Kragen aus Plastik verhindert, daß der Hund sich an Verletzungen leckt

Ein kaukasischer Hirtenhund mit typischer Leinenaggression

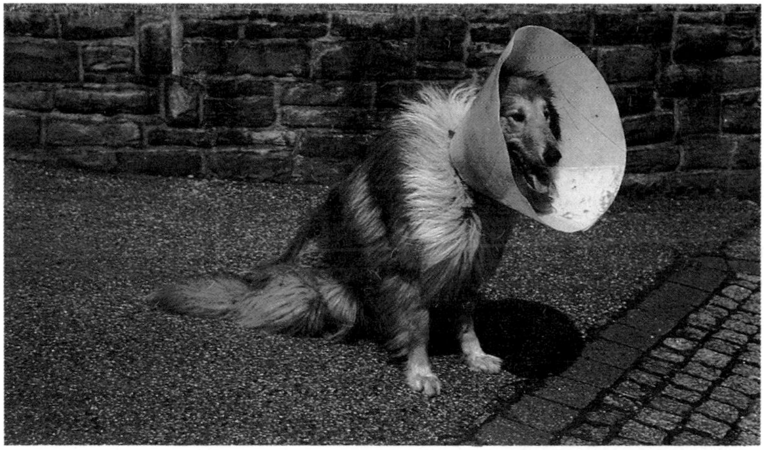

schaft vor. Die Spritze wird etwa 14 Tage vor der Läufigkeit gegeben, das heißt also je nach Hündin und Zyklus alle vier bis fünf Monate. Der Tierarzt stellt einen Überwachungspaß mit den Terminen aus, die vom Hundehalter genau beachtet werden müssen. Unser Tierarzt schickt uns eine Karte, wenn es soweit ist.

Unerwünschten Nachwuchs kann man ebenfalls durch Spritzen verhindern. Weiß man den Zeitpunkt genau, spritzt der Tierarzt einmal am vierten oder fünften Tag danach. Weiß man nicht so sicher, ob die Hündin gedeckt worden ist, helfen drei Injektionen am sechsten, am achten und am zehnten Tag. Man sollte aber diese Abtreibungen nicht zur Regel machen, während die Läufigkeitsverhinderung nicht schädlich ist. Sterilisation verhindert nur die Befruchtung für immer, schaltet aber die Läufigkeit nicht aus und wird heute kaum noch vorgenommen. Kastration (= Entfernung der Eierstöcke oder der Hoden) ist zwar eine sexuelle Endlösung, aber bei Hunden nicht so problemlos wie bei Katzen. Der Tierarzt wird es Ihnen erklären.

Der neurotische Hund

Seelische Defekte sind kein Privileg der Menschen. Auch bei Hunden gibt es Komplexe, Neurosen und Aggressionshandlungen, und man hat verblüffende Parallelen in der Reaktion von Hund und Mensch auf gewisse Konfliktsituationen entdeckt.

Da das Gebiet der *kranken Seele* überaus vielschichtig und groß ist, kann ich hier nur einige Anhaltspunkte und Hilfen geben. Wer einen Hund mit Verhaltensstörungen hat, sollte sie seinem Tierarzt beschreiben. Wichtig ist dabei die nüchterne Aufzählung und Schilderung dessen, was der Hund tut. Man soll die Tatsachen weder interpretieren (das ist Aufgabe des Tierarztes oder Verhaltensforschers) noch emotional beladen, indem man sich oder anderen die Schuld gibt. Haben Sie keinen Tierarzt, der mit Verhaltensproblemen vertraut ist, und sind Sie jemand, der auch wissenschaftlichere Texte zu lesen versteht, dann schaffen Sie sich von Dr. med. vet. Ferdinand Brunner »Der unverstandene Hund« an: Sie werden dort sicherlich auch die Probleme ihres Hundes behandelt finden.

Neurosen beim Hund sind abnorme Verhaltensweisen, die keinerlei biologischen Sinn erkennen lassen, in ihrer Stärke in keinem Verhältnis zum Anlaß stehen oder sich widersprechen. Der Hund reibt zum Beispiel den Kopf am Knie seines Herrn, um gestreichelt zu werden, und beißt in die Hand, die ihn streicheln will. Weitere typische Verhaltensstörungen:

- übertriebene Aggression gegen Fremde oder die eigene Familie (das kann mit dem knurrenden Bewachen des Futternapfes beginnen)
- plötzlicher Verlust der Stubenreinheit ohne organische Ursache

- O übergroße Ängstlichkeit auf der Großstadtstraße oder im Auto
- O das Verfolgen von Mofas, Motorrädern oder Autos
- O übertriebenes Benagen oder Belecken von Körperteilen
- O Überempfindlichkeit gegen Telefonläuten, Klingeln an der Tür oder ähnliche Geräusche, die andauerndes Bellen auslösen
- O zeitweilige Schreckhaftigkeit vor der Hand des Herrn
- O Zerstörungslust in der Wohnung
- O sich verstecken
- O plötzliches Lahmen ohne Verletzung

und so weiter und so weiter. Es ist falsch, solche Erscheinungen als Protesthandlungen des Hundes aufzufassen. Weder zu vorsätzlichem Protest noch zu Bosheit ist ein Hund fähig. Sie sind dem Menschen vorbehalten.

Wie kommt es bei Hunden zu Neurosen?

Der schon angeführte Doktor Ferdinand Brunner aus Wien betrachtet es als ein Wunder, daß verhältnismäßig viele Hunde ohne psychischen Knacks alt werden. Er hält es aber weniger für das Verdienst der Menschen als das der Tiere, deren Natur stärker sei als der menschliche Einfluß. Sagen wir es rundheraus: An den meisten Neurosen unserer Tiere sind wir schuld. Nur wenige überzüchtete Hunde sind von Natur aus oder aber durch Überfunktion der Schilddrüse reine Nervenbündel.

Eine Reihe von Störungen sind auf Erlebnisse in der Jugend zurückzuführen. Wenn zum Beispiel ein junger Hund gegen alle Hunderegeln (über die strengen Bräuche unter instinktsicheren Hunden berichte ich im Verhaltenskapitel) von einem erwachsenen Hund überfallen wird, so führt das häufig zu einer lebenslänglichen Feindschaft gegenüber allen Angehörigen dieser Rasse. Unser Henry war im Alter von sechs Monaten von einem Kleinen Münsterländer attackiert worden. Als er erwachsen war, griff er alle Münsterländer ohne Vorwarnung an, obwohl er sonst ein sehr kontaktfreudiger Hund war.

Ein Spaniel, der gerne mit Kindern spielte, griff Kinder in der Nähe von Wasser wütend an. Die Erklärung: Er war einmal von Kindern ins Wasser geworfen worden und dabei fast ertrunken. Solche Erlebnisse braucht der eine Hund nur einmal zu haben, um ein Leben lang darauf mit einer Störung zu reagieren. Andere benötigen eine Kette von unangenehmen Erfahrungen, ehe sie neurotisch reagieren. Das zeigt, wie schwierig die Erforschung und Behandlung von Neurosen ist.

Ohne Sie ängstlich machen zu wollen, hier eine Aufstellung menschlicher Gewohnheiten, die den Hund seelisch beanspruchen, das eine Individuum mehr, das andere weniger.

- O Häufige Wochenendausflüge im Auto in immer andere Umgebung
- O Übernachtungen in Hotels
- O Urlaubsreisen in ein ungewohntes Klima
- O Änderung im Familienleben durch Scheidung, Ehekrach oder ähnliches
- O Änderung im Familienleben durch ein Baby
- O Änderung der Lebensgewohnheiten durch Fernsehen oder einen anderen Tagesablauf
- O Wechselnde Schurmoden, die auf gesundheitliche Bedürfnisse des Hundes keine Rücksicht nehmen
- O Anwachsen des Verkehrs und des Lärms in der Großstadt
- O Umzug in eine andere Gegend
- O ständige Einengung des Raumes (= Reviers), der die täglichen Spaziergänge umfaßt
- O lasche Erziehung
- O Verzärtelung des Hundes.

Hunde sind Gewohnheitstiere. Für sie ist es weniger wichtig, ob sie regelmäßig gut oder ständig schlecht behandelt werden, so erstaunlich das klingt. Neurosenbildend sind launenhafte, nicht vorhersehbare, wechselnde Stimmungen im Verhalten des Herrn. Durch eine Belohnung statt der erwarteten Strafe, durch einen Schlag statt des üblichen Streichelns entstehen verwirrende und unverständliche Erlebnisse, die man in der Psychologie Frustration nennt. Sie kann sich darin äußern, daß der Hund hinter Lastwagen herrennt oder den Briefträger beißt oder ins Wohnzimmer macht.

Meine Bitte:

im Umgang mit Ihrem Hund konsequent sein, überlegt und nicht gedankenlos. »Ich habe mir nichts dabei gedacht« ist ein dummer Satz für dummes Verhalten. Im Zusammenhang mit dem Hund kann er schlimme Folgen haben.

Der Tod des Hundes

Obwohl wir wissen, daß wir den Hund wahrscheinlich überleben, wenn wir ihn uns ins Haus holen, reagieren wir oft zornig oder deprimiert auf seinen Tod. Wir versuchen in unserem Schmerz, andere dafür verantwortlich zu machen: Tierärzte kennen diese Reaktion sehr gut. Stirbt der Hund jung, gibt man dem Züchter die Schuld. Das alles ist menschlich und verständlich, zumal wir eine starke gefühlsmäßige Hinwendung zum Hund haben, der vielleicht viele Jahre mit uns zusammengelebt hat.

Die meisten Hunde sterben rasch und schmerzlos. Oft wird man vor die Entscheidung gestellt, einen schwerkranken Hund einschläfern zu lassen. Wie schwer das ist, weiß ich aus eigener Erfahrung. Schwer für uns Menschen, nicht schwer für den Hund. Das Einschläfern ist heute durch stufenweise erhöhte Narkose so perfektioniert, daß der Hund nichts davon merkt und selbst ein empfindsamer Besitzer ihn bis zum letzten tiefen Atemzug im Arm halten kann. Ein Ende, das wir Menschen uns alle wünschen sollten. So ist die Entscheidung zur Euthanasie immer ratsam, wenn dem Hund dadurch starke Schmerzen erspart werden. Der Tierarzt wird Ihnen bei dieser Entscheidung helfen. Und da die Arbeit der Tierärzte der Erhaltung und nicht der Zerstörung von Leben dient, werden sie sich die Hilfe nicht leichtmachen. Ich bin aber dafür, daß der Mensch bis zum Tode bei seinem Hund bleibt und sich nicht aus dessen letzten Minuten schleicht: Es ist für den Hund schöner, seinen Herrn bei sich zu wissen. Und in der Erinnerung ist es auch für uns wichtig, nicht feige gewesen zu sein.

Ich habe nach dem Tod meines ersten Hundes notiert:

»Henry schlief ein, schnell und ruhig. Sein letzter Atemzug war tief wie immer, wenn er zufrieden war. Auf der Seite lag er, als er tot war. Alles an ihm war weich und knautschig – der Alte war wieder ein Baby geworden. Selbst die Pfoten hatte er angewinkelt zu einer Embryonalhaltung. Nie vorher sah er so natürlich schlafend aus. Es ist merkwürdig, daß ein Hund, der einen friedlichen Tod hatte, sich nicht verändert. Daß man ihm den Übertritt auf die andere Seite nicht ansieht. Daß ihn das Leben nicht so verläßt wie einen Menschen, vielleicht, weil er sich nicht ans Leben klammert, weil ihm der Tod nicht bewußt ist. Als ich ihn in die Decke wickelte, auf der er viele Jahre geschlafen hatte, war er mir für einen Augenblick näher als je zuvor. Er war noch einmal ganz mein Hund, bevor ich ihn für immer verlor.«

Wir haben ihn in unserem Garten beerdigt und mit einer nach dem *Tierkörperbeseitigungsgesetz* vorgeschriebenen Erdschicht von mindestens 50 Zentimetern bedeckt. Unser Garten liegt in keinem Wasserschutzgebiet und nicht in unmittelbarer Nähe von öffentlichen Wegen, Straßen und Plätzen.

Ich käme nie auf die Idee, einen meiner toten Hunde zur Abdeckerei oder in die Tierkörperverwertungsanstalt zu geben. Deshalb finde ich auch, daß Tierfriedhöfe keine übertriebene Vermenschlichung sind, sondern ein Ausdruck von Menschlichkeit: das Grab als würdige Erinnerung an einen langjährigen Gefährten. Tierfriedhöfe gibt es in der Bundesrepublik kaum ein knappes Dutzend, in Berlin, in Bremen, in Braunschweig, in Duisburg, zwei vor den Toren Hamburgs, bei Nortorf, in Mainz und Stuttgart. In München gibt es ein Tierkrematorium. Man kann die Asche in einer Urne abholen oder in einem Massengrab bestatten lassen. Wer keinen Garten besitzt und keinen Friedhof in der Nähe hat: Deutsche Wälder sind groß, man darf sich nur nicht erwischen lassen. Und eine Fichte als Erinnerungspunkt ist allemal besser als die Vorstellung von einem Kessel mit Leim. Übrigens: Wir haben beim Tod unserer Hunde immer geweint.

Die Erziehung zum folgsamen Haushund

Viele Hunde verstehen jedes Wort, nur nicht das einfache »Komm« oder »Platz«. Das liegt nicht am Hund, sondern an seinem Herrn, dem es nicht gelungen ist, ihn zu erziehen.

Grundsätzlich ist jeder Hund bereit, sich unterzuordnen und zu gehorchen. Die Anlagen dazu hat er von Natur, man muß sie nur wecken. Wenn man jedoch erlebt, wie Hunde ungehindert an der Leine Parkanlagen und Gehwege mit ihren Exkrementen verschmutzen, wie sie aus Haustüren ungestüm herausstürmen, wie sie Fahrzeuge und Fußgänger aus Übermut attackieren und sich überhaupt nicht um ihre rufenden, pfeifenden, winkenden Besitzer kümmern, dann stellt man verwundert, belustigt oder verärgert fest, daß es anscheinend als besonders tierliebend und verständnisvoll gilt, den Hund alles tun zu lassen, was ihm beliebt. Das ist bei kleinen Hunden wie einem Dackel oder Yorkshire Terrier für Mitmenschen nur lästig, bei willensstarken, kräftigen und zu Aggressivität neigenden Rassen wie Bullterrier oder Deutschem Schäferhund kann es gefährlich werden.

So stellt sich dem künftigen Hundebesitzer die Frage: »Wie erziehe ich meinen Hund?«

Die Antwort ist einfach und eindeutig. Wer mit einem gehorsamen Hund zusammenleben will, muß ihn mit Autorität erziehen. Unter Menschen ist das Geheimnis, gut miteinander auszukommen, anderen gegenüber tolerant und freundlich zu sein. Beim Hund ist Autorität unumgänglich und das Erfolgsrezept für ein gutes Zusammenleben. Der junge Wolf/Hund sucht die Autorität seines Vaters und erkennt sie an; später überträgt er sie auf den Rudelführer. In der Wildnis war es so: Rudelführer, die die Autorität verloren, wurden vom Rudel vertrieben oder zerrissen. Ein Mensch ohne Autorität kann zwar von seinem Hund geliebt werden, er respektiert ihn aber nicht und protestiert, indem er nicht gehorcht.

Noch eine Anmerkung zu der in den siebziger Jahren umstrittenen Autorität, zu der Mode der antiautoritären Erziehung. Beim Hund hat die Formel, von der Erfahrung eines Erfahreneren zu profitieren, nie ihre Gültigkeit verloren. Allerdings hat sich durch die Erkenntnisse der Verhaltensforschung einiges geändert. Erziehung ist nicht mehr jene Dressur, die die Angst als Mittel nützte, das zunächst einem Hund die Persönlichkeit nahm, um ihn zum blind gehorchenden Wesen zu machen. Das ist autoritäre Erziehung, die abzulehnen ist.

Heute erzieht man Hunde mit wenig, aber bestimmter Strenge und viel liebevollem Einfühlungsvermögen. Dabei bedienen wir uns weitgehend seiner natürlichen Anlagen und Verhaltensweisen, die wir für uns arbeiten lassen. Wir beginnen sehr früh mit der Erziehung, dann nimmt ein Hund keine schlechten Angewohnheiten an. Wir nützen gleichzeitig die verschiedenen Prägungsphasen in der Entwicklung des Hundes, die ich auf Seite 114 genau beschreibe. Wir entwickeln die Erziehung aus dem Spiel, so daß sie lustvolles Erlebnis ist. Das Spiel wird im Alter von sechs Monaten zur konsequenten Erziehung. Wir überfordern den Hund nicht und halten uns stets vor Augen, daß ein Hund immer nur die direkt aufeinander folgenden Ereignisse miteinander verknüpfen kann. Und wir verlieren selbst nie die Nerven.

Das ist zwar leichter gesagt als in manchen Situationen getan, aber Fehler, die man durch eine falsche Reaktion verursacht, überdauern Tage, bis man sie wieder korrigiert hat. Es ist besser, nicht stur auf dem täglichen Pensum zu bestehen, sondern abbrechen zu können. Auch in der Hundeerziehung gibt es schwarze Stunden, in denen man selber indisponiert ist oder der Hund nicht begreifen will. Dann hört man vernünftigerweise auf. Man darf aber nie innerhalb einer Übung dann abbrechen, wenn der Hund gerade seinen Kopf durchgesetzt hat. Benutzen Sie meinetwegen jeden freundlichen Trick, um die Unterweisung zu dem Ende zu bringen, das Sie wollen und das auch den Hund befriedigt.

Ein Beispiel: Der junge Hund will an der Leine nicht weitergehen, er legt sich hin. Jetzt dürfen Sie ihn weder von seinem Platz wegschleifen noch ihn auf dem Arm davontragen (wenn das gewichtsmäßig geht). Sie müssen versuchen, mit zuredenden Worten seine Aufmerksamkeit zu erregen. Üben Sie dann einen sanften Zug aus, oder halten Sie ihm einen Leckerbissen vor die Nase, bringen Sie ihn auf irgendeine Weise wieder auf die Beine und dazu, daß er ein paar Schritte geht. Darauf loben Sie ihn und brechen die Arbeit ab. Unterscheiden Sie, ob der Hund ängstlich und verwirrt ist oder nur stur. Den Ängstlichen kann man beruhigen, dem Sturen muß man zeigen, daß er nicht durchkommt.

Was ein braver Haushund alles können muß

Zunächst einmal muß er auf »Komm« hören, das Wort, das ihn zu uns bringt. Es ist die Grundübung, von der der *Appell,* wie man den allgemeinen Gehorsam nennt, abhängt.

Dieses »Komm« ist verknüpft mit der Übung »Sitz«, denn nur der Hund, der richtig sitzen gelernt hat, wird den Komm-Befehl gut ausführen. Sitzen kann man wiederum mit dem »Nicht-hochspringen« verbinden: Ein junger Hund, dem man das Anspringen verwehrt, wird sich leichter zum Sitzenbleiben bringen lassen.

Die »Leinenführigkeit« ist die nächste Übung, die man mit »Fuß« oder »Bei Fuß« verknüpfen kann. Hiermit meine ich nicht das *Bei-Fuß-Gehen* der Gebrauchshundhalter, bei dem der Hund stets mit dem Schulterblatt an unserem linken Knie bleiben muß, ob wir gehen oder laufen. »Bei Fuß« bedeutet beim braven Haushund, daß er möglichst nahe bei uns bleibt, nicht vorprellt und an der Leine zieht.

Er soll auch sofort auf die Tabu-Befehle »Pfui« oder »Nein« gehorchen und sich bei »Aus« alles abnehmen lassen, vom geliebten Kauknochen bis zum Abfall, den er draußen aufgelesen hat. Noch besser ist, wenn man ihm das Unratfressen zusammen mit dem Betteln abgewöhnt, wobei als Ziel gilt, daß er außer Haus überhaupt nichts frißt, auch wenn die schönste Knackwurst auf dem Spazierweg liegt.

Das Wort »Platz« muß ihm geläufig sein, bei dem er im Zimmer seinen Platz aufsucht. »Platz« ist gleichzeitig die Anweisung, sich niederzulegen, und wird aus der schon beherrschten Übung »Sitz« entwickelt.

Sehr nützlich für den Großstadthund, aber auch für den Landhund auf Spaziergängen, die über Landstraßen oder ein Stück auf Landstraßen führen, ist ein Kommando, das ihn augenblicklich zum Stehen bringt. Das kann »Halt« oder »Stop« oder »Auto« heißen; in der

Dieses Handzeichen verdeutlicht dem Hund den Befehl »Bleib«

Gebrauchshundausbildung sagt man »Steh«. Wir haben es immer mit einem »Dalli« aufgehoben, damit der Hund die Straße schnell überquert. Es entspricht dem »Voraus« beim Gebrauchshund.

Ein braver Hund sollte auch noch allein bleiben, ohne das ganze Haus zusammenzuheulen oder pausenlos zu bellen. Das kann man ihm beibringen, wobei es leichter ist, »Gib Laut« als »Ruhig« oder »Still« zu lehren.

Wir runden den Lehrplan mit dem richtigen Ein- und Aussteigen aus dem Auto ab, damit sich der Hund nicht wild in den Verkehr stürzt oder wir, wenn wir die Autotür öffnen, versuchen müssen, ihn gleich bei Halsband oder Leine zu packen.

Die Grundlagen der Erziehung

Wir beginnen mit der Erziehung, die am Anfang mehr eine Belehrung ist, wenn der Welpe im Alter von etwa zehn Wochen zu uns ins Haus kommt. Diese Belehrung ist die Vorstufe der Erziehung, die beim Junghund im Alter vom 6. bis zum 10. Monat abgeschlossen wird. Das heißt, daß wir etwa sechs bis acht Monate lang uns täglich mindestens eine halbe Stunde Zeit nehmen müssen, um mit dem Hund zu spielen und im Spiel zu üben.

Die einzelnen Übungen sollten beim kleinen Hund fünf Minuten nicht überschreiten, beim Hund in der Pubertät nicht zehn Minuten. Wir achten darauf, daß wir für die einzelnen Befehle immer dasselbe Wort benutzen. Wir strafen sehr wenig, sondern arbeiten hauptsächlich mit Lob. Wenn wir ihn einmal strafen müssen, dann so, daß er nicht sein Selbstvertrauen verliert. Die Strafe war richtig, wenn der Welpe uns anschließend seine Anhänglichkeit mit Handlecken oder einem Schnauzenstoß bezeugt. Das ist dasselbe, wie wenn ein Kleinkind, das man bestraft hat, anschließend sagt: »Laura ist wieder lieb.«

Gerade in der 13. bis 16. Woche seines Lebens begreift der Hund am besten, daß Loben und Streicheln Belohnungen sind für Dinge, die er tun darf. Daß Tadel und Strafe die Folgen von Dingen sind, die er nicht tun soll. In dieser Zeit ordnet er sich einer Autorität unter, ja er verlangt geradezu danach.

Vom Lob und von der Strafe

Bei allen Erziehungsübungen schaffen wir zunächst ein freundliches Klima. Ein verschüchterter oder aufgeregter Hund kann nicht lernen. Deshalb sind wir sehr freigebig mit Lob. Wir versuchen auch, Situationen zu schaffen, in denen der Hund recht haben kann. Ich möchte hier klarstellen: Lob ist absolut notwendig in jeder Mensch-Hund-Beziehung. Lob ist die Grundlage für leichte und gute Erziehung. Ein Hund verlangt nach Lob, es ist für ihn lebensnotwendig. Deshalb sollten wir Lob nicht mit Belohnung für gutes Benehmen verwechseln. Lob ist etwas Grundsätzliches. Daher sind Leckerbissen kein Ersatz für Lob. Es ist sogar fraglich, ob man in der Erziehung mit Leckerbissen arbeiten sollte. Sie durchbrechen das Prinzip, daß der Hund nur aus seiner Schüssel fressen soll, und können ihn zum Betteln ermuntern. Andererseits können Leckerbissen den Lerneifer eines Hundes steigern. Ich glaube, daß man hier nach der individuellen Veranlagung des Hundes unterscheiden sollte.

Unterscheiden müssen wir auch die beiden Grundtypen des Lobes: das Lob mit Worten und das körperliche Lob. Während der Übung immer nur mit Worten loben, nach der Übung darf man den Hund auch *liebeln*. Macht man es während einer Übung, darf man sich nicht wundern, daß ein »Sitz«-Hund vor lauter Freude wieder aufspringt. Über die Bedeutung der Klangfarbe Ihrer Stimme haben Sie bereits gelesen.

Mit Strafe sollte man sehr sparsam umgehen, sie erfordert Einfühlungsvermögen in den Charakter des Hundes. Empfindliche Hunde können schon auf ein scharfes Wort sensibel reagieren. Robuste Hunde lassen sich selbst durch eine Tracht Prügel kaum beeindrucken. Wobei ich gleich anmerken möchte, daß man einen Hund sehr, sehr selten schlagen sollte und rohe Gewaltanwendung ganz verpönt ist.

Beim Welpen reicht die Strafe vom Abbrechen des Spiels über ein leiseres oder lauteres Pfui, dem Schlagen auf den Boden oder den verbotenen Gegenstand bis hin zu einem kurzen Schütteln am Nackenfell in Verbindung mit dem Wort *Pfui* oder *Nein*. Ein Beispiel: Der Welpe tut etwas, was er nicht soll. Er knabbert an einem Sesselbein. Wir sagen laut und deutlich »Nein«. Der Welpe wird zu uns hinschauen, wir heben die Hand und drohen ihm mit dem Finger, wobei wir das *NEIIIIN* wiederholen. Langgezogen und betont. Fährt der Welpe mit seinem Knabbern fort, wiederholen wir das langgezogene Nein und schlagen dabei kräftig gegen den Sessel. Stört ihn das auch nicht, dann hat er auf stur oder trotzig geschaltet, die Strafe muß kräftiger ausfallen. Wir fassen ihn, wie es seine Mutter tat, ins Nackenfell, greifen dabei soviel Fell, wie wir in die Hand bekommen können, und schütteln ihn einmal kurz. Dabei wiederholen wir das Wort Nein und schauen böse. Sehr wahrscheinlich wird er es jetzt begriffen haben und beim nächsten Knabberversuch beim ersten »Nein« aufgeben. Während der Kau- und Knabberphase besteht eine große Gefahr: Der Welpe nimmt sich ein Lampenkabel vor. Das kann ihn töten. Belegen Sie Kabel mit einem großen »Pfui«, und ziehen Sie sie während dieser Zeit tagsüber aus der Steckdose.

Beim Junghund muß eine Strafe kurz, scharf und exakt zu dem Zeitpunkt erfolgen, zu dem er etwas falsch macht. Ein Pfui- oder Nein-Kommando oder aber ein kurzes Schütteln am Nacken-

fell. Man kann ihn auch rechts und links vom Gesicht am Fell fassen, in die Augen schauen und dabei kurz schütteln. Doch das sind alles Strafmethoden, wenn der Hund sehr renitent ist, meist genügt das Pfui oder Nein, verbunden mit einem kurzen Aufstampfen oder einem Schlag auf den Boden.
Die vielzitierte Zeitung, mit der man dem Hund einen Klaps versetzen soll, ist eigentlich ein Unsinn. Meistens hat man in dem Augenblick, in dem die Bestrafung erfolgen muß, keine Zeitung zur Hand, oder aber der junge Hund betrachtet die Zeitung als Spielobjekt und zerreißt sie in lauter Fetzen. Wie überhaupt das Schlagen keine gute Bestrafung ist.
Außerhalb der Erziehung ist eine körperliche Bestrafung bei folgendem Fehlverhalten angebracht:

- Ein Angriff gegen Menschen oder ein Schnappen nach dem Herrn.
- Stehlen, wenn man den Hund direkt beim Stehlen erwischt.
- Verwüstung der Einrichtung, wenn es sich nicht um einen Einzelfall handelt.

Vom richtigen Hochheben

Wenn ein Züchter einen Welpen hochnimmt, so faßt er ihm ins Fell, packt dabei soviel, wie er erwischen kann, und hebt ihn hoch. Das ist für den kleinen Hund nichts Ungewohntes, denn so trägt ihn auch seine Mutter. Diese Methode wird fälschlicherweise auch bei größer gewordenen Hunden beibehalten. Das ist dann aber nicht mehr dasselbe, sondern tut dem Hund weh. Grundsätzlich kann man einen Welpen anfassen, wie man will, er darf nur keine Unlustgefühle zeigen oder Schmerz äußern.

Beim Halsband soll der Ring für die Leine uns zugewandt sein

Ein leichter Schlag gegen das Kinn ist eine wirkungsvolle Bestrafung

Andererseits ist der Hund kein Baby, das man unter den Armen packt und hochhebt. Dabei hebt man ihm nämlich die Schultern vom Körper ab, da beim Hund die Schultern in Fortsetzung der Vorderläufe an der seitlichen Brustwand ansitzen. Ein häufig so hochgehobener Hund bekommt lose Schultern, die den menschlichen O-Beinen entsprechen. Außerdem hat der Hund unter den Schultern recht empfindliche Nerven. Es tut ihm also auch noch weh.

Am besten faßt man ihn mit der einen Hand unter den Brustkorb und unterstützt mit der anderen Hand sein Hinterteil. Trägt man ihn ein Stück, dann am besten vor sich auf beiden Armen mit einer Hand unter der Brust, mit der anderen unter dem Bauch. Oder man läßt den Hund sich mit den Pfoten auf unsere Schulter abstützen und hält ihn so, daß er mit dem Hinterteil auf unserer Hand sitzt. Vor allen Dingen sollte man Kindern verbieten, einen Hund umherzuschleppen.

Von Halsband und Leine

Am Anfang der Welpenbelehrung steht das Tragen eines Halsbandes und das Gehen an der Leine, womit ich noch nicht die *Leinenführigkeit* meine. Wir brauchen die Leine, um ihm das Grundkommando »Komm« beizubringen, um ihn eventuell nachts in seinem Korb festzulegen, falls er noch nicht stubenrein ist, oder um ihn auf der Straße festzuhalten, wenn er sein Geschäft verrichtet.

Die verschiedenen Halsbandtypen sind auf Seite 26 abgebildet, wobei das allererste Halsband keinen Zug zu haben braucht und sehr einfach sein darf, da der Welpe schnell aus ihm herauswächst. Man zieht dem Welpen das Halsband vor dem Füttern oder vor dem Spielen an, und man lenkt ihn ab, wenn er es durch Kratzen oder Kopfschütteln entfernen will. Man gewöhnt ihn an das Halsband, indem man es ihn zunächst kurze Zeit, dann immer länger tragen läßt. Hat er sich mit dem Halsband abgefunden, leint man ihn zum ersten Mal an. Die Leine sollte aus Leder, nicht zu kurz und nicht zu schwer sein. Man macht das an vertrautem Ort, in der Wohnung oder im Garten. Da das Gehen an der Leine eine Vergewaltigung der Hundenatur ist, gewöhnen wir ihn zunächst an die Existenz dieser Leine, indem wir uns von ihm führen lassen. Es gibt dabei nur Lob und noch keinerlei Zug. Wir achten aber darauf, daß der Hund weder mit der Leine spielt noch an ihr kaut. Die Leine ist tabu, pfui oder nein!

Langsam beginnt man Schritt und Richtung selbst zu bestimmen, mit sanftem Zug und aufforderndem Klopfen ans eigene linke Bein. Wer später mit dem Hund sportlich arbeiten möchte, gewöhne ihn von klein auf ans Gehen am linken Bein. Für normale Hundehalter ist es gleich, ob der Hund links oder rechts geht oder auch einmal die Seiten wechselt. Geht man mit dem Hund auf einer Straße ohne Bürgersteig spazieren, ist er an unserer linken Seite sicherer, läuft er neben dem Fahrrad her, ist rechts der bessere Platz.

Die Erfahrung hat gezeigt, daß männliche Welpen sich dem An-der-Leine-Gehen zunächst stärker widersetzen als weibliche Tiere. Achten Sie darauf, wenn Sie mit dem Hund auf die Straße gehen, daß er nicht erschrickt. Zieht er an der Leine, üben Sie sanften Gegenzug aus und sagen dabei »Fuß« oder »Bei Fuß«. Sträubt er sich gegen die Leine, machen Sie das gleiche. Je weniger Kraft Sie bei diesen Grundübungen anwenden, um so besser wird ihr Erfolg sein. Wie überhaupt der Umgang mit der Leine einfühlsam sein sollte.

Die Leine, unser verlängerter Arm, sagt dem erwachsenen Hund, was wir von ihm wollen. Kurze Leine: Wir haben es eilig, er muß brav bei Fuß gehen und kann jetzt nicht schnüffeln. Lange Leine: Wir haben Zeit, er darf schnüffeln und herumstöbern, wir bleiben stehen und schauen ihm zu. Doch bevor wir soweit sind, müssen wir unserem Hund noch eine Menge beibringen. Zunächst wird wieder beim Spiel gelernt.

Vom tiefen Sinn des Ball- und Stöckchen-Werfens

Die Kunst der Erziehung besteht darin, daß man angeborene Fähigkeiten ausnützt. So ist auch das Apportieren angeboren. Der Welpe übt es im Spiel, der Wolf muß es können, um seine Familie mit Futter zu versorgen. Der Ball oder das Hölzchen ist die *Beute,* die es zu erjagen und herbeizubringen gilt. Wir machen unseren Welpen auf den Ball oder das Stück Holz aufmerksam, legen es vor ihn auf den Boden und rollen es weg. Interessiert sich der Welpe dafür und läuft er hinterher, können wir anfangen, damit zu werfen. Das machen wir auf kurze Entfernung und loben den Welpen, der damit spielt. Noch besser ist es, wenn er es aufhebt und herumträgt. Loben, loben, loben. Wir spielen nur, solange der Welpe Lust hat. Läuft er dem Stock oder Ball auf weitere Entfernung nach, verbinden wir die Übung mit dem Ruf »Komm«. Wir kauern uns auf den Boden und locken ihn, indem wir mit der Hand vor uns auf die Erde schlagen. Das ist der eine Teil der Übung.

Bekommt der Welpe Spaß an diesem Spiel und ist wild auf die *Beute,* dann können wir aufmunternd »Gib Laut« sagen. Bellt der Welpe, loben wir ihn und geben ihm die Beute. Die Reihenfolge ist: Den Hund auf die Beute anreizen; Beute vorenthalten; »Gib Laut« sagen; bellen lassen; loben; Beute geben oder werfen. Das machen wir ein paarmal am Tag.

Kommen, wenn man ruft

Je früher wir mit dieser Übung anfangen, um so leichter gelingt sie, denn der Welpe möchte immer in der Nähe seines Rudels bleiben. Wir können hier von der Hundemutter lernen, die nie stehenbleibt, bis der Welpe ihr folgt, sondern von ihm fortgeht. Dieses Fortgehen ist das Grundprinzip für unsere Erziehungsübung. Wir locken ihn dabei mit »Komm«. Wollen Sie später mit dem Hund arbeiten, dann gewöhnen Sie ihn an das Wort »Hier«. In der Wohnung sagen wir immer »Komm«, auch wenn der Welpe von sich aus hinter uns hergeht. Man kann die Übung verderben, wenn man dabei auf den Welpen zugeht.

Wir steigern die Übung, indem wir stehenbleiben und unser »Komm« rufen. Das machen wir in bestimmtem, aber freundlichem Ton. Besser noch, wir hocken uns hin, klopfen vor uns auf den Boden und rufen wieder »Komm«. Und loben, wenn der Welpe kommt. Man kann das gleiche auch mit zwei Personen üben, indem man den Welpen zwischen den beiden hin und her laufen läßt. Bei dieser Übung ist es sehr wichtig, daß der Welpe immer das Gefühl hat, in unserer Nähe geht es ihm gut. Dann wird er sehr schnell auf das »Komm« reagieren. Besonders hartnäckigen und sturen Hunden kann man eine dünne Schnur ans Halsband binden und während des Komm-Rufens ihn sanft, aber stetig heranziehen. Ähnlich machen wir es bei dem schon beschriebenen Apportierspiel, wenn es zur Apportierübung wird.

Wir vertiefen diese Übung, wenn der Hund ein halbes Jahr geworden ist. Dann benützen wir nicht mehr die lange Leine, sondern eine Wurfkette. Das ist eine kurze zusammengeschweißte Kette, die man kaufen kann, oder aber man nimmt ein dünnes Kettenhalsband. Man wirft sie dem unfolgsamen Hund unmittelbar nach dem Komm-Ruf gegen die Rippen oder an das Hinterteil, so daß er nicht sieht, daß wir geworfen haben. Dieser *Schmerz aus heiterem Himmel* hat folgende psychologische Wirkungen: Er erkennt, daß er immer für seinen Herrn erreichbar ist. Und

»Komm«-Übungsspiel zwischen zwei am Boden knienden Personen

es tut weh, wenn man sich von seinem Herrn mutwillig entfernt. Hat man dieses mehrere Male geübt, dann braucht man nur noch mit der Kette zu rasseln, um seinen Gehorsam wiederherzustellen.

Wie man richtig sitzen lehrt

Wer die Komm-Übung richtig beherrschen will, muß auch die Aufforderung »Sitz« kennen. Sie ist dem Welpen leicht beizubringen, weil Sitzen die natürlichste Stellung für einen Hund ist, wenn er auf etwas Angenehmes wartet. Wenn die Hündin anfängt, ihre Welpen stehend zu säugen – das geschieht etwa in der dritten Woche –, dann sitzen die Welpen beim Milchtrinken.

Es gibt zwei Möglichkeiten, ihm das Sitzen leicht beizubringen. Einmal, wenn wir ihm das Hochspringen abgewöhnen, zum anderen, wenn wir ihm das Halsband anlegen. Wir streifen ihm das Halsband über und halten dabei seinen Kopf. Dann drücken wir sein Hinterteil sanft herunter und sagen langgezogen »Sitz« und loben ihn. Wir führen ihn mit der Leine ein paar Schritte weiter, machen das gleiche noch einmal. Dies mehrmals hintereinander, wobei das

»Sitz« mit betontem *i* gesprochen wird. Dem sitzenden Welpen schauen wir in die Augen (Blickkontakt), halten ihn in dieser Stellung fest, loben ihn und geben ihn frei. Jetzt lassen wir ihn angeleint umherlaufen.

Die Übung wird abgerundet, indem man das Kommando »Sitz« durch einen leichten Leinendruck aufhebt und weitergeht, wobei man später auch »Komm« sagen kann. Wir können das »Sitz« auch durch ein Handzeichen unterstützen, indem wir mit der flachen Hand nach unten deuten. Wir üben fünf Minuten lang, dreimal täglich. In ein paar Tagen hat es der Hund begriffen, man wiederholt es später konsequent, wenn er fünf bis sechs Monate alt geworden ist.

Das Hochspringen ist eine dem Hund angeborene Begrüßungsweise und wird bereits vom Welpen angewandt, um beim Menschen Aufmerksamkeit zu erregen und Zärtlichkeitsbeweise zu erhalten. Wir mögen es bei kleinen Hunden nett finden, bei großen Hunden ist es eine Unart. Man wird schmutzig, Damenstrümpfe bekommen Laufmaschen, und ein Bernhardiner kann einen auch umwerfen.

Dem Welpen gewöhnt man dieses Verhalten relativ leicht ab, bei erwachsenen Hunden ist es nur schwer zu korrigieren.

Dem anspringenden Welpen hält man die flache Hand entgegen und tadelt mit dem Wort »Pfui« oder »Nein«. Man kann auch, befolgt der Hund den Befehl schon, das Anspringenwollen in »Sitz« umfunktionieren. Nützt das nichts, packt man den Hund bei den Vorderpfoten und stößt ihn, das Anspringen abfangend, weg. Um den jungen Hund nicht zu frustrieren, bieten wir ihm eine Ersatzform an, in dem wir ihn *Sitz machen* lassen und dann loben. Oder wir lassen ihn einen Ball holen und spielen mit ihm. Die Methode, dem anspringenden Hund das Knie vor die Brust zu stoßen, kann man nur mit einem robusten, schon älteren Hund machen, bei dem die anderen Methoden, zu denen auch das Beiseitetreten gehört, so daß der Hund ins Leere springt, nichts genutzt haben. Die Pfoten fassen, festhalten und das Knie gegen seinen Brustkorb heben. Das muß kein Stoß sein, sondern eher eine Art Blockade. Wichtiger ist das Zurückwerfen des Hundes, verbunden mit einem scharfen »Neiiin!«. Dieser Überraschungseffekt erzieht den Hund mehr als körperliche Gewalt.

Wie man den Hund an der Leine führt

Leinenführigkeit braucht Fingerspitzengefühl. Und das ist das Gegenteil von mehrmaligem Rucken und lautem »Bei-Fuß«-Schreien. Lieber zwischendurch einmal stehenbleiben, mit dem Hund Augenkontakt herstellen und bewußt losgehen. Die Leine sollte locker sein, wir müssen uns auf den Hund und der Hund sich auf uns konzentrieren. Wenn Sie das jeden Tag ein paar Minuten sehr bewußt machen, werden Sie Erfolg haben. Doch damit habe ich vorgegriffen, so weit kommen Sie mit einem Welpen nicht. Hier heißt es loben, nochmals loben und zwischendurch

Die flache, nach unten gerichtete Hand unterstreicht den Befehl »Sitz«

sanft zwingen. Die Leinenübungen sind mehrmals durch die Sitz-Übung zu unterbrechen.
Das Halsband sollte genau passen, nicht zu groß und nicht zu eng sein, gut über die Ohren gehen, der Hund darf aber nicht herausschlüpfen können. Wird der Hund größer, nehmen wir das Würgehalsband mit Stopper, das sich nur beschränkt zuzieht. Wir legen es so an, wie die beiden Abbildungen zeigen. Dadurch lockert es sich sofort nach dem Zug wieder, und jeder Zug wird unmittelbar übertragen.
Eine Reihe von Ausbildern lehnt das Stachelhalsband ab, weil es dem Hund einen *harten Hals* macht und er unempfindlich gegen den Zug eines normalen Halsbandes wird. Es gehört auch nicht in die Hand von Anfängern. Benutzen sollte man es nur in Notfällen. Es kann schlimme Zieher in ihren Trotzperioden ganz gut kurieren, wenn man es bei Disziplinierungsübungen anlegt. Ich habe es nie zur Erziehung selbst benutzt, erfolgreich aber bei Repetitionsübungen, wenn mein Hund ganz auf stur geschaltet hatte oder auf den Spuren einer läufigen Hündin war und ich hinten an der Leine hing.
Die lange Leine (Wäscheseil) ist gut für »Komm« oder fürs Apportierspiel. Die Leine, die man beliebig verlängern kann (Seite 27), sollte man bei der Erziehung nicht benutzen. Die dünne Nylonschnur läßt sich schlecht einholen und – fällt einem der Griffkasten einmal aus der Hand und schießt scheppernd auf den Hund zu – erschreckt den Schüler sehr.
Die Notwendigkeit des Lobes und das wiederholte »Bei Fuß« sei zur Erinnerung angemerkt.
Das Frei-bei-Fuß-Gehen lernen wir im Abschnitt für Fortgeschrittene.

Wir sagen »Auto«
Auf dem Land lebend müssen wir, um Feldwege zu erreichen, längere oder kürzere Strecken auf Landstraßen gehen, wobei wir uns die aussuchen, die wenig befahren sind. Wir haben allen unseren Hunden das Wort »Auto« beigebracht. Das heißt, daß man stehenbleibt, bis das Auto an uns vorbeigefahren ist. Das ist das gleiche, als würde man »Halt« oder »Stop« sagen, eine Übung, die auch für alle Stadthunde vor dem Überqueren von Straßen wichtig ist. Sie ist beim ausgebildeten Hund nicht nötig, da er sich automatisch hinsetzt, wenn sein Herr stehenbleibt.
Der Halt-Befehl wird geübt, indem wir stehenbleiben und dem Hund sagen, daß er dasselbe tun soll. Das erreichen wir mit Worten, mit einem Zug schräg nach oben an der Leine, eventuell auch mit der flachen Hand vor dem Hundegesicht, wenn man sich dabei nicht zu weit herunterbücken muß. Und natürlich mit Lob. Wir heben den Befehl mit »Los«, »Dalli« oder »Vorwärts« auf. Bei »Los« gehen wir los und der Hund mit. Die gesamte Übung ist nicht schwierig beizubringen und recht nützlich, wenn der Hund sie beherrscht.

Sehr wichtig sind »Bleib« und »Platz«
Zwar ist der Befehl »Bleib« oder »Bleib

So gewöhnt man einem großen Hund das Anspringen ab (Text Seite 88)

Die eine Hand auf den Rücken, die andere an die Schwanzwurzel ...

Das Hinterteil hinunterdrücken und dazu »SITZ« sagen. Das iii betonen

da« wichtig zum Erlernen der Übungen »Sitz« und »Platz«, sollte aber eigenständig geübt werden. Man will damit erreichen, daß der Hund bestimmte Räume nicht betritt oder sie nicht verläßt und daß er zurückbleiben muß, wenn wir aus dem Zimmer gehen oder die Haustür aufmachen. Die Praxis: Wir treten vor einem Welpen in ein Zimmer, gehen in die Hocke und halten dem nachfolgenden Hund die flache Hand vor das Gesicht und sagen dazu »Bleib«.

Bleibt der Welpe stehen, ziehen wir die Hand langsam zurück. Folgt er der Hand, stoppen wir ihn wieder mit dem gleichen Befehl. Läßt er sich dadurch nicht beeindrucken, schieben wir ihn sanft mit der flachen Hand zurück. Auch dabei sagen wir »Bleib«. Nützt auch das nichts, versucht er an unserer Hand vorbeizukommen, fassen wir ihn am Nackenfell und heben ihn unter einem energischen »Bleib« an seinen Platz zurück. Das machen wir unter verschiedenen Bedingungen, auch an der Haustür, bis der junge Hund diese Übung beherrscht. Wir wiederholen sie wie alle Übungen nochmals energisch, wenn der Hund ein halbes Jahr alt ist.

Der Befehl »Platz« bedeutet in der Schutzhundausbildung, daß sich der Hund auf der Stelle hinlegt. Beim braven Haushund heißt es, daß der Hund seinen Platz, also seinen Korb oder seinen Sessel, aufsucht. Wollen Sie später sportlich arbeiten, ändern Sie den Befehl für den Hausgebrauch in »Korb«, »Sessel« oder, wenn Sie anglophil sind, in *»Down«* um. Benutzen Sie aber bitte immer nur das gleiche Wort. Die Übung beginnen Sie am besten mit dem Wort »Platz«, wenn der Hund von selber auf seinen Platz geht, und loben ihn dabei. Will er danach aufstehen, drücken Sie ihn herunter und sagen wieder »Platz«. Werden Sie aber selber auch aktiv, indem Sie den Welpen zu seinem Platz führen und ihn dort mit dem Befehl »Platz« herunterdrükken. Dabei liegt eine Hand auf seinem hinteren Rücken, die andere Hand zieht gleichmäßig und vorsichtig die Vorderpfoten nach vorne. Je weniger der Hund auf seinem Platz bleiben will, um so schärfer sollte man das Wort »Platz« sagen. Wir halten den Hund in liegender Stellung fest und heben langsam die Hand von seinem Rücken hoch. Will der Welpe aufstehen, drückt man ihn herunter, wobei man wieder das Kommando gibt.

Hat er das gelernt, gibt man nur noch das Kommando und zeigt mit ausgestrecktem Arm in Richtung auf seinen Liegeplatz. Die Übung sollte so lange wiederholt werden, bis sie wirklich sitzt. Sie ist für das weitere Zusammenleben mit dem Hund wichtig und eine Voraussetzung dafür, daß der Hund bei Tisch nicht bettelt.

Das lebensrettende Wort »Aus«

Ein Hund muß alles, was er gerade im Fang hält – einen Knochen, sein Spielzeug oder irgendeinen Abfall –, jederzeit bei Aufforderung hergeben. Das kann für ihn lebensrettend sein, wenn er z. B. gerade ein Stück Plastik verschlucken will oder womöglich einen Giftbrocken aufgenommen hat. Da es gegen seine Hundenatur ist, etwas freiwillig herzugeben, müssen wir es ihm beibringen. Das Kommando dafür heißt »Aus«. Wir üben es möglichst früh, denn der erwachsene Hund neigt dazu, etwas ganz schnell herunterzuschlukken, wenn man es ihm wegnehmen will. Verteidigt der Hund seine Habe mit Knurren, nehmen wir sie ihm mit Gewalt weg: mit einem festen Griff von oben über das Maul, wobei wir die Lefzen gegen die Zähne drücken, so daß er den Fang öffnen muß. Dabei sagen wir »Aus« und loben ihn. Das wiederholen wir so lange, bis es klappt. Versucht er sich bei dieser Übung mit seiner Beute zu verstecken, müssen wir die Übung zu Ende führen. Nicht er darf Sieger sein, sondern wir. Wir machen es zunächst mit gutem Zureden, werden aber dann energisch.

Interessiert sich der Welpe für Unrat oder Abfall, straft man ihn sofort mit einem scharfen »Pfui«. Die nächste Stufe: Das »Pfui« wird mit einem Aufstampfen des Fußes begleitet und mit einem Ruck an der Leine. Hat er den Dreck schon im Fang, praktizieren wir blitzschnell unsere »Aus«-Übung. Macht der Welpe dasselbe noch einmal, wiederholen wir den ganzen Vorgang und

Stammvater der Hunde ist der Wolf, der in Körpergröße, Fellfarbe und Zeichnung stark variiert

Fleischfresser nicht gezwungen, so häufig Kot abzusetzen wie Pflanzenfresser. Sie halten deshalb ihr Wohngebiet von Natur aus sauber. Das ist wohl der Grund, warum der Mensch sie als einzige Haustiere in die engste Wohn- und Bettgemeinschaft aufgenommen hat.

Wahrscheinlich ist der Hund gar nicht unser erstes und damit ältestes Haustier. Neue Funde in Vorderasien lassen darauf schließen, daß dort schon vor 15000 Jahren Ziegen, Schafe und Rinder in Gemeinschaft mit dem Menschen gelebt haben und von ihm gezüchtet worden sind.

Wo gab es den ersten Hund?

Die Frage, wo der Haushund entstanden ist und wie er sich über die Erde verbreitet hat, ist, wie gesagt, noch unbeantwortet. Es ist denkbar, daß er nur ein Mal domestiziert wurde, aber ebenso, daß es mehrere, über die ganze Erde verstreute und voneinander völlig unabhängige Domestikationszentren gegeben hat.

Zur Frage des Ortes existieren verschiedene Theorien:

- Die Muttermilch der in warmen Gegenden lebenden Tiere hat einen größeren Zuckergehalt, die der Bewohner kälterer Regionen einen größeren Fettgehalt. Hundemilch ist fett, also stammt der Haushund aus dem Norden.
- Bei Windhunden, die man für die ältesten Hunderassen hält, herrscht stärker die gelbe und braune Farbe vor. Braun aber ist die Grundfarbe der südlichen Tiere, gegenüber dem Grau der nördlichen.
- Von Asien aus erfolgte die Einwanderung der Menschen nach Amerika. Sie brachten Hunde mit, denn in Sibirien ist die Hundezucht entstanden. Das beweisen Funde von uralten primitiven Hundeschlitten, wobei Hundezucht eine Weiterentwicklung der Hundehaltung ist.
- Die meisten fossilen Reste hundeartiger Säugetiere hat man in Amerika gefunden. Also muß dort der Haushund entstanden sein, denn wo seine Vorfahren am häufigsten vorkamen, ist sicher zum erstenmal der Kontakt zwischen Mensch und Hund zustande gekommen.

Wie kam der Mensch auf den Hund?

Es werden nicht erwachsene Tiere gewesen sein, die in die Menschengemeinschaft aufgenommen wurden. Wir können davon ausgehen, daß es Welpen waren. Beispiele dafür, wie so etwas vor sich geht, finden wir noch heute bei den Stämmen auf Neuguinea oder bei den australischen Ureinwohnern.

Damals zogen Familiengruppen umher und sammelten Eßbares: Frösche, Eier, Jungvögel, Eidechsen, Schnekken, Insekten, Nüsse, Beeren und Wurzeln. Konkurrenten bei der Suche nach diesen Nahrungsmitteln waren die hundeartigen Wildtiere. Sie trafen also immer wieder mit den Menschen zusammen. Dabei fielen Welpen in Menschenhand, wurden gegessen oder aufgezogen. Hatte eine Menschenmutter ihren Säugling verloren, nahm sie so einen Welpen an die Brust, teils aus Muttertrieb, teils um den Milchdruck zu lindern. Das läßt sich auch heute noch bei den obengenannten Stämmen beobachten. Solche Tiere wurden besonders zahm, was aber noch nicht domestiziert bedeutet. So wird es überall gewesen sein, und überall sind dann frühe Haushunde entstanden. Was mit diesen Tieren geschah, darüber können wir nur Vermutungen anstellen. Zum Teil werden die Hunde in Notzeiten als Nahrung gedient haben, denn in Abfallhaufen frühgeschichtlicher Siedlungen sind aufgebrochene Hundeschädel gefunden worden, denen man unzweifelhaft das Gehirn entnommen hatte. Denkbar ist auch, daß die Hunde aus kultischen Gründen gehalten wurden. Nicht umsonst kommt in allen Mythen der Hund als Stammvater und Götterbote vor. Der naheliegendste Grund ist, daß die Hunde Wächter, Hausgenossen, Spielkameraden der Kinder, Abfallfresser und Zugtiere waren. Später wurden sie sogar zu Jagdgehilfen.

Nachdem der Graf von Buffon in seiner »Histoire naturelle« 1755 den ersten (untauglichen) Versuch unternommen hatte, für Rassen und Schläge der Haushunde einen Stammbaum aufzustellen, kam es im vorigen Jahrhundert zu neuen Ansätzen, als man Frühhundknochen fand. Zunächst einmal bekamen die Funde Namen: In Torfschichten gelagerte Schädel wurden als *Torfspitz* bezeichnet, die in Schweizer Pfahlbausiedlungen gefundenen Knochen gehörten dem *Pfahlhausspitz*, Reste eines größeren Hundes wurden der Bronzezeit als *Bronzehund* zugeordnet, und schließlich erhielt jeder neue Fund einen anderen Namen wie *Aschenhund, Lagerhund, Wolfshund.*

So weit, so gut. Fragwürdig wurde es erst, als man behauptete, der Torfspitz sei der Ahnherr der Spitze und Schnauzer; vom Bronzehund würden alle Hirten- und Schäferhunde abstammen; aus dem Aschenhund hätten sich die Jagdhunde, Bracken, Spaniels und Dachshunde entwickelt. Die Liste angeblicher Ahnen neuer Rassen wurde immer länger, und sogar heute glauben Hundezüchter unverbrüchlich an die Geschichtsträchtigkeit ihrer Rassen.

Die Wahrheit ist, daß die Namen mancher heutiger Rassen sehr alt sind, aber die Hunde, die sie einst bezeichneten, haben genealogisch mit den heutigen Tieren des gleichen Namens sehr wenig zu tun. Genau gesagt kann man die Geschichte vieler Rassen nur so weit zurückverfolgen, wie die Eintragungen ins Zuchtbuch reichen. Einige Rassen sind rekonstruiert worden. So hat man die Restbestände der irischen Wolfshunde, die mit den riesigen Wolfsjägern früherer Jahrhunderte nur noch den Namen gemein hatten, durch Einkreuzung von Deerhounds, Doggen und Barsois wieder zu ihrem alten, von Abbildungen her bekannten Aussehen und zu 90 Zentimeter Schulterhöhe gebracht. So erstand auch der alte Hofwächterhund, der im Harz und im hessischen Odenwald in einigen Exemplaren die Zeiten überdauert hatte, durch die Züchtungen von Kurt F. König im Hovawart wieder, desgleichen zeigen die Großen Schweizer Sennenhunde und die Mastinos das Erscheinungsbild alter Hundeschläge. Dieses züchterische Spielen mit Größe, Aussehen, Farbe und Fell ist einmal eine Folge der Domestikation, aber auch ein Erbe der Ahnen.

Der Hund stammt von den Wölfen ab

Vor noch nicht zu langer Zeit hat man begonnen, die Ahnen des Hundes unter seinen nächsten freilebenden Verwandten zu suchen. Es kamen Schakal, Koyote und Wolf in Frage:

1. Von der äußeren Gestalt her ähneln sich alle drei.
2. Alle drei lebten in einer ihrer Unterarten (der Wolf allein hat zwanzig) in den Gegenden, in denen der Hund Haustier geworden sein kann.
3. Alle drei sind in der Gefangenschaft mit dem Hund kreuzbar und erzeugen fruchtbare Nachkommen, die *Puwos,* die *Puschas* und die *Coy-Dogs.* Wolf, Schakal und Koyote haben 38 Chromosomenpaare plus 2 Geschlechtshormone gleich 78 Chromosomen, die auch in Form und Bau übereinstimmen.

So hatte sich Konrad Lorenz für den Goldschakal und andere wolfsähnliche Schakalarten entschieden und nur wenige Rassen wie Eskimohunde, russische Laikas und Chow-Chows wolfsblütig genannt. Seine Theorie war einleuchtend: Schakalblütige Rassen sehen in ihrem Herrn das Elterntier und unterwerfen sich ihm auf kindliche Weise; wolfsblütige Hunde sehen im Herrn den Leitwolf und zeigen Gefolgschaftstreue.

Neuere Forschungen widerlegten Lorenz, und er ließ sich überzeugen. In einer Neuauflage seines berühmten Buches »So kam der Mensch auf den Hund« schrieb er: »Durch neue Forschungen, insbesondere durch die sehr genauen Untersuchungen von Alfred Seitz, wird die Annahme unwahrscheinlich, daß der Haushund im wesentlichen von dem Goldschakal abstammt. Eine mögliche Ausnahme bildet nach Seitz der afrikanische Basenji, der in der Heulstrophe Anklänge an den Goldschakal zeigt. Der Vorfahre des Haushundes ist offenbar in einem anderen, dem Wolfe näherstehenden asiatischen Wildhund zu suchen. Es kommen vor allem der indische Wolf *Canis pallipes* und der *Canis lupaster* in Frage.«

Den endgültigen Beweis erbrachte Professor Wolf Herre in Kiel. Zunächst stellte er fest, daß Wolf und Goldschakal zwar in gemeinsamen Lebensräumen leben, sich aber nicht vermischen. Auch sind aus freier Wildbahn Bastarde zwischen Schakal und Haushund nicht sicher, Kreuzungen zwischen Wölfen und Hunden aber fast gang und gäbe. In den Kieler Zwingern war das Aneinander-Gewöhnen von Wölfen und Hunden leicht, bei Hunden und Schakalen war es nicht möglich. So lebten die miteinander aufgewachsenen Pudel und Schakale nebeneinander her, selbst wenn sie gemeinsame Junge hatten. Denn in Kiel wurden Pudel mit Schakalen (= Puschas) und Pudel mit Wölfen (= Puwos) gekreuzt.

Die Puwos waren keine besonders scharfen Hunde, sondern scheu, vorsichtig und schreckhaft. Sie heulten besser als Pudel, aber nicht so gut wie Wölfe, und mit dem Bellen war es genau umgekehrt. Nachkommen, die pudelähnlich aussahen, konnten im Verhalten wolfsähnlicher sein als die wolfsartig aussehenden Enkel. Die Folgerung: Äußere Form und Verhalten werden getrennt vererbt. Weitere Erkenntnis: Das scheue Verhalten des Wolfes bleibt auch in späteren Generationen dominant – das *Wolfsblut* macht keineswegs modische Hunde mutiger.

Die Puschas jedoch wurden zu Überschakalen: noch scheuer als die Wildtiere, in den Bewegungen noch schleichender. In der zweiten Generation gab es eine Reihe Tiere, die einen unharmonischen, gestörten Eindruck machten, so, als seien ihre Gehirnschaltungen nicht in Ordnung. Auch das läßt darauf schließen, daß wir den Schakal als Hundestammvater endgültig ausscheiden können.

Hier sind die weiteren Ergebnisse verschiedener Forscher, die eindeutig auf die Wolfsabstammung hinweisen:

1. Wolf und Hund stimmen in den Zähnen überein (ein in der Säugetiersystematik überaus wichtiges Kennzeichen), die Zähne des Schakals weichen dagegen ab.
2. Bei der Bluteiweiß-Untersuchung findet man bei Wolf und Hund das gleiche Muster, beim Schakal ein abweichendes.
3. Bei Wölfen und Hunden stimmen die Nebennieren in Gewicht und Feinbau überein, beim Schakal sind sie über 40 Prozent leichter.
4. Bei domestizierten Tieren wird das Gehirn leichter, und seine Oberfläche ist schwächer gefurcht. Das hat nichts damit zu tun, daß Haustiere weniger intelligent sind als Wildtiere, sie haben sich nur ihrem neuen Leben angepaßt, in dem die Sinneseindrücke nicht mehr lebenserhaltend sind. Wölfe haben ein größenunabhängig schwereres und gefurchteres Hirn als Hunde, die wiederum ein – ebenfalls größenunabhängiges

– schwereres Gehirn als Schakale haben, wobei das Schakalgehirn das eines echten Wildtieres mit tiefen Furchen ist. Beim Wolf schwerer, beim Schakal leichter. Die Schlußfolgerung: Niemals ist bei einem Haustier das Hirn schwerer als das der Stammväter. Also kann der Schakal nicht der Ahne des Hundes sein.

5. Wölfe leben in Rudeln, Goldschakale nur in kleinen Verbänden. Deshalb ist ihr Verhalten, ihre Mimik und ihr Ausdruck wesentlich weniger differenziert als das der Wölfe. Genauso wie der Wolf in sein Rudel ordnet sich der Haushund in das *Rudel* der menschlichen Familie ein.

Die ganz wilden Verwandten

Die zoologische Familie der Hundeartigen *(Caniden)* wird in Wolf, Fuchs und Hund unterteilt, wobei man die großwüchsigen Arten Wölfe nannte: *Mähnenwolf, Falklandwolf* oder *Abessinischer Wolf.* Was klein und langschwänzig war, wurde als Fuchs tituliert, wie der *Eisfuchs* oder der *Wüstenfuchs,* während die, die in keine der beiden Gruppen paßten, Hunde genannt wurden: *Löffelhund, Marderhund* oder *Waldhund.* Verwirrend wird es, wenn der Marderhund auch Seefuchs, der Löffelhund auch Löffelfuchs heißt.

Weitere Familienmitglieder sind die *Koyoten* und *Schakale* sowie die südamerikanischen Caniden, die man weder bei Wolf, Fuchs, Hund oder Schakal einordnen konnte und deshalb *Fuchsschakale* nannte. Das führe ich an, nicht um Sie in die Irre zu führen, sondern um zu zeigen, wie vielfältig und wenig erforscht diese Familie ist. Denn auch auf die Frage, wie viele Wildhundearten es gibt, kann man nur ungenau mit »so um die dreißig« antworten. Nicht weil man glaubt, in unerforschten Gebieten noch unbekannte zu entdekken, sondern weil man nicht genau weiß, ob zum Beispiel mittelrussische und indische Wölfe zwei Arten sind (weil sie unterschiedliche Größe haben) oder einer Art angehören (weil es geographische Übergänge und keine Isolation bei der Fortpflanzung gibt). Eine ganze Anzahl verschieden gefärbter, unterschiedlich großer, über weite Gebiete verstreuter Wölfe könnte biologisch gesehen eine Art sein, weil sich die Erbanlagen von Wölfen mosaikartig vererben, so daß unter 200 Enkeln sich noch nicht einmal zwei gleichen. Bei Pudeln übrigens auch, wie Herre in Kiel feststellte. Außerdem sind die Caniden eine sogenannte *plastische* Tierfamilie. Sie passen sich in Aussehen und Größe optimal der jeweiligen Umwelt an.

Doch schauen wir uns einige Hundeverwandte in Steckbriefen an.

Wölfe: Der Wolf *(Canis lupus)* war einmal mit Ausnahme von Südamerika, Afrika und Australien über die ganze Welt verbreitet, ist heute aber in vielen Gebieten ausgerottet. Der Grund: ein mehr psychologisch bedingter Haß. Man jagt den Wolf, wo man ihn trifft. Heute auch mit Strychninködern, mit raffinierten Fallen, mit Schüssen aus Hubschraubern. In einigen Ländern gibt es sogar Abschußprämien, obwohl die Wölfe am Aussterben sind. Andererseits bemüht sich eine internationale Arbeitsgruppe, die Wölfe zu erhalten; in Norwegen, Schweden und Italien stehen sie bereits unter Schutz.

Wölfe sind sehr anpassungsfähig, sie leben in Tundren, Waldlandschaften, Steppen, Halbwüsten und Gebirgen bis zu 2500 Metern Höhe. Ihre Beschreibung ist schwierig, da Körpergröße, Fellfarbe und Zeichnung innerhalb des gesamten Verbreitungsgebietes stark variieren. Es gibt europäische Wölfe mit 80 Zentimetern Schulterhöhe und einem Gewicht von 40 Kilo, die indischen Wölfe sind nur 50 Zentimeter hoch und wiegen knapp 20 Kilo. Das Jagdgebiet der Wölfe ist groß, für ein Rudel in Wisconsin wurden 300 Quadratkilometer ermittelt. Ein Jagdzug in ausdauerndem Trab kann 30 Kilometer und länger sein. Die Rudelgrößen liegen um sechs bis 16 Tiere. Über das Wolfsverhalten berichte ich auf den Seiten 121/122 ausführlich.

Koyoten: Den Koyoten *(Canis latrans),* auch Präriewolf genannt, kennen wir alle aus Indianergeschichten. Früher war er wohl nur in den großen offenen Landschaften zwischen Kanada und Mexiko zu Hause. Inzwischen bewohnen die Koyoten ganz Nordamerika: Ein langer Krieg mit Gewehren, Fallen und Gift konnte ihnen nicht den Garaus machen. Sie haben ein ähnliches Anpassungsvermögen wie die Hunde entwickelt. So hat Los Angeles eine Koyotenbevölkerung, die teilweise im Kanalsystem der Stadt lebt.

Koyoten haben zwar Jagdreviere (bis 32 Quadratkilometer groß), sind aber unabhängig von ihnen. Sie können sich in der Nahrung umstellen: mal Schafe, mal Kaninchen, mal Frösche, mal Aas, mal Pflanzennahrung. Im Staat New York haben sie sich in den vierziger Jahren mit streunenden Hunden gepaart; diese *Coy-Dogs* wurden zwar im Erscheinungsbild immer koyotenähnlicher, blieben im Verhalten jedoch Hunde. *Coy-Dogs* sind gefährlicher als Koyoten, sie reißen Tiere aus Blutdurst und sind viel schwerer zu jagen.

Koyotenähnlich heißt: Gestalt und Gesicht schlanker als beim Wolf, Ohren kleiner, Rückenhöhe um 45 cm, Gewicht zwischen 15 und 20 Kilo. Fell dick, ziemlich lang und grob, besonders bei den nördlichen Tieren. Grau oder gelbbraun, auch gelb und schwarz gemischt. Typisch für sie ist das Heulen, in das auch entfernte Tiere einfallen. Gejagt wird paarweise oder im kleinen Rudel. Koyoten leben in natürlichen oder selbstgegrabenen Bauen. In Gefangenschaft können sie 14 Jahre alt werden.

Schakale: Der Goldschakal *(Canis aureus)* wird auch einfach Schakal ge-

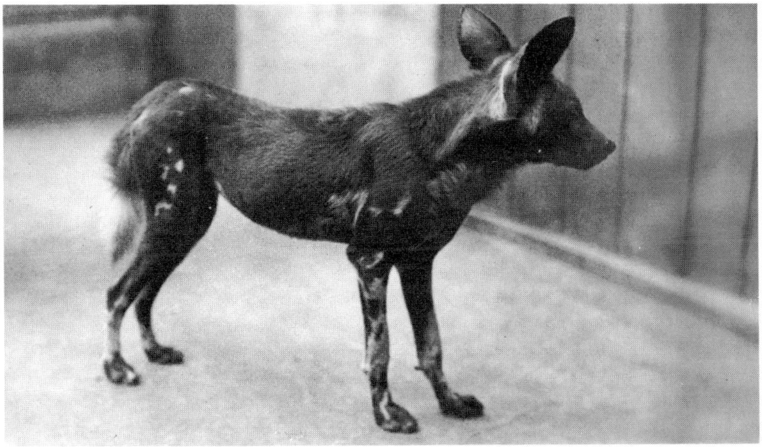

Wegen der Tüpfelung seines Fells und der großen runden Ohren wird der Wildhund Afrikas Hyänenhund genannt. Er kann aber nur von Laien mit einer Hyäne verwechselt werden, da diese ein stark abfallendes Hinterteil hat. Hyänen gehören nicht in die Hundefamilie, sondern stammen von Schleichkatzen ab Unteres Bild: Der Schwarzrücken- oder Schabracken-Schakal, der einen Konkurrenten um die Reste eines Kaffernbüffels bedroht, wurde im Masai-Mara-Nationalpark in Kenia aufgenommen. Hinter ihm warten zwei Geier auf ihre Mahlzeit

nannt und ist von kleinen Wölfen kaum zu unterscheiden. Ursprünglich in einem Gebiet zu Hause, das vom nördlichen Afrika über die Balkanhalbinsel und den Kaukasus bis Burma reicht, gewinnt er überall dort, wo Menschen trockenes Land bewässern, neuen Lebensraum. Schakale jagen alles, was sie überwältigen können: junge Huftiere, Hasen, Entenvögel, Hühner, Mäuse, Schlangen, Frösche, sie fressen tote Vögel und Fische, Früchte und das, was sie auf den Abfallhaufen der Menschen finden. Hier leben sie friedlich mit den verwilderten Haushunden (Pariahunden) nebeneinander, die dort auch nach Nahrung suchen.

Schakale leben im Familienrudel, ihr Sozialverhalten ist nicht wie das der Wölfe entwickelt, größere Ansammlungen, die aber nichts mit der Rudelbildung zu tun haben, kommen an großen Tierkadavern vor.

Schabrackenschakal: Der *Canis mesomelas* lebt in Ost- und in Südafrika in der offenen und in der Buschsteppe. Seinen Namen hat er von der Fellfärbung, bei der sich der schiefergraue Rücken wie eine Schabracke von den hellen Körperseiten und Beinen absetzt. Schabrackenschakale leben paarweise, in Familienrudeln und in zeitweiligen Zusammenschlüssen von Jungtieren. Sie sind die gesprächigsten Schakale: Innerhalb ihrer Territorien, deren Grenzen sie mit Urin markieren und wütend gegen andere Schakale verteidigen, heulen sie ihr *Heimatlied*. Der Gesang wird von Nachbarfamilien übernommen und wandert oft kilometerweit. Hugo van Lawick-Goodall, der die Schakale der Serengeti beobachtete, meint, dies sei eine Demonstration des Eigentums.

Sie sind im übrigen mutig, nehmen den Kampf mit der wesentlich größeren Hyäne auf, dabei knurren und brummen sie, haben die Schulterhaare gesträubt und den Schwanz gerade und steif weggestreckt. Ähnlich verhalten sich die jungen Schakale bei Rangkämpfen.

Streifenschakal: Der *Canis adustus* besiedelt die von Gold- und Schabrakkenschakal nicht bewohnten Gebiete. Seinen Namen hat er von einem dunklen Streifen auf dem Rücken. Er ist sehr scheu, deshalb wenig beobachtet worden und nur nachts aktiv. Er hat nur wenige Bell-Laute und lebt im Familienrudel. Mit nur neun Kilo ist er der kleinste Schakal.

Hyänenhund: Der Hyänenhund *(Lycaon pictus)* wird auch Buschhund oder Hetzhund genannt. Obwohl er in eine andere zoologische Gattung eingeordnet wurde, ist er ein wenn auch hochspezialisierter Abkömmling der Wolf-Schakal-Gruppe, beiden im Verhalten ähnlich. Dieser Wildhund mit seinem gefleckt-getüpfelten Fell, seinem knochigen Schädel und den fast runden Stehohren könnte von einem Laien mit einer Hyäne verwechselt werden, daher sein etwas irreführender Name. Es sind Sichtjäger, die während der Hetzjagd Rufe ausstoßen, die an Glockenläuten erinnern, sie können jedoch auch bellen. Sie leben im Rudel von sechs bis 20 Tieren, in dem es eine Rangordnung und Aufgabentrennung gibt: die des Rudelwächters und der Hunde etwa, die den gehetzten Gnus oder Zebras als erste an den Hals oder an die Nase springen. Eine Jagd, in der die Beute zerfetzt wird, dauert einige Minuten und führt über etliche Kilometer. Ist das gejagte Wild zu schnell, wird die Hetze sofort abgebrochen. Die Hunde leben in Ost- und Südafrika und in einem Streifen quer durch den Kontinent etwas nördlich vom Äquator.

Auf die anderen Angehörigen der wilden Hundeverwandtschaft einzugehen würde den Rahmen dieses Kapitels sprengen. Zumal keine zusätzlichen Erkenntnisse über den Hund abfallen.

Die halbwilden Verwandten

Dagegen sind die verwilderten oder halbwild lebenden Hunde für das genaue Kennenlernen der Haushunde wichtig.

Der Dingo: Man nimmt heute an, daß der Dingo ein verwilderter Haushund ist, der vor rund 10000 Jahren domestiziert und von den damaligen Einwanderern nach Australien gebracht wurde. Mit diesen Steinzeithunden hat der Verhaltensforscher Eberhard Trummler gearbeitet. Denn Dingos leben seit diesen Zeiten frei, sie haben sich in natürlicher Auslese fortgepflanzt, da kein Mensch je bestimmt hat, welche Rüden welche Hündinnen decken dürfen.

Andererseits besitzen Dingos eine Reihe von echten Haustiermerkmalen: Säbelrute, weiße Abzeichen wie Pfoten, Brustfleck und Schwanzspitze, der Neuguinea-Dingo hat sogar einen Ringelschwanz. Man kann voraussetzen, daß sein Verhaltensinventar vollständiger ist als das eines jeden Haushundes. Da auch angenommen wird, daß der Dingo in der Ahnenreihe der Haushunde eine wichtige Rolle spielt, ist er ein Beobachtungsobjekt, wie ein Forscher es sich nicht besser wünschen kann. Denn der Hundeschädel, den man im Senckenbergmoor bei Frankfurt zusammen mit dem Skelett eines Auerochsen gefunden hat und der als einem Haushund zugehörig beschrieben wird, ist etwa 9000 Jahre alt und ähnelt einem Dingo bis auf den Zahn.

Beim australischen Dingo findet man eine Bereitschaft, mit dem Menschen zusammenzuleben, so daß Eingeborene Dingohunde aufziehen und zur Jagd benutzen. Diese Tiere gehen aber auch wieder in die Wildnis zurück, um Kaninchen zu jagen und selbständig zu leben. So sind die Grenzen zwischen wildlebenden und mit den Eingeborenen zusammenlebenden Dingos nicht streng gezogen.

Pariahunde: Wenig wissen wir über die Pariahunde. Sind es verwilderte Nachkommen alter Rassen oder Hunde im Frühstadium der Domestikation?

Auf keinen Fall sind es die »herrenlosen Straßenhunde des Orients«, wie die Reiseschriftsteller noch heute schreiben, wobei der Orient vom Balkan bis nach Japan reicht. Die Untersuchungen der Menzels haben eine Reihe von Naturschlägen ergeben, die teils Hirtenhund-, teils Windhundähnliche sind. Für einen von ihnen gibt es sogar einen Rassestandard. Sie finden Bild und Beschreibung des *Kanaan-Hunds* auf Seite 189. Er bekam seinen Namen von den frühen Einwohnern Israels, den Kanaanitern. Ähnliche Hunde leben halbwild in der Nähe der Beduinenzelte. Es drängt die Tiere, sich Menschen anzuschließen, so daß sie zufrieden sind, wenn die Menschen sie nicht verscheuchen und sie ihnen trauen dürfen. Sollten Sie einmal die Pyramiden in Ägypten besuchen, dann können Sie diese Hunde sehen und füttern.

Ein Pariahund von der Sinai-Halbinsel

Schensi-Hunde: Sie sind eine Gruppe im Frühstadium der Domestikation. Wir finden sie bei den Pygmäen, Papuas und Einwohnern von Neuirland. Schensi-Hunde werden weder gezüchtet noch gepflegt oder gefüttert, manchmal aber aufgegessen. Eine Rasse, der Basenji aus dem Kongo, bekam einen Standard und ist auf Seite 147 abgebildet und beschrieben. Zu den Schensi-Hunden gehört auch der Batak-Spitz, der auf Nordsumatra lebt und für den überlebenden Verwandten des europäischen Torfhundes gehalten wird. Die Unterscheidung zwischen Pariahunden und Schensi-Hunden ist nicht leicht. Am einfachsten ist die Erklärung, daß Pariahunde schon einmal Haushunde waren und daß Schensi-Hunde erst im Begriff sind, Haushunde zu werden. Vielleicht werden aus den Schensi-Hunden noch weitere neue Rassen entstehen. Ich schreibe dies nicht hoffnungsfroh, sondern in der Sorge um weitere Moderassen.

Der Körper des Hundes und seine Fähigkeiten

Vor allen anderen Haustieren zeichnet den Hund eine ungeheure Formenmannigfaltigkeit und Variabilität aus. Keine Eigenschaft, kein Merkmal blieb vom züchterischen Eingriff unbeeinflußt. Die Körpergröße reicht von 15 Zentimeter Schulterhöhe bis fast einen Meter, das Gewicht von einem bis 90 Kilo. Es wurde nicht nur die Schädelform, sondern auch die Schädelgröße verändert, es gibt typische Langschädler und Kurzköpfe und alle Möglichkeiten dazwischen.

Vom ursprünglichen Rechteckumriß (das Verhältnis von Körperlänge zur Körperhöhe genommen) ausgehend, schufen die Züchter quadratische Hunde, hinten überbaute oder vorn überbaute mit abfallendem Rücken wie ein Fließheck beim Auto. Das wildfarbene Haar (gelb und schwarz) wurde in Reinweiß, Reinschwarz, Reinrot geändert, das Fell wurde gefleckt, gestromt, getüpfelt und gescheckt, und es wurden neue Farben wie Zimt, Apricot und Silber kreiert. Das Haarkleid reicht von Kurzhaar bis Langhaar, von Kraushaar bis Seidenhaar, von Rauhhaar bis Zotthaar.

Ohren- und Schnauzenformen sind fast so vielfältig wie die unterschiedlichen Ruten, und sogar die Haut zu verändern lockte den Menschen: Welche Differenz zwischen dem straffhäutigen Dobermann, dem faltigen Gesicht eines Bassets, der Wamme eines Bernhardiners und dem Faltenfell eines Shar Pei.

Dieses *Spielen* mit dem Äußeren der Hunde begann bereits bei den alten Ägyptern und hat nie aufgehört. Es braucht keine langen Zeitabschnitte. So sind die Zwergpudel knappe 40 Jahre alt und die stark abfallende Rückenlinie bei Boxer und Deutschem Schäferhund zwei, drei Dutzend Jahre.

Um so erstaunlicher ist, daß alle Hunde eine nahezu übereinstimmende Skelettform und, von den Schwanzwirbeln einmal abgesehen, die gleiche Zahl von Knochen haben. Sie sind in der Form zudem fast gleich und unterscheiden sich nur in der Länge und in ihren Proportionen voneinander: Ein Scotchterrier hat kurze Läufe und einen großen Kopf, ein Greyhound sehr lange Läufe und einen relativ kleinen Kopf.

Die Anatomie des Hundes

Ich möchte Ihnen hier nicht Knochen für Knochen aufzählen, das ist für den gewöhnlichen Hundehalter, der weder Züchter noch Ausstellungsrichter, noch Zuchtwart werden will, nicht so interessant. Die Abbildung mit den wichtigsten Bezeichnungen genügt vollauf. Den Kopf habe ich zeichnen lassen, damit Sie die kynologischen Wörter wie *Fang, Stop* oder *Lefze* verstehen und wissen, was gemeint ist, wenn es heißt, daß bei einer Rasse der *Hinterhauptstachel* besonders ausgeprägt ist.

Dagegen sollte man den Körper seines Hundes genauso gut kennen wie sein Wesen. Schauen wir uns gemeinsam den Körper des Hundes an; falls Sie einen besitzen, nehmen Sie ihn als Modell. Zunächst einmal die richtigen Bezeichnungen: Der Hals vorne heißt *Wamme,* sie kann kaum oder stark ausgebildet sein. In letzterem Fall kann man richtig in sie hineinfassen. Den Punkt, an dem der Hals in den Rücken übergeht – er liegt über den Beinen –, nennt man *Widerrist,* hier wird die Höhe des Hundes gemessen. Dieses Maß heißt *Schulterhöhe.* Das Ende des Rükkens über den Hinterbeinen ist die *Kruppe,* hinter ihr setzt die *Rute* an, wie man fachmännisch den Schwanz nennt. Unter der Rute ist der Analbereich, der beim Hundeverhalten eine wesentliche Rolle spielt, genauso wie die Rute als Verständigungsmittel. Sie zeigt die Gefühle, die ein Hund den Menschen und seinen Artgenossen gegenüber hegt.

Das Skelett des Hundes
(Schäfer- oder Hirtenhund mit unkupierter Rute)

1 Hinterhauptbein
2 Jochbein
3 Oberkiefer
4 Unterkiefer
5 7 Halswirbel
6 Schulterblatt
7 Schultergelenk
8 Brustbein
9 Oberarmbein
10 13 Rippen
11 Ellenbogenhöcker
12 Ellenbogengelenk
13 Speiche
14 vorne: Erbsenbein, hinten: Sprungbeinhöcker
15 Vorderfußwurzel
16 Mittelfußknochen
17 erstes Zehenglied
18 zweites Zehenglied
19 drittes und viertes Zehenglied
20 13 Brustwirbel
21 7 Lendenwirbel
22 3 Kreuzwirbel
23 20–23 Schwanzwirbel
24 Darmbein
25 Sitzbein
26 Hüftgelenk
27 Oberschenkelbein
28 Kniegelenk
29 Kniescheibe
30 Schienbein
31 Sprunggelenkhöcker
32 Sprunggelenk
33 Mittelfußknochen

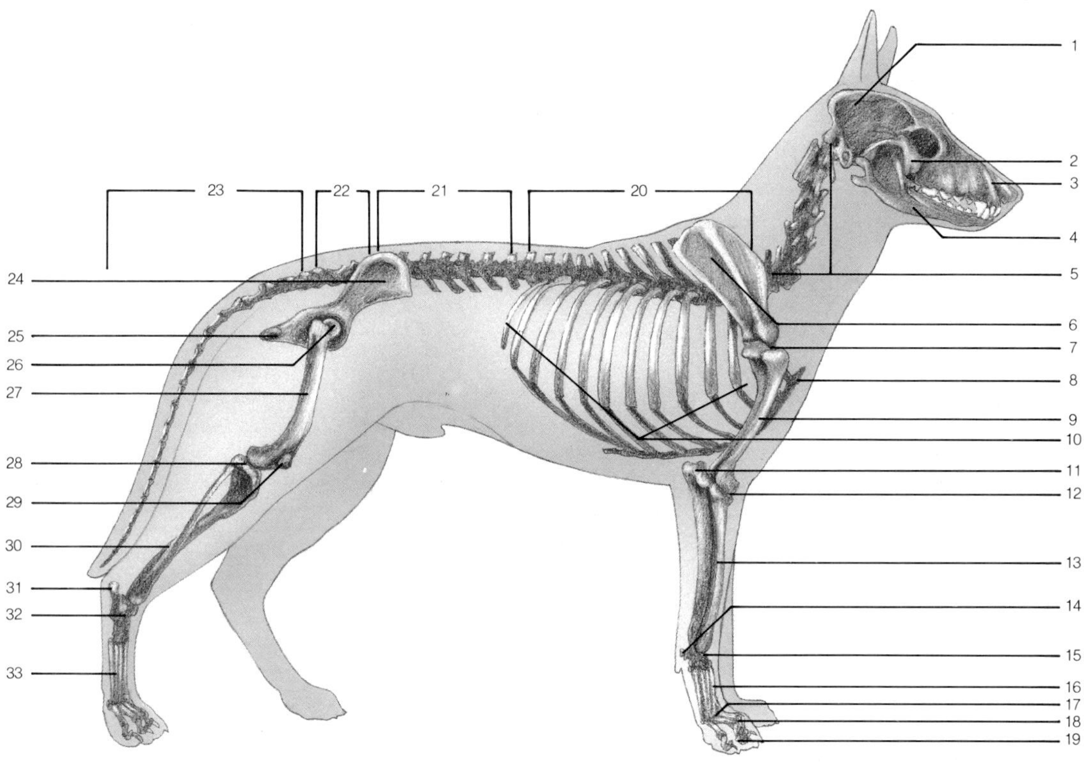

Von der Schädelbasis bis zum Schwanz erstreckt sich die Wirbelsäule, sie liegt beim Hund als Vierfüßler waagerecht, im Gegensatz zur senkrechten Position beim zweifüßigen Menschen. Wie lang auch der Hals des Hundes erscheinen mag (vergleichen Sie einmal den Hals eines Dalmatiners mit dem einer Bulldogge), er hat immer sieben Wirbel. Allgemein sind die 13 (selten zwölf) Brust-, sieben (selten sechs) Lenden- und drei Kreuzbeinwirbel. Varianten ergeben sich nur bei der Rute, hier kann die Zahl der Wirbel zwischen sechs und 23 schwanken. Wobei ich nicht die künstliche Stummelschwänzigkeit durch Kupieren rechne, sondern die meist erblichen Stummelschwänze der Rottweiler, Bobtails und Schipperkes bis hin zu den superlangen Ruten der Deutschen Doggen und Windhunde. Die Wirbelsäule können wir tastend verfolgen, sie ist beim Hund kräftiger und fester als bei der Katze, deren Wirbelsäule biegsam (Buckel machen) ist. Der Hund ist für das Laufen langer Strecken auf ebenem Terrain konstruiert, während eine Katze nur kurze, merkwürdig springende Spurts machen kann. Dennoch ist die Hundewirbelsäule von federnder Elastizität. Sie ist gerade bei Tieren für die Laufbewegung von besonderer Wichtigkeit.

Die Hinterläufe sind schräggestellt, von ihnen geht der Schub zur Bewegung aus, die Vorderbeine fangen ihn beim Aufsetzen ab. Hierbei spielt das Schultergelenk eine wesentliche Rolle, da in ihm jeder Sprung, jeder Halt aus der Bewegung heraus endet. Im übrigen sind die Vorderbeine relativ lose und stoßdämpfend am Rumpf aufgehängt, Oberarm und Schulterblatt sind nur durch Muskeln und Sehnen mit der Wirbelsäule und dem übrigen Knochengerüst verbunden, und das Schlüsselbein ist verschwunden oder nur noch rudimentär vorhanden. Diese anatomische Besonderheit ist der Grund dafür, daß große Hunde wie Bernhardiner zum Beispiel das erste halbe Jahr möglichst keine Treppen herunterlaufen sollen. Wenn die Last des Körpers auf den Vorderbeinen ruht, können sich die noch nicht gefestigten Bänder dehnen und der Hund bekommt *lose Schultern.*

Die Hinterläufe sind durch ein Kugelgelenk, das sogenannte Hüftgelenk, mit dem Becken verbunden. Als straffes, nahezu unbewegliches Gelenk ist es am Kreuzbein befestigt. Dieses Kreuzbein besteht aus drei zusammengewachsenen Wirbeln hinter den Lendenwirbeln. Die Muskulatur hier ist massig und kräftig, man nennt diesen Teil des Beines Keule. Stehen die Hinterläufe gerade und steil wie beim Chow Chow, was einen wenig eleganten, stelzenden Gang bewirkt, so sind die Oberschenkelknochen recht kurz, wodurch die Keulen besonders kräftig werden. Bewegt sich die Gelenkkugel der Hinterläufe lose in der Pfanne des Beckens, haben wir die Erscheinung der Hüftgelenkdysplasie, unter der vor allem große Rassen leiden.

Der Fuß des Hundes, Pfote genannt, besteht aus vier stützenden Zehen, die in Sohlenballen enden, der fünfte Ballen in der Mitte nimmt die Hauptlast des Hundegewichts auf. Die Krallen eines Hundes entsprechen den menschlichen Finger- und Zehennägeln, sind jedoch viel stärker. Der fünfte Zeh ist rudimentär und hängt als *Daumen-Afterkralle* lose an der Seite der Vorderläufe und ist ohne mechanisch-statische Bedeutung. Obwohl nicht unbedingt störend, wird sie häufig bei Welpen am 1. oder 2. Tag entfernt. Bei großen Rassen tritt sie zusätzlich als *Wolfskralle* an den Hinterfüßen auf, man nennt sie *Doppelsporn,* wenn sie verdoppelt ist, wie manchmal bei Bernhardinern. Man sollte sie auf jeden Fall in den ersten Lebenstagen entfernen, es sei denn, sie ist wie beim Berger de Beauce (Seite 169) im Standard vorgeschrieben.

Hundepfoten können rund und katzenförmig sein, dann haben sie wenig Bodenauflage (bei Terriern), gerade und platt wie bei Pekinesen und Papillons oder übergroß und *latschig* mit viel Bodenkontakt wie bei den Bassets.

An ihren Zähnen sollt ihr sie erkennen

Da bei allen Hundebewertungen die Zähne und die Gebißform eine wesentliche Rolle spielen und man an der Zahnabnutzung bei Scherengebißhunden ungefähr das Alter bestimmen kann, wollen wir uns mit den Zähnen intensiver befassen.

Vorweg einiges zum Schädel des Hundes, dessen Ober- und Unterkiefer die

Verschiedene Gebißformen

a Zangengebiß
b Scherengebiß
c Vorbiß
d Hinterbiß

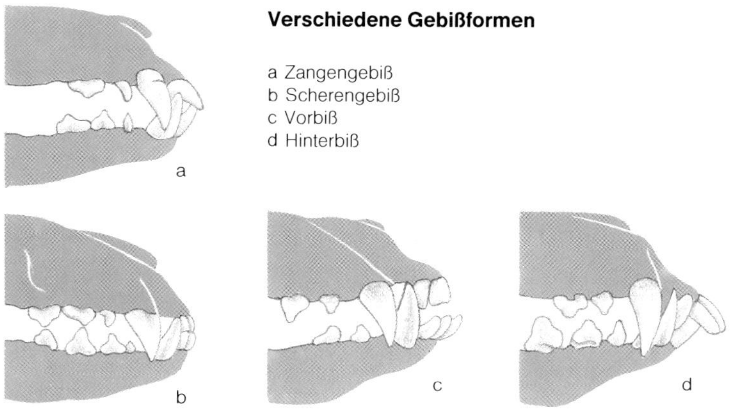

Zähne tragen. Seine Größe und Form variiert beträchtlich, wenn wir an Dackel und Mops, an Barsoi und Bernhardiner denken. Die Schädelbreite wird durch die unter den Augen liegenden Jochbögen bestimmt, die zum Beispiel beim Bernhardiner sehr stark nach außen gewölbt, beim Deutschen Schäferhund dagegen nur schwach betont sind. Wenn ein Schädel im Standard als »lang, keilförmig und flach mit seichtem Stop« beschrieben und erwünscht wird, dann hat der betreffende Hund – zum Beispiel der Dobermann – ein geringeres Gehirnvolumen als ein gleichgroßer Deutscher Schäferhund mit »etwas gewölbter Stirn«. Doch bedeutet der Hinterhauptstachel, der den Schädel vergrößert, keinen zusätzlichen Platz für das Gehirn. Er ist eine knöcherne Scheitelleiste auf dem Oberkopf, an dem zusätzliche Kaumuskeln befestigt sind. Der Irish Setter hat ihn ausgeprägt, ebenso der Bloodhound und der Basset. Da durch ihn der Oberkopf verstärkt wird, haben diese Rassen einen besonders harten, stoßfesten Schädel. Ein sehr ausgeprägter *Stop,* der knöcherne Stirnansatz über der Nasenwurzel, begünstigt wiederum eine kräftige Hautfaltenbildung im Gesicht, wie man bei Möpsen oder Pekinesen sehen kann.

Alle Hunde haben die gleiche Anzahl Zähne, wenn sie erwachsen sind: 42. Das Milchgebiß hat meist 28.

Schauen wir uns einen Kiefer an: sechs Schneidezähne *(Incisivi),* zwei Eck- oder Fangzähne *(Canini),* acht vordere Backenzähne *(Prämolaren),* zwei hintere Backenzähne *(Molaren)* im Oberkiefer und drei im Unterkiefer. Der vierte Prämolar oben und der erste Molar unten werden auch Reißzahn genannt. Die wissenschaftliche Zahnformel für das Hundegebiß sieht so aus:

$$I\frac{3}{3}\ C\frac{1}{1}\ P\frac{4}{4}\ M\frac{2}{3} \times 2 = 42.$$

Im Milchgebiß fehlen die Molaren, es erscheint bei den Dauerzähnen der vorderste zuerst, der hinterste zuletzt. Welche besondere Bedeutung die Reißzähne haben, sehen wir, wenn wir dem Hund beim Fressen zuschauen. Er beißt mit seitlich gelegtem Kopf kleinere Stücke ab, während wir mit unseren Schneidezähnen ein Stück Fleisch abbeißen. Der Hund verschluckt die abgebissenen Stücke, wir kauen sie mit den Backenzähnen. Beim Hund erübrigt sich diese Arbeit, da er besonders scharfen Magensaft hat. Die Reißzähne greifen wie die Backen einer Geflügelschere übereinander und können Knochen abkneifen, die dann von den Backenzähnen zermahlen werden.

Die Schneidezähne müßten eigentlich Schabezähne heißen, mit ihnen kann ein Hund nur Fleischreste vom Knochen abschaben. Ihre Hauptfunktion ist die Fellpflege, mit ihnen knabbert der Hund, wenn es ihn juckt oder wenn er sich die Krallen kürzt. Die Eckzähne halten mit den hinter ihnen stehenden Prämolaren die Nahrung fest. Sie stehen auf Lücke und werden deshalb auch Lückzähne genannt, damit der Hund beim Biß richtig schließend zupacken kann. Das alles geschieht durch vertikale Kieferbewegungen. Horizontal mahlend kann ein Hund nicht kauen, die Fangzähne greifen dicht aneinander vorbei und lassen keine seitlichen Bewegungen zu.

Bei Rassen, denen wir besonders lange Schädel angezüchtet haben, können die ersten und zweiten Prämolaren fehlen.

Da die Schneidezähne im Oberkiefer eine dreilappige, im Unterkiefer eine zweilappige Fläche haben, kann man an der Abnützung des Hauptlappens das Alter des Hundes erkennen. Das beginnt bei einem Jahr, nach 2½ Jahren sind die Hauptlappen der mittleren Schneidezähne des Unterkiefers abgenützt, nach 4½ Jahren die des Oberkiefers. Lassen Sie sich das einmal von Ihrem Tierarzt zeigen. Allerdings ist das nur bei Hunden möglich, die ein *Scherengebiß* haben, bei denen also die Schneidezähne des Oberkiefers die des Unterkiefers überlappen.

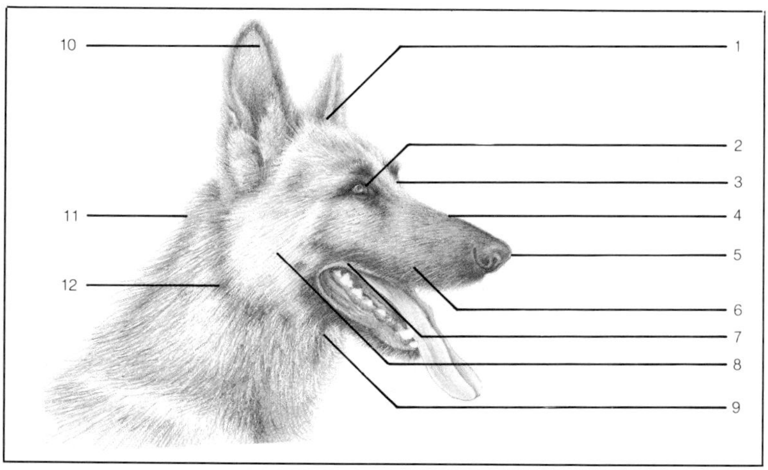

1 Oberkopf mit Hinterhauptbein
2 Auge
3 Stop oder Stirnabsatz
4 Nasenrücken
5 Nasenschwamm oder -spiegel
6 Fang (Oberkiefer)
7 Lefze (Lippenspalte)
8 Backe
9 Kehle (Wamme)
10 Ohr
11 Nacken (Genick)
12 Hals

Die meisten Rassestandards verlangen dieses Scherengebiß. Dagegen haben Zoologen und Hundeforscher von Erna Mohr bis Eberhard Trumler das Scherengebiß unbiologisch genannt, weil kein Wildhund ein Scherengebiß, sondern immer ein *Zangengebiß* hat. Bei dieser Gebißform stehen die Schneidezähne genau aufeinander, sie sind ihrer Funktion – Fellpflege und Flohknacken – bestens angepaßt. Aber ein gesundes Zangengebiß kann bei einer Reihe von Rassen als mindernder Fehler betrachtet werden.

Die weiteren Gebißformen sind: der *Vorbiß* (volkstümlich falsch auch Unterbiß genannt), bei dem der Oberkiefer zu kurz ist und der Unterkiefer ihn überragt, wie es bei Boxern und anderen kurzschädeligen Rassen im Standard vorgeschrieben ist. Beim zoologisch korrekten *Hinterbiß* (volkstümlich falsch Überbiß genannt) ist der Unterkiefer zu kurz und unterbeißt den Oberkiefer. Er ist nicht erwünscht, kann aber bei langschädeligen Rassen wie Dackel, Windhund, Spaniel vorkommen.

Die Milchzähne kommen bei den Welpen nach einer dreiwöchigen zahnlosen Zeit, und zwar als erste die Schneidezähne und die Eckzähne. Man nennt sie Milchzähne, weil sie nach dem Abstillen gegen bleibende Zähne gewechselt werden, nur jeweils der erste Prämolar bleibt von Anfang an. Das Milchgebiß soll im zweiten Lebensmonat voll entwickelt sein, der Zahnwechsel beginnt nach dem dritten Monat und ist im sechsten bis siebten Monat abgeschlossen. Zwergrassen wie die kleinsten Pudel wechseln später. Bei kleinen Hunden muß man darauf achten, ob nicht neben den *zweiten,* bleibenden Zähnen noch Milchzähne stehen geblieben sind. Diese, meist Eckzähne, müssen vom Tierarzt gezogen werden.

Da die Milchzähne stecknadelspitz sind, muß man beim Spiel mit dem Welpen achtgeben. Beißt er uns in die Hand oder den Finger, so warten wir besser, bis er losläßt. Beim Wegziehen kann es Kratzer geben.

Von Ohren, Ruten und vom Kupieren

Die Ohrmuscheln geben dem Hundekopf sein Gepräge, es haben sich bei den Rassen unterschiedliche Formen ausgebildet. Das ursprüngliche Wildhundohr war relativ klein und aufrecht gestellt. Typische *Stehohren* haben heute noch die Deutschen Schäferhunde, die Spitze oder die Bullterrier. Beim französischen Bully sind sie zu *Fledermausohren* vergrößert. Der nächste Schritt ist der zum *Überfallohr,* bei dem nur die Spitze etwas umfällt, so wie es der Collie oder Sheltie haben soll. Beim *Kippohr* ist etwas mehr als die Hälfte abgekippt, Foxterrier oder Airedale Terrier tragen sie. Fällt die Ohrmuschel wie bei einem Mini-Hängeohr nach vorne über und verdeckt den Ohrgang, wird sie *Knopfohr* genannt; Möpse haben Knopfohren. Beim *Rosenohr* ist die Muschel so gebogen und nach hinten gefaltet, daß das Innere des Ohres teilweise sichtbar ist. Beispiele: der English Bulldog, Greyhound und Whippet. Verbreitet ist das *Hängeohr,* der *Behang* der Jagdhundrassen. Es ist nach Rassen verschieden dick, schwer und lang, vom Pudel über den Dackel bis zum Spaniel, Basset Hound und Bloodhound. Hunde mit Hängeohren können schlechter die Richtung orten, aus der ein Geräusch oder ein Ruf kommt.

Ruten (das klingt besser als Schwänze) sind im Kynologendeutsch je nach Form mit schönen Namen belegt worden. So trägt der Pointer eine *Schwertrute,* lang und sich stark verjüngend. Die *Säbelrute* ist leicht gekrümmt und wird mit Fahne und hängend vom Irish Setter, ohne Fahne und erhoben vom Basset getragen. Eine stärkere Krümmung zeigt die *Sichelrute,* die man mit Fahne dem Collie, ohne dem Dalmatiner zuordnen kann. Eine gerade getragene, dick angesetzte und sich dann plötzlich verjüngende Rute wird *Otterrute* genannt. So heißt es beim Labrador Retriever, »daß sie so rund wirkt wie ein Otterschwanz«.

Die *Ringelrute* des Appenzeller Sennenhundes wird aufgeringelt getragen, die der Spitze über dem Rücken und die doppelt geringelte *Posthornrute* des Mopses auf der Kruppe. *Korkenzieherruten* und *Knotenruten* der Bulldoggen sind von Natur aus verkrüppelt, die *Stummelrute* oder der *Mutzschwanz* des Rottweilers ebenfalls angeboren, bei anderen Rassen ist die Rute vom Menschen beschnitten. Ist eine lange Rute sehr kurz behaart, kann man ihr auch den Namen *Aalrute* geben, ist sie stockhaarig, wird sie zur *Bürstenrute,* mit seidigen, langen Haaren an der Unterseite zur *Fahnenrute.*

Trotz der Vielfalt an Ohren und Ruten hat der Mensch bei verschiedenen Rassen der Natur mit Messer und Schere nachgeholfen. Man nennt das *Kupieren,* und eine Reihe von Rassen wurden oder werden noch amputiert und beschnitten, um sie laut Standard zu echten Vertretern ihrer Rasse zu machen.

Das Kupieren der Rute ist mit Ausnahme der skandinavischen Länder noch überall erlaubt. Ob sich hier in näherer Zukunft etwas ändert, ist ungewiß, da die juristische Lage sehr schwierig ist. Das Kupieren der Rute kann nicht verboten werden, so lange der Schwanz von Nutztieren wie Schafen, Ziegen oder Schweinen – aus welchen Gründen auch immer – kupiert werden darf. Im VDH-Bereich sind jährlich immerhin noch etwa 31000 Welpen aus ca. 70 Rassen vom Kupieren betroffen.

An dieser Frage scheiden sich die Geister. Auch die Veterinärwissenschaftler sind sich über Vorteile (tierschützerische Prävention) und Schaden (Zufügen von Schmerz) uneins. Sicherlich ist das Rutenkupieren ein anderes Problem als das Kupieren der Ohren, das

1

2

3

4

5

6

7

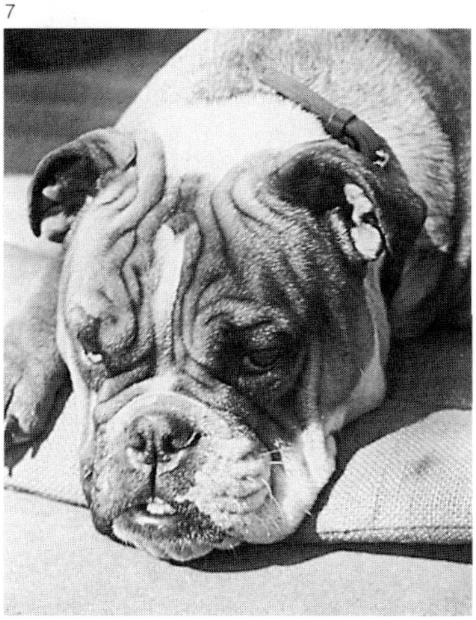

8

1 Natürliche Stehohren hat der Pembroke Welsh Corgie

2 Kupierte Stehohren bei einer Deutschen Dogge (in Deutschland verboten)

3 Fledermausohren des Bully

4 Überfallohren beim Collie

5 Kippohren beim Foxterrier

6 Knopfohren beim Mops

7 Rosenohren beim English Bulldog

8 Hängeohren beim Basset Hound

durch das Tierschutzgesetz seit 1982 in Deutschland verboten ist.

Der VDH reagierte auf dieses Verbot mit folgenden Auflagen. Hunde, die nach dem 1. 4. 1986 in Ländern mit Ohrenkupierverbot geboren wurden, können auf VDH-Zuchtschauen nicht mehr ausgestellt werden. In fast allen VDH-Mitgliedsvereinen dürfen diese Hunde auch nicht mehr zur Zucht verwendet werden.

In einigen Ländern wie Belgien, Frankreich und Österreich ist das Kupieren der Ohren noch erlaubt. In der Europäischen Gemeinschaft wird bald ein Gesetz in Kraft treten, das das Kupieren der Ohren in allen Mitgliedsländern verbietet.

In Deutschland sieht man auf den Ausstellungen fast keine Hunde mit kupierten Ohren mehr. Ausnahme sind allein noch die Ausstellungsringe der Dobermänner; es ist unverständlich, daß der deutsche Dobermann-Verein diese Gesetzesverstöße toleriert.

Ich bin gegen das Kupieren. Ich möchte nur einen Denkanstoß geben. Die Befürworter sagen selten, daß ihnen der Hund so besser gefällt; sie haben Nützlichkeitsargumente wie Verhinderung aufgeschlagener Schwanzspitzen bei langen, schlecht durchbluteten Ruten. Warum aber schneidet man dem Cocker Spaniel den Schwanz ab und läßt ihm seine langen Ohren, die zu Ohrenleiden führen?

Dieses Beispiel soll genügen. Ich bin dagegen, daß man dem Hund mit dem Schwanz eines seiner Sprechwerkzeuge nimmt. Ich bin dagegen, daß es sich die Züchter bestimmter Rassen so einfach machen, daß sie zu kosmetischen Operationen greifen, um das Wunschbild ihrer Hunde zu erreichen, anstatt sie so zu züchten. Der Mensch hat aus einem wolfsähnlichen Wesen diese Vielfalt durch züchterische Eingriffe erreicht, warum schafft er dann nicht auch Stehohren? Zumal sie die ursprünglichen Hundeohren sind.

Das Fell, die ideale Kleidung

Mit seinem Fell ist ein Hund immer richtig angezogen, ob es draußen Stein und Bein friert, ob er im warmen Zimmer liegt oder in der Sonne, ob er durch den Regen läuft oder ins Wasser springt. Die Urhunde hatten ein Zwei-Komponenten-Haarkleid aus reichlich kurzer Unterwolle und längeren, dicht darüber liegenden derben Deckhaaren. Diese Kombination nennt man *Stockhaar.* Sie kommt heute noch ausgeprägt bei den nordischen Hunderassen vor. Aus ihr haben sich alle anderen Haarformen, die bei den einzelnen Rassen zu finden sind, entwickelt. Extremfälle sind die Nackthunde, die höchstens ein paar Haare auf dem Kopf haben, und die englischen Rassen Rough Collie und Bobtail, die unter einem Panzer von Deckhaaren ihre Körperform verbergen.

Kurzhaarige oder glatthaarige Hunde: Hier ist im Lauf der Zeiten die Unterwolle verschwunden, das Deckhaar liegt dicht, glatt und glänzend der Haut an. Typische Kurzhaarrassen sind Boxer, Dobermann, Kurzhaardackel oder Kurzhaar-Weimaraner.

Anmerkung zu Kälte und Schnee: Auch das kurze Haar isoliert ausgezeichnet, es hält, wie Hundefell überhaupt, eine Luftschicht fest, die den Körper vor Kälte schützt. So wird sich kein Hund erkälten, wenn er sich bei Minusgraden bewegt. Mäntel und Pullover sind ihm nicht nur lästig, sondern können zu Erkältungen führen, wenn sich unter ihnen Kondenswasser bildet. Kurzhaarige Hunde, die, sich selbst überlassen, sich nicht bewegen, können allerdings schon bei plus zehn Grad zu frieren anfangen. Dagegen kann Schnee für langhaarige Hunde unangenehm sein, wenn er sich in ihrem Haar und zwischen den Fußballen zu Klumpen formt. Dabei sind kalter, trockener oder nasser, matschiger Schnee ungefährlicher als Schnee bei Temperaturen knapp unter null Grad.

Langhaarige Hunde: Wenn die Deckhaare länger und feiner werden und die Wollhaare mehr oder weniger verschwinden, entstehen die typischen Langhaarfelle mit glattem, glänzendem Haar, wie es Irish Setter und Langhaardackel tragen. Diese Deckhaare können schlicht, gewellt oder gelockt sein. Bleibt die Unterwolle und wird zusätzlich das Deckhaar lang, entsteht eine Fellform wie beim Neufundländer. Verweben sich flaumige Unterwolle mit den Deckhaaren, entsteht ein zottiges Haarkleid wie beim Komondor oder Puli.

Drehen sich die Haarschäfte, entsteht das *Kraushaar* wie beim Pudel und Kerry Blue Terrier. Hier wächst die Unterwolle so stetig ab, daß der sonst übliche Haarwechsel im Frühjahr und Herbst nicht mehr stattfindet. Kraushaar neigt zur Verfilzung, so daß man die Haare zu Schnüren wachsen lassen kann. Der Schnürenpudel, Puli und Komondor sind Beispiele dafür.

Werden die Deckhaare lang, grob und zottig, sieht das *Zotthaar* wie beim Bobtail aus. Weiche lange Haare ergeben das *Seidenhaar* von Spitz und Malteser. Werden die Unterwollhaare und Deckhaare länger, die Deckhaare noch weich dazu, nennt man es *Wellhaar* wie beim Barsoi.

Rauhhaarige Hunde: Sie sind aus Kreuzungen zwischen kurzhaarigen und langhaarigen Formen entstanden. Das Haar ist hart, relativ kurz, und die Haarspitzen zeigen nicht in eine Richtung. Es lassen sich verschiedene Fellformen unterscheiden. *Strupphaar* ist eine Mischung von normalem Stockhaar plus Rauhhaar. Es ist überwiegend bei Mischlingen anzutreffen. Ist das Haar hart, rauh und mittellang, nennt man es *Stichelhaar* wie beim stichelhaarigen Deutschen Vorstehhund. Ist das Stockhaar kurz und hart, mit längeren Haaren am Kopf – auch als Bart –, spricht man von *Drahthaar.* Der Schnauzer trägt dieses Fell.

Die verschiedenen Fellfarben habe ich bei den einzelnen Rassen aufgeführt, genauso wie auf den Felltyp hingewiesen wird.

Vom Herz, vom Magen und vom Schwitzen

Als Lauftier mit großer Ausdauer stehen Hunde zusammen mit Vollblutpferden an der Spitze der Säugetiere, was das *relative Herzgewicht* angeht. Das heißt, das Herz macht etwa ein Prozent des Körpergewichts aus, bei Greyhounds sogar 1,3 Prozent. Obwohl das Hundeherz äußerst leistungsfähig ist, kann es bei Windhunden häufiger zum Herztod kommen. Die Blutmenge des Hundes beträgt ein Zwölftel des Körpergewichts, das sind bei einem Deutschen Schäferhund etwa vier Liter, bei einem kräftigen Dackel ein Liter.

Hundemägen sind enorm dehnbar: Ihre Besitzer können auf Vorrat fressen und genauso ohne Schwierigkeiten einige Tage hungern. Der Magensaft ist so stark, daß er das macht, was unsere Zähne tun: Er verarbeitet auch große Nahrungsbissen einschließlich Knochenstücken. Andererseits gibt er genauso leicht Nahrung wieder von sich, wenn der Hund zu hastig geschlungen hat.

Wenn wir schwitzen, scheiden die Schweißdrüsen der Haut Wasser aus, das auf der Haut verdunstet und uns dabei abkühlt. Der Hund hat diese Schweißdrüsen nur auf den Sohlenballen. Beim Hund, der hitzeempfindlicher ist als wir, erfolgt die Abkühlung durch das *Hecheln.* Zunge, Mundschleimhaut und Lunge arbeiten zusammen: Die lange Zunge hängt zum geöffneten Fang heraus, durch schnelle Atemzüge wird die abkühlende Luft über sie hinweggeblasen. Dem Hund hängt also bei Hitze in des Wortes wahrer Bedeutung »die Zunge zum Hals heraus«.

Der Sprunggalopp eines Dingos nach einem Film von E. Trumler gezeichnet

Thema Bewegung – Hunde sind immer in Eile

Als fleischfressende Lauftiere mußten die Hundeartigen ihren Mahlzeiten hinterherjagen. Deshalb bewegen sich auch heute noch die Hunde schnell (von einigen übergroßen oder kurzbeinigen Rassen abgesehen), selbst wenn sie keine Eile haben. Die normale Fortbewegungsart ist der Trab, daher ziehen Hunde gerne an der Leine, denn wir sind ihnen zu langsam. Lassen wir unseren Hund frei laufen, legt er unseren Weg zwei- oder dreimal zurück. Wir haben bei der Anatomie schon gesehen, daß der Hund zum Laufen gebaut ist. Der schnellste Hund ist der Greyhound, der in Galoppsprüngen von sechs Metern Weite eine Spitzengeschwindigkeit von über 70 Stundenkilometern erreicht, allerdings nur auf einer Strecke von 500 Metern.

An der Veterinärmedizinischen Fakultät der Universität Zürich wurde von Eugen Seiferle ein Film, der Schäferhund, Greyhound, Bernhardiner, Boxer und Dackel in Schritt, Trab und Galopp zeigt, in Superzeitlupe aufgenommen. Die Überraschung: Der Dackel war, was den Stil angeht, der beste Läufer, seine lange, bewegliche und gut bemuskelte Wirbelsäule bog und streckte sich im besten *Sprunggalopp*. Hierzu kann ich nur aus dem »Lehrbuch der Anatomie der Haustiere« von Nikkel-Schummer-Seiferle zitieren, weil es bessere Erkenntnisse nicht gibt: »Beim Sprunggalopp springt das Tier gewissermaßen von der Nachhand auf die Vorhand, das heißt, die Hintergliedmaßen schleudern die Rumpfbrücke mit großer Wucht nach vorne, wo sie von den Vorderextremitäten aufgefangen wird.« Wie das in Einzelbildern aussieht, zeigt unsere Zeichnung.

Wenn ein Hund rennt, bewegt sich sein Körper parallel zum Boden. Hunde, deren Lendenpartie höher gestellt ist als der Widerrist (English Bulldog), müssen wesentlich mehr Vorderbeinarbeit leisten als Hunde mit geradem oder nach hintem abfallenden Rücken. So kann der Deutsche Schäferhund die für das Laufen so wichtigen Hinterbeine besonders gut einsetzen. Wobei aber immer noch die Wirbelsäule – wie wir inzwischen wissen – das wichtigste Fortbewegungsinstrument ist.

Beim Schritt berühren Hunde nur mit drei Füßen den Boden, aber auch das kann man schwer beobachten, da unser Auge den Bewegungsablauf nicht registrieren kann. Beim Trab sind es immer nur zwei, und zwar die diagonal gegenüberstehenden. Beim Galopp ist es nur ein Fuß, es gibt jedoch Phasen, bei denen kein Fuß auf dem Boden ist. Die Ausnahme ist der Greyhound, der paarweise mit Hinter- und Vorderläufen galoppiert.

Rassen wie Pudel und Windspiel haben einen ausgreifenden Schritt wie ein Traberpferd, der Bobtail bewegt sich im *Paßgang*. Das ist die gleichzeitige Vorwärtsbewegung der gleichseitigen Gliedmaßen. Der Schwerpunkt wird einseitig unterstützt, der Gang oder Trab ist schaukelnd. In diesen Paßtrab kann auch ein Schäferhund fallen, wenn er bei der Dressur im Lauf überanstrengt wird. Selbst der Fila Brasileiro kann Paßgänger sein, bei ihm ist jedoch der weit ausgreifende Schritt der Vorderläufe typisch, der sehr raumgewinnend ist. Alle gesunden Hunde sind ausdauernde Läufer, die Rekordhalter sind die Huskies, die als Schlittenhunde nicht nur große Entfernungen überwinden, sondern dabei auch noch Lasten ziehen. Interessant ist, daß sie in Bau und Winkelung der Gliedmaßen dem Wolf am ähnlichsten sind.

Klettern und Springen kann der Hund nicht so gut, seine Füße sind nicht zum Greifen, die Muskeln der Hinterläufe nicht zum Springen geschaffen. Wenn Gebrauchshunde Kletterwände überwinden, so tun sie es, als würden sie schnell einen Steilhang hinauflaufen.

Im Wasser können sich Hunde von Natur aus durch Paddeln fortbewegen und an der Oberfläche halten: Sie zeigen ein koordiniertes Schwimmvermögen. Rassen wie der Neufundländer oder der Otterhund sind besonders schwimmfreudig und können sogar tauchen. Wasserscheu werden Hunde durch falsche Behandlung wie Hineinstoßen, wassertüchtig durch systematische Ausbildung. Bei der Wasserarbeit der Jagdhunde sind die Langhaarigen besonders wendig, sie steuern mit der Rute.

Trabender Collie, zwei diagonale Läufe sind in der Luft

Der Hund und sein Leben

Die Verhaltensforschung hat uns die Hunde besser verstehen gelehrt. Besonders wichtig sind in diesem Zusammenhang die Erkenntnisse über die Jugendentwicklung, die die Voraussetzung für eine hundegerechte Haltung und Erziehung bilden. Wir können mit diesem Wissen viele Fehler vermeiden, die man später kaum oder gar nicht mehr gutmachen kann. Denn ein erwachsener Hund ist die Summe von ererbten Anlagen und von Umwelteinflüssen, die während der Jugendentwicklung auf ihn einwirken. Grob gesagt: Die beste Abstammung nützt nichts, wenn der Hund unter ungünstigen Bedingungen aufwächst. Andererseits können schlechte Anlagen nicht durch optimale Umgebung aufgehoben werden.

Hier ähneln sich junge Hunde und Kinder. Man hat Versuche mit jungen Hunden gemacht und sie kontaktlos aufwachsen lassen. Als man die Herangewachsenen mit den Wurfgeschwistern verglich, die bei Menschen aufgewachsen waren, war ihre Wahrnehmungs- und Konzentrationsfähigkeit weit zurückgeblieben. Bei Heimkindern hat man das gleiche festgestellt. Kinder, die in ihrem zweiten Lebenshalbjahr ohne Mutter aufwachsen und sich unter den Schwestern eines Heims keine Ersatzmutter suchen können, weil diese keine Zeit haben oder häufig wechseln, bleiben nach vier Monaten Heimaufenthalt körperlich und geistig zurück. Trotz bester Ernährung und guter Pflege sterben ein Drittel solcher Kinder bis zu ihrem dritten Lebensjahr. Wer von diesen *Kaspar Hausern der Liebe* überlebt, bleibt kontaktscheu und hat eine starke Neigung zum Kriminellen. Wie der Untersucher René Spitz schreibt: »Kinder, die ohne Liebe aufwachsen, werden zu Erwachsenen voller Haß.«

Sehr viel anders ist es auch bei den Hunden nicht. Wir wissen, daß es in den ersten acht Lebensmonaten eine Reihe kritischer Perioden gibt, in der sie bestimmte Erfahrungen machen müssen, um in ihrem späteren Leben keine andauernden Schwierigkeiten zu bekommen. Außerdem müssen sie sehr früh ein enges soziales Band zu den Menschen knüpfen, damit sie brauchbare Menschenhunde werden.

In der Verhaltensforschung gibt es den Begriff *Prägung*. Konrad Lorenz hat diesen Lernvorgang im Jahre 1935 entdeckt und ihm diesen Namen gegeben. Inzwischen wissen wir durch weitere Forschungen, daß eine Prägung immer nur in einer bestimmten sensiblen Phase stattfindet. Verstreicht diese Zeit, kann das Tier nicht mehr geprägt werden. Eine in dieser Zeit erworbene Kenntnis bleibt zeitlebens haften, während alles später Erlernte leicht wieder vergessen wird.

Wichtig ist, daß bei Hunden eine Prägung von *dem* Menschen auf *die* Menschen erfolgt. *Zu eng geprägte* Hunde, die nur an ihrem Besitzer hängen, können ihm viel Glück und Freude bringen, für die anderen Familienmitglieder aber eine Last sein. Denn solche Hunde sind todunglücklich, wenn ihr Prägemensch auch nur für eine Stunde weggeht. *Zu weit geprägte* Hunde sind Allerweltskerle, die jedermann überströmend begrüßen und leider auch mit jedermann mitgehen. Das *leider* ist vom Hundeherrn aus gesehen; solche Hunde sind nämlich immer glücklich, sie müssen sich über jeden Menschen freuen. Merken wir uns ganz genau: Die ersten Erfahrungen, die ein Hund mit den Menschen macht, sind bestimmend für sein ganzes Leben. Gerade hier gilt der Satz: Der Hund ist das, was wir aus ihm machen.

Die Jugendentwicklung des Hundes ist von Eberhard Trummler genau untersucht worden und in der Praxis der Hundeaufzucht und -erziehung vielfach erprobt. Sie läßt sich in verschiedene Abschnitte einteilen.

Die Geburt

Der Beginn des Hundelebens ist die Geburt. Unmittelbar vor den ersten Wehen beginnt die Hündin zu scharren, es ist eine Instinkthandlung. Bei den Wehen, die jeweils eine Minute dauern, wird das Rückgrat hochgekrümmt. Das erste Junge kommt auf die Welt, wenn sich die Hündin zusammengerollt hat und einen Hinterlauf hebt. Beim Austreten des Welpen wird die Eihaut abgeleckt und aufgefressen, genauso wie die Nachgeburt. Der Welpe wird etwa drei Zentimeter vor dem Bauch abgenabelt. Während die Hündin den klatschnassen Welpen trockenleckt, reißt dieser sein Mäulchen weit auf, streckt die Zunge heraus und tut den ersten tiefen Schnaufer.

Die Hündin bekommt die nächsten Wehen und treibt den nächsten Welpen aus.

Die lebende, stummelbeinige Walze mit dem übergroßen Kopf hat noch nichts mit dem späteren Schäferhund, Dackel oder Afghanen gemein. Die einzige Bewegung macht der breite Kopf, der hin und her pendelt. Dann beginnt das Tierchen zu kriechen, zum Bauch der Mutter hin, und saugt sich an einer Zitze fest. Viel mehr passiert in den nächsten 14 Tagen nicht.

Das Raubtier Hund kommt unfertig auf die Welt und wird im Nest großgezogen, das es wegen Bewegungsunfähigkeit nicht verlassen kann. Denn eine Hündin/Wölfin kann sich wegen ihres Lebens als Lauftier nur eine kurze Tragezeit leisten. Im Gegensatz dazu kommt das Herdentier Pferd fertig auf die Welt. Eine Stute darf innerhalb der Herde eine lange Tragezeit haben.

Der Zustand des Nur-Lebens

Nach Beendigung des Wurfaktes beginnt für den Welpen die vegetative Phase, die die ersten zwei Wochen seines Lebens dauert. Die erste Lebensäußerung ist ein dünner Schrei, der alle vorgeburtlichen Rückstände aus den Atemwegen befördert. Die Augen sind verschlossen, die Ohren zu, der Geruchssinn noch nicht ausgebildet: Der Welpe lebt noch ganz nach innen. Dennoch findet er die Zitzen der Mutter; das Schmatzen kann man hören. Dieses *Findenkönnen* ist in seiner Erbmasse festgelegt, die runde, glatte Zitze läßt in ihm einen Vorgang ablaufen, der aus Festsaugen und Lecksaugen besteht. Die Welpenzunge massiert die Zitze.

Sonst kann er nur schreien, was wiederum die Mutter veranlaßt, sich mit ihm zu beschäftigen. Geht es ihm gut, ist er ruhig, fehlt ihm etwas, schreit er. Er ist ganz auf die Leistungsfähigkeit seiner Mutter angewiesen. Schreien ist wichtig, wenn man aus dem Lager fällt oder sich sonst von der Mutter entfernt. Kriechen kann er nur im Kreis, eine weise Einrichtung, da er sich dadurch nicht weit von der Mutter entfernen kann. Die Nackenmuskeln sind so stark, daß der große Kopf gehoben werden kann: Durch *Fellbohren* gelangt er zu den Zitzen. Mit seinen Beinen kann er sich vom Boden abstemmen und den Kopf gegen die Zitzen drücken, er kann sich aber auch von der Mutter wegdrücken.

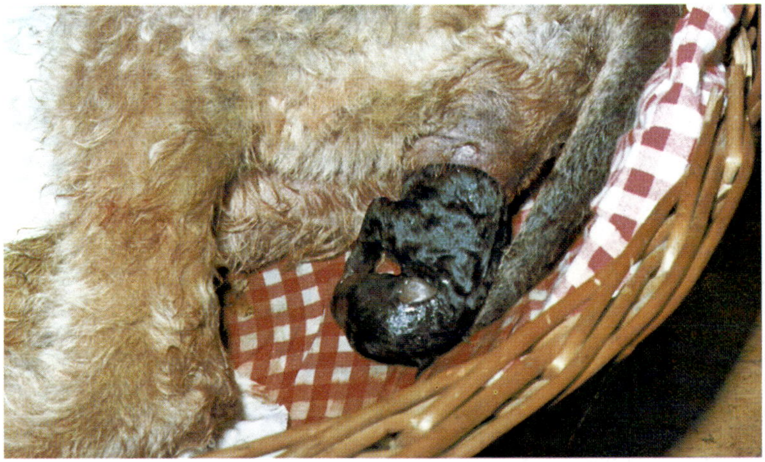

Ein Welpe wird geboren und von der Mutter abgenabelt. Er ist fast schwarz

Dieser *Milchtritt* (das spätere Pfötchengeben) reizt die Mutter zum Milchgeben. Die ersten 14 Tage wird nur gesäugt, das Geburtsgewicht verdreifacht sich in dieser Zeit. Das Leben besteht nur aus Schlafen, Trinken und Schreien.

Die Woche des Übergangs

Die dritte Lebenswoche erschließt dem Welpen die Umwelt. Augen und Gehörgänge öffnen sich, ab dem 18. Tag beginnt er zu sehen. Am gleichen Tag setzt auch der Geruchssinn ein, er untersucht von nun an alles mit der Nase. Mit den Geschwistern werden erste Kontakte aufgenommen, sie werden berochen und beleckt.

Erste Gehversuche, am 21. Tag wird freiwillig und selbständig das Lager verlassen. Dann kehrt er zur Mutter zurück und bettelt sie mit dem *Schnauzenstoß* in Richtung ihrer Mundwinkel an – das spätere Anspringen des Herrchens. Die Mutter beginnt in dieser Zeit mit dem Zufüttern, sie würgt Speisebrei aus.

Erstes Knurren, erste Bellversuche, erste Freudeäußerungen durch Wedeln. Erste Spielversuche des Vaterrüden (oder Menschen). Erste Abwehrreaktion: Der Welpe wirft sich schreiend auf den Rücken und bietet seinen Bauch dar. Das hemmt einen anderen Hund, weiterzuspielen, und später, zuzubeißen. Jetzt werden die ersten Erfahrungen gesammelt, innerhalb des Lagers herrscht Geborgenheit und Sicherheit, außerhalb kann es Unangenehmes geben. Die erste Mißtrauensäußerung: sich unter Knurren zurückziehen.

Der Begriff *Übergangsphase* trifft genau auf diese kurze Zeit zu. Aus dem nur ichbezogenen Schlafen-Trinken-Schreien-Leben wird der Kontakt zur Umwelt hergestellt und die ersten Formen des kompliziert geregelten Hundesozialverhaltens entwickelt. Greift man jetzt mit der Hand in das Welpenknäuel, so wird die neu erworbene Fähigkeit des Erkundens probiert: Die Welpen schnuppern, lecken und nehmen einzelne Finger ins Maul. Sie hören auf Geräusche und nehmen Bewegungen wahr, aber vor dem 21. Tag erschrecken sie noch nicht.

Diese Erkenntnis veranlaßte den Arzt Dr. Wilhelm Siveke, Jagdhunde schußfest zu machen. In seinem Buch »Die Frühsterziehung der Vorstehhunde«, das 1974 erschien, schreibt er: »In diese Zeit des Dahindämmerns und des Erwachens, also etwa um den 15. Tag, aber nicht später, auf keinen Fall, fällt unsere erste Erziehungsmaßnahme. Mit einer Schreckschußpistole schießen wir in unmittelbarer Nähe der Wurfkiste den ersten Schuß. Das wiederholen wir täglich. Gleichsam in das wirkliche Erwachen des Hundes setzen wir als Ersterlebnis den Schuß. So ist dieser der erste Eindruck in seinem Leben. Er wird wahrgenommen und aufgenommen wie nun alle anderen Eindrücke ... Er gehört einfach zum Leben dazu. So, wie unsere Kinder mit dem Düsenmotorengeknall auf die Welt kommen, ihn registrieren, als zur Welt

Die Airedale-Hündin Katja vom Cusdomus hat es geschafft: die Welpen saugen

In den ersten 14 Tagen ist das Leben schlafen und trinken, dann kommt die Woche, in der die Welt wahrgenommen wird

dazugehörend empfinden, auf keinen Fall aber als schreckauslösendes Moment.«

Die Prägungsphase ist die wichtigste Zeit

In der 4. bis 7. Woche wird der Kontakt zur Umwelt täglich intensiver. Alle Vorgänge werden beobachtet, alles wird berochen, Wahrnehmungen können mit Gehör, Gesicht und Geruchssinn geordnet werden. Die Sinnesleistungen sind voll entwickelt. Die Bewegungen werden koordinierter und schneller, die Lust, sich zu bewegen, wächst. Die verschiedenen Gangarten werden ausprobiert, wobei kleine Rassen es schneller lernen als große, die sich langsamer entwickeln. Der Welpe wedelt mit dem Schwanz als Zeichen von Freude und klemmt ihn aus Angst ein. Weitere Sprachäußerungen: Fellsträuben; Anlegen der Ohren; Zeigen der Zähne; erste Bellversuche.

Der Welpe beginnt sich für das Futter der Mutter zu interessieren, er kann walnußgroße Fleischstücke fressen, er saugt aber noch bei der Mutter, obwohl seine Zähne nadelspitz sind. Jetzt werden durch die Art der Fütterung die Ernährungsgewohnheiten und -vorlieben fürs ganze Leben festgelegt. Wenn ein Welpe jetzt nicht rohes Fleisch bekommt, wird er sein ganzes Leben lang nur mit Schwierigkeiten rohes Fleisch fressen. Wenn man ihm jetzt Fertigfutter gibt, wird er sein ganzes Leben lang Fertigfutter vorziehen.

Neugier und Lerntrieb beherrschen diese Zeit, die besonders wichtig für die Charakterentwicklung des Hundes ist. Jetzt muß sich der Mensch täglich mit ihm beschäftigen, ihn mit seiner Hand spielen lassen, ihn daran schnüffeln und knabbern lassen, ihn berühren und damit an den Handkontakt gewöhnen. In diesen drei Wochen wird der Mensch zum Artgenossen des Hundes und ein Welpe, mit dem man sich beschäftigt, zu einem kontaktfreudigen Tier. In diesen Wochen ist die Lernfähigkeit so groß wie sonst nicht wieder in seinem Leben: Der Hund wird auf seine Umwelt, auf den Menschen geprägt. Nach der 8. Woche kann es bereits unmöglich sein, den erforderlichen Kontakt zu den Welpen herzustellen. Tiere, die jetzt vernachlässigt werden, bleiben immer scheue und ängstliche, wesensschwache Hunde.

Es ist sehr wichtig, daß der Welpe in dieser Zeit auch Kinder kennenlernt und ihm von ihnen nur Freundliches widerfährt. Wie er überhaupt jetzt lernt, daß alle Menschen grundsätzlich seine Freunde sind, denen er vertrauen kann. Wer einen Wachhund will, kann ihm den Unterschied zwischen Freund und Feind später beibringen.

Welpen, die in dieser Phase Staubsauger, Rasenmäher, Automotoren oder Fernseher optisch wie akustisch kennenlernen, werden sich später vor diesen Dingen nicht fürchten.

So sehr sich der Welpe mit den Menschen beschäftigen muß, so wenig darf er von seinen Geschwistern entfernt werden. Ein Welpe, der jetzt schon in sein neues Heim kommt, wird später mit anderen Hunden Schwierigkeiten haben.

Wesentliche Schlußfolgerung aus der Prägungsphase: Wenn wir uns einen Hund kaufen, müssen wir uns nicht nur den richtigen Hund, sondern auch den richtigen Züchter aussuchen. Nur Hunde aus einer Zucht, in der sich der Züchter während dieser Zeit täglich mit den Welpen beschäftigt hat, können uns Freude machen.

Das Miteinander-und-mit-anderen-Leben

Die Zeit von der 8. bis zur 12. Woche nennt man die Sozialisationsphase. Sie ist eine Art Übergang vom Welpen-

In der Prägungsphase wird gespielt und gelernt, in der Sozialisationsphase die Umwelt erkundet

rudel, das die Mutter schützte, zum Menschenrudel, in dem der Welpe sich neu zurechtfinden muß. Denn dieses Alter ist die beste Zeit zur Trennung eines Welpen von seiner Mutter und seinen Geschwistern. Er ist nun bereit, sich in den Lebensraum seines *neuen Rudels* einzugewöhnen und das dort gewünschte Verhalten zu lernen. Jetzt wird die Partnerschaft zwischen uns und dem Hund unwiderruflich geprägt und wirkt sich zeitlebens auf fast alle Eigenschaften des Hundes aus.

Der Welpe beherrscht die Hundesprache von Fellsträuben über Ohrenstellen bis zum Abwehrschnappen. Er verläßt nicht nur sein Lager, sondern erkundet systematisch die Umgebung. Beim Spielen ist er besonders wild und ausgelassen, er versucht, alles Zerreißbare zu zerreißen, alles Kaubare zu kauen. Er ist in allem, was das Ausdrucksrepertoire betrifft, ein fertiger Hund. Mit seinen Geschwistern führt er Scheinkämpfe aus und rauft um die besten Stücke der Nahrung. In dieser Zeit sollte er immer in Gemeinschaft gefüttert werden, da er sonst ein Leben lang futterneidisch bleibt. Das sind dann Hunde, die, wenn es ums Fressen geht, sogar ihren Herren bedrohen.

Der Welpe erkennt jetzt *seinen* oder *seine* Menschen. Jetzt kann man ihn mit Lob belohnen, mit Strafe von etwas abhalten. Die beste Strafe: Nackenfell anfassen und den Hund leicht schütteln, aber nicht dabei hochheben. So straft ihn auch seine Mutter. Die Strafe unterstützt man durch ein scharfes Wort. Daß wir mehr loben als strafen, haben wir schon gelernt.

Inzwischen kann der Welpe aus der

Ab der 13. Woche ist der Charakter formbar, ab 5. Monat entwickelt der Welpe sein Umweltbewußtsein

Schüssel fressen und bekommt fünf Mahlzeiten am Tag. Entweder fertiges Welpenfutter oder Fertigfutter mit rohem Eigelb und Bananenmus und/oder geriebenen Möhren als Ballaststoffen. Es ist klar, daß wir in dieser Zeit konsequent mit der Erziehung beginnen. Wichtig ist auch, daß die Hundefamilie innerhalb eines kurzen Zeitraums aufgelöst wird, das erleichtert sowohl den Welpen wie der Mutterhündin die Umstellung.

Der Welpe im neuen Heim sollte in dieser Zeit auch möglichst oft mit anderen Hunden zusammentreffen. Er lernt dann, wie er sich seiner neuen Umwelt anpaßt und sich dort zu verhalten hat. Falsches menschliches Verhalten in dieser Zeit schafft asoziale Hunde, die ihre Artgenossen angreifen.

Die Phase der Rangordnung

Im Lebensabschnitt von der 13. bis zur 16. Woche wird die Rangordnung festgelegt. Das bedeutet im Rudel, welche Geschwister den anderen Geschwistern etwas zu sagen haben. Das ist nicht allein eine Frage der Stärke, sondern vor allem eine der Intelligenz. Denn ein Welpe mit schneller Auffassungsgabe und Reaktionsvermögen ergattert besseres und mehr Futter und wird so stärker als seine Geschwister. Temperamentvolle oder zur Aggression neigende Rassen kann man in dieser Zeit nicht mehr im Welpenverband lassen.

Der Welpe verlangt jetzt Autorität nach dem Motto »Vater ist der Beste«. Da Welpen in diesem Alter meist keinen Hunde-, sondern einen Menschenvater haben, muß dieser mit Gehorsams- und Unterordnungsübungen beginnen. Jetzt wird festgelegt, wer Herr im Rudel (= Familie) wird: der Herr oder der Hund.

Bei kleineren Rassen ist die körperliche Entwicklung so gut wie abgeschlossen. Das Zahnen setzt zwischen dem 3. und 5. Monat ein, der Hund will und sollte viel kauen, zum Beispiel Büffelhautknochen.

Man kann diese Entwicklungsstufe mit der Kindergartenzeit beim Menschen vergleichen. Erlebnisse in der engeren und weiteren Umwelt sind von nachhaltiger Bedeutung. Der *Charakter* des Hundes ist besonders formbar, später kann man ihn weniger beeinflussen, so daß es sehr wichtig ist, was der Hund jetzt lernt. Alles, was nachher kommt, baut auf diesem Fundament auf. Was er in dieser Zeit lernen soll, habe ich im Erziehungskapitel beschrieben. Man macht jetzt auch den Hund stubenrein, ich wiederhole: nicht mit Strafe, sondern mit Lob. Das heißt, in diesen vier Wochen muß man sehr viel Geduld haben, sehr konsequent sein und sehr viel Zeit für den Welpen aufbringen.

Gefressen wird inzwischen alles, der Hund bekommt keine Kinderkost mehr. Die Zahl der Mahlzeiten wird zunächst

Diese zwei Wochen alten Dalmatinerwelpen sind noch ganz weiß

Wenn sie vier Wochen alt sind, haben sich die typischen Flecken gebildet

Stehend säugt die Weimaranerhündin ihre sitzenden Welpen

auf vier, im Übergang zur nächsten Phase auf drei reduziert.

Die Ordnung im Rudel

Der 5. und 6. Monat sind kritisch: Der Hund entwickelt sein Umgebungsbewußtsein und reagiert auf Veränderungen nervös und ängstlich. Er ist jetzt für Angstgefühle besonders anfällig und kann durch einen Schock seelischen Dauerschaden erleiden. Das heißt: Einen Hund dieses Alters sollte man nicht zu sich nehmen, sondern lieber noch zwei Monate warten. Während der Rudelordnungsphase darf man nicht wegfahren, den Hund während dieser Zeit nicht weggeben, ihn nicht mit in den Urlaub nehmen, in dieser Zeit nicht umziehen oder die Wohnung renovieren. Jede Veränderung ist zu vermeiden.

Manche Rassen binden sich jetzt für immer an einen Herrn auch innerhalb einer größeren Familie. Die Bindung aller Hunde an die Familie wird jetzt abgeschlossen. Genauso wie von nun an für immer feststeht, wer das Sagen hat. Der junge Hund probiert, wie weit er gehen kann. Er fordert uns heraus, indem er bereits erlernte Kommandos überhört oder sich kaum um unsere Wünsche kümmert. Er hat eine sehr starke Neigung, innerhalb des Rudels seinen Rang zu erhöhen. Man kann seine Rudelboß-Stellung dadurch festigen, daß man viel mit dem Hund spielt, spazierengeht und ihm weitere Übungen beibringt. Das ist wichtig, weil wir mit unserem Hund gewissermaßen in der Rudelordnungsphase steckenbleiben. Er lebt zeitlebens mit uns, den *Eltern,* zusammen und wird nie ein eigenes Rudel anführen.

Diese Zeit wird auch als zweite Jugendstufe bezeichnet und kann mit dem Grundschulalter des Menschen verglichen werden, ist aber natürlich viel, viel kürzer. Man muß von jetzt an darauf

achten, daß sich der Hund nicht selbständig macht: Der Jagdtrieb erwacht genauso wie der Geschlechtstrieb, und beide sind mit der Lust, Ausflüge zu machen, verbunden. Spätestens zu diesem Zeitpunkt sollte der junge Hund seinen endgültigen Besitzer gefunden haben.
Inzwischen wird der Hund auf zwei Mahlzeiten täglich umgewöhnt, die eine morgens gegen 9 Uhr, die zweite gegen 15 Uhr. Insgesamt ist es eine Zeit, das Gelernte zu festigen und unsere Stellung zu behaupten.

Die Phase der Pubertät

Diese Übergangszeit zum Erwachsensein ist meist recht kurz, sie dauert etwa einen Monat bis sechs Wochen. Wann sie eintritt, ist rassenmäßig unterschiedlich, bei größeren Rassen später als bei kleinen. Auch der einzelne Hund reagiert hier verschieden. Sie tritt im Alter von sieben bis zehn Monaten auf und äußert sich durch eine gewisse Rüpel- und Flegelhaftigkeit, dauernde Versuche, doch noch Rudelboß zu werden. Im Verhalten bringt sie wenig Neues, auch lernt der Hund in dieser Zeit recht ungern. Hunde, die erst jetzt aus einem Zwinger kommen, können die *Zwingerscheu* haben. Das ist eine Neurose mit einer Fülle von Angstkomplexen, die so stark sein können, daß der Hund selbst vor bekannten Gegenständen und Geräuschen zurückschreckt. Es gehört sehr viel Geduld und Liebe dazu, solch einen Hund wieder zu einem normalen Hund zu machen – wenn es überhaupt möglich ist. Ihm fehlen die natürlichen Entwicklungsphasen.

Der erwachsene Hund

Die Pubertät ist beendet, wenn der Rüde zum ersten Mal sein Bein hebt, die Hündin zum ersten Mal läufig wird. Das kann um den 7. oder 8. Monat geschehen, bei großen und sehr großen Rassen, den sogenannten Spätentwicklern, kann es bis zu einem Jahr dauern.
Bei Hündinnen muß man jetzt darauf achten, daß sie während der Läufigkeit nicht gedeckt werden. Sie können nämlich schon aufnehmen. Doch die für die Schwangerschaft und Geburt benötigten Organe sind noch nicht ausreichend ausgebildet, um ihre Funktionen voll zu erfüllen. Deshalb sollte man Hündinnen vor der vierten Läufigkeit nicht decken lassen.
Der Hund bekommt jetzt eine Erwachsenenmahlzeit, entweder um 13 oder gegen 18 Uhr.
Allerdings ist ein Hund mit einem Jahr noch nicht voll erwachsen. Bei den Riesenrassen wie Deutsche Dogge, Irish Wolfshound oder Bernhardiner können die Flegeljahre bis zum 20. Monat dauern. Dafür, daß sie sich langsamer entwickeln, leben sie dann schneller und müssen meist schon mit sieben Jahren sterben. Ein Hundeleben ist kürzer als das normale Menschenleben, auch wenn es Hundemethusalems mit 15 oder 20 Jahren gibt.
Bei allen Hunderassen wird um den Beginn des dritten Jahres die Persönlichkeit endgültig abgerundet. Das Individuum ist völlig ausgereift, die Entwicklung ist abgeschlossen, er ist nun endgültig erwachsen. Wir sollten den Hund auch als Erwachsenen ansehen. Dieser Satz steht nicht im Widerspruch zu der Erkenntnis der Verhaltensforscher, daß der Hund ein nie erwachsen werdender Wolf ist und immer unser Kind bleibt. Sagen wir es so: Das vergnügliche Spiel, ein Hundekind aufzuziehen, in die Familie einzugewöhnen, es zu sozialisieren und zu erziehen, ist dem Alltag des Zusammenlebens gewichen. Der Hund zeigt nun, was wir aus ihm gemacht haben. Wir müssen ihm weiter die Möglichkeit geben, sein Leben voll entfalten zu können. Das kann er nur, wenn er ein echtes Mitglied unserer Familie ist, mit allen Pflichten, aber auch allen Rechten.
Der erwachsen gewordene Hund kann gegen seinen Herrn revoltieren, wenn dieser ihn bis dahin ständig unterdrückt hat, ein autoritärer Tyrann ist und kein echter Rudelführer. Manche *Angriffe von Mörderhunden* sind nichts anderes als die Verteidigung des Lebensrechtes gegen den Herrn, viele Aggressionen sind Revolten gegen *Eltern,* die es bei aller übertriebenen Liebe versäumt haben, die Jugendentwicklung ihres Hundes richtig zu steuern.

Die Lebenserwartung des Hundes

»Wie alt wird ein Boxer, Schäferhund, Dackel und so weiter?« Diese Frage wird mir von Leuten, die sich einen Hund anschaffen wollen, oft gestellt. Ich verstehe sie eigentlich nur bei Menschen, die selbst schon alt sind und nicht wollen, daß ihr Hund sie überlebt. Im übrigen ist die Frage schwer zu beantworten. Sie müßte richtiger lauten: »Können Sie mir Rassen mit durchschnittlich großer Lebenserwartung nennen? Ich möchte gerne lange mit meinem Hund zusammenleben.«
Um dieses Wissensbedürfnis zu befriedigen, nenne ich bei den Rassenbeschreibungen die Lebenserwartung. Ein wenig mit ungutem Gefühl, weil man ungenau bleiben muß. Man kann sagen, daß Hunde im Durchschnitt neun Jahre alt werden, wenn es um das Rassealter geht. Bezieht man sich auf den statistischen Durchschnitt, der auch Tod durch Welpenkrankheiten und Unfälle mit einschließt, so sind es nur sieben Jahre. Unter den Rassen sind die Methusalems die Tibet Terrier und Lhasa Apso, die bis zu 20 Jahre alt werden können, die Spitze, die 18 Jahre erreichen, die Dackel und Bullterrier, die um die 15 werden. Der Mittelwert liegt zwischen 10 und 14 Jahren. Die Hunde mit der kürzesten Lebenserwartung sind die Bulldoggen und der Bully mit sieben bis neun Jahren und die Hunderiesen mit sieben Jahren. So

kann man eine Deutsche Dogge oder eine Bordeauxdogge, die zehn Jahre alt wird, fast als Wunder ansehen.
Die Behauptung, daß Mischlinge älter werden als *überzüchtete Rassehunde,* ist nicht stichhaltig. Mischlinge stellen in den Tierarztpraxen zwar nur einen geringen Anteil der Patienten, aber nicht unbedingt, weil sie soviel gesünder sind als ihre Kollegen von Rasse. Es klingt häßlich, aber es ist wahr: Rassehunde sind meist teuer bezahlt – Mischlinge bekommt man sogar geschenkt –, so daß die Bereitschaft größer ist, mit ihnen zum Tierarzt zu gehen.
Die Aufstellungen von Todesursachen unserer Hunde stammen fast ausschließlich aus Tierkliniken und sind deshalb nicht repräsentativ. Sie lassen jedoch Rückschlüsse zu. Wenn man einmal die Totgeburten und das Sterben der Welpen beim Züchter ausklammert (es gibt Todesraten bis zu 50 Prozent), sterben immer noch etwa 30 Prozent aller Junghunde bis zu einem Alter von zwei Jahren an Infektionskrankheiten. Und das, obwohl es lebenserhaltende Schutzimpfungen gibt. Doch bei der Mehrzahl der Hunde (vor allem bei denen, die aus dem Tierhandel stammen) wird gar nicht oder schlecht geimpft, meist ist es Gewinnsucht, Sparsamkeit, Unwissenheit und Nachlässigkeit. Wie gut ein konsequenter Impfschutz ist, zeigt die Situation bei uns Menschen. An Infektionskrankheiten, die früher ganze Landstriche entvölkerten, stirbt heute nur noch ein Prozent, und das sind fast nur alte Leute.
Ab dem 5. Lebensjahr zeigen Hunde zunehmende Anfälligkeit. An erster Stelle stehen der Krebs und krebsartige Tumore. Bei Menschen dominieren dagegen Herz- und Kreislauferkrankungen. Der Hund kennt keinen Herzinfarkt, und der Schlaganfall ist selten. Der Gebärmutterkrebs bei Hündinnen und der Lungenkrebs bei beiden Geschlechtern spielen nur eine untergeordnete Rolle. Zwar kann man den Tumoren beim Hund nicht vorbeugen, man kann sie aber bei frühzeitigem Erkennen operativ entfernen lassen und so das Leben des Hundes verlängern.
Über die Krankheiten, die bei bestimmten Rassen häufiger vorkommen und unter denen auch tödliche sind, habe ich ausführlich auf den Seiten 69 und 70 berichtet.

Altersvergleich Mensch – Hund

Es ist interessant zu vergleichen, wie alt unser Hund ist, wenn man ihn nach Menschenjahren beurteilt. Früher rechnete man: Das erste Jahr zählt ein Jahr, jedes weitere sieben. Daß das unhaltbar ist, haben wir bei den Entwicklungsphasen gelesen, bei denen drei Wochen etwa der Kindergartenzeit des Menschen, ein Monat der Grundschulzeit entsprechen. Das bedeutet, daß der Hund in seiner Entwicklungszeit viel schneller reift als der Mensch. Ist er erwachsen, so altert er nach den Forschungen des Franzosen A. Lebeau aus dem Jahr 1953 viermal so schnell wie wir.
Wer es genau und ohne Rechnen wissen will, kann auf folgender Tabelle feststellen, wie alt sein Hund »menschlich gesehen« ist. Wenn dieser Vergleich überhaupt zulässig ist.
Der Alterungsprozeß kann sich ab dem 11. oder 12. Jahr rasant beschleunigen, so daß die Vierjahressprünge nicht mehr stimmen. Doch auch bei uns Menschen gibt es *junge* und *alte* Sechziger.

Hundealter	entspricht	Menschenalter
3 Monate		3 Jahre
4 Monate		5 Jahre
6 Monate		10 Jahre
8 Monate		14 Jahre
12 Monate		16 Jahre
18 Monate		20 Jahre
2 Jahre		24 Jahre
3 Jahre		28 Jahre
4 Jahre		32 Jahre
5 Jahre		36 Jahre
6 Jahre		40 Jahre
7 Jahre		44 Jahre
8 Jahre		48 Jahre
9 Jahre		52 Jahre
10 Jahre		56 Jahre
11 Jahre		60 Jahre
12 Jahre		64 Jahre

Der alte Hund

Eines haben die Hunde uns voraus: Sie müssen nicht in die Rente und aufs Altenteil gehen, wenn sie nicht wollen. Hunde sind so alt, wie sie sich fühlen, und es wäre ein großer Fehler von uns, sie zu Frührentnern machen zu wollen, damit sie länger leben. Für Hunde gilt mehr noch als für uns: Wer rastet, der rostet.
Wann ein Hund alt wird – alt als Nachlassen der Lebenskräfte gemeint –, kann man nicht sagen. Das hängt mehr vom Einzeltier als von der Rasse ab. Bei manchen Hunden geschieht es langsam und fast unmerklich, bei anderen zeigen sich die typischen Altersbeschwerden wie Krankheiten der Gelenke und Anfälligkeit des Kreislaufs auf einmal. Der Hund bewegt sich bedächtiger und weniger, der Stoffwechsel verlangsamt sich, sein Körper wird dicker. Bei dunklen oder rotbraunen Rassen zeigen sich weiße Haare, zuerst am Kopf. Der Fang wird grau, dann weiß und der Nasenspiegel rissig und heller, die Augen trüber, ab acht bis zehn Jahren tritt der Graue Star auf. Grauwerden der Haare muß nicht immer eine Alterserscheinung sein. Es gibt junge Hunde, die vorzeitig ergrauen, genauso wie es solche Menschen gibt. Mit neun Jahren können Stückchen an den Schneidezähnen

des Unterkiefers abbröckeln. Die inneren Schneidezähne lockern sich mit zehn Jahren, zwischen elf und zwölf fallen sie aus. Daß ein Hund aus Altersgründen die Fangzähne verliert, geschieht nur im biblischen Alter von über 16 Jahren.

Daß man einen alten Hund weggibt, weil das Zusammenleben mit ihm schwieriger wird, mag ich nicht glauben. Ich glaube auch nicht, daß man ihn nur, weil er alt wird, einschläfern läßt. Die Gefahr ist größer, daß man einen Hund, der leidet und sich selbst zur Last fällt, am Leben erhalten möchte, weil man so viele Jahre mit ihm zusammengelebt hat.

Der Hund ist uns immer vertrauter geworden und hat sich völlig auf uns eingestellt. Ja er ist uns immer ähnlicher geworden. Er weiß alles, er versteht alles. Das ist das Schöne im Zusammenleben mit einem alten Hund: Er ist noch immer bereit, zu spielen und kindlich wie ein junger Hund zu sein, auch wenn die Knochen nicht mehr so recht wollen. Da er ein Nasentier ist, stören ihn schwindendes Gehör und Augenlicht nicht so sehr wie einen Menschen, denn sein Geruchssinn bleibt bis zu seinem Ende noch relativ gut. Was ihn stört, ist, daß er nicht mehr immer ganz stubenrein sein kann. Das hat mit Erziehung nichts zu tun und auch mit Dickköpfigkeit nichts, das ist die schwach gewordene Natur. Deshalb muß man beim alten Hund besonders darauf achten, wenn er nach draußen möchte. Und nicht schimpfen, wenn er mal ins Zimmer gemacht hat.

Eine Hündin kann bis zum 10. oder 11. Jahr läufig werden. Danach fällt die Läufigkeit immer wieder einmal aus, und wenn sie wieder auftritt, merkt man kaum etwas davon. Doch gehen Sie kein Risiko ein, ein Decken ist noch möglich. Auch Rüden verlieren manchmal mit dem 11. oder 12. Jahr das Interesse am anderen Geschlecht, andere behalten es bis zum letzten Atemzug. Achten Sie auch darauf, daß der alte Hund weniger Futter braucht. Sie füttern ihn richtig, wenn sein Gewicht gleich bleibt. Eventuell braucht der Hund eine spezielle Diät, wenn er zum Beispiel an Kreislaufbeschwerden oder an Nierenkrankheiten leidet. So kann man sein Leben verlängern. Im Alter füttert man den Hund wieder wie in seiner Jugend, zwei- bis dreimal am Tag mit kleineren Portionen, um die Verdauung zu entlasten und die Nährstoffaufnahme gleichmäßig zu halten. Ein alter Hund kann langsam, schwach und manchmal etwas wunderlich werden. Doch er hat sehr selten unter der geistigen Verwirrung zu leiden, die wir bei alten Menschen mit dem Begriff Senilität verbinden.

Basset Hound Henry vom Herzogtum Jülich im Alter von einem und dreizehn Jahren

Der Tierarzt hat auch Medikamente gegen das Altwerden, sogenannte *Geriatrica.* Fragen Sie ihn nach Frischzellenpräparaten, die das Altern aufhalten oder gegen Arthrose, Schwerhörigkeit und Grauen Star wirken können. Wobei ich das Wort *können* betonen möchte, denn eine Garantie ist nicht gegeben. Es gibt erstaunliche Erfolge und ebenso totale Mißerfolge. Unterhalten Sie sich mit Ihrem Tierarzt über Ihren alten Hund. Vielleicht weiß er Rat. Das Harntröpfeln bei Hündinnen kann er zum Beispiel heilen.

Denken Sie daran, daß ein Hund sich nicht an die Vergangenheit erinnert und nicht an die Zukunft denkt. Er fühlt nur die Leiden und Schwächen der Gegenwart. Deshalb sollten wir ihn erlösen, wenn er leidet.

Der Hund und sein Verhalten

Das Wort *Verhalten* und seine Zusammensetzungen taucht in unserem täglichen Sprachgebrauch immer häufiger auf. Wir benutzen den Begriff *Verhaltensstörung* und *Verhaltenstherapie,* wenn wir von einem Abweichen von üblichen Reaktionen – zum Beispiel bei einem Kind oder einem Hund – und deren Behandlung sprechen. Wir lesen von den Erkenntnissen der *Verhaltensforschung.* Vergleichende Verhaltensforschung *(Ethologie)* ist die Lehre vom tierischen Verhalten unter besonderer Berücksichtigung der stammmesgeschichtlichen Entwicklung. Diese relativ junge Wissenschaft des Fachgebietes Biologie bekam auch Bedeutung für die Psychologie, die Soziologie und die Politologie. Denn ihre Erkenntnisse sind ebenso auf den Menschen anwendbar und widerlegen die Annahme, menschliches Verhalten werde nur durch die Umwelt bestimmt und außer einigen Säuglingsreflexen sei dem Menschen kein Verhaltensmuster angeboren.

Auf unser Thema, den Hund, bezogen liefert uns die Verhaltensforschung eine Erklärung dafür, warum zum Beispiel unser Hund mit dem *Schwanz wedelt,* sich sein *Fell sträubt,* er die *Ohren anlegt* oder *bellt.* Warum er so gerne mit uns spazierengeht. Warum ein Rüde an markanten Ecken sein Bein hebt oder eine Hündin einen Rüden bedrohen kann, von ihm aber nicht angegriffen wird. Die Ergebnisse der Verhaltensforschung helfen uns, unseren Hund zu verstehen, um aus seinen angeborenen Verhaltensweisen das Beste für das Zusammenleben mit uns zu machen.

Das besagt nicht, daß es in früheren Zeiten ohne dieses Wissen keine guten Herr-Hund-Beziehungen gab. Denn Wissenschaft erklärt und deutet nur die Vorgänge, sie erfindet sie nicht. Der Hund war immer schon zu erstaunlichen Verhaltensweisen fähig. Wir nennen sie Kindesliebe, Treue (für 86% aller Hundehalter die wichtigste Eigenschaft) oder verwenden andere Begriffe aus unserem Moralrepertoire. Dabei liegen diese guten Eigenschaften in der Natur eines jeden Hundes. Sie sind ihm angeboren, und wir müssen sie kennen und fördern.

Daneben gibt es eine Brücke der Sympathie zwischen Hunden und Menschen, die verstandesmäßig nicht zu erklären ist. Eberhard Trumler meint, »daß es kein Tier auf der Welt gibt, das in den Grundelementen seines Wesens den wesensmäßigen Grundelementen des Menschen so den Spiegel vors Gesicht hält.« Auch Sie werden, wenn Sie das Verhalten der Hunde kennenlernen, manches Eigene wiedererkennen, zumindest aber Eigenschaften der Mitmenschen. Bevor wir in die Praxis gehen, möchte ich noch ein Wort von Elias Canetti zitieren, das mir besonders gefällt. Er sagt: »Hunde haben eine Art aufdringlicher Seelenbereitschaft, die verdorrende Menschen erleichtert.« Wir, die Menschen, besitzen ein gewaltiges Großhirn und werden deshalb vom Verstand bestimmt. Das Großhirn des Hundes ist dagegen fast lächerlich klein. Er wird von Gefühlen geleitet, die im Zwischenhirn entstehen. Ob sich aus dieser Gegensätzlichkeit die Urfreundschaft zwischen Hund und Mensch erklärt?

Kurzer Ausflug zu den Wölfen

Um die Sprache und das Sozialverhalten des Hundes zu verstehen, müssen wir uns zuerst mit seinen Stammvätern, den Wölfen, befassen. Sie sind erst in den letzten 15 Jahren systematisch erforscht worden. Die Namen der wichtigsten Wolfskenner sind L. D. Mech, L. Crisler und E. Zimen. Von Erik Zimen, der unter anderem mit einem Wolfsrudel im Nationalpark Bayerischer Wald zusammenlebte, stammt die folgende Beobachtung aus Britisch-Columbia an der Westküste Kanadas:

»Von unserem Platz oberhalb der Böschung hatten wir einen guten Einblick, wenn auch die Entfernung sehr groß war. Mit unseren Ferngläsern konnten wir 15 Wölfe zählen, davon offensichtlich vier oder fünf Junge aus diesem Jahr, die unablässig spielten. Häufig beteiligten sich auch die älteren Tiere am Spiel. Sie rannten zwischen den Büschen hinein ins Wasser, sprangen auf einen Stein und verteidigten diesen gegen spielerische Angriffe der Verfolger. Dann wieder verfolgten sie ein Einzeltier, das durch geschicktes Rennen im Kreis selber zum Verfolger wurde. Es war ein umwerfender Anblick und all der Mühe vergangener Monate wert.
In dem scheinbaren Durcheinander erkannten wir auch bald eine gewisse Ordnung: Am oberen wie am unteren Ende des Strandes zum Fluß hin lagen abwechselnd einige erwachsene Wölfe; einige schliefen, andere wurden im Spiel mitgerissen. Aber immer gab es mindestens einen Wolf, der mit hochgehobenem Kopf, manchmal auf einer Erhöhung liegend, die Umgebung aufmerksam sicherte.«
Ein Wolfsrudel ist die differenzierteste und komplizierteste soziale Organisationsform im ganzen Tierreich. Das ist die wichtigste Erkenntnis, die die Wolfsforscher bei ihren Untersuchungen gewonnen haben. Bei dem Zusammenleben von rund einem Dutzend Tieren ist nichts zufällig. Alles ist aufeinander abgestimmt. Das Wolfsrudel entspricht in seiner Organisationsform der früher auf den Bauernhöfen üblich gewesenen menschlichen Großfamilie. Wir finden im Wolfsrudel eine sorgfältig abgestufte Rangordnung vom Rudelchef, der auch eine Wölfin sein kann, bis zum Prügelknaben; eine gemeinsame Kindererziehung und eine biologisch bedingte Geburtenkontrolle. Nur der ranghöchste Wolf darf sich mit der ranghöchsten Wölfin paaren.
Im Fachjargon der Verhaltensforscher nennt man sie *Alpha-Tiere. Alpha* ist der erste Buchstabe im griechischen Alphabet. Folgerichtig heißt der zweite in der Hierarchie *Beta-Wolf.* Er ist der Stellvertreter des Alpha-Wolfes und beaufsichtigt die Routinearbeiten im Rudel, z. B. wenn im Frühjahr die ranghöchste Wölfin Junge geboren hat. Dann kümmert er sich um die Erziehung der Jungen, aber nicht um mehr: Zeugen darf nur der Chef. Dadurch wird verhindert, daß es zu viele Wölfe gibt, so daß die Nahrung knapp wird. Nachfolgende Wolfsgenerationen müßten dann hungern. So ist in den von Wölfen besiedelten Gegenden das Gleichgewicht zwischen Wölfen und Beutetieren aufs feinste geregelt. Es kommt zu keiner Überbevölkerung, damit zu keinem Futtermangel. In nördlichen Zonen, wo der Mensch dieses Gleichgewicht durch die Ausrottung des Wolfes noch nicht zerstört hat, erwies sich bei mehrjährigen Untersuchungen das Verhältnis von einem Wolf auf dreißig Elche als arterhaltend für beide Tierarten. Gerissen werden nur die kranken und schwachen Elche, Blutbäder, wie sie wildernde Hunde unter Schafherden anrichten, gibt es nicht. Schaden richten Wölfe nur in Lappland an, wenn sie die dreiviertelwilden Rentierherden der Lappen versprengen.
Der Alpha-Wolf überläßt einen Teil seiner Aufgaben dem Beta-Wolf, um bei der Meisterung kritischer Situationen nicht behindert zu werden und um einen erfahrenen Rudelführer nachzuziehen, falls ihm einmal etwas zustoßen sollte. Das Rudelleben erfordert gegenseitige Verständigung, Organisation und Ordnung. Es gibt ein regelrechtes Babysitting, bei dem rangniedrige Wölfe auf die Jungen aufpassen, wenn die Alpha-Mutter mit auf die Jagd geht. Sie ist die Zentralfigur des Rudels, die mehrere Alpha-Rüden überleben kann. Sie bestimmt das eigentliche Geschehen, so daß ein Wolfsrudel in Wirklichkeit ein Matriarchat darstellt, das nach außen fast immer einen männlichen Chef hat.
Im Rudel leben verschiedene Generationen der gleichen Familie miteinander in einer Ordnung, die vor allem darauf abgestellt ist, das Rudel zu schützen und intakt zu halten.
Wer so gut organisiert zusammenlebt wie die Wölfe, muß über deutliche und unterschiedliche Verständigungsmittel verfügen. Da Wildtiere leise sein müssen, sind es vor allem eine Vielzahl von optischen Signalen: Haltungen und Bewegungen einzelner Körperteile, besonders von Schwanz und Ohr; eine ausgeprägte Gesichtsmimik und die Möglichkeit, einzelne Haarpartien aufzustellen oder flachzulegen. Ein Wolfsgesicht ist durch verschiedene Fellfärbung so gezeichnet, daß es wie ein stark geschminkter Bühnenschauspieler die kleinste Regung mimisch ausdrücken kann. Und da im Winter die Rudel größer sind, ist das Winterfell noch deutlicher markiert. So können selbst feinste Regungen und Stimmungen mitgeteilt werden. Sie alle gehören zu einem genau festgelegten Zeremoniell, zu streng beachteten Umgangsformen. Wie Erik Zimen sagt: »Einem Wolf sieht man an, was er meint.«
Manche dieser Wolfsäußerungen haben unsere Hunde beibehalten, manche haben sie aufgegeben und menschliche Normen dazugelernt. Unsere lieben Hunde, die Nachfahren der bösen Wölfe: Es ist eine typisch menschliche Einstellung, daß man vom starken, scharfen Hund träumt, den Wolf aber haßt, jagt und fürchtet.

Die Sprache des Hundes

Jeder Hundelaie weiß, daß ein wedelnd uns umspringender Hund eine freundliche Gesinnung zeigt. Doch schon die nächste Laienweisheit stimmt nicht: Bellende Hunde beißen nicht. Richtig ist: Ein bellender Hund braucht zunächst nicht zu beißen, da er mit dem Bellen warnt. Wer diese Warnung nicht beachtet oder nicht versteht, wird allerdings fast mit Sicherheit gebissen.

Mit diesen Beispielen haben wir zwei Arten der Mitteilung beim Hund kennengelernt: die Verständigung durch die Lautsprache (Bellen) und durch die Zeichensprache (Wedeln und Herumspringen). Das letztere nennen die Verhaltensforscher Körpersprache, und sie wird von allen Lebewesen benutzt. Wer sie versteht, kann mit den Tieren sprechen.

Der Hund hat von seinen Wolfsahnen ein ganzes Repertoire der Körpersprache übernommen, wobei es durch die züchterischen Eingriffe *schwerverständliche* Rassen gibt. Wie soll man den Gesichtsausdruck eines Bobtails

1 Körpersprache: der Hund döst
2 Das Interesse erwacht
3 Der Hund ist aufmerksam
4 Tendenz freundlich interessiert
5 Ganz große Freude
6 Drohende Aggressivität
7 Zurückhaltend bis ängstlich
8 Ängstlich und unterwürfig
9 Ergebenheit oder Spielaufforderung

deuten, der sich ja hinter einem Haarvorhang verbirgt? Wie den eines Dobermanns oder Bullterriers, deren Gesichtshaut straff auf der Kopfmuskulatur liegt, oder den eines Basset Hounds, dessen *traurige* Falten eine Seelenlage vortäuschen, die nicht vorhanden ist. Man nennt deshalb vermenschlichend den Dobermann *falsch,* den Basset *melancholisch.*

Halten wir uns zunächst an die Laute, an das, was wir Sprache nennen. Der Hund hat im Gegensatz zu den Wölfen viele Lautäußerungen, die vom leisen Fiepen, Winseln, Schniefen, Knurren, Wuffen sich zum lauten Bellen, Heulen oder Schreien steigern können. Abgesehen davon, daß es laute (sprechfreudige) und leise (sprechfaule) Rassen gibt – Spitz, Ungarische Hirtenhunde, Schäferhunde, Bassets sind redselig, Chow Chow, Dalmatiner, Bordeauxdoggen schweigsam –, sind auch die einzelnen Hunde Sprachindividualisten.

Lautäußerungen kann man, vor allem bei fremden Hunden, nur zusammen mit der Körpersprache verstehen. Ein bellender Hund, der mit dem Schwanz wedelt: Das ist das Zeichen freudiger Begrüßung oder der Erwartung eines Spaziergangs. Ein bellender Hund mit steifem Schwanz: Er warnt uns, nicht noch näher zu kommen. Ein Hund, dessen Schwanz steif und gerade nach hinten steht, dessen Haare gesträubt sind und der nicht mehr bellt, sondern knurrt: Er kann jederzeit angreifen.

Während Lautäußerungen Gemütsbewegungen, Lust oder Schmerz verraten und hauptsächlich im Umgang mit den Menschen benutzt werden, signalisiert die Körpersprache auch den Artgenossen, was anliegt. Hunde, die andere Hunde anbellen, sind sehr vermenschlichte Hunde. Denn normalerweise sind die wichtigsten Verständigungsmittel der Schwanz, die Ohren, die Gesichtsmuskulatur und das Fell. So können Hunde mit kürzerem Fell verschiedene Partien sträuben: einen Fleck auf dem Rücken vor der Rute, die Nackenhaare und die Haare auf der Rute. Je nachdem, wieviel gesträubt wird, um so stärker ist die Drohung.

Das Fell wird aber auch gesträubt, wenn etwas nicht in Ordnung ist. Der Hund hört ein Geräusch. Bevor er knurrt oder bellt, werden sich seine Haare am Rücken aufstellen (zusammen mit den Ohren). Der Hund erschnüffelt unterwegs etwas, was ihn stört. Er sträubt diesmal die Fellpartie vor dem Schwanz, während die Ohren nicht beteiligt sind.

Werden die Ohren aufrecht gestellt, zeigen sie Aufmerksamkeit, Selbstvertrauen und Wachsamkeit. Bei Hunden mit Hängeohren muß man genauer hinschauen, hier können nur die Ohrwurzeln aufgestellt werden. Dreht der Hund seine Ohren seitwärts, ist er stimmungsmäßig sehr angespannt. Legt er die seitwärts gedrehten Ohren an, ist dies für seine Artgenossen das Zeichen einer Bedrohung. Zurückgelegte Ohren können Unsicherheit signalisieren. Ohren ohne Spannung, bei hängeohrigen Hunden sind sie schlapp und locker, zeigen Uninteressiertheit, Gelassenheit oder Zufriedenheit. Und wenn ein Hund mit hochgestellten Ohren bellt und mit der Rute wedelt, was oft Hunde hinter einem Gartenzaun machen, dann weiß er noch nicht, wie er sich verhalten soll. Er möchte freundlich sein, muß aber sein Gebiet verteidigen.

Ein anderes wichtiges Ausdrucksmittel ist der Hundeschwanz: Ich habe schon immer die Hunde bedauert, denen man aus Mode- und Standardgründen den Schwanz abgeschnitten hat und die nun mit ihrem Hinterteil plus Schwanzstummel auf kurze Entfernung ausdrükken müssen, was andere mit ihrem langen Schwanz von weitem mitteilen können. Denn je weniger gehemmt und ängstlich ein Hund ist, desto freier und bewegter benutzt er seinen Schwanz. Eine immer hochgereckte Rute kann Selbstbewußtsein zeigen, aber auch eine gewisse Unsicherheit, die durch das Markieren von Stärke verdeckt werden soll. Eine eingekniffene Rute zeigt Ängstlichkeit, Unsicherheit – mit Ausnahme von einigen Windhundrassen, die ihre Rute nach Züchterwillen immer zwischen den Beinen tragen. Auch Hündinnen tragen die Rute gerne nach unten, sie wollen ihre Weiblichkeit bedecken. Man sollte sich merken: Ängstliche Hunde beißen aus Angst eher zu als selbstbewußte Hunde.

Zeigt ein Hund seine Zähne, indem er die Lefzen hochzieht, die Nasenpartie kräuselt und die Stirn runzelt, dann ist er gefährlich. Vor allem, wenn sich gleichzeitig sein Fell sträubt. Zieht er seine Lefzen zurück und die Mundwinkel nach oben, öffnet er dabei etwas seinen Fang und stellt die Ohren auf, dann macht er sein *Spielgesicht.* Die direkte Aufforderung *»Komm, spiel mit mir!«* besteht in einer Verbeugung und einem kurzen Sprung nach vorne, als ob er beißen wolle. Er wedelt aber dabei mit dem Schwanz und springt gleich wieder zurück. Diese Aufforderung richtet er in gleicher Weise an Hund und Mensch.

So spricht man mit seinem Hund

Da wir weder mit dem Schwanz wedeln noch das Fell sträuben, noch die Ohren aufrecht stellen können, bleibt uns als Hauptverständigungsmittel die Sprache. Da ein Hund mehr den Wortklang und die Betonung versteht, sollten wir klar und deutlich reden und für die gleichen Anordnungen auch die gleichen Schlüsselwörter benutzen, die ein Hund im Lauf der Zeit kennenlernt. Neben den Wörtern wie *Komm* oder *Sitz* für die Erziehung können es Begriffe wie *Gassi* oder *Leine* für den Spaziergang sein. *Leine,* falls Sie die in der Mensch-Hund-Beziehung gerne benutzte Babysprache nicht mögen. Gar so abwegig ist sie allerdings nicht, da

Wissenschaftler wie L. Bolk, Konrad Lorenz und K. F. König nachgewiesen haben, daß Hunde kindlich gebliebene Wölfe sind. Genauer gesagt: Der Hund wird auf einer Entwicklungsstufe geschlechtsreif und damit *fertig*, die für den Wolf nur das Jugendstadium bedeutet. Oder wie Konrad Lorenz sagt: »Wie die aktiv forschende Weltoffenheit des Menschen, so ist die Herrentreue ein persistierendes [beibehaltenes] Jugendmerkmal.«

Bleiben Sie in der Unterhaltung mit Ihrem Hund leise. Hunde hören besser als wir und auf größere Entfernung. Wenn sie wollen, können sie auch unser Flüstern hören. Als Kenner der Hundesprache sollten Sie ihn nie oder nur in einem krassen Fall anschreien (= bellen). Lautes Geschrei verwirrt den Hund nur. Der Tonfall macht es. Ein scharfer Ton (= knurren) ist dem Tadel vorbehalten, ein klarer, ernster Ton dem Befehl, ein ermunternder, lustiger Ton dem Lob, dem Zureden, der Beruhigung. Da der Hund ein guter und ständiger Beobachter ist, sollten die Worte von Handzeichen unterstrichen werden. Da sich Hunde vornehmlich durch Körpersprache verständigen, machen Handzeichen gesprochene Worte für ihn verständlicher und deutlicher. Das heißt aber, daß diese Zeichen sparsam und zugleich deutlich sein sollen und mit den Worten koordiniert. *Sitz* mit ausgestreckter, herunterbewegter Hand, *Gassi* mit auf die Tür deutender Bewegung oder mit dem Griff zur Leine. Hier gilt dasselbe wie bei der Lautstärke; Herumfuchteln verwirrt nur. Achten Sie darauf, daß Sie nicht, ohne es zu wollen, *drohen*. Wenn sich ein ärgerlicher Hundebesitzer, der aufgereckt und die Hände in die Hüften gestemmt wütend schaut und nach seinem Hund brüllt, selbst beobachten könnte, würde er sich nicht wundern, warum sein Hund, falls er überhaupt kommt, ängstlich den Schwanz einklemmt. Der Hund hat kein schlechtes Gewissen, er hat Angst vor dem drohenden Überboß.

Betrachten wir in diesem Zusammenhang das *klassische Mißverständnis* zwischen Hund und Katze.

Der Hund hebt die Vorderpfote und wedelt – das heißt auf hundisch: »Ich will spielen!« In der Katzensprache bedeutet es das Gegenteil: »Verdrück dich, oder ich kratz' dich!« Also spielt sie mit dem Hund nicht. Beginnt die Katze zu schnurren, weil sie spielen möchte, hält der Hund das für Knurren, was für ihn das Gegenteil bedeutet. Wieder kommt es zu keinem Kontakt. Wenn dann die Katze die Pfote hebt, um den Hund endgültig zu verscheuchen, nimmt er das als Aufforderung zum Spiel und bekommt eine Ohrfeige. Das Märchen von der Urfeindschaft wird offensichtlich wieder einmal bestätigt. Ein Hund kann aber fremdes mimisches Verhalten lernen. Sonst würde er mit uns überhaupt nicht auskommen. Wachsen also Katze und Hund miteinander auf, lernt auch einer die Sprache des anderen, und es kommt zu Tierfreundschaften, die wir ein wenig rührselig betrachten.

Wenn Hunde sich begegnen

Von seinen Sinnen her ist der Hund ein Nasentier. Verübeln Sie es ihm deshalb nicht, wenn er Sie beschnüffelt, und zwar am liebsten an sogenannten heiklen Stellen. Da riecht es für ihn am interessantesten, mögen Sie auch noch so gut gewaschen sein. Unter Hunden begrüßt man sich, wenn man sich bereits näher kennt, indem man sich hinten beriecht. Das ist ganz natürlich, denn dort liegen die Drüsen, die der Nase des Hundes über den Artgenossen Auskunft geben. Deshalb nennen wir diese Zone *Analgesicht*, und je selbstsicherer ein Hund ist, desto offe-

Obere Reihe: Drohung bis zur Kampfbereitschaft, untere Reihe: aufmerksam bis völlig friedfertig

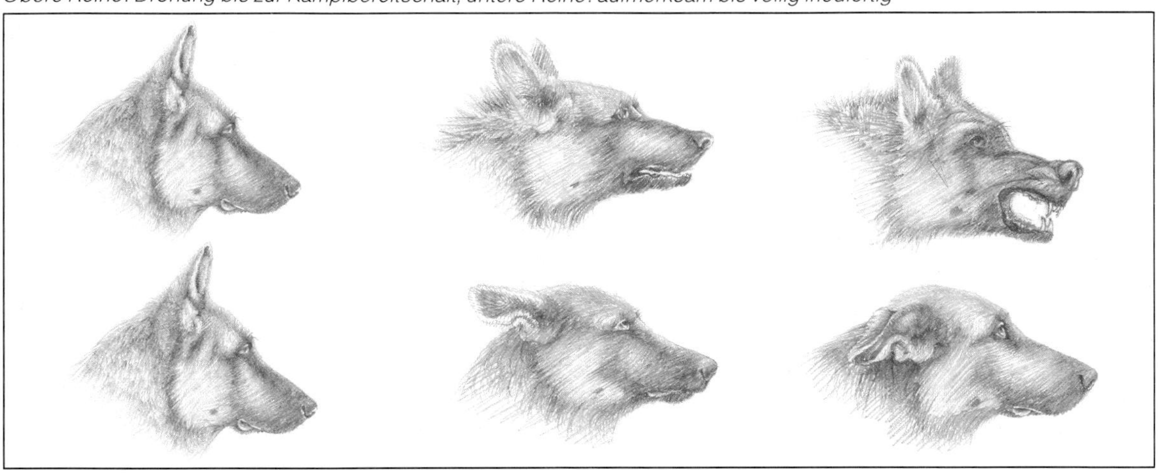

Bei dieser Begegnung übt der Bernhardiner die Analkontrolle aus

Wörterbuch der Hundesprache

Bellen	als Begrüßung	= Gleichmäßig, mit Freudenquietscher, kann in jubelndes Geschrei umschlagen.
	als Warnung	= Gleichmäßig, mit Knurrlauten. Wird schärfer und drohender. Knurren verstärkt sich.
	als Aufforderung	= Leise, fast fragend, dann lauter. Wird zu gleichmäßig nervtötendem Bellton.
Gesichtsausdruck und Ohrenstellung (muß beim Bellen beobachtet werden)		
Ganz entspannt		= Freundliche Stimmung.
Aufgestellte Ohren		= Aufmerksamkeit.
Seitwärts gedrehte Ohren		= Gespannte Stimmung.
Seitwärts gedrehte Ohren, zurückgezogene Lefzen		= Sehr gespannte Stimmung.
Zurückgelegte Ohren, zurückgezogene Lefzen, voll gezeigte Zähne		= Der Hund will angreifen.
Heulen		= Trauer, da allein gelassen oder Bezugsperson fort.
		= Liebe: Ich rieche eine läufige Hündin.
		= Ohrenweh: Ich höre Kirchenglocken oder Wagner.
Knurren	als Aufforderung	= Leise, kurze Abstände, Ersatz für Bellen. Der Hund ist völlig entspannt.
	als Warnung	= Der Hund zeigt die Zähne, legt die Ohren zurück, der Schwanz steht steif nach hinten. Er kann angreifen, ohne zu bellen.
	beim Schlafen	= Der Hund träumt.
Schwanz		
hängt nach unten		= Uninteressiert; ausgeglichen; zufrieden. Keine Spannung – hier passiert nichts.

ner zeigt und präsentiert er es. Er reckt seinen Schwanz in die Luft.
Es darf aber nicht jeder ohne weiteres daran schnüffeln. Die *Analkontrolle* ist ein soziales Vorrecht, das ranghohen Rüden zusteht. Sie sind es auch, die ihr Analgesicht so offen herzeigen. Da das Sozialwesen Hund nicht mehr im Rudel lebt, können die anderen Hunde nur Rudelgenossen auf Zeit werden. Deshalb ist jede Hundebegegnung zugleich eine soziale Einstufung. Meist merken wir nichts davon, wenn wir nicht gut beobachten und die Verhaltensweisen kennen. Wir werden dann nur bei einer Beißerei darauf aufmerksam. Treffen zwei Hunde zusammen, die sich noch nicht kennen, gehen sie mit vorgestreckter Schnauze aufeinander zu und versuchen, Witterung vom anderen zu nehmen. Sie stoßen mit der Nase fast zusammen und beschnuppern sich. Das ist ein Austausch der Visitenkarte; Hunde, die sich kennen, tun das nicht. Bei dieser Haltung ist jeder vor einem Überraschungsangriff des anderen sicher, gleichzeitig stellen beide fest, ob *sie sich riechen können.* Erst aus dieser Kontrolle entwickelt sich das freundliche oder feindliche Verhalten. Wenn Hunde sich so begrüßen, dann ist ihr Verhalten normal und nicht gestört. Keine Angst: Es sieht manchmal viel gefährlicher aus, als es ist, wenn sie mit langem Hals aufeinander zugehen.
Eine ganze Reihe von Hunden gehen einem Nasenkontakt aus dem Wege. Das sind fast immer Tiere, die schon eine Menge unerfreuliche Hundebegegnungen hinter sich haben, die ängstlich oder kontaktarm sind. Sie wollen einfach keine neuen Hunde kennenlernen. Denn wenn man sich einmal kennt, dann ist man nach den Hundegesetzen auch verpflichtet, sich beim nächsten Mal anzuwedeln oder anzuknurren und sich genauer zu beschnuppern. Der Nasenkontakt ist nur das allererste Kennenlernen.
Nach der Nasenkontrolle stellen sie

schlägt hin und her	= Wedeln = Der Hund ist freundlich, will begrüßen, sucht Kontakt.
wird eingekniffen	= Der Hund ist ängstlich, möchte einer Begegnung aus dem Wege gehen.
wird hochgereckt getragen	= Selbstbewußtsein und Aufmerksamkeit. Je steifer der Schwanz gereckt wird, je bürstenförmiger die Haare abstehen, um so eher kann es Krach mit anderen Hunden geben.
wird gerade, bürstenförmig und steif nach hinten getragen	= Letzte Drohung vor dem Angriff.
Körper als Drohung	= Das Fell ist gesträubt, die Beine sind steif, die Breitseite wird gezeigt, man bewegt sich, als ob man vor Kraft nicht gehen könnte.
als Unsicherheit	= Alle Zeichen wie bei der Drohung, aber kein gerader Schwanz. Etwas stimmt im Gesamtbild nicht.
»Ich gebe auf«	= Der Hund macht sich so klein wie möglich, oder er legt sich auf den Rücken.
Anstarren	= Drohen = Der Hund starrt seinen Gegner so lange an, bis dieser angreift oder wegschaut.
Hochspringen	= Zuneigung = Ich will dich begrüßen; ich mag dich. = Betteln = Hast du was für mich?
Lecken	= Zuneigung = Ich mag dich.
Anstupsen	= Zuneigung = Ich mag dich. = Aufforderung = Streichle mich.
Pfote oder Kopf auf Knie legen	= Zärtlichkeitsgeste. Indem sie Kopf oder Pfote auf den Rücken des anderen legen, zeigen Hunde und Wölfe einander ihre Zusammengehörigkeit.

sich Rücken an Rücken und beschnuppern sich hinten sehr sorgfältig. So, als wolle man sich den Individualgeruch des anderen ganz genau einprägen.
Nun gibt es starke und kräftige Hunde, die kleiner sind als ein Schäferhund oder Boxer, die sich aber den Hunden dieser Klasse sozial nicht unterlegen fühlen. Das wollen die anderen nicht immer anerkennen. So entwickelt sich aus der Analkontrolle manchmal ein Rangkampf: Das Wedeln wird eingestellt, die Nacken-, Rücken- und Schwanzwurzelhaare sträuben sich, die Hunde beginnen sich langsam im Kreis zu drehen. Wenn dann keiner von beiden den Schwanz senkt, um sein Analgesicht zu bedecken und damit zu sagen: »Du bist der größere«, kann es leicht zu einer Rauferei kommen. Wenn sich Hunde so beschnüffeln, reißen Sie den Ihren bitte nicht weg, weil sich das unter Hunden nicht gehört. Unter Menschen zeigt es, daß man wenig Verständnis für die Welt des Hundes hat.
Wir sollten unserem Hund den Kontakt mit anderen Hunden lassen, da er sich so mit dem Hundezeremoniell vertraut macht und lernt, wie er sich zu benehmen hat.
Neben Hundefreundschaften haben wir auch Hundefeindschaften. Wie sie entstehen, ist schwer zu erklären. Ein Grund: Der Hund ist in früher Jugend einmal von einem Angehörigen einer bestimmten Rasse angegriffen worden. Das vergißt er sein Leben nicht, und er wird sich immer wieder auf einen Hund dieser Rasse stürzen. Daneben gibt es Rassen, die äußerst unduldsam gegenüber fremden Hunden sind. Einige Terrier gehören dazu. Mit ihnen sollte man bei Hundebegegnungen vorsichtig sein. Andere sind wieder gegenüber Fremden sehr tolerant, wie z. B. die Beagles, die als Meutenhunde gewohnt sind, in größeren Gruppen zu leben. Bei Bullterriern, die nach ihrer Herkunft Kampfhunde sind, kommt es darauf an, ob sie schon einmal einen *Fight* gehabt haben. Während sie vorher freundlich zu anderen Hunden gewesen sind, greifen sie, wenn einmal der Kampftrieb in ihnen geweckt worden ist, jeden Hund an. Sie müssen dann immer an der Leine geführt werden.
Sind sich zwei Hunde nicht grün, dann soll man versuchen, sie so auseinanderzubringen, daß jeder sein Gesicht wahren kann. Nehmen Sie Ihren Hund nicht an die Leine, solange er noch mit dem anderen Kontakt hat. Durch das Anleinen kann es erst zur Beißerei kommen, denn an einer Leine fühlt sich jeder Hund doppelt so stark, er hängt am verlängerten Arm seines Herrn. Es gibt auch Hundepersönlichkeiten, die

sich gegenseitig entsetzlich bedrohen und anknurren, wenn sie an der Leine sind. Treffen sie freilaufend aufeinander, sind sie friedlich oder beachten sich gar nicht. Ist einmal ein Hundekampf oder eine Begegnung unentschieden ausgegangen, kann es sein, daß sich beide Hunde nie mehr beachten. Sie tun so, als sei der andere Luft für sie. Doch es gibt keine Gesetze, die unumstößlich gelten. Jeder Hund ist zuerst ein Individuum und dann der Angehörige einer bestimmten Rasse.

Vom Imponieren und vom Hundekampf

Die Kunst, richtig zu imponieren, wurde den Hunden mit in die Wiege gelegt. Als Beispiel der zehn Wochen alte Bullterrier-Rüde von Bekannten, der sich steifbeinig und mit gesträubten Nakkenhaaren vor einen erwachsenen Hund stellte und sich so gar nicht wie ein Hundebaby benahm. Er beherrschte das Imponieren schon, bevor er überhaupt das Bein heben konnte.

Benimmt sich ein anderer Hund herausfordernd, muß ein selbstbewußter Hund einfach imponieren. Das geht so: Man macht sich größer, als man in Wirklichkeit ist. Der Kopf wird erhoben, die Ohren werden aufgestellt, der Schwanz kerzengerade hochgestellt und alle Haare am Schwanz gesträubt. Die Muskulatur der Beine spannt sich so, daß sie den Körper noch ein Stück in die Höhe hebt. Die Nacken- und Rükkenhaare sträuben sich, wodurch der Umriß des Hundes größer und bedrohlicher wird. Außerdem dreht der Hund dem Gegner möglichst die Breitseite zu und starrt ihn an.

Das Duell ist zunächst noch völlig unblutig. Es geht darum, die psychische Widerstandskraft des anderen zu erschüttern oder zumindest auszuprobieren. Allein durch Drohen kann eine Rangordnung schon festgelegt werden. Bevor die Hunde näher aufeinander zugehen, können die Hundebesitzer eine ernsthafte Auseinandersetzung vermeiden, indem sie sich nach verschiedenen Seiten entfernen und dabei ihre Hunde rufen. So kann der Hund sein Gesicht wahren und sich vom anderen trennen, ohne daß eine Rangordnung wirklich festgelegt worden ist. Manchmal warten Hunde geradezu darauf, einen Vorwand zu bekommen, um wegzugehen. Wird ein Hund von seinem Herrn gerufen, folgt ihm der andere meist nicht. Er scharrt knurrend und entfernt sich ebenfalls. Vielleicht hält er sich für den Sieger.

Schieben die Hunde den Kopf nach vorne, geht der Schwanz in die Waagrechte nach hinten und knicken die Beine leicht ein, dann verändert sich die Imponierhaltung in eine Angriffshaltung. Jetzt werden die Zähne gebleckt, und aus der Kehle kommt ein dumpfes Knurren. Der Angriff kann nun sogar durch den Schwächeren, der vielleicht ein Angstbeißer ist, ausgelöst werden. Wendet in dieser Situation einer der Hunde den Kopf ab, dann hat er aufgegeben. Bei ihm verwandelt sich alles ins Gegenteil, er legt die Ohren an, er klemmt den Schwanz ein, sein Fell wird wieder glatt, und er versucht, sich so klein wie möglich zu machen.

Bei Schäferhunden sehen wir häufig noch die Form des Anschleichens. Auch sie ist eine Drohgeste und erinnert an den Überfall auf ein Beutetier aus der Wolfszeit. Eine weitere Stufe des Imponierens ist das Schieben oder Abdrängeln. Der Hund stellt sich quer vor den Gegner, hindert ihn am Weiterlaufen und schiebt ihn direkt beiseite. Diese Begegnung kann in Imponierurinieren oder Scharren übergehen. Scharren ist ein Zeichen von sozialer Stärke und keinesfalls gegen ein bestimmtes Individuum gerichtet. Man sieht es häufig bei kleinen Hunden, die ein ähnlich übersteigertes Persönlichkeitsgefühl haben wie manche kleine Menschen, den sogenannten *Zwerghahn-Komplex*. Sie scharren sich nach jedem Urinieren fast die Läufe aus dem Leib.

Das Kratzen kann aber auch eine Übersprunghandlung sein. So nennt man eine im Augenblick *sinnlose* Handlung. Gestaute Erregung springt auf andere Geleise über. Wir kratzen uns am Kopf oder gähnen plötzlich, wie Gähnen auch eine beliebte *Verlegenheitslösung* beim Hund ist. Kämpfende Hähne beginnen in den Kampfpausen imaginäres Futter zu picken, Hunde und Wölfe zu scharren. Das Urinieren richtet sich allerdings gegen ein unterlegenes Individuum; der Ranghöhere spritzt in Richtung des Unterlegenen oder aber, wenn er seinen Menschen als untergeordnet betrachtet, ihm in oder auf die Schuhe.

Insgesamt gibt es ein reichliches Repertoire an Drohungen, ernste Kämpfe sind bei instinktsicheren Hunden eigentlich selten. Auch wenn die Hunde Körper an Körper stehen, wenn die Kiefer aufeinander schnappen, wenn sie knurren und kneifen, als hätten sie sich schon halb aufgefressen: Je lauter ein Kampf ist, um so weniger gefährlich geht es zu. Ein Ernstkampf ist bei Wölfen sogar lautlos, bei Hunden nur mit Knurren verbunden. Wobei es die Haustierdegeneration mit sich bringt, daß unter Hunden erbitterter gekämpft werden kann als unter Wölfen. Die meisten Verletzungen gibt es in den Lippen und Mundwinkeln, weil die Hunde bei der Verteidigung mit den Gebissen aufeinandergeraten. Solche Löcher heilen jedoch schnell.

Um den Kampf zu beenden, gibt es überall in der Natur eine *Demutshaltung*. Beim Hund ist es ein Sich-nieder- oder -auf-den-Rücken-Werfen. Der Sieger geht dann dem Besiegten nicht an die Kehle, sondern versucht, die gegnerische Schnauze in seinen Fang zu nehmen, wie unser Foto von einem Wolfskampf zeigt. Der Unterlegene versucht das als Geste bei seinem Gegner auch. Die gleiche Reaktion kennen wir

1 Ein sehr selbstsicherer Wolf
2 Sichere Imponierhaltung
3 Unsicheres Drohen
4 Zeichen der Unsicherheit
5 Ängstliche Abwehr
6 Der Biß über die Schnauze
7 Der Unterlegene unterwirft sich

Diese Verhaltensformen können auf Hunde übertragen werden

Wolfskampf: Der Besiegte bietet seine Kehle dar. Der Sieger nimmt seine Schnauze quer ins Maul

vielleicht von unserem Hund, wenn er seine Demutsgebärde dadurch verstärkt, daß er sich hinwirft und mit dem Fang unser Handgelenk umfaßt.

Es gibt also eine Beißhemmung, die allerdings durch Überzüchtung und Vermenschlichung nicht immer funktioniert. Der Kampf kann trotz Demutsgebärde des einen auch weitergeführt werden, wenn wir Menschen falsch eingreifen. Trennt man Hunde voneinander, so muß es schnell geschehen. Sonst versucht der eine den anderen doch noch zu beißen, das kann sogar der Unterlegene sein, der sich durch die Hand seines Herrn an seinem Körper oder Halsband wieder aufgewertet und stark fühlt.

Die meisten Hunde sind übrigens erleichtert, wenn man einen Kampf durch *höhere Gewalt* beendet. Höhere Gewalt üben Hundebesitzer dadurch aus, daß sie ihren Hund an beiden Hinterbeinen fassen, hochheben und auf diese Weise vom anderen trennen. Das sollten aber die Hundebesitzer gleichzeitig tun und jeder nur bei seinem eigenen Hund. Kommandos, Zurufe oder Befehle nutzen bei einem echten Kampf gar nichts, denn die Hunde sind dann blind, taub und meist auch schmerzunempfindlich.

Gefährlich kann ein Kampf zwischen Hündinnen werden, da sie kein Reglement kennen. Besonders reizbar sind sie zu Beginn einer Läufigkeit. Gelingt es, zwei kämpfende Hündinnen zu trennen, dann muß man in Zukunft sehr aufpassen, die beiden sind echte Feindinnen geworden und werden immer wieder aufeinander losgehen. Schwierig ist es auch, wenn eine Hündin einen Rüden angreift, er bleibt Kavalier, und die Hündin beachtet seine Unterwerfungsgeste nicht, weil sie sie nicht

Ein Rüde markiert ein Grasbüschel

Der extrem große Nasenspiegel des Basset Northington's David

kennt. Die Verständigungsmöglichkeit ist gestört, die Bremsen der Natur funktionieren nicht mehr. Das kann auch zwischen zwei Rüden passieren, nicht jeder zeigt ein normales Verhalten. Es gibt dafür zwei Gründe: Der Rüde ist entweder durch falsche Zucht überaggressiv geworden, oder aber er hat in früher Jugend zuwenig Hundekontakte gehabt.

Nach einem Hundekampf passiert oft das, was Prof. Grzimek die *Radfahrerreaktion* genannt hat. Der Unterlegene läßt seinen Ärger am nächsten Hund aus, der ihm unterlegen ist. So kommt es, daß Hunde, die normalerweise friedliebend sind, bei manchen Hundehaltern den Ruf eines Raufers haben.

Bello war hier

Der Verhaltensforscher nennt es *Markieren,* wir einfach Beinheben. Ein Rüde beweist damit, daß er erwachsen geworden ist. Er hinterläßt in wohldosierten Mengen an allen markanten Punkten seines Reviers seine Duftmarken, mit denen er sagt: »Hier war Bello« und mit denen er auch die Duftmarken von Rivalen überdeckt. Das sollten wir ihn tun lassen, wo er will. Hindert man einen Hund ständig daran, indem man ihn an der Leine weiterzieht, wird er frustriert und eines wichtigen Ausdrucksmittels beraubt. Immer war bereits einer vor ihm da, und nur solche Stellen interessieren ihn.

Beim Beinheben versucht der Hund, seinen Harn möglichst hoch gegen Laternenpfahl, Mauer oder Baum zu spritzen. Das kann man besonders gut sehen, wenn Schneehaufen die Straße säumen. Dieses Urinieren ist *Markieren.* Der gleiche Hund kann sich in der Hockstellung des Welpen mit durchgedrücktem Kreuz und eingeknickten Hinterbeinen auch einfach auslaufen lassen. Wenn ein Rüde an einer Stelle mehrfach und gezielt seinen Harn abgibt, dann hat hier vorher eine läufige Hündin uriniert. Hündinnen selbst lassen sich nicht nur auslaufen, sie können auch markieren. Nach eigenen Beobachtungen nehme ich an, daß sie es aber nur dort tun, wo vor ihnen Hündinnen markiert haben. Mit Sicherheit vor Haustüren, hinter denen Rivalinnen wohnen.

Sein ureigenes Revier, die Wohnung, markiert er nicht. Das hat der Hund gelernt, als er stubenrein wurde. Außerdem hat er das nicht nötig, da es überall nach ihm und seinen menschlichen Rudelgenossen riecht. Kommt er aber in eine andere Wohnung, in der ein Hund gehalten wird, dann muß er dort markieren, wenn er ein rangbewußter Rüde ist. Er will den Fremdgeruch überdecken und zeigen, daß er der stärkere ist. Das gleiche kann auch im eigenen Revier passieren, wenn z. B. ein neues Möbelstück aufgestellt wird. Er deklariert es als zum Revier gehörig dadurch, daß er an ihm das Bein hebt.

Noch einmal zurück zum Wolfsrudel. Dort dürfen nur die Alpha-Tiere das Bein heben und markieren. Und hier kommt wieder etwas in die Mensch-Hund-Beziehung, das nicht stimmt. Wir sind unserem Hund gegenüber der Boß, der Rudelführer mit Befehlsgewalt. Aber wir markieren nicht. Wir gehen an wichtigen Punkten vorbei, ohne zu urinieren.

Hierher gehört auch das Scharren, das wir bereits als Imponiergehabe kennengelernt haben. Wenn er nach dem Lösen mit den Hinterbeinen den Boden aufkratzt oder über das Pflaster schleift, hinterläßt er damit einen Geruch aus den Schweißdrüsen seiner Ballen als Nachricht für den nächsten. Es gibt aber auch Hunde, die damit gezielt ihren Kot oder Urin in der Gegend verteilen. Das Wälzen in Dingen, die wir unappetitlich finden oder manchmal nicht sehen (es kann ein toter Käfer sein), entspricht unserem Parfümieren. Der Hund möchte mit einem Überduft imponieren.

Der Hund sieht die Welt durch die Nase

Ein Lebewesen, das als Nachricht Geruchszeichen setzt, das sich zur Begrüßung beriecht, dessen erstes Erlebnis nach der Geburt der Duft der mütterlichen Zitzen ist, nimmt seine Umwelt anders wahr als wir. Während unsere Welt durch eine Fülle von optischen, akustischen und haptischen Eindrücken bestimmt wird – wir sehen klar, wenn wir etwas verstanden, erfaßt und begriffen haben –, geschieht dies beim Hund fast ausschließlich durch Gerüche. Er lebt in einer Geruchswelt, sein Gehirn formt Riechbilder, er *sieht* die Welt sozusagen durch seine Nasenlöcher. Hinter seinem feuchten, beweglichen *Nasenspiegel* liegt ein erstaunliches Geruch-Wahrnehmungs-Bestimmungs-Registrierungs-Labor. Bis zu 300 Millionen Riechzellen (wir Menschen haben fünf Millionen, die längst nicht so gut funktionieren, weil unser Gehirnbereich für den Geruch etwa vierzigmal kleiner als der des Hundes ist) nehmen Geruchsmoleküle noch in winzigsten Mengen wahr, unterscheiden sie voneinander, ordnen sie, erkennen sie wieder und speichern sie in einem differenzierten Geruchsgedächtnis.

Das befähigt einen Hund, nach Hause zurückzufinden, wenn er sich verlaufen hat. Dem Jagdhund hilft seine Nase, eine Wildspur zu verfolgen, dem Spürhund eine Menschenspur aus vielen anderen herauszufinden, auch wenn sie schon einen Tag alt ist. Lawinensuchhunde entdecken einen Verschütteten noch unter fünf bis sechs Meter Schnee, sicherer als Radar oder Magnetsonden. Zollhunde spüren Haschisch auf, selbst wenn es in Blechdosen verlötet wurde, und andere Spezialisten raffiniert versteckten Sprengstoff.

Diese Leistungen, dieses Wahrnehmen und Erleben sind für uns schwer vorstellbar, weil uns der Sinn dafür fehlt. Sie sind auch schwer zu beschreiben, da unsere Sprache, Ausdrucksmittel geruchsunterentwickelter Lebewesen, keine Worte dafür hat. In Büchern, die unseren Wortschatz erfassen, finden wir unter dem Stichwort *Geruch* viel, viel weniger Ausdrücke als bei der Beschreibung von Farben und Formen, von Klängen oder Oberflächen von Dingen.

Da ich Ihnen aber diese völlig andere Welt, in der der Hund neben uns lebt, näherbringen möchte, habe ich sie unserem Wahrnehmungsvermögen angepaßt und in eine Zeichnung umsetzen lassen. Sie sehen mit Ihren Augen, was der Hund durch seine Nase *sieht*. Eine farbige Welt, Einzelnes zu Teilen und diese wieder zu einem Ganzen zusammengesetzt. Die Zahl der verschiedenen Geruchselemente ist stark vereinfacht, damit das Bild übersichtlich bleibt. Die Menschen, Häuser, Verkehrsschilder sind in Grautönen gehalten, da das Hundeauge nur wenige oder gar keine Farben sieht. Wenn Sie die Zeichnung betrachten, versuchen Sie bitte, sie gedankenmäßig so zu übersetzen: Würden wir so sehen können, wie ein Hund riecht, dann wäre unser Auge eine Art Fernrohr-Mikroskop, durch das wir erkennen, aus welchen Stoffen sich die Gegenstände und Lebewesen zusammensetzen. Wir könnten auf einem Gemälde beispielsweise alle verwendeten Farben erkennen, ihre pflanzlichen oder mineralischen Bestandteile, die Faserstruktur des Leinens, jeden einzelnen Pinselstrich und würden doch Darstellung und Stimmung insgesamt genießen. Pflanzen zeigten uns ihre einzelnen Zellen, ihre Form und Farbe und gleichzeitig ihre Anhäufung zu Wiese und Wald. Das heißt, wir könnten winzige Einzelheiten wahrnehmen und gleichzeitig das Ganze. Eine Vorstellung wahrhaft zum Verwundern. So riecht Ihr Hund seine Umgebung.

Für ihn blüht und wuchert eine graue Stadt in einem bunten Konglomerat von farbigen Duftbällen. Aus einer Metzgerei quellen die unzähligen Duftstoffe der verschiedenen Fleischsorten, die er alle unterscheiden kann und zugleich ihre Frische, ihre Verarbeitung. Ein Hund riecht das Ostrogen beim Kalb noch im Schnitzel und das Salz in der Wurst. Salz, für uns völlig geruchlos, riecht ein Hund noch in der Verdünnung 1 zu 10000. Aus den Einkaufstaschen der beiden Frauen auf der Zeichnung purzeln die Geruchskugeln von Leberwurst, Käse und Fisch. Ihre Füße hinterlassen Spuren von Buttersäure, die durch die Schuhsohlen gedrungen ist und nun auf dem Pflaster haftet. Buttersäure kommt im menschlichen Schweiß vor, der Hund stellt sie noch in einhundertmillionenfacher Verdünnung fest und kann aus der Bewegung ihrer Moleküle erkennen, in welcher Richtung der Mensch gegangen ist. Andere farbige Blasen sind die Spuren von Hunden; der Laternenpfahl, die Verkehrsschilder senden geballt vermischte Nachrichten aus: Dort haben viele Artgenossen ihr Bein gehoben. Aus den Kleidern des Kindes riecht es angenehm, während beide Frauen sich mit Toilettenwasser parfümiert haben.

Die durch spitze blaue Zacken angedeuteten Gerüche behagen unserem Hund nicht. Noch weniger die eckigen violetten Abgase, der bleierne, stinkende Autodunst, der sogar unserer Nase nicht gefällt. Er reizt jeden normalen Hund zum *Warn-Niesen*. So nennt man ein kurzes, scharfes Niesen, das mit einem Kopfschütteln verbunden ist. Das Tier entfernt den bösen Reiz aus der Nase und zeigt den Meutegenossen warnend, woher er kommt. Genauso niesen muß er bei den gelben Zackensternen vor dem Geschäftseingang. Hier hat man ein Hundeabschreckmit-

tel gesprüht, das ihn am Beinheben hindern soll.
Sie werden bemerken, daß alle angenehmen Gerüche auf der Zeichnung durch runde Formen dargestellt wurden, unangenehme durch eckige und daß die Farben um so kräftiger sind, je mehr den Hund die Gerüche interessieren. So erscheint dem Hund eine Straße: Ich hoffe, daß Sie ihn in Zukunft länger schnüffeln lassen.

Was er hört und wie er sieht

Lange bevor wir etwas hören, kündigt ein Hund die Ankunft eines Fremden oder eines Familienmitgliedes an. Er kann den Motor des eigenen Autos von anderen Motoren unterscheiden und die Schritte auch. Deshalb gehört das Bewachen zu seinen Aufgaben. Seine Hörleistung kann jedoch durch eine Dauerbelastung zeitweise zurückgehen. Versuche an Beagles haben aber gezeigt, daß Dauerlärmbelastungen von 120 Dezibel (für Menschen unerträglich) zu keinerlei Streßreaktionen führten.
Der Hörbereich des Hundes ist wesentlich größer als der des Menschen, und er nimmt noch Schwingungen wahr, die unser Ohr nicht mehr hört. Dies ist auch das Funktionsprinzip der *lautlosen Hundepfeifen* mit Tönen hoher Frequenz. Ein Hund spitzt seine Ohren, um mehr Schallwellen zu empfangen, und er hat 17 verschiedene Muskeln, um die Ohren zu bewegen. Mit ihnen *spricht* er, wie bereits erläutert, er ortet mit ihnen aber auch Geräuschquellen. Bei Hunden mit Stehohren sind die Ohrmuscheln deutlich als schallauffangende Trichter geformt. Zudem kann er sein inneres Ohr so einstellen, daß es Töne ausschließt. Das heißt, er kann weghören – also auswählen, was er hören will.
Das merken wir, wenn er sich nicht um unsere lauten Befehle kümmert, aber gleichzeitig auf das Knistern von Wurstpapier reagiert. So kann er auch fest schlafen und dennoch sofort wach sein, wenn er bestimmte Laute oder Geräusche wahrnimmt. Er ignoriert die Haustürklingel schnarchend und steht hellwach neben uns, wenn wir nur zum Mantel greifen.
Das Sehvermögen des Hundes ist dagegen schlechter als das unsere. Er sieht nicht so weit wie wir und ist hauptsächlich auf Bewegungen eingestellt. Deshalb sollten wir Handzeichen immer nur in Verbindung mit Worten gebrauchen und als deutlichen Bewegungsablauf. Im Auge hat er zwar Zellen, die Farbschattierungen wahrnehmen können, wir wissen aber nicht, wie weit sie in Anspruch genommen werden. So wird das optische Bild dem gleichen, das ein Schwarzweißfernseher bietet. Im Gegensatz zu uns wird die Sehfähigkeit des Hundes bei zunehmender Dunkelheit besser. Das bewirkt unter anderem eine reflektierende Schicht im Augenhintergrund. Wir erkennen sie daran, daß bei Nacht Hundeaugen, in die Licht fällt, leuchten. Außerdem hat der Hund ein wesentlich breiteres Blickfeld, was sich durch die seitliche Lage der Augen ergibt. So kann ein Hund noch sehen, wenn sich fast hinter ihm etwas bewegt, er kann aber schlechter die Entfernung einschätzen als wir.

Sich im Kreise drehen, kratzen und lecken

Das Drehen vor dem Hinlegen diente den Zoologen seit Darwin als Beweis dafür, daß Hunde uneinsichtig ihren Instinkten folgen: Sie müssen sich heute noch auf dem Teppichboden drehen, nur weil ihre Urväter früher so das Gras niederdrückten. Das ist hübsch gedacht, aber falsch. Das natürliche Lager des Hundes ist die Mulde. Wölfe scharren sie sich genauso wie Hunde, die ständig im Freien leben. Daher schlafen auch unsere Zimmerhunde häufig zusammengerollt. Doch das Im-Kreis-Drehen ist nichts anderes als eine gymnastische Übung für die Wirbelsäule, sie wird so zurechtgebogen. Das Gegenteil zeigt uns der Hund, wenn er von seinem Lager aufsteht: Er streckt seine Wirbelsäule durch. Manche Hunde ziehen dabei ihre Hinterbeine nach – ich nenne das bei meinen Hunden *Spanferkelübung.*
Da sich Hunde gerne im Garten einen Knochen vergraben, um ihn richtig reif werden zu lassen – diese Vorratshaltung ist ebenfalls ein Wolfserbe –, muß man sich nicht wundern, wenn sie auch in der Wohnung scharren, um einen Leckerbissen zu horten. Zu dieser Art Kratzen gehört das Mit-der-Nase-über-den-Boden-Wischen, um den Knochen symbolisch zuzudecken. Ihr Hund ist Ihnen dankbar, wenn Sie ihm ein altes Handtuch oder ein Stück Küchenkrepp zum Zudecken zur Verfügung stellen. Hunde kratzen auch in Erinnerung an ihre Schlafmulden, scheinträchtige Hündinnen, um ein Nest für die Jungen zu graben. Dagegen gehören das Sich-Kratzen, Sich-Schütteln, Sich-Lecken und das typische Mit-den-Vorderpfoten-über-die-Augen-Wischen zum Körperpflegeverhalten und sind echte Instinkthandlungen. Das erkennt man daran, daß diese Bewegungen bei Erregung als *Übersprunghandlungen* ausgeführt werden. Hunde kratzen sich, wenn sie gegen ihren Willen warten müssen oder einen Befehl ausführen sollen, der ihnen nicht behagt. So ähnlich, wie wir uns am Kopf kratzen, wenn wir verlegen oder verwirrt sind.
Leckt ein Hund seinem Partnerhund das Ohr oder uns die Hand, so ist das Zuneigung.

Von den Gesten der Zärtlichkeit

Da wir Menschen die Meutegenossen des Hundes geworden sind, hat er sein ganzes Zärtlichkeitsrepertoire auf uns übertragen. An uns springt er hoch, wie er im Rudel an Mutter oder Vater hochsprang, wenn diese mit Nahrung nach

Wie ein Hund ein Stück Straße durch seine Nase riechen könnte

Menschliche Fußspur. Schweißgeruch dringt durch die Schuhsohlen

Fußspur des Kindes. Ein Hund kann jede Spur von einer anderen unterscheiden, auch noch nach Stunden

Konzentrierter, angenehmer Kindergeruch, der in der Luft hängen bleibt

Geruch nach Käse. Das Kind ißt ein Käsebrot. Die Frau hat Käse im Korb

Die Duftspur einer Hündin, die vor einem Tag in der Ecke geschnüffelt hat

Vom Laternenpfahl kommen die Markierdüfte von anderen Hunden

Die Fußspur einer Katze, die irgendwann hier herübergelaufen ist

Verschiedene Fleischdüfte aus der Metzgerei und der Einkaufstasche

Abgasgerüche, stinkender, bleierner Autodunst, der die Hundenase reizt

Parfum oder Toilettenwasser. Ebenfalls für die Hundenase unangenehm

Ein vor die Tür gespraytes Hundeabschreckmittel, das sehr scharf riecht

Alle angenehmen Gerüche haben runde Formen, alle unangenehmen eckige. Je kräftiger die Farbe, um so intensiver und frischer der Geruch. Die Zahl der Symbole ist stark reduziert

Hause kamen. Da der Haushund ein Kind geblieben ist, ist das Hochspringen die Begrüßungsgeste geworden. Dazu gehört, daß er uns mit der Zunge quer durch das Gesicht lecken will – keine schlechte Angewohnheit, sondern reine Kindesliebe. Daß wir es nicht gerne haben, ist Menschensache, und daß wir es ihm abgewöhnen, liegt in unserer Macht als Rudelboß. Man verwandelt das *an einem* in ein *vor einem* hochspringen.

Auch das Pfotengeben hat er nicht von uns gelernt, es ist die natürliche Bettelgeste, mit der die noch blinden Welpen gegen die Zitzen ihrer Mutter treten. Man nennt das den *Milchtritt.* Sobald die Welpen sehen können, versuchen sie, das Futter mit den Pfoten aus dem Maul der Mutter zu reißen. Dieses *Männchenmachen* ist zum »Bitte, bitte« der Hunde gegenüber dem Menschen geworden. Besonders vermenschlichte Hunde benutzen es wiederum gegenüber anderen Hunden.

Leckt uns unser Hund die Hand, dann zeigt er, daß wir der geliebte Boß sind. Die Hand wird zur Ersatzschnauze des stärkeren Meutemitglieds. Bitte lecken lassen und dann die Hand waschen!

Legt uns der Hund die Pfote oder je nach Größe den Kopf auf das Knie, dann ist das ein Zärtlichkeitsbeweis, der aus dem Liebesritual stammt. Der Rüde, der zaudert, auf eine Hündin zu springen, legt ihr die Pfote oder den Kopf auf Schulter oder Rücken. Die Verhaltensforschung nennt das *Aufreitintention.* Leben zwei Rüden zusammen, kann diese Geste auch ein Geborgenheitsgefühl ausdrücken, wenn der Rangniedere es beim Ranghöheren macht, oder eine Demonstration der Überlegenheit sein, wenn der Alpha-Hund den Rücken des anderen als sein Kopfkissen betrachtet.

Auch in der Hund-Mensch-Beziehung gibt es einen *Terror der Zärtlichkeit.* Hunde des Alpha-Typs verlangen ständig nach Zärtlichkeiten. Sie stoßen ihre

Auch Hündinnen können markieren wie hier meine Stasi

Menschen oder auch den Besuch an, fiepen und benehmen sich lästig, bis sie im Mittelpunkt stehen und gekrault oder gelobt werden. Sie schieben ihren Kopf unter unsere Hand, kratzen mit den Pfoten an unserem Bein und wollen wie verwöhnte Kinder hofiert werden. Ob sie sich dabei als uns überlegen oder sozial unterlegen fühlen, ist nur von Fall zu Fall zu klären. Der Effekt ist der gleiche für die Familie. Man kann es allerdings an Fremden testen. Verlangt er auch von ihnen jede Menge Streicheleinheiten, dann betrachtet er alle Menschen als sozial überlegen. Ist er zurückhaltend und mißtrauisch, gehört er der Alpha-Gruppe an und betrachtet sich als Chef.

Einige wenige Rassen, vor allem die Basset Hounds, haben eine Begrüßungsgeste von den Wölfen beibehalten, die besondere Freundlichkeit signalisiert. Sie können ihren Schwanz wie einen Propeller kreisen lassen. Diese Sympathiebezeugung wird aber nur gegenüber anderen Hunden, nie bei Menschen benutzt.

Der Hund und die Sexualität

Unsere Haushunde führen ein wahrhaftes Hundeleben, was die Sexualität angeht. Durch die Züchtung frühreif geworden, *können* sie oft schon in einem Alter von sechs bis neun Monaten. Die Hündinnen werden mindestens zweimal im Jahr läufig, dennoch *dürfen* die meisten Rüden nie, und auch nur ein Bruchteil der Hündinnen wird gedeckt. Bei den Wildtieren ist das anders. Zwar dürfen auch nur die Alpha-Wölfe dekken, aber sie werden erst im dritten Jahr geschlechtsreif, die Wölfinnen haben nur *eine* Läufigkeit im Jahr, und das Rudel ist klein. Unsere Haushunde jedoch leben mit vielen anderen Hunden in einem Gebiet zusammen, so daß sie den Geruch von läufigen Hündinnen, immer wieder riechen, sie selbst aber nicht zu Gesicht bekommen, da ihre Besitzer sie während dieser Zeit unter Verschluß halten. Daß das zu Frustrationen führt, ist verständlich. Der amerikanische Verhaltensforscher M. W. Fox führt plötzliche Bösartigkeit und Bissigkeit bei Rüden auf sexuelle Enthaltsamkeit zurück.

Für den Rüdenbesitzer sind Zeiten der Läufigkeit in der näheren und weiteren Nachbarschaft, die sich im Frühjahr und Herbst häufen, schwierig. Der Rüde will fort, selbst häusliche Tiere werden zu Streunern. Die Besitzer von Hündinnen, in deren Vorgärten es oft von fremden Rüden wimmelt, sollten in

Schon Welpen bellen im Traum. Im Bild Glatthaar-Foxterrier

dieser Zeit ihren Hund immer an der Leine halten, möglichst nicht von ihrer Haustür weggehen, sondern die Hündin ins Auto tragen (oder schon in der Garage hineinsetzen, wenn man diese vom Haus aus betreten kann) und ein ganzes Stück weit fahren, um dort spazierenzugehen. Hausmittel, um den Geruch zu überdecken, wie Chlor, Dieselöl oder Senfmehl, sind unzulässig. Sie schädigen die Nase der Rüden, man kann Anzeige erstatten. Käufliche Mittel nützen wenig. Die Verantwortung liegt bei den Hundebesitzern. Sie müssen schon rücksichtsvoll und vorsichtig sein.

Geplagt werden die Rüdenbesitzer auch durch die *Lieder an Unbekannte,* die ihre Rüden singen. Mit rundem Maul und in den Nacken gelegtem Kopf jaulen und heulen sie, wobei es sie oft vorne richtig hochreißt. Außerdem fiepen sie, winseln und laufen unruhig hin und her. Doch auch die Hündinnen sind unruhig und versuchen zu streunen.

So sexualisierte Tiere, die sich nicht abreagieren können, sehen als Sexualobjekt den Menschen an. Vor allem, wenn sie stark auf Menschen fixiert und von anderen Hunden isoliert sind. Der stärkste Ausdruck dieser Triebstauung ist das Aufreiten von Rüden an den Beinen ihrer Besitzer. Gleichzeitig ist aber das Aufreiten eine Rangdemonstration. So meint der Hundepsychiater Ferdinand Brunner: »Ein Rüde, der an menschlichen Beinen aufreitet, zeigt, daß er Menschen als sehr tiefstehende Lebewesen betrachtet, die gerade gut genug sind, um sich an ihnen abzureagieren.« Das gilt nur für Hunde, die ständig klammern und nicht einmal ablassen, wenn der Mensch sich dabei bewegt. Dieser unangenehme Vorgang zeigt aber auch, daß der betreffende Mensch nicht in der Lage ist, seinen Hund zu disziplinieren. Die Angewohnheit des Aufreitens ist recht leicht abzugewöhnen.

Reitet der Rüde einem anderen Rüden auf, so ist das weniger Homosexualität als eine Überlegensheitsgeste, die sexuell gesteuert ist. Es gibt sogar ranghohe Hündinnen, die rangniedrigeren Rüden aufreiten. Ein Vorgang, der Rüden manchmal erschreckt. Daß kleine Kinder gerne geklammert werden, liegt an deren Geruch, der Hunde anregt. Genauso wie junge Hunde auf Spaziergängen häufig von älteren Hunden geritten werden. Der Ruch der Kindlichkeit und das Sich-nicht-wehren-Können addieren sich hier.

Zum sexuellen Verhalten gehören auch die Jagd- und Verfolgungsspiele, bei denen die Hunde wie Junghunde in Achten rennen, sich gegenseitig den Weg abschneiden. Diese Spiele werden meist von der Hündin durch Abschütteln, Knurren und Zähnezeigen beendet.

Das soziale Verhalten

Den Hund als soziales Wesen innerhalb einer Gemeinschaft haben wir schon bei der Hundesprache kennengelernt, ebenso in seinem Imponiergehabe und beim Kampf. Seine Vergangenheit als Lauf-Raubtier erklärt sein starkes Bewegungsbedürfnis. Daß er als Wildtier in Gemeinschaft gelaufen ist, ermöglicht es uns, mit ihm spazierenzugehen. Das Neben-einem-Rudelgenossen-Herlaufen gehört zu den angeborenen Fähigkeiten des Hundes. Die Verhaltensforscher nennen es *gruppenkoordiniertes Verhalten.*

Da wir uns aber nicht so schnell bewegen, wie der Hund möchte, müssen wir ihm das Bei-Fuß-Gehen beibringen, oder er zerrt an der Leine. Weitere Möglichkeiten sind, mit dem Hund zu joggen, flott zu marschieren oder langsam radzufahren. Es gibt Rassen, für die nicht der Schritt, sondern der Trab die gewohnte Bewegungsart ist. Hierzu zählen die großen irischen Windhunde. Das Bei-Fuß-Gehen bringt man einem Hund um so leichter bei, je mehr uns der Hund als seinen Rudelboß betrachtet, je mehr Autorität wir haben. Denn in der Wildnis richtet sich das Rudel nach der Geschwindigkeit seines Anführers.

Hinkt ein Hund, muß es nicht unbedingt eine Verletzung sein. Es kann auch ausdrücken, daß ihm etwas zuwider ist, daß er unser Vorhaben sabotieren will. In der Natur nennt man das simulierte Hinken *verleiten.*

Zum Sozialverhalten gehört auch die Verteidigung des Reviers. *Revier* heißt derjenige Teil des Lebensraums, den der Hund als sein und seiner Meute Eigentum betrachtet und den er verteidigen muß. Deshalb sind Hunde wachsam. Der eingängige Satz von Jean Jacques Rousseau »Der Erbauer des ersten Zauns war der Begründer der Zivilisation« ist leider falsch. Überall gibt es unsichtbare Zäune, die von Tieren gezogen und von anderen Tieren anerkannt werden.

Doch haben wir für den Hund auch sichtbare Zäune gezogen. Sie umschließen zum Beispiel unseren Garten. Alles, was innerhalb dieses Zaunes ist, verteidigt der Hund mit Recht. Und er tut es mit Überzeugung, da er sich auf seinem Besitz besonders stark fühlt. Hier ist er dominant, und so kann ein Dackel eine Dogge von *seinem* Besitz vertreiben. Sie wird sich taktvoll zurückziehen, sofern sie ein Hund mit intaktem Verhalten ist. Das Revier darf man nur betreten, wenn man abwartet, wie sich der Revierbesitzer verhält, wenn man ihn freundlich begrüßt oder von einem Rudelmitglied begrüßt und eingelassen wird. Da sich Briefträger an solche Regeln nicht halten, sondern die Reviergrenzen von Berufs wegen mißachten müssen, werden sie so oft gebissen. Hunde in Vororten, wo Zaun an Zaun steht und viele Hunde und Menschen dicht beieinander wohnen, haben es schwer. Sie müssen ständig ihr Revier nach allen Seiten verteidigen, viel bellen, häufig mit Urin die Grenzen markieren, und dadurch werden sie aggressiver. Ihr Revierverhalten ist über-

1 Aufforderung zum Spiel: der junge Huskie duckt seinen Vorderkörper

2 Aus dem Ducken wird der herangekommene Spielpartner angesprungen

3 Ein spielerischer Kehlenbiß löst deutliche Gegenwehr aus

4 Wichtiges Spielelement ist das Beißen in den Vorderlauf

steigert, zumal in solchen Gegenden häufig Hunde leben, die speziell für das Wachehalten gezüchtet wurden.

Die Hundebegegnung auf dem Spaziergang, die ich schon beschrieben habe, ist eine Art Treffen an neutralem Ort. Man kann zu anderen freundlich sein, ohne sein Gesicht zu verlieren. Hier kommt es nur zu Raufereien, wenn die Hunde ihre persönliche Sphäre, das »Revier«, das jeder um sich herum hat, verletzt glauben. Doch das ist auch bei uns nicht anders, und auch wir dulden Ausnahmen: ein Kind, ein attraktives Wesen des anderen Geschlechts oder ein untergeordnetes Individuum. An neutralem Platz können Hunde, die erbitterte Zaungegner sind, freundlich zueinander sein oder sich nicht beachten. Ich habe festgestellt, daß ein ausbrechender Streit unter unseren beiden Rüden, den ich zu Hause nicht auskämpfen lassen wollte, an einem neutralen Platz ein paar hundert Meter von zu Hause entfernt sofort ohne Krach beigelegt und daheim nicht mehr ausgetragen wurde.

Störungen in der Mutter-Kind-Beziehung gehören ebenfalls in die Rubrik soziales Verhalten. Mütter können die Welpen so viel putzen, daß sie wundgeleckt werden. Sie können sie erdrükken und die Schreie der Kleinen überhören. Bei Bullterriern kommt es vor, daß Mütter ihre Jungen totbeißen, »weil sie sie wohl für Ratten halten«, wie Bullterrierfachmann Dieter Fleig vermutet.

5 Das Schnauzenbeißen gehört sowohl zum Spiel wie zum Kampf

6 Das Rückwärtsdrohen beendet meist eine Phase des Spiels

7 Zum Kampfspiel gehört auch das Schleudern des Hinterkörpers als Abwehr

8 Der Ausfallangriff beendet das Spiel. Nach Fotos von Th. Althaus s. Seite 140

Solche unmütterlichen Handlungen kommen fast nur bei hochgezüchteten Rassen vor, bei denen Instinktverlust vorliegt. Sie würden ohne das Eingreifen oder die Hilfestellung des Menschen nicht mehr existieren.

Wenn Hunde träumen

Schlaf ist für Hunde wichtiger als Nahrung. Als man versuchsweise Hunde durch akustische Reize vom Schlafen abhielt, wurden ihre Lebensfunktionen in kurzer Zeit gründlich gestört. Schäden durch Übermüdung führen schnell zum Tode. Hunde können viele Tage ohne Futter und einige Tage ohne Wasser aushalten, ohne Schlaf müssen sie nach zwei, drei Tagen sterben. Lassen Sie Ihren Hund schlafen, soviel er will, er ist von Natur aus ein Tagdöser. Das heißt, er schläft innerhalb von Sekunden ganz tief, ist aber auch wieder im Bruchteil einer Sekunde hellwach. Ein wölfisches Erbe: In der Wildnis muß man sofort ganz dasein, wenn es gefährlich wird. Diese Art zu schlafen erfordert mehr Schlafzeit, deshalb sorgen Sie sich nicht, wenn Ihr Hund 20 von 24 Stunden verschläft. Das ist gesund. Und wurde er durch eine Reise oder besondere Ereignisse aus seiner Umgebung und aus seinem Rhythmus gerissen, muß er den verlorenen Schlaf nachholen. Er schläft dann noch mehr als sonst.

Fast alle Hunde machen im Schlaf Laufbewegungen mit den Beinen und stoßen verschiedene Laute aus, bis hin zum Bellen mit geschlossenem Fang. Das ist ein Zeichen dafür, daß sie träumen. Und zwar sehr lebhaft. Aufzeichnungen von Hirnströmen zeigen große und langsame Wellen bei normalem Schlaf, kleine und schnelle beim Träumen. Die Aktivitäten während des Traumes sind denen des Wachseins ähnlich. So knurren aggressive Hunde im Traum, während freundliche Hunde wedeln. Warum Hunde träumen, weiß man nicht.

Aufforderung zum Spiel unter erwachsenen Hunden

Spielen macht die Hunde froh

Nur ein zufriedener Hund zeigt die Bereitschaft zum Spielen. Außerdem muß er sich wohl fühlen, satt sein und nicht von Ängsten beherrscht. Durch die Wolfforscher wissen wir, daß die Wölfe viel und lange spielen, nur die Rangniedrigsten dürfen nicht mitmachen. Z. Martinek aus Prag hat festgestellt, daß zu starke Erregung die Bereitschaft zum Spiel hemmt, daß bei sozial überforderten Hunden (in überfüllten Zwingern zum Beispiel) sich fast jedes Spiel in einen Kampf verwandelt und daß Hunde spielen, weil es ihnen Spaß macht.

Ich habe nach Fotos von Thomas Althaus, die in der »Zeitschrift für wissenschaftliche Kynologie« (Beilage zu »Schweizer Hundesport«) erschienen sind, Zeichnungen anfertigen lassen, die typische Spielformen und Bewegungen zeigen. Von der Aufforderung zum Spiel mit der *Vorderkörpertiefstellung,* über das *Anspringen* als verstärktes Signal, mit dem Spiel zu beginnen, bis zum *Kehlenbiß,* der beim Partner deutliche Gegenreaktionen auslöst. Während des Verlaufs des Kampfspiels kommt es zum Fassen der Vorderextremitäten, wobei einer der Partner am Boden rollt. Das gegenseitige *Schnauzenbeißen* ist ein beliebtes Gerangel, das ohne Schmerzzufügung geschieht und von den Wölfen bevorzugt wird.

Das *Rückwärtsdrohen* gehört zu den Spielformen mit Verteidigungsfunktion, es kann aber auch den Spielabbruch anzeigen. Der eine dreht den Kopf nach hinten und runzelt seine Schnauze (Drohmimik). Zur gleichen Form gehört das *Hinterkörperschleudern*; hierbei wird der Hinterkörper gegen den Spielpartner geschlagen. Der *Ausfallangriff* schließt ein Spiel ab. Wenn ein Hund es leid wird, von dem anderen immer wieder verfolgt und bedrängt zu werden, schießt er plötzlich mit gerunzelter Schnauze und Knurren auf ihn los. Das heißt »Schluß! Ende! Aus!« Manchmal entwickelt sich jedoch daraus ein neues Spiel mit vertauschten Rollen.

Was hier an Huskie-Welpen gezeigt wird, können Sie auch mit Ihrem erwachsenen Hund erleben. Sie werden die typischen Bewegungen immer wieder beim Hundespiel sehen und wissen, daß es kein Ernstkampf ist.

Doch es sollen nicht nur Hunde miteinander spielen. Auch Sie können der Spielgefährte Ihres Hundes sein. Mit einem Welpen muß man sogar spielen, Spiel ist wesentlich für seine Entwicklung. Hunde gehören zu den am meisten spielenden Tierarten, im Spiel lernen sie ihren Körper beherrschen, ihre Umwelt kennen und sich an die bestehenden oder sich erst bildenden sozialen Beziehungen anpassen. Das gilt beim Haushund nicht nur für Artgenossen, sondern auch für Menschen.

Beim Spiel lernt der junge Hund alle Gehorsamsübungen viel leichter, da sie so mit freudigen Erlebnissen verbunden sind. Und je mehr Abwechslung man in die Spiele bringt, um so besser wird sich der Hund entwickeln. Wir wissen, daß junge Hunde ähnlich wie Kinder alles mögliche ausprobieren wollen und daß es kurzdauernde Spielmoden gibt: den Kampf mit der behandschuhten Hand; einem Ball den Weg abschneiden; das Zerren an einem Stück Sackleinen; das Rennen mit uns und dem dabei versuchten Fersenbiß bei Herrchen; den Doppeldreher während des Laufens; das triumphierende Davontragen eines Astes und das spätere Bringen – alle Jagd- und Kampfspiele sind besonders beliebt. Sie müssen nur darauf achten, daß die Spiele nicht zu wild werden, daß der Hund lernt, Sie nicht zu fest zu kneifen. Und eine wichtige Regel: Ein Spiel darf nie mit einer Strafe enden.

Viele Hunderassen spielen bis ins hohe Alter gern. Das sollte man ausnutzen, damit Hunde die in ihnen schlummernde Angriffsbereitschaft abreagieren können. Das ist vor allem bei Rassen wichtig, die eigentlich arbeiten müßten, aber als reine Familienhunde gehalten werden. Wenn man mit ihnen immer wieder spielt, kommen sie gar nicht auf die Idee, Mopeds, fremde Kinder, Katzen oder was sich sonst bewegt zu jagen und als Beute zu betrachten. Auch hier ist das beste Spiel das Raufen um eine Beute, etwa ein altes Handtuch (wird schnell zerrissen), ein dicker Stock (manchmal unhandlich) oder ein Stück Fahrradreifen (Vorsicht vor herausgebissenen Teilen). Wir haben die beste Erfahrung mit einem handbreiten, knapp einen Meter langen, vierfach aufeinandergenähten Stück aus Sackleinen oder Jute gemacht. Das ist widerstandsfähig, und der Hund kann es schön schütteln.

Raufspiele mit einer Hand sind ebenfalls sehr beliebt, ich stecke sie dazu in einen besonders dicken Grillhandschuh, der gleichzeitig als Beute dient. Denn ein Hund will beim Spielen Erfolgserlebnisse haben. Richtig rennen kann er beim Ballspiel, wobei unsere Hunde einen Fußball einem Tennisball vorziehen. Zwar kann der Tennisball getragen werden, der Fußball läßt sich aber besser abblocken und vor sich hertreiben. Läuft ein Hund dazwischen mehrere schnelle Kreise, fühlt er sich besonders wohl. Die Spiele sind meistens mit Gebell, mit Knurren und anderen Kampfgeräuschen verbunden. Aggressionen werden abgebaut.

Hunde, mit denen zu wenig gespielt wurde, die dafür um so mehr dressiert wurden, zeigen später das, was die Hundesportler *Wesensschwäche* nennen.

Was heißt eigentlich »Wesen«?

Wer sich näher mit Hunden befaßt oder mit seinem Hund eine Gebrauchshundprüfung ablegen will, liest und hört die Begriffe *Wesensfestigkeit* oder *Wesensschwäche*. Sein Hund muß eine *Wesensprüfung* machen.

Der Begriff *Wesen* wird häufig verwendet, ohne daß man sich über die Bedeutung wirklich im klaren ist. Definieren wir ihn als »die Gesamtheit aller angeborenen und erworbenen körperlichen und seelischen Anlagen, Eigenschaften und Fähigkeiten, die sein Verhalten zur Umwelt bestimmen, gestalten und regeln« (Eugen Seiferle »Wesensgrundlagen und Wesensprüfung des Hundes«). Man kann auch sagen, daß es das Verhaltensinventar des Hundes ist, bei dessen Entwicklung Haltung und Ausbildung eine wesentliche Rolle spielen. Allerdings läßt sich eine Abgrenzung und Beurteilung dessen, was ererbt und was erworben ist, kaum durchführen.

Wesensfest ist ein Hund, der selbstsicher ist, über eine kräftige Portion Robustheit und Härte verfügt und der gute Nerven hat. Im Zusammenhang mit dem Nervenkostüm wird gerne der Ausdruck *Reizschwelle* benutzt. Hunde mit niedriger Reizschwelle beißen rascher zu als solche mit hoher. Das hängt aber auch davon ab, wie sehr Herr und Hund eine Einheit bilden. So kann der gleiche Hund je nach Person und Gelegenheit verschiedene Reizschwellen haben.

Die Züchter versuchen, wesensfeste Hunde zu züchten, indem sie bei der Auswahl der Partner nicht nur auf Aussehen oder Farben, sondern auch auf Eigenschaften achten. Doch ist der Erblichkeitsgrad von Verhaltensweisen relativ gering gegenüber dem Einfluß von Umweltfaktoren in der Jugend des Hundes. Z. B. kann ängstliches und scheues Verhalten von Ammen auf Welpen aus wesensfesten Linien abfärben. Gute wie negative Eigenschaften können anerzogen werden. Wichtig ist der soziale Kontakt mit dem Menschen in den ersten Lebenswochen des Hundes. Das macht verständlich, warum Hunde aus Hundefabriken, die diesen frühen Kontakt nicht haben, später fast immer Wesensmängel aufweisen. Ich möchte noch einmal darauf hinweisen, daß die Person des Züchters genauso wichtig für das Wesen des Hundes ist wie die Ahnentafel.

Das Wort *Charakter* bezeichnet beim Menschen vornehmlich die geistig-seelischen Eigenschaften, kann aber auch auf bestimmte Wesenszüge bezogen werden. Das ist beim Hund mit *Charakter einer Rasse* gemeint: Eigenschaften wie Bellgewohnheiten, Rauflust, oder Temperament, die die Individuen einer Rasse gemein haben oder die verstärkt vorkommen.

Der Tibetanische Löwenhund (Shih-Tzu) ist ein dekorativer Wächter

DAS GROSSE LEXIKON DER RASSEN

Rassehunde – wie sie aussehen und wie sie sind

Die Geschichte der Hundezucht ist runde 12000 Jahre alt. Sie hat aus wilden Tieren treue Gefährten des Menschen gemacht. Dazu gehörte die Spezies Hund mit ihrer erstaunlichen Mutationsfähigkeit und der Anlage, sich anzupassen, andererseits das züchterische Können einzelner Menschen, das aus dem Erbmaterial diese Fülle unterschiedlicher Hundeformen schuf. Die Vielfalt der Rassen würde bei Wildtieren als verschiedene Arten beschrieben werden, denn wer würde schon einen 90 Kilo schweren Bernhardiner und einen 2,3 Kilo leichten Chihuahua der gleichen Art zuordnen?

Es gibt auf der Welt etwas über 400 verschiedene Hunderassen, wovon 310 von der FCI *(Fédération Cynologique Internationale)* anerkannt sind. Die FCI ist die Spitzenorganisation der Rassehundzüchter (Sitz Brüssel), die die Rassestandards festlegt und allein berechtigt ist, sie zu ändern. Hier werden auch auf Antrag neue Rassen anerkannt, wie zum Beispiel 1957 der Kromfohrländer oder 1960 der Eurasier. Der englische Jack Russell Terrier, eine über 100 Jahre alte Rasse, wurde erst vor wenigen Jahren anerkannt.

Rasse, das ist nach Meinung des Haustierforschers Wolf Herre eine Untergliederung der Art, die nur für Haustiere gilt. In sexueller Isolation gehalten, pflanzen sie sich nach dem Willen des Menschen fort, wobei die unterscheidenden Merkmale nach subjektivem Ermessen festgelegt werden, bei Hunden im *Rassestandard,* verkürzt auch *Standard* genannt. Er ist die vollständige Beschreibung der typischen Rassemerkmale, die sich entweder auf einen Modellhund beziehen oder den Idealhund beschreiben oder aber die Mittelwerte einer Reihe von wertvollen Hunden umfassen. Dieser Standard wird von der FCI abgesegnet und das Ursprungsland der betreffenden Rasse festgelegt, dem damit das ausschließliche Recht eingeräumt wird, Änderungen jener international maßgebenden Beschreibung zu beantragen.

Klären wir auch noch den Begriff *reinrassig.* Biologisch betrachtet ist das Wort auf Hunde angewandt übertrieben, da keine Hunderasse reinerbig ist. Wäre es so, müßte jeder Dackel, Pudel oder Boxer wie der andere aussehen. Hund für Hund einer Rasse wäre äußerlich völlig gleich: Hundeausstellungen und Hundezucht hätten ihren Reiz verloren. So faßt man Reinrassigkeit ziemlich weit: Hunde, die in wesentlichen Merkmalen gleich sind und diese zum Standard erklärten Kennzeichen möglichst konstant auf ihre Nachkommen vererben. Außerdem müssen sie die Ahnentafel eines dem VDH *(Verband für das deutsche Hundewesen)* angeschlossenen Vereins haben, bei ausländischen Hunden des Vereins, dessen Verband zur FCI gehört.

Geschichte der Hunderassen

Von wenigen Rassen abgesehen, die heute noch so aussehen wie auf Darstellungen vor einigen hundert oder ein paar tausend Jahren (ich denke an den Podenco Ibicenco und den Tesem-Windhund des ägyptischen Alten Reichs), sind die meisten Rassen jung, sehr jung. Denn erst vor gut hundert Jahren wurden die ersten Vereine gegründet und die ersten Zuchtbücher angelegt. Das geschah in London mit dem »Kennel Club« 1873 und in Hannover 1878 mit dem »Verein zur Veredelung der Hunderassen für Deutschland«. Diese *Veredelung* war es, die die Rassen prägte. Die Züchter wollten Hunde mit besonders ausgeprägten Merkmalen vorführen, was bis dahin kaum möglich und wenig gefragt war.

Nehmen wir als Beispiel den Deutschen Schäferhund. Vor hundert Jahren war er noch keine deutlich erkennbare Rasse, es gab ihn in verschiedenen Größen und Farben. Als er ein einheitliches Bild bekam, waren die einfarbig grauen oder schwarzen Tiere relativ häufig. Heute sind sie selten geworden, im Vordergrund steht das schwarzgelbe Haarkleid. Auch das *Gebäude* (= die vom Fell umschlossenen Muskeln und Knochen) hat sich geändert. In den dreißiger Jahren waren rechteckig gebaute Tiere mit geradem Rücken und steiler Hinterhand gefragt, heute ist der abfallende Rücken mit schräg nach hinten gestellter Hinterhand gesucht. Bei anderen Rassen hat es ebenfalls modische Änderungen gegeben, wie die immer schwerer werdenden Bernhardiner oder die tiefliegenden Augen und die extrem steilen Gliedmaßen des Chow Chow zeigen.

Je seltener eine Rasse ist, um so schmaler ist natürlich auch die Zuchtbasis, und um so stärker ist der Einfluß von Einzelhunden. Auch das kann zu genetischen Problemen führen, Fehler können sich von Generation zu Generation weitervererben. Als Beispiel, wie gering die Veränderungsmöglichkeiten einer seltenen Rasse sind: 1980 wurden 14 Bordeauxdoggen-Welpen in das deutsche Molosser-Zuchtbuch eingetragen. Im Gegensatz dazu waren es rund 26000 Deutsche Schäferhunde. Das ist ein Fundament, das Vielfalt verspricht. Hier können sich die charakteristischen Merkmale nur mit Willen der Züchter über einen größeren Zeitraum hin verändern, bei Rassen mit wenig Exemplaren kann es plötzlich geschehen.

Viele der heutigen Rassen sind so neu oder so instabil, daß die im Standard beschriebenen Merkmale genetisch nicht fest fixiert, die Unterschiede zu

Der Deutsche Schäferhund ist weltweit Sinnbild für Zuverlässigkeit

ähnlichen Rassen gering sind. Daher kommt es, daß die meisten Rassenbastarde einen kaum zu bestimmenden Einheitshund ergeben, während sich Schäferhund- oder Dackelabstammung zumindest in der ersten Generation durchsetzt. So gilt das biologische Gesetz von der Erhaltung der Art und dem Kommen und Vorgehen der Rassen besonders für den Hund. Denn das, was eine Rasse ausmacht, ist zu vielfältig und gleichzeitig zu geringfügig: Farbe und Art des Fells, Körpergröße, Länge der Läufe, die Form der Rute, der Ohren und des Kopfes, das Temperament, die Unterordnungsbereitschaft und so weiter.

Bemerkungen zum Rassenlexikon

Ich stelle Ihnen in diesem »Buch im Buch« 172 Rassen vor, die in Deutschland, der Schweiz und in Österreich durch Vereine und Clubs vertreten werden. Die Reihenfolge ist gemischt alphabetisch, das heißt, ich beginne mit Basenji, höre aber nicht mit dem Zwergspitz auf, da ich Hundegruppen wie die Spitze oder die Exoten oder Terrier zusammenfasse. Die großen Gruppen Jagdhunde, Windhunde und Terrier habe ich an den Schluß gestellt und damit das alphabetische Prinzip durchbrochen. Dennoch findet man sich, glaube ich, besser zurecht, als wenn ich das Kategoriensystem der FCI verwendet hätte: 1. Hirten-, Wach-, Dienst- und Gebrauchshunde. 2. Jagdhunde. 3. Begleit- oder Familienhunde. 4. Windhunde.

Die Rassen – alle im Bild vorgestellt – beschreibe ich so, daß sie zusammen mit dem Bild für Sie so deutlich werden, daß Sie sie auf der Straße wiedererkennen können. Die Beschreibung des Aussehens beruht auf dem Standard, Sie finden zusätzlich die Größe, das Idealgewicht und die Lebenserwartung. Diese drei Zahlen sind, wenn nicht anders vermerkt, Mittelwerte. Auch die Eigenschaften und Charakterbeschreibungen können nur verallgemeinernd sein. Ich habe sie aus eigenen Beobachtungen und Erfahrungen, aus Beschreibungen von Hundehaltern, nach Angaben von Clubs und aus der Fachliteratur ermittelt. Wobei ich mir klar darüber bin, daß die Auskünfte der Halter fast immer subjektiv, die der Clubs bis auf wenige Ausnahmen beschönigend sind. Ein Schäferhundliebhaber läßt nur selten einen anderen Hund gelten, es gibt Bobtail- und Bassetnarren, und hier könnte ich die Liste der Rassenamen beliebig verlängern. Denn es ist verständlich, daß man *seine* Rasse liebt, besonders wenn man schon den zweiten oder dritten Hund hat.

Erste Hilfe für die Wahl der Rasse

Man kann sich einen Hund nach dem Aussehen aussuchen, weil man ihn besonders hübsch oder attraktiv findet. Man kann von einem Hund träumen, der stark ist, wachsam und einen vor den Fährnissen unserer Zeit schützt. Man kann sich zu einer Rasse hingezogen fühlen, weil man den Fernen Osten liebt. Manche Leute schätzen das Monumentale. In der Phantasie umgeben sie sich mit jedem Hund der Welt, im Leben müssen sie realistisch bleiben. So gehören zum Beispiel auf Leistung gezüchtete Jagdhunde nur in die Hand eines Jägers, wobei mir schon die Hunde von Sonntagsjägern leid tun, die die ganze Woche über in einer Großstadtwohnung leben.

Mit Angehörigen der anerkannten Schutzhundrassen – Deutscher Schäferhund; Boxer; Rottweiler; Dobermann; Riesenschnauzer; Airedale Terrier, Bouvier und Hovawart – sollte man arbeiten und auf den Hundesportplatz gehen. Es ist ein Jammer, wenn die Anlagen eines Deutschen Schäferhundes in einem Wohnzimmer verkümmern.

Willensstarke und naturscharfe Rassen wie Bullterrier, Staffordshire Terrier, Bordeauxdogge, Mastiff, Mastino oder Fila Brasileiro können nur von konsequenten Menschen gehalten werden, die etwas von Hundeerziehung verstehen. Bei falscher Haltung können diese Rassen gefährlich werden. Je nach Bundesland gibt es unterschiedliche Verordnungen und Verbote; erkundigen Sie sich danach. Normalerweise muß so ein Hund beim Landratsamt gemeldet werden, und der Tierarzt oder ein Hundeerzieher muß ein »Tauglichkeitszeugnis« über Hund und Herr abgeben. Ist eine Rasse groß und schwer, dann sollte man möglichst ebenerdig wohnen, zumindest den Hund die ersten sechs Monate im Parterre halten können, da Treppen für ihre Bänder nicht gut sind und sie lokkere Schultern bekommen. Schlittenhunde, auf Ziehen schwerer Lasten gezüchtet, gehören weder in die Großstadt noch in warmes Klima.

Bei seltenen Rassen muß man vor dem Kauf sehr genau prüfen, man muß Ahnentafeln studieren, feststellen, ob Fehler oder Krankheiten vererbt werden, und die wenigen Züchter, die weit verstreut wohnen, besuchen und sich ihre Hunde anschauen.

Ich habe Sie bewußt zunächst einmal gebremst und Ihnen die Schwierigkeiten vorgeführt. Die Entscheidung liegt selbstverständlich bei Ihnen. Hier die Rassen, die bei uns am häufigsten gehalten werden und dadurch zumindest in der Anschaffung problemlos sind: Deutscher Schäferhund, Dackel, Pudel, Pinscher und Schnauzer, Boxer, Terrier aller Art, Collie und Sheltie, Cocker Spaniel, Windhunde.

Eine Hilfe für die Rassewahl kann Ihr Typ sein. Sind Sie Sanguiniker, Phlegmatiker, Choleriker oder Melancholiker? Wenn Sie Sanguiniker und Phlegmatiker sind, dann paßt zu Ihnen ein Resonanzhund, der die gleiche Temperamentslage hat. Als Choleriker und Melancholiker brauchen Sie einen Komplementärhund, der in seinem Wesen das Gegenteil von Ihnen ist.

Basenji

Durch seine schlanke, hochbeinige Figur und die federnde Gangart wirkt er elegant und fällt auf. Den Kopf trägt er aufrecht, die Spitzohren sind nach vorne geneigt, sein Gesicht hat fein ziselierte Falten, die Augen stehen schräg. Das Fell ist kurzhaarig, meist rot, aber auch schwarz. Beine und Schwanzspitze müssen immer weiß sein. Die Rute wird über dem Rücken geringelt und etwas schräg getragen. Sein Zuhause ist das Kongogebiet in Afrika, wo er ein Laufhund für die Niederwildjagd war. Nie wurde eine andere Hunderasse eingekreuzt. Die Hündinnen haben nur eine Hitzeperiode im Jahr. Ein Beweis für die urtümliche Art der Rasse. Die Schulterhöhe ist etwa 40 bis 43 cm, sein Gewicht sollte 12 kg nicht übersteigen. Er wird etwa 12 Jahre alt.

Bei uns ist der Basenji ein noch seltener Hund, dessen Standard in den 30er Jahren in England erstellt wurde. Die Rasse selbst ist uralt, wie Felsbilder und ägyptische Plastiken zeigen. Typisch für ihn ist, daß er nicht bellt, sondern sich nur mit einem »Wuff« meldet. Als weitere Lautäußerung hat er eine Art Heulen, das man mit einem übermütigen »Jodeln« bezeichnen könnte. Für die Wohnung wäre er ideal, da sein Fell nicht riecht und er sich wie eine Katze putzt. Andererseits braucht er reichlich Bewegung für seinen raumgreifenden Spreizschritt.

Er ist ein intelligenter Hund, der schnell begreift, auch wenn er es nicht unbedingt auf Befehl zeigt. Er ist sehr anhänglich und stets heiter. Besonders gut läßt er sich in Meute halten, wobei aber schon zwei Hunde genügen, da er sehr sozial eingestellt ist.

Er verteidigt sich (und seine Leute) mit einer blitzschnellen Bewegung; dabei stanzt er mit den Eckzähnen zwei kleine, schmerzhafte Löcher in die Haut des Gegners.

Basset Hound

Ein niederläufiger Hund, starkknochig und auf mächtigen Pfoten, mit Hautfalten darüber, die wie Ringelsöckchen aussehen. Die Hinterhand ist stark bemuskelt, der Bewegungsablauf fließend und vor Kraft federnd (er kann aber genausogut auch daherschlurfen).

Der Kopf ist gewölbt mit herausragendem Hinterhauptbein, er hat ein starkes Scherengebiß. Die Ohren (Behang) sind tief angesetzt, sehr lang und so weich wie bestes Fensterleder. Er hat eine ausgeprägte Kehlwamme, seine am Ansatz starke Rute trägt er leicht säbelförmig über dem Rücken. Drei- (schwarz-weiß-rot) oder zweifarbig. Höhe 33 bis 38 cm. Gewicht bis 32 kg. Er kann etwa 12 Jahre alt werden.

Der »Hund mit dem traurigsten Blick der Welt«, den »drei Kinder gleichzeitig streicheln« können, hat fast immer die Nase (und damit auch die Ohren) auf dem Boden. Er stammt aus einer alten Jagdhundrasse, darf aber nicht mit den französischen Bassets (Niederlaufhunde) verwechselt werden.

Der Basset Hound ist ein verträglicher Hund und gut in der Wohnung zu halten, wenn er zu den schweigsamen gehört. Ansonsten ist sein volltönendes Organ häuserweit zu hören.

Wieviel Bewegung er braucht, ist Erziehungssache, es gibt faule und ständig marschierbereite Bassets. Seine Eigenwilligkeit macht die Haltung nicht leicht, außerdem ist er als Meutenhund überhaupt nicht gern allein. Er ist ein starker Hund, an der Leine manchmal schwer zu halten, und er soll auch stark und kräftig aussehen: schlanke Bassets, bei denen man die Rippen sieht, sind nicht schön. Bei Rüden einiger Blutlinien können Blasensteine (Cystinsteine) auftreten. Basset Hounds sind Hunde für Hundenarren.

Beagle

Ein Meutenhund, der auf der Spur den Hasen jagt. Daher ein kräftiger, kompakter Körperbau von elegantem Umriß. Wenn er läuft, sind seine Bewegungen raumgreifend: Er ist sehr schnell und ausdauernd. Die Pfoten sind fest und geschlossen. Typisch der Kopf mit ausgeprägtem Stirnabsatz (Stop), sichtbarem Hinterhauptbein und leicht gewölbtem Schädel. Die Behänge sollten bis fast zur Nasenspitze des stumpfen Fangs reichen. Dennoch darf der Kopf nicht grob wirken. Die Rute, möglichst mit weißer Spitze, wird fröhlich hoch getragen, wie überhaupt das Gutgelauntsein zu den Rassekennzeichen gehört. Dreifarbig und alle anderen Houndfarben. Höhe zwischen 33 und 41 cm, Gewicht zwischen 10 und 18 kg. Ein gesunder Beagle wird etwa 12 Jahre alt.

Der Beagle, auch wenn er als Familienhund gehalten wird, ist ein Jagdhund. Man kann mit ihm jagdlich arbeiten (Spurlaut, Schweißsuche), und er folgt in Feld und Wald blindlings jeder Spur. Das muß man wissen, wenn man sich einen Beagle ins Haus holen will. Auch daß er ein selbstsicherer Hund mit sehr viel Vitalität ist, verträglich, aber mit Neigung zum Streunen. Er ist gesellig, anschmiegsam und anhänglich, mehr jedoch an die Familie als an eine Person. Sein Gruppengefühl ist so groß, daß er sich über jeden Besuch freut und Einbrecher als Besuch betrachtet. Zu anderen Hunden ist er freundlich, bissige Beagles sind atypisch. Sein Selbstbewußtsein erfordert von klein auf Konsequenz. Dann weiß er, was er darf und soll, denn er lernt schnell.
Braucht viel Bewegung und körperliche Leistung; er ist bellfreudig. Beagles spielen gerne und sind, von wenigen Ausnahmen abgesehen, sehr kinderlieb. Spezifische Beagle-Krankheiten sind nicht bekannt, obwohl gerade die Beagles gründlich erforscht wurden.

Bernhardiner, Stockhaar

Ein kräftiger, stramm muskulöser Hund mit mächtigem Kopf und intelligentem Gesicht. Eine dunkle Gesichtsmaske macht es ernst, aber nicht böse. Die Augen haben einen klugen, freundlichen Ausdruck und die braune Farbe einer gut gebackenen Semmel. Die unteren Lider schließen nicht vollkommen, dürfen aber auch nicht mit hochgeröteter Bindehaut zu tief hängen. Der Behang ist mittelgroß und liegt am Kopf an, die Ohrlappen sind zart.
Die kurze Behaarung ist sehr dicht, die Rute buschig ohne Fahne. Die Farben Weiß mit Rot, Rot mit Weiß, das Rot in verschiedenen Abstufungen. Pfoten, Brust, Rutenspitze immer weiß. Schulterhöhe Rüde 75 cm, Hündin 70 cm. Die Lebenserwartung liegt bei 10 Jahren.

Weitere Beschreibung beim langhaarigen Bernhardiner, da sich die Hunde bis auf das Haarkleid völlig gleichen. Wobei beim Stockhaar der muskulöse Körper stärker hervortritt, auch ist er wesentlich leichter zu pflegen.
Die Anschaffung sollte man sich genau überlegen. Ein so großer Hund bringt Veränderungen in jedes Familienleben, er braucht viel Platz, man kann ihn aber auch gut im Freien halten. Er ist wachsam, ohne ein Beller zu sein, und läßt sich nicht durch kläffende Hunde in der Nachbarschaft anstecken. Er ist kein Stadthund, seine Kothaufen fallen wegen der Größe unangenehm auf.
Welpen sollten möglichst keine Treppen steigen, vor allem das Hinabsteigen kann zu Zerrungen von Bändern und Muskeln führen. Das alles betone ich besonders, weil ein Bernhardiner gerne als Statussymbol angeschafft wird. Er ist auch kein Hund für Hundesportler, die ihn ausbilden wollen. Ein scharf gemachter Bernhardiner ist lebensgefährlich. Die in ihm schlafenden Kräfte soll man nicht wecken.

Bernhardiner, Langhaar

Hier ist das Haar mittellang, schlicht bis leicht gewellt, besonders auf dem Rükken. Auch er trägt an der Rute keine Fahne, jedoch an den Keulen stark entwikkelte Hosen. Durch seine kragenartige Wamme wird das Majestätische seiner Erscheinung betont, insgesamt wirken seine Linien etwas weicher. Die Pfoten sind breit und mäßig geschlossen, die häufig vorkommenden Wolfs- oder Afterklauen sind tief angesetzt und sollten vom Züchter beim Welpen entfernt werden, da sie den erwachsenen Hund beim Gehen stören und ein Verletzungsfaktor sind. Wie bei allen großen, schweren Rassen ist eine Disposition zur HD vorhanden. Fragen Sie den Züchter danach. Das Gewicht eines Rüden liegt bei 80 kg. Die Lebenserwartung liegt bei 10 Jahren.

Bernhardiner sind robust und ruhig, können aber auch zugreifen. Das machen sie jedoch nur bei wirklicher Gefahr, da sie gutmütig sind und eine hohe Reizschwelle haben. Als Wächter ist seine Wirkung vor allem moralisch: Er schreckt durch sein Dasein ab.

Von Natur aus bequem geworden und ohne große Bewegungsfreude, muß man nicht viel mit ihm spazierengehen. Man kann ihn aber dazu erziehen. Er ist kein Raufer, da er selbstsicher ist, und wird auch kaum von anderen Hunden angegriffen. Der Riese ist wie viele große Wesen sensibel und sehr anhänglich, deshalb sollte der im Freien lebende Hund täglich einige Stunden im Haus bei seiner Familie sein.

Der sonst so bedächtige Bernhardiner kann sich überschwenglich freuen, wenn jemand von der Familie nach Hause kommt, dabei bellt er, und das ist weit zu hören. Er kann auch vor Freude jemanden umwerfen. Hitze macht ihm mehr zu schaffen als Kälte, deshalb braucht er einen schattigen Platz.

Auf Kinder übt er eine ungeheure Faszination aus. Wer mit einem Bernhardiner spazierengeht, erlebt meist drei, auf Mißverständnissen und Legenden beruhende Reaktionen:

1. Mütter schicken ihre kleinen Kinder aus, den *lieben Hund* zu streicheln, im falschen Glauben, ein Bernhardiner sei ein Kindermädchen mit Fell. Gewiß, ein Bernhardiner ist ein gutmütiger Kinderhund. Er kann allerdings durch eine einzige Kopfbewegung ein Kind umstoßen und für Lebzeiten hundeängstlich machen.
2. Schnapsfreunde bekommen verklärte Augen und denken an das Fäßchen, das die Hospizhunde früher einmal um den Hals trugen (und heute noch bei Festumzügen), und stellen sich die Frage, ob Rum oder Obstler drin war, die Lawinenverschütteten zu laben. Die Schnapsgeschichte hat ein Schweizer Schriftsteller namens Meißner zum ersten Mal in seinem Buch »Alpenrosen« 1816 erzählt. Aus seinem *Fläschchen* wurde auf einem romantischen Bild ein deutlich erkennbares Fäßchen. In den Chroniken des Hospizes vom Großen Sankt Bernhard findet man darüber nichts.
3. Hunde-Enthusiasten beginnen von Barry zu schwärmen, dem Hund, der in zwölf Jahren 40 Menschen gerettet haben soll. Sehr wahrscheinlich auch eine Legende, denn im Hospiz gab es weder Aufzeichnungen über gerettete Menschen noch über einzelne Hunde. Man nannte bis 1860 diese Hunde *Barryhüng* = Bärenhunde, und so gibt es den ausgestopften Barry im Naturhistorischen Museum in Bern und einen zweiten im Vestibül des Hospizes.

Der Name *Bernhardiner* ist erst seit 1865 gebräuchlich, als außerhalb des Klosters die Reinzucht begann. Die Mönche hatten kurzhaarige Exemplare der alpenländischen Hirtenhunde als Wegefinder, *Schneeräumer* und Milchtransporteure benutzt, langhaarige an hochgestellte Persönlichkeiten verschenkt.

Das erste Zuchtpaar von Heinrich Schumacher, Metzger und Wirt in Holligen bei Bern, hieß Barry und Diana, ihre berühmtesten Kinder, Sultan und Favorite, bekamen auf der Pariser Weltausstellung 1867 je eine Goldmedaille. Zur Gründerzeit gab es einen Bernhardinerboom, man zahlte für die Hunde zwischen 800 und 2000 Goldfranken. Die heute existierenden Clubs in der Schweiz und in Deutschland wurden 1887 in Zürich (Aufstellung des Standards) und 1891 in München gegründet.

Nimmt man einen Welpen ins Haus und hat man Kinder, dann muß man aufpassen, daß sie weder auf dem jungen Hund reiten noch ihn an den Vorderpfoten hochheben. Es kann dadurch zu Zerrungen und zu Wachstumsschäden kommen. Das gilt im Prinzip für alle jungen Hunde, besonders aber für so schwere Tiere wie die Bernhardiner, die immerhin zwei Jahre brauchen, bis sie erwachsen und voll entwickelt sind.

Bloodhound *(Chien de Saint Hubert)*

Ein schwerer, kräftiger Hund von imposanter Größe, dessen Gang zugleich leicht und würdevoll wirkt. Typisch und bemerkenswert ist der lange, schmale Kopf mit loser und in Falten herabfallender Haut, auch die Lefzen sind lang und hängend. Die Ohren sind tief, seitlich angesetzt, mit sehr kurzen, seidigen Haaren. Sie sollen so lang sein, daß sie, nach vorne gezogen, über der Nase zusammentreffen. Die Unterlider lassen die rote Nickhaut sehen. Der Brustkorb ist breit und tief, die Läufe stark und muskulös. Die Rute wird in eleganter Krümmung getragen.
Farben Schwarz und Rot *(black and tan)*, Rot oder Braun und Rot *(liver-tan)*. Schulterhöhe um 67 cm (Rüde), Gewicht um 48 kg. Die Lebenserwartung liegt zwischen 8 und 10 Jahren.

Die Rasse stammt von den schwarzen St.-Hubertus-Hunden ab, die in einem Ardennenkloster gezüchtet wurden. Vermutlich wurden sie von den Normannen nach England gebracht. Dort gehören sie zu den Hounds, den Hunden, die auf der Spur jagen, wobei man dem Bloodhound (= Hund von bestem Blut) den erstaunlichsten Geruchssinn nachsagt. In den USA und England noch als Spürhund eingesetzt, ist er sonst zum wenn auch seltenen Familienhund geworden. Dank seiner Gutmütigkeit, Sanftheit und Friedfertigkeit ist er kein Wachhund, obwohl er durch seine Größe abschreckt. Die Bloodhoundfreunde sagen: »Da seine Veranlagung der Natur eines Gentleman entspricht, ist es ungewöhnlich, auf einen reizbaren oder mißgestimmten Hund zu stoßen.« Da er sehr kräftig ist und viel Platz braucht, kann ich seine Haltung nur eingeschränkt empfehlen. Ein robuster Hund, doch muß man sich vor Magenumdrehungen hüten. Man sollte mit ihm die Schweißhundprüfung machen.

Bouvier des Flandres

Ein mächtiger kurzer Körper auf kräftigen Beinen. Wirkt stark, aber nicht plump. Sieht auf den ersten Blick wie »ein zugewachsener Riesenschnauzer« aus. Kopf wird durch Kinn- und Backenbart betont und gibt dem Hund den besonderen Ausdruck. Die Augen sollen einen energischen Eindruck machen, in der Farbe zum Fell passen, das *fauve* (= Brauntöne zwischen Gelb und Hellrot) oder grau ist. Auch schwarze Grannen sind erwünscht. Das Haar ist rauh und auf dem Rükken besonders dicht. Die Ohren werden im Dreieck kupiert, der Schwanz auf zwei bis drei vorstehende Wirbel. Die Gangart (Schritt oder Trab) ist harmonisch und stolz. Größe um 65 cm, das Gewicht reicht an 40 kg heran.
Die Lebenserwartung liegt bei etwa 10 Jahren.

Der »Ochsentreiber« (= *Bouvier*) hat unter den Gebrauchshundesportlern in kurzer Zeit große Karriere gemacht und ist inzwischen als offizielle Gebrauchshundrasse anerkannt worden. Dazu verhalfen ihm seine Intelligenz und Ausgeglichenheit. Er ist ein bedächtiger Verteidiger, der eine sehr hohe Reizschwelle hat, was ihn für schnelle Ausbilder zu einem schwierigen Partner macht. Einen Bouvier kann man nicht zwingen, man muß ihn überzeugen. Obwohl man es diesem grimmig aussehenden Klotz von einem Hund nicht zutraut, entwickelt er im Umgang mit Kindern ein großes Feingefühl. Er ist kein Jedermannshund, denn er braucht einen wirklichen Herrn, den er dann auch anerkennt. Man muß ihn zu den »Einmannhunden« rechnen. Regelmäßige Fellpflege ist wichtig, auch muß er getrimmt werden, was nur beim Kopf von der Form her problematisch ist. Der Bart muß nach jeder Mahlzeit gesäubert werden. Einen Bouvier kann man im Freien halten, er neigt nicht zum Kläffen. Kaum Hüftgelenkdysplasie.

Deutscher Boxer

Mittelgroß, stämmig, quadratisch und starkknochig, in den Bewegungen schnell und elegant, darf er weder plump noch hager-windig aussehen. Der Kopf gibt ihm das typische Gepräge: mit breitem Fang und schlankem Oberkopf. Falten sollen sich nur zwischen den langgeschnittenen, eng beieinander stehenden Ohren andeuten. Der Unterkiefer beißt vor, die Lefzen bedecken ihn. Der Gesichtsausdruck soll nicht finster, sondern treuherzig-frech sein. Das Haar ist kurz und glänzend, die Farben von Dunkelhirschrot bis Gelb, Mitteltöne am beliebtesten, auch gestromt. Die schwarze Maske beschränkt sich auf die Schnauze. Schulterhöhe bis 63 cm, Gewicht knapp über 30 kg.
Boxer werden durchschnitlich 8 bis 10 Jahre alt.

Im Standard des Boxers nimmt die Beschreibung der richtigen Schnauze einen großen Platz ein, doch auch sein Wesen wird ausführlich beschrieben. Es ist nach Willen der Boxerleute »von allergrößter Wichtigkeit und bedarf sorgsamster Pflege«. Was heißt das? Dieser wachsame und kämpferische Hund braucht in seiner Erziehung eine gütige, aber feste und konsequente Hand. Er ist das, was man *führerweich* nennt, ein harter Hund, der gegenüber seinem Herrn sensibel und empfindlich ist. Da er von Kampfhunden abstammt, stellt er sich unerschrocken einem Gegner und greift an, wovon ihn selbst schwere Schläge nicht abschrecken können. Durch falsche Führung kann der Boxer verdorben, gefährlich und ein Raufer werden.

Obwohl er zu den anerkannten Gebrauchshundrassen gehört, ist er doch hauptsächlich ein Haus- und Familienhund geworden. Sein Temperament, seine Spielfreude bis ins Alter hinein, seine Freundlichkeit gegenüber Kindern und der Familie, seine Neigung zum Schmusen trugen zu diesem Dauererfolg bei. Gleichzeitig ist sein kurzes Fell pflegeleicht, er selbst recht anspruchslos und auch mit einer Stadtwohnung zufrieden, zumal er wenig bellt. Sein Temperament und Bewegungsbedürfnis erfordern jedoch regelmäßige, lange Spaziergänge. Nicht immer arrangiert er sich mit anderen Hunden.

Es ist empfehlenswert, mit einem Boxer zu arbeiten. So verlangt der Club für die Zucht, daß mindestens eines der Elterntiere ein Ausbildungskennzeichen erworben hat. Wie überhaupt Zuchtbestimmungen und Körzucht-Ahnentafel beim Boxer vorbildlich sind. Jeder zur Zucht vorgesehene Boxer muß »gesund und lebensvoll sein, harte Konstitution, lebhaftes Temperament sowie nervenfestes und nervenfrisches Wesen und ein kräftiges und Ausdauer gewährleistendes Gebrauchshundgebäude besitzen. Sie müssen gute Futterverwerter sein und hinreichende Widerstandskraft gegen ansteckende Krankheiten haben, so daß auch die erwünschte Langlebigkeit zu erwarten ist.« Der Hund muß auf einer Zuchtveranlagungsprüfung angekört (= zur Zucht ausgewählt) werden, ein Röntgenbefund zur Feststellung von Hüftgelenkdysplasie ist obligatorisch. In der Ahnentafel werden die Tiere genau beschrieben, die Wurfgeschwister aufgeführt, und es stehen bei den Eltern Angaben wie »Empfohlen für quadratische Hündinnen jeder Größe. Ausgleich bei Kopf- und Pigmentmängeln zu erwarten.«

Der Club, der so penibel über seine Rasse wacht, wurde 1896 in München gegründet. Woher der Name *Boxer* stammt, ist nicht genau festzustellen. Vielleicht, um die kämpferische Natur dieses Hundes zu charakterisieren, vielleicht auch, um seine englische Abstammung festzuhalten, denn der Vater des ersten ins Boxerzuchtbuch eingetragenen Hundes »Mühlbauers Flocki« war ein englischer Bulldog. Die eigentlichen Vorväter waren die behenden Brabanter Bullenbeißer, von ihnen und den Bulldogs sind die weißen Abzeichen geblieben, die nach meinem Geschmack einem Boxer besonders gut anstehen. Weiß war im Anfang der Boxerzucht vorherrschend, reinweiße Hunde wurden ab 1925 nicht mehr zur Zucht zugelassen.

Was neben dem Wesen des Boxers besticht, ist die Ausgeglichenheit seiner Proportionen, sein trockener, muskulöser Körper, der seinen Schneid geradezu signalisiert. Beim Wesen ist die amüsante Verspieltheit hervorzuheben und daß es so viele ausgeprägte Individuen in dieser Rasse gibt.

Boxer können im Alter eine Versteifung der Wirbelsäule bekommen, was man daran merkt, daß der Hund nicht mehr galoppiert und es vermeidet, heftig zu wedeln, was er sonst wegen des kupierten Schwanzes mit dem ganzen Rücken tun muß. Leider sind Boxer ab dem achten Jahr krebsanfälliger als andere Rassen. Ins Zuchtbuch wurden über 160000 Hunde eingetragen.

Von links: Großer Schweizer Sennenhund, Berner Sennenhund, Appenzeller Sennenhund und Entlebucher Sennenhund

Bracken und Schweißhunde

Die Bracken sind eine sehr alte Hunderasse. Sie gelten als die ursprünglichen Jagdhunde und wurden früher *Wildbodenhunde* genannt. In der Schweiz heißen sie *Laufhunde,* in Frankreich *chien courant,* in Italien *segugi,* in England *hound* und in den skandinavischen Ländern *stövare.* Im Gegensatz zu den Windhunden, die das Wild mit den Augen verfolgen und hetzend erjagen, arbeiten die Laufhunde (Bracken) mit der Nase, sie verfolgen die Fährte langsamer, ausdauernder und geben, sobald sie frische Witterung erspüren, vollen Laut. Dieses *Geläute* ist Musik in den Ohren des Jägers. Es verrät ihm, um welche Wildart es sich handelt, wohin das verfolgte Stück flüchtet und wo der Hund es, wenn es ermüdet ist, stellt und verbellt.

Bracken arbeiten nur mit der Nase, sie brauchen die Ohren kaum, die als Behang herunterhängen und den Hund auf die Spur konzentrieren. Spurlaute Hunde gewähren dem Wild naturgemäß einen großen Vorsprung, die Jagd wird fairer als mit stumm jagenden oder sichtlautgebenden Hetzhunden.

Der Name Bracke soll sich von *brachio* ableiten, was *Sohn des Bären* heißt. So hieß ein Mann aus Thüringen, der Schwarzwildjäger des Herzogs Sigivald in der Auvergne war, Karriere machte, Abt im Departement Puy de Dôme wurde und sich eine große Meute guter Laufhunde hielt. Nach seinem Tod wurde er zum Namensgeber dieser Rasse, aus der dann verschiedene Rassen entstanden. Eine andere Deutung ist weniger legendär, man leitet Bracke vom *Brechen* durch das Unterholz ab, denn die Brackenjagd geht über Stock und Stein, durch Busch und Gehölz.

Das berühmte deutsche Tierschutzgesetz von 1936 verbietet das Hetzen von Wild hoch zu Pferde und mit Hunden, das in Frankreich, England, Irland und den USA noch ausgeübt wird und immer wieder die Tierschützer zu Protesten veranlaßt. Gewiß ist das Schießen mit Zielfernrohr aus sicherer Entfernung und bequemer Position humaner, die Parforcejagd auf Fuchs oder Hirsch, zu Fuß auf Hasen und Kaninchen jedoch wesentlich sportlicher. »Wer hinter den Hunden reitet, kommt nicht vor die Hunde«, sagen die Engländer und machen damit die Hound-Jagd nicht nur zu einer Sport- und Konditions-, sondern auch zu einer Charakterprüfung. Doch wo ist bei uns das geeignete Gelände? So wurden denn die noch übriggebliebenen Brackenrassen zur Partnerjagd von Hund und Mensch in schwierigem Gelände verwendet. Und was den Gesetzgeber betrifft, da ja alles seine Ordnung haben muß: Die *laute Jagd* gilt weder als Hetzen noch als dauerhaftes Brackieren, als sogenannte *Brackade,* wenn der oder die Hunde zum Stöbern eingesetzt werden. Ansonsten wird für diese Jagdart ein Revier von mindestens 1000 Hektar vorausgesetzt.

Durch den züchterischen Einsatz von Jägern, die Spezialhunde brauchten, die klettern konnten, vor dichtestem Unterholz nicht zurückschreckten, die ausdauernd waren und eine hervorragende Nase hatten, erhielt man Rassen wie die hier vorgestellte Deutsche Bracke, die Dachsbracke, die Alpenländische Dachsbracke, die Tiroler Dachsbracke.

Der unbestrittene König der Parforcejagden war der *Leithund.* Er gehörte keiner bestimmten Rasse an, sondern war die spursicherste Bracke, die sich an den Kopf der Meute setzte und das zu jagende Wild fand. Der Leithund verhalf seinem Jäger zur größten jagdlichen Ehre, *hirschgerecht* genannt zu werden. Ein solcher Jäger konnte durch die Führung seines Hundes »des Hirsches Zeichen, Wechsel und Wandel vollkommen inne werden«. Als die Parforcejagd mehr und mehr verschwand, brauchte man keinen Leithund mehr, dafür aber einen Schweißhund, der die Arbeit nach dem Schuß übernahm und vollbrachte. So wurde nach Auflösung des Hannoverschen Jägerhofs im Jahr 1866 aus den verbliebenen Resten der Leithunde – man hatte sie schon mit fährtenlauten Haidbracken gekreuzt und eine Vorstufe des Schweißhundes erhalten – der Hannoversche Schweißhund gezüchtet. Zuchtbuchführend wurde der 1894 gegründete Verein »Hirschmann«.

Der hannoversche Hund ist für die Arbeit auf dem flachen Land als Spezialist im Hochwildrevier geschaffen worden. Er lernt sein Können auf der kalten Fährte eines einzeln ziehenden gesunden Stücks Hochwild. In der Realität der Jagd *fällt er* die Fährte eines kranken Hirsches *an.* Der Jäger hängt mit ihm am Riemen der Fährte nach. Sobald das angeschossene Wild aus seinem Wundbett hochgeht, wird der Hund *geschnallt* (vom Riemen gelöst). Er folgt dem Wild, stellt es oder wird von ihm gestellt. Dann gibt er Standlaut, und der Jäger pirscht sich an und gibt den Fangschuß. Da die Haltung eines Schweißhundes für ein Hochwildrevier nicht zu empfehlen ist, gibt es sogenannte Schweißhundstationen, denen eine Anzahl von Revieren angeschlossen ist. Hunde und Hundeführer werden zu Nachsuchen ausgeliehen.

Da in den Hochgebirgsjagden die Nachsuche immer wichtiger wurde, brauchte man ebenfalls Schweißhunde. Doch die Flachland-Hannoveraner waren dafür nicht geeignet. Den speziell für diesen Zweck gezüchteten Bayerischen Gebirgsschweißhund stelle ich in einem Rasseporträt vor.

Deutsche Bracke (Olper Bracke)

Leichter, hochstehender Jagdhund, elegant und doch kräftig, mit auffallend dikker Rute. Langgestreckter, trockener Kopf mit anliegendem, unten abgerundeten Behang. Die Nasenkuppe hat bei dunklen Hunden einen hellen, fast fleischfarbenen Mittelstreifen. Die Augen sind hell, mit freundlichem Ausdruck. Das Gebiß ist kräftig, die Fangzähne besonders stark entwickelt. Das Haar ist für einen kurzhaarigen Hund lang, dicht und hart, die Rute buschig behaart. Die Farben Rot bis Gelb, mit schwarzem Sattel und weißen Brackenabzeichen, weißer Fang und Halsring, wenn möglich geschlossen. Tiefe Brust.
Schulterhöhe zwischen 35 und 45 cm. Gewicht etwa 15 kg. Lebenserwartung liegt bei etwa 10 Jahren.

Zu den Sauerländer Brackenschlägen zählt man noch die Sauerländer Dachsbracke, auf die die oben genannten Merkmale ebenfalls zutreffen, sie ist nur niederläufiger, muskulöser und wirkt dadurch gedrungener (Höhe 30 bis 35 cm). Beide Rassen sind in erster Linie Waldgebrauchshunde, die vornehmlich zur *lauten Jagd* auf Hase, Fuchs und Sau verwendet werden. Dank ihrer Spursicherheit und ihres Durchhaltevermögens eignen sie sich zum Einsatz in schwierigen Bergrevieren mit schier undurchdringlichen Dickungen. Es sind Hunde, die ausschließlich in die Hand eines Jägers, möglichst sogar Berufsjägers, gehören. Das Leben in einem großen Zwinger ist ihnen am liebsten, sie sind aber auch gute Hausgenossen, fröhlich und freundlich. Die Deutsche Bracke jagt vornehmlich allein, aber natürlich auch in der Brackenmeute. Im Gegensatz zu den englischen *(Harrier; Foxhound)* und den französischen Meutenhunden *(chien français blanc et noir)* sind sie keine Hetzhunde.

Alpenländische Dachsbracke

Sehr agiler, mittelgroßer, kräftiger Hund mit starken Knochen und guter Muskulatur, der elegant wirkt. Der Kopf ist faltenlos, der Fang kräftig, der Behang glatt anliegend und rund. Der muskulöse Hals entspricht dem übrigen Körper, dessen Läufe stark bemuskelt und gerade sind. Die Pfoten sind derb und gut geschlossen. Die Rute ist mittellang, zeigt eine mäßige Bürste und wird in Höhe der Rükkenlinie getragen. Das Haar ist derb, hart und kurz, aber nicht glatt, mit guter Unterwolle.
Die Idealfarbe ist Dunkelhirschrot, aber auch Schwarz mit rostrotem Brand (sogenannte *Vieräugl* = Abzeichen über den Augen). Kein Weiß. Schulterhöhe um 38 cm, Gewicht um 15 kg. Lebenserwartung um 12 Jahre.

Ein alter Hundeschlag, der von Jägern im Erzgebirge, in den österreichischen und deutschen Alpen, im Bayerischen und Böhmerwald gezüchtet wurde. So trug sie bis 1976 die Bezeichnung *Alpenländisch-Erzgebirgler Dachsbrakke.* (Früher nahm man irrtümlich an, daß aus ihr der Dackel entwickelt worden sei.) Dieser reine Jagdhund kann als Schweißhund wie für die laute Jagd auf Hase und Fuchs eingesetzt werden. Ihr großer Vorzug ist der absolut sichere Spur-, Hetz- und Standlaut, so daß ihr Führer den Verlauf der Jagd hören und sich darauf einstellen kann. Im Hause ist sie ruhig und freundlich zur Familie und deren Kindern, auf der Jagd fordert der Rucksack des Herrn oder ein Stück Wild zur Wachsamkeit und Verteidigungsbereitschaft auf. Der Dachsbrakke kann Mannschärfe anerzogen werden. Sehr strenge Zuchtvorschriften, die sich auf Leistung wie auf Form erstrecken, beschränken die Zucht, so daß die Nachfrage höher als die Welpenzahl ist. Abgabe nur an Vereinsmitglieder, die Jäger sind.

Tiroler Bracke

Ein mittelgroßer, leichter Hund, sehr beweglich, Kraft mit Eleganz gepaart. Es gibt zwei Farbschläge, die sich in Körper- und Kopfform gleichen. Rot-schwarzer Schlag mit roter Grundfarbe, schwarzem Mantel oder Sattel. Roter Schlag: tief hirschrot, rostrot bis rehrot. An der Brust sind kleine weiße Abzeichen erwünscht. Das Fell ist derb, dicht, kurz, mit Unterwolle. Die Rute soll an der Unterseite eine Bürste haben.

Der Blick der dunkelbraunen Augen soll scharf, klug und freundlich sein. Der Behang ist hoch angesetzt, mittellang, mit dünnem Knorpel. Der Hals trocken und ohne Wamme. Kräftige, gut geschlossene Pfoten. Schulterhöhe bis 48 cm. Gewicht um 20 kg. Lebenserwartung etwa 12 Jahre.

Der direkte Abkömmling des Wildbodenhundes aus Tirol, mit dem Kaiser Maximilian vor fast 500 Jahren jagte, ist ein Meister der Schweißarbeit im rauhen Terrain des Hochgebirges. Es ist ein Hund, der nur in die Hand des spezialisierten Jägers gehört, als Haushund völlig ungeeignet. Deshalb sieht man diesen attraktiven Hund fast nie auf Ausstellungen, damit er nicht durch Schönheitszüchter verdorben wird. Die Tiroler Bracke ist ein anhänglicher, sensibler Hund, der den unmittelbaren Kontakt zum Jäger braucht und sich deshalb für Zwingerhaltung nicht eignet. Man setzt sie für alle Arbeiten nach dem Schuß in schwierigem Gelände ein: Totverbellen und Totverweisen wie das Bringen. Zitat von Richard Saurwein, Altmeister der Brackenzucht: »Der Tiroler Jäger muß danach trachten, daß er einen rasseedlen und höchst leistungsfähigen Jagdhund an seiner Seite führt. So wie er seine Flinte blitzblank hält, so muß er auch auf seinen unersetzlichen Jagdkameraden, die Tiroler Bracke, achten.«

Bayerischer Gebirgsschweißhund

Ein mittelgroßer, sehr beweglicher, muskulöser Hund, dessen Körper leicht langgestreckt wirkt und hinten etwas überhöht ist. Der Kopf wird horizontal wie die Rute getragen. Die Nase ist schwarz oder dunkelrot, die Lefzen überfallend, ohne Hängelefzen zu sein. Der Rücken ist sehr kräftig und bemuskelt. Die Pfoten sind löffelförmig, die Ballen rauh und widerstandsfähig. Das Haar liegt dicht und glatt an, ist mäßig rauh und hat wenig Glanz.

Die Farbe reicht von Tiefrot über Ockergelb bis Semmelfarben. Auch geflammt oder dunkel gestichelt. Auf dem Rücken ist die Grundfarbe intensiver, Fang und Behang meist dunkel. Schulterhöhe 48 bis 50 cm, Gewicht 15 bis 20 kg. Lebenserwartung um 12 Jahre.

Nachfahre der einheimischen Wildbodenhunde, wurde er aus alten Hochgebirgsbracken und dem Hannoverschen Schweißhund gezüchtet. Ein Spezialist, der der kalten kranken Fährte von Rot-, Gams- und Rehwild frei oder am langen Riemen folgt. Er ist ein sehr ausdauernder Läufer und ein ebenso guter Kletterer. Außerdem muß er laut hetzen. Der schneidige und wildscharfe Hund ist anhänglich, braucht aber einen genauso leistungsstarken Führer. Womit ich klarstellen möchte, daß der Gebirgsschweißhund ein reiner Jagdhund ist, hier auch noch spezialisiert, also keineswegs ein Hund für jeden Jagdscheininhaber. Durch scharfe Zuchtauslese ist der jährliche Welpenanfall gering und entspricht keineswegs der Nachfrage. Denn die Rasse hat in den letzten Jahren großen Aufwind bekommen: Gute Schweißhunde und ihre Führer sind in der Jagdzeit vollauf beschäftigt. Die Prüfungen des Schweißhundverbandes sind streng, die kalte Fährte muß z. B. mindestens vier Stunden alt sein.

Bulldoggen – ein Kapitel Kampfhundgeschichte

Für den Schutz im Haus und den Sportgebrauch züchtete man kompakte und kräftige Hunde, die angriffslustig und todesmutig waren. Sie lösten die Hunderiesen als Kampfhunde ab.
Wenn man bei Rassen überhaupt von Stammvätern sprechen darf, so ist es bei den handlichen Kampfhunden der englische Bulldog mit seinen kontinentalen Vettern Bullenbeißer und Bärenbeißer in ihren verschiedenen Schlägen. Der Bulldog gab dem Boxer seinen unerschrockenen Mut und dem Bullterrier eine nicht zu brechende Kampfeslust, die mit der Schnelligkeit und Aggressivität von Terriern gepaart wurde.
Von solchen Kampfhunden träumen heute noch Männer und manchmal auch Frauen. Sie sind das Wunschbild vom treuen vierbeinigen Todbringer als Begleiter, der uns vor aller Unbill einer unsicheren Welt beschützen kann. Da aber die Realität anders ist, versucht man, diese Rassen ungefährlicher und toleranter zu machen.
Die Geschichte des Bulldog ist blutig. Dennoch oder gerade darum wurde er zum Symbol Britanniens.
Damals liebte man als Sportarten zum Zuschauen – so wie heute Boxen, Fußball oder Eishockey – die Kämpfe von Tieren gegeneinander, vor allem das *bull baiting*. Der Hund, manchmal auch zwei, wurde auf einen Bullen gehetzt, der sich mit seinen spitzen Hörnern und den Hufen verteidigte. Die Hunde mußten von vorne angreifen, um sich unter den Hörnern hinweg in Nase und Kehle festzubeißen. Das war einmal eine Mutprobe, zum anderen wollte man die Haut (= das Leder) des Bullen schonen. Diese Kämpfe hatten auch einen kulinarischen Hintergrund: Man glaubte in England lange Zeit, daß das Fleisch eines durch Hunde gehetzten Bullen viel zarter sei als das eines normal geschlachteten. Die Hunderasse für diesen Kampf wurde äußerst kompakt, breit und muskulös gezüchtet. Schulterhöhe um die 40 cm, Gewicht 25 kg. Typisch der mächtige Unterkiefer mit Vorbiß, der schraubstockartig zupackte und nicht loslassen mußte, da die zurückliegende Nase sicherstellte, daß auch der in seinen Gegner verbissene Hund ungestört atmen konnte.
Dieser gräßliche Sport verschwand mit dem Beginn der Viktorianischen Epoche. Der heutige Bulldog hat Gestalt und Gesicht behalten, ebenso die Härte im Ertragen von Schmerzen und seinen Einzelhundcharakter.

Englischer Bulldog *(Bulldog)*

Kompakt, breit, kräftig und massig, sehr muskulös, mit einem außerordentlich massiven Kopf: ein Hund, den man nicht vergißt und immer wieder erkennt. Die Schnauze ist breit, stumpf und nach oben gebogen. Charakteristisch sind die vielen tiefen, feinen Falten, die dem Gesicht Stil geben. Die Ohren sind klein, dünn und rosenförmig. Das Fell ist dicht, kurzhaarig und fein, die Farbe Weiß, Rötlich, Rotgelb, Fahlgelb oder Gestromt, Klarheit ist wichtiger als Farbsorte, nur Schwarz ist auch in Flecken verpönt.
Der Körper steht auf stämmigen Beinen, die Pfoten sind rund und groß. Die Rute, eher kurz als lang, wird nach unten getragen. Höhe nicht vorgeschrieben, bestes Gewicht 24 kg. Lebenserwartung bis 10 Jahre.

Im Standard dieses außergewöhnlichen Hundes spielt das Temperament eine wichtige Rolle: Aggressive wie träge Hunde werden disqualifiziert. Ein Bulldog soll die Aktivität und rollende Eleganz der Dicken haben. Er ist gutmütig, geduldig, gegenüber Kindern sehr lieb, kann aber bei Bedarf sehr böse werden und seine Familie bis zum letzten verteidigen. Beißt er einmal zu, läßt er lange nicht mehr los.
Ein Bulldog ist kein Hund für Sportler. Wer einen Hund will, dessen Gehorsam perfekt funktioniert, ist hier an der falschen Adresse. Da er sehr stur ist, fruchtet auch eine konsequente Erziehung wenig. Lange Spaziergänge mag sie nicht besonders.
Die meiste Zeit beanspruchen seine Falten, sie müssen regelmäßig und sorgfältig gereinigt werden. Die Fellpflege selber ist einfach.
Er ist nicht so hitzeempfindlich, wie immer gesagt wird, dagegen schnauft er deutlich hörbar, und seine Verdauung ist sehr gut, was empfindliche Nasen stören kann.

Französische Bulldogge

(Bully – Bouledogue français)

Ein kräftiger, kurzleibiger Hund von untersetzter, kleiner Gestalt. Typisch das stumpfnasige Gesicht mit den aufgestellten Fledermausohren und der von Natur kurzen Rute. Der Schädel hat an Breite gewonnen, was er an Länge verlor. Im Gesicht konzentrisch und symmetrisch verlaufende Falten, die bis zu den Oberlefzen reichen. Zähne und Zunge dürfen nicht sichtbar sein. Die Augen sind dunkel, mit wachem Ausdruck, rund und leicht vortretend. Der Rücken ist breit und muskulös, die Kruppe fällt schräg ab. Das Fell muß kurz, dicht und glänzend sein, gestromt oder scheckig, schwarz, rötlich und weiß.
Größe 30 bis 35 cm, Gewicht entsprechend zwischen 8 und 14 kg. Die Lebenserwartung liegt um die 8 Jahre, es gibt allerdings Ausnahmen.

Der *Boule,* entstanden aus den *Terrier-Boules,* Haushunden, die in herrschaftlichen Stallungen gehalten wurden, wurde 1898 als Rasse anerkannt. Der Bully ist überaus anhänglich und liebebedürftig, freundlich auch gegenüber Freunden der Familie. Er ist intelligent und muß mit Liebe erzogen werden, wobei er nicht besonders unterordnungsbereit ist. Bullys haben eine Art Persönlichkeitsgefühl; das merkt man an ihrem Verhalten, wenn Leute über sie lachen. Ihr Gesichtsausdruck ist sehr sprechend, ihre hörbare und wechselreiche Atmung kann vom Menschen, der mit ihnen lebt, verstanden werden, wie überhaupt dieser Hund einem Menschen gerne Gesellschaft leistet und auf engen Kontakt bedacht ist. Er ist ein unerschrockener Hund, immer aktiv und ein unbestechlicher Wächter. Er schätzt Bewegung und Spaziergänge, kann aber auch auf sie verzichten. Da der Bully stärker ist, als er aussieht, paßt er für Leute, die einen *großen Hund* wollen, aber nur wenig Platz haben.

Chow Chow

Ein kompakter, gut proportionierter Hund mit kräftig gebautem Körper, der seinen Schwanz über dem Rücken trägt. Sehr typisch sind der stelzende Gang und die blauschwarze Zunge. Die Gesamterscheinung ist löwenhaft, stolz und würdevoll (menschlich gesagt). Die Ohren sind klein, dick und an den Enden abgerundet, sie werden aufrecht getragen. Der Kopf hat wenig Stop, die Schnauze endet breit, die Augen verschwinden in den Gesichtsfalten. Das Fell ist üppig und dicht, es gibt auch einen seltenen Kurzhaarschlag. Einfarbig schwarz, rot, blau, zimt, creme oder weiß. Die Pfoten sind klein, rund und katzenartig.
Die Mindesthöhe soll 45,5 cm (18 inches) sein, das Gewicht 20 bis 25 kg. Die Lebenserwartung ist hoch, sie liegt zwischen 14 und 16 Jahren.

Die Rasse, deren Herkunft im dunkeln liegt, wurde als Rarität aus China mitgebracht, bekam 1894 ihren Namen (= lecker, lecker), der an seine heimatliche Verwendung in der Küche erinnert. Vom Temperament her ist er ruhig und ausgewogen, aber nicht phlegmatisch. Er ist zurückhaltend bis reserviert und nicht begierig auf Streicheleinheiten. Er schließt mit seiner Familie Freundschaft und wählt eine Person aus, der er seine ganze Zuneigung schenkt. Deshalb sollte gerade bei dieser Rasse ein Besitzerwechsel unbedingt vermieden werden. Der Chow ist ein guter Wächter, der nur bellt, wenn es nötig ist. Er kann bei der Verteidigung eine Schärfe und Kampfkraft zeigen, die erschreckt, weil man sie nicht vermutet. Der größte Individualist unter den Hunden ist für Menschen, die völlige Unterordnung schätzen, ganz ungeeignet. Mit einem Chow Chow arrangiert man sich. Er ist kein Kinderhund, liebt die Kälte und mag die Hitze nicht, braucht nicht zuviel Bewegung, reagiert ausgeprägt auf Wild.

Kurzhaariger Dackel *(Teckel, Dachshund)*

Die Angaben über den Körperbau gelten für alle drei Arten: kurzläufiger, niedriger Hund von langgestreckter, aber strammer Gestalt und derber Muskulatur. Die Kopfhaltung ist keck und herausfordernd, der Gesichtsausdruck klug. Ein Dachshund darf weder plump noch wieselartig schmächtig aussehen. Der Oberkopf verläuft möglichst ohne Stirnabsatz (Stop) in den Nasenrücken. Der Behang ist hoch angesetzt, nicht zu lang, an den Enden schön abgerundet.
Das Haar ist kurz, dicht, glänzend und glatt anliegend, die Rute soll voll behaart sein, ebenso Bauch und Körperunterseite. Verschiedene Farben von Gelb bis Rot (einfarbig) oder zweifarbig Schwarz, Braun, Grau oder Weiß mit rostbraunen Abzeichen. Schulterhöhe 23–27 cm; Gewicht unter 9 kg. Wird 12–14 Jahre alt.

Von allen Hunderassen sind bei uns die Dackel am bekanntesten, ihr Aussehen und Namen sind fast jedem geläufig. Selten geworden ist der Kurzhaarige Dackel, der zu Beginn der Tekkelzucht am häufigsten war: Heute macht er nur ein Zehntel aller Dachshunde aus. Ganz selten ist der grauweiße, mit dunklen Stellen gefleckte *Tigerteckel,* der eigentlich *Pantherteckel* heißen müßte. Der die Fleckung bildende Merle-Faktor kann zu Augenanomalien und Hörverlusten führen.
Die gerne zitierten »krummen Beine« waren nur kurze Zeit das Schönheitsideal, sie haben jedoch als Vorlage für Witzzeichner den Dackel erst richtig populär gemacht. Das Wesen des Dackels entspricht seiner stämmigen Figur: Er ist ein Hund mit hohem Selbstwertgefühl, eine eigenständige Persönlichkeit. Die braucht er im Kampf unter der Erde gegen Fuchs und Dachs: Wir müssen immer daran denken, daß dieser Stadt- und Wohnungshund eigentlich ein schneidiger Jagdhund ist.

Langhaariger Dackel *(Teckel, Dachshund)*

Die Angaben über den Körperbau gelten für alle drei Arten: Nasenknorpel und Nasenkuppe sollen lang und schmal, aber nicht spitz sein, der Fang bis unter die Augen gespalten, das Gebiß stark, die Eckzähne kräftig und genau ineinander passend. Die mittelgroßen Augen sind klar und energisch, dennoch aber freundlich, ihre Farbe soll zur Farbe des Haarkleides passen. Der langhaarige Teckel unterscheidet sich vom Kurzhaar allein durch die längere, seidenartige Behaarung. Das weiche, schlichte und glänzende Haar verlängert sich unter dem Hals, der ganzen Unterseite des Körpers, besonders aber am Behang, an der Hinterseite der Läufe, und erhält die größte Länge an der Unterseite der Rute als vollständige Fahne. Größe und Gewicht wie beim Kurzhaar.

Er ist der beliebteste der Teckel: Die Hälfte aller Dackel ist langhaarig. Entstanden ist er durch die Einkreuzung von Stöberhunden wie Spaniels. Seit der Jahrhundertwende wird er konsequent und rein gezüchtet: Das Kreuzen verschiedener Haartypen ist nach der Zuchtordnung nicht erlaubt. Es gibt hervorragende Langhaarfamilien mit schönen, wesensfesten Hunden und leider, weil der Langhaardackel so beliebt wurde, auch mickrige oder pomadige oder ängstliche Tiere. Deshalb sollte man beim Kauf eines Langhaars sich den Züchter aussuchen und alle »Hundefabriken« meiden.
Die Draufgänger kann man nur schwer verziehen, wenn man sie mit Autorität erzieht. Daß ein Dackel nicht folgt, ist kein Naturgesetz.
Dackellähme ist ein Sammelbegriff für Krankheiten wie Bandscheibenvorfall, Rheuma und Verknöcherungen der Wirbelsäule, bei Hunden mit langen Rücken. Sie tritt meist im Alter von 4 bis 5 Jahren auf und kommt nach früher Behandlung nie wieder.

Rauhhaardackel *(Teckel, Dachshund)*

Die Angaben über den Körperbau gelten für alle drei Arten: Die Vorderhand (= Beine) ist muskulös und gedrungen, der Schwerarbeit unter der Erde angepaßt. Sie sollen möglichst wenig nach innen gebogen sein und so hoch, daß der Bodenabstand des Hundes etwa ein Drittel seiner Schulterhöhe beträgt. Die Hinterpartie ist voll bemuskelt, die Knochen breit und kräftig, die Unterschenkel sind kurz und stehen im rechten Winkel zu den Oberschenkeln.
Die Behaarung ist mit Ausnahme von Fang, Augenbrauen und Behang eine am ganzen Körper anliegende, mit Unterwolle durchsetzte, dichte, drahtige Jacke. Am Fang bildet sich ein Bart, die Augenbrauen sind buschig. Alle Farben sind erlaubt, weiße Abzeichen jedoch nicht gerne gesehen.

»In Stadt und Land bin ich zu finden. Bei arm und reich bin ich zu Haus. Doch meine Wiege, die stand im Wald; der Jagd und ihren Freuden vom Urahn zugetan, drum halt' ich viel von freien Leuten und bin fürwahr ein Edelmann, der nur sich selbst gehorchen kann.« Mit diesem Fast-Gedicht läßt der Teckel-Bundeszuchtwart Ernst Kamphausen sein 1958 erschienenes Buch »Die Dachshunde« beginnen.
Für mich ist es die alles aussagende Beschreibung der Rauhhaardackel, die ich schätze. Jene selbstbewußten harten Hunde, eigenwillig scharf und intelligent. Sie haben kaum etwas mit den wuscheligen Tierchen zu tun, die man unter gleichem Namen heute in den Städten trifft und die zu braven Schoßhündchen degradiert wurden. Noch weniger mit den fast haarlosen, übernervösen Mäusen, die auch als Rauhhaardackel verkauft werden. Ich will nicht unbedingt dem Försterhaus das Wort reden, aber ein ordentlicher Rauhhaardackel kann nur aus einer individuell geführten Zucht kommen.
Als *rauchhaariger Dächsel* wird er 1811 vom Jagdschriftsteller Hartig erwähnt mit der Bemerkung »die aber gewöhnlich nicht so kurzbeinig und schief sind wie die glatthaarigen«. Ein Jahr später schreibt ein Dr. Walther: »Sie fangen mit jedem Hund Händel an, auch wenn er noch so groß ist.« Das tun sie heute noch, deshalb hat man mit einem Rauhhaardackel oft Schwierigkeiten auf Spaziergängen. Todesmutig wie ein Kamikazeflieger greift er viel größere Hunde an oder gibt bei Hundebegegnungen nicht klein bei. Das kann zu Raufereien führen, bei denen der Dackel wegen seiner geringen Größe im Nachteil ist. Deshalb sollte man von Anfang an den kleinen Dackel an Begegnungen mit anderen Hunden gewöhnen. Es ist falsch, ihn auf den Arm zu nehmen, wenn ein größerer Hund kommt. Entweder wird der »aus dem Hundeverkehr gezogene« Dackel ein Angsthase, der hysterisch schreit, wenn er einen großen Hund sieht (eine Schande für diese schöne Rasse), oder aber er wird größenwahnsinnig.
Auch seine Eigenwilligkeit, sein Weghörenkönnen, wenn man ihn ruft, kann zu Schwierigkeiten führen. Nicht umsonst tyrannisieren gerade Dackel häufig ihre Familien. Im Irrglauben »Dackel gehorchen nun einmal nicht« werden sie überhaupt nicht erzogen und können als Rudelboß neurotische Beißer werden, die die eigene Familie zwicken. Daß es nicht sein muß, zeigen die vielen Teckel, die auf die Jagd gehen: Allroundhunde für den Jäger, die sowohl unter der Erde arbeiten wie über der Erde spurlaut stöbern. Dabei kommen sie durch das dichteste Dikkicht, sie finden ihr Wild immer, jagen aber langsam, was bei kleinen Revieren wichtig ist, und sie folgen dem Jäger aufs Wort. Denn ein ungehorsamer Jagdhund ist ein unbrauchbarer Jagdhund.
Es gibt übrigens von allen drei Haararten kleinere Vettern: die *Zwergteckel* mit einem Brustumfang bis 35 cm und die Kaninchenteckel mit einem Brustumfang bis zu 30 cm. Diese Jagdspezialisten für enge Baue sollen aber in ihren Proportionen den normalgroßen Dackeln gleichen.
Die schon genannten Maße und Gewichte sind nur Anhaltswerte, der Tekkelklub macht keine Angaben. Anzumerken ist, daß kleinste Kaninchentekkel ab 2 Kilo wiegen und der schwere Schlag eines Normalteckels auch 10 Kilo wiegen kann.
Mit allen Teckeln werden jagdliche Prüfungen abgehalten, alle werden täglich in der Jagd eingesetzt.
Unter dem Namen Dackel, der zwar der gebräuchlichste ist, aber im Rassestandard nicht vorkommt, ist er mit knapp einer Million Individuen (Jagdteckel mitgerechnet) unser liebster Haushund, geeignet für kleinste Wohnungen und größte Gärten, für die Großstadt wie fürs Land, für junge Leute wie für alte. Nur nicht für solche, die Eigenwilligkeit bei Hunden nicht schätzen oder zu weichherzig sind.

Dalmatiner

Ein lebhafter, wohlproportionierter Hund, kräftig und muskulös, jedoch nicht grob, dem man ansieht, daß er ausdauernd und schnell laufen kann. Der Kopf hat einen sichtbaren Stop, der Fang sollte nicht spitz zulaufen. Die Lefzen liegen trokken am Kiefer an. Der Nasenspiegel muß beim Schwarzgetupften schwarz, beim Braungetupften braun sein. Dasselbe gilt für die Augensäume. Die Augen sind dunkel, bei brauner Tüpfelung bernsteinfarbig. Sehr gut ist es, wenn die feinhäutigen Ohren auch getüpfelt sind. Das Haar ist kurz, hart, dicht, glatt und glänzend, die Grundfarbe reinweiß. Die Tupfen sollen klar abgegrenzt und gleichmäßig verteilt sein, Durchmesser zwei bis drei Zentimeter, auf den Gliedmaßen kleiner. Schulterhöhe von 50 bis 61 cm, Gewicht bis 25 kg. Lebenserwartung 12 Jahre.

Dieser fröhliche Dauerläufer ist nicht gerade ein Hund für Menschen, die kein Aufsehen erregen wollen. Da sein Tupfenfell weit signalisiert, hier kommt etwas Besonderes, hat man ihn früher gerne als Zirkus- und Artistenhund benutzt, zumal er sehr gelehrig ist. Lange Zeit war er Begleiter der Kutschen und lief, Nase fast an der Hinterachse, weite Entfernungen mit. Dieses Seinen-Herrn-nicht-aus-der-Nase-verlieren-Wollen scheint eine Rasseeigentümlichkeit zu sein, genauso wie die Lust am Laufen. So fühlt sich dieser lebendige Hund auf dem Lande, in einem großen Garten, mit Kindern oder mit Pferden am wohlsten. Man kann ihn auf das Ignorieren von Wildfährten direkt erziehen. So exzentrisch er aussieht, so angenehm normal ist er in seinem Wesen. Er ist anpassungsfähig, anschmiegsam und hat ein starkes Einfühlungsvermögen für die Stimmungen seiner Menschen.

Ein pflegeleichter Hund von großem Reinlichkeitsbedürfnis, gesund, freundlich und wachsam zugleich.

Dobermann

Ein mittelgroßer, kräftiger und muskulöser Hund, dessen Erscheinung und Gangart Eleganz, Schnelligkeit und Temperament anzeigen. Der Kopf ist keilförmig und flach, sehr trocken, so daß der Dobermann ein Pokerface hat und man ihm seine Stimmungen, zumindest als Fremder, nicht gleich ansehen kann.

Die Rute wird kupiert. Der Körper ist eher quadratisch, wobei dieses Wort die elegante Linienführung nicht richtig erfaßt. Sein Gang ist elastisch und läßt an Stahlfedern denken. Das Haar ist kurz, hart und dicht, die Farben sind Schwarz, Dunkelbraun oder Blau mit rostrotem, scharf abgesetztem Brand, ihr Platz im Standard festgelegt. Schulterhöhe bei Rüden bis 70 cm, das Gewicht bis 26 kg. Lebenserwartung um 14 Jahre.

Eine deutsche Züchtung, der Louis Dobermann aus Apolda (1860) seinen Namen gab. Das Beiwort *Pinscher* wurde 1949 gestrichen. Ist besonders beliebt wegen seiner bedingungslosen Treue zu seinem Herrn, seiner Unbestechlichkeit gegenüber Fremden. Er ist besonders gefürchtet wegen seiner Wachsamkeit, Schnelligkeit und Undurchschaubarkeit, so daß Hundedumme ihm Falschheit nachsagen. Da er intelligent ist und arbeiten möchte, kann er leicht erzogen und ausgebildet werden. Wie ich überhaupt empfehle, mit diesem Hund auf dem Platz zu arbeiten. Seine Wächteraufgabe nimmt er ernst, er bellt auch häufig.

Körperlich hart und seelisch sensibel. Er kann über Ungerechtigkeit tagelang trauern oder beleidigt sein. Ein großer Freund der Kinder. Das Wichtigste bei der Haltung ist die Bewegung, die er täglich braucht. Er ist für jede Minute im Freien dankbar. Sein kurzes Fell macht ihn pflegeleicht. Ein recht gesunder Hund, der trotz der Größe kaum HD-anfällig ist.

Deutsche Dogge

»Sie vereinigt in ihrer edlen Gesamterscheinung bei großem, kräftigem und wohlgefügtem Körperbau Stolz, Kraft und Eleganz. Sie ist der Apoll unter den Hunderassen.« So beginnt der Rassestandard der Deutschen Dogge. Der gewaltige Hund ist das, was die Hundeleute harmonisch nennen: ein in allem wohlproportioniertes Tier. Das Gangwerk ist ausgreifend und leicht federnd. Bestechend der ausdrucksvolle Kopf. Ängstlichkeit und Nervosität werden als Wesensfehler mit »mangelhaft« beurteilt. Das Haar ist kurz, dicht, glatt und glänzend. Es gibt fünf Farbschläge: gelb, gestromt, weiß und schwarz gefleckt, schwarz und blau. Mindest-Widerristhöhe für Rüden 80 cm, Gewicht 85 kg und mehr. Doggen werden nur etwa 7 Jahre alt.

Auf die Deutsche Dogge kam man erst bei der Hamburger Hundeausstellung von 1876. Man erkannte, daß die Dänischen Doggen *(Grand Danois)* nicht aus Dänemark kamen und mit den Ulmer Doggen identisch waren, und man beschloß, »die Doggenclassen auf eine zu beschränken«: die Deutsche Dogge.

Für viele ist dieser Hunderiese nur ein Traumhund, denn er braucht eine Menge Geld für das Futter und schon einen gewissen Platz, auch wenn er nicht in der Wohnung umherspringt. Außerdem haben vor der Dogge viele Leute Angst, obwohl sie von Charakter und Naturell ein freundlicher und kein harter Hund ist. Es gibt kaum Raufer unter ihnen. Für ihre Leute ist sie, wenn sie richtig in und mit der Familie lebt, ein lieber, anhänglicher Hund, für die Kinder – am besten mit ihnen aufgewachsen – ein guter Freund und ein fabelhafter Schutz. Wichtig ist die konsequente Erziehung, denn unerzogen ist sie nicht zu bändigen. Erwachsen wird sie mit zwei Jahren.

Dogo Argentino

Seine Verwandtschaft mit der Deutschen Dogge kann er nicht verleugnen, andererseits erinnert dieser große Hund aus Argentinien an einen vergrößerten und vergröberten Bullterrier. Die Ohren sind nach unten geklappt und wurden früher kupiert; die Rute ist lang und kräftig. Der Rumpf ist gut bemuskelt, der Hals stark bogenförmig, schlank und ohne Wamme.
Das Haar ist sehr kurz, anliegend und derb im Griff. Die Farbe ist reines Weiß, nur ein kleines schwarzes Abzeichen am Kopf ist gestattet. Schwarz ist auch die Nase und der Rand der straff anliegenden Lefzen. Die Augen sind dunkel oder haselnußfarbig. Die Schulterhöhe liegt zwischen 55 und 65 cm, das Gewicht zwischen 35 und 45 kg. Über die Lebenserwartung liegen keine Angaben vor.

Die ersten drei Dogos kamen 1968 nach Deutschland, der Hund ist aber selten geblieben. In ihrer Heimat werden die über Jahrzehnte zur einheitlichen Rasse gezüchteten Tiere vornehmlich als Jagdhunde für Groß- und Raubwild (Wildschwein und Puma) eingesetzt, inzwischen auch als Zoll-, Polizei- und Armeehunde verwendet.

Hervorstechend ist ihre Intelligenz, mit der sie sehr mutig angreifen. Das heißt, sie weichen Schlägen aus, obwohl sie recht schmerzunempfindlich sind, und beißen sich nach oben – eine gefährliche Kampftechnik.
Empfindlich sind sie gegen Rügen und Strafen ihres Herrn, sie müssen mit viel Lob erzogen werden.

Der Geruchssinn ist besonders gut entwickelt, so daß man sie zum Stöbern und Suchen ausbilden kann. Gutmütig und lieb gegen Kinder und Familienangehörige, mißtrauisch gegen Fremde, unfreundlich gegen Artgenossen. Ein ausgefallener Wachhund mit unbedingter Haustreue, der wenig bellt. Für Leute mit Hundeverstand.

Der schottische Deerhound Sylphide of Kenstaff, Weltsieger 1976

Exoten – bizarre Hunde mit Geschichte

Sie machen Schlagzeilen und werden auf Ausstellungen bestaunt. Der Vererbungsforscher Professor Wilhelm Wegner nennt sie eine »Perversion der Hundezucht«. Andere Forscher verfertigen zoologische Arbeiten über sie, und eine Reihe von Züchtern hat sich dieser ausgefallenen und sehr alten Rassen angenommen.

Der »Club für exotische Rassehunde« betreut den Xoloitzcuintle, der früher Mexikanischer Nackthund hieß; den Inca Orchid Dog, der aus Peru stammt; den Chinese Crested Hairless (Haarloser Schopfhund), der der großen Landrasse der Nackthunde angehört, und den Chinese Shar-Pei, der erst vor wenigen Jahren in Europa auftauchte.

Ich stelle noch den Chihuahua dazu, der zwar von einem anderen Club betreut wird, aber ebenfalls aus Mexiko stammt, eine alte Rasse ist und den es in einem langhaarigen und kurzhaarigen Schlag gibt, die bis auf das Haarkleid völlig identisch sind.

Haarprobleme gibt es auch bei den Haarlosen: In jedem Wurf kommen ein oder zwei behaarte Tiere vor, denen allerdings die Unterwolle fehlt. Bei den Chinese Crested Hairless Dogs nennt man sie in den USA *Powder puffs*. Um sie geht der Züchterstreit: Müssen sie sein oder kann man sie wegzüchten? Es ist bisher nicht geklärt, ob man Nackthunde reinerbig züchten kann. Gesichert ist nur, daß sich die Haarlosigkeit dominant vererbt und daß sie mit Zahnanomalien verknüpft ist. Es können Zähne fehlen, außerdem können sie brüchig wie Porzellan sein. Im übrigen stimmt die landläufige Meinung nicht, daß Nackthunde empfindlich gegen Kälte sind. In Wahrheit sind sie sehr widerstandsfähige Hunde, da die Länder, aus denen sie stammen, zwar große Hitze kennen, aber auch ebensolche Temperaturstürze. So schreibt schon Jean Bungartz, ein deutscher Tiermaler, der Ende des vorigen Jahrhunderts Nackthunde züchtete, darüber 1890 in seinem Buch »Damen und kleine Hunde«: »Die Nackthunde sind sehr wachsam und widerstandsfähig. Bei ihnen konnte selbst jäher Temperatursturz beziehungsweise -wechsel keine Störungen im Wohlbefinden hervorrufen, und sie wälzen sich mit Wollust im Schnee herum, ohne Nachteile für ihre Gesundheit zu zeigen.«

Tatsachen über die Nackthunde

Wenn man die Erfahrungen der Züchter der drei anerkannten Nackthundrassen zusammenträgt, dann findet man sehr viel Gemeinsames. Der Ursprung dieser Hunde ist ungewiß, im umfangreichsten Hundelexikon, das je erschienen ist, in »Hutchinson's Popular & Illustrated Dog Encyclopaedia« aus den frühen dreißiger Jahren, wird der *African Sand Dog* wesentlich ausführlicher dargestellt als der *Chinese Crested Dog*. Allein der *Mexican Hairless Dog* ist mit einem Standard beschrieben, der im Juni 1933 in der amerikanischen »Dog World« als verbindlich für die Nackthunde veröffentlicht wurde.

Es gibt andere Gemeinsamkeiten: Alle Besitzer von Nackthunden – im übrigen Menschen verschiedenster Art – äußern sich begeistert. Eine Zoologin, die über Nackthunde arbeitete, beschrieb mir ihren terriergroßen, dunkelbronzefarbenen Mexikaner als ein fast urweltliches Tier, das mit den messerscharfen Krallen der Vorderläufe eine Ratte halbieren kann, das sehr zärtlich ist und wie ein Gummiball aus dem Stand über einen Meter hoch auf und nieder springt, wenn es sich freut.

Der Clubvorsitzende Joachim Weinberg charakterisierte seine Hunde so: »Einen Chinesen kann man nicht beschreiben, den muß man besitzen, um dieses Glück empfinden zu können, das dieser Hund gibt. Eine Seele, ein in seiner Zärtlichkeit und Liebe nicht zu beschreibendes Etwas. Ganz Hingabe, in seiner ihm eigenen körperlichen Wärme füllt er die letzte noch offene Ecke des Herzens seines Besitzers aus.« Zu dieser poetischen Wesensschilderung noch ein Faktum: Nackthunde besitzen eine Normaltemperatur von 39,5 Grad. Im Ruhezustand sinkt bei kräftiger funktionierendem Kreislauf die Temperatur ein wenig. Wird der Hund längere Zeit der Kälte ausgesetzt, beginnt er heftig zu zittern und regt damit den Kreislauf an, wodurch seine Temperatur wieder steigt.

Die Züchterin von Inca Orchid Dogs, Frau Gretel Knoblauch, sagt: »Welpen werden krebsrot geboren und nehmen dann eine helle, fast weiße Färbung an. Die Flecken der Haut zeigen sich erst viel später. Die Inca-Welpen haben ausgesprochene Ähnlichkeit mit Babies: Sie lutschen an der Pfote und ihre Laute sind mit denen der Babies zu verwechseln. Auf den Arm genommen, schmusen sie mit dem Kopf an Schulter und Wange, und ihre Töne des Wohlbefindens sind gänzlich verschieden von denen anderer Hundewelpen.«

Der »Jüngste« in dieser Raritätenabteilung ist der Shar-Pei, eine chinesische Kampfhundrasse. Auch er hat ein extrem kurzes Fell, das rauh ist. Er ist wegen der enormen Faltigkeit seiner Haut ein beliebtes Abbildungsobjekt zum Stichwort »Knautsch-Look«. Professor Wegner nennt ihn ein Monstrum, »eine fortgezüchtete krankhafte Abnormität«. Erstaunlich nur, daß sich diese Monstren etwa 2000 Jahre gehalten haben. Für mich sind sie eher ein Stück unergründliches China.

Xoloitzcuintle *(Mexikanischer Nackthund)*

Der elegante Hund mit dem grazilen Hals einer Gazelle gleicht einem kräftigen Manchester Terrier ohne Haare. Der Schädel ist breit bei aller Schlankheit, die Backen trocken, der Fang lang. Der Nasenspiegel ist schwarz oder auch fleischfarben. Die Augen sind mittelgroß, leicht mandelförmig, ihre Färbung schwarz bis gelb, der Blick lebhaft, intelligent und unergründlich. Die Fledermausohren sind bis zu 10 cm groß und geben dem Gesicht seinen Charakter. Der Rücken ist biegsam, die Rute lang, mit kurzen, derben Haaren am Ende. Sonst ist der Hund haarlos bis auf einen Büschel auf dem Kopf. Die Hautfarbe ist graurötlich, kann aber auch elefantengrau sein und ins Schwärzliche gehen. Schulterhöhe zwischen 33 und 50 cm. Durchschnittsgewicht 8 kg. Lebenserwartung bis 20 Jahre.

Xolotl war einer der Mensch gewordenen Heldengötter der Tolteken. Die haarlosen Hunde, erste für heilig gehaltene Haustiere Alt-Mexikos, wurden nach ihm benannt. Vom Aussehen her haben sie nichts mit den *Techichis* aus Colima zu tun. Wie deren tönerne Abbilder zeigen, waren sie niederbeinig und fett. Sie wurden gegessen.

Der Xolo ist ein fröhlicher Familienhund, der viel spielt und sehr anhänglich gegenüber seinen Leuten ist. Er liegt gerne zusammengerollt im Schoß und wärmt wunderbar.
Er ist aber auch ein ausdauernder Läufer, der große Spaziergänge macht. Er bellt nicht viel, ist aber wachsam und mißtrauisch gegen Fremde.

Die kleinere Form, die manchmal nur 2,5 kg wiegt, heißt auch *Tepeitzquintle,* ein aztekischer Name.
Die Pflege ist einfach: Gelegentlich ein Bad, danach mit Babyöl einreiben. Es sind gesundheitlich robuste Hunde, die körperlich unempfindlich sind. Weitere Informationen lesen Sie bei den anderen Nackthundrassen.

Inca Orchid Dog *(Moonflower)*

Ein haarloser, schlanker und eleganter Hund von ausgewogener Erscheinung, die Schnelligkeit und Kraft signalisiert. Der Kopf hat einen spitz zulaufenden Fang fast ohne Stop. Ein dünnes Haarbüschel auf dem Schädel ist erlaubt. Die mandelförmigen Augen, die möglichst dunkel sein sollen, blicken voller Intelligenz. Das Scherengebiß ist kräftig, die Prämolaren fehlen. Der Körper ist glatt und geschmeidig und fühlt sich warm an. Die Rute ist tief angesetzt, lang und läuft in eine feine Spitze aus, auch sie soll möglichst haarlos sein. Die Haut ist in jeder Farbe deutlich gesprenkelt, Einfarbigkeit ist nicht erlaubt. Der Gang ist frei und fließend. Die Idealgröße für Rüden und Hündinnen liegt zwischen 40,5 und 50 cm, das Gewicht zwischen 9 und 12,6 kg. Die Lebenserwartung ist hoch.

In ihrer Heimat Peru sieht man sie nur noch wenig: Forscher entdeckten sie in abgelegenen Gebieten und brachten sie vor gut 20 Jahren in die USA. Den Namen *Orchid* bekamen sie von den Orchideenbüschen, unter denen sie von den Inkas vor Sonnenlicht geschützt wurden. Spazieren geführt wurden die *Moonflowers* nur bei Mondschein. Typisch für diese Hunde ist die höhere Körpertemperatur und die langen Pfoten mit Zehen, die wie Finger ausgebildet sind. Zwischen den Zehen befindet sich eine Art Flossenhaut. Sie arbeiten mit den Pfoten wie mit Händen, klopfen an die Tür, legen ihrem Menschen, den sie sehr lieben, die Pfoten wie Arme um den Hals.

Die Incas, von denen es auch eine behaarte Varietät gibt *(= Powderpuff),* sind fröhliche Hunde, die nur wenig bellen. In ihren Bewegungen wirken sie fast schwerelos. Wenn sie ermüden, nimmt ihre Haut eine rosa Tönung an. Sie haben nie Ungeziefer und erzeugen bei Menschen keine Allergien. Erstaunliche, bezaubernde Hunde!

Shar-Pei *(Chinese Shar-Pei)*

Wer ihn einmal gesehen hat, erkennt ihn immer wieder: ein bulliger Hund mit loser, faltenreicher Haut, übertrieben ausgeprägt beim Welpen. Im Alter von 8 Monaten sollte sie sich zum Teil gestrafft haben, zu viele Falten sind nicht gut. Der Kopf wird durch die stumpfe Schnauze bestimmt, die Augen sind klein und in Hautwülsten fast verborgen, der Stop ist gering. Mich erinnert ein Shar-Pei von vorne an ein Walroß ohne Schnurrbart. Die Ohren sind klein und dreieckig, die Zunge blauschwarz oder blau geblümt. Die Rute kann sowohl kurz wie kupiert, mittel oder lang geringelt sein. Das Fell ist entweder »Roßhaar« oder »Bürstenhaar«, anliegend oder 2,5 cm hoch aufrechtstehend, immer einfarbig. Schulterhöhe zwischen 45 und 50 cm, Gewicht bis 24 kg. Lebenserwartung unbekannt.

Im Guinness Book of Records noch 1977 als »der seltenste Hund der Welt« aufgeführt, wurde er durch die Zusammenarbeit eines Hongkonger Züchters mit Amerikanern vor dem Aussterben bewahrt. Ende 1977 gab es in den USA schon 100 Hunde. Inzwischen zum Shar-Pei-Fieber ausgewachsen, mit Zeitschrift und mehreren Clubs. Als Chinesischer Kampfhund wurde er bekannt und für den Hundekampf gezüchtet: schlecht packbare Ohren, weites Fell mit widerborstigen Haaren und nach hinten gebogene Fangzähne. Doch mußte er von früher Jugend an zum Kampf erzogen werden, von Natur aus ist er ausgeglichen und so zurückhaltend wie sein langhaariger Vetter Chow Chow. Wie dieser Fremden gegenüber reserviert bis mißtrauisch. Zu den eigenen Leuten jedoch zärtlich und anschmiegsam. Ein sehr sauberer Hund, der fast von selber stubenrein wird. Ein guter Wächter und in den Farben Schwarz oder Rostiggrau bedrohlich aussehend. Sonst auch rot, reh- oder cremefarben.

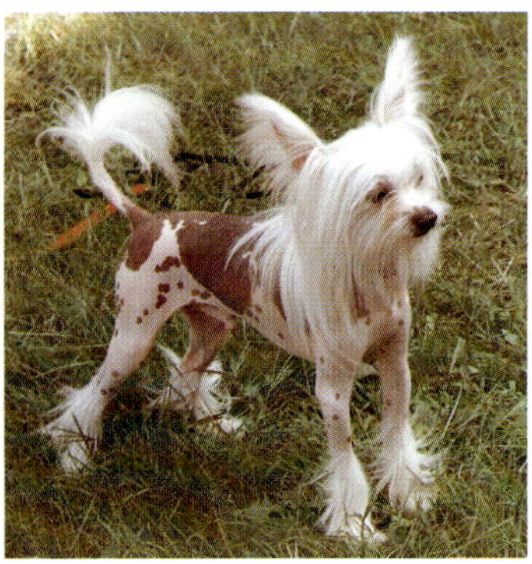

Chinese Crested Hairless Dog

Ein schlanker, feinknochiger Hund, lebhaft und anmutig in seinen Bewegungen, mit weicher, warmer und glatter haarloser Haut. Haar findet sich nur als Schopf auf dem Oberkopf, als Befederung an den unteren ⅔ der dünnen Rute und als Socken an den Pfoten. Diese sind von ungewöhnlicher Beweglichkeit, die Hunde können damit regelrecht greifen. Die Skala der Hautfarben reicht von Rosa bis Schwarz; Mahagoni, Kupferrot, Blau und Lila sind vertreten, wobei die Haut sowohl einfarbig wie gefleckt sein kann. Die Ohren sind groß und stehen aufrecht, nur bei den schleierartig behaarten *Powderpuffs* können sie auch kippen. Je kleiner der Hund, desto seidig weicher sein Haar. Das Gewicht beträgt 2,2 bis 3 kg, genau 5–7 englische Pound, Schulterhöhe bis 30 cm. Lebenserwartung hoch.

Eine sehr alte Rasse, von denen der derbere Schlag zur Jagd benutzt wurde. Marco Polo hat ihn gesehen. Die winzigen, feinknochigen Tiere lebten in den Häusern der Mandarine als »kostbare Hüter des Hauses« und kamen in wenigen Exemplaren im vorigen Jahrhundert nach Amerika. 1888 wurde der erste auf einer Ausstellung in München gezeigt. Die Züchter fanden heraus, daß, je früher sich beim Welpen die Ohren stellen, der Hund um so kleiner bleiben wird. Die zarten Geschöpfe sind robuster als sie aussehen, sie lieben zwar die Sonne und bräunen relativ schnell, so daß die rosafarbenen mahagonibraun werden, können sich aber auch einen Sonnenbrand holen. Sie mögen Schnee gerne, brauchen dann aber mehr Futter zur Steigerung ihrer Körpertemperatur. Sie sind stark auf ihre Familie geprägt und von geradezu leidenschaftlicher Liebesfähigkeit, ohne aufdringlich zu sein. Fremde melden sie gewissenhaft. Für Hundenarren mit Hundehaarallergie eine überlegenswerte Lösung.

Chihuahua *(Kurzhaar, Langhaar)*

Diese Winzigkeit von einem Hund hat einen kurzen, geraden Rücken und stramme Läufe, die weit auseinanderstehen. Seine lange Rute trägt er meist in schönem Bogen über dem Rücken. Der Kopf ist apfelrund, die Schnauze fein, der Stop deutlich. Augen groß, sollen aber nicht besonders vorstehen. Die Fledermausohren werden bei Aufmerksamkeit aufrecht gestellt. Das Haar ist entweder kurz, dicht und glänzend, wobei ein kleiner Kragen erwünscht ist, oder lang und weich, dann kann man den Chihuahua (= *Schiwawa* gesprochen) mit dem Papillon verwechseln. Der Hauptunterschied liegt in der Größe, die im Standard nicht festgelegt ist. Allerdings sollte die Schulterhöhe 20 cm nicht überschreiten, das Gewicht liegt zwischen 500 g und 2,5 kg. Lebenserwartung hoch.

Der »kleinste Hund der Welt« bekam seinen Namen von einem mexikanischen Ort am Fuß der Sierra Madre, von wo ihn amerikanische Touristen im vorigen Jahrhundert mit nach Hause nahmen. Sein zartes, zerbrechliches Aussehen täuscht, er ist ein energischer Hund, der sich unerschrocken gegen größere Hunde benimmt.

Bemerkenswert widerstandsfähig, ist er sogar gegen die üblichen Welpenkrankheiten nahezu immun.
Als typischer Schoßhund fühlt er sich auf dem Arm seines Besitzers am wohlsten und ist sehr anhänglich. Er bellt so gut wie gar nicht, sondern murrt und knurrt auf eine dumpfe, typische Art. Alles Verdächtige kündigt er so an.

Der Chihuahua ist intelligent, gelehrig und sehr temperamentvoll.
Sämtliche Farben sind beim kurzhaarigen wie langhaarigen Typ erlaubt, auch Abzeichen, Farbkombinationen und Schecken. Beliebt sind Creme, Silbergrau, Schokoladenbraun und Schwarz. Er braucht seinen täglichen Spaziergang.

Eurasier

Ein mittelgroßer spitzartiger Hund in verschiedenen Farbschlägen, dessen Haarlänge die Proportionen des Körpers noch erkennen läßt. Der Kopf wolfsähnlich, der Stop wenig ausgeprägt. Dreieckige mittelgroße, nach vorne offene Stehohren. Die Rute wird nach vorn über den Rücken oder seitwärts gerollt getragen. Am ganzen Körper dichte Unterwolle und mittellanges loses Granhaar; Fang, Gesicht, Ohren und Läufe bis Ellbogen kurzhaarig. Die Farben: Rot bis Falben, Wolfsgrau, Schwarz oder Schwarz mit andersfarbigen abgegrenzten Abzeichen. Der Gang ist harmonisch und keineswegs stelzend, der Knochenbau mittelschwer. Schulterhöhe von 50 bis 60 cm (= großer Rüde); Gewicht nach Größe von 20 bis 32 kg. Lebenserwartung 14 Jahre.

Die Rasse entstand in den 50er Jahren in Weinheim an der Bergstraße. Ausgangsrassen waren Chow-Chow und Wolfsspitz, später wurde der Samojede eingepaart. Das Ziel, einen Hund zu erhalten, der Abstand von den Ausgangsrassen hatte, wurde voll erreicht. Der Eurasier ist kein Einmannhund, sondern liebt seine ganze Familie. Er ist ein guter Wächter, ohne allzu bellfreudig zu sein. Er hat einen mäßigen Jagdtrieb und streunt selten. Er ist nicht fremdenfeindlich, hat aber ein gesundes Mißtrauen.
Er ist kein klassischer Gebrauchshund und zur Ausbildung in fremder Hand überhaupt nicht geeignet. Da er natürlichen Appell hat, lernt er leicht. Außerdem achtet er darauf, was sein Herr von ihm will. Er braucht viel seelische Zuwendung, und er spielt gerne. Sein Bewegungsdrang ist mäßig.
Ein idealer Hund für die Familie mit Kindern, die nicht unbedingt einen großen Garten besitzt. Fellpflege regelmäßig, aber nicht schwierig. Zuchttiere sind auf HD-Freiheit untersucht.

Hirtenhunde, Hütehunde

»Wenn der Hund wacht, mag der Hirte schlafen, wenn aber die Hunde schlafen, hat der Wolf gut Schafe stehlen.« Ein alter Volksspruch, überliefert von Karl Simrock, dessen Lebenswerk die Popularisierung der poetischen Schätze der Vergangenheit war. Doch schon zu seinen Lebzeiten, in der ersten Hälfte des vorigen Jahrhunderts, hatte der Spruch keine praktische Bedeutung mehr. Der Hirte war durch den Schäfer ersetzt worden, der wahrlich ruhig schlafen konnte, da es den Wolf nicht mehr gab und die Schäferhunde selbständig darauf achteten, daß die Herde hübsch zusammenblieb, und sie unfolgsamen Tieren die »Hammelbeine langzogen«.

Schon habe ich zwei Begriffe gebraucht, die mir die Systematisierung erschweren. Da gibt es den Hirten und den Schäfer und es gibt Hirtenhunde und Schäferhunde. Der ältere Begriff ist ohne Zweifel der Hirte. Er ist auch der übergeordnete: Hirten hüten Rinder, Schweine, Schafe, Ziegen und andere Haustiere. Ein Schäfer dagegen nur Schafe, er übt einen eng umgrenzten Beruf aus. Aus Geschichte und Völkerkunde kennen wir die Hirtenvölker: Nomaden, die ihr Leben auf der Zucht von Viehherden aufbauen. In der kynologischen Systematik sind Hirtenhunde große kräftige Tiere, die mehr die Herde gegen Angriffe von Raubtieren und menschlichen Räubern verteidigten als hüteten.

Die hellhaarigen Helfer

Die Hirtenhunde oder *Feldrüden* kommen in den germanischen Volksrechten bis zur Jahrtausendwende vor. Mit einer hohen Geldstrafe wurde belegt, wer einen Hund entwendete, »der den Wolf beißt, ihm geraubtes Kleinvieh entreißt und auf erhobenes Hilfegeschrei von weither herbeieilt.« In dem landwirtschaftlichen Standardwerk, das der Bologneser Petrus de Crescentius im 13. Jahrhundert schrieb (deutsche Ausgabe von 1602 »New Feldt und Ackerbau«), heißt es: »Solche Schafhunde sollen in der Farbe ganz weiß sein, damit sie der Hirt ohne Müh von dem Wolf unterscheiden kann.«

Weiß sind der Pyrenäen-Berghund, der Komondor und der Kuvasz, die ich genau beschreibe. Weiß sind auch der Bergamasker Hirtenhund, der Maremmen-Abruzzen-Schäferhund, der griechische Spartiate und der polnische Podhale, die ich hier nur erwähnen kann.

Ein richtiger Hirtenkampfhund ist der auf Seite 181 vorgestellte Transkaukasische Owtscharka, auch Bergkaukase genannt, der heute noch Herden gegen Wölfe verteidigt, gleichzeitig aber auch bei der russischen Polizei Dienst tut. Er wird bei uns inzwischen durch einen eigenen Club vertreten.

Die Treiber und die Hüter

Neben den schützenden Hirtenhunden gibt es die treibenden wie den Puli, der seit tausend Jahren oder mehr mit den nomadisierenden Hirten und Herden über die Pußta zieht. Sein jüngerer Vetter, der Pumi, war und ist Schweineherdenspezialist. Der jüngste im Ungarnbunde ist der Mudi mit der kürzesten Behaarung aller ungarischen Hirtenhunde. Er sieht fast wie ein lockiger, glänzend schwarzer oder schwarzweißer Spitz aus und ist auch in Ungarn als Züchterhund selten, bei den Hirten jedoch häufiger.

Ich habe die französischen Berger-Rassen in dieses Kapitel aufgenommen, da sie bei uns als »französische Hirtenhunde« geführt werden. Ihr Aufgabenkreis war groß: Der kurzhaarige Beauceron hat immer große Schafherden gehütet und dabei bis zu 80 Kilometer am Tag zurückgelegt. Er ist übrigens das seltene Beispiel einer glatthaarigen Hütehundrasse in unserem Klima. Alle anderen sind stock- oder rauhhaarig (der Nederlandse Herdershond, den ich auf Seite 235 nur im Bilde zeige, ist typisch) oder so langhaarig wie Komondor oder Puli.

Hier noch eine Anmerkung zu den doppelten Afterkrallen, die bei diesen Gebrauchshunden zum Standard gehören. Sie behindern nicht, sondern vergrößern mit ihrem speziellen Ballen die Standfläche des Fußes.

Wehrhafte Hütehunde sind der Briard und der früher nur weiße Picard, den man benutzte, um den Bouvier des Flandres rassisch zu stärken. Dabei ging die schöne französische Rasse fast »vor die Hunde«.

Der Pyrenäen-Schäferhund ist der Komplementärhund zum Pyrenäen-Berghund. Die gleiche Arbeitsteilung haben wir schon bei Komondor und Puli gesehen, es gibt sie auch bei Tibet-Dogge und Tibet-Terrier und beim spanischen Mastin de los Pireneos und dem Gos d'Atura, den Hirtenhund-nachbarn jenseits der Grenze.

Schließlich stelle ich noch einen Vertreter der wehrhaften Hirtenhunde aus Jugoslawien vor: den Sarplaninac. In dem ihn betreuenden Klub wird noch eine weitere Rasse gefördert, der Kraski Ovcar oder Karst-Schäfer, in alten Hundebüchern auch als Istrianer bezeichnet. Er ähnelt dem Sarplaninac sehr und wird deshalb mit diesem verwechselt oder durcheinandergebracht. Dabei ist er eine eigenständige Rasse, die einzige Sloweniens und international anerkannt. Er ist trotz seiner Hirtenhundfähigkeiten ein angenehmer Begleithund, da er gutmütiger und nicht so mißtrauisch wie der Sarplaninac ist und folglich nicht so schnell zubeißt.

Beauceron *(Berger de Beauce)*

Ein mächtiger Hund, gut gebaut und bemuskelt, ohne jedoch plump zu sein. Er soll den Eindruck solider Rustikalität vermitteln. Der Kopf ist gut geformt, der Stop wenig hervorgehoben, dafür ein Grat am Schädelgipfel erkennbar. Sein starkes Scherengebiß wird von geschlossenen, trockenen Lefzen bedeckt. Das kastanienbraune Auge wird von leicht ovalen Augenlidern eingefaßt. Die Ohren hängen leicht nach unten. Die Rute wird niedrig getragen und soll bis zur Sprunggelenkspitze reichen. Die Deckhaare sind 3 bis 4 cm kurz und liegen dicht über feiner, flaumiger, möglichst mausgrauer Unterwolle. Fellfarbe Schwarz mit eichhörnchenrotem Brand (zweifarbig) oder Grau, Schwarz und Rot (dreifarbig). Doppelte Afterkrallen. Schulterhöhe 67 cm; Gewicht bis 50 kg. Wird recht alt.

Einstmals *Chien de Plaine* = Flachlandhund oder *Bas rouge* = Rotstrumpf genannt, bekam er im vorigen Jahrhundert seinen Namen nach der Landschaft Beauce, der »Kornkammer von Paris«.

Der Beauceron ist ein unverfälschter Naturbursche, aktiv und von außergewöhnlicher Ausdauer. Bei der Arbeit äußerst hart, mit wacher Intelligenz und einem ausgeprägten Gehorsam. Er ist treu und seinem Herrn sehr verbunden, und die ihm angeborene Neigung, Herden zu hüten, überträgt er als Familienhund auf Kinder. Fremden gegenüber ist er mißtrauisch und sogar bissig. In seiner Heimat ist er anerkannter Schutzhund und Polizeihund. Das heißt, daß ein Beauceron kein Hund für Anfänger ist und auch kein Hund für eine Großstadtwohnung. Wer sein Eigentum im Vorort oder auf dem Lande gewissenhaft bewachen lassen will und gewillt ist, mit seinem Hund zu arbeiten, der ist mit ihm sehr gut bedient. Vor allem, wenn er einen Hund möchte, den nicht jedermann hat.

Briard *(Berger de Brie)*

Ein geschmeidiger, muskulöser und gut proportionierter Hund, der durch sein gewelltes Ziegenhaar auffällt, das leicht die Augen verschleiert. Der Kopf wird durch den Stop genau geteilt, er trägt einen Schnauz- und Kinnbart. Die Augen sind groß und haben einen gelassenen, intelligenten Ausdruck. Die langen, hängenden Ohren sind mit langen Haaren bedeckt. Die Rute trägt eine reiche Fahne und bildet am Ende einen Haken. Die Läufe sind gut bemuskelt und stark, die doppelten Afterkrallen an den Hinterläufen sind Vorschrift. Beim Haar sind alle eindeutigen Farben zugelassen, die dunklen sind vorzuziehen. Das Fell selbst muß dicht sein und unter den Fingern knirschen. Schulterhöhe 68 cm (großer Rüde); Gewicht 30 kg. Wird alt.

Auf der Hundeausstellung in Paris von 1863 wurde eine Hirtenhündin der alten Rasse aus Brie im Seinebecken, woher der gute Käse stammt, gezeigt. Von damals bis heute hat sich die Rasse nicht nur als Hütehund, sondern auch als Meldehund, Polizeihund, Wachhund und Begleithund bewährt. Durch strenge Zuchtauslese ist die Rasse gesund geblieben, sie ist frei von Hüftgelenkdysplasie oder Neurosen irgendwelcher Art. Sein attraktives und imposantes Aussehen macht ihn als Begleithund interessant. Das birgt die Gefahr in sich, daß er von Menschen gehalten wird, die nicht das richtige Hundeverständnis haben. Sein eigenwilliger Charakter, seine Lebhaftigkeit und sein Temperament verlangen eine konsequente Erziehung und eine straffe Führung. Die Hirtenhundeigenschaften des Hütens und Verteidigens erfordern von seinem Halter entsprechendes Verständnis und Einfühlungsvermögen. Sein Fell braucht viel Pflege. Er ist kein Zwinger-, aber auch kein Etagenhund. Für Fortgeschrittene.

Picard *(Berger de Picardie)*

Ein mittelgroßer, kraftvoller Hund, mit auffällig struppigem und buschigem Fell. Rustikal und dennoch elegant. Stabiler Körper mit kräftiger Brust, gut proportionierter Kopf mit buschigen Augenbrauen und Behaarung, die die Augen nicht verschleiern darf. Aufrechtstehende unkupierte Ohren mit leicht abgerundeten Spitzen. Dunkle Augen, Rute wie der Körper behaart. Solide Beine. Die Pfoten sind gut geschlossen. Es sollen weder zusätzliche Finger noch Afterkrallen vorhanden sein. Das Haar ist halblang, hart, nicht gelockt, Länge 5 bis 6 cm, es muß rauh sein und unter den Fingern knirschen. Farben Grau, Grau-Schwarz, Grau mit schwarzen Flecken, Graublau, Grau-Kupferrot, auch helles oder grundiertes Braun. Schulterhöhe Rüden bis 65 cm; Gewicht bis 23 kg. Wird alt.

Die aus Nordfrankreich stammende Rasse wurde nach dem Zweiten Weltkrieg aus Resten, die man »an Ort und Stelle« vorfand, rückgezüchtet. Der heutige Picard ist ein kantiger, harter Hund, ein sogenannter »Scheinmagerer« mit stahlharten Muskeln, der auch einen großen Mann aus Versehen umstoßen kann. Er ist für Arbeit gebaut. Er ist sehr intelligent, lernfähig, wenn auch nicht immer lernwillig. Er kann widerspenstig sein. Seinen Herrn vergöttert er, ohne aufdringlich zu sein. Und mit Kindern geht er ungemein zart um, er spielt gerne, hält dann seine Kräfte im Zaum. Seine Hingebungsfähigkeit läßt ihn bei ungerechter Behandlung leiden. Man darf ihn nie weggeben, das würde, in des Wortes wahrster Bedeutung, sein Herz brechen. Ein Hund, der seinen Menschen einiges abverlangt und vieles dafür gibt. Ein denkender, unbestechlicher Wächter. Dazu ein sportlicher Hund für Schutzhundliebhaber oder ein ruhiger Hund für Haus und Garten. Kurz: ein Hund für Liebe auf den zweiten Blick.

Pyrenäen-Schäferhund *(Berger des Pyrénées)*

Ein Hund, der bei einem Minimum an Größe und Gewicht ein Maximum an Energie ausstrahlt. Was Größe, Gewicht, Haarlänge und Farben betrifft, gibt es eine große Spannweite, doch ist die Rasse durchaus erkennbar. Der Körper ist im Verhältnis zur Höhe eher lang, der Kopf leicht mit kurzem Fang, die Füße haben magere Sohlen: ein typischer Gebirgshund, der klettern kann. Seine bevorzugte Gangart ist der Trab mit erhobenem Kopf, der Hund scheint dabei zu schweben. Die Ohren sind kurz und werden kupiert, die Rute ist variabel: von mittellang bis Stummelschwanz oder kupiert. Das Fell, lang oder halblang, ist immer dicht; bildet auf Schnauze und Backen eine Windstoßfrisur. Eindeutige Farben bevorzugt. Größe zwischen 38 und 48 cm; Gewicht von 8 bis 12 kg. Wird alt.

Wenn man auch viel über die Fellformen dieses Hütehundes sagen kann – es gibt auch einen etwas anders aussehenden *face rase* mit kurzhaarigem Kopf –, nicht das schöne Fell macht den schönen Hund, sondern sein Körper und seine Bewegungen.
Da ist zunächst einmal der einzigartig listige, aufmerksame und aufgeweckte Ausdruck seines Gesichtes mit den klugen, abschätzenden Augen. Er ist ein mißtrauischer Hund allen Fremden gegenüber, dafür der Familie und vor allem Kindern absolut hingegeben. Er verteidigt Haus, Garten, Auto und Mensch bis zur Selbstaufgabe. Da er sehr selbstbewußt ist und ein unabhängiges Wesen hat, muß man ihn sehr konsequent erziehen. Nur so kann man sein aufbrausendes und hitziges Wesen zügeln. Die Fellpflege ist nicht aufwendig, sein Futterbedarf nicht groß, doch er benötigt viel Bewegung. Wenn er auch im Freien leben kann, so ist er doch kein Zwingerhund, da er den Menschenkontakt braucht. Oder man muß ihm eine Herde zum Hüten geben.

Sarplaninac *(Jugoslawischer Hirtenhund)*

Ein kraftvoller, gut gebauter Hund, etwas über mittelgroß, der durch sein dichtes, dickes Fell eher gedrungen wirkt. Der Kopf ist kräftig, der Fang breit mit Scherengebiß. Der Blick der dunklen, mandelförmigen Augen ist ernst. Die V-förmigen Klappohren sind schmal, der Hals muskulös und ohne Wamme.
Der Sarplaninac, gesprochen *Scharplaninaz,* trägt eine hoch angesetzte, säbelförmig abwärts gebogene Rute, sein Fell ist einfarbig. Erlaubt sind alle Farbnuancen von Weiß bis fast Schwarz. Wünschenswert ist Eisengrau oder Dunkelgrau. Abzeichen an Brust und Pfoten sind erlaubt, an den unteren Partien der Läufe wird die Farbe etwas heller. Geschlossene Pfoten mit harten Ballen und schwarzen Krallen. Widerristhöhe beim Rüden 62 cm; Gewicht bis 45 kg. Langlebig.

Der frühere *Illyrische Schäferhund* bekam 1956 seinen heutigen Namen nach dem an der albanischen Grenze gelegenen Gebirgszug Sar-Plania. Im Gebiet des ehem. Jugoslawien als Armee- und Polizeihund verwendet, dadurch strenge Zuchtauslese.
Ein ruhiger, gutmütiger Hund allen kleineren gegenüber. Bei gleichgroßen Hunden stets zum Kräftemessen bereit. Zu Hause recht scharf. Wer von ihm akzeptiert wird, hat nichts zu befürchten, auch wenn die Begrüßung sehr stürmisch sein kann. Selbstbewußt und kämpferisch, wachsam. Durch seinen angeborenen Hütetrieb kinderlieb. Ein harter Hund, der auch im Freien leben kann. Braucht aber Familienanschluß. Erziehung ist notwendig, bei seinem Selbstbewußtsein nicht leicht. Ausgesprochener Spätentwickler. Fellpflege besonders notwendig bei dem prägnanten Fellwechsel zu Sommeranfang.
Ein Hund für Fortgeschrittene mit Garten, die auch hundesportliche Ambitionen haben und beschützt sein wollen.

Pyrenäen-Berghund *(Montagne des Pyrénées)*

Ein majestätischer Hund, der den Eindruck von Kraft und Harmonie vermittelt. Dieses Bild wird von dem vollen langen und weichen Haar unterstrichen, das nicht lockig sein darf, an den Läufen aber Hosen zeigt. Die Farbe ist reinweiß. Am Kopf, auf den Ohren und am Schwanzbeginn dürfen graue oder dachsfarbene Flecken sein. Seine Verwandtschaft mit dem Kuvasz ist unverkennbar. Wie dieser trägt er die Rute lang hängend und mit einer federbuschartigen Haarfahne. An den Hinterläufen doppelte Afterkrallen, zu denen ein selbständiger Ballen gehört. Die Ballen sind stark und hart. Die Schulterhöhe reicht von 66 cm bei der Hündin bis zu 80 cm beim Rüden. Das Gewicht bewegt sich entsprechend zwischen 40 und über 50 kg. Wird etwa 10 Jahre alt.

Eine alte Rasse, die ursprünglich Herden und Höfe in den Bergen bewachte und sich die Arbeit mit dem Pyrenäen-Schäferhund teilte. Die schönen Hunde haben ihre Wächtereigenschaft bewahrt, sind aber nicht aggressiv. Sie sind intelligent und lernen leicht und gerne, wobei sie ihren Herrn anerkennen, ohne sich ihm völlig zu unterwerfen. Der Berghund hat ein starkes Selbstbewußtsein und braucht den entsprechenden Herrn. Obwohl er draußen leben kann, sollte er nicht ausschließlich im Zwinger gehalten werden. Im Hause weiß er, wann er aufpassen muß. Er ist Kinderfreund.
Einmal im Jahr ist Fellwechsel, dann muß man das tote Haar mit einem weitzinkigen Kamm auskämmen. Wenn man ihn einmal baden muß, macht man es stückweise und arbeitet sich vom Schwanz nach vorn. Trockengerieben wird er mit warmen Tüchern. Getrimmt oder geschoren wird dieser Hund nicht. Er ist robust und gesund. Hüftgelenkdysplasie ist selten; Befund wird immer in der Ahnentafel angegeben.

Grönlandhunde mit Schlitten vor Holsteinborg an der Davis-Straße (Grönland)

Komondor

Dieser weiße, eindrucksvoll zotthaarige Hund wird »König der ungarischen Hirtenhunde« genannt. Seine auffällige Behaarung bedeckt Kopf, Ohren, Hals, Rumpf und Schwanz. Man kann weder die Augen noch eine Gemütsbewegung sehen. Dazu ist er am Tag ein lautloser Hund, in fremder Umgebung sehr zurückhaltend. Kopf und Körper sind gut proportioniert, soweit man das unter dem weißen Haarpanzer sehen kann. Haut, Nasenspiegel, Lefzen und möglichst auch das Zahnfleisch sind schiefergrau. Das Fell ist weiß und muß durch Pflege weiß gehalten werden. Es kann bandähnlich, in Schnüren, in bandartigen oder (ungepflegten) plattenbildenden Verfilzungen auftreten. Widerristhöhe bei Rüden 80 cm; Gewicht bis 60 kg. Lebenserwartung bis 12 Jahre.

Über die Herkunft des Namens streitet man sich: Ist er ungarisch = düster, türkisch = Hund der Kumanen oder gar sumerisch = verehrender Hund?
Er war schon immer ein guter Wächter für Herde und Haus, der mit Wölfen und bösen Menschen leicht fertigwurde. Er ist kein Wohnungshund: Er schützt das Haus und den Grund. Am Tag ist er still und liegt meist wie ein hingeworfener Teppich da. In der Nacht ist er auf den Beinen, leicht und schnell. Er bellt dann volltönend und tief, greift aber lautlos an. Hat er den Gegner zu Fall gebracht, bewacht er ihn, bis sein Herr kommt.
Sehr mißtrauisch gegen alle Fremden, hindert er sie am Betreten seines Reviers. Je größer das Gelände, das er bewachen soll, um so eifriger ist er. Der Komondor ist kein zärtlicher Hund, zu seinen Leuten ist er freundlich zurückhaltend. Er ist lernbereit, aber eigenwillig. Mit Strafe erreicht man nichts. Streicheln mag er nicht. Man muß ihn mit Worten loben. Die Fellpflege ist zeitraubend und eine Kunst.

Kuvasz

Ein großer, wohlproportionierter Hund von anziehendem Äußeren, das Adel und Kraft ausstrahlt. Der Knochenbau ist massiv, aber nicht grob. Der Kopf ist edel, mit sichtbarer Stirnfurche und mildem Stop. Nase, Lider und Lefzen sind schwarz. Das Gebiß ist eine kräftige Schere. Die Augen stehen schräg, sind mandelförmig und dunkelbraun. Die Ohren sind gleich am Ansatz gebrochen und hängen in V-Form herunter. Die tief angesetzte Fahnenrute ist am Ende etwas angehoben. Der Kuvasz, gesprochen *Kuwass,* hat ein derbes und gewelltes weißes Fell, das auch elfenbeinfarben sein darf. Der Hals wird von einem Haarkragen geziert, der auf der Vorbrust ein Jabot bildet. Vorderläufe und Keulen tragen Fahnen. Schulterhöhe bis 75 cm; Gewicht bis zu 40 kg. Lebenserwartung um die 10 Jahre.

Der Name stammt wohl aus dem Türkischen und bedeutet Sicherheitswächter. Und das stimmt genau. Heute wird er als Bewacher eingesetzt, er ist unerschrocken und sehr mutig und stellt jeden Eindringling.
Während er die Kinder der eigenen Familie regelrecht umsorgt, ist er fremden Kindern gegenüber mißtrauisch. Zum Schutz von Haus und Garten muß er nicht ausgebildet werden, das kann er von Natur aus. Im übrigen ist er zum Schutzhund nicht leicht auszubilden, da er sich nur schwer unterwirft. Sein Temperament ist lebhaft, deshalb ist er kein Wohnungshund. Da er nicht empfindlich ist, kann er im Freien gehalten werden. Man muß aber bei diesem Hund auf menschlichen Kontakt achten, damit er nicht verwildert, er kann dann sehr gefährlich werden.
Der Kuvasz ist anhänglich, aber kein Schmeichler. Ungerechtigkeit verträgt er nicht. Er ist ein Hund für Könner. Er braucht Bewegung und kann bis zu 25 Kilometer traben. Für Hüftgelenkdysplasie wegen der Größe anfällig.

Puli

Ein munterer, beweglicher Hund von mittelgroßer Statur, sehnig und muskulös in allen Körperpartien, wenn man sie sehen kann. Denn auch hier ist wie beim Komondor der ganze Körper von einem zum Verfilzen neigenden, aus eng gewellten, reichlichen langen Haaren bestehenden Fell bedeckt. Die lange Rute wird über dem Rücken geringelt getragen, dadurch scheint der Rücken nach hinten anzusteigen. Das einzig Helle am Puli ist die Zunge, sonst ist alles dunkel pigmentiert und das Fell schwarz. Zugelassen sind auch weiße sowie graue und fahlfarbene Tiere. Am erwünschtesten ist die »Pusztabehaarung« = lange, schmale Filzplatten. Sehr attraktiv ist das Schnürenfell, wenn die Wollhaare eng gewellt sind. Schulterhöhe 37 bis 47 cm; Gewicht nach Größe, 13 bis 15 kg.

Beim Kleinsten unter den Hirtenhunden weiß man durch sein Fell nicht genau: Ist er im Kommen oder am Gehen? Trotz der vielen Haare haart er nicht. Seine Intelligenz, seine Munterkeit, seine Verspieltheit machen ihn zu einem angenehmen Hausgenossen. Allerdings ist er nicht gerade leise, er drückt alle seelischen Regungen in Tönen oder Lauten aus. Jeden Fremden meldet er bellend und greift auch kläffend an. Auf eine Ungerechtigkeit antwortet er mit längerem Gekränktsein, das einen Tag dauern kann.
Er ist lernbereit und kann mit Liebe am besten erzogen werden, wie er überhaupt liebebedürftig ist. Er ist kein Nurdraußen-Hund, sondern muß mit seiner Familie leben. Mit Kindern versteht er sich gut, anderen Hunden nähert er sich nach allen Regeln der Verhaltensforschung und zieht dadurch oft den kürzeren. Sein Fell muß gepflegt werden, sonst stinkt er. So gut wie das Haus bewacht er auch ein Auto. Er ist robust und meist gesund und kann ohne weiteres 14 Jahre alt werden.

Pumi

Er könnte auf den ersten Blick auch zu Terrierfamilie gehören: der verlängerte ekkige Kopf, der kaum wahrnehmbare Stop, die stehenden und am Ende kippenden Ohren. Durch seine quadratische Statur erscheint der Pumi hochläufig. Sehr typisch ist seine Behaarung, die aus Flaum- und Oberhaaren gebildet wird. Der ganze Körper ist von kleineren oder größeren Büscheln lockiger oder schnekkenförmig gewundener Haare bedeckt, die sich nicht verfilzen sollen. Die Schneckenform ist am wenigsten erwünscht. Die Behaarung der Ohren ist straff und steht ab. Die immer einfarbigen Haare können alle Grauschattierungen haben, schwarz sein oder rötlichbraun. Die Rute wird geringelt getragen, kupiert oder ist von Geburt stummelig. Größe 35 bis 45 cm; Gewicht 8 bis 13 kg. Wird alt.

Als sich der Puli-Pumi-Wirrwarr (den Namen gibt es seit 1815) um 1900 lichtete und die Rassen sich optisch trennten, kam der Puli in Mode, der Pumi blieb bei den Herden. So ist dieser lustig ausschauende, übermütig lebhafte Hund außerhalb Ungarns weniger bekannt. Sein Terrierblut zeigt er durch sein Temperament, seine Bellfreudigkeit und die Lust am Mäuse- und Rattenfangen. Diesen für einen Hirtenhund unüblichen Jagdeifer muß man beim Spaziergang berücksichtigen. Er lernt gut und ist ein noch besserer Beobachter. Das zeigt sich in der Art, wie er Haus oder Wohnung bewacht: Er beugt durch Lautgeben vor und vermeidet Unannehmlichkeiten. Man kann ihn in der Wohnung halten, besser aber ist ein Garten, in dem er auch zeitweilig wohnt. Die kurzen Haare machen die Pflege wesentlich einfacher als die der anderen Ungarn.
Reichlich Bewegung ist wichtig für ihn; ein im Zwinger gehaltener Pumi ist übrigens noch lauter: ein Hund für Leute ohne Nachbarn.

Britische Hütehunde – Rassen von gewissem Zauber

Ihre Geschichte ist alt und voller Geschichten, ihre Herkunft jedoch ungeklärt. Über die Hunde der Edlen, die Jagdhunde, hat man stets berichtet, die Bauern- und Schäferhunde wurden nur selten beschrieben.

Wir unterscheiden drei Typen: die schottischen Schäferhunde in langhaariger beziehungsweise rauhhaariger Variante *(rough-coated sheepdogs)* und als Kurz- oder Glatthaar *(smooth-coated sheepdogs),* die zusammen den Namen *colley* oder Collie trugen und tragen. Den zotthaarigen *old english sheepdog,* der Bobtail genannt wird, und den kurzbeinigen Schäferhund aus Wales, den Corgi.

Bobtail und Pembrokshire Welsh Corgi sind stummelschwänzig, wobei die kurze Rute längst nicht immer angeboren ist. Einst hat man den Welpen von Arbeitshunden häufig die Schwänze abgebissen (= kupiert), weil man glaubte, daß der Sitz der Tollwut in der Rutenspitze sei. So war denn auch früher der größte Teil der stummelschwänzigen Hunde kupiert, zumal Stummelschwänzigkeit mit einem Letalfaktor gekoppelt sein kann, was bei der Paarung stummelschwänziger Partner für deren Nachkommen gefährlich wird.

Die Waliser sind der Ansicht, daß die Corgis die ältesten britischen Hütehunde sind, und führen sie auf die Kelten zurück. Und es gibt viele walisische Geschichten, die die Intelligenz der Corgis rühmen. Behauptet wurde auch, jeder Corgi sei ein verkleideter Prinz oder eine Prinzessin und die Bluemerles seien von den Feen auf die Welt gebracht worden.

Aber sieht nicht auch der Bobtail wie eine Figur aus einem Märchen aus? Auf jeden Fall ist er eine alte, der Insel eigentümliche Rasse, von der Dr. Edwardes-Kerr (Suffolk 1893) sagte, daß es keine Rasse gebe, die ihr gleichzustellen sei, und daß die Schäfer Bobtails den Collies vorzögen, weil sie härter, aber auch gefügiger und gutmütiger seien.

Der schottische Schäferhund, der seinen Namen von den *Colleys,* den schwarzgesichtigen Schafen, ableitet, wurde im 18. Jahrhundert ziemlich genau beschrieben und vom Holzstecher Thomas Bewick 1793 dargestellt. Im Anfang war wohl der Border Collie, der durch Züchterkunst zum langmähnigen, sable-farbenen schönen Collie wurde. Old Cockie von 1871 gilt als Urvater aller langhaarigen Collies.

Basenjis in typischem Spreizschritt: die Bundes- und VDH-Siegerin Casa Regina Asuntha und Casa Regina Chepri

Bobtail *(Old English Sheepdog)*

Ein kräftiger, ebenmäßiger Hund, der gedrungen wirkt und am ganzen Körper überreich behaart ist. Ebenfalls auffällig ist der in Schritt und Trab charakteristische Paßgang und das hohl scheppernde Gebell *(pot casse)*. Angeborene Stummelrute *(bobtail)* ist nicht häufig, so daß die meisten Welpen kupiert werden müssen. Der Kopf zeigt einen ausgeprägten Stop, den man wegen der reichen Haare weniger sieht als fühlen kann. Auffällig auch noch die gut gerundete und muskulöse Hinterhand. Die harte Behaarung soll zottig-strähnig sein und ohne Locken. Die Unterwolle ist wasserabstoßend. Alle Töne von Grau, Graumeliert und Blau mit oder ohne weiße Abzeichen sind erlaubt. Schulterhöhe über (Rüde) und unter (Hündin) 56 cm; Gewicht zwischen 34 und 40 kg.

Bobtails werden schwarzweiß geboren und erreichen erst mit zwei Jahren ihre endgültige Farbe. Bei Welpen darauf achten, daß sie an den Seiten und auf dem Rücken völlig dunkel sind. Gutmütigkeit und Anpassungsfähigkeit sind hervorstechende Eigenschaften dieser Rasse, aber auch Selbstbewußtsein und Selbständigkeit gehören dazu: Man muß einem Bobtail seine kleinen Freiräume lassen. Er ist kein Hund für Menschen, die gerne Befehle geben. Man braucht Fingerspitzengefühl für seine Erziehung, täglich zwei Stunden Zeit für Spaziergänge und rund 30 Minuten täglich oder drei Stunden einmal in der Woche für Kämmen und Bürsten. Darüber muß man sich klar sein, wenn man einen Bobtail haben möchte. Ein zauberhafter Hund, aber beileibe kein Mode- und Prestigehund. Als guter Hütehund bleibt er unterwegs bei uns und versucht, »seine Herde« zusammenzuhalten. Sehr wichtig sind für ihn der innige Kontakt und reichlich Platz. Auf HD-Freiheit sollte man achten. Ein Bobtail kann recht alt werden.

Collie

Der Standard sagt: »Der Collie soll auf den ersten Blick als ein Hund von großer Schönheit wirken, wobei, wenn er in ruhiger Würde steht, kein Teil im Gesamtbild unproportioniert sein darf.« Die Kopfform ist bei der Beurteilung von großer Wichtigkeit, sie soll einem gut abgestumpften, gut geschnittenen Keil mit glatten Außenkanten gleichen. Die mandelförmigen Augen geben dem Hund ein »liebliches Aussehen«. Die Ohren werden aufrecht getragen, nur die obersten Spitzen kippen nach vorn. Die Rute ist lang und überreich behaart. Das Haarkleid lang, dicht und hart. Farben: Gelbweiß, Tricolour (schwarz mit rostbraunen Abzeichen) und Blue-merle. Schulterhöhe bis 61 cm; Gewicht bis 30 kg. Alle Angaben auch für den *Kurzhaar-Collie* bis auf dessen kurzes, dichtes Fell.

Zum ersten Mal Mode- und Luxushund gegen Ende des vorigen Jahrhunderts; für Champions wurden 20000 Goldmark gezahlt. Durch den Lassie-Boom wieder modern geworden, was zu Massenzuchten und zu unüberlegten Spontankäufen führte. Zum Schaden für die Hunde.

Der Collie ist eine unkomplizierte Rasse, lerneifrig, ausdauernd und mit einem natürlichen Schutztrieb. Sein Bewegungsdrang ist groß, er ist kein Etagen- und Großstadthund. Mit dem Fahrrad wird man dem Traber am besten gerecht. Er wiederum will es seinen Leuten immer recht machen, man muß sich mit ihm beschäftigen und ihm eine Menge Liebe zuwenden. Er ist ein Hund, der mit seiner Familie leben muß und nicht in einen Zwinger gehört. Da er sehr leicht lernt – ohne Härte, bitte –, ist er auch ein Hund für Anfänger. Mit Kindern versteht er sich, wenn auch nicht so wie Lassie! Die Fellpflege benötigt täglich gute 10 Minuten. Seine Bellfreudigkeit ist groß, doch zu bremsen. Collies können 15 Jahre alt werden.

Bearded Collie *(Beardie)*

Kann von Laien mit dem Bobtail verwechselt werden, hat aber nicht dessen Stämmigkeit und eine andere Behaarung. Der Körper ist lang und schlank, seine Bewegungen frei und lebhaft. Die Augen sind groß und intelligent, werden von den kräftigen Augenbrauen jedoch nicht verdeckt. Die Rute, von mittlerer Länge mit reichem Haar, wird niedrig mit einer nach oben gerichteten Fahne getragen. Die Behaarung ist deutlich zweiteilig: eine weiche, pelzige und dichtere Unterwolle und rauhes, kräftiges und schlichtes Deckhaar. Keine Wellen und Locken. Ein langer Bart gibt ihm seinen Namen: »der Bärtige.« Farben: Schiefergrau, Rehfarben, Schwarz, alle Farbtöne in Graubraun und Sandfarben mit oder ohne weiße Zeichnung. Schulterhöhe bis 55 cm; Gewicht 25 bis 28 kg.

Mit dem Bobtail ist er höchstens entfernt verwandt. Er kann von polnischen Hütehunden abstammen, da schottische Schäfer sie einst aus Polen kommen ließen. Anfang dieses Jahrhunderts war die Rasse fast ausgestorben. Die Neuzucht begann erst wieder 1949 in England, inzwischen werden diese schönen und angenehmen Hunde auch bei uns gezüchtet. Die Beardies werden schwarz geboren, wenn sie später ein graues Fell haben. Wer grau auf die Welt kommt, wird später hell blaugrau. Ein Beardie wird weder getrimmt noch geschoren, man darf ihm überhaupt kein Haar schneiden. Tägliches Bürsten genügt, er ist pflegeleichter als ein Bobtail oder Collie. Körperlich robust und widerstandsfähig, ist er seelisch sensibel. Muß in der Familie leben, auf keinen Fall im Zwinger, obwohl er im Freien wohnen könnte. Der Beardie ist zärtlich, temperamentvoll und fröhlich. Wachsam, ohne übertrieben scharf zu sein. Braucht sehr viel Bewegung und erreicht oft ein hohes Hundealter.

Border Collie

Ein widerstandsfähiger, wendiger und unermüdlicher Hund, im Körperbau dem Collie ähnlich, jedoch nicht so elegant und etwas kleiner. Sehr beliebter Hüte- und Schäferhund, der als Rasse noch nicht lange anerkannt ist. Deshalb im Erscheinungsbild recht unterschiedlich. Das Haar ist mittellang, fest anzufühlen und glänzend. Farben: meist Schwarz mit weißen Abzeichen an Kopf, Brust, Läufen und Rutenspitze. Aber auch lohfarben mit schwarzer und weißer Schattierung. Insgesamt ist das Haar nicht so reich wie bei seinem Vetter, sein Kopf auch breiter und die Ohren nicht so elegant. Die Rute ist lang und reich behaart. Die Schulterhöhe variiert beim Rüden zwischen 43 und 50 cm, das Gewicht zwischen 13 und 22 kg. Die Lebenserwartung ist wie beim Collie hoch.

Er stammt aus dem Grenzgebiet zwischen England und Schottland (*border* heißt englisch Grenze). Hundeahnenforscher glauben, die Wikinger hätten ihn mitgebracht.

Der Border Collie ist ein Arbeitshund, hütet in England und den USA die Schafherden und bewältigt die schwierigsten Gehorsamkeitsprüfungen. Border Collies sind die Helden des jährlichen *Sheepdog Trial* in Wales (siehe Seite 319). Er ist in England zum Familienhund geworden, der sich seine Aufgabe im häuslichen Kreis beim Leben auf dem Lande sucht.

Auf jeden Fall eignet sich dieser intelligente und gelehrige Hund nicht für die Haltung in der Stadt. Neben sehr viel Bewegung braucht er zumindest die Freiheit eines großen Gartens oder einer Weide mit Schafen. Sosehr es zu begrüßen ist, daß man sich alter Rassen neu annimmt, sollte man aber auch überlegen, ob man Hunde ihren eigentlichen Aufgaben und Lebensräumen entfremden soll. Gibt es doch reichlich Familienhundrassen!

Sheltie *(Shetland Sheepdog)*

Sein Körper ist kräftig und beweglich, weder plump noch grob, ganz darauf abgestellt, optimal Schafe hüten zu können. Wie beim Collie entsteht der Ausdruck durch die vollkommene Ausgeglichenheit von Schädel und Vorgesicht, Größe, Form, Farbe und Plazierung der Augen, richtiger Ansatz und Trageweise der Ohren: Alles zusammen ergibt eine Mischung lieblicher, aufmerksamer und freundlicher Intelligenz. Die Bewegungen des Körpers sind schnell, geschmeidig und elegant, die Sprungkraft ist beachtlich. Das Deckhaar ist lang, rauh und glatt, die Unterwolle weich, kurz und pelzartig dicht. Die Farben sollen satt sein, sowohl beim Tricolour wie beim gelben Sheltie (bis mahagonifarben). Blue-merles haben ein silbriges Blau. Schulterhöhe, Rüden bis 36,8 cm. Gewicht 12 bis 18 kg.

Er stammt von den Shetland-Inseln, wo Zwergrinder, Shetlandponys und Minischafe leben, die vom Sheltie gehütet wurden. Auch heute arbeiten diese Hunde noch.

Als sich die Züchter ihrer annahmen, wurden aus ihnen »die schönsten Collies, die man durch ein umgekehrtes Fernrohr betrachten kann«.

Shelties sind ideale Haushunde. Sie passen sich den Stimmungen ihrer Besitzer an; sie können mit ihnen fröhlich sein oder aber gedämpft verständnisvoll. Meist ist der lebendige Hund ein lustiger Clown, »der über sich hinauswächst, wenn man über ihn lacht und er sich als Mittelpunkt fühlt«. Er ist ein zärtlicher, liebevoller Kinderhund, bereit, sich viel gefallen zu lassen. Er ist leicht zu erziehen und führt alles Gelernte mit großem Eifer vor. Fremden gegenüber mißtrauisch, ist er wachsam. Trotz seines Temperaments kann er auch in einer kleinen Wohnung gehalten werden. Pflege wie beim Collie. Wie dieser ist er nicht anfällig und hat eine hohe Lebenserwartung.

Welsh Corgi Cardiganshire

Ein fuchsartig aussehender, niederläufiger Hund wie ein Dackel, der Stehohren trägt. Der längere und schwerere der beiden Corgi-Schläge, auf den ersten Blick an der Rute zu erkennen, die wie die des Fuchses aussehen soll und gerade, in der Verlängerung des Rückgrates, getragen wird. Der Gesichtsausdruck ist wachsam und intelligent, der Fang ist spitz und die Nase schwarz. Die Vorderläufe sind kurz, starkknochig und leicht gebogen. Der Körper ist lang – etwa 1 Yard = 91,4 cm – und kräftig, mit tiefer Brust. Das Haar kurz, dicht und wetterfest. Alle Farben wie beim Pembrokeshire, darüber hinaus Gestromt oder Blue-merle. Rein Weiß ist nicht erlaubt. Die Schulterhöhe liegt bei 30 cm, das Gewicht zwischen 10 und 12 kg. Lebenserwartung um die 15 Jahre.

Der Name ist walisisch, die einleuchtendste Deutung *cor* = Zwerg, *gi* = Hund. Der Typus ist alt, der niederbeinige Treibhund kneift das Vieh in die Fesseln und weicht geschickt dem darauf folgenden Hufschlag aus. Eine Arbeit ähnlich der der Appenzeller und Entlebucher Sennenhunde. Die Neigung zum Vieh hat er noch heute, ebenso das Temperament, die Lauffreude und die Lust am Bellen.

Ein weiteres Erbe dieser Vergangenheit ist seine Selbständigkeit. Auch ist er nicht wildrein, mußte er doch früher Raubzeug vom Hof fernhalten.

Die Trennung der beiden Rassen erfolgte erst Mitte der dreißiger Jahre. Seitdem werden sie streng getrennt gezüchtet. Wesensmäßig sind sie gleich. Lesen Sie deshalb, was ich beim Pembroke schreibe. Für welche Rasse man sich entscheidet, hängt bei uns vom Angebot ab oder ist reine Geschmacksache: Mag man lieber einen schwarz-weiß-roten Hund ohne Schwanz oder einen blue-merle-farbigen mit langer Rute?

Welsh Corgi Pembrokeshire

Ein *Schäferdackel* mit fuchsartigem Gesicht, leicht zugespitzten Stehohren, vom Cardiganshire auf den ersten Blick durch den Stummelschwanz zu unterscheiden und durch die Farben, die Rot, Zobel, Black und Tan sind, auch kombiniert mit weißen Flecken an den Läufen, Brustkorb und Nacken. Der Gesichtsausdruck ist wachsam und intelligent, der Fang spitz und die Nase schwarz. Die Vorderläufe sind kurz und so gerade wie möglich. Der Körper hat mittlere Länge und sehr elastische Rippen. Der Brustkorb ist breit und tief und zieht sich weit herunter bis zwischen die Vorderläufe. Das Fell ist dicht, von mittlerer Länge und nicht drahtig. Es darf aber nicht lang und flockig sein. Schulterhöhe zwischen 25 und 30 cm, Gewicht von 8 bis 11 kg. Lebenserwartung um 15 Jahre.

Die meisten halten den »Schäferhund mit den abgeschnittenen Beinen« für einen Bastard. Bekannt wurde die Rasse auch in ihrer englischen Heimat erst, als der Herzog von York 1933 seiner Tochter Elisabeth die Corgi-Hündin Dookie schenkte. Elisabeth war von der Rasse so entzückt, daß sie dabei blieb: Die Hunde der Königin wurden populär und für Züchter interessant. Allerdings nicht in Deutschland: Hier sind die intelligenten, wendigen und wachsamen Hunde nach wie vor selten. Dabei ist ein Corgi ein idealer Hund in unseren modernen Zeiten. Vom Wesen und seinen ausgeprägten Wach- und Verteidigungseigenschaften ein »großer« Hund, vom Körper her handlich. Seine Pflege ist einfach, er ist wetterfest und seine Bewegungslust ist zu bewältigen. Man kann ihn gut erziehen, und er paßt sich seinen Menschen an. Ein Wohnungshund, wenn die Wohnung nicht zu klein ist. Am glücklichsten ist er, wenn er eine Beschäftigung hat. Die muß man für ihn suchen und finden, oder man erfindet viele Spiele.

Hovawart

Ein mittelgroßer, kraftvoller, aber nicht plumper Gebrauchshund. Langhaarig, hart und wetterfest. Guter Läufer und Springer. Rüde und Hündin sind deutlich zu unterscheiden, und zwar in der Kopfform. Beim Rüden kräftiger, breiter, mit kühnerem Ausdruck. Das dreieckige Hängeohr liegt locker an. Der Hals ist kräftig und gut behaart, hat aber keine Wamme. Der Rücken ist fest und gerade, der Rumpf soll länger sein als die Schulter hoch. Die Rute ist lang und gut behaart, sie wird in der Erregung hoch geschwungen. Das Haarkleid ist lang, wollarm und leicht gewellt. Es gibt weder Scheitel noch Locken. Die Farben sind Blond, Tiefschwarz oder Schwarzmarkenfarbig (blonde bis goldbraune Marken). Schulterhöhe Rüde bis 70 cm; Gewicht bis 35 kg (nach Größe).

Der »Hund, der den Hof verwahrt«, wurde als Neuform aus alten Resten »rekonstruiert« und seit 1922 wieder planmäßig gezüchtet.
Es ist eine besondere Rasse, mit der man eine sehr enge Bindung eingehen und sich dabei ganz sicher fühlen kann. Wenn der Hovawart einen als Leithund akzeptiert.
Als Haushund ist er angenehm, ruhig und gesetzt, ohne schläfrig oder dösig zu sein. Er beobachtet und wägt ab, um im Notfall schnell zu handeln. Er ist eher gutmütig als bissig und hat eine soziale Intelligenz. Das heißt, er gefährdet weder kleine Kinder noch kleine Tiere.
Seine Stimme ist volltönend und tief, er benutzt sie nur bei Bedarf. Man kann ihn mit Konsequenz und Fingerspitzengefühl leicht erziehen: Er ist lernfreudig. Er braucht Arbeit und fühlt sich beim Training wohl. Der Hovawart gehört zu den anerkannten Diensthundrassen. Seine Schnelligkeit ist sehr groß. Kein Etagen- oder Großstadthund, kann mit Familienanschluß draußen leben. Er wird über 10 Jahre alt.

Die scharfen russischen Schafhunde (Owtscharki)

»Das Verbreitungsgebiet der russischen zotthaarigen Schäferhunde ist sehr groß. Bei eingehendem Studium werden wir wohl Unterabteilungen machen müssen. Leider ist man in Rußland noch nicht dazu gekommen, sich dieser Landesrassen anzunehmen«, schreibt Richard Strebel 1905 in seinem berühmten Hundebuch und zitiert einen russischen Kynologen: »Leider sind alle echtrussischen Rassen mit Ausnahme des Barzois sehr schlecht gezüchtet und bearbeitet, am schlimmsten sieht es in dieser Beziehung mit den Schäferhunden aus.«
Heute wissen wir mehr: In der Bundesrepublik gibt es seit Sommer 1981 den KOC, Kaukasischer Owtscharka-Club, und es werden einige Kaukasen gehalten und mit ihnen gezüchtet.
In Rußland sind vier Varietäten anerkannt: die drei Hirtenhundrassen Nordkaukasischer Steppen-Owtscharka, Transkaukasischer Owtscharka, den ich mit Bild und ausführlicher Beschreibung vorstelle, Mittelasiatischer Owtscharka. Der Südrussische Owtscharka ist ein Hütehund, ähnelt in seinem Aussehen dem ungarischen Komondor und ist der friedlichste aller Russen. Der Nordkaukase, schlank und hochläufig, ähnelt dem gefährlichen, kampfstarken Kurdischen Nomadenhund und wird wie dieser zum Schutz vor Wölfen gehalten. Ihn und den Mittelasiaten gibt es nur in Rußland.
Der Bergkaukase, der irrtümlich in wörtlicher Übersetzung von *Owza* = Schaf auch Kaukasischer Schäferhund genannt wird, ist ein sehr ursprünglicher Hund. Sein jahrhundertelanges selbständiges Arbeiten an der Herde in freier Natur hat ihn wie den Pyrenäen-Berghund zu einem sehr selbstbewußten Tier werden lassen, das seinen Herrn zwar sehr lieben kann, aber ihm nicht unbedingt jeden Wunsch von den Augen abliest. Wie der Berghund aus den Pyrenäen kommt auch der Bergkaukase der alten Tibet-Dogge wesensmäßig sehr nahe. Durch Kreuzung mit russischen Schlittenhunden wurde er wendiger und schneller gemacht, so daß er, befeuert von einer fast wilden Kampfeslust, dem größten Wolf gegenüber zumindest ebenbürtig ist.
Sehr reizvoll ist neben der Ursprünglichkeit die Mischung von friedlichem Hirtenhund und gefährlichem, schützendem Hund. Sie braucht aber viel Hundeverstand und das Wissen, daß man einen Bergkaukasen niemals auf dem Platz scharfmachen darf!

Transkaukasischer Owtscharka

Starker, großer Hirtenhund mit massivem Knochenbau und kräftiger Muskulatur. Dabei erstaunlich leichtfüßig. Der massive Kopf mit breitem Schädel wird aufrecht getragen und hat, bei geringem Stop, in der Mitte eine Längsfurche. Die Ohren sind nach schräg vorne geschlagen und hängend, sie können kurz kupiert werden. Rüden haben einen ausgeprägten Halskragen. Breite und tiefe Brust, fast horizontale Kruppe. Die lange Rute wird erhoben sichelförmig (= Rolle) oder als Rad über dem Rücken getragen. Das Haar ist gerade und grob, das Unterhaar weich, stark entwickelt und von hellerer Farbe als das graue, rote, strohgelbe oder graubraune Fell. Nur rein Schwarz oder Braun gilt als Fehler. Schulterhöhe 65 bis 80 cm; Gewicht des Rüden von 50 bis 65 kg. Gute Lebenserwartung.

Der Bergkaukase ist ein gegen Fremde mißtrauischer Hund. Er neigt zu Aggressivität und Schärfe. Fremden Hunden gegenüber ist er angriffslustig, wurde ihm doch angezüchtet, den Wolf zu bekämpfen. Er ist sehr selbstbewußt und in seinem Verhalten so auf sich gestellt, daß er untauglich für die Schutzhundprüfung ist.
Man kann diesen Hund nur halten, wenn man ihn mit Autorität und sehr viel Liebe und Lob erzieht. Er braucht genügend menschliche Zuwendung, die verhindert, daß sein Kampfgeist zu stark wird. Doch kann der Hund, der sehr kinderlieb und in seiner Familie gutmütig und verschmust ist, von einem Kind nicht spazierengeführt werden: Er könnte plötzlich glauben, das Kind verteidigen zu müssen. Kälte hat er lieber als Wärme. Wird er im Freien gehalten, wirkt sein Fell noch mächtiger. Auf jeden Fall ist ein großer Garten wichtig und für ihn seine Aufgabe als Wächter. Er ist leicht zu bürsten und zu kämmen. Kein Hund für Anfänger, nur geeignet für fortgeschrittene Idealisten.

Aus dem Zwinger vom Ihnetal stammen diese drei Drever Welpen, schwedische Form der Sauerländer Dachsbracke

Kleinhunde, Schoßhunde – die Lieblinge der Damen

Schoßhunde hat es von dem Zeitpunkt an gegeben, als Frauen zu Damen wurden. Schoßhunde sind das Ergebnis einer Luxusgesellschaft. Den Namen der ältesten westlichen Rasse kennen wir vom hellenistischen Dichter Kallimachos (um 300 vor Christus). Es ist der Hund von der Insel Melitaea, der heute Malteser heißt. Viele hundert Jahre wurde alles, was man sich nur zum Vergnügen hielt, nach diesem Hund *Melita catella* genannt. Und Plinius, der Klatschkolumnist der Antike, weiß zu berichten, daß Schoßhunde von den römischen Damen mit ins Bett genommen wurden und ausgezeichnet gegen Leibgrimmen halfen. Bestätigt wird diese Geschichte durch die Inschrift auf dem Grabstein des Hündchens *Myia* = Mücke: »Essen hat sie und Bett stets mit der Herrin geteilt.«

Kynologische Anmerkung über Zwerge

Wir können drei Typen tierischer Zwergformen unterscheiden, von denen die der Kurzbeinigkeit bei den Schoßhunden wegfällt. Hunde wie Dackel und Bassets sind keine Kleinhunde.

Die Miniaturform einer normal großen Rasse, bei der alle Skelettknochen so verkleinert sind, daß die Proportionen gewahrt bleiben, ergibt ebenfalls keine typischen Schoßhunde. Zwergschnauzer und Miniatur-Bullterrier zeigen die Verhaltensweisen eines großen Hundes. Anders ist es mit den kurzköpfigen Zwerghunden, bei denen der Schädel wie bei einem Kleinkind aussieht: rundgewölbte Stirn, große Augen im kleinen Gesicht. Konrad Lorenz hat diese, den Brutpflegeinstinkt auslösenden Formen *Kindchenschema* genannt. Es ruft in uns ein Gefühl hervor, das wir mit »herzig« umschreiben können und das bewirkt, daß wir ein so ausgestattetes Wesen aufheben, zu uns nehmen und herzen wollen.

Hinzu kommt, daß diese Zwerghunde auch in ihrem Wesen bis ins Alter kindlich bleiben. Sie *pföteln* gerne, zeigen ihre Zuneigung durch Lecken, kuscheln sich an andere Hunde und Menschen an und schlafen sehr gerne mit im Bett. Sie spielen bis ins hohe Alter und sind im Gegensatz zu den Miniaturformen keine Raufer. Im Widerspruch zur üblichen Meinung sind sie weder furchtsame noch anfällige Lebewesen, sondern durchaus robust, spazierfreudig und wetterfest. Und ihre Wachsamkeit und Verteidigungsbereitschaft steht im umgekehrten Verhältnis zu ihrer Körpergröße.

Die zärtlichen Gefährten

So ist es kein Wunder, daß die Schoßhunde während aller Jahrhunderte auf sehr vertrautem Fuß mit ihren Herrinnen standen, mit den Patrizierinnen, den holden Frauen, den Marquisen und Ladies. Sie waren erotische Spielzeuge, Unterpfänder der Liebe und Boten Amors, in deren Halsbändern Aufforderungen zum geheimen Stelldichein und die glückverheißende Gewährung hin und her gingen. So heißt es in einem Vers: »Die Diebe fuhr ich an, die Buhler ließ ich ein, so konnten Herr und Frau mit mir zufrieden sein.«

Aus der Zeit kurz vor der Französischen Revolution beschwert sich ein Pariser Chronist: In jedem Salon müsse man von jedem Sessel und jeder Couchette, auf die man sich setzen wolle, einige dieser Hunde vertreiben, wodurch man sich bei allen anwesenden Damen unbeliebt mache. Denn wenn man nicht aufpasse und sich einfach hinsetze, würde durch das durchdringende Geschrei der gestörten oder gequetschten Hunde der Aufenthalt im Salon für den Unachtsamen unmöglich.

Die Rassen der Schoßhunde

In ihren verschiedenen Schlägen entstanden sie vor allem im vorigen Jahrhundert, wenn auch die Toy Spaniels zwei Jahrhunderte älter sind. Sie beschreibe ich mit ihren Farbvarianten, während ich von den Bichons nur den Malteser vorstelle.

Bichon ist von *Barbichon* = kleiner *Barbet* = Pudel abgeleitet, und diese Hündchen waren die große Liebe der Damenwelt. In der Antike der Malteser, in der Renaissance die Bologneser, im Rokoko das Löwchen und später der Havaneser, dazu noch der *Bichon frisé*. Den Schoßhund des Biedermeiers beschreibe ich auf Seite 201: Der Mops war bereits im Rokoko ein lustiger, lebendiger Hund. »Wo Möpschen war, da gab es Freude«, dichtete der Hamburger Hagedorn, und die adeligen Damen konnten in der freimaurerischen Loge vom Mopsorden Mitglieder werden. Im Biedermeier wurde der Mops auf den bürgerlichen Sofas faul, fett und verfressen, so daß die Witzzeichner ihn verspotteten und Alfred Brehm verächtlich schrieb: »Die Welt wird nichts verlieren, wenn dieses abscheuliche Tier mitsamt seiner Nachkommenschaft den Weg allen Fleisches geht.« So starb der Mops fast aus.

Einige Zwerghunde habe ich bei den Terriern, den Chihuahua (Seite 167) beschrieben. Des weiteren finden Sie Beschreibungen des Japan-Chin des Peking-Palasthundes und des Shih-Tzu, der, obwohl aus Tibet stammend, nicht vom Club für Tibetische Hunderassen betreut wird. Eine Schoßhundrasse, in die immer wieder Mopsblut eingekreuzt wurde, ist der Belgische Griffon, bei dem heute noch alle drei Varietäten in einem Wurf vorkommen können: Brüsseler, Brabanter und Belgier. Beim Affenpinscher (Seite 230) begegnen wir den Schoßhunden wieder.

Brüsseler Griffon *(Griffon Bruxellois)*

Ein intelligenter, harter Zwerghund mit untersetztem, kurzem Körper, smarter Haltung und smartem Gebaren. Erregt Aufmerksamkeit durch einen fast menschlichen Gesichtsausdruck. Der Kopf ist groß und rund, mit gewölbter Stirn und mit einem drahtig rauhen Kranz von Haaren um Augenpartie, Fang, Backen und Kinn. Der Griffon ist Vorbeißer, die Nasenkuppe sehr kurz und zwischen die Augen zurückgesetzt. Die Augen sind sehr groß; die Rute wird auf ein Drittel kupiert.
Die Behaarung ist drahtig und dicht, je härter, um so besser, nie wollig oder seidig. Farbe Rot oder Rostbraun. Die Varietät *Griffon Brabançon* hat kurzes, dichtes, glattes Haar, beim *Griffon belge* schwarz oder schwarzrot. Der Brabançon darf eine schwarze Maske haben. Ohne Größenangabe; Gewicht 3 bis 5 kg.

Diese Rasse ist alt und schon auf den Bildern von Breughel zu finden. Eine enge Verwandtschaft mit dem deutschen Affenpinscher besteht. Sicherlich ist beim Belgier Mopsblut eingekreuzt worden.
Der Brüsseler tauchte zum ersten Mal 1880 auf einer Ausstellung in Brüssel auf und wurde bewundert.
Die drei Varietäten, von denen der Brabançon auch noch in zwei Größen gezüchtet wird, sind kecke, lebhafte Schoßhunde und angenehme Hausgenossen. Sie sind gutmütig, haben ausgesprochen anziehende Manieren und sind durch ihr wechselndes Mienenspiel sehr drollig.
Mit der Erziehung zur Leinenführigkeit sollte man früh beginnen und konsequent sein, da ältere Tiere manchmal störrisch werden. Im übrigen sind diese Zwerge sehr selbstbewußt und schneidig. Sie haben in der kleinsten Wohnung Platz, sind pflegeleicht und nicht übermäßig laut. Ihre Konstitution ist robust, ihre Lebenserwartung sehr hoch (um 15 Jahre).

Cavalier King Charles Spaniel

Ein aktiver, graziöser und wohl ausbalancierter Hund. Kopf und Fang sind sein Erkennungszeichen. Der Stop verläuft schwach, der Fang ist von der Stopbasis bis zur Nasenkuppe knapp 4 cm lang. Der Schädel ist flach zwischen den Ohren und ohne Wölbung. Die Ohren sind lang und hoch angesetzt, mit reichlicher Befransung. Die Augen groß, dunkel und rund, sie treten nicht hervor.
Die Behaarung ist lang, seidig und ohne Lockenbildung, leichte Wellen sind erlaubt. Die Rute ist wie die Läufe reich befedert. Farben: 1. Blenheim (unser Bild) = kastanienbraune Markierung auf perlweißem Grund; 2. Schwarz/Rot = rabenschwarz mit rostroten Zeichnungen; 3. Ruby = tiefes Rot; 4. Dreifarbig = schwarz/weiß mit roten Abzeichen. Schulterhöhe 30 cm; Gewicht 4,5 bis 8 kg.

Sein Standard wurde 1928 in London aufgestellt, man wollte bei den Toy Spaniels den ursprünglichen langgesichtigen Typ wieder herauszüchten. Anerkannt wurde die Rasse 1945.
In England wird der kleine unerschrokkene Hund gelegentlich noch zur Jagd (Stöbern) benutzt, insgesamt aber ist er ein Haus- und Luxushund geworden.
Er steht auf der Mitte zwischen den Spanielzwergen und den normalen Spaniels: ein lebhafter, sehr eleganter Hund mit dem typischen Gang und dem Bewegungsspiel der Spaniels.
Die Cavalier King Charles sind leicht erziehbar, lieben lange Spaziergänge und können dennoch auch in kleinen Wohnungen gehalten werden. Hat man genügend Platz, sollte man zwei oder drei halten. Sie vertragen sich gut miteinander und sehen zusammen bezaubernd aus. Sein Wesen ist fest, sehr zutraulich. Außerdem ist er kinderlieb, was bei Kleinhunden nicht immer der Fall ist. Regelmäßiges Bürsten ist notwendig. Die Lebenserwartung dieses robusten Hundes ist hoch.

Malteser *(Bichon Maltais)*

Ein kleiner Hund, dessen Körper länger als hoch ist und der vom Kopf bis zur Rutenspitze von allen Seiten gesehen mit seidigen, sehr langen und sehr glänzenden Haaren bedeckt ist. Der Kopf hat einen betonten Stop, der durch die gut entwickelten Stirn- und Augenjochbogen besonders markiert wird.
Die Nase und die Lefzen sind reinschwarz, die Augen groß, dunkel und von lebhaftem, intelligentem Ausdruck. Der Körper wird im Standard zentimetergenau beschrieben. Die Rute, stark am Ansatz, fein in der Spitze, ist mit sehr langen und üppigen Haaren bedeckt, die wie die Zweige einer Trauerweide nach einer Seite fallen. Die einzelnen Haare des dichten Fells sind 22 cm lang, Farbe reinweiß. Schulterhöhe Rüde 21 bis 25 cm; Gewicht 3 bis 4 kg. Wird recht alt.

Stammt nicht aus Malta, sondern von der der dalmatinischen Küste vorgelagerten Insel Melitaea, heute Meleda, und taucht schon in der klassischen Literatur auf. Die Hündchen waren bei den Damen der antiken Prominenz sehr beliebt.
Sein Haarkleid, das im Griff etwas an Glaswolle erinnert, neigt dazu, sich von selbst zu scheiteln. In voller Pracht entwickelt es sich erst ab dem 3. Lebensjahr und soll dann sehr, sehr üppig sein. Man pflegt es mit einer Bürste (nicht aus Draht) und einem Kamm (nicht aus Metall). Darauf achten, daß das Augensekret keine gelblichen Flecken bildet.
Der Malteser ist ein anhänglicher, munterer Hund, der recht wachsam ist, ohne ein nervtötender Kläffer zu sein. Seine Bewegung verschafft er sich durch seine Lebhaftigkeit selbst. Er ist wie die anderen Bichons (siehe Seite 184) ein ausgesprochener Damenhund, dessen Erscheinung für das Auge eine Freude ist. Seine Gesundheit ist gut, er ist kaum anfällig.

Papillon *(Schmetterlingshündchen)*

Ein anmutiger kleiner Spaniel (kontinental und nicht aus England) mit üppiger Behaarung und eleganten, lebhaften Bewegungen. Auffällig die mittelgroßen, schräg aufwärts stehenden Ohren, die wie die Flügel eines Schmetterlings geöffnet sind und immer die gleiche Stellung behalten. Der sonst identische hängeohrige Schlag heißt *Epagneul nain* oder *Phalène.*
Die Rute ist sehr hoch angesetzt, überaus beweglich und mit einem überreichen Federbusch garniert. Der Kopf ist kurz und glatt behaart, der Körper verschwindet unter reichlich fallendem, langem, leicht gewelltem, weichem und verschiedenfarbigem Haarkleid von einfarbig Schwarz bis Zitronengelb oder zweifarbig Weiß gescheckt bis dreifarbig. Schulterhöhe bis 25 cm; Gewicht unter 4 kg.

Eine alte Rasse aus Holland und Frankreich, deren fallohrigen Schlag man auf Gemälden von Tizian oder Jan Vermeer finden kann. Das Schmetterlingsohr entstand erst gegen Ende des vorigen Jahrhunderts.
Ein entzückender Hund von putzigem, sehr dekorativem Aussehen. Mir gefallen von den vielen Farbmöglichkeiten die zweifarbigen mit Orange-Platten am besten. Trotz seiner Winzigkeit ist der Papillon ein energischer, mutiger Hund, der recht wachsam ist. Seiner Familie ist er unbestechlich ergeben, anhänglich und sehr verspielt. Als echter Schoßhund kann er in der kleinsten Wohnung gehalten und überall mit hingenommen werden. Seine Bewegungsfreude ist groß, was aber nicht heißt, daß man mit ihm weite Spaziergänge machen muß. Das schöne Fell sollte regelmäßig und sorgsam gepflegt werden, ansonsten ist er anspruchslos und braucht nur wenig, aber gutes Futter. Der Papillon ist sehr intelligent und von gesunder Natur, so daß er bis 17 Jahre alt werden kann.

Schipperke *(Belgischer Schifferspitz)*

Ein kleiner Hund mit fuchsartigem Kopf und kurzem, gedrungenem Rumpf. Er scheint durch die Mähne am Hals vorne bedeutend höher, dabei ist der Rücken gerade. Der Hals selbst ist recht robust, die Pfoten klein, rund und geschlossen (Katzenpfoten), mit starken, geraden und kurzen Krallen.
Die Ohren sind klein, dreieckig und stehen. Sie sinken beim Zurücklegen nicht in sich zusammen, nähern sich stark, wenn sie aufgestellt werden, und sind sehr beweglich. Der Schipperke ist schwanzlos oder hat eine angeborene Stummelrute. Das Haar ist kurz, dicht und hart, bildet am Hals die Mähne und an den Rückseiten der Läufe Fahnen. Die Farbe ist Schwarz, ohne weiße Haare oder Abzeichen. Schulterhöhe maximal 30 cm; unter 3 oder bis 5 kg. Wird sehr alt.

Der Schifferspitz ist seit alters der Haus- und Bootshund der Flußschiffer. Der alte Fritz ließ diese Hunde züchten mit der Auflage, daß jeder Oderkahn einen Schipperke haben sollte. Der Hund war einen Mann wert, er warnte den Schiffer vor dem Anstoß an Mauern und vor entgegenkommenden Kähnen. Seitdem ist er sehr bellfreudig.

Er besitzt eine Anzahl verschiedener Laute und ist ein gesprächiger Hund. Dazu ist er sehr wachsam und mißtrauisch allen Fremden gegenüber. Er hat alle guten Terriereigenschaften, gekoppelt mit dem Spitzcharakter.
Für einen Kleinhund ist er sehr kinderlieb und deshalb ein angenehmer Hausgenosse. Allerdings wegen der Bellerei kein Appartementhund in einem Wohnblock. Er läßt sich gut erziehen (auch zu kleinen Kunststücken) und hält, beim Leben auf dem Lande, das Haus mäusefrei.
Der Schipperke ist wetterfest, unverwüstlich und sehr gesund. Es gab Hunde, die 20 Jahre alt wurden und noch recht munter waren.

Toy Spaniel *(King Charles Spaniel)*

Ein kleiner, aristokratisch wirkender, kräftiger Hund. Kopf und Fang unterscheiden ihn von Cavalier King Charles. Der massige Kopf hat einen stark gewölbten, kuppelförmigen Oberschädel und läßt die Stirn über den Augen vortreten und die nach hinten fallende Nase fast berühren. Der Nasenrücken zwischen Nase, Stirn und Augen ist so kurz und zurückgeschoben, daß eine Vertiefung (der Stop) entsteht, die eine kleine Kugel aufnehmen könnte. Dadurch wird der Gesichtsausdruck hochmütig abweisend.
Behaarung und Farben wie beim Cavalier King Charles. Der Farbschlag King Charles (Schwarz mit mahagonifarbenen Abzeichen) gab der Rasse den Namen. Unser Bild: ein Prince Charles. Schulterhöhe bis 32 cm; Gewicht 3 bis 5 kg.

Der englische König Karl II. (1630 bis 1685) gab der Rasse ihren Namen, die anderen Farbschläge wurden nach Blenheim, dem Schloß des Herzogs von Marlborough, und nach Prinz Charles Stuart benannt. Nur der Ruby trägt eine einfache Farbbezeichnung. In Deutschland werden die vier Schläge unter der Rassensammelbezeichnung Toy Spaniel geführt. King Charles und Ruby dürfen untereinander gekreuzt werden (nicht über Weißträger), ebenso Prince Charles und Blenheim. Es sind charmante und liebenswürdige Hunde, die vor allem besonders verträglich sind. Selbst in Zwingern mit vielen verschiedenen Individuen gibt es keine Meinungsverschiedenheiten oder gar Raufereien. Man kann einen Toy Spaniel gut mit anderen, auch kleineren Haustieren halten. Der Toy ist aufgeweckt, temperamentvoll in Maßen und sehr anhänglich. Man kann ihn leicht erziehen, und er geht gerne und ausdauernd spazieren. Leider ist dieser elegante Hund hierzulande recht selten. Obwohl er problemlos ist.

Japan-Chin

Ein äußerst lebhafter, eleganter, völlig quadratisch und kräftig gebauter kleiner Hund mit verschwenderischer Haarfülle. Der Kopf wird auffällig hoch getragen *(= hochgenackt),* er ist im Verhältnis zur Größe des Hundes groß, gewölbt, mit seitlich stehenden, vortretenden dunklen Augen. Die Nasenkuppe liegt im Profil gesehen hinter der Stirnlinie, so daß man kaum von einem Nasenrücken sprechen kann.

Die Behaarung ist sehr üppig, lang, seidig und schlicht, bildet am Hals eine Krause und an der über dem Rücken getragenen Rute einen Busch. Die Vorderbeine haben Fahnen, die Hinterbeine Hosen, die Farbe ist Reinweiß mit schwarzen oder rotgelben Platten. Schulterhöhe zwischen 18 und 28 cm; Gewicht 2 bis 4 kg.

In Japan hieß diese alte Rasse *Makura Tsin* = Polsterhündchen. Man züchtete ihn, da man alles Kleine und Feine liebte, mit großer Sorgfalt und auf möglichste Winzigkeit hin, damit man ihn im Kimono-Ärmel mit sich herumtragen konnte.

Nach Europa kam er in der zweiten Hälfte des vorigen Jahrhunderts und war im prüden, viktorianischen England sehr beliebt, »da keine Stelle seines Körpers unverhüllt war«. Heute gibt es ihn in Japan so gut wie nicht mehr, und auch bei uns ist er selten. Dabei ist er ein liebenswerter Hund, ein kluger, lebhafter Freund gerade in »ernsten Lebensstunden«, wie es in der Rassebeschreibung heißt. Sehr wachsam, nicht übertrieben bellfreudig, immer zum Spielen und Herumtollen bereit. Selbst in der kleinsten Wohnung zu halten. Er muß allerdings ständig sorgfältig gepflegt werden. Relativ häufig treten Augenerkrankungen auf, ansonsten sind Hunde mit 16 Jahren und mehr keine Seltenheit. Ideal für ältere Alleinstehende.

Peking-Palasthund *(Pekinese, Pekingese)*

Grotesk wirkender, kleiner und lebhafter Hund mit starkem Knochenbau. Er steht tief zur Erde und ist verschwenderisch behaart. Der Gang ist energisch und selbstbewußt, der Hund »rollt«.

Der Kopf ist massiv, der Schädel zwischen den weit auseinander liegenden Ohren breit und flach. Das ganze Gesicht erscheint vollkommen plattgedrückt *(flat faced),* die Augen sind vorgewölbt und liegen weit auseinander.

Die Behaarung bildet am Hals eine Mähne und besteht aus einer Art Doppelfell: dicke Unterwolle, darüber lange, gerade Oberhaare: Alle Farben erlaubt.

Je kleiner der Palasthund, desto wertvoller ist er. Doch darf sein Typ keineswegs unter der Kleinheit leiden. Schulterhöhe 15 bis 25 cm; Gewicht 1,5 bis 6 kg.

Sie wurden im Kaiserpalast gezüchtet und sorgsam vor der Außenwelt verborgen. Es gibt eine Rassebeschreibung, die die Kaiserinwitwe Tsze-Hi verfaßt hat. Die ersten Exemplare kamen 1860 nach England, nachdem Soldaten in einem der vielen Kriege den Sommerpalast geplündert hatten.

1898 wurde der Standard für Europa aufgestellt, der Pekinese wurde zum Hund der feinen Leute. Er ist sehr intelligent und selbstbewußt und hat Anlagen, Familientyrann zu werden. Der Vorteil seiner Kleinheit: Bei Widerstand läßt er sich auf dem Arm transportieren. Er ist wachsam und furchtlos, ein robuster, forscher Draufgänger. Also keineswegs ein Verzärtelhund, aber genausowenig ein Kinderhund. Er ist liebebedürftig bis zur Eifersucht und hält dennoch immer ein wenig Abstand.

Er braucht eine liebevolle, sorgfältige und deshalb auch zeitraubende Pflege und hochwertiges Futter. Dann kann er bei völliger Gesundheit sehr alt werden. Ein Hund für Individualisten in entsprechender Umgebung.

Shih-Tzu *(Tibetanischer Löwenhund)*

Klein, aber kein Zwerg. Von lebhafter, aktiver Erscheinung, mit ausgesprochen arroganter Haltung. Die Gesichtspartie ist breit, der Oberkopf breit und rund. Ein Haarschopf fällt gut auf die Augen herunter. Der Fang ist etwa 2,5 cm lang und kann leichten Vorbiß haben. Das von der Nasenkuppe nach oben wachsende Haar gibt dem Kopf einen chrysanthemenhaften Ausdruck. Bart und Schnurrbart verstärken die allgemeine Haarigkeit. Auch die Ohren, groß und herabfallend, sind so dicht behaart, daß die Behaarung ins Nackenfell überzugehen scheint. Das Fell ist lang und dicht und erscheint harscher als es sich anfühlt. Alle Farben sind zugelassen, weiße Blesse an der Stirn und weiße Rutenspitzen sind hoch geschätzt. Schulterhöhe bis 27 cm; Gewicht 4,1–7,2 kg.

Shih-Tzu heißt Löwe, und der Löwenhund stammt aus Tibet. Früher soll er als Glücksbringer vom Dalai-Lama verschenkt worden sein. Daß er mit dem Lhasa-Apso und dem Tibet Terrier verwandt ist, sieht man. Auch, daß Pekinesen eingekreuzt worden sind. Später wurde er dann zum wetterfesten, aufmerksamen Wachhund.

Anerkannt wurde die Rasse im Westen erst 1934, obwohl es schon lange einzelne Tiere in England gab.

Bei uns ist er zu einem angenehmen, attraktiven, wenn auch seltenen Familienhund geworden, den man gut in kleinen Wohnungen halten kann.

Der Shih-Tzu ist wesensfest, Fremden gegenüber zurückhaltend, sonst sehr liebenswürdig, anhänglich und unkompliziert. Er marschiert munter auf seinen sehr starken Ballen, und größere Spaziergänge macht er ohne weiteres mit. Man sollte ihn bitte nicht verzärteln. Er ist ein ruhiger Hund, der natürlich sorgfältige Pflege braucht. Er ist von vitaler Gesundheit, liebt auch Kälte und kann recht alt werden.

Kanaan-Hund *(Canaan Dog)*

Ein mittelgroßer, gutproportionierter Hund, der dem Wildhundtyp ähnelt. Der Schädel ist leicht gewölbt, Stop und Mittelfurche nur leicht markiert.

Die Augen stehen etwas schräg und sind dunkel, die Ohren nicht hoch angesetzt, stehend, ihre Spitzen zeigen nach außen (wie ein V). Der Nasenspiegel muß dunkel pigmentiert sein, braune oder lederfarbene sind ein schwerer Fehler: Ein Naturhund könnte mit dieser fehlenden Pigmentierung in der Wüste nicht überleben. Die Rute wird hoch getragen und im Affekt über den Rücken gerollt. Das Haarkleid ist kurz bis mittellang, an der Rute buschig. Farben: Sand- bis Rotbraun, Weiß oder Schwarz, Schwarzweiß oder Braunweiß, mit oder ohne Maske. Widerrist 50 bis 60 cm; Gewicht 18 bis 25 kg.

Er war der Hütehund der alten Israeliten und seine Heimat das Land Kanaan. Durch die Zerstreuung des Volkes Israel verwilderten die Hunde und lebten als Paria-Hunde am Rande menschlicher Siedlungen.

Die Doktoren Menzel (siehe auch Seite 101) züchteten sie planmäßig und stellten den Standard auf, der um 1960 vom »Israel Kennel Club« angenommen wurde. Der Kanaan-Hund ist ausgesprochen gebietsbewußt. Er übernimmt den Besitz seines Herrn als sein Eigentum und verteidigt es auch in dessen Abwesenheit. Er kann außerordentlich gut hören und macht Fremde auf weite Entfernungen aus.

Er ist nicht so anhänglich wie andere Hunde, aber deshalb nicht weniger ergeben und treu. Er kennt die vollkommene Unterwerfung nicht, sondern betrachtet sich eher als Partner. Er ist klug, aufmerksam und auch lernbereit. In Haltung und Pflege sehr anspruchslos. Weniger ein Hund für die Stadt. Die Konstitution ist robust, die Lebenserwartung relativ hoch.

Wie eine neue Rasse entsteht

Der Anfang kann ein Zufall sein wie beim Kromfohrländer. Im Siegerland sprang von einem US-Militärlastwagen ein junger Hund, den die Soldaten wohl auf ihrem Vormarsch aus Frankreich mitgebracht hatten, denn er war ein Bretonischer Griffon. Die Frau eines Siegener Anwaltes, aufs Land evakuiert, nahm den halbverhungerten Hund bei sich auf und nannte ihn Peter. Als er sich eingelebt hatte, suchte er sich eine Hundebraut. Sie hieß Fiffi, wohnte in der Nachbarschaft, war eine schwarzweiße rauhhaarige Foxterrierhündin und hatte keinen Stammbaum. Das Ergebnis der Mesalliance war erstaunlich: lauter gleichmäßig aussehende hübsche Hunde wie aus einem Rassewurf. Peters Frauchen Ilse Schleifenbaum verfolgte auch die nächsten Würfe mit Interesse, und als Fiffi gestorben war, paarte sie Peter mit seinen Töchtern. Als die Inzucht wieder die gleichen Hunde ergab, wurde sie ehrgeizig: Die Laune der Natur hatte eine neue Rasse ergeben, und die sollte anerkannt werden. Den Namen für »ihre« Rasse gab der Platz, an dem ihr Wochenendhaus stand und der *krom Fohr* = krumme Furche hieß. Frau Schleifenbaum fuhr nach Dortmund zum VDH, um die Rasse anerkennen zu lassen. Jahrelang, mit großer Beharrlichkeit. Die Hunde, die sie zeigte, waren einwandfrei, konstanter als die mancher lange anerkannter Rassen. Es gelang ihr, den VDH-Geschäftsführer Otto Borner zu überzeugen. Später züchtete er selber Kromfohrländer und wurde Zuchtleiter des dann gegründeten Zuchtvereins.
Am 25. August 1955, fast genau 10 Jahre später, als Peter zu Frau Schleifenbaum kam, wurde die Rasse von der FCI anerkannt. Nach Dobermann und Leonberger gab es ein dreiviertel Jahrhundert später wieder eine neue deutsche Hunderasse.
In 27 Jahren konsequenter Zucht hat sich die Rasse gefestigt, und sie ist so robust geblieben wie es ihre Urureltern waren.
Andere »neue« Rassen sind wiederentdeckt worden, wie der Große Schweizer Sennenhund, der als ausgestorben galt. Und wenn 1908 auf der Ausstellung in Langenthal nicht der Kynologe Professor Albert Heim Richter für Berner Sennenhunde gewesen wäre, dann …
Doch das lesen Sie genauer auf Seite 222. Es gibt Hunderassen, die ihre Existenz *einem* Menschen verdanken.

Kromfohrländer

Ein eleganter, mittelgroßer, im Rücken etwas länger als schulterhoch erscheinender Hund mit weißem, von braunen Flecken verschiedener Tönung durchsetztem Haar. Sein Gangwerk ist im Schritt ausgreifend, er neigt zum Galopp.
Der Kopf ist stumpf, keilförmig, mit geringem Stirnabsatz, die Ohren hoch angesetzt mit abgerundeten Enden. Weder Ohren noch die hängende Rute werden kupiert. Das Fell ist kurz- bis langrauhhaarig, wobei mittelrauhhaarig bevorzugt wird. Es ist dicht, mit Unterwolle und schmutzabstoßend.
Die Farben: Rein Weiß mit braunen Flecken verschiedener Tönungen an den Ohren, Augen (Blesse), an Oberkopf und Rücken. Sattel durch weiße Streifen geteilt bevorzugt. Schulterhöhe 38–46 cm; Gewicht nach Größe zwischen 12 und 14 kg.

Der Kromfohrländer ist eine der jüngsten deutschen Hunderassen und seit 1955 international anerkannt. Seinen Namen *krom Fohr* = krumme Furche, hat er im Siegerland erhalten. Seine Stammeltern sind Drahthaarfox und Bretonischer Griffon.
Von beiden Elternrassen übernahm er seine bemerkenswerten Wesensarten, das Temperament, die Lauffreudigkeit und den Charakter. Er ist sehr wachsam und Fremden gegenüber eher zurückhaltend. Er läßt sich gut in kleineren Wohnungen halten, unter anderem weil er besonders sauber ist. Man muß ihm nur genügend Auslauf verschaffen, was bei Über-Land-Spaziergängen deshalb nicht schwierig ist, weil er keinerlei Jagdpassion hat. Eine Eigenart ist das sich »selbst reinigende« Fell: Die Haarstruktur löst den Schmutz ab. Deshalb braucht man Kromfohrländer nicht zu baden. Seine Intelligenz läßt ihn leicht lernen, er ist ausgesprochen anhänglich. Die robuste Gesundheit macht ihn lange spielfreudig. Er wird 16 bis 18 Jahre alt.

Golden Retriever in ihrem Element

Als die Laufhunde nieder wurden

August der Starke liebte die Kontraste. Am 9. Juni 1725 hielt er in Pillnitz eine Miniatur-Parforcejagd ab, bei der alles, was mitmachte, klein sein mußte. 24 Knaben als Jäger hetzten mit kleinen Hunden Hasen. Jägermeister dieser Knirpsenjagd waren Hofzwerge.

Obwohl es nicht genauer beschrieben wurde, sind die Hunde dieser Jagd sicher Zwergschläge der hochläufigen Laufhunde gewesen, denen man schon im 16. Jahrhundert den Beinamen *Basset* gab, vom französischen *bas* = nieder, tief. Deshalb ist auch die Benutzung des Wortes *Basset* ohne die dazugehörige Rassebezeichnung unsinnig, da es ja nur eine Angabe für die Höhe der Läufe ist.

Laufhunde, das haben wir schon bei den Bracken auf Seite 154 gelesen, benötigte man vor allem für die hochadeligen Parforcejagden auf den Hirsch.

Die Regeln der Parforce

Jede Parforcejagd erforderte gutes und ausgebildetes Personal. Die Leitung der eigentlichen Jagd lag in der Hand des Erzpikörs, der mit vier Pikören und 80 bis 100 Hunden arbeitete. Das »Feld« bestand aus 60 Reitern.

Hatten die besonders abgerichteten Hunde unter Hetzrufen den Hirsch vom Rudel getrennt, wurde die Jagdgesellschaft durch ein Signal verständigt und der »feste« Hirsch beschrieben, damit niemand irrtümlich hinter anderen hochgehenden Hirschen herhetzte. Die Meute wurde mit »Volez! Volez, mes chiens! Après mes amis!« auf die Fährte gesetzt. Die Hetze begann, und unter vielen Zeremonien wurde die noble Tierquälerei zu Ende gebracht. In Frankreich gab es und gibt es eine Anzahl von Rassen, die für die hetzende Jagd spezialisiert sind. Fast alle tragen Namen von Landstrichen und Provinzen, aus denen sie einmal hervorgingen: die rauhhaarigen Fahlroten der Bretagne *(Fauve de Bretagne)*, die Griffon der Vendée *(Griffon Vendéen)* und der Griffon aus Nivernais *(Griffon Nivernais)*.

Kurzhaarig sind die Rassen *Bleu de Gascogne, Gascon-Saintongeois, Artésien-Normand, Porcelaine, Billy* und *Ariégois*. Vier der Laufhundrassen gibt es auch in der Basset-Form, die sich durchsetzte, als man nicht mehr so ohne weiteres hoch zu Roß über Wiesen und Felder hinter dem Hirsch herreiten konnte.

Der Laufhundstreit in der Schweiz

Im Jahr 1897 verbot der Kanton Aargau die Jagd mit lautjagenden Hunden über 36 cm Widerristhöhe. Weitere acht Kantone folgten. Damit begann ein Kampf über Jahrzehnte, der die Schweizer Laufhundrassen *Schwyzer, Luzerner, Berner, Jura (Typ Bruno)* und *Rauhhaariger Laufhund* retten sollte und uns die Schweizer Niederlaufhunde bescherte. Der Streit hatte sich am Reh entzündet, das erst durch seine gewaltige Vermehrung am Ende des vorigen Jahrhunderts in die Schweiz wechselte. Da Rehe keine schnellen Dauerläufer sind, fielen sie den Laufhunden unweigerlich zum Opfer, während Hirsche Chancen hatten zu entkommen.

Im Streit siegten die, die den mühevollen Weg gingen, zwar mit Laufhunden weiter zu jagen, diese aber so abzurichten, daß sie in der Hand des Jägers blieben. Sie setzten sich gegen die Eiferer wider die Laufhunde durch. Auf sie ist der Satz des Laufhundverfechters O. Vollenweider aus dem Jahr 1933 gerichtet, daß der Durchschnittsjäger während der kurzen Jagdzeit von seinem Hund ein Maximum an Einsatz verlange, ihn in der übrigen Zeit aber am liebsten einsalzen würde. Mit den Niederlaufhunden erreichte man ein zeitgemäßes Ideal: Man konnte bei mäßiger Geschwindigkeit in klein gewordenen Revieren dennoch laut jagen.

Es gab in der langen Übergangszeit wilde Streitereien, ob man nun Dackel, Dachsbracken oder französische Niederlaufhunde einkreuzen solle. Die Gegner der Franzosen waren am lautesten, und so wurde denn auch die Abstammung von »Chasseur«, einer der Säulen der schweizerischen Niederlaufhunde, von einem Basset Griffon Vendéen im Stammbuch schamhaft verschwiegen.

Die französischen Bassets vom Typ Normand sind wohl die Ahnen des Basset Hounds. Zwei Tiere aus der Zucht des Grafen Le Couteul, der eine Geschichte der französischen Hunde geschrieben hatte, kamen 1866 in den Besitz von Lord Galway und waren damit die ersten Importhunde in England. In Vero Shaws »The Book of the Dog«, das 1881 erschien, verfaßte der Basset-Normand-Bewunderer und -Züchter Everett Millais einen Artikel von sieben Seiten über den Basset Hound und seine französischen Vettern. Er schildert, wie er auf der Dog Show von Wolverhampton 1875 einen dreifarbigen Normand ausstellte, der als »der Hund, der 4 Fuß lang und 12 Inches hoch ist«, bestaunt wurde. Da ihn aber viele Besucher mit dem in England ebensowenig bekannten Dackel verwechselten, stellte er im Londoner Kristallpalast Dachshund und Basset Français zusammen aus, womit der Unterschied offensichtlich wurde. Als 1883 der Kennel Club den Basset Hound als Rasse anerkannte, trennten sich die Wege der Rassen endgültig.

Die französischen Laufhunde und Niederlaufhunde werden von einem Verein in Deutschland, die Schweizer von zwei Clubs in der Schweiz betreut.

Berner Niederlaufhund

Der klassische Laufhundtyp in verkleinertem, niedriger gestelltem Maßstab: langgestreckte, niedrige Hunde mit langen Hängeohren und langer Rute, die bei der Arbeit leicht nach oben getragen wird.
Man unterscheidet vier Schläge, alle kurz- oder stockhaarig, die sich durch die Farben voneinander abheben, welche wiederum denen der früheren Laufhunde entsprechen. Der Berner Niederlaufhund (unser Bild), kurz- oder rauhhaarig, ist ein Schwarzschecke; der Jura-Niederlaufhund ist rotbraun mit schwarzem Sattel; der Schwyzer Niederlaufhund ein Rotscheck und der Luzerner Niederlaufhund ein Blausprenkel. Die Stimme dieser Hunde ist voll und tönend. Schulterhöhe 36 bis 38 cm; Gewicht um 15 kg. Gute Lebenserwartung.

Als das Reh von Süddeutschland in die Schweiz wechselte, wurde die Wideristhöhe der lautjagenden Hunde in den Mittellandkantonen heruntergesetzt. Da die Jäger aber nicht auf die laute Jagd mit den bunten Hunden verzichten wollten, wurden die niedrigeren Hunde gezüchtet, was vom Ende des vorigen Jahrhunderts an etwa 50 Jahre lang dauerte. Bei diesen Versuchen blieben die schönen Brackenköpfe, die traditionellen Laufhundfarben und der laute Hals erhalten. Wert gelegt wird auf korrektes Gangwerk und auf einen guten Appell. Die Niederlaufhunde sind reine Jagdhunde, auch in der Schweiz relativ selten. Man kann ihre Besitzer sehr beleidigen, wenn man die Rasse mit den Bassets verwechselt, obwohl diese stark eingekreuzt worden sind. Niederlaufhunde sind temperamentvoll, mit starker Jagdpassion: ausdauernde Stöberer, spursichere Jäger sowie Schweiß- und Bodenhunde.
Im Hause sind sie verträglich und auch anhänglich, gehören aber nur in die Hand des Jägers.

Jura-Laufhund *(Bruno)*

Ein mittelgroßer, langgestreckter, kurzhaariger Hund, dem man die Zucht auf Kraft und Ausdauer ansieht. Beim Typ St. Hubert (unser Bild) ist der Kopf schwer, gewölbt und hat sehr große und lange gedrehte Behänge. Beim leichteren Schlag ist der Kopf trocken, lang und schmal wie bei den anderen Laufhunden. Auf dem Oberkopf ist das Hinterhauptbein gut sichtbar, der Stop ist abgesetzt.
Die Vorderhand ist auffallend stark in den Knochen. Das Haar glatt und gut anliegend. Die Farbe: einfarbig Gelbbraun oder Rotbraun; ebenso mit schwarzem Sattel; Schwarz mit gelbroten Abzeichen, gelegentlich weißer Brustfleck. Die gleichen Farben hat auch der Jura-Niederlaufhund. Schulterhöhe mindestens 40, möglichst 46 cm; Gewicht 27 bis 30 kg. Lebenserwartung gut bis sehr gut.

Er ist ein naher Verwandter des Chien de Saint-Hubert (St.-Hubertus-Hund), von dem auch der Bloodhound abstammt. Wie er ist der Jura-Laufhund furchtlos, aber doch gutmütig und hat eine hervorragende Nase.
Ihr Name *Bruno* kommt von *Bruneau* = der Braune und bezieht sich auf ihre Farbe. Sie haben die stärkste Stimme unter den Laufhunden: zum einen bellen sie tief und weittönend, zum andern heulen sie auf der Spur. Deshalb nennt man sie auch *Hurleur* = Heuler. Der Hurleurhals bildet sich jedoch erst bei den älteren Hunden aus.
Die attraktive Schönheit und das anschmiegsame Wesen, der Umstand, daß sie außer auf der Jagd kaum Laut geben, verleitet auch Nichtjäger, sich einen Jura-Laufhund (das gilt auch für die anderen Laufhundrassen) anzuschaffen. Auf die Dauer sind weder Hund noch Besitzer dabei glücklich. Ein Laufhund von der Leine gelassen setzt sich auf eine Wildfährte und jagt laut über weite Strecken, ohne an den Ausgangspunkt zurückzukehren.

Schwyzer Laufhund *(Schweizer Laufhund)*

Ein mittelgroßer, ziemlich langgestreckter, auf Kraft, Ausdauer, Adel und Ebenmaß gezüchteter Hund. Der trockene Kopf mit dem langgestreckten Fang, den weit hinten und tief angesetzten langen, gefalteten und gedrehten Behängen geben dem Laufhund seinen edlen Typus. Die geraden, stämmigen Vorderläufe, die sehnige, starke Hinterhand, der gerade und kräftige Rücken, die tiefe Brust und die schräggestellten Schultern zeigen, was er zu leisten vermag.
Sie unterscheiden sich in den Haarfarben: der Schwyzer ist weiß mit größeren oder kleineren gelbroten oder tiefroten Platten; der Luzerner ist grauweiß gesprenkelt mit schwarzen Platten und gelben Abzeichen; der Berner ist dreifarbig. Schulterhöhe über 40 cm; Gewicht nach Größe ab 25 kg.

In der Schweiz sind die farbenprächtigsten Hunderassen entstanden, vom Bernhardiner über die Sennenhunde bis hin zu den Laufhunden. Diese wären durch die Veränderung der Jagdbedingungen um die Jahrhundertwende beinahe ausgestorben.
Heute scheint ihre Zukunft wieder gesichert zu sein, obwohl die Jagd mit ihnen schwieriger geworden ist. Laufhunde gehören zu den Bracken, die mit ihrer feinen Nase eine Wildfährte ausmachen und andauernd über weite Strecken spurlaut verfolgen.
Der Schweizer Laufhund, gleich welchen Schlages, ist kein Begleithund, sondern ein hochspezialisierter Jagdhund mit sehr großer Jagdpassion. Er ist kein Wächter, kein Stadthund, kein Kinderhund: Er will jagen!
In Revieren, in denen er nach Gesetz nicht frei und laut jagen darf, kann er als Schweißhund (siehe Seite 154) arbeiten: Er ist relativ leicht zur Fährtenreinheit zu erziehen. Auch wenn ich mich wiederhole: Laufhunde gehören nur in verständige Jägerhand.

Basset Artésien-Normand

Ein niedrig gestellter, kräftiger, langer Hund, der in allen Teilen so gut ausgewogen sein soll, wie es seiner edlen Abstammung entspricht.
Gut gewölbter schlanker Kopf, der trocken wirkt. Die Backen sind nicht durch Muskeln, sondern durch lose, zwei Falten bildende Haut geformt. Hinterhauptbein ist sichtbar. Der Behang ist so tief wie möglich und schmal angesetzt, gut einwärts gedreht, sehr lang, bis zur Nasenspitze reichend. Der Hals trägt eine geringe Wamme. Die Vorderläufe sind gedreht und leicht gekrümmt. Die Rute wird fröhlich wie ein Säbel getragen. Das Haar isf kurz, glatt, aber ohne fein zu sein, er ist dreifarbig, schwarz, braun, weiß oder zweifarbig, weiß, orange.
Die Schulterhöhe 26 bis 36 cm; Gewicht um 15 kg. Gute Lebenserwartung.

Der Basset (gesprochen *Basseeh*) Artésien-Normand ist der häufigste Niederlaufhund Frankreichs. Er ist die »flache« Ausgabe des ausgestorbenen Artésien-Normand, der etwa 58 cm Schulterhöhe hatte und als bester Parforcehund für Hasen galt.
Auffällig am BAN ist das beschwingte Gangwerk, die elegante Beweglichkeit, die ihn vom Basset Hound (sprich *Bässet Haund*) unter anderem unterscheidet. Er ist ein fröhlicher Hund, der zu Clownerien aufgelegt ist und seine Familie als Meute- und Artgenossen betrachtet. Das heißt, er neigt nicht zu perfektem Gehorsam. Er ist sehr lebhaft und agil, er ist intelligent und nutzt dies auch aus. Er ist gutmütig und kein Raufer, wie es bei den Meutehunden üblich ist. In der Jagd wird er als Schweißhund und als Stöberer verwendet und ist sehr jagdeifrig. Er kann aber auch als Familienhund gehalten werden. Ein pflegeleichter, robuster und gesunder Hund. Kein sonderlich guter Wächter. In Frankreich sehr beliebt.

Basset Bleu de Gascogne

Ein Niederlaufhund von ausgeprägter Rassigkeit, genügend substanzvoll, ohne jedoch zu schwer zu sein. Der Kopf ist trocken, der Nasenrücken lang und leicht konvex gekrümmt, der Schädel nur ein wenig gewölbt, das Hinterhauptbein massig betont. Die Augen tiefbraun mit sehr sanftem Ausdruck.
Unterschiede zum Artésien-Normand: gerade Vorderläufe. Die Haut ist schwarz oder weiß marmoriert mit schwarzen Flecken. Gaumen, Lefzen, Geschlechtsbereich und Pfotenunterseiten schwarz. Farbe: Blau mit mehr oder weniger ausgedehnten schwarzen Flecken, mit oder ohne Mantel. Über den Augen Vieräugel mit fahler oder kräftiger Tönung, Spuren von Brand auch an Backen, Lefzen, Innenseiten der Behänge und Läufe. Schulterhöhe 34–42 cm; Gewicht um 15 kg.

Die Blauen aus der Gascogne gibt es in drei Schlägen: den großen *Grand Bleu de Gascogne* mit 72 cm Schulterhöhe; den *Petit Bleu de Gascogne* mit 58 cm und unseren Basset. Er existiert seit dem Ende des vorigen Jahrhunderts, war damals aber schwerer. Die einzigartige blauschimmernde Farbe soll das durch das Mittelmeerklima aufgehellte Schwarz des Hubertushundes sein. Der heutige blaue Basset ist leicht und relativ hochgestellt, so daß er von Nicht-Kennern mit dem Luzerner Niederlaufhund verwechselt werden kann. Er hat einen sehr angenehmen Charakter, ist liebenswürdig und verträglich. Sein Temperament ist gezügelt, und sein Kehllaut ist locker und wird vollklingend wie ein langgezogenes Bellen geheult *(Hurleur)*.
Der südlichste Basset ist ein hervorragender Jäger auf Feder- und Niederwild. Dank seines Eifers und Geruchssinnes nimmt er mit Erfolg die geringste Spur auf. Kein Familien-, sondern ein Jagdhund, der recht widerstandsfähig und leider ebenso selten ist.

Basset Fauve de Bretagne

Ein kleiner, munterer, rauhhaariger Hund, der in seiner Gesamtansicht etwas gedrungen wirkt, aber doch (für Kenner) den Anblick eines Basset bewahrt hat.
Der Schädel ist von mittlerer Länge mit stark ausgeprägtem Hinterhauptbein. Die Augen lebhaft und dunkel, ohne Nickhaut zu zeigen.
Die Ohren sind von mittlerer Länge und erreichen nicht das Schnauzenende, sie sind mit feinerem und weicherem Haar als der Körper besetzt.
Der Rücken ist weniger lang als bei anderen Bassetrassen, der ganze Körper recht muskulös. Das Haar ist sehr hart, dicht, ziemlich kurz und fast glatt anliegend. Farbe: Weizen-Goldgelb oder Fahlrot, manchmal mit weißem Fleck an der Brust, der nicht erwünscht ist. Schulterhöhe 32–36 cm; Gewicht um 15 kg.

Er ist die niederläufige Ausgabe des *Griffon Fauve de Bretagne,* einem Hasen und Wildschweine jagenden Laufhund, Schulterhöhe bis 55 cm.
Der fahlrote Basset ist außerhalb seiner Heimat kaum anzutreffen. Er ist der Draufgängerischste aller Bassets, mit einem besonderen Dickschädel, was man wörtlich und in übertragener Bedeutung verstehen muß. In erster Linie Jagdhund, ist er kräftig, zäh, widerstandsfähig und ausdauernd. Seine Jagdgebiete sind die Hochebene, die Heide und das Stöbern im Dickicht. Er ist wohl auch der Schnellste aller Bassets, sicherlich der wendigste.
Als Familien- oder Begleithund ist er angenehm, wenn man ihn sehr früh, sehr einfühlsam und sehr konsequent erzieht. Er hat etwas von einem Rauhhaardackel, ist aber sozialer eingestellt (kein Einzelgänger) und deshalb anpassungsfähiger. Bei ihm sind die Wacheigenschaften ein wenig besser als bei den anderen Bassets. Gesundheitlich sehr robust, hat er eine recht hohe Lebenserwartung.

Basset Griffon Vendéen *(Grand/Petit)*

Ein lebhafter, starker Hund mit einem reckteckigen Gebäude. Die Rute wird stolz getragen. Der Gesichtsausdruck ist freundlich. Beide Schläge haben zwar seit einiger Zeit getrennte Standards, unterscheiden sich aber nur durch Kleinigkeiten wie Schulterhöhe, Fang- und Ohrenlänge.
Die Knochenkonstruktion ist schwer, aber gut proportioniert im Verhältnis zur Körpergröße. Der gesamte Bewegungsablauf ist sehr frei und leicht.
Das Fell ist rauh, hart und nicht zu lang, die Farben einfarbig Fahlrot, Hasenfarben oder Weißgrau; zweifarbig Weiß mit Orange oder Schwarz oder Grau oder Lohfarben; dreifarbig Weiß mit schwarzen, hasenfarbenen oder grauen Flecken, mit lohfarbenen Abzeichen. Größe bis 38 oder ab 38–42 cm; Gewicht ab 15 kg.

Auch hier ist der große *Griffon Vendéen* die Ausgangsbasis. Es gibt zwei große Ausgaben und zwei kleine, so daß in Frankreichs Jagden noch vier Griffonschläge ihre Arbeit tun.
Die Bassets, für Laien kaum noch als solche erkennbar, sind rauhe Erscheinungen mit einem richtigen Gesicht: stolzer Bart, buschige Augenbrauen über großen, warmblickenden und intelligenten Augen.
Es sind tapfere, energische Hunde von sanftem Gemüt. In der Familie immer frohgelaunt, ein Hund, dessen Freude keine Grenzen kennt. Wohl keiner der Bassets kann so aktiv mit dem ganzen Körper wedeln. Er ist ein guter Spielkamerad für Kinder, da er nichts übelnimmt und auch recht hart im Nehmen ist. Deshalb wird er neben seiner ausgezeichneten Fähigkeiten als Hasen- und Kaninchenjäger gerne als unkomplizierter Familienhund gehalten. Für einen Basset ist er sehr quirlig, lebhaft und schnell. Ein großer, ausdauernder Spazierläufer. Gegen Krankheiten unanfällig, wird er recht alt.

Leonberger

Ein großer, kräftiger, muskulös gebauter und doch eleganter Hund von proportionierter Form. Selbstbewußte Ruhe bei lebhaftem Temperament.
Der Oberkopf ist mäßig gewölbt, nicht so breit wie beim Bernhardiner, auch die Backen sind nicht kräftig entwickelt, keine Stirnfalten, keine Kehl- und Halswamme. Die Augen dürfen keine Bindehaut zeigen. Die Rute ist reich behaart und wird halb gesenkt getragen. Die Behaarung ist recht lang, anliegend, nirgends gescheitelt und möglichst schlicht. Im Griff mittelweich bis derb. An Hals und Brust hat der Leonberger eine hübsche Mähne. Er ist löwenfarbig, goldgelb bis rotbraun mit schwarzer (dunkler) Maske. Die Haarspitzen dürfen dunkel sein.
Schulterhöhe von 72 bis 80 cm (Rüden); Gewicht entsprechend 60–80 kg.

Stadtrat Essig aus Leonberg wollte um 1860 einen Hund züchten, der dem Löwen im Stadtwappen glich. Er nahm dazu Bernhardiner und Neufundländer. Da damals der Bernhardiner-Boom begann und alle Welt große Hunde wollte, nahm man den Leonberger in Kynologenkreisen nur mit Kritik auf. Richard Strebel sagt 1901 in »Die deutschen Hunde«: »Später entstand für diese Mischprodukte das schöne Wort: Leonhardiner.« Inzwischen ist die Rasse nach zwei Tiefs durch die Weltkriege endgültig gefestigt.
Der Leonberger ist ein gutmütiger, zuverlässiger und kinderlieber Hund. Kein Beißer oder Raufer, doch ein guter, unbestechlicher Wächter sowohl von Haus und Garten wie von Lagerplätzen und Fabriken. Er kann draußen leben, sollte aber Menschenkontakt haben. Sehr wasserfreudig, gute Bringfähigkeit. Sehr anhänglich, mißtrauisch gegen Fremde. Wetterfest und durchwegs gesund. Auf HD achten. Braucht viel Platz, mittlere Fellpflege. Hat eine mittlere Lebenserwartung.

Mastino Napoletano

Auffallend der massige, mächtige Kopf mit vielen Falten. Ohren werden sehr kurz kupiert, können aber auch unkupiert bleiben, dann müssen sie gut anliegen. Der Nasenrücken verläuft gerade, die Lefzen sind reichlich und schwer, das Zangengebiß ist stark und kräftig. Typisch auch die enorm große doppelte Wamme aus weichem Fell. Der ganze Hund wirkt ernst, imposant und bedrohlich. Dazu trägt das kurze, seidig glänzende Fell bei, das grau in allen Schattierungen ist oder mit Schwarz gestromt sein kann. Rein schwarz und isabellfarben sind selten. Die starke Rute wird auf ein Drittel kupiert.
Schulterhöhe bis 75 cm, Gewicht zwischen 50 und 80 kg. Lebenserwartung bis zu 10 Jahren.

Die Rasse wurde 1949 wiederentdeckt, anerkannt und wird heute vor allem in ihrer Heimat Italien und in Deutschland gezüchtet. Der Mastino ist ein ruhiger Hund mit viel Selbstvertrauen in seine Stärke. Er ist weder ein Beller noch ein Raufer. Von Natur aus braucht er nicht viel Bewegung, man sollte ihm aber regelmäßige Spaziergänge gönnen, damit seine Muskulatur nicht schlaff wird.

Seine Eigenschaften sind Zuverlässigkeit, Mut und Gutartigkeit gegenüber seiner Familie. Mit den ihm anvertrauten Kindern geht er liebevoll und behutsam um. Lebensgefährlich ist jedoch, ihn scharf zu machen und ihm das Beißen beizubringen. Deshalb gehört er nicht auf den Hundesportplatz, für ein Statussymbol ist er zu schade und zu schwierig. Konsequente Erziehung und Hundeverstand machen aus ihm einen guten Kameraden.

Haltung und Anschaffung recht teuer, eine kombinierte Wohnungs- und Zwingerhaltung ist das Beste. Auf HD achtet der Zuchtverein.

Mops

Ein stämmiger und gedrungener Zwerghund von unverkennbarem Molossertyp. Sein Kopf ist groß und rund, mit starken, runzeligen Hautfalten auf der Stirn. Der Fang ist kurz, gerade und breit, vorne abgestumpft, mit tiefschwarzer Maske und breitem, schwarzem Nasenspiegel. Der Mops ist ein Vorbeißer.
Die Augen, dunkel oder schwarz, sind groß, kreisrund, stehen weit auseinander und blicken sehr aufmerksam. Die Ohren schwarz, klein und dünn, verdecken als *Knopfohr* den Gehörgang. Der Hals ist kurz und dick, mit starker Wamme.
Die Rute, glatt behaart, wird möglichst doppelt geringelt (= Posthorn) über dem Rücken getragen. Kurzes, glänzendes Fell in Silbergrau bis Apricot mit schwarzem Aalstrich auf dem Rücken. Schulterhöhe bis 32 cm; Gewicht bis 8 kg.

Seine Abstammung vom Bulldog oder von chinesischen Hunden ist nicht geklärt. Sein Name kommt vom germanischen *mup* = mürrisch das Gesicht verziehen. (Das englische *pug* bedeutet soviel wie geballte Faust oder aber ist eine Koseform für »kleiner Hund«.) Seine Schoßhundkarriere beschreibe ich auf Seite 184. Heute ist er selten. Das ist schade, denn er ist ein unkomplizierter, wenig kläffender Hund, der gut in kleine und kleinste Wohnungen paßt und trotz der Größe ein unerschrockener Wächter ist. Hier zeigt sich seine Molosserherkunft.

Man muß allerdings konsequent mit ihm sein, als hochintelligenter Hund erkennt er schnell die Schwächen seines Herrn und nutzt sie weidlich aus. Dann kann er zu dick und tyrannisch werden. Ein weiterer Minuspunkt: Er schnauft und atmet hörbar, schlafend schnarcht er. Er braucht nicht viel Auslauf, wenig Pflege, ist meist fröhlich, kann phlegmatisch sein. Robuste Natur (auf Hautentzündungen in Falten achten), kann 15 Jahre alt werden.

Neufundländer

Ein großer starker, dabei behender Hund, der sich leicht auf seinen Läufen bewegt. Sein Rumpf darf etwas seitlich schwingen. Die Intelligenz ist offensichtlich. Sein Kopf ist breit und massig, mit gut entwickeltem Hinterhauptbein, der Stirnabsatz deutlich, aber nicht steil. Die Lefzen sind eher trocken. Der Blick ist ruhig, aufmerksam und von gutmütigem Ausdruck. Das Weiße des Augapfels soll man kaum, die Lidbindehaut gar nicht sehen.
Die Behaarung (Kopf ausgenommen) ist lang, schlicht und dicht; sie fühlt sich hart, fast grob und fettig an. Über dem Rücken ist sie meist gescheitelt. Die Farbe ist Schwarz oder Schwarz mit rostbraunem Anflug. Braun ist sehr selten. Schulterhöhe bei Rüden zwischen 68 und 75 cm; Gewicht entsprechend 50 bis 62 kg.

Die Hunde, die den Fischern auf Neufundland halfen, die Netze an Land zu ziehen, waren nicht unbedingt die schwarzen Riesen von heute. Sie hatten mehr Ähnlichkeit mit Schlittenhunden und werden in der Literatur immer zusammen mit Labradorhunden genannt. Der Neufundländer, wie wir ihn kennen, setzte sich gegen sie nach 1860 durch. Zunächst wegen seines guten Wesens, dann erst wegen seines Aussehens.
Als erste seiner guten Eigenschaften ist der Schutztrieb zu nennen, der Schwache gegen Stärkere verteidigt: Er ist ein ausgezeichneter Kinderhund. Aus dem gleichen Grund ist er kein Raufer, der kleine Hunde anfällt. Sein ausgeglichenes Wesen braucht einen ebenso ausgeglichenen Herrn. Er ordnet sich leicht unter, ist wachsam von Natur. Bellt wenig, aber knurrt, und das genügt eigentlich immer. Sein Bewegungsdrang ist nicht groß, er geht jedoch, wann immer er kann, ins Wasser. Auf HD achten. Kann im Freien leben. Erreicht mittleres Alter.

Landseer

Ein großer, starker und harmonisch gebauter Hund, der auf höheren Läufen als der schwarze Neufundländer steht. Sein Schritt ist ausgreifend.
Der Kopf ist breit und massig, mit gut entwickeltem Hinterhauptbein, der Stirnabsatz deutlich, aber nicht so steil wie beim Bernhardiner, edel modelliert, die Kopfhaut ohne Falten. Der Blick der braunen dunklen Augen ist freundlich. Die Rute ist stark, sehr dicht und buschig behaart, aber ohne Fahne. Die Behaarung ist lang, möglichst schlicht und dicht, sie fühlt sich fein an. Die Farbe ist Weiß mit zerrissenen schwarzen Platten auf Rumpf und Kruppe, der Kopf ist schwarz mit weißer Schnauze und Blesse; Hals, Vorbrust, Bauch, Läufe und Rute weiß. Schulterhöhe bis 80 cm; Gewicht bis 75 kg. Lebenserwartung bis 10 Jahre.

Seinen Namen erhielt er nach Sir Edwin Landseer, der ihn 1837 malte und damit die großen weiß-schwarzen Hunde aus Neufundland gesellschaftsfähig machte. Dieser Hundeschlag war in der Publikumsgunst zunächst erfolgreicher als der kleinere schwarze. Sie wurden in England planmäßig gezüchtet, und die Unterschiede sind geblieben, obwohl es eine Zeit der Vermischung gab. 1960 wurden sie endgültig als eigene Rasse anerkannt.
Landseer sind außerordentlich anhänglich und immer zum Schmusen bereit. Am liebsten würden diese Riesen bei ihrem Herrn auf dem Schoß sitzen. Mit Kindern sind sie sehr langmütig. Sein Grundstück – für die Wohnung ist er zu groß – bewacht er verläßlich. Er schlägt nur kurz an und versteht es, sehr überzeugend zu drohen. Von kleinen Hunden läßt er sich ungern ankläffen oder belästigen. Er ist lebhafter als der schwarze Neufundländer, aber auch eigenwilliger. Er muß täglich gekämmt und gebürstet und möchte beschäftigt werden.

Der Finnenspitz Fenno Ossi wurde 1977 Weltsieger

Nordische Hunde – Erinnerung an Urvater Wolf

Alle Rassen aus der arktischen Zone tragen ein unverkennbares Gepräge. Es sind kräftige, hochläufige Hunde mit einem prächtigen *doppelmanteligen* Fell, relativ kurzen, aber starken Stehohren und einer über dem Rücken getragenen Rute. Ihre Anatomie entspricht der des Urvaters Wolf.
Wenn einige von ihnen den deutschen Spitzen ähnlich sind oder den Namen *Spitz* tragen, so sind sie nicht mit ihnen verwandt, auch wesensmäßig nicht. Die nordischen Rassen passen sich unserem Klima an, aus ihrer Heimat sind sie teilweise Temperaturunterschiede von 60 Grad gewöhnt, doch sollte man im Sommer keine Höchstleistungen von ihnen erwarten. Ihre Jahreszeit ist nun einmal der Winter.
Allen gemeinsam aber ist ihr Temperament und ihre Arbeitslust: Nordische Hunde wollen beschäftigt und gefordert werden.
Wir unterscheiden die nordischen Rassen nach ihren Arbeitsbereichen als Jagdhunde und Schlittenhunde. Die Rentierhüte- und Bauernhunde wie der Lappenhund, der Buhund oder der Isländer Spitz kommen bei uns nicht vor. Jagdhunde und Schlittenhunde sind auch wesensmäßig verschieden. Während die Jäger gute Wächter sind und jagdlich ausgebildet werden können, wird ein Schlittenhund jeden Fremden freundlich begrüßen. Seine Stärke liegt in der Arbeit vor dem Schlitten.
Die nordischen Jagdhundrassen, die bei uns anerkannt sind und gezüchtet werden, sind der Elchhund, Jämthund, Karelische Bärenhund, zwei Laikarassen, Lundehund und Finnenspitz.
Von den Schlittenhunden werden bei uns fünf anerkannte Rassen unterschieden: Grönlandhund, Samojede, Siberian Husky, Alaskan Malamute und Kanadischer Eskimohund, von denen ich Ihnen die ersten drei beschreibe.
Wer eine dieser Rassen halten will, muß ihnen ausreichende Arbeit geben, nur dann können sich ihre Charaktereigenschaften entfalten.
Bei den Schlittenhunden ist das die Zugarbeit vor dem Schlitten als Gespann oder als Einzelhund vor der Pulka, dem nordischen Hundeschlitten.
Die Haltung der Jagdhunde ist noch schwieriger, da die Jagd, die sie gewohnt sind, ihnen hier kaum geboten werden kann. Meine Warnung: Ein unterbeschäftigter nordischer Hund wird seine Energien auf seine Weise umsetzen und für seinen Herrn zu einer großen Plage werden.

Norwegischer Elchhund *(Dyrehund, Grahund)*

Auf den ersten Blick denkt man bei diesem quadratisch gebauten Hund an eine Kreuzung zwischen Wolfsspitz und Deutschem Schäferhund. Dann sieht man die schrägstehenden Wolfsaugen der Schlittenhunde. Der Kopf ist keilförmig, die Ohren spitz und hoch angesetzt, die Augen dunkelbraun mit furchtlosem, energischem Blick, am Hals bildet das Fell einen kräftigen Kragen.
Die Behaarung ist wie bei den Schlittenhunden ein Doppelmantel aus dichter Unterwolle und derbem Deckhaar, die Farbe grau mit schwarzen Spitzen in verschiedenen Schattierungen. Beim Grahund ist die Unterwolle in reinem Hellgrau. Der große schwedische Elchhund *(Jämthund)* unterscheidet sich nur durch die Schulterhöhe. Norweger 52 cm; Schwede bis 63 cm; Gewicht 23 bis 30 kg.

Eine alte Jagd- und Haushundrasse, deren erstes planmäßig gezüchtetes Exemplar 1865 ins Zuchtbuch eingetragen wurde. Die Schweden ließen ihren Jämthund 1946 als eigene Rasse anerkennen. Ihn sieht man bei uns so gut wie nicht.
Die Elchhunde sind Jäger auf Elch und Bär. Sie sind ausdauernd, schnell und können sehr selbständig handeln. Entweder suchen sie frei laufend das Wild und verbellen es, oder sie führen an langer Leine den Jäger auf der Fährte. Sie jagen bis zum Wild stumm. Für eine Haltung bei uns sind die Elchhunde äußerst ungeeignet. Ihre Passion ist die Jagd, sie sind unermüdliche Läufer. Sie lieben den Nahkampf mit wehrhaftem Wild und fühlen sich eigentlich nur bei Kälte wohl. Sie brauchen einen hundeerfahrenen Herrn und eine konsequente Hand. Ob man sie auf dem Gebrauchshundeplatz, bei Fährtenarbeit und Dauerläufen neben dem Fahrrad glücklich machen kann, möchte ich bezweifeln. Man sollte sie in ihrer Heimat lassen.

Finnenspitz

Ein mittelgroßer, dichtbehaarter Hund mit dreieckigen Stehohren und leuchtend fuchsrotem Fell. Sein Körper wirkt quadratisch, die Läufe sind kräftig und trocken. Der Fang wird zur Nasenspitze hin, deren Kuppe schwarz ist, schmal. Die Augen sind groß, dunkel und blicken interessiert. Die Dreieckohren sind überaus beweglich, der Hals ist sehr kräftig; die Brust tief und oval.
Buschig sind der Halskragen und die Rute, die geringelt seitlich gegen den Oberschenkel getragen wird, der behost ist.
Das Deckhaar liegt an Kopf und Vorderläufen glatt und kurz an, am Körper ist es lang und abstehend. Unterwolle kurz und dicht. Farbe: Fuchsig oder Dunkelrot, Rumpfunterseite heller. Schulterhöhe 44 bis 50 cm; Gewicht um 20 kg.

Dieser Nationalhund Finnlands wird schon im Epos Kalevala erwähnt. Die ersten Rassekennzeichen wurden 1812 festgelegt, seit 1880 wird die Rasse rein gezüchtet.
Der Finnenspitz ist ein passionierter Vogeljäger (Birkhuhn und Auerhahn), von unermüdlicher Ausdauer und Behendigkeit. Man setzt ihn aber auch bei der Elch- und Bärenjagd ein. Da er das selbstgesuchte und gestellte Wild verbellt, wird jährlich in Finnland unter diesen Hunden der »Bellkönig« *Haukkukuningas* in einem Wettbewerb gekürt. Diese Bellfreudigkeit ist ein Handicap bei der Haltung als Familienhund, die sonst durchaus möglich ist. Denn der Finnenspitz ist liebenswürdig, kinderfreundlich und zuverlässig. Er spielt gerne und ausdauernd, liebt aber das Leben im Freien und kann große Kälte ertragen. Er braucht eine konsequente und liebevolle Hand, aber vor allem genügend Arbeit und Beschäftigung. Er ist kein Großstadthund. Der Name Spitz sollte nicht täuschen: Er ist ein Jagdhund.

Grönlandhund

Ein äußerst kräftiger Schlittenhund mit breitem Brustkorb, starken Läufen, bemuskeltem Körper, der einen sehr starken Eindruck macht.
Der Kopf ist breit und leicht gewölbt, mit kräftiger keilförmiger Schnauze und ziemlich kleinen, dreieckigen, leicht abgerundeten und auseinanderliegenden Stehohren. Der Nasenspiegel ist dunkel, kann bei extremer Kälte auch fleischfarben sein. Die Augen sind leicht schiefgestellt, der Fellfarbe angepaßt und haben einen unerschrockenen Blick. Die Rute ist buschig und kurz, hoch angesetzt und kräftig geringelt. Das Fell besteht aus einem Doppelmantel mit dicker Unterwolle und geradem, langem Grannenhaar von harscher Struktur. Alle Farben, ein- und mehrfarbig, sind gestattet. Schulterhöhe ab 60 cm; Gewicht 30 bis 50 kg.

Grönlandhunde leben heute noch in großer Zahl als echte Naturrasse unter ursprünglichen Bedingungen. Sie arbeiten als Schlittenhunde und sind verwandt mit dem kanadischen Eskimohund, der vom Aussterben bedroht ist. Die in Europa gezüchteten Grönlandhunde wurden als Rasse 1967 von der FCI anerkannt. Fast alle der wenigen in der Bundesrepublik lebenden Hunde sind jedoch Originalimporte.
Bekannt ist die Kolonie auf Eigergletscher und Jungfraujoch.
Grönlandhunde stehen im Ruf, schwer lenkbar und streitlustig zu sein. Doch man muß bedenken, daß die Tiere noch kaum oder erst kurz vom Leben unter extremen Bedingungen entfernt sind. Sie können sich in das Rudel Familie einordnen, wenn man sie richtig führt. Das braucht jedoch Durchsetzungsvermögen und viel Hundeverständnis. Rüden werden immer wieder versuchen, einen höheren Rang zu erobern. Zu Fremden und anderen Hunden können sie aggressiv sein. Kein Wohnungshund. Haltung problematisch.

Karelischer Bärenhund

Ein mittelgroßer, muskulöser Hund, leicht rechteckiges Format, das durch die Ringelrute durchbrochen wird. Ein kompakter, stahlharter Körper, der sich schnell und voll ungestümen Temperaments bewegen kann.
Der Kopf ist stumpf, keilförmig, mit mäßigem Stop und kräftigem Scherengebiß. Die steifen Ohren sind mittellang und stumpf zugespitzt. Im relativ großen Kopf sitzen kleine, feurig blickende Augen.
Die starken Schenkel wirken durch ihre reiche Behaarung sehr breit. Das Deckhaar ist gerade und steif, an Nacken, Rücken und Schenkelrückseite länger. Die Unterwolle dicht und weich. Farben: bräunliches Schwarz, mit weißen Abzeichen an Kopf, Brust, Bauch und Läufen. Schulterhöhe 54 bis 60 cm; Gewicht 30 kg.

In Finnland und Karelien – südlichster Punkt Nowgorod – kennt man die Hunde schon lange. Die dort vorkommenden Laiki gelten als Stammform. Nach Rassezuchtprinzipien seit Mitte der 30er Jahre gezüchtet. Im Finnisch-Russischen Krieg fast völlig vernichtet. Ein Jagdhund für wehrhaftes Großwild wie Bär, Elch und Luchs.

Der Karelier ist kein leicht zu führender Hund und gehört nur in die Hand eines erfahrenen, konsequenten Hundeführers und Jägers. Jedes Jahr wird im Wettkampf der Karelier der Elchkönig *(Hirvenhaukut-ottelu)* erkoren. Die Jagdweise: Der abgeleinte Hund sucht lautlos die Fährte des Wildes, bringt den Jäger auf sie und führt ihn. Dann folgt er dem Wild, stellt es, verbellt es und attackiert es, bis sein Herr zum Schuß kommt. Kein Hund für ein arbeitsloses Leben in Haus oder Garten. Da er jagdlich bei uns nicht geführt werden kann, sollte man seinen Kampftrieb in richtige Bahnen lenken, dann hat man einen vorzüglichen Wächter, der draußen leben will.

Russisch-europäischer Laika

Ein mittelgroßer, quadratischer, muskulöser, langhaariger Hund mit breitem Schädel, der eher stumpf als keilförmig ist. Die Augen sind schräg und dunkel, die Ohren breit angesetzt, dreieckig und stehend.
Die Rute wird geringelt über dem Rücken an einer Seite getragen. Das Haar ist dicht und grob wie bei den anderen nordischen Hunden als Doppelmantel aus Deckhaar und Unterwolle. Farbe: Schwarz, Weiß, auch Grau und Braun, Schulterhöhe bis 58 cm; Gewicht bis 23 kg. Ähnlich, aber kleiner (Schulterhöhe bis 48 cm; Gewicht bis 21 kg) und zierlicher, ist der Karelo-finnische Laika, der gelb in allen Schattierungen ist. Weiß und schwarz und braun ist der Westsibirische Laika, bis 60 cm groß; der Ostsibirische ist mit 65 cm der größte der vier Rassen.

Die Laiki (Einzahl Laika) sind die russischen Universalgebrauchshunde für die Jagd, der Ostsibirier wird auch als Schlittenhund verwandt.
Der Name Laika ist von *lajatj* = bellen abgeleitet. Hat der Hund einen aufgebaumten Vogel gestellt, bellt er den Jäger herbei. Den abstreichenden Vogel verfolgt er lautlos, um ihn dann wieder bellend zu stellen. Der Russisch-europäische Laika wird auch zur Fischotterjagd eingesetzt, der Karelo-finnische auf Zobel, Hermelin, Marder und Iltis.
Die Hunde sind alle sehr lebhaft, energisch und wetterhart. Außerhalb Rußlands sind sie in Finnland anzutreffen, bei uns höchstens in Einzelexemplaren. Bekannt wurde der schwarzweiße Russisch-europäische durch den Weltraumflug 1957, obwohl der auf Bildern gezeigte Hund Kippohren hatte. Durch die Bellfreudigkeit als Wächter zu verwenden, sehr lerneifrig, aber kein Hund für westeuropäische Wohnungen, Gärten oder auch Jagden. Er ist auch kein Ausstellungsobjekt.

Lundehund *(Norwegischer Vogelhund)*

Ein zierlicher Hund, nicht ganz so straff und stramm wie die übrigen nordischen Rassen. Sein rechteckiger Körper ist geschmeidig und leicht gebaut. Er kann seinen Kopf bis auf den Rücken zurückbiegen und die Vorderläufe im 90-Grad-Winkel abspreizen. Der keilförmige Kopf hat einen mittellangen, trockenen Fang, schräggestellte, recht helle Augen und spitze Dreiecksohren.
Die gewölbten Pfoten mit sehr großen Ballen haben sechs Zehen, wovon fünf voll funktionsfähig sind. Sein Fell ist ein Doppelmantel aus feiner Unterwolle und dichten, rauhen, aber glatt anliegenden Deckhaaren, die Läufe befedert, die Rute stärker behaart. Die Farbe ist Rotbraun mit weißen Abzeichen. Es können schwarze und graue Färbungen auftreten. Schulterhöhe 32 bis 36 cm. Etwa 12 kg.

Der Export dieses absoluten Spezialisten war viele Jahre verboten. Zunächst hatte der Norsk Kennelklub an dem nur noch auf der Insel Værøy (Nordnorwegen) vorkommenden Hund kein Interesse gezeigt. Die planmäßige Zucht begann 1937, 1943 wurde die Rasse anerkannt. Heute gibt es in Norwegen etwa 500 Lundehunde, 50 in Schweden und einige in Mitteleuropa. Die Aufgabe dieses Hundes: die in Erdhöhlen nistenden Lunde (Papageitaucher) herauszuholen und sie dem Vogelfänger zu übergeben. Dabei muß er an schroff abfallenden Küstenfelsen klettern, in Gänge kriechen, graben und mit den Pfoten zufassen. Er hat nicht nur eine zusätzliche Zehe, sondern kann auch mit einem Knorpel seinen Gehörgang verschließen, so daß weder Wasser noch Erde in die Ohren kommt. Auch kann er im Maul Eier transportieren.
Heute ist die Jagd auf Lunde verboten, der Spezialist ist ein lebhafter, fröhlicher und seinen Menschen zugeneigter Begleithund geworden, der ausgedehnte Bergwanderungen liebt.

Samojede

Ein großer weißer Hund mit lächelndem Gesicht, einem stämmigen und muskulösen Körper auf Läufen, denen man ansieht, daß sie sehr schnell und ausdauernd sein können. Auf stolz gebogenem Hals sitzt ein kräftiger, keilförmiger Kopf. Die mittellange Schnauze ist stumpf, die schwarzen Lefzen an den Mundwinkeln wie zum Lächeln nach oben gezogen. Die dunklen Augen sind mandelförmig und schwarz umrandet. Die aufrecht getragenen Ohren sind klein, dreieckig, stark behaart und an der Spitze leicht abgerundet.
Die mittellange buschige Rute wird im Affekt über dem Rücken getragen. Das Fell, das am Hals eine Mähne bildet, ist weiß, weiß und bisquit oder creme. Die Schulterhöhe liegt zwischen 50 und 55 cm (USA bis 59 cm); Gewicht 20 bis 30 kg.

Nach den Samojeden, den Nomaden vom sibirischen Jenissei, benannt, gehört diese Rasse zu den ältesten der Welt. 1889 nach England geholt und dort gezüchtet, wurde sie bald offiziell anerkannt. Ihre Fans halten die Samojeden schlicht für die schönsten Hunde. Den Menschen sind sie besonders innig zugeneigt. Einen Samojeden kann man durchaus halten, wenn man seinen unermüdlichen Bewegungsdrang befriedigen kann: mit dem Fahrrad auf immer neuen Wegen. Er sollte im Freien leben und sich im Winter einschneien lassen können. Er meldet zwar Fremde, ist aber nicht aggressiv und damit auch kein sonderlicher Wachhund. Er bezaubert durch seine große Freundlichkeit und alberne Verspieltheit. Er bellt ganz wenig und heult dafür zur Begrüßung. Seine Energie und Jagdlust ist groß, er neigt zu selbständigen Ausflügen, auf denen er auch Hühner fängt und rupft. Kein Hund für die Stadt, ein Hund für wanderlustige Land- und Naturmenschen.

Siberian Husky

Obwohl muskulös und kräftig, wirkt dieser mittelgroße Hund flink und leichtfüßig. Sein Gesicht mit der wölfischen Maske ist unverkennbar.
Der Stop ist deutlich ausgeprägt, der Nasenspiegel kann schwarz, lederfarben oder fleischfarben sein, auch die *Schneenase* mit rosa Streifen ist erlaubt. Die Augen sind braun oder blau, der Blick lebhaft und freundlich. Die mittelgroßen, aufrechten Ohren stehen weit auseinander, sind dicht behaart, oft in der Ohrmuschel hell und an den Rändern dunkel. Die Deckhaare über der weichen Unterwolle sind gerade, mittellang und schmiegen sich an. Die Farben reichen von rein Weiß bis Schwarz, am häufigsten jedoch sind Schwarzweiß und Grau. Schulterhöhe 53 bis 59 cm, Hündinnen ab 50 cm; Gewicht bis 27 kg.

Als der Husky 1909 nach Alaska kam und bei den Schlittenhundrennen siegte, obwohl er leichter als seine Konkurrenten war, begann seine Karriere als beliebtester Schlittenhund der Welt. Als Rasse erst 1966 durch die FCI anerkannt.
Er ist der Schlittenziehspezialist: Er kann seine ganze Kraft sehr gezielt für diese Tätigkeit einsetzen. Dieses Können, sein großer Arbeitseifer, seine Ausdauer und Zähigkeit sollte man nutzen, wenn man sich einen solchen »Exoten« zum Hund erwählt. Als nur Geländewagen-Beifahrer ist er wirklich zu schade. Denn er ist ein sehr liebenswerter Hund, der auch im Rudel (als Gespann vor Trainingswagen oder Schlitten) relativ problemlos gehalten werden kann. Und mehrere Hunde beschäftigen sich intensiv miteinander und bauen so Energien ab. Der Zwinger sollte allerdings gesichert sein: Ein freilaufendes Huskyrudel kann einiges anstellen. Der intelligente Hund ist zwar zugänglich, aber auch recht eigenwillig. Wenig anfällig gegen Krankheiten.

Polnischer Niederungshütehund

(Polski Owczarek Nizinny)

Durch die starke Behaarung und den Bart erscheint sein Kopf größer, als er ist. Die schwarze große Nase ist stumpf und hat weite Nasenlöcher. Die Ohren sind herzförmig und werden hängend getragen. Die nußbraunen Augen sind an den Rändern gut pigmentiert und haben einen lebhaften, durchdringenden Blick.
Die Rute wird kurz kupiert, die Pfoten sind oval, mit leicht gewölbten Zehen. Das Haarkleid ist am gesamten Körper dicht und lang, es hat eine ebenfalls dichte und weiche Unterwolle. Das Deckhaar, für das alle Farben erlaubt sind, erinnert an Ziegenhaar. Schulterhöhe Rüden 43 bis 52 cm, Hündinnen sind kleiner. Gewicht bis 30 kg.

Die Zucht aus bodenständigen Hütehunden des nördlichen Polen begann nach dem ersten Weltkrieg. Die temperamentvollen und widerstandsfähigen Tiere wurden im Rahmen landwirtschaftlicher Ausstellungen gezeigt. Im zweiten Weltkrieg fast völlig vernichtet, wurden die PONs aus überlebenden Hunden gezüchtet und 1963 als Rasse international anerkannt. In seiner Heimat ist er als Hüte- und Wachhund auf dem Lande, aber auch als Haus- und Begleithund in der Stadt sehr beliebt. Er hat gute Schutzeigenschaften, ist wachsam, ohne ein Kläffer zu sein, und versteht sich gut mit Kindern. Er ist lernfreudig und hat ein ausgezeichnetes Gedächtnis, das allerdings auch schlechte Behandlung nicht vergißt. Er braucht viel Bewegung. Wenn man sie ihm bietet, kann der nervenstarke Hund in der Stadt gehalten werden. Er kann in der Wohnung wie im Freien leben. Sein Fell wird durch zweimal wöchentliches Kämmen und Bürsten mit Erfolg gepflegt. Der PON hat eine relativ hohe Lebenserwartung.

Ein Bild von einem Hund: Deutsche Dogge

Großpudel

Ein Hund von harmonischen Formen und mittlerer Größe mit charakteristisch frisiertem, gelocktem oder zu Schnüren gedrehtem Fell. Seine Gangart ist tänzelnd. Der Großpudel soll die vergrößerte Wiedergabe des Kleinpudels sein, aus diesem entwickelt und mit den gleichen Merkmalen ausgestattet (bitte alle drei Rassebeschreibungen lesen). Der Hund ist solide gebaut, das Quadrat seines Körpers wird durch die Schur betont. Der Kopf ist lang bei rundem Schädel, der Fang kräftig, der Nasenspiegel schwarz bei schwarzen, weißen und grauen Tieren, braun bei braunen und apricotfarbenen. Der Behang ist lang und breit.
Die Rute wird schräg aufwärts getragen und kupiert. Das Haar ist dicht, wollig und derb. Schulterhöhe über 45 bis 58 cm; Gewicht bis 22 kg.

Die größte Liebeserklärung an den Pudel schrieb Peter Scheitlein 1840 in seinem »Versuch einer vollständigen Tierseelenkunde«: »Der vollkommenste Hund ist der Pudel, und was Gescheites und Braves am Hunde gerühmt wird, bezieht sich vereint auf ihn. Er hat Eigenheiten, Sonderbarkeiten, Originalitäten und Genialitäten. An ihm ist alles Psyche. Der Pudel ist von Natur aus gut. Jeder schlechte ist durch Menschen schlecht gemacht worden.«
Vor dem Ersten Weltkrieg züchtete man nur Pudel einer Größe, sie sollten möglichst über 40 cm hoch sein. Man unterschied sie nach Farben und Frisur: Schnüren- und Wollpudel.
Gegen Ende der 20er Jahre wurde der Idealtyp des Großpudels geprägt. Doch der kleine Pudel wurde mehr und mehr der Modehund.
Beim Boom wurde der Großpudel fast vergessen, inzwischen ist er wieder beliebter: als anhänglicher, kontaktfreudiger, relativ ruhiger, Eindruck machender, schützender Wohnungs-, Garten- oder Sporthund.

Kleinpudel

Er ist die Ausgangsrasse für die drei Pudelgrößen. Ich fahre in der Beschreibung (siehe Großpudel) fort: Der Kopf wird hoch und stolz getragen, der feste Hals hat keine Wamme. Die Pfoten sind klein, geschlossen und bilden ein kurzes Oval. Die Zehen haben Schwimmhäute und stehen fest auf harten, dicken Ballen.
Die Rumpflänge überschreitet im allgemeinen die Widerristhöhe, der Rücken ist kurz. Die Haut ist geschmeidig, nicht lose und in Übereinstimmung mit der Fellfarbe pigmentiert. Weiße Pudel sollen silberhäutig sein, Lidrand, Lefzen, Nasenspiegel, Zahnfleisch, Gaumen, Hoden und Ballen schwarz pigmentiert.
Die Fellfarben sind Schwarz, Weiß, eindeutig Braun, einheitlich Silber und einheitlich Apricot. Schulterhöhe über 35 bis 45 cm; Gewicht um 15 kg.

Der Pudel ist ein durchaus liebenswürdiger Hund, wobei er Fremden gegenüber, mögen es Menschen oder Hunde sein, gleichgültig, zurückhaltend und wenig interessiert sein kann.
Dafür konzentriert er seine Aufmerksamkeit um so mehr auf seine Familie. Er ist ein Menschenhund, der nicht müde wird, seine Zuneigung, seine Fröhlichkeit und das, was er gelernt hat, immer wieder zu beweisen oder vorzuführen. Dadurch kann er manchmal auch recht anstrengend sein, auf jeden Fall muß man sich mit einem Pudel intensiv beschäftigen. Da er lerneifrig und merkfähig ist, kann man ihn nicht nur gut erziehen, sondern ihm auch Kunststücke beibringen. Allerdings nimmt er dank seines guten Gedächtnisses auch leicht Angewohnheiten an, die man vielleicht nicht so schätzt. Er ist ein robuster Hund, der seine Spaziergänge braucht, sich aber zusätzlich Bewegung verschafft. Er ist in der Wohnung gut zu halten, wachsam, aber kein Schutzhund. Bei der Pflege auf die Ohren und auf Zahnsteinbildung achten.

Zwergpudel

Ein kleiner, sehr lebendiger Hund mit eleganter, tänzelnder Gangart. Der Körper ist quadratisch, wobei dieser Eindruck durch die Schur unterstützt oder vermindert wird. Am langen Kopf mit rundem Schädel ist der Stop wenig ausgeprägt. Die Augen sind leicht schräg gestellt, haben einen lebhaft-feurigen Ausdruck und sind schwarz oder tiefdunkelbraun bei schwarzen, weißen, silbernen und apricotfarbenen Pudeln, bei braunen dunkelbernsteinfarben.
Der Behang soll bis zum Mundwinkel reichen und von langem, welligem Haar bedeckt sein. Der Brustumfang, hinter den Schultern gemessen, muß mindestens 10 cm größer sein als die Widerristhöhe. Das üppige Fell besteht aus krausem Wollhaar. Widerristhöhe über 28 bis 35 cm; Gewicht um 4 kg.

Die ersten Zwergpudel werden 1912 im Deutschen Pudel-Stammbuch aufgeführt, in den USA kennt man die *Toy Poodles* seit 1943, in England ist er seit 1957 anerkannt. Die Zwerge, die laut Standard keine Anzeichen von Zwergwüchsigkeit *(Nanismus)* zeigen dürfen, sondern wie verkleinerte Kleinpudel aussehen müssen, wurden durch Einkreuzung von anderen Zwerghundrassen erzielt. Die Zwergpudelzucht ist ein schwieriges Geschäft geblieben.

Der Zwergpudel ist vor allem durch die kleiner gewordenen Wohnungen, durch die erschwerten Möglichkeiten, in Großstädten Hunde zu halten, und durch die Vorliebe für das Modische zum großen Renner geworden. Es dürften zur Zeit über die Hälfte aller bei den beiden Pudelvereinen eingetragenen Welpen Zwergpudel sein.

Eigentlich hat der Zwergpudel die gleichen Eigenschaften wie der Kleinpudel: Er ist anhänglich, lernbereit, fröhlich und lebhaft. Diese Lebhaftigkeit kann zu einem Übermaß an Temperament führen, wozu Kleinstrassen neigen. Darum braucht ein Tierarzt bei einem Zwerghund manchmal mehr Narkosemittel als bei einem großen Hund.

Wird ein Hund mit übermäßigem Temperament auch noch verzärtelt und als Kindersatz behandelt, kann es zu nervösen Störungen und zu Hysterie kommen. Die Tiere werden zu belastenden Dauerkläffern, sind auf ihren Menschen übermäßig eifersüchtig und beherrschen als Tyrannen die Familie oder den sie haltenden Alleinstehenden.

Professor Wilhelm Wegner benutzt bei Zwergpudeln den Begriff *intensive Kosmetisierbarkeit seiner Haare,* die ihn zum Opfer mancher Modetorheit macht. Man kann Pudelhaar besonders gut einfärben, und da die Hunde alle vier Wochen zum Friseur müssen, kann die Versuchung, es zu tun, für manche groß sein. So wie es die Zuchtversuche auf *Neufarben* (Blaugrau, milchkaffeefarben und zweifarbig) zeigen, die vom Standard nicht anerkannt werden.

Wer mit dem Pudel Ausstellungen besuchen will, muß sich an die Standardschuren halten.

1. **Löwenschur** (alte Schur), bei der Fang, Hinterhand und Läufe kurz geschoren werden. Man läßt Manschetten an den Vorder- und Hinterläufen stehen, einen Pompon an der Rutenspitze und eine Mähne über Kopf und Brust bis zum Ende der Rippen.
2. **moderne Schur,** die Hosen an Vorder- und Hinterhand beläßt, einen Pompon an der Rute, langes Haar auf dem Kopf und am Behang. Sie genau zu beschreiben erfordert sehr viel Text.

Im übrigen ist auf Ausstellungen bei gleicher Qualität der Hund in Löwenschur dem modern geschorenen vorzuziehen. Der *Schnürenpudel,* bei dem sich das feine, wollige Haar zusammendreht und typische Schnüre von mindestens 20 cm Länge bildet, ist zwar ausstellungsfähig, aber aus der Mode.

Beim Welpen wird nur das Gesicht ausgeschoren und die Haare ein wenig gestutzt. Diese Frisur trägt er bis zum Alter von fünf Monaten.

Selbstverständlich muß ein Pudel täglich ausgebürstet und gekämmt werden. Im übrigen ist die moderne Schur aus dem *Karakul-Schnitt* entstanden, der im Dritten Reich als »undeutsch« verboten wurde.

Eine Anmerkung zum Großpudel: Im Standard heißt es, daß er aus dem Kleinpudel entwickelt wurde. Das stimmt nicht, denn die alten Pudel waren zwischen 50 und 60 cm groß. Aus ihnen haben die Züchter Kleinpudel gemacht. Leider wird die Widerristhöhe von 58 cm so unerbittlich begrenzt, daß die Großpudel oder die *Königspudel,* wie sie früher zutreffender hießen, von 60 cm Schulterhöhe oder mehr von Pudelrichtern nicht mehr als Pudel angesehen werden. Ich hoffe, daß die Bestrebungen, die 58-cm-Grenze aufzuheben, Erfolg haben, denn der große Großpudel gehört zu den schönsten Hunden.

Die schwarzrote Tiroler Bracke Afra von Arbiskogel mit einem Alpen-Steinbock

Retriever – Jagdspezialisten fürs Apportieren

Der Name Retriever kommt vom englischen *to retrieve* = auffinden, apportieren. Sie werden als Jagdhunde für die Arbeit nach dem Schuß, zum Apportieren von Feder- und Haarwild eingesetzt. Darüber hinaus sind sie Wasserspezialisten, und das kann mit ihrer Herkunft zusammenhängen.

Als sicher gilt, daß der »Ur-Retriever« im frühen 19. Jahrhundert von den Küsten Labradors und von Neufundland nach England kam.

In der damaligen Reiseliteratur über Neufundland kann man von zwei Hundeschlägen lesen: einem großen langhaarigen, der Neufundländer (oder Labrador) genannt wurde, Schlitten zog und den Fischern beim Einholen der Netze half, und einem kleineren kurzhaarigen, der mit den Fischern arbeitete und St. John's Labrador hieß, manchmal auch Labrador Spaniel. Er brachte von den Booten die Belegleine an Land und holte die aus dem Netz aufs Eis gefallenen Fische.

Aus dem St. John's züchtete man einen Apportierhund, den man wegen der welligen Haare *Wavy Coat* nannte. Nach und nach etablierten sich die Retriever-Rassen: der seltene

- *Curly-coated Retriever* mit dem kurzlockigen Fell, der
- *Flat-coated Retriever* mit glänzendem schwarzem oder braunem Haar. Vielleicht der gelehrigste. Der
- *Chesapeake Bay Retriever,* dessen ölig erscheinendes Fell seine besondere Wasserliebe signalisiert. Wird an einem Platz in der Schweiz gezüchtet. Genau beschreibe ich den
- *Labrador Retriever* und den
- *Golden Retriever,* der ein besonders schöner Hund ist.

Sie alle haben eine große Wasserliebe und eine imponierende Schwimmtechnik. Außerdem sind sie als Jagdhunde durch ihre Weichmäuligkeit, die gute Nase und ihre leichte Ausbildbarkeit berühmt. Der Deutsche Retriever Club richtet mehrmals im Jahr an verschiedenen Plätzen Leistungsprüfungen mit unterschiedlichen Anforderungen aus. Wie Sie auf Seite 319 lesen, eignet sich der Labrador auch vorzüglich zum Blindenhund. Im Bundesland Hessen arbeitet einer als Drogenfahnder.

Für die Haltung in der Familie bringen sie viele Voraussetzungen mit: große Lernfähigkeit, ausgeprägte Anhänglichkeit, natürliche Wachsamkeit, ohne aggressiv zu sein. Man darf aber die Fähigkeiten nicht verkümmern lassen.

Labrador Retriever

Ein kräftig gebauter, gedrungener und kraftvoll-aktiver Hund, der sich trotz seiner massigen Stabilität sehr leicht bewegt. Charakteristische Kennzeichen sind das feste, kurze Haarkleid ohne Wellen, mit wasserabstoßendem Unterhaar und ohne Befiederung an Läufen und Rute, sowie die Rute, die rundum mit festem dickem Fell bedeckt ist (= Otterschwanz).

Der Stop ist ausgeprägt, der Fang kräftig und nicht schmal oder spitz. Die braunen Augen sind freundlich und schauen intelligent. Die Ohren liegen eng am Kopf an, sind nicht groß und ziemlich weit hinten angesetzt.

Die Farben sind Schwarz, Rotbraun oder Gelb, wobei gelbe Tiere das dichteste Haarkleid haben. Schulterhöhe 55 bis 62 cm; Gewicht 25 bis 31 kg.

Im ersten Standard von 1887 wurde besonderer Wert auf einen harten und stabilen Hund gelegt, der aber leicht zu führen ist. 1905 wurde er als eigene Retriever-Rasse klassifiziert. Zunächst galten nur die Schwarzen als korrekt, in den 20er Jahren wurden jedoch die Gelben so populär, daß man einen eigenen Club gründete.

Über den Labrador als Apportier- und Wasserjagdhund habe ich auf Seite 212 berichtet. Besonders angenehm und unkompliziert ist er als Begleit- und Familienhund.

Seine Vorzüge: leichte Führigkeit trotz seiner Größe. Große Lernfreudigkeit, so daß man ihn auf Spaziergängen mit Apportieraufträgen gut beschäftigen kann. Er ist freundlich und sehr kinderlieb. Er ist nicht laut, sehr wesensfest (auch im Großstadtverkehr) und nicht scharf. Also auch verträglich mit anderen Hunden und Haustieren. Ein unerschrockener Hund, der ein relativ guter Wächter ist. Absolut wetterfest, robust und unanfällig gegen Krankheiten. Seine Lebenserwartung ist hoch.

Golden Retriever

Ein symmetrisch gebauter, lebhafter und kräftiger Hund, dem man ansieht, daß er ein ausdauernder Läufer ist. Er macht einen freundlichen Eindruck. Charakteristisch für ihn ist die lange, glatte oder leicht gewellte Behaarung.

Schädel und Fang sind breit und mächtig, aber nicht plump, wie überhaupt der Golden Retriever nicht grob wirken darf. Die Augen und die Augenlider sind dunkel, ihr Ausdruck ist sanft. Die Rute ist gerade, befiedert und darf nicht zu fröhlich oder gar über dem Rücken getragen werden.

Unter dem Deckhaar, das niemals lockig sein darf, ist die wasserabstoßende dichte Unterwolle. Die Farben: jede Tönung von Gold und Creme, aber nicht Rot oder Mahagoni. Schulterhöhe 56 bis 62 cm; Gewicht 29–32 kg.

Der Golden Retriever, 1913 in England als Rasse anerkannt, ist aus Kreuzungen von goldfarbenen *Wavy Coat Retrievern* (mit gewelltem Fell) mit Water Spaniels, irischen Settern und gelben Bluthunden hervorgegangen. Doch Genaues weiß man nicht. Lord Tweedmouth soll um die Mitte des vorigen Jahrhunderts die Rasse begründet haben. Heute ist der Golden Retriever sehr beliebt, weil er so schön ist und recht lange lebt.

Seine Aufgabe als Jagdhund ist das Apportieren von geschossenem Federwild. Da er blendend schwimmt, kann man ihn auch in Sumpfgebieten und bei der Wasserjagd einsetzen. Selbst bei sehr kaltem Wasser bleibt er aktiv, die wasserdichte Unterwolle hält ihn trocken und warm.

Als Familienhund ist er überaus geduldig, ruhig und anhänglich. Nicht aggressiv, aber von natürlicher Wachsamkeit. Der dekorative Hund braucht reichlich Auslauf und Beschäftigung. Linsentrübungen im Alter sind beobachtet worden. Sonst kaum anfällig.

Die Barsoi-Hündin Vorenoff Kismet Tolkaia, fünffache Championesse und vielfache Siegerin

Chinese Crested Hairless Dogs Heathermont Pharao und Cannybuff Casanova of Moonswift

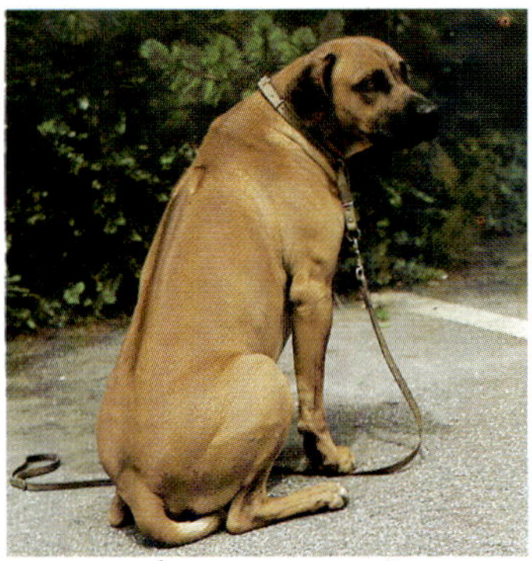

Rhodesian Ridgeback

Ein stattlicher, muskulöser und selbstbewußter Hund, dem man seine Kraft, Schnelligkeit und Ausdauer ansieht. Das Besondere dieser Rasse ist der *Ridge* (= Kammlinie) auf dem Rücken, der durch Haare gebildet wird, die gegen den Strich wachsen. Der Schädel ist flach und ziemlich breit, der Fang tief und kräftig, mit besonders stark entwickelten Eckzähnen. Die Augen sind klar und strahlend. Die Ohren von mittlerer Größe liegen dicht am Kopf an. Der Hals ist kräftig und ohne Wamme. Die Rute ist am Ansatz stark, wirkt aber nicht plump. Das Haar ist kurz und dicht, glatt und glänzend, aber nicht seidig. Die Farben: Hell- bis Rotweizen, Weiß auf Brust und Pfoten ist erlaubt. Die Schulterhöhe bei Rüden mindestens 64 bis 69 cm, Hündinnen 61 bis 66 cm; Gewicht 35 (30) kg.

Zitat: »Wenn Sie einen Diamanten aus Südafrika tragen, so seien Sie sicher: Er wurde von einem Ridgeback bewacht.« Die Rasse stammt aus Südafrika und war der Hund der Hottentotten, mit dem sie Löwen jagten.

Die Buren kreuzten ihn mit Bloodhounds und Airedale Terriern und schufen sich einen ebenso hervorragenden Jagdhund wie unbestechlichen Bewacher ihrer Farmen.

In Rhodesien wurde 1922 ein Club gegründet, die Rasseanerkennung erfolgte 1924. Heute sind in Simbabwe etwa 2000 Ridgebacks eingetragen und arbeiten als Jagd-, Wach-, Polizei- und Blindenhunde.

Sein Temperament ist gelassen, doch ist er mann- und raubzeugscharf. Er hat einen ausgeprägten Sinn für Gefahr und ist wirklich kein Hund für jedermann. Spätreif (mit zwei Jahren) bleibt er lange lernfähig. Doch man kann ihn nicht hart ausbilden, man braucht Gespür für diesen ursprünglichen Hund. Dann ist er ein außergewöhnlicher Gefährte. Wird etwa 10 Jahre alt.

Rottweiler

Ein kraftstrotzender Hund, stämmig, weder plump noch leicht, dessen gedrungene Gestalt auf große Kraft, Wendigkeit und Ausdauer schließen läßt. Ein Rottweiler soll Urwüchsigkeit ausstrahlen. Auf Umgebung und Herrn soll er mit Aufmerksamkeit reagieren. Seine Leistungsfähigkeit soll sofort erkennbar sein.
Der Kopf ist mittellang, der Schädel zwischen den Ohren breit, Stirnabsatz und Jochbogen ausgeprägt. Scherengebiß. Hals stark bemuskelt, keine Wamme. Angeborener oder nachkupierter Stummel- oder Mutzschwanz.
Derbes, kurzes, gut anliegendes Stockhaar mit guter Unterwolle, tiefschwarz mit scharf abgegrenzten, möglichst dunkelbraunen Abzeichen an Backen, Schnauze, Brust, Läufen; Vieräugel. Schulterhöhe bis 68 cm; Gewicht um 50 kg.

Der klassische Metzger- und Treiberhund wurde hauptsächlich in der alten freien Reichsstadt Rottweil mit ihren großen Viehmärkten gezüchtet. Er konnte Bullen bändigen und Wagen ziehen. 1910 wurde er Diensthund.
Normalerweise ist er seiner Umgebung gegenüber abwartend, folglich auch dort ein guter Wächter, wo häufiges Bellen stören würde. Seine Lernfähigkeit ist sehr gut, so daß man ihn gut erziehen kann. Da er sich körperlich und seelisch langsam entwickelt, hat man auch genügend Zeit dafür. Er kann jedoch zuviel Kampftrieb haben, und da er schmerzunempfindlich ist, sind solche Hunde auf den Übungsplätzen nicht gerne gesehen. Seine Familie liebt er sehr. Sein Bewegungsdrang ist mittel. Er ist auf keinen Fall ein Wohnungshund. Garten mit Zwinger und Familienanschluß ist das beste. Kein Hund für Anfänger, sondern für Hundesportler oder Menschen mit Hundeverständnis. Gesundheitlich robust, Lebenserwartung 10 Jahre. HD wird vom ADRK bekämpft.

Deutscher Schäferhund

Ein leicht langgestreckter, kräftiger und gut bemuskelter Hund mit wetterfestem Haarkleid, der dem Beschauer ein Bild urwüchsiger Kraft, Intelligenz und Wendigkeit vermittelt. Der Körper muß voll funktionstüchtig und harmonisch schön sein. Rüde und Hündin muß man auf den ersten Blick unterscheiden können.
Der Deutsche Schäferhund ist ein Traber, deshalb ist auf die richtige Winkelung seiner Gliedmaßen zu achten. Der Kopf ist trocken mit kräftigem Fang, die Ohren werden stehend und gleichgerichtet getragen, die Muscheln nach vorne gestellt. Die Rute ist buschig behaart und reicht mindestens bis zum Sprunggelenk. Das Fell ist stockhaarig, mit dichtem Deckhaar: Schwarz mit regelmäßigen braunen, gelben bis hellgrauen Abzeichen. Widerristhöhe 62,5 cm; Gewicht 30 bis 35 kg.

Der Deutsche Schäferhund ist ein Hund der Superlative. Er ist der beliebteste Gebrauchshund der Welt. Seine Züchter und Liebhaber sind im größten Rassehundzuchtverein, den es überhaupt gibt, zusammengeschlossen: der SV (Verein für Deutsche Schäferhunde) hat ca. 100000 Mitglieder und betreut etwa 10000 Zuchtstätten, aus denen jährlich rund 30000 Hunde in die Zuchtbücher eingetragen werden. Seit seinem Bestehen sind es etwa 2 Millionen Hunde.
Der Ahnherr aller dieser Schäferhunde, die Nummer eins im Zuchtbuch, ist »Horand von Grafrath«, der zunächst »Hektor-Linksrhein« hieß und der laut Strebel »eine enorme Nachzucht« hatte. Sein Besitzer Max von Stephanitz charakterisierte ihn so:
»Horand von Grafrath SZ 1 wurde geradezu zum Schicksal der Schäferhundzucht; aber zu einem guten Schicksal, zu ihrem Glücksstern! Er bedeutete auch für die damaligen Luxusschwärmer des Wunschtraumes Erfüllung: groß für die damalige Zeit, mit kräftigen

Knochen, schönen Linien und edel geformtem Kopf, das Gebäude trocken und sehnig, der ganze Hund ein Nerv. Dementsprechend auch sein Wesen; wundervoll in seiner anschmiegenden Treue zum Herrn, allen anderen gegenüber eine rücksichtslose Herrennatur, ungebändigt in seiner überschäumenden Lebensfülle. In der Jugend leider nicht erzogen, trotzdem in der Hand des Herrn gehorsam auf den leisesten Wink, aber, sich selbst überlassen, der tollste Unfugstifter, der wildeste Raufer und ein zügelloser Hetzer. Nie müßig, immer unterwegs, gutmütig zu harmlosen Menschen, aber kein Schmeichler, ein Kindernarr und – immer verliebt.
Seinem Beobachter ein dauernder Genuß, seinem Besitzer oft auch eine Quelle schweren Ärgers: Was hätte aus dem Hund werden können, wenn wir damals schon bewußte Abrichtung gehabt hätten? Seine Fehler waren Fehler der Erziehung, nicht seiner Anlage. Er litt an unterdrücktem, sagen wir besser, nicht ausgenutztem Tätigkeitstrieb; denn er war selig, wenn man sich mit ihm beschäftigte, war dann der lenksamste Hund.«
Diese Beschreibung gilt in ihren Grundzügen auch heute noch. Sie zeigt die Vorzüge dieser Rasse und ihre Nachteile. Und sie sagt ganz klar, daß ein Deutscher Schäferhund, obwohl ihn so viele besitzen, kein Hund für jedermann ist: kein reiner Zwingerhund oder Unter-dem-Sofa-Hund.

Die Geschichte einer Rasse

Sie ist das Verdienst des Herrn von Stephanitz, eines Rittmeisters, der vorzeitig seinen Abschied vom Militär nehmen mußte, weil er eine nicht standesgemäße Ehe mit einer Schauspielerin geschlossen hatte. Da er ein Hundenarr war, interessierte er sich für die Hunde der Schäfer und Hirten. Er gründete 1899 mit seinem Freund Arthur Meyer und anderen Begeisterten den Verein für Deutsche Schäferhunde. Damit war eine glückliche, in der Hundezucht wohl einmalige Konstellation erzielt: ein Mann, der Zeit hat, sein ganzes Leben in den Dienst der Entwicklung einer Rasse zu stellen, und dabei zielbewußt, vorausschauend und eisern diesen Verein regiert.
Er sorgte dafür, daß sich der Deutsche Schäferhund nicht zu einem Modehund entwickelte (wie damals zum Beispiel der schottische Schäferhund Collie), daß er weder Prestige- und Zierhund noch eine reißende Bestie wurde. Dabei hatte alles schwierig angefangen. Durch die Erfindung des Polizeihundes und die sich daraus entwickelnde Diensthundbewegung bekam die Rasse die ihr gemäße Arbeit, so daß die Forderung des damals schon aufgestellten Standards erfüllt werden konnte: »Gefällige Erscheinung ist anzustreben, doch darf die Gebrauchstüchtigkeit des Hundes dadurch nicht in Frage gestellt werden.«
Alle Häretiker und falschen Propheten wurden aus dem SV entfernt, der in seiner ganzen Geschichte nie Kompromisse geschlossen hat. Es ist faszinierend, wie ein Hund über achtzig Jahre in eine damals gegossene Form hineingewachsen ist, sich kaum verändert hat und dennoch heutig wirkt.
Als Max von Stephanitz starb, bellten ihm zu Ehren auf der Kölner Ausstellung vom 22.4.1936 siebenhundert Schäferhunde eine Minute lang.
Konsequent ist auch die strenge Zuchtordnung. Ein Rüde kann erst mit 24 Monaten, eine Hündin frühestens mit 20 Monaten zur Zucht verwendet werden. Sie müssen auf einer Ausstellung mindestens mit »gut« bewertet worden sein und eine Leistungsprüfung bestanden haben. Die Welpen aus dieser Leistungszucht erhalten eine weiße Ahnentafel. Sind beide Elternteile zusätzlich angekört, also körperlich und charakterlich fehlerfrei, dann bekommen die Welpen eine rote Ahnentafel. Diese Tiere aus der »Kör- und Leistungszucht« sind die Schäferhund-Aristokratie. Jährlich werden um die 3000 Schäferhunde angekört. Alle Welpen aus der Leistungszucht sind durch eine ins Ohr tätowierte Nummer gekennzeichnet, die mit der Eintragung in der Ahnentafel übereinstimmt.

Deutscher Schäferhund – für wen?

Zunächst ist für jeden Interessenten das *von wem* wichtiger. Wohl jeder Hundebesitzer hat schon einmal mit einem Schäferhund zu tun gehabt, der einfach angriff. Ich selber habe dagegen geschrieben und bin eines Besseren belehrt worden.
Die Rasse, so wie sie von den Züchtern des SV präsentiert wird, besteht durchwegs aus problemlosen, aus wesensfesten und prächtigen Hunden. Die »bösen« Schäferhunde sind der Nachwuchs jener Tiere, die bei Wesensprüfungen durchfielen und Zuchtverbot bekamen. Sie werden ohne SV-Papiere preiswert angeboten. Grob geschätzt auf einen SV-Hund ein »wild« vermehrter.
Deshalb kaufen Sie nur einen Deutschen Schäferhund mit SV-Papieren. Wenn Sie es sich leisten können und mit dem Hund arbeiten wollen, einen mit roten. Sehr wichtig ist, daß Sie sich mit Ihrem Hund beschäftigen und daß Sie ihn beschäftigen. Einen Schäferhund kann man nicht nur im Zwinger halten, auch wenn es häufig geschieht. Das Leben draußen härtet ihn körperlich ab, das Leben in der Familie ist gut für sein seelisches Gleichgewicht. Der Schäferhund ist ein Lauftier. Der Spaziergang an der Leine dient der Erziehung, aber nur der Lauf neben dem Fahrrad schafft ihm die nötige tägliche Bewegung.
Wenn Sie sich einen Schäferhund kaufen wollen, kalkulieren Sie täglich zwei Stunden Zeit für ihn ein und schließen Sie sich einer der über 2100 Vereinsortsgruppen an. Dann werden Sie sehr viel Freude an diesem Hund haben.

Der Belgische Schäferhund und seine vier Schläge

Als die Hirten noch die Schafe hüteten, mußten sich die Hunde um die Wölfe und Räuber kümmern. Sie waren wehrhafte Hunde. Das änderte sich, als Räuberbanden und Raubtiere verschwanden und die Schafherden größer wurden. Ein Zitat aus »Rassen der Hunde« von Ludwig Beckmann (1895) schildert es romantisch: »Mit der Ausrottung der großen Raubthiere und der zunehmenden Sicherheit des Eigenthums sehen wir im Lauf der Zeit überall die großen, wehrhaften Schafrüden sammt ihren breiten Stachelhalsbändern verschwinden, und der Schäfer, welcher früher die Schalmei oder den Dudelsack blasend an der Spitze seiner Heerde mit dem angeketteten Hunde marschirte, steht nunmehr behaglich auf seinen langen Stab gelehnt und beschränkt sich darauf, seinem allzeit aufmerksamen, flüchtigen Hunde durch bestimmten Zuruf, Pfiff oder Wink die nöthigen Befehle zu erteilen.«

Die Aufgabe der Hunde war es jetzt, die Herden zusammen- oder von den bebauten Feldern fernzuhalten. Sie mußten immer auf den Beinen sein: Die Schäferhundrassen entstanden. Sowohl die stumm hütenden Schäferhunde wie die laut bellenden Treiber.

Großes kynologisches Aufsehen machte man bis Ende des vorigen Jahrhunderts nicht mit diesen Hunden. Sie waren Arbeitshunde, uneinheitlich im Äußeren, was Fell und Farbe anging, anatomisch aber durch Leistung und Arbeit geprägt. So kann man in der Literatur vor 1890 die Belgischen Schäferhunde nicht finden. 1891 schlossen sich in Brüssel im »Club du chien de berger belge« einige Gesinnungsfreunde zusammen, um diese Hunde rein zu züchten. Es lag wohl in der Zeit, denn in Deutschland waren 1890 die Rassekennzeichen des Deutschen Schäferhundes festgelegt worden.

In Belgien begann es mit einer großen Besichtigung: Am 15. November 1891 wurden 117 Hunde Professor Reul vom tierärztlichen Institut in Cureghem vorgestellt.

Nach seinen Vorschlägen wurde acht Jahre lang gezüchtet und dann die Hunde in vier Schläge eingeteilt und nach ihren Hauptherkunftsorten benannt: 1. die schwarzen, langhaarigen *Groenendael* (sprich Chrunendal), 2. die rotbraunen, rußigen *Tervueren,* 3. die rotbraunen, kurzhaarigen *Malinois,* 4. die rotbraunen oder grauen, rauhhaarigen *Laekenois.* Alle diese Orte liegen in der Nähe von Brüssel.

Groenendael

Mittelgroß, gut proportioniert, geschaffen, um weite Strecken mühelos zurückzulegen. Der Groenendael sieht durch die würdige Haltung des Kopfes rassig und stolz aus. Der langschädelige und gestreckte Kopf basiert auf dem des Wildhundes und wirkt ursprünglich und natürlich. Stirn- und Nasenrückenlinien sollen parallel verlaufen, der Stop ist nur mäßig ausgeprägt.

Die Augen sind möglichst dunkel und mandelförmig, ihr Blick sehr lebhaft und klug. Die Augenlider sind schwarz gerändert. Da sich die Belgischen Schäferhunde nur in Farbe und Fell unterscheiden, lesen Sie die allgemeine Körperbeschreibung bei den anderen weiter. Fell lang und glatt mit Mähne, Fransen und Hosen, Farbe Schwarz. Schulterhöhe 62 cm; Gewicht 30 bis 32 kg (Rüde).

Im Dörfchen Groenendael bei Brüssel ließ der Gastwirt Rose in den 80er Jahren des vorigen Jahrhunderts seine schwarze, langhaarige Schäferhündin von einem Hirtenhund namens Picard decken. Ob der Hund so hieß, weil er aus der Picardie stammte (siehe Seite 170), ist ungewiß. Diese Verbindung brachte den Groenendael hervor.

Der Groenendael Jules gewann von 1908 bis 1912 so ungefähr alle Schutz- und Polizeihundprüfungen, die man gewinnen konnte.

Der schwarze, stattliche Hund erregte das Interesse und verbreitete sich über Belgien hinaus.

Was spricht für ihn als Rasse? Neben seinen charakterlichen Vorzügen (bitte bei den anderen nachlesen) das attraktive Fell für Menschen, die einen langhaarigen Schäferhund möchten. Es hat übrigens auch bei Nässe keinen Eigengeruch und nimmt keinen Schmutz an.

Die Belgischen Schäferhunde sind HD-frei, Lebenserwartung 12 Jahre.

Kein Zwingerhund, sehr kinderlieb und recht temperamentvoll.

Laekenois *(Berger de Laeken)*

Fahren wir in der Beschreibung von Seite 219 fort: Die Ohren sind dreieckig und straff, sie dürfen nicht zu lang sein. Der Hals ist schlank und gut bemuskelt, aber ohne Wamme. Der Körper ist kräftig, aber nicht plump. Beim Rüden entspricht seine Länge in etwa der der Schulterhöhe, dadurch wirkt er quadratisch. Die Läufe sind schlank und kräftig zugleich: ideal für Wendigkeit und Schnelligkeit.
Die Rute ist von mittlerer Länge und wirkt sehr buschig. Das Rauhhaar des Laekenois ist struppig, trocken und dicht. Es ist überall gleich lang, etwa 6 cm. Die Haare im Umkreis der Augen und an der Schnauze dürfen nicht so entwickelt sein, daß der Hund wie ein Briard (Seite 169) aussieht. Ein Bart ist vorhanden. Die Farben: im gesamten Fahlrot oder Gelb mit Kohlestichelung *(Charbonnage)*.

Seinen Namen bekam er vom Königsschloß Laeken, weil er dort von einem Schäfer und seinem Sohn durch Generationen gezüchtet wurde. Weiterer Ursprung unbekannt, eine Verwandtschaft mit dem holländischen Herdershond (Seite 235) ist wahrscheinlich.
Der Laeken ist der seltenste der vier Schläge und hat heute seine eigentliche Heimat in Holland. In Belgien gibt es, soviel ich herausfinden konnte, keinen Zwinger mehr.
Der Grund: Er besticht weder durch ein attraktives Äußeres (obwohl er mir sehr gut gefällt) noch durch besondere Gebrauchshundleistungen wie der Malinois. Außerdem schadete der Rasse ein langjähriger Streit um die Farben Braunrot oder Grau. So blieb er trotz seines liebenswerten Wesens selten. Für ihn gilt wie für die anderen Belgier: große Kinderfreundlichkeit, ein fröhlicher Spieltrieb bis in hohe Alter und jenes erstaunliche Gedächtnis, das immer wieder verblüfft. Seine Wachsamkeit, verbunden mit Schnelligkeit, macht ihn zum perfekten Beschützer.

Malinois

Der vom Aussehen her ursprünglichste Belgier ist kurzhaarig. Das dichte Haar ist besonders kurz am Kopf, an den Außenseiten der Ohren, im Gesicht und an den unteren Gliedmaßen. Etwas länger an der Rute und um den Hals, wo es einen kleinen Kragen bildet, der von der Basis der Ohren bis zur Kehle reicht. Der Rand der Keulen ist mit längeren Haaren befranst.
Die Farbe ist Rotbraun mit rußigem Anflug, die Maske schwarz. Die Ohren sind aufgerichtet, die Augen braun, die Vorderläufe stehen vollkommen senkrecht. Von einem Laien kann er mit dem Deutschen Schäferhund verwechselt werden, er ist aber etwas kleiner. Typisch für ihn ist der sehr raumgreifende Schritt und der flüssige Trab. Schulterhöhe um 62 cm; Gewicht 30 kg.

Seinen Namen bekam er von der Stadt Malines, die flämisch Mecheln heißt.
Dort wurde der kurzhaarige Schäferhund gezüchtet, und als man 1891 Ordnung in die belgischen Schäferhundrassen bringen wollte, wurde ihm die braunrote Farbe zugeschrieben, die um 1900 verbindlich wurde.
Als Arbeits- und Diensthunde übertrafen sie in der Leistung ihre langhaarigen Vettern. Selbst unter extremen Bedingungen wie im Belgischen Kongo – dort war der Malinois der Polizeihund – verrichteten sie ihren Wachdienst vorzüglich, ohne allzusehr unter der Hitze zu leiden.
Der Malinois ist heute der in Belgien am häufigsten vorkommende Schäferhund, auch bei uns hat er Freunde. Er ist kräftig und wetterfest, in seinen Arbeitsleistungen sehr vielseitig und durchaus eine Alternative zum Deutschen Schäferhund, wobei er energischer als dieser sein kann. Er braucht eine gute Erziehung, um seine mögliche Aggressivität unter Kontrolle zu halten. Er benötigt sehr viel Bewegung.

Tervueren

Er ist unter den belgischen Schäferhunden der engste Verwandte des Groenendael, sowohl im Aussehen wie im Wesen. Der einzige Unterschied ist die Farbe. Sie ist rotbraun mit rußigem Anflug oder Kohlestichelung *(= Charbonnage).* Kommt in einem Wurf ein schwarzer Welpe vor, so ist er ein Groenendael. Langhaarige Hunde, die grau sind, werden auf Ausstellungen getrennt von den Tervueren als *andersfarbige* gerichtet. Die schwarze Maske ist obligatorisch.
Das Haar ist am Kopf, im Gesicht und am vorderen Teil der Läufe kurz. An Vorderläufen werden Fahnen, an der Hinterhand Hosen getragen. An der Brust bilden die langen glatten Haare eine Mähne. Die Haare der Ohren rahmen den Kopf ein. Wie alle anderen der Rasse zieht ein Tervueren beim Laufen gerne Kreise.

Bis 1899 wurden die langhaarigen Belgier nicht nach Farben sortiert. Zuerst wurden die Schwarzen getrennt gerichtet. Ihren Namen haben die Hunde von dem Städtchen in der Nähe von Brüssel, aus dem Tom und Poes stammten, die beiden ersten mahagonifarbenen Schäferhunde, die ins Zuchtbuch eingetragen wurden.

Merkwürdigerweise machte der sehr ansehnliche Tervueren nicht die gleiche Karriere wie der Groenendael. Von Frankreich einmal abgesehen, dem ein eigener langhaariger Schäferhund fehlt. Nachdem es den altdeutschen langhaarigen Schäferhund nicht mehr gibt, könnte auch der Tervueren als optischer Gegensatz zum Deutschen Schäferhund mehr und mehr Anklang finden. Er ist besonders widerstandsfähig, weitgehend HD-frei und von hoher Intelligenz und Gelehrigkeit. Mit ihm kann man sportlich gut arbeiten, er ist wendig und schnell. Der Wach- und Schutztrieb ist ihm angeboren. Wie alle langhaarigen Hunde muß er regelmäßig gebürstet werden.

Yorkshire Terrier aus dem Zwinger von der Burgwiese

Die Schweizer Sennenhunde – Rassen mit Tradition

Ihre Vorfahren sind mit den Römern über die Alpen gekommen. Sie hielten sich in den Tälern und auf Almen, hüteten und trieben das Vieh, bewachten die Häuser und zogen oder trugen Lasten. Arbeitshunde, attraktiv mit weißer Blesse und rostroten Abzeichen, die dennoch über die Grenzen ihrer Heimat hinaus lange keine Verbreitung fanden. Außerdem standen sie im Schatten des Bernhardiners.

Die erste Rasse, um die sich engagierte Kynologen kümmerten, war der Appenzeller. 1895 forderte Max Siber die Schweizer Kynologische Gesellschaft auf, etwas für diesen Bauernhund zu tun, der *Appenzeller Triberli* oder *Entlebucherli* genannt wurde, je nachdem, wo er zu Hause war.

Doch die Hundefachkommissionen tagten viele Jahre, und es sah so aus, als würde dieser Hund verschwinden. Zitat aus dem Jahr 1901: »Es scheint leider nicht einmal der Mühe wert zu sein, sich der erstgenannten Rasse weiter zu widmen; die Appenzeller Sennen haben keinen Sinn für solche Bestrebungen.« Diese Sennen, so beschreibt es Richard Strebel, benutzten die Hunde für ihr Vieh, kastrierten die meisten, um sie dann, wenn sie richtig fett waren, zu essen und ihr Fett als Einreibemittel gegen Schwindsucht zu verwenden.

Es war Professor Albert Heim, der Zürcher Geologe, der diese Rassen rettete und auch den Großen Schweizer Sennenhund wiederentdeckte.

Der gefälligste und bernhardinerähnlichste Sennenhund, der Berner, hatte seine erste Ausstellung 1904 in Bern, seinen eigenen Club bekam er 1907.

Als 1908 auf einer Ausstellung in Langenthal Professor Heim die Berner richtete, führte ihm Franz Schertenleib, ein Fan der Berner, einen mächtigen, aber glatthaarigen Hund vor: »Bello vom Schloßgut.« Professor Heim schickte ihn wegen seiner Kurzhaarigkeit nicht weg, sondern erkannte die Möglichkeit einer neuen Rasse: »Dieser Hund gehört in eine andere Klasse. Er ist zu rassig und herrlich, um ihn unter den Bernern als ungehörig einfach wegzuschieben. Er ist ein Exemplar der fast ausgestorbenen Metzger- und Treiberhunde.« Und dann gab er ihm spontan den Namen *Großer Schweizer Sennenhund*. Die ersten Sennenhunde, ein Berner und ein Appenzeller, kamen zur gleichen Zeit durch die Vermittlung von Professor Heim nach Deutschland.

Berner Sennenhund

Ein imposanter, wunderschöner Hund mit massivem Gebäude auf kräftigen Läufen: Seine Erscheinung flößt Respekt und Bewunderung ein.

Der ausdrucksvolle Kopf hat einen flachen Scheitel und einen leichten Stirnabsatz, der Fang ist kräftig und trocken, die Lefzen sind wenig ausgebildet. Die Augen sind braun und feurig, der Gesichtsausdruck freundlich. Ohren hoch angesetzt, kurz und dreieckig, flach anliegend. Die Rute ist buschig und nicht geringelt. Die Behaarung ist weich, schlicht und lang und ein wenig gewellt, aber nicht gekraust. Die Farbe ist glänzend Schwarz mit leuchtend braunrotem Brand an den Backen, über den Augen (Vieräugel) und an allen Läufen. Weiße Blesse, Pfoten, Rutenspitze und Brust. Schulterhöhe 66 bis 68 cm: Gewicht bis 40 kg.

Als Viehtreiber und Milchkarrenzieher gab es ihn im Bergland (Dürrbach) südlich von Bern, und seine Leute nannten ihn *Dürrbächler*. Um 1900 wurde er als eine Art Nationalhund von den Städtern entdeckt und 1908 in Berner Sennenhund umgetauft.

Seitdem erfreut er sich steigender Beliebtheit, auf dem Lande als Hofwächter und in der Stadt als schützender Begleit- und Familienhund. Er ist sehr aufmerksam, meldet alles Verdächtige, ohne durch Bellen zu stören.

Er ist sehr kinderlieb und behütet sie sicher. Ein folgsamer, wenn auch nicht lammfrommer Hund, mit genügend Naturschärfe, ohne jedoch schnell zuzubeißen.

Dieser recht unkomplizierte Hund braucht Platz und täglich zwei Stunden Bewegung. Er kann im Freien leben, muß aber voll in die Familie integriert sein. Mit ihm läßt sich sportlich arbeiten. Sein Temperament ist gemäßigt. Das Fell braucht regelmäßige Pflege. Mittlere Lebenserwartung wie fast bei allen großen Hunderassen.

Großer Schweizer Sennenhund

Ein großer, starker, beweglicher Hund von schwarzer Grundfarbe mit leuchtend rostroten und weißen Abzeichen und kurzem Fell. Ein auffällig schöner Hund in seinem Ebenmaß und durch seine Farben.
Ein wuchtiger, nicht plumper Kopf, mit leicht ausgeprägtem Stop und mittellangem, kräftigem Fang. Erinnert an die Molosser, hat aber trockene Lefzen und keine Wamme. Die Augen sind mittelgroß, haselnuß- bis kastanienbraun, mit sehr wachem, klugem und treuem Blick. Die dreieckigen Ohren liegen in der Ruhe flach an und werden in der Erregung nach vorne gedreht. Die Brust ist tief und breit, die Läufe kräftig und gerade, die Rute ziemlich schwer. Das Stockhaar ist etwa 4 cm lang, die Farben klar. Schulterhöhe um 70 cm; Gewicht um 40 kg.

Seine Vorfahren waren sowohl römische Kampf- wie mittelalterliche Metzgerhunde. 1908 wurde er (siehe Seiten 190/222) in Langenthal wiederentdeckt und planmäßig gezüchtet.
Der Große Schweizer ist der fast klassische Wächter und Beschützer, von dem man sagt, daß er nie fest schläft. Beim leisesten fremden Geräusch ist er sofort hellwach. Dabei bleibt er ruhig, ist also kein großer Beller, greift aber, wenn nötig, konsequent an. Doch wirkt er durch sein Dasein bereits abschreckend, vor allem, wenn er Kinder oder Frauen verteidigt. Was er besonders gut tut. Er ist durch keine Drohung zu erschüttern.
Deshalb kann man ihn auch gut ausbilden, zumal er sich dem von ihm anerkannten Herrn bereitwillig unterordnet. Er ist der ruhigste und der seltenste der Sennenhunde. Für mich einer der schönsten Hunde überhaupt.
Kein Hund für die Stadt, kein Hund für dauernde Zwingerhaltung. Er hat große Haustreue, möchte aber bewegt werden und eine Aufgabe haben.

Appenzeller Sennenhund

Sehr lebhaft und außerordentlich ausdauernd ist dieser gedrungene, mittelgroße und kräftige Hund, der von Laien nicht auf Anhieb identifiziert wird.
Sein Oberkopf ist ziemlich flach, die Augen sind dunkel und etwas schief gegen die Nase gestellt: der Gesichtsausdruck freundlich bis lustig. Die Ohren hängen am Kopf, sind dreieckig; bei Aufmerksamkeit angehoben, lassen sie den ganzen Kopf auffällig dreieckig erscheinen.
Der Körper ist kräftig, gut bemuskelt, die Rute wird seitlich gerollt über der Kruppe getragen. Das eng anliegende Stockhaar ist dicht, glänzend schwarz mit leuchtend braunrotem Brand und weißen Abzeichen, mit Blesse und Vieräugel. Die ideale Schulterhöhe Rüde 55, Hündin 50 cm; Gewicht 22 bis 25 kg.

Der Treibhund der Schweizer Sennen, bis zur Jahrhundertwende mit dem Entlebucher gleichgesetzt. Das Hüten und Treiben von Vieh in den Bergen ist eine Rasseveranlagung.
Bei der Arbeit zeigt er große Selbständigkeit, ist äußerst freiheitsliebend, kann aber mit Konsequenz gut erzogen und ausgebildet werden. Mißtrauisch gegen Fremde, verbellt er diese so lange, bis ein Mitglied seiner Familie sie begrüßt.
Er ist nicht gerade leise und in seiner Jugend von überschäumendem Temperament, das im Alter ein wenig gedämpft wird.
Er braucht seine Streicheleinheiten und den engen Kontakt mit seiner Familie, wenn man ihn als Haus- und Familienhund hält. Allerdings ist er kein Stadt- und Wohnungshund. Ein Garten sollte schon sein und eine Aufgabe auch, da er immer etwas zu tun haben muß. Pflegeleicht, robust, mit geringer Krankheitsdisposition (Kniegelenkdysplasie) und relativ hoher Lebenserwartung.

Entlebucher Sennenhund

Der kleinste der Schweizer Sennenhunde wird von Kennern sofort erkannt, von Laien oft für einen Mischling gehalten. Er ist unter mittelgroß, sehr beweglich und flink und länger als hoch.
Flacher Scheitel, leichter Stop, kräftiger Fang, der von Stirn und Backen deutlich abgesetzt ist. Die hochangesetzten hängenden Ohren sind unten gerundet. Der Gesichtsausdruck aufgeweckt und freundlich.
Alles an ihm ist kräftig und stämmig, dennoch aber harmonisch, die Rute ein angeborener Stummelschwanz. Das Haar ist kurz, fest, hart und glänzend schwarz mit leuchtend braunrotem Brand und weißen Abzeichen wie bei den anderen Rassen. Die Schulterhöhe unter 50 cm; das Gewicht 25 bis 30 kg. Wird alt.

Die alte Hütehundrasse wurde nach dem Ersten Weltkrieg wiederentdeckt und gezüchtet. Als Arbeitshund liegen seine Fähigkeiten vor allem beim Hüten und Bewachen von Herde und Haus. Heute wird er gerne und problemlos in Stadtwohnungen als Familienhund gehalten.
Er ist sehr wachsam und meist nicht aggressiv. Verteidigt seinen Herrn und vor allem Kinder mit großem Mut und Intensität. Er ist temperamentvoll, ohne lästig zu werden, da er sofort merkt, was sein Herr von ihm möchte. Auf Angriffe von kleineren Hunden reagiert er dadurch, daß er sich abwendet. Er spielt sehr gerne, wird aber mit den Jahren gesetzter.
Sein Bellvolumen ist erträglich und kann gesteuert werden, wie er überhaupt leicht lernt. Das Liebenswerteste am Entlebucher ist sein Sich-ganz-auf-seinen-Menschen-einstellen-Können. Seelisch eher empfindsam, ist er körperlich sehr robust und kaum krankheitsanfällig. Sein Fell ist pflegeleicht, Bewegungsbedürfnis mittelgroß.

English Setter

Elegant in Erscheinung und Bewegung, klar in seinen Umrissen, ein sehr freundlicher und gutmütiger Hund mit ausgeprägtem Sinn für Wild.
Der Kopf ist lang, verhältnismäßig trocken und mit deutlichem Stop. Schädel von Behang zu Behang oval (viel Platz für das Gehirn), mit sichtbarem Hinterhauptbein. Behänge mittellang, flach anliegend, die Spitzen samtig, sonst mit Seidenhaar besetzt. Die Nasenlöcher sind weit. Die Rute ist mittellang, mit schöner Befederung, die in der Mitte am längsten ist.
Das Haarkleid ist vom Hinterkopf an über den ganzen Körper leicht gewellt und seidig, die Farben Schwarz, Zitrone oder Liver, immer mit Weiß oder Tricolour (Schwarz, Weiß und Tan). Größe 65 bis 68 cm; Gewicht 27 bis 30 kg.

Der Name Setter leitet sich von *setting* = finden und anzeigen des Wildes ab. Die drei Spezialistenrassen wurden 1805 in der »Cynographia Britannica« auf dem Titelbild zum ersten Mal bildlich vorgestellt.
Es sind Vollgebrauchshunde. Der English Setter ist in Schnelligkeit und Ausdauer dem Pointer gleichzusetzen. Nur sein Suchstil ist anders. Die Bewegungen sind katzenhaft und bei Wildwitterung berührt der Körper fast die Erde. Er steht in geduckter Körperhaltung vor, die Nase wird hoch in den Wind gereckt. Er ist ein Hund vor dem Schuß, mit seinen farbigen Fellflecken für die Jagd auf den weiten Feldern Englands gezüchtet.
Bietet man ihm Bewegung und nochmals Bewegung, ist er ein sehr freundlicher und anhänglicher Hund, mehr als die anderen Jagdhundrassen, die zu Haushunden wurden. Dennoch ist er kein sanfter Hund für weiche Menschen und schon gar kein Stadthund. Unbeschäftigt neigt er zum Streunen. Lebenserwartung 12 bis 15 Jahre.

Dalmatinern liegt das Laufen im Blut, auch wenn sie nur spazierengehen

Gordon Setter

Der kompakteste unter den englischen Vorstehhunden, der in seiner Eleganz und Vollbluterscheinung mit einem Jagdpferd verglichen werden kann. Er ist zum Galoppieren gebaut und muß körperlich völlig ausbalanciert sein.
Der Schädel ist breiter als der Fang, der verhältnismäßig lang ist. Klar sichtbarer Stop. Dunkelbraune, glänzende Augen von lebhaft-intelligentem Ausdruck. Die Rute ist ziemlich kurz, an der Wurzel dick, sich zur feinen Spitze verjüngend. Die Befederung verkürzt sich gleichmäßig zur Spitze hin. Das Haarkleid ist möglichst frei von Locken und Wellen, viel Haar am Bauch. Tiefes glänzendes Kohlschwarz mit Brand in sattem Kastanienrot, zwei klare Flecke über den Augen, weitere Farbverteilung genau vorgeschrieben. Schulterhöhe 66 cm; Gewicht 29 kg.

Dieser schottische Setter trägt den Namen seines ersten Züchters, des Herzogs von Gordon. Er soll seine Farben und den schwereren Körperbau der Einkreuzung von Bloodhounds verdanken, sehr wahrscheinlich auch seine besondere Spursicherheit.
Von diesem starken Hund fordert man die gut angelegte Quersuche, die Gangart ist der Galopp, die Suche allerdings nicht so weiträumig wie beim English Setter. Man sieht das Vorstehen lieber als das Vorliegen oder Vorsitzen, es soll aber sicher sein.
Dieser Hund wurde für den felsigen und unebenen Boden Schottlands gezüchtet. Er ist – von Veranlagung, Wesen und Gesundheit her unverständlich – der seltenste der Setter geblieben. Dabei kann man ihn noch besser als Familienhund halten als den so beliebten Irish Setter. Er ist ein guter Wächter, nicht ganz so temperamentvoll, liebenswürdig und von weniger elegischem Wesen. Zudem dürfte er der am wenigsten gegen Krankheiten anfällige, langlebigste Setter sein.

Irish Setter

Seine schlanke, rassig elegante Gestalt ist durch und durch muskulös, ein Marathonläufer in prächtigem Pelz. Sein Eindruck ist freundlich.
Der Kopf wie beim English Setter, die Behänge in schöner Falte dicht am Kopf herabhängend, in ihrem Oberteil lang und seidig befedert. Der Hals ist gut bemuskelt, leicht gebogen und ohne jegliche Tendenz zu einer Wamme.
Das Haar liegt dicht an und ist glatt, am Kopf, an der Vorderseite der Läufe und an den Behangspitzen kurz, sonst mittellang, und zeigt fransenartige Ränder an Bauch, Brust und Hals. Viel Haar zwischen den Zehen. Die Farbe: ein sattes Kastanienrot ohne jede Spur von Schwarz. Ein kleiner weißer Fleck an Brust, Zehen oder auf der Stirn darf sein. Schulterhöhe 54 bis 62 cm; Gewicht 18 bis 25 kg.

Die roten Iren sehen auf den ersten Blick nicht wie Gebrauchshunde aus, sondern wie Luxustiere, die man verwöhnen muß. Wegen ihrer Eleganz, aber auch durch ihre Ausdauer und jagdliche Vielseitigkeit haben sie sich am stärksten durchgesetzt und sind Setter Nummer eins geworden.
Ihre Gangart ist der Galopp, sie suchen quer mit großem Finderwillen, stehen sicher vor und folgen vorsichtig dem Federwild, wenn es zu laufen beginnt *(= nachziehen)*. Sie dürfen übrigens auch Vorliegen und Vorsitzen. Dieser wunderschöne Hund kann als Familienhund gehalten werden. Man muß sich aber klar darüber sein, daß er ausdauernd und wasserliebend ist und beides praktizieren will. Ein Setter mit zu wenig Bewegung kann recht eigenwillig werden. Ansonsten ist er sehr anhänglich, hat ein großes Kontaktbedürfnis und ein ebenso großes Temperament. Kein Hund für die Stadt, ein Hund für Radwanderer. Körperlich viel abgehärteter, als er aussieht. Kann bis 18 Jahre alt werden.

Schnauzer und Pinscher, vom Stall- zum Rassehund

Ihre Geschichte ist alt, es ist die Geschichte der Hunde mittlerer Größe, die von Bauern im süddeutschen Sprachraum gehalten wurden. Da sie arbeitende Hunde des arbeitenden Volkes waren, wurden sie kaum auf Bildern verewigt.

Genauer lernen wir die handfesten Burschen mit glattem oder rauhem Fell und kräftigen, schnell zupackenden Zähnen aus der Hundeliteratur des vorigen Jahrhunderts kennen. Sie werden beschrieben als die Begleiter der Fuhrleute und Stallknechte.

Als Rattenjäger in den Pferdeställen bezeichnete man sie als *Rattler.* Nach dem »Großen Wörterbuch der deutschen Sprache« leitet sich *Pinscher* von *Pinzgauer* ab, einem österreichischen Hundeschlag, den ich in der Literatur nicht gefunden habe.

Das Grimmsche Wörterbuch führt den Namen auf das französische *pincer* zurück, was *abkneifen, stutzen* bedeutet und wohl für kupierte Hunde verwendet worden wäre.

Hunde, die andere kneifen

Ich halte die kynologische Deutung für richtig: eine Verballhornung des englischen *to pinch* = kneifen, zupacken. Wenn die Hunde auch eine deutsche Rasse sind, so kam Hundewissen im vorigen Jahrhundert aus England. Und so viel anders als der glatthaarige Pinscher sieht und sah der Manchester Terrier nicht aus. Er war ein professioneller Rattenfänger, der öffentlich in der Arena Ratten tötete, und ein Kneifer dazu. Zumindest seine Miniaturausgabe, der Black and Tan Toy Terrier. Arme Leute in den Slums der Großstädte trugen sie in ihren Jackentaschen, als perfekten Schutz gegen fremde Hände, die sich darin verirrten und die dann gekniffen wurden. Auch diese Zwerge waren Mäuse- und Rattenkneifer.

In Deutschland gab es diese Wettkämpfe nicht. Hier waren die Pinscher in den Pferdeställen zu Hause. Als *Stallhunde* hatten sie die Aufgabe, Mäuse und Ratten kurzzuhalten, die den Hafer fraßen und verschmutzten. Nachts mußten Pferde und Fuhren bewacht werden. Pferdestehlen war einmal ein Beruf. Die Hunde, die das verhinderten, mußten mißtrauisch gegen Fremde sein und einen Sinn für das Eigentum ihres Herren haben.

Außerdem mußten sie Jagdleidenschaft besitzen, schnell zupacken können und sich mit Pferden vertragen. Damit sie die Pferde nicht scheu machten, durften sie nicht übermäßig bellen.

Die beste Beschreibung der Pinscher gibt uns Richard Strebel, er schildert ihren Aufstieg vom Stallhund zum Rassehund. Bei ihm lesen wir, daß die glatthaarigen lieber im warmen Stall lebten, die rauhhaarigen mit den Fuhren gingen, weil ihr wetterfestes Fell gestattete, daß sie die Wagen auch im Winter im Freien bewachten. Ihr harscher Bart schützte sie aber auch vor den Bissen der in die Enge getriebenen Ratten. Von diesem harschen Bart bekamen sie den Namen *Schnauzer,* der aber den Züchtern nicht gefiel, denn er wurde erst während des Ersten Weltkrieges offiziell, als aus dem struppigruppigen Gesellen, der manchmal eine richtige Mähne hatte, ein Hund von Adel mit gestrecktem Kopf und quadratischem Körper geworden war.

Die größte Rasse der Pinscher-Schnauzer-Familie wird von einem eigenen Club betreut. Ihre Geschichte gehört auch hierher. Das Rassebild des Dobermann habe ich auf Seite 161 beschrieben.

Ein Pinscher namens Dobermann

Friedrich Louis Dobermann war in Apolda zu Hause und äußerst vielseitig: Hilfssteuereintreiber, städtischer Abdecker, amtlicher Hundefänger und V-Mann der Polizei. Außerdem hatte er Hundeverstand. Mit den Hunden, die er einfing, und mit denen, die er auf dem Apoldaer Hundemarkt (ab 1863 jedes Jahr acht Tage nach Pfingsten) kaufte, züchtete er eine Rasse, die sich für den Personenschutz besonders eignete.

Vier Jahre nach seinem Tod schrieb die Zeitschrift »Unsere Hunde« 1898: »Ende der sechziger Jahre besaß der damalige Sandsteinbruch-Besitzer Dietsch von Apolda eine mohnblaue oder mausgraue Hündin, eine Art Pinscher, die der Besitzer von einem schwarzen Fleischerhund decken ließ. Dieser Rüde hatte rostbraune Abzeichen und entstammte einer Kreuzung von Schäfer- und Fleischerhund.

Die Nachzucht dieser beiden Tiere, die schon zur Zeit als Hofhunde gut zu verwenden waren, kreuzte dann in späteren Jahren der leider bereits verstorbene Abdeckerei-Besitzer Louis Dobermann mit deutschen Pinschern. Und daraus entstammte nun unser heutiger Dobermann-Hund, dem wir auch, da dieser Mann nachweisbar der erste Züchter war, diesen Namen belassen wollen.«

Andere Hundekenner waren nicht dieser Meinung und sagten, daß es den großen Thüringer Pinscher schon vor Dobermann gegeben habe.

Interessant waren die Entwicklungen der Pinscherrassen im ersten Viertel unseres Jahrhunderts. Die Dobermänner wurden zu Gazellen gezüchtet, bei den Zwergpinschern wurde nur die Winzigkeit des Körpers und der Kopf berücksichtigt, die Schnauzer wurden dagegen größer und gefälliger.

Geblieben ist der Charakter der Fuhrmannshunde: ausgeprägter Sinn für Besitz, selbständig und anhänglich und etwas schrullig im Alter.

Schnauzer *(Mittelschnauzer)*

Der Schnauzer ist rauhhaarig, mittelgroß, eher gedrungen als schlank und quadratisch gebaut. Die Mischung von schneidigem Temperament und bedächtiger Ruhe ist erkennbar. Der Kopf, langgestreckt und kräftig, soll zur drahtigen Wucht des Hundes passen, der Stop wird durch die Augenbrauen geprägt.
Die Ohren sind V-förmig mit Klappfalte oder aufrechte kleine Stehohren. Die Rute wird aufwärts getragen und wird bis auf drei Glieder kupiert.
Das Haarkleid ist rauh, hart und dicht, auf Unterwolle das nicht zu kurze Deckhaar. Typisch der harsche Bart und die buschigen Brauen.
Farbe: Reinschwarz und Pfeffersalz mit dunklerer Maske. Schulterhöhe 45 bis 50 cm; Gewicht 15 bis 18 kg.

Im offiziellen Kynologendeutsch wurden die rauhhaarigen Pinscher erst 1917 in Schnauzer umbenannt, obwohl der Name schon bei Jeremias Gotthelf 1842 und bei der 3. Internationalen Hundeausstellung 1879 auftaucht. Berühmte frühe Schnauzer mit »tadellos entwickelten Augenbrauen und Schnauzenbart« waren »Ullili« und »Pfefferle Pfeff«. Bereits damals legte man auf Pfeffersalz Wert, aber auch auf struppig-ruppiges Aussehen. Trimmen galt als unnütze Mode.
Heute trimmt man die Schnauzer alle drei bis vier Monate. Sonst ist die Pflege leicht, der Körper wird gebürstet, Bart und Augenbrauen gekämmt.
Ein Schnauzer ist spielfreudig bis ins hohe Alter (Lebenserwartung 14 Jahre). Er hat einen gutartigen Charakter, ist anhänglich und wachsam, ohne viel zu kläffen. Er ist kinderlieb, verschafft sich selbst Bewegung bei reichlichem Auslauf. Kann in der Stadt gehalten werden. Hat ausgeprägten Sinn für Besitz und Eigentum und einen eigenwilligen Kopf.

Riesenschnauzer

Der Riesenschnauzer ist die vergrößerte und verstärkte Ausgabe des Schnauzers, ein trutzig-wehrhafter Hund von Respekt einflößendem Aussehen.
Der typische Schnauzerkopf soll durch den Bart rechteckig wirken, das Scherengebiß ist äußerst kräftig und gut schließend; die Lefzen bei beiden Farbschlägen schwarz. Ohren und Rute wie beim Schnauzer beschrieben.
Die Pfoten sind kurz, rund und haben fest geschlossene, nach oben gewölbte Zehen (Katzenpfoten). Das Fell ist rauhhaarig, drahtig, hart und dicht. Die Farben Reinschwarz und Pfeffersalz, wobei Farbnuancen von dunklem Eisengrau bis Silbergrau zugelassen sind; erstrebt wird eine mittlere Tönung mit gleichmäßiger Pfefferung und grauer Unterwolle. Schulterhöhe 60 bis 70 cm; Gewicht um 40 kg.

Seine Heimat ist das bayerische Oberland, wo die großen Hunde schon seit Generationen gezüchtet wurden, bevor sie sich zum ersten Mal 1909 in München als *rußige Bärenschnauzer* präsentierten; gleich 30 Exemplare und alle schwarz.
Der Name Riesenschnauzer wurde dann später erfunden, die Rasse 1925 als Diensthund anerkannt. Die gewaltigen Hunde sind hart und ausgezeichnete Wächter. Ihr großer Lerneifer erleichtert Erziehung und Ausbildung, was nicht ganz unproblematisch ist, da die sich langsam entwickelnden Hunde sehr verspielt sind.
Man muß konsequent sein und freundlich. Härte ist beim Riesenschnauzer nur körperlich gemeint. Es ist klar, daß dieser große Hund kaum in ein Mietshaus gehört, obwohl er in der Wohnung gehalten werden kann. Besser ist ein Garten und ein Zwinger für zeitweiligen Aufenthalt. Viel Bewegung ist wichtig und Arbeit. Der Riesenschnauzer ist von Natur gesund und wird leicht zwölf Jahre alt.

Drei Podenco Ibicencos aus dem Zwinger Criador del Costa Blanca

Zwergschnauzer

Der Zwergschnauzer ist das verkleinerte Abbild des Schnauzers ohne die Mängel der Zwergenhaftigkeit. Er gehört zu den *proportionierten Zwergen.*
Die Einzelheiten des Standards wie Kopf, Gebiß, Ohren, Rute und Pfoten entsprechen denen der anderen Schnauzer, genauso wie das Haarkleid.
Die Farben sind Reinschwarz, Pfeffersalz, Schwarzsilber und Weiß. Für die Pfeffersalz-Farbe gilt als Zuchtziel eine mittlere Tönung mit gleichmäßig verteilter, gut pigmentierter Pfefferung und grauer Unterwolle. Für die schwarzsilberne Farbe schwarzes Deckhaar mit schwarzer Unterwolle mit weißen Abzeichen über den Augen, an der Kehle und anderen im Standard vorgeschriebenen Körperstellen. Widerristhöhe 30 bis 35 cm; Gewicht 8 kg. Lebenserwartung 15 Jahre.

Mit Gründung des Pinscher-Schnauzer-Clubs wurde der gegen 1890 gezüchtete Zwergschnauzer vom Affenpinscher getrennt. Der erste Clubvorsitzende Josef Berta schrieb dazu: »Jetzt erst war eine scharfe Differenzierung möglich. Was dem Zwergschnauzer eigentümlich war, kam beim Affenpinscher außer Betracht.«

So ist auch wesensmäßig der Zwergschnauzer eine Miniausgabe der beiden anderen Schläge: leicht erhöhtes Temperament, die gleiche Unerschrokkenheit, ausgezeichnete Wachsamkeit, die sich aber durch Gebell kundtut. Seine Intelligenz erkennt menschliche Schwächen: Zwergschnauzer können die Herrschaft über eine Person oder eine Familie ausüben. Das muß allerdings nicht sein, denn seine allgemeine Lernbereitschaft ist groß. Hat selbst in der kleinsten Wohnung Platz, kann überall gehalten und in einer Tasche mitgenommen werden. Ist wetterfest, wird alt, kann allerdings im jugendlichen Alter von einer Hüftgelenkveränderung befallen werden (keine HD).

Affenpinscher

Der kleine, rauhhaarige, gedrungene Hund hat seinen Namen von dem affenartigen Gesichtsausdruck. Der Kopf ist eher kugelig als gestreckt, hochgewölbt mit ausgeprägter Stirn. Der Fang ist kurz, aber nicht wie beim Brüsseler Griffon (Seite 185) nach oben gebogen. Er ist ein Vorbeißer. Ohren wie beim Schnauzer. Die runden, dunklen, nicht glotzenden Augen werden von einem harschen Haarkranz umrahmt. Die auf drei Glieder kupierte Rute am Ende des leicht abfallenden Rückens wird nach oben getragen.
Das Körperhaar ist hart und dicht, besonders am Kopf mit buschigen, stacheligen Brauen, dem Augenkranz, einem stattlichen Bart und Backenbehaarung. Farbe Reinschwarz, Schulterhöhe 25 bis 30 cm; Gewicht 4 kg.

»Ihn macht seine Häßlichkeit schön, deshalb wird er von Liebhabern eifrig gesucht und hochgeachtet«, schreibt Tiervater Brehm im Jahre 1890.
Er betont aber ausdrücklich, daß er mit Häßlichkeit nur die des Leibes meine, »denn geistig betrachtet muß der Hund als einer der besten angesehen werden«. Etwa seit 1870 hatte der Affenpinscher als Schoßhund den Spitz verdrängt und war wegen seiner Munterkeit sehr beliebt.
Die im Standard genannte »aufbrausende Leidenschaft« wird von Schneider-Leyer nicht so wohlwollend als »Gift und Galle« bezeichnet.
Das Äffchen ist ein unerschrockener Hund, ein guter, wenn auch viel bellender Wächter, der Herr und Haus wütend gegen Fremde verteidigt. Er stellt geringe Anforderungen an Futter, Bewegung und Platz, paßt in die kleinste Wohnung und ist nie langweilig. Deshalb ein guter Hund für Alleinstehende. Seine Zuneigung und Anhänglichkeit ist rührend. Er kann leicht 15 Jahre alt werden.

Pinscher *(Deutscher Pinscher)*

Seine Umrißlinie ist schnittig und fließend, die ganze Figur voll Ebenmaß, hat den quadratischen Bau des Schnauzers, wirkt aber durch das glatte Kurzhaar leichter und eleganter und kann von einem Laien mit dem Dobermann verwechselt werden. Der Kopf ist langgestreckt und kräftig, der Fang keilförmig. Die Ohren und Rute wie beim Schnauzer. Der Hals ist trocken und edel geschwungen.
Die Gesamtlänge des Rumpfes entspricht der Widerristhöhe. Das Haarkleid ist kurz, dicht, glatt anliegend und glänzend. Entweder einfarbig braun in verschiedenen Tönen bis Hirschrot oder zweifarbig schwarz mit roten, beziehungsweise braunen Abzeichen. Dieser *Brand* soll möglichst dunkel, satt und scharf abgegrenzt sein. Schulterhöhe 43 bis 48 cm; Gewicht 12 bis 16 kg.

Der »glatte Pinscher« wird 1836 in Reichenbachs »Der Hund in seinen Haupt- und Nebenracen« als aus England kommend und die Stelle der Möpse eingenommen habend erwähnt.
Insgesamt aber war die Bezeichnung *Pinscher* ungenau, man warf große, kleine, glatt- und rauhhaarige in einen Topf und den Black and Tan Terrier dazu. Obwohl dieser Hund angenehm im Haus und als Begleiter ist und gerade in der Größe der heutigen Zeit entgegenkommt, blieb er gegenüber dem Dobermann und den Schnauzern stark im Hintertreffen. Er ist selten geblieben.
Er hat ein schneidiges Temperament, ohne zu scharf zu sein. Seine natürliche Gutartigkeit ist mit großer Spiellust gepaart. Er ist wachsam, aber kläfft nicht zuviel.
Seine große Anhänglichkeit macht ihn liebenswert. Er ist pflegeleicht und dadurch auch in der Wohnung gut zu halten. Er lernt schnell, ist nicht zu groß und widerstandsfähig gegen Krankheiten. Er wird 14 Jahre alt. Ein Geheimtip für Großstädter.

Zwergpinscher *(Rehpinscher)*

Der Zwergpinscher ist das verkleinerte Abbild des Pinschers ohne die Mängel zwergenhafter Erscheinung. Er gehört zu den *proportionierten Zwergen.*
Die Einzelheiten des Standards wie Kopf, Fang, Ohren, Rute, Hals, Rumpf, Haarkleid und Farben entsprechen denen des Pinschers. Zu den Farben kann ich hinzufügen, daß die Abzeichen sich wie folgt verteilen: über den Augen, an der Kehle, an der Brust zwei voneinander abgegrenzte Dreiecke, am Mittelfuß der Vorderhand, an den Pfoten, an der Innenseite der Hinterhand und am After.
Als Fehler im Aussehen gelten ein schwerer runder Oberkopf, ein Spatzengesicht mit Apfelkopf, Stirnfalten, dünnes Haar, Farbstichelungen, Aalstrich oder dunkler Sattel. Widerristhöhe 25 bis 30 cm; Gewicht 3 bis 4 kg.

Unser historischer Gewährsmann Strebel war kein Freund dieser Rasse: »... frieren den ganzen Tag und ziehen die Hinterhand ein.« Es gab die *Rehpinscher,* wie sie damals genannt wurden, zahlreich. Ins erste Zuchtbuch 1895 wurden bereits 83 Hunde in vielen Farben eingetragen.
Schwierigkeiten mit dieser Rasse gab es nur dann, wenn man sie zu klein züchtete. Tiere mit Bleistiftbeinen und 20 cm Schulterhöhe waren keine Pinscher mehr.
Der richtige Zwergpinscher ist nämlich so temperamentvoll wie sein größerer Vetter, hat die gleiche Spielfreude und Wachsamkeit, wenn auch etwas geräuschvoller.
Seine Anhänglichkeit ist so sprichwörtlich wie seine Robustheit. Er kann 15 Jahre alt werden. Pflegeleicht mit allen Vorzügen des Kleinhundes.
Nur achten Sie bei einem Kauf darauf, daß er nicht zu klein ist. Die Nippesfigürchen von Hunden stammen oft aus wilden Zuchten, da sie nicht dem Standard (ab 25 cm aufwärts) entsprechen.

Spaniels zu Lande, im Wasser und auf dem Feld

Der Jagdspaniel-Club, der hierzulande die Spanielrassen Englischer Cocker, Amerikanischer Cocker, Clumber Spaniel, English Springer, Field Spaniel, Irish Water und American Water Spaniel, den Russischen Spaniel, den Sussex und den Welsh Springer Spaniel betreut, nennt den Spaniel »einen Hund mit dem Auge, das nie lügt«.
Abgesehen davon, daß man mit einem Spaniel große Spaziergänge machen kann, daß er ein liebenswerter Hausgenosse ist, kann man ihn jagdlich verwenden oder Anlagen-, Gebrauchs- und Schweißprüfungen absolvieren.
Wer einen Hund einer bestimmten Farbe möchte, hier ist die Auswahl groß. Rot oder Golden, Schwarz, Schwarz-Weiß oder Blauschimmel, dreifarbig, Orangenschimmel, Rot-Weiß oder Schwarz mit Loh, Braun-Weiß oder Braun – das alles sind Spanielfarben. Man findet sie bei dem in vielen Farbschlägen gezüchteten, bei uns besonders beliebten englischen Cocker Spaniel oder bei den immer häufiger werdenden Amerikanischen Cocker. Er ist stärker behaart, etwas kleiner als seine englischen Vettern, hat einen runderen Schädel mit deutlicherem Stop und erinnert an die Cavalier King Charles. Das schönste Braun, mit einer purpurähnlichen Tönung, das man als Flohbraun bezeichnen könnte, hat übrigens der Irish Water Spaniel, für mich der lustigste und erstaunlichste Vertreter dieser Rassengruppe. Ihn stelle ich genau vor. Der Amerikanische Wasser-Spaniel ist etwas kleiner, auch braungelockt, doch ihm fehlt der Lockenkopf, er hat mehr eine »Denkerstirn«. Er wird nach seinem ersten Züchter auch *Boykin Spaniel* genannt. Rot-weiß ist der temperamentvolle Welsh Springer Spaniel, braun-weiß der English Springer, reinweiß mit zitronengelben Abzeichen der Clumber, lebergoldfarben der Sussex Spaniel, beide die massigen, wuchtigen Typen, die ruhigen und eher bedächtigen.
Der Russische Spaniel, eine Nachkriegszucht aus verschiedenen Spanielrassen, ist relativ kurzhalsig, hat eine Schulterhöhe von 36 bis 45 cm und ist auch in den östlichen Ländern relativ wenig bekannt. Ich fand ihn in keinem Nachschlagewerk.

Spaniel – was heißt das?

Über den Namen dieser alten Vogelhunde, die früher bei der Beizjagd zusammen mit Falk und Habicht arbeiteten, gibt es verschiedene Ansichten. Der Name sei eine Herkunftsbezeichnung = *spanischer* Hund, und die früher in Spanien wohnenden Kelten hätten ihn mitgebracht. *Span* sei ein karthagisches Wort für Wildkaninchen. *Espana* heiße auf irisch und baskisch Grenzhecke, davon abgeleitet aufstöbern. Niemand weiß, was stimmt, man weiß nur, daß diese Hunde eine lange Geschichte haben.
Einfacher ist das Wort Cocker abzuleiten. Schnepfe, Birk- und Haselhuhn heißen auf englisch *woodcock, moorcock* und *heathcock.*
In seiner heutigen Form ist der Cocker seit 1893 bekannt, seit damals wird er vom Kennel Club mit gesondertem Standard als eigene Rasse geführt. Vorher teilte man die Hunde in Land-, Feld- und Wasser-Spaniel ein, wobei die Clumber, Sussex, Welsh und English Springer Landspaniels waren.
Der Field Spaniel hatte besondere jagdliche Aufgaben: Er sollte leichter als die Springer im dichtesten Buschwerk stöbern und weniger lebhaft als der Cocker sein.
Der Clumber, der seine Schwere von den französischen Niederlaufhunden hat und dem man sogar Bernhardinerblut nachsagt, war ein gutes Jahrhundert ausschließlich Hund des hohen Adels. Sein Typus ist so geschlossen, daß er kaum zu den anderen Spaniels zu gehören scheint.
Der Sussex erscheint wie ein Mittelhund zwischen Clumber und Cocker. Er stammt aus der gleichnamigen Grafschaft, die schon um 1800 für große, kräftige Spaniels bekannt war. Er ist recht selten. Dazu möchte ich Aga Gräfin vom Hagen zitieren, die 1935 schrieb: »Viele Sussex Spaniel büßen an Schönheit der Farbe ein, wenn sie ihre Heimat gegen nördlichere Provinzen vertauschen, als stünde die goldige Tönung des Sussex in Beziehung zu der roten Erde von Südengland, dessen Rinder und Pferde das gleiche leuchtende Rot aufweisen.«
Am beliebtesten, sozusagen zum Prototyp des Spaniels, ist der Cocker geworden, ein wundervoll gebauter Hund normaler Proportion, nicht zu groß, klug, lebhaft, anhänglich. Kein Wunder, daß nicht nur die Jäger ihn nutzten, sondern daß sich die Damen mit ihm schmückten. Sein Siegeszug als Familien- und Haushund begann in den zwanziger Jahren und ist bis heute nicht unterbrochen worden.
Er ist ein schöner Hund, der vor allem durch sein Fell, seine *Jacke,* bestricht. Das Haar soll mittellang, anliegend und seidig glänzend sein, nie wellig und schon gar nicht lockig. Schneiden und scheren sind verboten, man darf nur bürsten und zupfen, am besten mit zwei Gummifingerlingen. Die einzige Schere, die verwendet werden darf, ist die Effilierschere, mit der man allerdings erst arbeiten sollte, wenn es ein Fachmann einem gezeigt hat.
Ich möchte Barbara Noack zitieren: »Sie können blendend schöne, ätherische Höchstaristokratie sein – dargestellt von kleinen, ausgekochten Schmierenschauspielern.«

Cocker Spaniel

Der Cocker Spaniel macht den Eindruck eines emsigen und kräftigen Jagdhundes. Sein Körper ist ausgewogen und kompakt; er sollte die gleichen Maße vom Widerrist zum Boden wie vom Widerrist zum Rutenansatz haben. Der Schädel ist gut entwickelt, klar gemeißelt, weder zu fein noch zu grob. Der amerikanische Typ unterscheidet sich durch eine runde Schädelform und ausgeprägte Augenbrauen; außerdem ist er etwas kleiner und hat ein üppigeres Haarkleid. Das des englischen ist anliegend und seidig, nicht wellig, die Befederung nicht zu reichlich. Farbe: einfarbig Schwarz oder Rot; Schwarz mit roten Abzeichen oder Schwarzweiß, Orangeweiß, Schwarzweiß mit Loh sowie Orange-, Braun- oder Blauschimmel. Schulterhöhe 39 bis 41 cm; Gewicht 12,5 bis 14,5 kg.

Ursprünglich für die Feder- und Niederwildjagd in England gezüchtet, ist der Cocker Spaniel englischer Zuchtrichtung der heute in Europa verbreitetste Spanieltyp.

Bei den Jägern findet er wieder mehr Interesse, vor allem aber ist er ein attraktiver und beliebter Haus- und Familienhund geworden.

Vorweg muß ich auf zwei wichtige Punkte der richtigen Spanielhaltung aufmerksam machen: 1. Ein Cocker Spaniel braucht sehr viel Bewegung. 2. Seine erstaunliche Freßsucht erfordert Konsequenz und Zurückhaltung in der Fütterung. Er streunt gerne.

Er ist anhänglich, zärtlich und sensibel als Familienhund. Als Jagdhund eifrig, unermüdlich und unempfindlich gegen Wetter und Gelände. Er ist leicht erziehbar und führig. Kein übermäßiger Wächter und Beller. Es gibt allerdings Neurotiker unter ihnen, deshalb keinen »wild« vermehrten Cocker kaufen. Sorgfältige Pflege ist wichtig (Ohrenzwang). Cocker können bis zu 16 Jahre alt werden.

Clumber Spaniel

Massiv gebaut, bietet er das Bild eines schweren, wuchtigen, aber lebhaften Hundes mit nachdenklichem Gesichtsausdruck. Er ist der ruhigste Spaniel.

Der Kopf ist groß, quadratisch und massig, der Schädel breit mit betontem Hinterhauptbein, tiefem Stop und schweren Augenbrauen. Die Augen haben die Farbe von dunklem Bernstein. Der große Behang ist weinblattförmig und gut bedeckt mit glattem Haar, dessen Federn nicht über das Ohr reichen sollen.

Die Läufe sind kurz, gerade und stark, die Pfoten groß und rund. Das Haarkleid ist reichlich, dicht, seidig und glatt. Einfarbig weiß mit zitronengelben Abzeichen, wobei weißer Körper mit gesprenkeltem Fang und geringfügigen Abzeichen am Kopf bevorzugt wird. Schulterhöhe etwa 42 bis 45 cm; Gewicht 25 bis 32 kg.

Dieser Hund mit dem – für Laienaugen – Bernhardinerlook ist der längste, niedrigste und schwerste aller Spaniels. Seinen Namen bekam er von Schloß Clumber in Nottinghamshire, einem Besitz des Herzogs von Newcastle. Vielleicht stammt er aus Frankreich. Das erste Mal in Birmingham auf der Ausstellung von 1859 gezeigt.

Der Clumber, immer selten geblieben, ist ein langsam und stumm jagender Hund mit einer vorzüglichen Nase. Seine unerschütterliche Ruhe gestattet es, ihn auch in sehr wildreichen Gebieten auf einer Spur einzusetzen.

Dieses angenehme und dazu noch gutartige Wesen macht den Clumber auch zu einem wohlerzogenen Familienhund, mit dem man auf langen Spaziergängen bestimmt mit Menschen ins Gespräch kommt. Thema: »Was ist das für ein Hund?« Die Spaziergänge werden ausgedehnt sein und gemächlich, ein Clumber zieht selten an der Leine. Fellpflege wie bei den anderen Spaniels. Kaum Krankheitsdisposition, Lebenserwartung um zwölf Jahre.

English Springer Spaniel

Er steht auf hohen Läufen und ist ein rassiger Hund, symmetrisch, gut aufgerichtet und lebhaft. Typisch der Paßgang bei langsamer Bewegung, der in einen raumgreifenden Trab übergeht, bei dem die Vorderläufe frei aus der Schulter vorwärts geworfen werden. Seine Erscheinung ist sportlicher und urwüchsiger als die des eleganten Cocker.

Der Schädel ist mäßig gerundet, der Behang liegt geschlossen an und ist nicht zu lang. Das Haarkleid ist schlicht, dicht und wetterbeständig, nicht grob und darf an Brust und Brustkorb mittellang sein. Meist sieht man ihn weiß-braun oder weiß-schwarz, oder jede dieser Farben mit Loh-Abzeichen. Die Schulterhöhe liegt bei 50 cm, geringe Abweichung wird toleriert; Gewicht etwa 22,5 kg.

Einer der ältesten aller Stöberhunde und gewiß der älteste Spaniel, von dem alle (außer dem Clumber) abstammen. Seinen Namen bekam er von seiner Art zu jagen: Beim Einholen der Beute stößt er im Sprung hervor.

In erster Linie ist er Jagdhund, der vielseitig, eifrig und leistungsfähig ist. Gelobt wird seine Nachsuche, seine Schnelligkeit und seine Apportierkunst. Von deutschen Jägern bemängelt: die fehlende und für einen Stöberhund wesentliche Anlage zum Spurlaut.

Als Familienhund hat der Springer dem Cocker ähnliche Eigenschaften, er ist allerdings etwas ruhiger und neigt, da nie massengezüchtet, nicht zu Neurosen. Der leistungsfähige Körper dieses Hundes muß gefordert werden, das bedeutet viele Spaziergänge oder Ausflüge mit dem Fahrrad. Tägliche Pflege mit Auskämmen der toten Haare und schneiden der Haarbüschel zwischen den Zehen ist wichtig. Krankheitsanfälligkeit gering. Lebenserwartung 14 Jahre.

Irish Water Spaniel

Er wirkt wie eine Kreuzung zwischen Pudel und Irish Setter, ein eigentümlich kräftiger Hund, unverkennbar, wenn man ihn einmal hat gehen sehen: ein Gangwerk wie auf heißen Kohlen. Weiter typisch der lange, trockene Kopf mit betontem Hinterhauptbein und dem glatt behaarten Gesicht, das aus einer langlockigen Frisur schaut, die in eine Spitze zwischen den Augen ausläuft.

Genauso typisch und einmalig ist die Rute. Dick im Ansatz, sich zu dünner Spitze verjüngend, etwa 10 cm lang mit dichten Locken besetzt, dann abrupt unbehaart oder wie geschoren. Die Locken des Fells sind dicht, eng anliegend und gekräuselt. Sie reichen bis zu den Pfoten und haben eine natürliche Fettigkeit. Ungewöhnlich auch die satte Leberfarbe. Schulterhöhe bis 58 cm; Gewicht bis 30 kg.

Dieser erstaunliche Hund von großer Wasserfreude und Jagdleidenschaft war um 1860 auf einmal da.

Die Züchtung des Iren Mc Carthy entspricht seiner irischen Heimat: Sie ist geistreich, phantasievoll, zäh und fröhlich. Man nennt den Irischen Wasser-Spaniel auch den Clown unter den Spaniels.

Ein hervorragender Wasservogeljäger, dem kein Wasser zu reißend oder zu kalt ist, für Sportzwecke unbezahlbar, und doch auf dem Kontinent fast unbekannt. Das ist schade, denn dieser attraktive, widerstandsfähige Hund ist »im Hause ein Kind unter Kindern und immer ein Gentleman«, wie der englische Kynologe Herbert Compton schreibt. Andere Fachleute halten ihn für die vielleicht intelligenteste Hunderasse. Möglicherweise ist das schwierig zu pflegende Fell der Grund, warum er so wenig gehalten wird. Vom Wesen her könnte dieser muntere, folgsame Hund ein Geheimtip für Leute mit Hundeverstand und Sinn für Ausgefallenes sein. Lebenserwartung 14 Jahre.

Christa Nieta von Brabantstadt ist ein Nederlandse Herdershond (rauhhaariger Schäferhund)

Wenn der Spitz bellt auf dem Mist

... der Hof in guter Obhut ist. Das wußte man seit langen Zeiten, und so hieß der Spitz im Mittelhochdeutschen *Mistbella.* Durch viele Jahrhunderte war er der ideale Wachhund.

Er meldete jeden Fremden mit durchdringendem Gebell, und das Heim, das er zu schützen hatte, galt ihm fast mehr als sein Herr. Es war ihm gleich, ob dieses Heim ein Bauernhof oder ein Stadthaus war, ein Lastkahn, der auf dem Rhein oder der Oder schwamm, ob es als Fuhrwerk über die pommerschen Straßen rollte oder als Kutsche durch Oberfranken: Er bewachte die Kartoffeln genauso eifrig wie das Gepäck der Thurn- und Taxischen Postkutschen. Auf ihn war Verlaß.

So erkoren sich ihn die holländischen *Patrioten* als lebendiges Parteiabzeichen, als sie sich ab 1780 gegen die glücklose Politik des Erbstatthalters Wilhelm V. von Oranien auflehnten. Der Wolfsspitz wurde auf Medaillen geprägt, *in natura* an der Leine geführt, und da sich die Revolutionäre *Keezen* nannten (drei Anführer hießen mit Vornamen Cornelis = Kees), wurde der Name auf den Spitz übertragen. Seit damals heißt er in Holland *Keeshond.* In England wird er (1802) *Pomeranian* oder *Wolf-dog* genannt, wobei der weiße Großspitz Favorit der High-Society war. Gainsborough hat ihn porträtiert, in Vero Shaws »Book of the Dog« ist er zweimal abgebildet. Einmal auf einem Seidenkissen thronend, das andere Mal ein etwas abgerissenes Fuhrwerk bewachend, während im Hintergrund ein zweiter Pomeranian auf der Kruppe eines gesattelten Pferdes sitzt.

Der pommersche Ursprung wird allerdings bezweifelt. Richtig ist, daß der weiße Spitz in Pommern konzentriert gezüchtet wurde, so wie in den 30er Jahren der schwarze Zwergspitz in Mannheim (Mannheimer Spitz). Die sogenannten *Weinbergspitze,* schwarze Großspitze, wurden von schwäbischen Winzern zum Bewachen der Trauben gehalten, wobei die Hunde menschliche Diebe, Füchse und Vögel verjagten. Der graue Wolfsspitz war bei den Bauern am Niederrhein und in Westfalen zu Hause und auf den Schleppkähnen, auf denen man sie noch trifft.

Heute werden die Spitze in fünf Größen gezüchtet: der Wolfsspitz, der Großspitz, der Mittelspitz, der Kleinspitz und der Zwergspitz.

Obwohl sie seit Ende der 70er Jahre wieder häufiger werden, sind sie gottlob keine Modehunde.

Großspitz/Mittelspitz

Die Rassekennzeichen gelten für alle fünf Spitzvarietäten, deshalb bitte alle drei Beschreibungen lesen, da sie sich ergänzen. Ein Spitz besticht durch sein schönes Haarkleid, das durch reichliche Unterwolle absteht. Um den Hals legt sich ein starker, mähnenartiger Kragen. Der fuchsähnliche Kopf mit den flinken, klugen Augen, die spitzen, kleinen, engstehenden Ohren und die kühn über den Rücken gebogene, buschig behaarte Rute verleihen allen Spitzen die ihnen eigene, charakteristische Keckheit, die immer mit Mißtrauen gepaart ist.

Großspitze können schwarz, weiß und braun sein; Mittelspitze schwarz, weiß, braun, orange und graugewolkt (wolfsfarben). Weiße Spitze müssen reinweiß sein. Großspitz: 40 bis 50 cm; Gewicht 25 kg; Mittelspitz 32 cm (ideal); 6 bis 7 kg.

Wer einen unbestechlichen Wachhund möchte, der nicht gleich jedem Fremden an die Hose oder gar Kehle geht, ist mit einem Spitz bestens bedient. Und zwar je einsamer das Haus, um so größer sollte der Spitz sein. Er bewacht den Zaun, das Grundstück, die Haustür genauso wie das abgestellte Fahrrad, das Auto oder die Einkaufstasche. Er identifiziert sich mit dem Eigentum des Herrn. Er meldet (wie lange, laut oder kurz er das macht, ist Erziehungssache). Nur im Notfall benutzt er auch die Zähne, sonst prescht er bellend vor, weicht zurück und greift von der Flanke wieder an: Von einem Spitz Bewachtes wird von Einbrechern und sonstigen Dieben meist gemieden.

Jeder Spitz ist sehr stark auf seine Menschen und deren Heim bezogen: Er ist treu in des Wortes wahrer Bedeutung.

Insgesamt ist diese Rasse sehr ursprünglich geblieben, sie ist kaum gegen Krankheiten aller Art anfällig. Darüber hinaus sind Spitze die wohl langlebigsten Hunde.

Kleinspitz/Zwergspitz

Das Eigentümliche des Spitzhaares besteht darin, daß es vor allem am Hals und an den Schultern ringsum gerade und locker vom Körper absteht, ohne gewellt, gekräuselt oder zottig zu erscheinen. Auch auf dem Rücken scheitelt sich das Haar nicht, sondern breitet sich locker anliegend nach allen Seiten aus. Die größte Länge erreicht das Haar unter dem Hals und an der Rute.
Die Nasenfarbe ist Reinschwarz und nur bei braunen Spitzen Dunkelbraun, die Lefzen und Augenränder bei weißen Hunden schwarz, bei braunen Tieren braun. Kleinspitz: Schwarz, Weiß, Braun, Orange, Graugewolkt. Zwergspitz: gleiche Farben, aber auch Blau, Creme, Biberfarben und weißgrundige Schecken. Kleinspitz 23 bis 28 cm; Gewicht 4 bis 5 kg; Zwerg: bis 22 cm; 2 bis 3 kg.

Sie sind ideal für die kleine bis kleinste Wohnung. Bewegung kann man ihnen verschaffen, indem man viel mit ihnen spielt, dann sind größere Spaziergänge nicht mehr so wichtig. Auch die Kleinen haben alle positiven Charaktereigenschaften der Spitze. Wie gesagt ist viel oder wenig Bellen eine Erziehungsfrage. Das pausenlose Kläffen eher eine Verhaltensstörung als eine Rasseeigenschaft. So ist der andauernd bellende Spitz ein über Jahrhunderte mitgeschlepptes Vorurteil.
Die helle Stimme der Kleinen kann im Leben alleinstehender schwerhöriger Menschen eine sinnvoll eingesetzte Hilfe sein, auf Telefon oder Türklingel aufmerksam gemacht zu werden. Wirklich schön wird ein Spitzfell erst im 2. Lebensjahr. Dann muß man es täglich bürsten, und zwar mit Naturborsten. Immer von hinten nach vorne, das verbessert das Stehvermögen der Haare. Die genaue Pflegetechnik muß man jedoch lernen. Anleitungen im ausgezeicheten Buch »Der Spitz« von Eÿke Schmidt-Rhode.

Wolfsspitz

Der größte und wohl ursprünglichste der Spitze ist immer grau. Sein Körper ist kräftig, der Rücken so kurz wie möglich und völlig gerade, aber vorne höher als hinten. Die Brust ist tief. Die Läufe mittellang, im Verhältnis zum Rumpf stämmig und völlig gerade, die hinteren in den Sprunggelenken wenig gebogen.
Die mittellange Rute ist gleich an der Wurzel aufwärts und nach vorne gebogen, dann seitlich nach rechts oder links gerichtet und kreisförmig gerollt, fest auf dem Rücken aufliegend oder auf ihm gerollt.
Die Farbe ist Wolfsgrau oder Graugewolkt: ein Silbergrau mit schwärzlichem Anflug der einzelnen Haarspitzen. An Schnauze, Augenumgebung, Läufen, Bauch und Rute heller. Widerristhöhe 55 cm; Gewicht 25 bis 28 kg.

Der Wolfsspitz ist weitgehend von allen Degenerationserscheinungen und den damit verbundenen Krankheiten verschont geblieben. Er ist ein sehr widerstandsfähiger Hund.
In Zusammenarbeit mit den Jagdverbänden wird er als nichtwildernde Hunderasse als Wächter des Hauses in wildreichen Gegenden empfohlen. Dieses Nichtwildern ist ihm angezüchtet. Sein kurzer Rücken und die fest auf diesem Rücken liegende Rute hindern ihn daran, zu hetzen. Außerdem hat er eine in seiner Natur liegende Haustreue. Er muß allerdings ein absolut reinblütiger Spitz sein.
Da er genügend Größe hat, kann er sportlich verwendet und zum Schutzhund ausgebildet werden. Es gibt Wolfsspitze, die alle drei Schutzhundprüfungen haben.
Zusammenfassung: Große Spitze als zuverlässige Wächter und Begleithunde. Kleine Spitze als Stadthunde. Zwerge als Schoßhunde. Sie brauchen die meiste Pflege, sind nicht so widerstandsfähig, aber am anhänglichsten.

Tibetische Hunde – ein Hauch von Geheimnis

Tibet, das geheimnisvolle Land, die Heimat der letzten archaischen Hochkultur, die von den Chinesen nach 1950 zerstört wurde. In den steinigen Hochtälern, auf den endlosen Hügelsteppen, auf den Bergkämmen, die dem Himmel nahe sind, herrschen extreme Temperaturen. Eisige lange Winter und kurze heiße Sommer.

Die Hunderassen, die hier entstanden sind, gehören zu den ältesten der Welt. Man kann sogar spekulieren, ob nicht Tibet die Wiege der Haushunde-Rassenzucht war.

Die tibetischen Hunde wurden zunächst einmal von ihrer Umwelt geprägt. Sie sind robust und widerstandsfähig, alle schwachen Tiere mußten zwangsläufig sterben. Sie haben ein dichtes, doppelschichtiges Fell, das sowohl die strenge Kälte wie die sengenden Strahlen der Sonne abwehrt. Das schwere Oberhaar unterliegt übrigens nicht dem jahreszeitlichen Wechsel. Man muß darauf achten, daß man nicht zuviel bürstet und kämmt, da sonst das Oberhaar bricht und die Unterwolle ausgeht. Gebadet wird zwei- bis viermal im Jahr, mit einem rückfettenden Shampoo, und das Haar in noch feuchtem Zustand durchgekämmt. Was ich beim Tibet-Terrier schreibe, gilt nur für Hunde, die viel auf Ausstellungen gehen. Man darf bei den tibetischen Rassen nicht vergessen, daß sie erst seit kurzem westliche Zivilisationshunde geworden sind. Das ist unter anderem der Reiz, einen solchen Hund zu halten. Man stelle sich vor, daß seine Vorfahren hunderte, vielleicht sogar ein-, zweitausend Jahre in Klöstern lebten, planmäßig gezüchtet wurden, Wesen einer uralten, geheimnisvollen, uns fremden Kultur.

Tibet-Terrier und Lhasa Apso unterscheidet man in der Größe und den Umrissen des Körpers (der TT ist quadratisch, der LA eindeutig rechteckig). Schwierig ist es jedoch mit Lhasa Apso und Shi-Tzu (Seite 142 und 189). Der Shi-Tzu hat eine kürzere Schnauzenpartie, durch die Verkürzung des Nasenrückens wächst das lange Haar nach oben und vereinigt sich mit dem Haarschopf auf dem Kopf zur typischen Chrysantheme. Er wird merkwürdigerweise nicht vom Internationalen Club für Tibetische Hunderassen vertreten.

Alle diese Hunde besitzen Charakterstärke, Wesensfestigkeit und jenen Gleichmut, der nur aus einer langen Geschichte entstehen kann. Es sind faszinierende Hunde.

Lhasa Apso *(Apso Seng Kye = bellender Löwenhund)*

Ein kleiner, tiefgestellter Hund mit schönem, schwerem und dichtem Fell in großer Farbvielfalt. Der insgesamt schmale Kopf mit betontem Stop ist unter einer Haarfülle verborgen, die gut über die Augen fällt. Kinn- und Backenbart sind ausgeprägt, die herabhängenden Ohren stark befedert, schwarze Ohrspitzen sind ein zusätzliches Schönheitsmerkmal.

Die Rute wird geringelt über dem Rücken getragen und ist ebenfalls stark befedert. Die Katzenpfoten verschwinden beim stehenden Hund unter der verschwenderischen Behaarung der Läufe. Das Haar ist doppelschichtig, hängt gerade herab und ist griffig. Alle Farben von Gold über Rauchfarben bis Schwarz oder Weiß, auch mehrfarbig. Schulterhöhe 24 bis 28 cm; Gewicht 5 bis 7 kg.

Seine Heimat ist das Dach der Welt, die extremen Wetter- und Temperaturverhältnisse in über 3000 Meter Höhe erzeugten sein üppiges Haarkleid.

Die Rasse ist alt, lebte in den Klöstern und den Höfen der Adeligen, war zugleich Wächter und Glückssymbol.

1928 wurden die ersten Hunde von der Frau des Colonel Bailey, der in Tibet stationiert war, nach England gebracht. Sie wurden schnell beliebt, und im Dezember 1933 fanden sich die Apso-Freunde in einem Club zusammen.

Der wetterfeste Hund mit der weithin hallenden Stimme ist bei uns ein Wohnungshund geworden. Er ist eigenwillig, wachsam und intelligent. Der enge Kontakt zu seiner Familie ist ihm wichtig. Ein fröhlicher Hund, der sich in Szene zu setzen weiß. Regelmäßige Fellpflege macht das Haarkleid erst richtig schön.

Die Vielfalt der Farben und ihr Wechselspiel ist Züchterziel: Es gibt keine zwei identischen Apsos. Insgesamt ein langlebiger, angenehmer, anhänglicher Hausgenosse.

Veith vom Christelhof ist ein Wolfsspitz

Tibet-Mastiff *(Tibet-Dogge)*

Großer, imposanter und gut proportionierter Hund mit stark ausgeprägtem Schutzinstinkt, trägt die buschige Rute wie eine Standarte der asiatischen Reitervölker über seinem Rücken. Der Kopf ist massiv, breit und gewaltig. Dieser Eindruck wird durch den dichten, abstehenden Halskragen verstärkt, der am Oberkopf in eine Krone übergeht. Schnauze breit, stumpf, gut gepolstert.
Eher kleine, sehr klare, mittelbraune Augen, deren Ausdruck zwischen Undurchdringlichkeit und scharfer Aufmerksamkeit wechselt. Die mittellange Rute wird in losem Bogen über dem Rücken getragen, Gesicht kurz behaart, sonst lang mit dichter Unterwolle. Farben Tiefschwarz mit weißem Bruststern, auch Goldbraun oder Schiefergrau. Schulterhöhe mindestens 65 cm; Gewicht 50 kg.

Der »Hund der Hunde«, die wahrscheinlich älteste Rasse der Welt, ist kein Hund für jedermann oder Anfänger. In seiner Heimat ist er Wach- und Schutzhund und kein Kampfhund. Durch die natürliche Auslese des unwirtlichen Lebensraums ist er ein physisch sehr starker, robuster und wesensfester Hund geblieben. Auf diese Weise blieben die zur Fortpflanzung kommenden Hunde HD-frei. Seit sie in Europa gezüchtet werden, versucht man dies beizubehalten.
Der Tibet-Mastiff ist ein sehr selbständiger und intelligenter Hund, der ein ausgezeichnetes Gedächtnis hat. Kindern gegenüber ist er duldsam, er erkennt sie jedoch nicht als Führer an. Er ist sehr wachsam, weiß Gefahren sehr genau abzuschätzen und hat eine sehr hohe Reizschwelle. Bei fremdem Besuch zieht er sich zurück, wenn er merkt, daß alles in Ordnung ist. Durch ständigen Familienkontakt wird er zum liebenswerten Kamerad. Am besten hält man einen Tibet-Mastiff in einem ländlichen Haus mit Garten.

Tibet-Spaniel *(Prayer Dog)*

Ein zierlicher Schoßhund von gut proportioniertem Körper, dessen Beinamen Spaniel eine westliche Einordnung ist, die nicht der Eigenart dieser Rasse entspricht. Der *Gebetshund* ist und war kein Jagdhund. Der Kopf ist im Verhältnis zum Körper klein, der Schädel leicht gewölbt. Vorbiß ist erwünscht.
Die Augen sind dunkelbraun und ausdrucksvoll und stehen ziemlich weit auseinander. Die Ohren sind hoch angesetzt, herabhängend und gut befedert. Die Rute ist stark befedert und wird während der Bewegung in einem lustigen Kringel über dem Rücken getragen. Die Behaarung ist doppelschichtig, seidig in der Struktur, kurz im Gesicht, mittellang am Körper, flach anliegend. Farbe vor allem Gold, alles andere ist zugelassen. 24 bis 28 cm Schulterhöhe; Gewicht 4 bis 7 kg.

Der Gebetshund lebte in den Klöstern Tibets, drehte die Gebetsmühlen oder saß auf den Mauern und meldete alles, was sich Auffälliges tat, so daß die Tibet-Mastiffs und die Mönche aufmerksam wurden.
Auch heute noch sitzen diese Hunde gerne auf Fensterbänken. Sie sind die kleinsten der tibetischen Rassen und kamen erstmals 1905 nach England. Ihr Standard wurde vom Kennel Club of India aufgestellt.
Es sind unkomplizierte Hunde, intelligent, anhänglich, wachsam, ohne Kläffer zu sein. Zur Pflege braucht man nur eine gute Bürste.
Sie sind in kleinen Wohnungen zu halten, leicht in öffentlichen Verkehrsmitteln zu transportieren, und sie passen sich jeder Lebensart an.
Allerdings brauchen sie viel Bewegung. Schlechtwetter und Wind machen ihm nichts aus. Der Tibet-Spaniel ist ruhiger als der Lhasa Apso.
Widerstandsfähig gegen Krankheiten, kann er leicht zwölf Jahre alt werden, der liebenswerte kleine Löwe.

Tibet-Terrier *(Tibet Apso)*

Ein mittelgroßer, an einen kleinen Bobtail erinnernder Hund, dessen Beinamen Terrier eine westliche Zuordnung ist, die nicht dem Wesen dieses Hundes entspricht. Der Schädel von mittlerer Länge, nicht breit, ist gut mit langem Haar bewachsen, das über die Augen fällt und am Kinn einen kleinen Bart bildet.
Die Ohren hängen nicht zu dicht am Kopf herab, sind V-förmig und gut befedert. Der Rumpf ist kompakt und kräftig, die Länge gleich der Höhe. Die mittellange Rute wird geringelt über dem Rücken getragen und ist üppig behaart.
Die doppelschichtige Behaarung aus feiner Unterwolle und langem schlichten oder leicht gewellten, nicht seidigen Deckhaar. Alle Farben, wobei Schwarz- und Goldtöne dominieren. Schulterhöhe 33 bis 40 cm; Gewicht 8 bis 14 kg.

Der Name Tibet Apso *(apso* heißt *ganz von Haaren bedeckt)* würde zu diesem Haus- und Hütehund besser passen, der über das ganze Land verteilt gehalten wurde. Ein entschlossener Wächter, abweisend gegen alles Fremde, aber weder wild noch streitsüchtig.
Der muntere und lebhafte Tibet-Terrier ist ein fröhlicher Begleiter und liebevoller Familienhund. Intelligent wie alle diese Rassen und ihren Menschen sehr ergeben. Die Haltung ist unkompliziert, bis auf die Fellpflege. Hier muß man schon bei der Erziehung darauf achten, daß er sich ohne Mühen kämmen und baden läßt. Die Fellpflege beim erwachsenen Hund dauert etwa eine Stunde. Im Alter von 12 bis 18 Monaten jeden Tag, später einmal die Woche, wobei er alle drei Wochen mit Shampoo für trockenes Haar und einem Ölpräparat gebadet werden soll (das gilt nur für Ausstellungshunde). Die Pfoten müssen reich behaart bleiben, geschnitten wird nichts.
Tibet-Terrier sind wenig anfällig und sehr langlebig (16 Jahre und mehr).

Drei Chihuahuas und der Chinese Crested Champion Cho Cho San aus dem Zwinger El Chiquitin

Hunde in der Hand des Jägers

Mit den großen Wäldern verschwanden die Meutejagden (siehe Bracken Seite 154 und Laufhunde Seite 192), und mit dem Knallen der Büchsen und Flinten kündigte sich eine neue Art des Jagens an, die neue Hunde verlangte. Sie durften nicht mehr mit Spurlaut das Wild verfolgen und erjagen, sondern sollten dem Jäger anzeigen, wo es sich befand.

Der bürgerliche Mensch konnte sich keine Meute leisten, er brauchte einen Hund, der jeder Situation gewachsen war. So entwickelte man in Deutschland einen Jagdhund, der, vielseitig, vor dem Schuß und nach dem Schuß auf dem Feld und im Wasser seinem Meister helfen konnte.

Die Engländer mit ihrem Sinn für Spezialistentum, Hundezucht und aristokratische Lebensform machten es genau umgekehrt. Sie schufen sich Rassen zum Vorstehen, Stöbern, Apportieren von Flug- oder Haarwild, für die Wasser- oder Feldjagd.

Allein aus dem Vogelhund, dem bei der Beizjagd verwendeten Stöberer, schufen sie sieben Spanielrassen, über die ich auf Seite 232 berichte. Jede mit speziellen Aufgaben. Aus einer spanischen Bracke wurde der Pointer gezüchtet (siehe Seite 249), ein Spezialist, der nur bombenfest vorstehen sollte und sonst gar nichts.

Faktotum der deutschen Jagd

Dieser Vielfalt gegenüber steht der Deutsche Vorstehhund, der ein vielseitiger Gebrauchshund wurde und blieb. Sagte doch ein königlich preußischer Oberforstrat schon anno 1813: »Gleich dem erprobten Diener, der in Freud und Leid bei dem Herrn ausdauert, wird der neue Hund zum *fac totum* (= mach alles) erhoben und macht durch sein Geschick die besseren Zeiten und das frühere große Jagdgefolge vergessen. Nicht allein bei der Feldjagd zeigt er sich unermüdlich, sondern auch im Wasser scheut er weder Kälte noch andere Beschwerden; er sucht, steht vor, apportiert alle Wildgattungen der niederen Jagd, begleitet seinen Herrn auf den Anstand wie auf Treibjagden und ist überall aufmerksam, ruhig und diensteifrig.«

Diese geradezu prophetischen Sätze sind zugleich ein Eingeständnis der Bescheidenheit, trat doch das Jagdwesen durch die napoleonischen Kriege in den Hintergrund und eine Reihe von deutschen Hunderassen verschwanden, die vorher für die Jagd unentbehrlich erschienen.

Wohl in keinem anderen Land hatte es zur Blütezeit der Jagd so viele verschiedene Rassen und Schläge für die einzelnen jagdlichen Verrichtungen gegeben wie in den deutschen Staaten. Oft wurden auch Hunde der gleichen Rasse jeweils anders genannt, eine Tatsache, die die Bestimmung früher deutscher Jagdhunde beträchtlich erschwert. Was genau waren *Leithunde, Lancierhunde, Hatzhunde, Hirschhunde, Pirschhunde, Schießhunde, Hühnerhunde, Auerhahnbeller* oder *Fasanenbeller?*

Einheitlich waren die neuen deutschen Vorstehhunde keineswegs: »Daß man große und kleine, auch mehr oder weniger lang-, kraus- und stachelhaarige, sowie ganz weiße, braune und schwarze Hühnerhunde findet, und daß fast jeder Jäger seine Spielart, die er für eine besondere Rasse ausgibt, für die beste hält, sieht und hört man täglich«, schreibt J. M. Bechstein in seiner »Gemeinnützigen Naturgeschichte Deutschlands» 1818.

Man paarte munter durcheinander und holte sich im Verlaufe des Jahrhunderts die englischen Hunde herüber, die im Gegensatz zu den deutschen weit und schnell suchten. Doch die englische Einseitigkeit verwässerte die deutsche Härte und Schärfe, die ruhige Arbeit und die Wasserfreudigkeit. So heißt es lakonisch in dem Buch über Deutsch-Langhaar von Karl Brand aus dem Jahre 1910: »Zum Schluß hatte man wieder die alte deutsche Marmelade, aber mit englischer Sauce.«

Man wollte aber gute Hunde.

Zum Beispiel E. K. Korthals

Das menschliche Gefühl bei der Jagd, die Verfeinerung und Vertiefung der Weidgerechtigkeit, kam erst in der zweiten Hälfte des vorigen Jahrhunderts auf. Vorher war gejagt worden, wie C. E. Diezel (der Niederjagdspezialist) es 1841 beschreibt: »So braust das wilde Heer schießend, pfeifend, bellend, jagend, ängstigend und mordend über das Feld hin.« Keine Beschreibung einer adeligen Parforcejagd, sondern die bürgerliche Treibjagd von »Hans und Kunz, Säckler und Bürstenbinder«. Die fortschrittlichen Jäger wollten Hunde, die ihnen das angeschossene Wild brachten, sie wollten es von seinen Leiden schleunigst befreien. Das war die Forderung, die Altmeister *Hegewald* (= Freiherr Sigismund von Zedlitz und Neukirch, 1838–1903) immer wieder stellte, indem er sich für eine strikte Trennung der leistungsorientierten Gebrauchszucht von der sogenannten Schönheitszucht einsetzte und damit zum geistigen Vater der Jagdgebrauchshundezucht wurde.

Den Begriff *Drahthaar* hatte der gebürtige Holländer Eduard Karel Korthals eingeführt, als er 1873 den Zwinger des Prinzen Solms-Braunfels bei Wetzlar betreute und mit der planmäßigen Zucht drahthaariger Vorstehhunde begann. Sie wurden *Griffon* genannt, ein Name, der bei französischen Laufhund-

Griffon Anja vom Osterbach, VGP 1980 Wolferszell, 1. Preis mit 319 Punkten, Totverweisen

rassen (Seite 192 und 196) auch vorkommt. Damit es keine Verwechslung gibt, heißt der deutsche Griffon in Frankreich Korthals.

Heute haben wir bei den rauhhaarigen Vorstehhunden vier Familien, die von verschiedenen Verbänden vertretene Rassen geworden sind: Deutsch-Drahthaar; Deutsch-Stichelhaar; Griffon und Pudelpointer. Die Verbände haben sich um die Jahrhundertwende formiert und betreuen seitdem ihre Hunde. Auch wenn sie die Haare als *straff borstenartig* (Deutsch-Stichelhaar), *hart drahthaarig* (Deutsch-Drahthaar), *wie Sauborsten* (Griffon) oder *hart stockhaarig* (Pudelpointer) beschreiben, ein Laie kann die Hunde nur schwer voneinander unterscheiden.

Es ist auch beim großen und kleinen Münsterländer so und beim Wachtelhund, die Standardbeschreibungen lesen sich recht gleichartig, und nur Kenner können die Hunde identifizieren. Genauer gesagt, wenn man sich einmal das Bild des Hundes eingeprägt hat und auf die feinen Unterschiede achtet, wird man sie auch als Nichtjäger richtig zuordnen können.

In meinen Rassebeschreibungen mußte ich mich beschränken und habe deshalb den Griffon und den Pudelpointer weggelassen und bewußt den drahthaarigen Viszla und den langhaarigen Weimaraner dazugenommen. Nur so konnte ich diese eigenständigen Rassen ausführlich vorstellen.

Die offizielle Kynologie hat 1927 festgestellt, daß es nur eine Vorstehhundrasse gibt, die in die Schläge Kurzhaar, Langhaar und Rauhhaar eingeteilt werden kann. Sie hat aber den Zuchtvereinen überlassen, wie sie die Nachkommen der Schläge in ihre Zuchtbücher aufnimmt. Dies zur Erklärung für nichtspezialisierte Hundefreunde, die sich über diese sehr ähnlichen Jagdhundrassen wundern.

Vom Gebrauchswert und der Vielseitigkeit ihres Einsatzes her sind die Hunde etwa gleich, die einzelnen Rassen (lassen Sie mich bei diesem Begriff bleiben) haben ihre Vorzüge und ihr Spezialkönnen.

Ich stehe immer wieder bewundernd vor den Fähigkeiten der Schweißhunde, die ein Spektrum verschiedenartigster Geruchsstoffe aufnehmen und verarbeiten können. Da ist zunächst einmal der Schweiß des angeschossenen Tieres, dazu kommt der Angstgeruch, das Schnitthaar, die im Pansen reichlich vorhandenen Fettsäuren, die Schalenwitterung, die aufgerissene Erde. Und wenn man einmal miterlebt hat, wie ein Deutsch-Drahthaar oder Weimaraner Schritt für Schritt *gewissenhaft* einer 44-Stunden-Fährte folgt, dann ist das unvergeßlich und großartig.

Bretonischer Vorstehhund *(Epagneul Breton)*

Ein mittelgroßer Hund mit quadratischer, trockener und edler Silhouette. Am kraftvollen Gangwerk und den energischen Bewegungen erkennt man jedoch den Arbeitstyp. Der Kopf ist mittellang, mit kräftigem Fang, deutlichem Stop und gut geöffnetem Nasenspiegel vom Farbton wie das Fell, aber dunkler.
Die Augen sind lebhaft, ausdrucksvoll und dunkelbernsteinfarben. Die Behänge hoch angesetzt, eher kurz als lang, mit gewelltem Haar. Die Rute ist kurz (etwa 10 cm) mit typischer Locke an der Spitze, auch angeborene Stummelrute.
Das Haar ist glatt oder leicht gewellt, in der Struktur fein. Es ist mittellang, an Brust und Behängen länger, die knochigen Läufe tragen Federn und Hosen. Farbe: absolut vorherrschend Weiß-Rot. Schulterhöhe 48 bis 50 cm; Gewicht 15 kg.

Der Jagdhund der Bretagne, der sich in schwierigstem Gelände und zu jeder Jahreszeit zurechtfindet. Seine Suche ist die eines Galoppierers, schnell und weit. Sein Geruchssinn ist sehr fein und ausgeprägt.
Eine alte Rasse, die aber ihre heutigen speziellen Fähigkeiten der Kreuzung mit English Settern verdankt.
Die neue Rasse wurde 1907 vorgestellt, ihren Standard bekam sie ein Jahr später. Anerkannt aber erst 1938.
Der Bretone ist der kleinste Vorstehhund und ein vollwertiger Gebrauchshund für die Niederwildjagd. Er ist ein firmer Vorsteher und ein zuverlässiger Verlorenbringer. Seine jagenden Besitzer mögen ihn nicht mehr missen.
Ein Bretone paßt sich leicht an die Familie an und versteht sich mit Kindern gut. Er ist ausgesprochen leichtführig, sanft und liebebedürftig. Tägliche Bewegung ist unumgänglich. Seine Handlichkeit löst Haltungsprobleme (auch kleinere Wohnung). Widerstandsfähig gegen Wetter und Krankheiten. Sein Herr muß aber Jäger sein!

Deutsch-Drahthaar *(DD)*

Vorstehhund von edler Erscheinung, aufmerksamem und energischem Gesichtsausdruck und harter, die Haut vollkommen schützender Behaarung. Seine Bewegungen sind kraftvoll, raumgreifend und flüssig. Langer, kräftiger und breiter Fang, der der Individualgröße und dem Geschlecht entspricht. Klare, möglichst dunkle Augen, mittelgroße, hoch und breit angesetzte Behänge.
Kupierte Rute, die dem Ansatz der Rückenlinie folgt. Die Haut liegt straff an und bildet keine Falten. Das Haar ist drahtig hart, anliegend dicht. Das Deckhaar 2 bis 4 cm lang, die Unterwolle dicht. Farbe: Dunkel- bis Mittelbraun, Braunschimmel; Hellschimmel, auch Schwarzschimmel, mit oder ohne Platten. Schulterhöhe 60 bis 67 cm; Gewicht etwa 25 bis 30 kg.

Zahlenmäßig steht er an der Spitze der Vorstehhunde, und, wie seine Halter meinen, auch leistungsmäßig.
Dieser vielseitige Jagdgebrauchshund wurde durch intensive Auslese im Lauf von über sieben Jahrzehnten aus besten deutschen kurz- und rauhhaarigen Vorstehhunden geschaffen. Sein »nach Maß geschneidertes« Haarkleid schützt ihn sicher gegen Verletzungen im Jagdbetrieb und widrige Witterung, läßt aber die Körpermodellierung gut erkennen.
Der intelligente Hund mit dem guten Gedächtnis ist ein Frühentwickler. Er ist leicht erziehbar und auch seelisch belastbar. Er ist nicht nachtragend. Mit Kindern versteht er sich besser als mit anderen Hunden. Man kann ihn sowohl im Freien wie im Hause halten. Er ist ein guter Wachhund. Vor allem aber ist er ein passionierter Jäger, der seine Fähigkeiten bei der jährlichen »Hegewald-Zuchtprüfung«, nach Altmeister Hegewald (Seite 242) benannt, unter Beweis stellt. Ein gesunder Hund mit guter Lebenserwartung.

Deutsch-Kurzhaar *(DK)*

Ein rassiger, formschöner Hund mit elegantem Gebäude, das durch die nicht zu kurz kupierte Rute und den trockenen, kräftig-schlanken Kopf ergänzt wird. Die Behänge sind hoch angesetzt, nicht zu lang und liegen dicht am Kopf an. Sie sind dünn behaart. Die knapp überfallenden Lefzen betonen die Ramsnase.
Der Nacken ist muskulös, die Kehlhaut anliegend, die Brust mehr tief als breit. Wie bei allen deutschen Vorstehhunden soll die Körperlänge der Schulterhöhe entsprechen. Das Haar ist am ganzen Körper kurz, dicht und derb. Die Farbe ist einheitlich Braun oder mit weißen oder gesprenkelten Abzeichen beziehungsweise Platten. Außer Braunschimmel gibt es Schwarz- oder Hellschimmel. Schulterhöhe 60 bis 65 cm; Gewicht etwa 25 bis 28 kg.

Die älteste Rasse unter den deutschen Vorstehhunden, deren Wegbereiter Dr. Paul Kleemann war, nach dem die Zuchtausleseprüfung für Rüden benannt ist. Wer sie besteht, ist DK-Spitze.
Auch bei dieser Rasse ist die Bezeichnung *Vorstehhund* nicht ausreichend. Der Deutsch-Kurzhaar kann ein hervorragender Feldarbeiter ebenso sein wie ein präzise arbeitender Schweißhund, er würgt Raubzeug ab, kurz: Er ist ein Allroundhund, wobei die Leistungspalette natürlich individuell verschieden ausgeprägt ist. Sein kurzes Fell ist leicht zu pflegen, es verschmutzt das Auto nach der Jagd weniger und trocknet schneller nach der Wasserarbeit. Unter den Hunden gibt es kaum zu bändigende *Kopfhunde* wie leichtführige, anhängliche Tiere, die ihrem Herrn jeden Wunsch von den Augen ablesen. Er ist ein reiner Jagdhund, der allerdings auch im Haus gehalten werden kann. Er braucht sehr viel Bewegung, wenn sein Herr nur wenig auf die Jagd geht. Guter Futterverwerter, kaum HD.

Deutsch-Langhaar *(DL)*

Ein kräftiger, elegant-muskulöser Hund von schnittiger Gesamterscheinung, nicht zu hoch gestellt, lange Rute mit schöner Fahne. Auf den Kopf wird besonderer Wert gelegt: edel, langgestreckt, zur Hälfte Fang, zur Hälfte Schädel; mit flach anliegendem, gut befranstem Behang. Braune Augen, je dunkler, desto besser; Nasenschwamm je nach Farbe des Hundes mehr oder weniger tiefbraun.
Breiter, tiefer Brustkorb, nicht schmal wie beim Setter. Der aufgezogene Bauch muß den Hinterläufen Platz zum Galoppieren lassen. Der Haarwuchs sei weder übermäßig noch zu kurz, die Haarlänge zwischen 3 und 5 cm, insgesamt schlicht glatt oder leicht wellig. Farben von einfarbig Braun bis Braun-Weiß und verschiedenen Schimmeln in Verbindung mit Braun. Schulterhöhe 58 cm bis 70 cm.

In den Adern der langhaarigen Vorstehhunde fließt das Blut der alten Hetzrüden, der Vogel- und Wasserhunde, der englischen Feldspezialisten. Sie gaben ihm die Anlagen zu großer Vielseitigkeit mit, und lange Zeit war der Deutsch-Langhaar der *Försterhund,* das »Mädchen für alles« des deutschen Jägers. 1879 wurden die ersten Rassekennzeichen aufgestellt, an denen bis heute nichts Wesentliches geändert wurde. Der Deutsch-Langhaar ist ein schöner Hund: Wenn er vorsteht mit waagrechter Rute, in deren Fahne der Wind spielt, ist es ein Bild der Harmonie.
Er ist ein robuster Hund, und er ist ein leichtführiger Hund, der auf leise Winke willig eingeht. Seine langhaarige Jacke schützt ihn vor Kälte und Nässe, gerade bei der Wasserarbeit. Wie bei den anderen Hunden in diesem Abschnitt lehnen die Züchter es ab, Tiere in Hände von Nichtjägern zu geben. Als Familienhund ist er ungeeignet. Gewicht um 25 Kilo, Lebenserwartung wie die anderen Rassen zwölf Jahre.

Drei Eurasier als Beispiele für das umfangreiche Farbspiel dieser Rasse

Galgo español *(Spanischer Windhund)*

Ein Windhund von ziemlicher Größe, festem Knochenbau, tiefer Brust und gut bemuskelten Hinterläufen, mit kurzem, feinem, aber auch rauhhaarigem Fell. Laien können ihn mit dem Greyhound verwechseln. Der Kopf ist langgezogen, hat geringen Stop, die Kiefern kräftig, trocken, mit dünnen Lefzen und einem starken Scherengebiß. Die Augen sind groß, dunkel und haben einen aufmerksamen Blick. Die Ohren sind dünn, fein und, nach hinten liegend, halb fallend (Rosenohren). Die Rute ist lang, dünn und nie kupiert. Der Rücken ist kräftig, muskulös und so weit gewölbt, daß man die Geschwindigkeit des Hundes erahnen kann. Fell kurz und fein; rauhhaarig mit dickem Haar. In Zimt, Kastanienbraun, Rot, Schwarz, Gestromt mit Weiß. Schulterhöhe 65 bis 69 cm; Gewicht 25 bis 30 kg.

Diese anerkannte und eigenständige Windhundrasse – im Gegensatz zum *Galgo ingles-español,* einer Kreuzung von Greyhound und Galgo, die zwar zu Rennen, aber nicht zu Ausstellungen zugelassen ist – ist ebenso wie ihr Name gallischen Ursprungs. Es gibt aber auch die Meinung, er sei ein Nachkomme des Sloughi aus der Zeit der arabischen Herrschaft über Spanien. Von der FCI erst 1971 anerkannt, hat er trotz seiner Seltenheit (in zehn Jahren nur 60 in Deutschland gezüchtete Galgos) erstaunliche Rennerfolge zu verzeichnen: pro Hund und Jahr acht Rennen, an 2. Stelle die Whippets mit 6,5. Im Vergleich zu anderen Windhundrassen ist er Rennverletzungen gegenüber (häufigste: Bruch des linken Vorderfußes) in hohem Maße unempfindlich. Neben seinem optimalen Einsatz in Rennen ist der Galgo ein angenehmer und problemloser Familienhund, der sich auch mit Kindern gut versteht. Seine Pflege ist unkompliziert. Natürlich muß auch er viel Auslauf haben. Spitzengeschwindigkeit bei 54 km/ h.

Greyhound

In seiner ganzen Erscheinung der typischste Repräsentant der Windhundfamilie: großzügige Proportionen, sichtbare Muskelkraft, trocken, geräumiger Brustkorb, weit nach hinten gestellte Hinterläufe – alles an diesem Hund ist auf Geschwindigkeit programmiert. Mit weit ausholenden Sprüngen überwindet er lange Strecken mit größter Schnelligkeit, wobei die Pfoten so fest aufgesetzt werden, daß man wie bei Pferderennen das Geläuf deutlich hört.
Ein langer, flacher Schädel mit dunklen und aufmerksamen Augen und kleinen Rosenohren. Die Rute ist lang, wird tief getragen und ist leicht gebogen. Das Fell ist fein und dicht. In Schwarz, Weiß, Rot, Blau, Reh- und Gelbbraun, Gestromt oder mit weißen Abzeichen. Schulterhöhe bis 76 cm; Gewicht um 30 kg.

Von den vielen Namenserklärungen erscheint die Verballhornung aus *greek hound* am plausibelsten, wenn man weiß, daß Carl von Linné als wissenschaftliche Bezeichnung für den Windhund *canis grajus = griechischer Hund* eingeführt hat.
Früher Hasenjäger, ist er seit über 100 Jahren Rennhund, in England meist als Profi. Die größte Greyhoundproduktion befindet sich in der Nähe von Sydney (Australien). Im Gegensatz dazu wird bei uns auf Leistung und Schönheit gezüchtet.
Der Greyhound ist nicht nur ein Sportler, sondern auch ein idealer Hausgenosse. Ein ungemein sauberer, man kann sagen geruchloser Hund. Zu Hause sehr ruhig, wachsam, ohne zu bellen. Er hat eine gute Merkfähigkeit, ist liebevoll und braucht den engen Kontakt mit seinen Menschen. Dennoch gewöhnt er sich auch um. Kein Draußen-Hund, obwohl er widerstandsfähig ist. Natürlich braucht er Bewegung, viel Bewegung, am besten Rennen. Absolute Höchstgeschwindigkeit 61 km/h.

Der mächtige Mastiff-Rüde Henc von der Ircomara

Airedale Terrier

Ein gutproportionierter Hund von ausdrucksvollem Aussehen, dessen Kraft und Stärke deutlich erkennbar ist. Schnell in der Bewegung und aufmerksam für alles, was um ihn herum passiert. Der Kopf ist lang, die Schädeldecke flach und die Wangenpartie glatt. Das wird durch das Trimmen betont, am vorderen Drittel des Fangs läßt man einen Bart stehen. Augen klein und dunkel, schwarze Nase.
Die V-förmigen, nach vorne fallenden Ohren werden seitlich abstehend getragen. Der Rücken ist gerade, kurz und kräftig, die auf ⅔ kupierte Rute steht aufrecht. Die Läufe sind starkknochig und gerade. Doppelte Behaarung aus dichtem, rauhem Deckhaar und kurzer weicher Unterwolle. Lohfarben mit schwarzem oder graumeliertem Sattel. Schulterhöhe 58 bis 61 cm; Gewicht 22,5 kg.

Wahrscheinlich entstand die Rasse um die Mitte des 19. Jahrhunderts im Tal der Aire, Yorkshire. Die Kreuzungen von *Old English Black and Tan Terrier* mit *Otterhounds* wurden für Feld- und Wasserjagd verwendet. Beim Boxeraufstand 1899 bekam er den Beinamen *Kriegshund,* heute nennt man ihn *König der Terrier.* Er gehört zu den anerkannten Diensthundrassen. Natürlich kann man mit ihm Gebrauchshundsport betreiben. Er ist ein unerschrockener, wachsamer und mutiger Hund mit viel Selbstvertrauen. Dadurch recht verträglich mit anderen Hunden.
Trotz seiner Größe ist er ein idealer Haushund, verspielt bis ins hohe Alter und sehr kinderlieb.
Große Wohnung oder Garten sollten vorhanden sein, ausgiebige Spaziergänge gemacht werden. Nicht bellfreudig. Alle 8 bis 12 Wochen trimmen (rupfen, nicht scheren), in der Zwischenzeit durchkämmen und bürsten. Kann zu Ekzemen neigen, sonst gesund. Lebenserwartung bis 14 Jahre. Fazit: unkomplizierter Beschützer.

Australian Terrier

Ein kompakter, lebendiger, niedrigläufiger Hund, fröhlich und rauhhaarig. Mit weichem hellerfarbenem Haarschopf auf dem Oberkopf und üppiger Halskrause, die Schutz vor Verletzungen bietet. Der Kopf ist lang, der kräftige Fang genauso lang wie der Oberkopf. Die Augen sind dunkel und blicken kühn. Die spitzen Ohren stehen aufrecht und dürfen keine langen Haare aufweisen. Der Körper ist nieder, dadurch wirkt der Rücken eher lang. Die kupierte Rute wird aufrecht getragen. Die leichten, aber nicht schmächtigen Läufe sind leicht befedert, die Pfoten frei von langem Haar. Rauhhaar: schlichtes hartes Deckhaar von etwa 5 cm, weiche Unterwolle. Blauschwarz oder silberschwarz mit lohfarbenen Markierungen an Kopf und Läufen. Auch sand oder rein rot. Höhe bis 25 cm; Gewicht bis 5 kg.

Als Schotten im vorigen Jahrhundert in Australien siedelten, brachten sie ihre Skyes, Scotties und Dandie Dinmont Terrier mit. Daraus entstanden die Australians, die zärtlich auch *Aussie* genannt wurden. Sie erwiesen sich als Raubzeugvertilger, Schlangentöter und Spielkameraden der Kinder.
Seit 50 Jahren gibt es ein Zuchtbuch.
Bei uns sind die fröhlichen und anhänglichen Hunde noch nicht so bekannt. Das ist schade, ist doch der Aussie ein wachsamer Hund, der wenig kläfft, der relativ pflegeleicht ist und sich auch in kleineren Wohnungen wohlfühlt. Er braucht allerdings reichlich Bewegung und sollte nicht das Leben eines Schoßhundes führen, da er sonst viel von seinem robust-lebendigen Wesen verlieren würde. Es kann sein, daß er sich einem Menschen in der Familie besonders anschließt. Getrimmt werden (Schere und Zupfen) muß er alle 6 bis 8 Wochen. Der Kopfschopf sollte öfter mit mildem Schampoo gewaschen werden. Der Aussie ist ein zurückhaltender Hund. Er wird recht alt.

Bedlington Terrier

Trotz des schäfchenhaften Aussehens, das allein durch das Trimmen erzielt wird, soll der Bedlington nie schwächlich oder empfindlich wirken, sondern muskulös geschmeidig, anmutig und nie grob. Er hat eine Begabung zum Galoppieren. Der Oberkopf ist schmal, mit üppigem, seidigem, fast weißem Schopfhaar bedeckt. Der Nasenspiegel ist groß, schwarz bei blauen, braun bei sandfarbenen Hunden. Die Augen sind klein, glänzend und sollen dreieckig erscheinen. Die Ohren hängen flach an den Wangen herab, sie haben an der Spitze eine Franse aus seidigem Haar. Der Rücken ist gerundet, die Rute wird nicht kupiert. Das Haar ist dicht und flockig, nicht drahtig, der Hund haart nicht. Blau, blau- und lohfarben, leber- oder sandfarben. Schulterhöhe etwa 41 cm; Gewicht 8,2 bis 10,5 kg.

Seine Heimat ist das englisch-schottische Grenzgebiet von Northumberland. Zigeuner, Kesselflicker und Landfahrer benutzten den schnellen, scharfen und lautlosen Hund zum Wildern.

Ab 1820 planmäßig gezüchtet, bekam er seinen Schäfchenschnitt gegen Ende des vorigen Jahrhunderts.

Dieser Schnitt, bei dem Schermaschine, Klippschere und Haarschere verwendet werden, täuscht ein sanftes Wesen vor, das dieser Hund so gar nicht hat. Er kann erstaunlich scharf sein, ist sehr mutig und kann als Kleinmeute (zwei Bedlingtons) gefährlich wildern und Katzen töten.

Zu Hause sind Bedlingtons freundlich, unkompliziert, intelligent und sehr anschmiegsam. Gut in der Wohnung zu halten. Draußen brauchen sie viel Bewegung, trotzen sie jedem Wetter. Es gibt Bedlingtons, die Schutzhundprüfungen abgelegt haben: Löwenherzen im Fell eines Schäfchens. Trimmhäufigkeit längstens alle acht Wochen.

Die gesunden Tiere werden steinalt: 15 Jahre sind nicht selten.

Border Terrier

Dieser Arbeitsterrier ist voller Tatendrang. Sein Kopf ähnelt dem eines Fischotters, die Haut ist auffallend dick und lose, die nicht kupierte Rute am Ansatz rund und dick (Otterrute). Die Schnauze ist kurz und kräftig, mit einem etwas dunkleren harschen Schnurrbart. Die Augen sind sehr lebhaft, die Ohren V-förmig und fallen seitlich nach vorn. Die Läufe sind gut zum Rennen geeignet.

Der Körper ist länger als hoch. Das rauhe Haar ist doppelt: schlichtes, hartes Deckhaar über dichter, weicher und kurzer Unterwolle. Farben: Rot, Weizenfarben, Meliert *(grizzle)* oder Blau mit lohfarbenen Läufen oder Kopf. Wird zwei- bis dreimal im Jahr mit dem Messer getrimmt, sonst gezupft.

Schulterhöhe 32 bis 35 cm; Gewicht 6 bis 7 kg. Lebenserwartung hoch.

Er stammt aus dem schottisch-englischen Grenzgebiet (*border* = Grenze) und arbeitete als Meutenbegleiter bei der Fuchs- und Otterjagd. Deshalb ist er verträglich zu anderen Hunden.

Heute noch legen Border Gebrauchsprüfungen bei den Meuten ab und sind gleichzeitig Ausstellungschampions.

Ein Border kann über viele Kilometer einem Pferd folgen, das liegt ihm im Blut. Er ist nach wie vor ein unverbildeter, arbeitsamer und bewegungshungriger Hund. Deshalb keineswegs für jedermann geeignet, schon gar nicht als Wohnungshund für Pensionisten, obwohl er von der Größe her passen könnte. Ein Border kann nur auf dem Lande leben und muß beschäftigt werden. Ein sich langweilender Border geht unter, über oder mitten durch Hekken oder nicht zu feste Zäune hindurch und holt sich Nachbars Hühner und die Katze dazu.

Mit Kindern spielt er unermüdlich, kann gut mit anderen Haustieren gehalten werden. Neben dem Trimmen tägliches gründliches Bürsten.

Boston Terrier

Kompakt gebaut, scheckig mit gleichmäßiger weißer Zeichnung, aufrecht getragenen dünnen Ohren, bietet er das Bild eines gut ausgewogenen Hundes mittlerer Größe, der entschlossen, stark, aktiv und vor allem intelligent wirkt. Er erinnert etwas an den französischen Bully. Der Kopf des Boston Terriers ist viereckig, der Stop gut markiert, der Fang kurz, ohne Runzelbildung. Der Nasenspiegel schwarz und breit. Die Augen stehen weit auseinander, sind groß und rund, nicht hervorstehend, mit aufmerksamem, klugem und wachsamem Ausdruck.
Der Rumpf ist tief, mit gutem Brustumfang, die Rute kurz, fein und zugespitzt. Fell kurz, glatt und glänzend. Schwarzweiße Scheckung mit weißem Fang und weißer Blesse. Schulterhöhe 30 bis 35 cm; Gewicht nicht über 11,3 kg.

Der Nationalhund Amerikas wurde um 1870 aus einem Bulldog und einem Bullterrier gezüchtet. Das heutige Aussehen bekamen die Hunde durch die Zufuhr von Bullyblut. Das Zentrum der Zucht war die Stadt Boston.
1893 wurde dann die Rasse vom amerikanischen Kennel Club anerkannt.
Der Boston Terrier ist ein kinderlieber, anhänglicher und sehr freundlicher Hund. Er bellt nicht ohne Grund, ist haustreu und beansprucht nur wenig Platz. Sein kurzes Fell ist pflegeleicht: regelmäßiges Bürsten, Abreiben mit einem feuchten Fensterleder. Der lebhafte und verspielte Hund kann überall mit hingenommen werden, da er verträglich ist und sich unbemerkbar machen kann. Bietet man ihm genügend Spaziergänge, kann er in einer kleinen Großstadtwohnung gehalten werden, vor allem der kleinere Schlag mit einem Gewicht von 6 kg.
Bei uns ist er noch recht selten. Er ist lernfreudig. Im allgemeinen gesund, kann er zu Augenentzündungen neigen. Lebenserwartung normal.

Bullterrier

Ein kräftiger, muskulöser und gut modellierter Hund, der sich erstaunlich leicht bewegen kann. Unverkennbar ist das in sanftem Bogen vom Scheitel zur Nasenspitze verlaufende Kopfprofil. Weiße Bullterrier mit durch das Fell schimmernder rosa Haut werden von Laien manchmal mit Schweinchen verglichen.
Der Kopf soll von vorne oval und eiförmig erscheinen: es gibt weder Vertiefungen noch Ausbuchtungen. Das Auge ist schmal, schräg eingesetzt und sieht dreieckig aus. Die dünnen Ohren werden aufrecht getragen, die kurze Rute ist dick an der Wurzel und dünn an der Spitze. Das Fell ist kurz, glatt, glänzend und fühlt sich hart an. Farbe: Reinweiß mit Kopfabzeichen; Gestromt oder überwiegende Farbe mit Weiß. Schulterhöhe um 45 cm; Gewicht: Maximum an Substanz.

Der *Gladiator* ist als Kampfhund gezüchtet und verwendet worden, dieses Erbe ist in ihm. Deshalb sollten nur charakterstarke Menschen diesen ebenso charakterstarken Hund halten, die seine Anlagen nicht bewußt wecken.
Der Bullterrier hat eine hohe Reizschwelle und kann sehr genau zwischen einem versehentlichen und absichtlichen Stoß oder Tritt unterscheiden. Er ist ein bezaubernder und unermüdlicher Spielgefährte für Kinder und ein zuverlässiger Beschützer. Er bellt wenig, wacht aber gut. Er kann genauso faul herumliegen wie stundenlange Spaziergänge machen. Er spielt gerne, kann aber auch auf begrenztem Raum gehalten werden. Er ist sehr anhänglich, seine Liebe zu *seinem* Menschen ist abgöttisch und kann sich zur Eifersucht steigern. Zu anderen Hunden ist er freundlich, solange er nicht angegriffen wird. Dann wird er allerdings zur Kampfmaschine. Sehr pflegeleicht. Vorsicht vor Nierenentzündungen (Liegen auf kaltem Pflaster). Lebenserwartung hoch, um die 14 Jahre.

Staffordshire Bullterrier

Für seine Körpergröße muß dieser Hund äußerst kräftig erscheinen und gut bemuskelt sein, dabei sehr beweglich. Seine Verwandtschaft mit dem Bullterrier sieht ihm der Laie nicht an. Der Kopf ist kurz mit betontem Stop. Breiter Oberkopf, sehr ausgeprägte Backenmuskulatur, kurzer Fang und schwarze Nase. Dunkle, runde Augen von mittlerer Größe. Nicht große Rosenohren. Der Körper ist kurz und gedrungen, mit breiter tiefer Brust und zeigt mit den starkknochigen und bemuskelten Beinen die Kraft dieses Hundes. Die Rute ist mittellang und wird in der Form eines Pumpenschwengels getragen. Glattes, kurzes, enganliegendes Fell. Farbe: von Rot über Weiß bis Blau, mit weißen Abzeichen; Gestromt, auch mit weißen Abzeichen. Schulterhöhe bis 40 cm; Gewicht bis 17 kg.

Als der eigentliche Bullterrier um 1860 weiß wurde, kam es zur Aufspaltung der Rasse. Die Farbigen blieben im englischen Kohlenpott um Birmingham die Kampfhunde der Arbeiter, während die Weißen die Ausstellungen eroberten und »fein« wurden.

Im Verlauf der nächsten 70 Jahre nahm er den Namen seiner Landschaft Staffordshire an und blieb der Star der illegalen Hundekämpfe bis in unsere Zeit. Ein Staffordshire ist jederzeit bereit, bis zum Tode (des anderen) zu kämpfen, wenn er oder seine Leute bedroht werden. Er entwickelt in der Familie ein sehr enges Verhältnis zu seinen Leuten, liebt Kinder ganz besonders und mag andere Hunde überhaupt nicht. Hier liegt das größte Problem für den Besitzer: Der Hund muß von frühester Jugend an konsequent erzogen werden. Sonst hängt er auf der Straße heiser gurgelnd im Halsband. Ansonsten ist er handlich, pflegeleicht, spielt gerne und ist von überströmender Freundlichkeit Menschen gegenüber. Ein robuster Hund, der recht alt wird.

Cairn Terrier

Ein kleiner Hund von struppigem und kompaktem Aussehen, der gut auf seinen Vorderläufen steht und voll von fröhlichem Temperament ist. Sein größter Charme liegt in seinem Gesichtsausdruck, der von Kopf, Augen und Ohren bestimmt wird. Der Schädel ist nicht groß, aber verhältnismäßig breit und voll behaart. Die Augen sind dunkel, lebhaft und liegen tief und weit auseinander. Die Ohren werden aufrecht getragen, sind spitz und kurz behaart.

Die gutbehaarte Rute wird fröhlich getragen und nicht kupiert. Die Art des Fells ist wichtig: das Deckhaar reichlich, hart, aber nicht derb, die Unterwolle kurz und weich. Sie gleicht einem Pelz. Alle Töne von Rot bis Sand, von Hellgrau bis fast Schwarz. Dunkle Spitzen an Ohren und Fang. 28 cm hoch; 6,5 kg schwer.

Cairn ist das gälische Wort für Steinhaufen. Steinfarben ist sein Fell, felsig das Gebiet, in dem er jagte, außerdem ist er 6,5 kg schwer, und das ist das englische Gewichtsmaß *stone.* Kein Wunder, daß dieser Nachkomme der alten schottischen Jagdterrier diesen steinernen Namen bekam.

Er ist ein außergewöhnlich munterer Hund, ohne einen besonders nervös zu machen. Immer zum Spielen oder auch zu langen Spaziergängen bereit. Sehr lernwillig, so daß die Erziehung zum folgsamen Cairn Terrier nicht schwierig ist. Laut Terrierspezialistin Wiebke Steen »gehört er zu den besten Kinderhunden, die man sich denken kann, und sein unabhängiger Charakter sorgt für echte Kameradschaft«. Aufmerksam, wachsam und richtig schneidig. Er ist sehr abgehärtet, und man sollte ihn nie zum verzärtelten Großstädter machen. Pflegeleicht (Stahlkamm und Haarbürste), wird er dreimal im Jahr getrimmt (Trimm-Messer, Haarschere, Zupfen). Zäh und gesund, wird er meist über zwölf Jahre alt.

Als der Bloodhound Caflaer of the Hindeu-Tress 1981 Weltsieger wurde, war er drei Jahre alt

Cesky Terrier *(Böhmischer Terrier)*

Ein Raubwildjagdhund über und unter der Erde. Kurze Läufe, sehr beweglich und kräftig, mit auffallend langem Kopf und starkem Fang. Charakteristisch auch das seidenglänzende, gelockte oder wellige Haar in Pastellfarben.
Die Augen sind mittelgroß, je nach Haarfarbe dunkel bis leberfarben. Die Ohren fallen V-förmig nach vorne und werden seitlich der Wangen getragen. Die Rute wird unkupiert hängend getragen, nur in der Erregung säbelförmig hochgestellt. Der Brustkorb ist nicht zu tief, die Hinterhand stark bemuskelt, die Vorderpfoten sind größer als die Hinterpfoten. Die Haarfarben sind Graublau oder helles Kaffeebraun. Gelbe, graue und weiße Markierungen erlaubt, wenn sie unter 20 Prozent der Körperoberfläche bleiben. Schulterhöhe 30 cm; Gewicht 8 kg.

Der Cesky Terrier ist eine Schöpfung der Nachkriegszeit. Er wurde aus Scottish und Sealyham Terriern gezüchtet. Der von Dr. Horák planmäßig entwikkelte Hund wurde Anfang der 50er Jahre als *Böhmischer Terrier* vorgestellt und 1963 von der FCI als Cesky Terrier anerkannt. Seine Züchter achten auf jagdliche Eignung, so daß in der CSSR die Zuchtprüfungen vom Jägerverband kontrolliert werden.
Im Kampf mit Fuchs und Dachs ist er mutig, nie kopflos aggressiv, sondern sehr überlegt. Er ist auch ein ausgezeichneter Mäuse- und Rattenfänger. Was ihn als Begleit- und Familienhund beliebt und geeignet gemacht hat, ist seine leichte Führigkeit, sein angenehm gedämpftes Temperament und seine Freundlichkeit gegenüber anderen Hunden. Mit Kindern verträgt er sich, er ist ein guter Wächter, ohne viel zu kläffen. Er muß alle 6 bis 8 Wochen getrimmt werden (Klippschere und Haarschere), sonst wird er gekämmt und gebürstet. Robust, wenig anfällig. Die Lebenserwartung ist gut.

Dandie Dinmont Terrier

Ein dackelhoher Hund mit kräftigem, niedrigstehendem und langem Körper, der durch seinen sehr groß wirkenden Kopf auffällt, der mit einem üppigen, weichen Haarschopf bedeckt ist. Die großen runden Augen blicken hingebungsvoll, der Rücken ist über der Lendenpartie leicht gerundet. Der Nasenrücken ist haarlos, die Augen haben dunkle Lidränder. Die Hängeohren verjüngen sich zur Spitze, die durch eine Befederung mit weichem, hellem Haar betont wird. Die nicht zu lange Rute wird säbelartig getragen. Das gemischte Haarkleid besteht aus harschem, nicht hartem und weichem Haar, am Körper 5 cm lang, auf dem Kopf üppig, weich und heller. Es ist pfeffer- oder senffarben, mit hellem Schopf und gleicher Ohrbefederung. Schulterhöhe 24 bis 28 cm; Gewicht 8 bis 12 kg.

Ein Landsmann des Bedlington Terriers, der als *Pepper Terrier* bekannt war und nach 1814 umgetauft wurde. Im Bestseller »Guy Mannering« von Sir Walter Scott war der Farmer Dandie Dinmont der Held, zusammen mit seinen pfeffer- und senffarbenen Jagdterriern. Große Nachfrage, neuer Name.
Der Dandie sieht nicht terriertypisch aus, hat aber viele Terriereigenschaften. Er ist wachsam, ohne viel zu bellen. Wenn er es tut, hat es seinen Grund. Er ist intelligent und, mit Kindern aufgewachsen, auch kinderlieb. Sehr anschmiegsam, anhänglich und sanft, kann er seinen Menschen regelrecht anhimmeln. Er kann auch hart zupakken und Haus und Garten verteidigen. Fremden gegenüber ist er zurückhaltend, wenn auch nicht unbedingt unfreundlich. Er kann in einer Stadtwohnung gehalten werden, braucht aber große Spaziergänge. Er wird wenig getrimmt, an Kopf und Rute aber deutlich zurechtgemacht (Zupfen, Trimm-Messer, Haarschere). Weitgehend gesund, Lebenserwartung gut.

English Toy Terrier *(Black and Tan)*

Ein gutproportionierter, kompakter und eleganter Zwerghund mit terrierhaftem Temperament. Kann durchaus mit dem Zwergpinscher (Seite 227 und 231) verwechselt werden. Er hat einen langen, geraden und keilförmigen Kopf, voll unter den Augen, aber ohne übertriebene Backenmuskeln. Nasenspiegel schwarz, Augen klein, mandelförmig, schräg und glänzend. Die V-förmigen Ohren sind hoch angesetzt und müssen ab 9. Monat aufrecht getragen werden.
Die Rute ist stark am Ansatz und wird nicht kupiert. Der Körper hat einen tiefen Brustkorb. Die Vorderpfoten sind gewölbt, die beiden mittleren Zehen sind länger. Fell dicht, glatt und glänzend. Farben: *black and tan* = Schwarz und Rot (Ebenholz und Mahagoni). Schulterhöhe 25 bis 30 cm; Gewicht 2,7 bis 3,6 kg.

Der älteste englische Zwerghund war in London zu Hause, und zwar in den Slums des Ostens. Er war der Rattenbeißer der Armen und, in der Tasche getragen, ihr Schutz vor Taschendieben. Dann zog er in die feineren Viertel und wurde zum Damenhund. Er blieb aber immer ein Kämpfer und gnadenloser Mäusefänger und Rattentöter, was seinen Frauchen wohl nicht paßte, denn er starb fast aus und ist selten geblieben. Schade, denn er ist flink, lebhaft, temperamentvoll, wachsam (mit ausdauernder Stimme), fröhlich, mutig und anhänglich. Er kann in kleinsten Wohnungen gehalten werden. Ein feuchtes Ledertuch genügt, um seinem Fell satten Glanz zu geben.

Für einen Kinderhund ist er zu klein. Der English Toy ist sehr gelehrig und lernfreudig, er versteht sofort, was man von ihm will, und er ist ein guter Zuhörer. Sicherlich stammt er vom *Manchester Terrier* (Seite 276) ab. Wie alle proportionierten Zwerge ist der Miniature Black and Tan widerstandsfähig und wird sehr alt.

Glatthaar-Foxterrier

Wie ein gutgebautes Jagdpferd steht er trotz seines kurzen Rückens auf viel Boden. So erreicht er die größte Schrittweite, die überhaupt mit seiner Körperlänge vereinbar ist. Obwohl er sich außer durch sein Haarkleid nicht vom Drahthaar (Seite 274) unterscheidet, gelten sie als zwei Rassen. Bitte lesen Sie die beiden sich ergänzenden Beschreibungen. Sehr typisch: die kleinste äußere Anregung versetzt den ganzen Körper in höchste Spannung. Der Kopf ist lang, schmal und flach, fast ohne Stop, mit den kleinen, dunklen und tiefliegenden Terrier-Augen. Die Ohren sind V-förmig und fallen nach vorne. Die auf ⅔ Länge kupierte Rute wird keck nach oben getragen. Kurzes Glatthaar, hart, dicht und reichlich, überwiegend weiß mit farbigen Abzeichen und Kopfzeichnung.

Der seltener gewordene Glatthaarfox wurde durch *Nipper* bekannt, jener weiße Foxterrier mit den braunen Ohren, den der Maler Francis Barraud 1889 vor einem Phonographen gemalt hatte und der, der »Stimme seines Herrn« lauschend, zu dem bekanntesten Markenzeichen der Welt wurde.
Die lebhaften, aktiven Hunde waren um 1860 zum ersten Mal auf englischen Ausstellungen gezeigt worden und gelangten dann auch, wohl als Zugabe zu englischen Jagdpferden auf den Kontinent. Da Foxterrier immer Jagdhunde waren und noch jagdlich geführt werden, soll die Rute so lang sein, daß man an ihr den am Raubwild arbeitenden Hund sicher und fest packen kann.

Der Glatthaar ist pflegeleicht, bürsten und mit Fensterleder abreiben, überstehende Haare zupfen und mit der Klippschere trimmen.
Wachsam (bellt gerne), intelligent (nutzt Schwächen aus), ein unermüdlicher Kinderhund. Den Tierarzt sieht dieser Hund meist nur wegen Raufwunden. Die Lebenserwartung ist hoch.

Rauhhaar-Foxterrier

Sein ständig bereites Da-Sein zeigt sich durch den wachen, aufmerksamen Ausdruck des Auges und die Haltung von Ohren und Rute. Sein Kopf erscheint länger als der des Kurzhaars, das kommt aber nur durch den nach vorn gekämmten Bart. Die Kiefer sollen Kraft signalisieren. Der Hals ist trocken und muskulös, von schöner Länge. Die Brust ist tief, der Rücken gerade, fest, mit kräftiger, leicht gewölbter Lendenpartie und insgesamt möglichst kurz.
Die Läufe sind stark und erscheinen von allen Seiten gerade. Das Haar ist kraus und geschlossen und von so dichter, drahtiger Beschaffenheit wie eine Kokosmatte. Man soll es nicht mit dem Finger bis zur Haut teilen können. Die Unterwolle ist weich. Schulterhöhe nicht über 39,4 cm; Gewicht etwa 8 kg.

Nach dem Ersten Weltkrieg wurde der Drahthaarfox zum Allerweltsliebling und Modehund, was der Rasse nicht guttat. Die höchste Zahl gab es bei uns 1949: es wurden 10000 Würfe eingetragen. Von den Schäden haben sich beide Rassen körperlich wie psychisch erholt. Foxterrier sind wesensfest, draufgängerisch, aber nicht wilde Raufer; aktiv, aber nicht unrastig. Gegenüber der Familie anhänglich, kann er zu Eifersucht neigen, wenn er sich vernachlässigt glaubt. Beschäftigungsprogramme, Spiele und große Spaziergänge erleichtern das Zusammenleben.
Ein guter Wächter, auch für das Auto. Sorgfältige und konsequente Erziehung ist sehr zu empfehlen.
Getrimmt wird der Drahthaar viermal im Jahr (Schermaschine, Haarschere, Trimm-Messer und Zupfen), wobei man vier Wochen nach dem Trimmen noch mal das Unterhaar sich vornimmt. Trimmanleitung für alle Terrierrassen in der »Terrier Fibel« des Klubs für Terrier. Wer keine »Bildhauerhand« hat, gehe zum Trimmspezialisten.

Deutscher Jagdterrier

Ein reiner Jagdhund von besonnener Schärfe, rauh- oder glatthaarig, dessen gedeckte Farben ihn auch zum Begleiter des Waldjägers und Forstmannes machen. Sein Schädel ist flach und zwischen den Ohren breiter als der des Foxterriers, der Fang ist kräftig mit ausgeprägten Backen. Die Zähne sind sehr stark. Der Nasenspiegel ist schwarz, kann aber bei stärkeren Brauntönen auch braun sein. Die Augen zeigen einen energischen und aufmerksamen Ausdruck.
Die V-förmig überfallenden Ohren sind nicht klein. Der Rücken ist stark und gerade, aber nicht so kurz wie beim Foxterrier. Kurze, kräftige Rute; schlichtes, dickes, hartes Rauhhaar oder derbes Glatthaar: Schwarz, Schwarzgraumeliert oder Braun mit helleren Abzeichen. Schulterhöhe nicht über 40 cm; Gewicht bis 10 kg.

Deutsche Züchtung aus verschiedenen Terriern, die einen Hund von großer Raubzeug- und Wildschärfe hervorgebracht hat. Sein aggressives Temperament hat ihm das Vorurteil der Bösartigkeit eingebracht, was natürlich nicht stimmt.
Er ist aber weder ein Begleithund, noch eignet er sich für die Haltung mit Kindern, er gehört ausschließlich in die Hand von Jägern. Seine Hauptaufgabe ist die Arbeit auf Fuchs und Dachs, die er rücksichtslos angreift. Wegen dieser griffsicheren Schärfe wird er auch bei der Schwarzwildjagd zum Sprengen der Rotten eingesetzt. Außerdem ist er zur Nachsuche sehr geeignet, da der behende Hund weniger Gefahr läuft, von den Sauen angeschlagen zu werden, als die großen Schweißhunde. Der Jagdterrier soll spurlaut jagen.
Er ist ein Einmannhund, der seinem Herrn gehorcht, wenn der Herr ein guter Leithund ist. Insgesamt ist er eher kratzbürstig als anschmiegsam. Sehr robust und gesund, erreicht er meist ein hohes Alter.

Irish Terrier

Ein schlanker Hund von angenehmer Größe, der nicht allzu quadratisch und winkelig gebaut ist, so daß er den Eindruck von Schnelligkeit und Beweglichkeit vermittelt. Er sieht eher wie ein Läufer als wie ein Muskelprotz aus. Der Kopf ist lang, der Oberkopf flach, die Ohren V-förmig, hoch angesetzt und nach vorne fallend. Die Augen unter den kurzen Brauen sind dunkel, feurig und intelligent.
Der Körper ist von mittlerer Länge, der Rücken kräftig und eben, die Nierenpartie ist leicht hochgezogen. Die Rute, auf ¾ Länge kupiert, wird aufrecht getragen. Das Deckhaar ist hart, drahtig und rauh, kann leicht gewellt sein, die Unterwolle fein, weich und kurz. Farbe: einfarbig Rot, Rotweizen oder Rotgelblich. Nasenspiegel schwarz. Schulterhöhe etwa 46 cm; Gewicht 12,3 kg.

In ihrer irischen Heimat nennt man sie *dare devils* und Teufelskerle sind sie auch. Früher Hauswächter, Rattenbeißer und Raubzeugjäger, sind sie vom Gebrauchs- mehr zum Familienhund geworden, können aber noch immer jagdlich geführt werden. Das ungezügelte Temperament wurde etwas gedämpft, so daß der Irish Terrier heute ein netter, anpassungsfähiger Hund ist, den man auch in der Stadt halten kann, wenn die Wohnung so ist, daß gelegentliche Temperamentsausbrüche aufgefangen werden können.
Mit anderen Hunden ist er nicht unbedingt freundlich und geht keiner Auseinandersetzung aus dem Wege.
Muß konsequent erzogen werden, ist sehr kinderlieb (Ausnahmen bestätigen die Regel) und vergißt Ungerechtigkeiten nicht. Sein Mut und seine Unempfindlichkeit sind erstaunlich. Wird viermal im Jahr getrimmt (Klippschere, Haarschere, Trimm-Messer und Zupfen). Kaum anfällig gegen Krankheiten, wird er recht alt. Braucht viel Bewegung, spielt gerne.

Kerry Blue Terrier

Ein kompakter und mächtiger Terrier, mit muskulösem und wohlproportioniertem Körper, anmutig in den Bewegungen und auffällig durch sein blaues Haar, das apart geschnitten wird. Der lange Kopf mit dem starken Fang wirkt durch die Frisur, bei der die Haare der Brauen und des Nasenrückens mit in den Bart einbezogen werden, besonders auffällig. An der nach vorne gerichteten »Windstoßfrisur« schauen die dunklen Terrieraugen vorbei. Nasenspiegel schwarz.
Der Brustkorb ist tief, aus dem kräftigen Hals kommt ein ebener, kurzer Rücken, dessen Linie die auf ⅔ kupierte Rute vervollständigt. Das Haar ist seidig, weich und üppig. Eine schöne Welle ist wichtig. Als Farbe jede Schattierung von Blau, mit oder ohne schwarze Spitzen. 46 bis 49 cm hoch; Gewicht 15 bis 17 kg.

Die Berge von Kerry im Südwesten Irlands sind die Heimat des *blauen Kavaliers,* der sich als Jagdhund, Rattenbeißer, Herdenhüter, Wächter und Kampfhund bewährte.
Die 1913 vom Irish Kennel Club anerkannte Rasse erregte 1922 auf der Londoner Cruft's Show Aufsehen. Weniger wegen der Schönheit, denn die Hunde waren noch zotthaarig, sondern wegen ihrer wüsten Schärfe. Diese konnte einigermaßen herausgekreuzt werden.
Seine attraktive Schur bekam er bald darauf, nur war damals der Bart nicht so ausgeprägt. Das Blau kommt allmählich und ist nach einem Jahr voll da.
Der Kerry ist ein anhänglicher und sehr intelligenter Hund, dem man in seiner Prägungsphase das spielerische Beißen abgewöhnen muß, er kann sonst zum unangenehmen Kneifer werden. Ein guter Wächter, der recht scharf sein und zum Schutzhund ausgebildet werden kann. Muß alle vier bis sechs Wochen geschoren und geschnitten werden. Neigt zu Hauterkrankungen.

Lakeland Terrier

Ein Laie wird diesen kleinen, kompakt-eleganten Rauhhaarterrier für einen Miniatur-Airedale halten, ein Fortgeschrittener kann ihn mit dem Welsh Terrier durchaus verwechseln, obwohl sie nicht verwandt sind. Die Unterschiede: der Lakeland ist etwas kleiner und kürzer im Kopf, den Welsh (Seite 282) gibt es nur schwarz und lohfarben (eine Kombination, die auch beim Lakeland vorkommt). Der Kopf, durch die Haare auf dem Fang und den vorgekämmten Bart, wirkt von der Seite und von oben rechteckig. Die V-förmig nach vorne fallenden Ohren sind ziemlich klein. Rute, auf ⅔ kupiert, wird aufrecht getragen. Doppeltes Haarkleid, in Schwarz/Lohfarben, Blau/Lohfarben, Rot, Weizen, Rot/Graumeliert *(grizzle)*, Leberfarben, Blau oder Schwarz. Schulterhöhe bis 36,8 cm; Gewicht 7,7 kg.

Eine alte Jagdterrierrasse von der terrierträchtigen schottischen Grenze, die 1921 anerkannt wurde. Ihre besondere Fähigkeit: auch in felsigem Gelände dem Fuchs zu folgen, nach dem Satz: »Wo der Kopf hineinpaßt, kann auch der ganze Lakeland folgen.«
Noch immer als Jagdterrier verwendet, wird in einigen Ländern das Schönheitschampionat mit einer Jagdgebrauchshundprüfung gekoppelt.
Als Haushund ist er sehr lebhaft, intelligent und wachsam. Seine Bellfreudigkeit sollte man in frühester Jugend durch Erziehung dämpfen. Wobei er zu Starrsinn neigt und gleichzeitig empfindsam ist. Darauf die Erziehungsform abstellen. Kein ausgesprochener Kinderhund, nicht friedlich im Umgang mit anderen Hunden. Das sollte man jedoch nicht negativ sehen, da sein Wesen überaus liebenswert ist.
Getrimmt wird er viermal im Jahr, hauptsächlich Frühjahr und Herbst (Klippschere, Haarschere, Trimm-Messer und Zupfen). Robust und gesund, kann 14 Jahre alt werden.

Manchester Terrier

Ein mittelgroßer, eleganter und gleichzeitig kompakter glatthaariger Hund von gutem Knochenbau, der nicht dem Whippet ähneln darf. Verwechslung mit dem Pinscher (Seite 231) möglich, vor allem, wenn dessen Ohren nicht kupiert sind. Der Manchester ist jedoch etwas kleiner und ein typischer Terrier.
Im schmalen, langen Kopf sitzen kleine, längliche und dunkle Augen, die Brust ist schmal und tief, der kurze Rücken über der Nierenpartie leicht gerundet.
Die Rute, dick am Ansatz, fein an der Spitze, wird nicht kupiert. Das Glatthaar ist dicht, weich, kurz und glänzend. Es ist tiefschwarz mit mahagoniroten Abzeichen an Läufen und Fang. Die kleinen länglichen Pfoten sind schwarz gestrichelt. Die Farben sollen leuchten. Schulterhöhe 40 cm; Gewicht um 8 kg.

Man kennt die Rasse in ihrer heutigen Form seit Mitte des vorigen Jahrhunderts. Es gab dann großen Ärger, als der *English Black and Tan* 1879 in Manchester Terrier umbenannt wurde, obwohl Manchester soviel nicht mit der Rasse zu tun hatte. Erst als die Iren in ihrem Freiheitskampf um 1920 die Engländer *Black and Tan* schimpften, beruhigte man sich über den Manchester-Namen. Doch da war die Rasse der Rattenbeißer fast ausgestorben.
Es ist eigentlich unverständlich, warum dieser angenehme Familienhund nicht häufiger anzutreffen ist. Er ist freundlich zu seiner Familie, zurückhaltend gegenüber Fremden und sehr wachsam. Das Bellen kann man reduzieren.
Er hat auch in kleineren Wohnungen Platz, ohne ein Zwerghund zu sein, ist pflegeleicht (Fensterleder und Bürsten genügt), haart so gut wie nicht.
Intelligent und selbstbewußt: eigentlich eine verlockende Kombination.
Einen Bauernhof hält er mäusefrei. Gesund und wenig anfällig, wird er leicht zwölf Jahre alt.

Die Cocker Spaniel-Hündin Cynthia v. d. Diemel ist besonders liebenswürdig

Norfolk Terrier

Ein kleiner kompakter und lebhafter Hund, niedrig auf den Läufen und so starkem Knochenbau, daß sie bei den Meutenjagden als Fuchsjäger mitliefen. Bis auf die Ohrstellung sind sich Norfolk und Norwich Terrier völlig gleich. Lesen Sie deshalb beide Beschreibungen. Der Kopf ist mittelgroß, der Schädel leicht gerundet und weit zwischen den Ohren. Der Fang ist fuchsig und kräftig, der Stop deutlich. Das Gebiß ist stark und für die Größe des Hundes beachtlich.
Die Augen sind dunkel und haben einen intelligenten und aufmerksamen Ausdruck. Die Ohren klein, V-förmig, gut gefaltet und liegen an den Backen an. Das Haar ist hart, rauh und liegt am Körper an. Alle Tönungen von Rot und Weizen; Schwarz/Lohfarben oder Gestromt. Schulterhöhe 25,5 cm; Gewicht 5 bis 6 kg.

Um 1870 soll ein Hundehändler in Cambridge kleine rote Terrier an die Studenten verkauft haben, mit denen diese auf Kaninchenjagd gingen oder Rattenbeißen veranstalteten. Damals hatten sie den Namen *Thrumpington Terrier*. Um die Jahrhundertwende nahm sich der Bereiter von Jagdpferden Frank Jones der Rasse an, die eine Zeit dann *Jones Terrier* hieß. 1932 wurde sie als *Norwich Terrier* vom Kennel Club anerkannt. Nach dem Standard konnten die Hunde sowohl Kipp- wie Stehohren haben. Die Trennung in kippohrige Norfolk und stehohrige Norwich erfolgte Ende der 60er Jahre.
Es sind außerordentlich anhängliche Hunde, die spontan Freundschaft schließen können, allerdings nicht mit jedem. Sie haben ein freundliches Naturell, sind wachsam, ohne bissig zu sein. Sie vertragen sich auch gut mit anderen Hunden. So wären sie fast ideale Stadthunde. Allerdings muß man ihren Bewegungsdrang und die ständige Beschäftigungsbereitschaft befriedigen können. Bitte lesen Sie weiter.

Norwich Terrier

Im Körperbau genau wie der Norfolk Terrier, so daß Sie zunächst den Text oben bis zum »Haar« lesen sollten. Der Hals der beiden Rassen ist kurz und kräftig, der Körper kurz und der Rücken gerade. Der Brustkorb ist gut gewölbt. An den trokkenen Schultern mit den senkrecht gestellten kräftigen Läufen und der starken und muskulösen Hinterhand erkennt man den ausgezeichneten Renner. Die Hinterläufe verraten durch ihre Winkelung eine enorme Schubkraft.
Die Pfoten sind rund und tragen dicke Ballen. Die Rute wird auf ⅓ kupiert und gerade, nicht allzu fröhlich getragen. Die Ohren sind V-förmig und stehen, sie sind nur kurz behaart und an den Spitzen gerundet. Das Fell bei beiden Rassen ist an Hals und Schulter länger und bildet fast eine Mähne.

Der kleinste Terrier, von den Zwergen einmal abgesehen, ist ein richtiger Kobold, der seinen Menschen viel Freude bereitet. Er ist aufmerksam und stellt sich ganz auf seine Leute ein. Dabei darf man aber nicht glauben, einen Schoßhund zu besitzen, der Norwich/Norfolk ist der emsige, wendige und flinke Jäger geblieben, der er früher war. Bei Spaziergängen fängt er Mäuse, jagt jedem Eichhörnchen nach und erwischt es manchmal auch, außerdem verfolgt er jede Kaninchenspur. Zu Hause ist er lebhaft, so daß die Wohnung nicht allzu klein sein sollte. Seine Wachsamkeit zeigt er durch Bellen, er kann seinen Herrn mit dem starken Gebiß auch wirkungsvoll verteidigen, wenn dieser ernsthaft bedroht würde. Die Hunde sollen nicht überfüttert werden (die Gefahr besteht), allerdings auch nicht dackeldürr sein.
Mit Kindern verstehen sich diese Hunde gut. Viermal im Jahr wird zurückhaltend getrimmt (Haarschere, Trimm-Messer, Zupfen). Gesundheitlich robust, können sie 14 Jahre alt werden.

Scottish Terrier

Ein starkknochiger, breitgebauter Hund auf kurzen Läufen, der sehr stark wirkt. Das Brustbein steht deutlich vor den Vorderläufen, der Kopf ist auffallend lang. Er muß nicht, wie Laien vermuten, unbedingt schwarz sein, und wegen seiner Breite wird er oft als »zu fett« bezeichnet. Verhältnis von Oberkopf zu Fang eins zu eins. Kleine, schmale, dunkle und tiefliegende Augen. Kleine, aufrecht getragene Ohren, die spitz auslaufen und kurz behaart sind. Kurze, nicht kupierte Rute.
Der Rücken ist eben, die Vorderläufe sind gerade, die Pfoten groß und gut gepolstert. Unter längerem, schlichtem und glattem hartem Deckhaar liegt die weiche Unterwolle. Farbe: alle Schattierungen gestromt von Weizen bis Schwarzgrau; rein Weizen oder Tiefschwarz. Widerristhöhe 26 bis 28 cm; Gewicht 9 bis 12 kg.

Der »Gentleman« unter den Terriern erschien 1879 zum ersten Mal auf englischen Ausstellungen in eigener Klasse, vorher war er mit den Skyes zusammen gezeigt worden.
In den 30er Jahren der Modehund der Leute von Theater und Film, ist er selten und ein reiner Liebhaberhund geworden. Heute noch gilt der Satz der schon zitierten Gräfin vom Hagen: »... sein guter Charakter, diese eigentümliche Mischung von Selbständigkeit und Anhänglichkeit, sportlicher Passion und Sentimentalität im besten Sinn«, machen ihn zu einem der angenehmsten Haushunde. Ein guter Kinderhund, wenn er mit ihnen aufwächst. Ein Hund, der sich in einer Großfamilie ebenso wohl fühlt wie bei einem Single. Er macht gerne weite Spaziergänge und schläft stundenlang zu unseren Füßen. Er hat ein gesundes Mißtrauen, ist wachsam und unerschrocken. Mit Hunden sucht er keinen Streit, weiß sich aber zu wehren. Viermal im Jahr Trimmen (Schermaschine, Schere, Trimm-Messer, Zupfen). Wird recht alt.

Sealyham Terrier

Ein auf kurzen Beinen stehendes weißes Kraftpaket mit langem Kopf. Vom Scottish Terrier unterscheidet er sich auf den ersten Blick durch hängende Ohren und eine andere Körperfrisur. Der etwas gerundete Oberkopf ist weit zwischen den Ohren, die, mit leicht abgerundeten Spitzen, herabfallend getragen werden und kurz behaart sind. Der Fang ist stark und kräftig, die Augen rund, dunkel und mittelgroß. Der Körper ist sehr muskulös, hat einen geraden Rücken und eine tiefe Brust. Die Rute wird genau auf ⅖ Länge kupiert und aufrecht getragen. Das Deckhaar ist schlicht, hart und gut anliegend. Die Unterwolle dicht, weich und kurz. Farbe: Reinweiß oder Weiß mit gelbbraunen oder dachsfarbenen (grauschwarz) Abzeichen an Kopf und Ohren. Widerristhöhe 28 cm; Gewicht 10 bis 11 kg.

Ein Captain Edwardes züchtete im vergangenen Jahrhundert auf seinem Landsitz Sealyham kleine scharfe weiße Terrier für die Dachs- und Fuchsjagd, da er zu häufig braunrote Terrier versehentlich erschossen hatte, wenn sie aus dem Bau kamen.
Nach Edwardes' Tod 1870 züchteten Nachbarn und Jagdfreunde die Hunde aus Pembrokshire weiter, die dann 1910 als Rasse anerkannt wurden und den Namen Sealyham bekamen.
Dieser kompakte, robuste und, wenn es sein muß, recht scharfe Hund ist ein angenehmer Hausgenosse. Sozusagen ein schützender Wachhund im Kleinformat. Er braucht allerdings eine feste Hand und konsequente Erziehung, da er buchstäblich mit dem Kopf durch die Wand gehen kann. Nicht unbedingt ein Kinderhund, eine gute Mischung aus Ruhe und Munterkeit. Er »vergißt weder Freund noch Feind« und hat Sinn für Humor. Schade, daß er selten ist, doch ist die Zucht wie beim Scottie nicht leicht. Getrimmt wird er mit formalen Unterschieden wie dieser.

Silky Terrier

Ein mäßig niedriger Hund von mittlerer Länge mit leichtem und gleichzeitig festem Körper und seidigem Fell. Für das Laienauge ein nicht ganz so lang behaarter, kompakterer Yorkshire Terrier. Der genügend lange Schädel ist mit seidigem, silbrigem Schopfhaar bedeckt, das nicht über die Augen fällt und auch nicht mit einem Schleifchen hochgebunden wird. Die Augen sind klein, rund, so dunkel wie möglich, die Ohren stehen aufrecht, sind spitz und kurz behaart.
Der Rücken ist lang und hat eine gerade obere Linie. Das Haar ist fein, glänzend und seidig, ohne Unterwolle. Die Füße sind haarfrei. Das Körperhaar ist blau oder blaugrau, an der Rute dunkler. Kopf und Läufe lohfarben bis rotgold. Haarschopf silberfarben. Widerristhöhe 23 cm; Gewicht 3,5 bis 4,5 Kilo.

Wahrscheinlich ist diese erst 1962 offiziell anerkannte Rasse eine geglückte Mischung der winzigen Yorkies und robusteren Aussies. Ihr Name kommt von *silk* = Seide.
Im Sog der Yorkie-Mode gewinnen diese doch etwas größeren Hunde mehr und mehr an Boden.
Silkys sind lebhaft und lustig. Der Ausdruck *Frechdachs* paßt genau für sie. Wenn man sie auch zu den Schoßhunden rechnen kann, halten sie es auf einem Schoß nicht lange aus: sie sind dafür zu lebhaft und spielen sehr gern, auch mit Kindern.
Anhängliche Hunde, die ihre Liebe gleichmäßig auf die Familie verteilen. Sehr hellhörig und wachsam, deshalb das Kläffen frühzeitig durch Erziehung reduzieren. Gut im Haus zu halten, da sie weder haaren noch Hundegeruch haben. Im Garten gute Mäusefänger und Umherrenner. Lange Spaziergänge machen sie unermüdlich mit. Täglich kämmen und bürsten, Trimmen an Ohren und Pfoten alle 6 Wochen. Werden mindestens 10 bis 12 Jahre alt.

Skye Terrier

Sehr niedriger, langer und kräftiger Hund, der sein Gesicht hinter einem Haarvorhang verbirgt und dessen gleichmäßiges, bis auf den Boden reichendes Fell Unverständige spotten läßt: Handfeger oder Mop sind beliebte Bemerkungen.
Der mächtige Kiefer mit den starken Zähnen sollte Unvorsichtige warnen. Typisch die Stehohren, deren lange Behaarung sie mit Fransen einfaßt, ohne die Form zu kaschieren. Der lange Hals hat eine schöne gebogene Nackenlinie, die in den geraden Rücken übergeht, die befederte Rute wird nicht kupiert.
Das Deckhaar ist hart, schlicht und etwa 15 cm lang, die Unterwolle kurz und weich. Farben: dunkles Grau bis helles Blau oder Grau, Sektfarben mit schwarzen Ohren und Schnauze. Widerristhöhe 26 bis 28 cm; Gewicht 9 bis 12 kg.

Die alte Rasse stammt aus Schottland und den vorgelagerten Inseln, von denen die Insel Skye den Namen gab.
Wurde schon von Dr. Cajus um 1600 beschrieben. Die langen Haare bekam er erst Ende des vorigen Jahrhunderts. Er war wohl der erste Terrier, der Modehund wurde. Niemand von hohem Adel konnte es sich bis in unser Jahrhundert leisten, ohne einen oder mehrere Skyes zu sein.
Heute ist dieser attraktive Hund, der viermal so lang wie hoch ist, selten. Das dürfte weniger an der zeitraubenden Haarpflege liegen (Gegenbeispiel Yorkie) als vielmehr an der Schwierigkeit der Haltung. Ein Skye ist ein fast absoluter Einmannhund, dem er unbedingt ergeben ist. Da sehr selbstbewußt, muß er konsequent und mit viel Fingerspitzengefühl erzogen werden. Mißtrauisch gegen Fremde, ist er als bissig verschrieen. Kein Hund also für Anfänger, ein Hund für Leute, die sich für ihn viel Zeit nehmen können. Dann ist er einmalig. Täglich bürsten, nur das Pfotenhaar wird geschnitten.

Der Bulldog Britain's Glory Cockney Pride ist wahrhaft eine Wucht

Soft Coated Wheaten Terrier

Ein mittelgroßer, kurzer und kompakter Hund, gut gebaut, weder zu hochbeinig noch niedrig wirkend, vermittelt aktive Kraft. Sein seidig gewelltes Haar läßt ihn ungetrimmt nicht unbedingt als Terrier, eher als ein Hütehund erscheinen.
Der Kopf ist lang, in gutem Verhältnis zum Körper. Hier kann das Haar an den Wangen kurz geschnitten, über den Augen und beim Bart lang belassen werden. Der Nasenspiegel ist schwarz, die Augen dunkles Nußbraun. Die Ohren werden nach vorn fallend getragen und dürfen dunkel schattiert sein.
Die Rute, auf ⅔ Länge kupiert, steht terrierhaft aufrecht. Das Haar ist sanft und seidig, ohne Unterwolle, gewellt, nicht lockig. Schattierungen von lichtem Weizen bis Rotgold. Schulterhöhe 45,7 bis 48,2 cm; Gewicht 15,8 bis 18,1 kg.

Er ist ein Vetter des Kerry Blue und des roten Irish Terriers: der Hund der irischen Bauern, vierbeiniges Mädchen für alles – Jagen, Hüten und Wachen. 1943 vom englischen Kennel Club anerkannt.
Daß er in den USA sehr beliebt wurde, hat der Rasse nicht unbedingt gutgetan. Sie muß weiter auf Wesen gezüchtet werden. Dann sind die *Soft Coated* (= weichhaarig) *Wheaten* (= weizenfarbig) Terrier freundliche, wachsame und liebenswürdige Hunde, die recht robust sind. Bei uns sehr selten, vielleicht weil sie nicht spektakulär aussehen und für einen Mischling gehalten werden könnten.
Die Züchterin Margret Möller-Sieber beschreibt den Wheaten: »Ein absoluter Familienhund, der ständig Kontakt zum Menschen braucht.« Er ist ein guter Kinderhund. Seine ruhige Wachsamkeit ist bemerkenswert.
Das Haarkleid, erst mit zwei Jahren fertig, muß dreimal wöchentlich gebürstet und gekämmt werden. Trimmen ist erlaubt. Lebenserwartung hoch.

Welsh Terrier

Ein gutproportionierter Hund von mittlerer Größe und quadratischem Körperbau, dessen Kraft und Stärke deutlich erkennbar ist. Für Laien sieht er wie ein kleiner Airedale aus, von Fortgeschritteneren kann er mit dem Lakeland (Seite 276) verwechselt werden. Der Kopf ist relativ lang, jedoch nicht so schmal wie der des Drahthaar-Foxterriers. Kleine dunkle Augen, V-förmige Ohren, hoch angesetzt und nach vorn fallend. Kurze, aufrecht getragene Rute. Mäßig langer Hals, kurzer Körper mit tiefer, aber schmaler Brust. Läufe gerade, starkknochig, muskulös. Das Rauhhaar ist dicht, hart und schlicht und deckt die weiche kurze Unterwolle. Farbe: Schwarz und Lohfarben. Mindestens viermal jährlich trimmen (Schermaschine, Haarschere, Zupfen). Bis 39 cm hoch; 9 kg schwer.

Eine alte Terrierrasse aus Wales, keinesfalls die Kleinausgabe des Airedale – der Welsh ist älter. Allerdings hat er sein heutiges Outfit (langer Kopf) erst durch Einkreuzen des Rauhhaar-Foxterriers bekommen.
Ein lebhafter echter Terrier, der wegen seiner Größe gut in eine kleinere Wohnung paßt; wegen seiner Farbe nicht so gepflegt werden muß wie ein weißhaariger Terrier. Er verteidigt sich und seine Leute, ist aber im Gegensatz zu Foxterriern nicht unbedingt angriffslustig. Seine Wachsamkeit ist überzeugend, seine Bell-Lust eher zurückhaltend. Abweisend gegen Fremde, ein guter Spielkamerad für Kinder, zumindest die meisten seiner Rasse.
Er braucht eine konsequente Erziehung und eine Menge Bewegung. Kann man ihm das bieten, ist er ein prächtiger, ursprünglich gebliebener und schneidiger Großstadthund.
Neben dem Trimmen wird er gekämmt und gebürstet.
Lebenserwartung wie bei allen Terriern hoch.

West Highland White Terrier

Ein kleiner, robuster, typischer Terrier mit tiefer Brust, kurzen Läufen, reinweißem Fell und keckem Gesichtsausdruck. Der mittelgroße Schädel, dessen leicht gerundeter Oberkopf dick mit Haar bewachsen ist, hat einen nicht zu langen Fang und deutlichen Stop. Der Westie darf nicht wie ein weißer Scottish aussehen. Die Augen sind mittelgroß, so dunkel wie möglich und stehen weit auseinander. Die kleinen Ohren stehen aufrecht, sind scharf zugespitzt und kurz behaart.
Der kompakte Körper mit kurzem Rücken und kurzer, aufrecht getragener Rute steht trotz tiefer Brust nicht zu nahe am Boden. Rauhhaar mit hartem, schlichtem Deckhaar von 5 cm Länge und dichter, kurzer, weicher Unterwolle. Farbe rein Weiß; Krallen, Ballen und Nase schwarz. Schulterhöhe 28 cm; Gewicht 8 kg.

Ähnlich wie der Sealyham ist auch der *Weiße Hochlandterrier* entstanden: man wollte weiße Hunde, weil man die fuchsroten oft auf der Jagd erschoß. Daß es weiße zu Beginn des 19. Jahrhunderts gab, zeigt ein Gemälde von Landseer aus dem Jahr 1839, auf dem ein Bloodhound und ein Westie aus einer Hundehütte schauen. Weiten Kreisen ist der Westie als Partner eines Scotties aus der Werbung für Black & White Whisky bekannt. Vorbilder waren die Terrier des Whisky-Barons Buchanan, der die Hunde 1892 zeichnen ließ.
Der Westie ist ein außergewöhnlich liebenswerter Hund, fröhlich und charmant. Man sollte ihn nicht zur Modepuppe (auch durch übertriebenes Trimming) machen: er ist kein Schoßhund, sondern ein ganzer, selbstbewußter Naturbursche. Kinderlieb, wachsam, ausdauernd. Dazu unempfindlich und unproblematisch. Ein idealer, handlicher Hund. Trimmen alle drei Monate (ein bißchen Schere und viel Zupfen). Wird recht alt.

Yorkshire Terrier

Ein zierlicher, trotzdem kompakter Hund mit aufrechter Haltung und wohlproportioniertem Körper, dessen auffälligstes Merkmal das gleichmäßig an den Seiten herabhängende Haar mit einem vom Nasenrücken bis zum Rutenende durchlaufenden Scheitel ist. Der Kopf ist klein und zierlich, die Augen mittelgroß. Sie dürfen nicht hervortreten. Kleine aufrecht getragene Ohren mit kurzem Haar.
Der Körper darf nicht schwächlich sein, die Rückenlinie muß gerade verlaufen. Die Rute wird auf ⅓ kupiert. Das seidige Haar ohne Unterwolle ist lang, glatt und schlicht. Farben: dunkles Stahlblau vom Hinterkopf bis zum Rutenansatz, goldenes Tan (lohfarben) an Kopf, Front und Läufen, auf den Ohren ist das Tan am dunkelsten. Widerristhöhe 22 cm; Gewicht bis 3,2 kg.

In der Grafschaft York züchteten Weber und Bergarbeiter im vorigen Jahrhundert einen kleinen Terrier für die Jagd unter der Erde. Als sein Körper kleiner und seine Haare länger wurden, machte man den Yorkie zum Modehund. Damals gab es Streit um die Größe (Geschäftemacher wollten ihn so klein wie möglich züchten), heute, da er zum zweiten Mal im Trend liegt, passiert dasselbe wieder. Wenn »Mini-Yorkshire« angeboten werden, dann ist das Betrug. Es gibt nur einen Yorkshire wie im Standard beschrieben. Die Größe kann um 2 cm nach oben und unten schwanken, doch ein Hund unter 2 kg ist kein echter Yorkie mehr. Denn der Yorkie soll ein lebhafter, furchtloser und wachsamer Hund sein. Dazu anschmiegsam und liebenswürdig. Und solche Yorkies bekommen Sie nur bei verantwortungsvollen Züchtern. Wenn Sie mit dem Ihren auf Ausstellungen wollen, fangen Sie früh an, die Haare des Hundes zu »wickeln«. Lassen Sie sich die Pflege vom Züchter zeigen. Lebenserwartung bis 14 Jahre.

Mischlinge – die bunte Mehrheit

Jeder vierte in der Bundesrepublik gehaltene Haushund ist ein Mischling. Damit übertrifft dieses so verschiedengestaltige Heer von Hunden ohne Ahnentafel und Elternnachweis mit der stolzen Zahl von einer Million jede noch so beliebte Rasse.

Sie stehen aber auch mit achtzig Prozent an der Spitze der Tierasylbewohner als ungewollte Welpen aus zufälligen Verbindungen oder als wertlose Wegwerfhunde. Der deutschen Sitte, zur Urlaubszeit Hunde auszusetzen, folgt man leichter, wenn man einen Hund geschenkt bekommen oder für 50.– DM gekauft hat. Der größte Teil dieser Hunde wird jedoch heiß geliebt und gut gehalten.

Man nennt die nicht planmäßig aus zwei Hunden der gleichen Rasse entstandenen Produkte fälschlich *Bastard.* In der Zoologie ist nur das Kreuzen von zwei Arten eine Bastardierung, Hund und Wolf zum Beispiel oder Pferd und Esel. Man nennt diese Hunde auch *rasselos,* was sprachlich falsch ist, sind sie doch *mehrrassig.* Der präzise Fachausdruck wäre *Blendling:* Mischprodukt verschiedener Rassen.

Ich möchte bei dem geläufigeren *Mischling* bleiben, kann aber Besitzern solcher Hunde, die dumm nach der Rasse gefragt werden, empfehlen, mit *Blendling Terrier* zu antworten, was von Hundedummen sicher mit Bedlington verwechselt wird. Unsere drei Bilder zeigen übrigens Terrier-Blendlinge, wobei der Hund oben eine wohlgelungene Mischung aus Airedale Terrier und Dobermann ist.

Der Volksmund kennt den Begriff *Promenademischung,* nach dem Ort des Geschehens. Wobei das vornehme Wort *Promenade* Tat und Hund aufwertet. Die Bezeichnung *Scherenschleifer* ist dagegen diskriminierend; der Mann, der Scheren schleift, ist von ebenso ungeklärter Herkunft wie ein Mischlingshund. *Mopsgedackelter Windhundpinscher* ist fröhlich übertreibend, wie viele Worte der nachkriegsdeutschen Studentensprache. Und in Bayern sagt man liebevoll *Zamperl.*

Man sagt den Mischlingen nach, sie seien sowohl gesünder als auch nervenfester und intelligenter als Rassehunde. Das ist ein Pauschalurteil mit allen Fehlern, aber auch Wahrheiten, die solche Urteile haben.

In Untersuchungen über den Anteil der Mischlinge bei den Patienten von Tierärzten und Tierkliniken kommen diese zwar nur mit 2,9% vor, obwohl sie 10,8% der Hunde des Einzugsgebietes ausmachten, aber das läßt nicht unbedingt auf ihre hervorragende Gesundheit schließen. Sie sind billiger im Einkauf gewesen – so hart das klingt – und werden deshalb weniger zum Arzt gebracht. Amerikanische Forscher haben die Widerstandskraft von reinrassigen Labrador Retrievern und typähnlichen Mischlingen erprobt: die Mischlinge waren keineswegs überlegen.

Wichtig sind immer die Eltern, die ja auch bei Mischlingen oft Rassehunde sind. Und durch die Kreuzung verschiedener Rassen sind immer wieder neue Rassen entstanden. Wenn also die Eltern gut veranlagte Hunde sind, deren Erbgut harmonisiert, kann der Mischling ein noch besserer Hund werden. Die Wissenschaft nennt das den *Heterosiseffekt* (= Veränderung). Die Erkenntnis, daß durch Kreuzung eine den Eltern gegenüber leistungsstärkere Kindergeneration auftreten kann, wird in der Nutztierzüchtung schon lange angewandt.

Wer sich für einen Mischling entscheidet, tut dies spontan; aus Liebe auf den ersten Blick; aus Mitleid. Er spielt ein bißchen Lotterie. Er hat viele Chancen auf einen Gewinn.

DER HUND IN UNSERER WELT

Mit dem Hund auf Ausstellungen

Irgendwo auf jeder Ausstellung hängt ein Transparent mit der Aufschrift »Jeder hat den besten Hund«. Ein schöner und richtiger Satz, wenn es um die ganz privaten Beziehungen zwischen Herr und Hund geht. Ein lebensfremder Spruch jedoch für alle, die sich auf Hundeausstellungen auskennen. Beim Wettbewerb um einen Siegertitel gehört es zu den Gepflogenheiten, am Hund des anderen möglichst kein gutes Haar zu lassen.

Darüber muß man sich klar sein, wenn man seinen Hund ausstellen möchte. Man darf auch nicht zu enttäuscht sein, wenn unser Hund nicht zu den Siegern gehört. Man muß eine Hundeausstellung sportlich sehen und nicht voller Ehrgeiz. Nicht Sie bekommen ein *vorzüglich,* sondern Ihr Hund. Denken Sie immer daran: Hundebesitzer zu sein setzt nichts voraus, Hund zu sein dagegen einwandfreie Anatomie, alle Merkmale wie im Standard gefordert, ein festes Wesen, ausgezeichneten Charakter und eine Abstammungsurkunde. Wenn Sie mit dieser Einstellung auf eine oder mehrere Ausstellungen gehen, werden Sie Freude daran haben und ohne Demütigung aufhören, wenn Ihr Hund es nicht bringt. Mit viel Sportlichkeit und einem Schuß Ehrgeiz werden Sie weitermachen, wenn Ihr Hund zum Sieger geboren wurde. Denn *eine* Ausstellung allein macht noch keinen Champion. Dafür muß man viel unterwegs sein.

Natürlich fing es in England an

Die Geschichte der Hundeausstellungen mit Richtern und Preisen begann in England, dem Land der Hundezucht. Vom 25. bis 30. Mai 1863 – damals nahm man sich noch Zeit – fand in der Agrikulturhalle zu Klington eine Ausstellung statt, an der 1687 Hunde teilnahmen, die, in 66 Klassen unterteilt, von 19 Richtern begutachtet wurden. Von da an gab es in England vom frühen Frühjahr bis zum späten Herbst alle 14 Tage eine kleinere oder größere Ausstellung. In Deutschland hatte es in Hamburg 1863 zwar auch eine Ausstellung mit 247 Teilnehmern gegeben, sie war aber – nach Meinung eines der ersten deutschen Hunderichter, Ludwig Beckmann – eine Nachahmung der englischen und hauptsächlich mit englischen Hunden beschickt. Dann tat sich lange nichts, denn, Zitat Beckmann, »die deutsche Kynologie mußte gewissermaßen erst neu geschaffen werden«.

Zur deutschen Hundestadt wurde für ein Jahrzehnt Kleve am Niederrhein, über dessen »Internationale Ausstellungen« die zeitgenössische Zeitschrift »Der Hund« immer wieder und häufig kritisch berichtete. So schreibt am 23. Juni 1881 der Redakteur R. von Schmiedeberg: »Das Händeschütteln kann gar nicht beendet werden, denn unsere beiden Arme werden mit Beschlag belegt, und mit Gewalt wird man hineingezogen in den Ausstellungsraum, um den schönsten Hund der Ausstellung zu sehen. A. sagt, es sei das eine unvergleichliche Dächselhündin, B. hält aber dafür seinen langhaarigen deutschen Hühnerhund, der alles bisher Dagewesene in Schatten stellt; C. schwört, es seien seine Neufundländer *sans pareils,* doch eine stattliche Dame zweifelt daran, ihr Bernhardiner heißt es, das sei ein Unikum, es strahle über alles . . .« So hatte damals schon jeder den besten, schönsten Hund.

Österreich begann ebenfalls 1863: In Hitzing vor den Toren Wiens wurden 357 Hunde gezeigt; in der Schweiz war die erste Ausstellung 1881 in Fluntern bei Zürich.

Und heute? Vom frühen Frühjahr bis zu den ersten Schneeflocken können Hund und Herr Wochenende für Wochenende in den Ring steigen. Im Freien bei kleinen Club-Ausstellungen oder in Hallen bei den großen nationalen und internationalen Rassehundezuchtschauen. Übrigens heißt der *Rüde* im Französischen *mâle*, im Englischen *dog*, auf Italienisch *maschio*. Bei der *Hündin* sind die Bezeichnungen *femelle*, *bitch* und *fémmina*.

System und Ordnung der Hundeausstellungen

Die Termine erfährt man bei den Vereinen und Clubs oder in der Zeitschrift »Unser Rassehund«, die vom VDH herausgegeben wird. Es ist keine Kioskzeitschrift, man muß sie abonnieren. Wir unterscheiden folgende Zuchtschautypen.

1. Spezialzuchtschau eines Rassehundclubs. Auf dieser Ausstellung wird nur eine Rasse gezeigt bzw. die von einem Club betreuten Rassen. Das können also nur Basset Hounds sein oder wie bei den Molossern Mastiff, Bullmastiff, Fila Brasileiro, Bordeauxdogge, Mastino Napoletano und Tosa Inu (japanischer Mastiff). Der Verein für Deutsche Schäferhunde veranstaltet neben seinen Zuchtschauen Sonderschauen im Rahmen seiner Ortsgruppen. Die Spezialschauen vereinen häufig eine große Zahl von Hunden, das bedeutet eine größere Konkurrenz als auf einer internationalen Schau. Sie werden im Freien abgehalten, die Atmosphäre ist familiärer, die Richter sind Spezialisten für die Rasse. Die Titel, die man erringen kann, sind zahlreich und genauso unterschiedlich; nennen möchte ich das CAC *(Certificat d'Aptitude au Championat)* = die Anwartschaft auf das nationale Schönheitschampionat, den Deutschen Champion und die Anwartschaft auf den Titel des VDH-Siegers. Daneben gibt es auch noch den Clubsieger.

2. Die allgemeine Rassehundzuchtschau. Hier können alle Hunderassen

Ein siegreicher Golden Retriever in stolzer Ausstellungspose (Weltsieger 1979 Caliban Derrybeg)

Frei bei Fuß mit seinem Herrn in Tempo durch den Ring. Die Beurteilung der Bewegung ist sehr wichtig

Letzte Korrekturen mit der Effilierschere. Das Ausdünnen muß gekonnt sein. Der Hund schaut gelassen zu

Der Landseer Artus vom Streitbachtal wurde auf der Weltausstellung in Dortmund Weltsieger 1981 (Mitte)

Becher, Pokale, Medaillen, Schleifen, Kränze und Rosetten: die Erfolge eines siegreichen Hundelebens und der Beweis, daß man immer auf Achse war (rechts)

teilnehmen, aber es werden nur nationale Titelanwartschaften vergeben. Sie finden nicht häufig statt, da sie wegen der Titel nicht so attraktiv sind wie die nächste Gruppe.

3. Internationale Rassehundezuchtschau. Eine Hallenschau mit allen Rassen, die viel Publikum anlockt, da auch seltene Hunde ausgestellt werden. Die Aussteller bevorzugen diese Schauen, weil sie auf ihnen das CACIB *(Certificat d'Aptitude au Championat International de Beauté)* erwerben können, die Anwartschaft auf das Internationale Schönheitschampionat, wohl der wichtigste Siegertitel. Internationale Ausstellungen werden in Deutschland vom VDH organisiert. Die Zuchtschauordnung schreibt vor, daß sie in überdachten Räumen stattfinden und die ausgestellten Hunde in Boxen untergebracht werden. So können die Zuschauer sich alle Hunde in Ruhe anschauen. Die zahlenden Zuschauer sind für die Durchführung dieser Ausstellung wichtig, da die Hallenmieten immer höher werden und die Ausstellungen dadurch teurer. Im Jahr werden rund 15 internationale Ausstellungen in der Bundesrepublik durchgeführt. Manchmal wird die Schau zur Show, wenn am Schluß die Sieger in einem *Corso* über den Laufsteg gehen und kurz beschrieben und dem Zuschauer erläutert werden. Dieser Korso ist beim Publikum sehr beliebt und gehört in Österreich zum Beispiel zum festen Bestand einer jeden großen Ausstellung. Farbenprächtig wird der Korso dann, wenn die Hundebesitzer sich auch noch entsprechend gekleidet haben, bei Salukis im Beduinengewand, bei Ungarischen Hirtenhunden in der Pußtatracht.

4. Bundessieger-, Europasieger- und Weltsiegerausstellung. In Aufbau und Ablauf entsprechen diese besonderen Ausstellungen den internationalen. Es werden allerdings hier von den Vereinen und Clubs entsprechende Siegertitel vergeben, die es nur auf diesen Ausstellungen gibt. Daher ist die Teilnehmerzahl besonders groß.

Die jährliche Bundessiegerzuchtschau des VDH findet im Spätherbst in Dortmund statt, und man kann dort die Titel Bundessieger und Bundesjugendsieger in jeder Rasse erwerben. Die Ausstellung ist deshalb so besucht, weil man diesen Titel nur einmal und nur an einem Ort im Jahr bekommen kann. Ein Beispiel ist: 1995 waren 6444 Hunde aus 252 verschiedenen Rassen und 24 Ländern zu sehen. Zur Europazuchtschau im Frühjahr kamen 5295 Hunde aus 237 Rassen und 27 Ländern.

Wenn man eine solche Ausstellung nach der Zahl der einzelnen Rassevertreter statistisch auswertet, so stehen die Windhunde an erster Stelle, an zweiter die Pudel, an dritter die Terrier, an vierter die Dackel, an fünfter die Doggen, an sechster die Schnauzer. Deutschlands beliebtester Hund, der Deutsche Schäferhund, kommt erst an 13. Stelle. Das erklärt sich daher, daß die Schäferhundfreunde mehr auf Prüfungen als auf Schönheitsausstellungen ihre Hunde zeigen.

Die Europasiegerausstellung findet jedes Jahr in Dortmund statt, sie ist allerdings nicht so beliebt wie die Bundessiegerausstellung, da es auch noch in Belgien eine Euro-Dogshow gibt, die gleichfalls einen Europasiegertitel verleiht. Es wird geplant, auch die Europasiegerausstellung wandern zu lassen. Eine Wanderschau ist die Weltsiegerausstellung, die zusammen mit dem Kynologischen Weltkongreß abgehalten wird. Sie ist sozusagen die Olympiade der Hunde. Kommt sie nach Deutschland, findet sie in Dortmund, dem Sitz des VDH, statt. 1991 wurden in Dortmund 13427 Hunde aus 272 verschiedenen Rassen bewertet. 1996 ist die Weltsiegerausstellung in Wien und Budapest, und es wird schätzungsweise sechs bis sieben Jahre dauern, bis die Ausstellung wieder nach Deutschland zurückkommt. Auf dieser Ausstellung wird der Weltsiegertitel vergeben.

Alle diese Ausstellungen werden vom VDH oder den ihm angeschlossenen Vereinen veranstaltet. Man muß nicht einem Verein angehören, um mit seinem Hund daran teilnehmen zu können, aber unser Hund muß eine vom VDH und der FCI anerkannte Ahnentafel besitzen. Mit Hunden, die man im Tierhandel oder in Kaufhäusern gekauft hat, kann man an solchen Ausstellungen nicht teilnehmen. Ebenfalls nicht an den vielen Ausstellungen im Ausland, die von der FCI und ihren Verbänden veranstaltet werden.

Gedanken über den Sinn von Hundeausstellungen

Seit es Hundeausstellungen gibt, ist über ihren Sinn bzw. Unsinn diskutiert worden. Die Gebrauchshundzüchter mokieren sich über die »Schönheitskonkurrenzen«, manche Züchter stöhnen über die Zumutung, im Jahr mehrere Ausstellungen besuchen zu müssen, wenn sie die für die Zucht und den Verkauf so wichtigen Titel erringen wollen. Zu guter Letzt gibt es Hundefreunde, die die Hektik, den Lärm und die engen Boxen in großen Ausstellungen gar für Tierquälerei halten. Wieder andere vergleichen sie mit den Miß- und Mister-Wahlen, bei denen menschliche Pos, Busen und Muskeln prämiert werden. Doch während diese Menschenwahlen reine Jahrmärkte der Eitelkeiten sind, geht es bei den Hunden um mehr.

Der richtige Ausdruck für Hundeausstellung, nämlich *Zuchtschau,* erklärt den Zweck. Zuchtschauen sind vor allem Veranstaltungen für Züchter, die dort ihre Zuchtprodukte einem sachkundigen Richter vorstellen. Dieser muß aufgrund seines Wissens und des von der Rasse vorgegebenen Standards feststellen, inwieweit der Hund den Zuchtzielen entspricht. So sind denn die Ausstellungen förderlich für die Zucht, zwingen aber deshalb auch jeden ehrgeizigen Züchter, auf möglichst viele Ausstellungen zu gehen. Zum einen, um dort seine Hunde vorzustellen und beurteilen zu lassen, zum anderen aber, um sich bei den Konkurrenten über den Weg einer Rasse zu orientieren. Auch gibt es auf jeder Ausstellung genügend Kontakte und Anregungen für neue Hundeverbindungen.

Der Besuch einer Ausstellung ist für Züchter auch aus anderen Gründen wichtig. Ein Hund mit Titeln wird ein wertvoller Hund, dessen Nachkommen begehrt sind. Mit seiner Teilnahme wirbt er für das *Produkt Rassehund,* da die Ausstellungen viele Zuschauer anziehen und sie für Rassehunde begeistern. Deshalb gehört zu jeder Ausstellung immer ein bißchen Show.

Inzwischen bilden auf Ausstellungen gar nicht mal mehr die Züchter die Mehrzahl, sondern es sind Hundebesitzer, Liebhaberaussteller, die im Ausstellungsbesuch eine Freizeitbeschäftigung sehen. Und je erfolgreicher der Hund ist, desto intensiver wird das Hobby Ausstellung betrieben.

Wir gehen auf eine Ausstellung

Empfiehlt Ihnen der Züchter, mit dem bei ihm gekauften Hund auf eine Ausstellung zu gehen, dann sollten Sie es ruhig versuchen. Wenn Sie auch nicht Mitglied des Rassevereins sein müssen, besser ist es schon, da Sie über alle Ausstellungen informiert und beraten werden, wie man einen Hund für eine Ausstellung vorbereitet.

Zunächst füllt man die notwendigen Meldeformulare aus. In sie trägt man den im Zuchtbuch eingetragenen Namen des Hundes, die seiner Eltern und die Zuchtbuchnummer ein, ferner das Wurfdatum, den Namen des Züchters und Namen und Anschrift des Besitzers. Gefragt wird auch, in welcher Klasse man den Hund anmelden will.

Bei den Zuchtschauen wird in verschiedenen Klassen gerichtet. Sie heißen

1. Jüngstenklasse: Die hier gemeldeten Hunde müssen mindestens sechs und dürfen nicht älter als neun Monate sein. Deshalb werden in der Jüngstenklasse keine Formwerte vergeben, da die Hunde in der Entwicklung noch unfertig sind. Es gibt allerdings Hinweise wie »guter Nachwuchs«, »versprechend«, »vielversprechend«. So junge Hunde einer Ausstellung auszusetzen ist umstritten. Hat man jedoch vor, mit dem Hund weiterhin Ausstellungen zu besuchen, dann gewöhnt man ihn am besten rechtzeitig an die ganze Hallenatmosphäre.

2. Jugendklasse. Sie reicht bei den meisten Rassen von 9 bis 18 Monate, einige Ausnahmen sind die Rassenregel. Hier kann man noch mit nachsichtigen Richtern rechnen. Aus diesem Grund wird in manchen Clubs der Formwert »sehr gut« als höchstes Prädikat gegeben. Hunde der Jugendklasse sind noch nicht absolut fertig.

3. Offene Klasse. Sie beginnt fast bei allen Rassen mit 15 Monaten. Bei den Deutschen Schäferhunden und den Rottweilern heißt sie auch *Altersklasse* und beginnt mit 24 bzw. 20 Monaten. Die offene Klasse zeigt Hunde verschiedensten Alters und verschiedenster Qualität, so daß man sagen kann, wer in der offenen Klasse gewinnt, ist meistens ein besonders schöner Hund, und wer sich hier durchsetzt, muß schon etwas bieten.

4. Gebrauchshundklasse. Bei manchen Vereinen auch *Arbeitsklasse* genannt. Sie ist meist für Hunde ab 15 Monate offen. Hier konkurrieren Gebrauchshunde und Jagdhunde, die alle erfolgreich absolvierte Prüfungen hinter sich haben, miteinander. Das Ziel dieser Klasse ist, Schönheit und Leistung in der Zucht zu vereinen.

5. Siegerklasse. Hier sind die Hunde vereint, die bereits ein internationales oder ein nationales Championat oder den VDH-Siegertitel besitzen. In dieser Klasse stehen die Spitzentiere der gegenwärtigen Zucht gegeneinander, die Hunde, die nach dem Urteil der Richter dem Zuchtziel (Standard) der jeweiligen Rasse am nächsten kommen.

Es gibt noch weitere Klassen, die aber nicht auf allen Ausstellungen vertreten sind.

Zunächst einmal die *Veteranenklasse,* in der Hunde im fortgeschrittenen Alter (meist ab acht Jahren) gezeigt werden, die noch ausstellungswürdig sind. Wie die nächste gibt es sie nicht bei allen Clubs.

Die *Ehrenklasse* ist früheren Siegern und Champions vorbehalten, die noch in guter Verfassung sind, sich aber nicht mehr an der Konkurrenz beteiligen.

Schließlich gibt es noch eine *Zuchtklasse* für Hunde, die sich noch in der Hand des Züchters befinden. Sie bietet Züchtern, die schon mit je einem Hund in anderen Klassen vertreten sind, eine Ausweichmöglichkeit, so daß sie sich nicht in einer Klasse selbst Konkurrenz machen müssen. Auf internationalen Ausstellungen gibt es diese Klasse nicht.

Mit dem Meldeschein ist das Meldegeld fällig, das vorher bezahlt werden muß. Es verfällt, wenn der Hund aus irgendeinem Grund nicht zugelassen wird, zum Beispiel, wenn die Hündin läufig wird. »Nenngeld ist Reuegeld«, das ist ein alter Spruch, der bei Hundeausstellungen noch immer seine Gültigkeit hat.

Man sollte die in der Ausschreibung angegebenen Veterinärbestimmungen genau durchlesen und ebenso beachten. Am Ausstellungseingang werden diese Papiere von einem Tierarzt sehr präzise geprüft, und wenn sie nicht stimmen, wird der Hund mit seinem Herrn gnadenlos nach Hause geschickt. Neben dem Hund muß man am Ausstellungstag den Impfpaß, das verlangte Gesundheitszeugnis, die Ahnentafel und die Annahme- bzw. Meldekarte bei sich haben.

Wie man den Hund für die Ausstellung vorbereitet

Um alles richtig zu machen, brauchen Sie die Hilfe von Erfahrenen. Diese finden Sie am besten im Club Ihrer Rasse. Ratsam ist es auch, sich vorher einmal eine Ausstellung ohne Hund genau anzuschauen; am Ring die Richter zu beobachten; die Leute, die ihre Hunde vorführen, und hier vor allem die, die die Siegertitel einheimsen. Natürlich beurteilt der Richter das Aussehen und die Kondition des Hundes, aber es kommt auch sehr viel darauf an, wie wir unseren Hund dem Richter präsentieren. Nicht umsonst gibt es in Amerika den Beruf des Hundevorführers *(handler),* der anderer Leute Hunde im Ring vorführt. Und es werden wahre Wunderdinge über solche *handler* erzählt.

Nachdem Sie sich mit dem Ausstellungsablauf vertraut gemacht haben, machen Sie Ihren Hund damit vertraut, was auf ihn zukommt. Lassen Sie ihn mit anderen Hunden zusammentreffen, besuchen Sie mit ihm laute Gaststätten, gehen Sie mit ihm über den Bahnsteig des Hauptbahnhofs, kurz, gewöhnen Sie ihn an Trubel und Lärm.

Bringen Sie dem Hund das ruhige Stehen bei und, wenn Sie eine kleine Rasse besitzen, das Stehen auf dem Tisch. Lassen Sie von Ihrem Tierarzt das Gebiß untersuchen, Zahnfehler vermindern den Formwert. Dann üben Sie mit Freunden und Bekannten, damit sich Ihr Hund von einem Fremden das Gebiß kontrollieren läßt, denn es vermindert die Sympathie des Richters, wenn ihn Ihr Hund bei der Gebißkontrolle in die Hand beißt.

Üben Sie auch das Gehen mit dem Hund: Ein Aussteller führt seinen Hund grundsätzlich mit der linken Hand und läuft im Ring im umgekehrten Uhrzeigersinn. Dabei soll sich der Hund im Trab bewegen, weil das die natürliche

Fortbewegungsart der Caniden ist. Unser Problem: mit dem Hund im Kreis zu laufen, ohne daß der Hund hüpft und wir lächerlich aussehen. Denn manchmal ist es nicht der Hund, der schlecht im Ring läuft, sondern sein menschlicher Begleiter, der ihn schlecht führt. Wir schaffen uns eine Vorführleine an, die schmal, leicht und aus einem leinenartigen Material ist und zusammen mit dem Halsband eine Einheit bildet. Achten Sie dabei auch auf Farbe von Hundefell und Halsband.

Sprechen Sie beim Lauf mit Ihrem Hund, und erwecken Sie seine Aufmerksamkeit. Der Hund soll im Ring den Kopf hoch erhoben tragen. Eine häufig beobachtete Unsitte, die man auch auf Fotos sehen kann, ist, den Hund an der Leine so hochzuzerren, daß seine Vorderpfoten die Erde kaum noch berühren. Das verbessert keinesfalls die Halsrückenlinie, sondern veranlaßt nur den Richter zu der Aufforderung, die Leine locker durchhängen zu lassen. Man muß beim Üben erreichen, daß der Hund Spaß am Rundlauf hat.

Rassen, bei denen die Bewertung des Haarkleides eine Rolle spielt, haben meist vom Standard der Rasse vorgeschrieben, wie das Haar auszusehen hat. Es sind dies Britische Hütehunde, Spaniels, Afghanen, Pudel und einige Terrier. Hier kann eine falsche Frisur bei der Bewertung des Hundes negative Punkte ergeben. Falsche Sparsamkeit führt zu nichts, lassen Sie deshalb Ihren Hund rechtzeitig von einem Fachmann herrichten. Aber auch andere Rassen, bei denen das Haarkleid in der Bewertung keine Rolle spielt, sollten gepflegt und sauber im Ring erscheinen. Vergessen Sie beim Herrichten die Afterregion nicht. Denken Sie auch daran, ihm die Ohren und die Zähne zu putzen und Zahnstein entfernen zu lassen.

Der anstrengende Ausstellungstag

Mindestens eine Stunde vor Beginn des Richtens sind wir auf dem Ausstellungsgelände. Das bedeutet, daß wir entweder am Tag vorher angereist sind, wenn der Ausstellungsort weit entfernt ist, oder aber am frühen Morgen. Wir achten darauf, daß unser Hund nicht gestreßt, sondern gut in Form ist. Das bedeutet, daß er sich in der Nacht ausruhen konnte und daß seine Umweltbedingungen möglichst wenig geändert wurden, denn Hunde sind, wie ich schon häufiger schrieb, Gewohnheitstiere. Bevor wir die Halle oder das Gelände betreten, sorgen wir dafür, daß sich der Hund entleert. Damit erreichen wir eine Lockerung und Erleichterung des Hundes und ersparen uns die Beschämung, daß gerade unser Hund den Ring oder den Gang vor den Boxen verschmutzt. Irgendein Hund setzt immer irgendwo einen großen Haufen hin.

Während wir uns mit unserem Hund ergehen, ist unsere Begleitung – man sollte immer mindestens zu zweit auf eine Ausstellung gehen – durch den Besuchereingang bereits in die Halle gegangen und erwartet uns am Einlaß für Aussteller. Dort gehen wir durch die medizinische Kontrolle und empfangen den Katalog. Wir suchen unsere Boxnummer und dann die Box. Dort ist die Nummernkarte angeheftet, die man an der Kleidung deutlich sichtbar befestigt. Wir bringen den Hund gut unter und richten uns ein. Vergessen Sie auf keinen Fall ein oder zwei Klappstühle. Es ist auch vorteilhaft, wenn der Hund auf einer vertrauten Decke liegt.

Jetzt suchen wir unseren Ring und stellen fest, wann wir dran sind. Das erspart uns später hektisches Suchen unter Zeitdruck und ist vor allem auf großen Ausstellungen wichtig.

Bis zum Richten haben wir nur eine einzige Aufgabe: uns auf den Hund konzentrieren, ihm das Gefühl der Sicherheit geben und auch uns auf den Ring vorbereiten.

Begeben Sie sich etwa zehn Minuten vor Beginn des Richtens der Klasse, in der Ihr Hund gemeldet ist, an den Ring. Wenn Ihre Katalognummer ausgerufen wird, betreten Sie den Ring und stellen sich so auf, daß Ihre sichtbar getragene Nummer gut erkannt werden kann. Wenn die Einzelwertung beginnt und Ihre Nummer aufgerufen wird, treten Sie vor den Richter und zeigen Sie das, was Sie geübt haben. Sie hören die Bewertung mit, denn ein guter Richter richtet laut. Dann wartet man, bis alle Tiere der Klasse beurteilt sind. Zum Schluß wird der Richter Sie bitten, im Ring Aufstellung zu nehmen. Seien Sie jetzt noch einmal konzentriert, und präsentieren Sie Ihren Hund beim Hintereinanderrundgang in bester Form. Jetzt geht es um Sieg oder Plazierung.

Nehmen Sie das Urteil des Richters gelassen hin, zeigen Sie weder übertriebene Freudensbekundungen noch Ihr Mißfallen. Denken Sie daran, daß Ihr Hund für Sie der schönste und beste ist. Gleich, was der Richter sagt. Bringen Sie Ihren Hund zur Box zurück, und geben Sie ihm Wasser und Futter. Sie müssen sich für die Siegerehrung bereit halten, falls Ihr Hund gesiegt hat. Sie müssen auf dem Ausstellungsgelände und an der Box bleiben, auch wenn Ihr Hund nicht gesiegt hat. Bei internationalen Ausstellungen ist immer der Schluß der Ausstellung angeführt. Das heißt, jeder Teilnehmer hat für die zahlenden Zuschauer bis zum Ende der Veranstaltung an seinem Platz zu bleiben. Wer vorher ohne Grund weggeht, kann für weitere Ausstellungen gesperrt werden.

Der Richter und die Formwerte

Richter für Hunde zu sein ist ein noch undankbareres Geschäft als Schiedsrichter beim Fußball. Nur die Sieger sind mit ihm zufrieden, und die sind immer in der Minderzahl. Manchmal mögen ihn sogar die Hunde nicht, schnappen nach seiner Hand oder heben an seiner Hose das Bein. Diese Richter sind verantwortlich für die Qualität einer

Rasse. Sie müssen den Hunden durch die Bemuskelung hindurch gewissermaßen in die Gene schauen können. Das heißt, sie müssen das Individuum nicht nur nach seinem Erscheinungsbild *(Phänotyp)*, sondern auch nach seinen Erbanlagen *(Genotyp)* beurteilen, was viel Kenntnis voraussetzt. Ich möchte hier den Hundefachmann mit einem Weinfachmann vergleichen, der nicht nur den Geschmack beurteilen muß, sondern auch die Zukunft eines Weines, die Art, wie er sich entwickeln wird. Deshalb sind die Anforderungen an einen Richter groß.

Wir unterscheiden:

1. Spezialrichter. Sie haben spezielle Kenntnisse für ihre eigene Rasse. Diese haben sie sich erworben als Mitglied in einem Club (fünf Jahre lang), als Züchter und als Richteranwärter, der fünfmal auf Schauen tätig sein muß. Dabei beurteilt er als »Schattenrichter« die gezeigten Hunde selbständig und verfaßt einen Bericht darüber. Diesen Bericht vergleicht der Richter mit dem seinen. Wenn das fünfmal gutgegangen ist, muß der Anwärter eine schriftliche und mündliche Prüfung ablegen. In der schriftlichen Prüfung sind 100 Fragen aus den Gebieten Standard, Zucht, Vererbung, Anatomie usw. zu beantworten. In der mündlichen Prüfung muß er bis zu einem Dutzend Hunde seiner Rassen detailliert vor einer Richterkommission besprechen und beurteilen. Im Ring ist der Richter dann mit seiner Verantwortung allein, sein Urteil ist zwar unangreifbar, aber er muß es auch begründen können.

2. Gruppenrichter. Sie beurteilen nicht eine einzelne Rasse, sondern eine von der Natur her zusammengehörende Gruppe, wie zum Beispiel alle Spaniels. Oder aber durch den Club zusammengehörende Gruppen wie die Britischen Hütehunde oder die Molosser.

3. Allgemeinrichter. Diese Allrounder trifft man auf internationalen Schauen, und zwar bei den weniger bekannten und seltenen Rassen, deren Clubs sich keine Spezialrichter leisten können. Allrounder wird man nach einer mindestens fünfjährigen Tätigkeit als Spezialrichter durch den Nachweis, daß man das gesamte Hundewesen und die in Frage kommenden Rassen genau kennt. Das klingt sehr gut, ist aber in der Praxis nicht immer so: Bei einem Allrounder kann man schon mal mit einem schwächeren Hund einen Sieg erringen. Und man glaubt im Besitz eines Champions zu sein, bis man einmal vor einem aus fernem Land angereisten Spezialrichter dieser Rasse steht.

4. Zuchtgruppenrichter. Sie haben die Aufgabe, am Ende einer internationalen Ausstellung den Zuchtgruppenwettbewerb zu richten. Unter Zuchtgruppen versteht man mindestens drei Hunde aus dem Zwinger eines Züchters, die mindestens das Prädikat »gut« bekommen haben. Zuchtgruppenrichter werden vom VDH aus der Gruppe der Spezialrichter ernannt.

Jeder Richter richtet nach dem Standard. In ihm ist alles festgelegt, was das typische Bild und die typische Erscheinung eines Hundes der jeweiligen Rasse ausmacht. Der Standard gilt für die Rasse in allen Ländern. Doch drücken sich nicht alle Standards in allen Punkten absolut unmißverständlich aus.

Ein Richter muß mehr wissen von der Rasse, als ihm der Standard sagen kann. Er muß ein Gefühl für den lebenden Hund haben, und er muß viele gute Hunde einer Rasse kennen. Nur dann kann er richtig urteilen und *Formwerte* vergeben.

Dieser magische Begriff, der sich in den Worten »vorzüglich«, »sehr gut«, »gut«, »genügend« und »ungenügend« äußert, hat schon viele Emotionen geweckt. Sportsgeist, Fairneß und die Kunst, verlieren zu können, sind auch auf Hundeausstellungen nur selten zu finden.

Der Richter hat am Ende seiner Beurteilung jedem Hund einen Formwert zuzuerkennen. Lassen wir die nüchternen Bezeichnungen durch den Artikel 19 des Ausstellungsreglements der FCI erläutern:

»Vorzüglich darf nur einem Hund zuerkannt werden, der dem Idealstandard der Rasse sehr nahe kommt, in ausgezeichneter Verfassung vorgeführt wird, ein harmonisches ausgeglichenes Wesen ausstrahlt, der *Klasse* und eine hervorragende Haltung hat. Seine überlegenen Eigenschaften seiner Rasse gegenüber werden kleine Unvollkommenheiten vergessen machen, aber er wird die typischen Merkmale seines Geschlechts besitzen.

Sehr gut wird nur einem Hund zuerkannt, der die typischen Merkmale seiner Rasse besitzt, von ausgeglichenen Proportionen und in guter Verfassung ist. Man wird ihm einige verzeihliche Fehler nachsehen, jedoch keine morphologischen. Dieses Prädikat darf nur einem Klassehund verliehen werden.

Gut. Dieses Prädikat ist einem Hund zuzuerteilen, welcher die Hauptmerkmale seiner Rasse besitzt, aber Fehler aufweist.

Genügend. Diese Bewertung erhält ein Hund, der seinem Rassetyp genügend entspricht, ohne dessen allgemein bekannte Eigenschaften zu besitzen, bzw. dessen körperliche Verfassung zu wünschen übrigläßt.«

Über »ungenügend« wird von den Offiziellen nichts ausgesagt, es erklärt sich jedoch von selbst: ein ungenügender Hund ist noch schlechter als ein genügender, er genügt nicht den Anforderungen, die an einen Rassehund gestellt werden.

Plazierung und Richterbericht

Wenn alle Hunde aus einer Klasse gerichtet worden sind und ihren Formwert erhalten haben, muß der Richter die schönsten in eine Reihenfolge bringen, die zusätzlich einen Bewertungscharakter hat und den Namen *Plazierung* trägt. Für die Plazierung kommen nur Hunde mit den Formwerten »vorzüglich« und »sehr gut« in Frage, und aus den Plazierten werden die Championanwärter gekürt, was im FCI-Reglement wörtlich so, wenn auch nicht ganz unmißverständlich, festgelegt ist: »Das CACIB kann nur einem Hund erteilt werden, der in der ›Vorzüglich‹-Gruppe als Erster klassiert wurde, die Belohnung ist jedoch nicht automatisch mit dem ersten Platz verbunden. Es wird dem schönsten Hund zugesprochen, der das Prädikat ›Vorzüglich‹ erhalten hat, unter der Bedingung, daß der Hund ganz hervorragend ist.«

Das bedeutet, daß ein Richter sich auch weigern kann, das CACIB zu vergeben. Wenn ihm der V1-Hund vielleicht doch nicht gut genug erscheint (warum hat er ihm dann ein V1 gegeben?). Auf jeden Fall birgt diese Formulierung Streitmöglichkeiten in sich.

Der Richter im Ring muß sich bei der Plazierung eindeutig entscheiden. Er gibt ein »Vorzüglich eins«, in der kynologischen Gebrauchssprache V1, das den Sieger seiner Klasse bezeichnet. Ihm folgen der V2-Hund und der V3 oder, wenn es nur zwei »Vorzüglich« gegeben hat, der »Sehr gut drei« und Sg4. Höchstens vier Hunde werden plaziert, wenn es überhaupt so viele »Vorzüglich« und »Sehr gut« gegeben hat. Anderenfalls können auch nur zwei Hunde, zum Beispiel ein V1 und ein Sg2, plaziert werden. »Gut« wird nicht mehr plaziert. Rüden und Hündinnen werden getrennt gerichtet und plaziert.

Hier muß ich noch einmal erwähnen, daß das Urteil des Richters unantastbar und endgültig ist. Beschwerden werden zur Kenntnis, aber nicht entgegengenommen.

So kann man auch nicht sichergehen, daß ein Hund, der einmal ein V1 bekommen hat und der nun automatisch in der Siegerklasse gerichtet wird, auf der nächsten Ausstellung unter einem anderen Richter wieder ein V bekommt. Der andere Richter kann andere Vorstellungen von »überlegenen Eigenschaften seiner Rasse gegenüber« haben, der Hund kann an dem Ausstellungstag sich schlechter präsentieren als sonst, die Qualität der Mitbewerber kann besonders gut sein.

Bei der »Cruft's Show« in London werden alljährlich rund 10 000 Hunde in 2 Tagen gerichtet: auf schnellstem Weg werden die 3 schönsten Tiere jeder Rasse gesucht. Hier ist die Show der Darbietung wichtig

Viele Aussteller betrachten die Deklassierung als Pleite, wenn sie ihren Hund wie einen Star aufgebaut haben, um möglichst viele Titel einzuheimsen. Da sind sie nun von Ausstellung zu Ausstellung gereist (wer das Internationale Schönheitschampionat erringen will, muß vier CACIB unter drei verschiedenen Richtern in drei verschiedenen Ländern erlangen) und waren sich ihres Sieges schon fast sicher. Verliert so ein Hund, ist es ähnlich, wie wenn der Sohn durchs Abitur fällt.

Ich möchte hier nicht auf weitere Siegertitel, ihre Anwartschaften und die ganzen Bedingungen der Vergabe eingehen. Das ist kompliziert, wechselt oft von Club zu Club. Wer sich aufs Ausstellungskarussell begibt, wird es schnell lernen.

Neben dem Formwert und der Plazierung ist der *Richterbericht* von Bedeutung. Hier werden die vorgeführten Hunde mit genauer Beschreibung ihrer Vorzüge und Schwächen dokumentiert. Ein guter Bericht läßt Wesentliches für die Zucht einer Rasse erkennen, und je genauer ein Richter einen Hund beschreibt, je informativer und lesbarer sein Bericht ist, um so nützlicher ist er für die Praxis. Veröffentlicht werden die Berichte in den Mitteilungen der Clubs. Das liest sich bei den Foxterriern in der Siegerklasse beispielsweise so: »Ted von der Bismarckquelle ist bei bester Rüdengröße vorzüglich proportioniert, substanzvoll und mit edler oberer Linie, mit feinem, langem Kopf und guter Fangpartie, dunklem Auge, eingepaßt in vorzügliche Lidspalte: sie prägen zusammen den gewünschten Terrierausdruck. Hat langen Hals, vorzügliche Schulterlage, perfekte Front, Läufe und Pfoten, beste Rippung, kurzen, straffen Rücken, vorzügliche Lendenpartie, bestens angesetzt und getragene Rute, vorzügliche Hintergliedmaßen, einwandfreie Gänge im Kommen und Gehen, vorzügliches Drahthaar in bester Ausstellungskondition. Ted ist indessen ausgereift und Rüde geworden. V1, CACIB und VDH-S.«

Ich hoffe, daß Sie diese Kynologensprache verstehen.

Wenn die Hündin Mutter wird

Viele Besitzer von Hündinnen leben in dem Glauben, es sei für die Gesundheit förderlich, wenn man die Hündin wenigstens einmal decken läßt und ihr Mutterfreuden beschert. Mutterschaft als gesundheitliche Prophylaxe, als Verhinderung von Gebärmutterentzündung oder als Lebensverlängerung ist jedoch nicht nötig. Auch verhindert eine Mutterschaft keineswegs spätere Scheinträchtigkeit und Scheinmutterschaft. Dagegen besteht kein Zweifel daran, daß das Pflegen und Aufziehen eines Wurfes für die Hündin eine seelische Bereicherung ist. Doch genügt das, um selbst Züchter zu werden?

Stellen wir uns drei Fragen:

1. Muß ich mit meiner Hündin züchten? – Das haben wir bereits mit »nein« beantwortet.

2. Soll ich mit meiner Hündin züchten? – Charakterfehler wie Ängstlichkeit oder Nervosität werden durch die Mutterschaft nicht beseitigt. Sie werden aber an die Welpen weitervererbt! Mutterschaft führt zu keiner Wesensverbesserung, Hündinnen können zwar selbstbewußter werden, doch das ist kein Grund, Welpen in die Welt zu setzen. Mit Welpen Geld verdienen zu wollen ist eine Illusion. Der Aufbau einer Zucht ist sehr schwierig. Auf jeden Fall sollte man vorher mit sich ins reine kommen und genau wissen, was man sich mit Hundenachwuchs auflädt. Und die Welpen sollten eigentlich schon vor dem Deckakt vergeben sein.

3. Darf ich mit meiner Hündin züchten? – Verbieten kann es Ihnen niemand. Doch in Ihrem und der zukünftigen Hunde Interesse sollten Sie vorher in den Rasseclub Ihrer Hündin eintreten, sich nach den bestehenden Zuchtvorschriften erkundigen, die Hündin begutachten und ankören lassen, damit die Welpen ins Zuchtbuch eingetragen werden, Papiere bekommen und Sie nicht mit einer Wurfkiste voll »rasseloser Hunde« dasitzen. Denn in der Hundewelt sind die richtigen Papiere noch wichtiger als in der Menschenwelt.

Der Schweizer Kynologe Hans Räber schreibt zu Beginn seines ausgezeichneten »Breviers neuzeitlicher Hundezucht«: »Züchter werden ist nicht schwer, Züchter sein dagegen sehr!« Wobei er genau unterscheidet zwischen dem Hundevermehrer, dessen Zuchtversuche darin bestehen, eine hitzige Hündin mit einem deckwilligen Rüden zusammenzubringen, und dem Züchter, der sich um die Qualität der Rasse bemüht.

Wenn ich Ihnen einen guten Rat geben darf: Lassen Sie Ihre Hündin keine Jungen bekommen. Und sollte einmal ein Unglück passieren, auf Seite 79 steht, wie Sie es wieder aus der Welt schaffen können. Ich finde, es gibt genug Hunde und genug berufene Leute, die Hunde züchten. Das ist meine ganz persönliche Meinung. Damit Sie, falls Sie für Ihre Hündin eine andere Meinung haben, Bescheid wissen über das Sexualleben der Hunde, beschreibe ich im folgenden alles, was man als Hundebesitzer mit Nachwuchswünschen und -sorgen wissen muß.

Am Anfang ist die Läufigkeit

Sie tritt bei den meisten Hündinnen zweimal im Jahr auf, gehäuft in den Monaten Januar und Februar sowie im August und September, doch gibt es genügend Ausnahmen von dieser Regel. Kleinere Rassen neigen zu kürzeren Intervallen (alle vier Monate), große Rassen zu längeren (alle acht Monate), wobei ich das Wort »neigen« betonen möchte. Basenjis werden nur einmal im Jahr läufig, ähnlich wie manche nordischen Hunde.

Die erste Läufigkeit einer Hündin tritt zwischen dem sechsten und elften Monat ein. Das Mindestalter für die Zuchtzulassung ist in den Zuchtordnungen der Rasseclubs festgelegt. Es liegt meist bei 18 Monaten. Unter *Läufigkeit* versteht man jene etwa drei Wochen dauernde Zeit im Zyklus der Hündin, in der sie zunächst Rüden anzieht und dann zur Paarung bereit ist. Während der zwischen fünf und zehn Tage dauernden *Vorbrunst* verändern sich Wesen und Körper der Hündin. Sie wird unruhig, appetitlos oder verfressen, sie setzt mehr Harn als sonst ab, dosiert ihn und markiert. Dabei scheidet sie Geruchsstoffe aus, die die Rüden anlocken. Ihre Schamlippen schwellen an, und die Schnalle vergrößert sich. Sie scheidet Sekret aus, das allmählich mit Blut gemischt wird.

Diese Beschreibung gilt aber nicht für alle Hündinnen, die äußeren Anzeichen können gering sein, so daß ein Fehltritt passieren kann, ehe man etwas merkt. Ein sehr sicheres Anzeichen ist das Auftauchen von Rüden vor der Haustür. Sie riechen läufige Hündinnen über weite Entfernungen. Bei uns auf dem Lande treffe ich Rüden auf Wanderschaft, die dörferweit traben. Meine Rüden, von uns sorgfältig bewacht, heulen ihre Lieder an eine Unbekannte in den Himmel und reißen mich auf deren Spuren durch die Gegend.

In diesem Stadium, das die Rüden besonders erregt, läßt sich die Hündin noch nicht decken. Sie trägt den Schwanz mehr denn je über der Schnalle und zwischen die Beine geklemmt, sie läuft vor dem Rüden fort oder bedroht ihn knurrend, und er läßt sich noch verjagen. Im übrigen kann man den Geruch nicht überdecken, wie sicher die Mittel auch sein sollen, die angeboten werden. Brauchbar, wenn auch im Aussehen komisch, sind die Slips, die man der Hündin anzieht, damit sie die Wohnung nicht allzusehr beschmutzt. Damit man einigermaßen vor einer Rüdenbelagerung bewahrt wird, geht man nicht vom Haus weg und zurück spazieren. Man trägt die Hündin ins Auto oder läßt sie in der Garage einsteigen und fährt ein Stück fort. Die Rücksicht gegenüber Rüdenbesitzern und die Sorge um die eigene Hündin gebieten uns, sie während dieser Spaziergänge an der Leine zu führen. Wie oft bin ich schon an der Leine hängend fluchend meinem Rüden auf der Kreuz-und-quer-Spur einer frei laufenden läufigen Hündin gefolgt!

Wenn der Ausfluß glasig wird und nur noch rosafarbig ist, beginnt die Zeit der *Hochbrunst.* Sie dauert zwischen fünf und zehn Tagen, wobei ich anmerken möchte, daß eine Läufigkeit meist länger dauert, als man sich nach Tabellen ausgerechnet hat. Diese Zeit ist gefährlich. Die Hündin versucht, auch wenn sie sonst noch so häuslich ist, fortzulaufen (sie ist im wahrsten Wortsinn *läufig*), um Rüden zu treffen. Denn jetzt lehnt sie Annäherungsversuche nicht mehr ab, sie reckt einem Rüden ihr Geschlecht hin, wobei sie die Rute seitlich wegstellt. Der Fachmann sagt dazu, die Hündin *steht.* Das ist der Zeitpunkt, zu dem sie gedeckt werden kann.

Die Hündin muß jetzt genau beaufsichtigt werden, darf nicht frei laufen und sollte auch nicht allein im Garten gelassen werden. Während der ihr zugeführte Deckrüde manchmal unlustig ist und man seine liebe Not damit hat, daß es klappt, sind andere sehr aktiv und erfindungsreich. Nur dem Paarungstrieb folgend, vergessen sie Hunger, Schlaf und Zurückhaltung, sie trotzen Kälte, Nässe und Hitze und überwinden Hindernisse wie Gartenzäune oder Parterrefensterbänke. Auch Größenunterschiede stören sie nicht. Große Hündinnen bieten sich liegend kleinwüchsigen Rüden an, und Dackel-Bernhardiner-Kombinationen sind durchaus möglich. Genauso wie Hündinnen hintereinander von mehreren Rüden gedeckt werden können, so daß die Welpen von mehreren Vätern stammen. Die zwei bis drei Tage, in denen die Hündin *steht,* sind meist der 11. bis 13. Tag im Läufigkeitsverlauf, berechnet nach dem ersten Auftreten der geröteten Sekretabsonderung. Doch ist das keine exakte Angabe, da sich Hündinnen sowohl nach Rasse wie auch individuell unterscheiden. Wer Nachkommen will, muß seine Hündin sehr genau beobachten.

Wenn die Schwellung der Schnalle zurückgeht, der Ausfluß geringer und dunkler wird (er macht jetzt gräulichschwarze Flecken), ist die Läufigkeitsperiode zu Ende. Sie dauert runde 21 Tage, doch da die Rückbildungsphase noch einmal vier Wochen dauert, können die Brunstsymptome auch merkbar länger sein.

Scheinträchtigkeit und Scheinmutterschaft

Die Gelbkörperhormone, die bei den Säugetieren dafür sorgen, daß befruchtete Eier in der Uterusschleimhaut haften bleiben und es nicht zu einer Fehlgeburt kommt, werden sehr schnell zurückgebildet, wenn es nicht zur Befruchtung gekommen ist. Bei der Hündin häufig nicht. So schwillt das Gesäuge an, und es kommt zur Scheinträchtigkeit. Etwa sechs bis acht Wochen nach der Läufigkeit sucht die Hündin dunkle Stellen auf, scharrt und baut Nester für die eingebildeten Kinder, ist unruhig, kann Fremden gegenüber böse werden, wenn sie sich dem »Wurflager« nähern. Sie weigert sich auch, ihre Kinder zu verlassen und fortzugehen.

Andererseits sollte sie, nach Anraten des Tierarztes, in dieser Zeit reichlich spazierengehen. Die Scheinträchtigkeit ist zur Scheinmutterschaft geworden, die Hündin beginnt, Milch zu produzieren. Wie bei einer richtigen Trächtigkeit dauert die Milchzeit bis zu vier Wochen. Manchmal auch wesentlich kürzer und nicht so deutlich. Fragen Sie Ihren Tierarzt, was Sie machen sollen. Mein Rat: so wenig wie möglich.

Anfänger unter den Hündinnenbesitzern kann diese Scheinträchtigkeit erschrecken und zur Gewissenserforschung führen: Wann habe ich nicht aufgepaßt?

Liebesspiel und Paarung

Betrachten wir die Hundeliebe erst einmal zoologisch-wissenschaftlich. Wenn die läufige Hündin den Rüden annimmt, spielen die beiden ein Werbungsritual, das immer nach dem gleichen Muster abläuft. Die Hunde begrüßen sich zunächst Nase an Nase, dann schnuppern sie am Hinterteil, genauso, wie sich Hunde zu begrüßen pflegen, wenn sie sich unterwegs treffen. Doch der Rüde ist erregter, die Hündin verspielter. Beide spielen miteinander, wobei die Hündin in der schon beschriebenen *Stehen*-Position immer wieder einmal innehält.

Kurz vor dem Deckakt stellen sich beide nebeneinander, blicken in die gleiche Richtung und haben Kopf und Rute erhoben. Die Hündin kann dem Rüden Hals und Ohren lecken. Der Rüde beschnuppert und leckt sie dort ausgiebig. Wenn dann die Hündin ihre Rute zur Seite stellt und sich mit dem Hinterteil, manchmal wackelnd wie ein Starlet, dem Rüden zuwendet, bespringt er sie.

Nach der Paarung steigt er ab, beide bleiben aber noch durch den Penis des Rüden miteinander verbunden. Diese Phase nennt man *hängen,* sie kann einige Minuten bis zu einer halben Stunde dauern. Die Tiere stehen ruhig da, Hinterteil an Hinterteil, und man darf sie nicht trennen. Wird die Hündin unruhig, muß man sie beruhigen.

Während des Deckaktes vergrößern sich die Schwellkörper des Penis, die rechts und links vom Penisknochen liegen. Dadurch wird von der Natur erreicht, daß die Scheide der Hündin verschlossen wird und die Spermien nicht nach außen fließen.

Die Spermien schlängeln sich zum Eileiter und befruchten die dort vorhandenen Eier. Maßgebend für die spätere Welpenzahl sind immer die Eier der Hündin und nicht der Rüde mit seinen Millionen von Spermien. Doch gibt es noch immer Züchter, die das glauben.

Während einer Läufigkeitsperiode reifen etwa 10 bis 20 Eizellen *(Follikel)* zum Eisprung heran und wandern in den Eileiter. Hier sind sie erst nach einer gewissen Zeit befruchtungsfähig und brauchen bei ihrer Wanderung durch den Eileiter acht bis zehn Tage. Die Tatsache, daß sich diese Ovulation über mehrere Tage hinziehen kann, die Spermien aber nur 24 Stunden lebensfähig sind, macht es durchaus möglich, daß eine Hündin im gleichen Wurf Kinder von zwei oder drei Vätern haben kann. Würde man sie unbeaufsichtigt lassen, ließe sie sich von mehreren Rüden decken.

Bei zeitlichen Pausen zwischen den Eisprüngen ist eine Mehrfachbefruchtung möglich. Das hat zum immer noch existierenden Züchteraberglauben von der Telegonie geführt. Bei Hunden heißt das: Eine durch einen andersrassigen oder rasselosen Rüden gedeckte Hündin ist fortan für die Zucht wertlos, weil sich der Einfluß dieses Fehltritts auf alle weiteren Würfe auswirkt. Der völlige Unsinn dieser Behauptung ist jedem klar, der auch nur die geringste Ahnung von der Vererbungslehre hat. Wie sollten Junge das Erbgut der Mutter verändern, und – stimmte dieser Aberglaube – wie wäre überhaupt eine Hochzucht möglich, denn alle Welpen einer Mutter stünden dann unter dem Einfluß des ersten Vaters. Doch versichere ich Ihnen, so ein Unsinn wird heute noch geglaubt, wenn ein Züchter in einem Wurf kurz- und langhaarige Welpen vorfindet.

Für den geplanten Deckakt und die gewünschten Nachkommen kann man die andauernde Ovulation ausnützen: Eine Hündin im Abstand von 24 Stunden zweimal vom gleichen Rüden dekken zu lassen gibt mehr Sicherheit und erhöht die Zahl der Welpen (in der Regel).

Sollte Ihre Hündin ohne Ihren Willen, aber vor Ihren Augen gedeckt werden, dann müssen Sie die Hängephase abwarten. Der sicherlich von Zuschauern vorgeschlagene Eimer Wasser, um die beiden zu trennen, führt zu nichts. Außer vielleicht zu einem Schock bei Ihrer Hündin. Gewaltsames Trennen verletzt beide Hunde. Es hilft nur abwarten, auch wenn es noch so unangenehm ist. Zumindest aber kennen Sie den genauen Zeitpunkt und können etwa vom fünften bis zehnten Tag danach den Tierarzt spritzen lassen (Genaueres auf S. 79). Im übrigen trifft den Halter des Rüden kein Verschulden, da der Duft der Hündin für den Rüden unwiderstehlich war (BGH 6. 7. 76).

Unsere Hündin soll gedeckt werden

Leider klappt es bei gewünschten Paarungen häufig nicht so reibungslos, wie ich es oben beschrieben habe.

Gehen wir davon aus, daß Sie sich den geeigneten Deckrüden für Ihre Hündin ausgesucht haben. Wenn Sie nicht selber ein Zuchtfachmann sind und sich in den Familien Ihrer Rassen (das Wort *Blutlinien* möchte ich bewußt vermeiden, da es zu der Annahme verleitet, Blut sei Träger der Erbanlagen) auskennen, ziehen Sie einen Fachmann zu Rate. Warum, sagt Ihnen am besten das Zitat von Ernest Eberhard, einem

1 Zu Beginn einer Paarung begrüßen sich Rüde und Hündin Nase an Nase

2 Der Rüde darf die Hündin beschnuppern, sie stellt die Rute dabei zur Seite

3 Nach einem kurzen Fangespiel bleibt die Hündin »stehen«

4 Kurz vor dem Deckakt stellen sich beide nebeneinander fast parallel

5 Die Hündin wendet ihre Hinterpartie dem Rüden zu, und er bespringt sie

6 Nach der Paarung »hängen« die Tiere noch einige Zeit aneinander

1
2
3
4
5
6

amerikanischen Bullterrierzüchter, der beschreibt, daß, züchterisch gesehen, jeder Hund aus zwei Teilen besteht: »Der eine ist der sichtbare Hund, der andere der unsichtbare, aber mächtige genetische Schatten des Hundes. Die Gestalt seiner Gene ist bestimmend für die Merkmale der Nachzucht. Diese Gestaltung der Gene, wurzelnd in den Vorfahren des Hundes, ist in der Mehrzahl der Fälle von größerer Bedeutung als der einzelne Hund selbst. Bei der Paarung sollte man stets den genetischen Schatten des Hundes in die Berechnung mit einbeziehen.«

Meistens fahren wir mit der Hündin zum Rüden, weil er stärker von seinem Territorium abhängt und auf fremdem Gebiet deckunlustig sein könnte. Das heißt, daß wir zur richtigen Zeit fahren: Alles soll deutlich für die Bereitschaft der Hündin sprechen. Wir selber nehmen uns genügend Zeit und schließen die Möglichkeit einer Übernachtung mit ein, wenn der Rüde weit von unserem Wohnort entfernt ist.

Rüde und Hündin sollten vorher nicht gefüttert werden und sich entleert haben. Am besten läßt man beide ins Freie, das allerdings gut eingezäunt sein muß. Auf jeden Fall ist man dabei und beobachtet. So kann man auch verhindern, daß plötzlich ein fremder Rüde dazukommt und mitmacht.

Geduld ist jetzt wichtig. Die Paarung kann schnell vor sich gehen, sie kann aber auch Stunden dauern. Das heißt, zunächst weist die Hündin den Rüden ab, oder der Rüde ist nicht interessiert. Dann spielen die beiden miteinander, lange, lange, und schließlich klappt es doch. Es hat wenig Sinn, sich einzumischen, bevor der Rüde aufgeritten ist. Man lenkt die Hunde nur ab. Mangelnde Lust des Rüden, Abwehr der Hündin soll man nicht tragisch nehmen: Hunde sind sehr sensibel, und es kommt vor, daß ein Rüde einer Hündin unsympathisch ist. Der Rüde wiederum kann irgendwelche Hemmungen haben. Manchmal ist er sexuell noch nicht völlig gereift: Er wippt in einiger Entfernung von der Hündin leer in die Luft, aber springt nicht auf.

Klappt es, dann müssen wir während des Hängens die Hündin festhalten und beruhigen. Ich erinnere mich an einen Deckakt in unserem Garten. Nach zweistündigem Spiel war es soweit, Henry blieb 25 Minuten hängen. Der Hündinnenbesitzer hielt seine Hündin, meine Frau kümmerte sich um Henry, und ich hielt einen Sonnenschirm darüber, weil es ein brütend heißer Augusttag war. Die Hündin aber hatte aufgenommen.

Die Zeit der Trächtigkeit

Sie dauert zwischen 59 und 65 Tagen, im allgemeinen erfolgt die Geburt zwischen dem 60. und 63. Tag. Große Würfe verfrühen die Geburt, kleine Würfe verzögern sie. Ob eine Hündin mit Erfolg gedeckt wurde, kann der Tierarzt oder kundige Züchter zwischen dem 22. und 28. Tag mit den Händen an der Gebärmutter fühlen. Die Röntgendiagnose ist vom 40. Tag an möglich, wenn auch nicht unbedingt sicher.

Nach der 5. Woche wird der Bauch der Hündin dicker, und das Gesäuge wächst sichtbar. Doch das sind keine absolut gültigen Zahlen.

Es zeigt sich erhöhte Freßlust und geringerer Bewegungsdrang: Die Hündin wird sehr häuslich und anschmiegsam.

Die Ernährung vor und während der Trächtigkeit

Da die Hündin in der kurzen Zeit von neun Wochen für neues Leben sorgen muß, das bis zu einem Siebtel ihres Körpergewichtes ausmacht, muß sie in bestem Zustand sein. Zu schlanke Hündinnen sind der Anstrengung der Welpenbildung und dem Wurfvorgang kräftemäßig nicht gewachsen, zu dicke werden kreislaufmäßig überanstrengt. Sollte der Wurf mit einem Kaiserschnitt verbunden sein, erschwert das Fett die Operation unnötig. Das heißt, daß wir schon vor der Läufigkeit, die dem geplanten Deckakt vorausgeht, unsere Hündin körperlich in Bestform bringen.

Sie darf während der Trächtigkeit nicht zu sehr auf eigene Reserven an Nährstoffen zurückgreifen, vor allem, da sie danach auch Milch bilden muß. Wir geben ihr deshalb vom Beginn der Läufigkeit bis zum Decken etwa zehn Prozent mehr Futter als sonst. Das ist wichtig bei Hündinnen, die zum ersten Mal werfen oder die schon älter sind. In der 1. bis 4. Woche der Trächtigkeit wird wieder normal gefüttert. Die Nahrung sollte hochwertig sein und alle Vitamine und Spurenelemente enthalten. Wir decken den Bedarf der trächtigen Hündin an phosphorsaurem Kalk durch reichlich Kalbsknochen und Knorpel, die wir durch ein Vitamin-Mineral-Gemisch in Pulver- oder Tablettenform ergänzen. Das machen wir auch, wenn wir der Hündin ihr übliches Fertigfutter geben.

Von der 5. bis zur 8. Woche wird die Futtermenge schrittweise um ein Drittel erhöht. Das ist erforderlich, weil die Hündin die entstehenden Welpen ernähren muß und für das Wachsen der Gebärmutter, der Plazenten und des Gesäuges zusätzlichen Energiebedarf hat. Informieren Sie sich über die Menge im Ernährungskapitel: Die kJoule-(bzw. Kalorien-)Tagessumme sollte um ein Drittel höher sein.

Qualität ist wichtiger als Quantität, damit der durch die Gebärmutter eingeengte Magen und Darm nicht noch stärker gefüllt wird (Zufütterung von Trocken- oder Halbtrockenfutter). In der 9. Woche geht man auf die normale Futtermenge zurück, um die Geburt zu erleichtern.

Wasser sollte während der ganzen Trächtigkeit ausreichend und frisch zur Verfügung stehen, auch Milch wird von der Hündin im letzten Drittel dieser Zeit gerne genommen.

Weitere Vorbereitungen für die Geburt

Zunächst sorgen wir dafür, daß die Hündin keine Spulwürmer hat. Die Spulwurmlarven können über die Blutgefäße der Gebärmutter in den Blutkreislauf der Welpen gelangen. Optimal ist es, die Hündin zehn Tage vor und zehn Tage nach der Geburt zu entwurmen. Das gilt vor allem für einen Einzelwurf. Hier genügt es meist, die Welpen vor der ersten Impfung, also im Alter von sechs bis sieben Wochen zu entwurmen. Besser noch vor der Impfung eine Kotuntersuchung vom Tierarzt vornehmen zu lassen. Das gilt übrigens auch, wenn Sie einen Welpen als entwurmt und geimpft gekauft haben.

Die Entwurmungsprogramme, die die Tierarzneimittelfirmen für ihre Mittel aufstellen und die von manchen Tierärzten übernommen werden, gelten eigentlich nur für »Problemzüchter« mit vielen Tieren, wo häufig wurmkranke Welpen vorkommen. Ansonsten sollte man die Entwurmung nich allzusehr verwissenschaftlichen.

Wir achten jetzt darauf, daß die Hündin nicht überanstrengt wird, daß sie viel an die Luft kommt, daß sie sich sonnen kann (wenn das Wetter es erlaubt) und daß wir besonders lieb zu ihr sind.

Wir richten das Wurflager für sie her, am besten eine offene Kiste, deren Rand so hoch ist, daß die Welpen die ersten drei Wochen nicht selbst darübersteigen können. Die Kiste darf nicht zu groß sein (für einen Hund von Spanielgröße etwa 90 × 70 cm). Wegen der Blut- und Fruchtwasserflecken sollte man die Wände mit Stoff überziehen, den man abnehmen und waschen kann. Es wird immer empfohlen, an der Innenseite der Kiste eine Leiste so anzubringen, daß die Hündin die Welpen nicht erdrücken kann. Am besten schauen Sie sich bei Ihrem Züchter eine Wurfkiste an, wenn Sie keine Erfahrung haben.

Obwohl die Hündin vor der Geburt in der Kiste scharren wird, geben wir eine Einlage. Das kann ein mit Streu gefüllter Sack oder eine nachgebende Matratze sein, denn die Hündin liebt es, sich eine Mulde zu schaffen. Die Einlage bekommt einen robusten, waschbaren Überzug, und darauf kommen alte Handtücher, die man wechseln kann. Stroh als Unterlage ist unhygienisch und gefährlich, an den Halmen können sich die Welpen verletzen. Wolldecken lassen sich nicht richtig reinigen. Der Platz sollte im Dunkeln stehen, der Raum eine Temperatur um 25 Grad haben.

Am einfachsten stellt man die richtige Temperatur am Verhalten von Hündin und Welpen fest. Hechelt die Hündin, ist es zu warm; werden die Welpen unruhig, ist es zu kühl. Da die Geburt häufig in den frühen Morgenstunden erfolgt, sorgt man für gute Beleuchtungsmöglichkeit. Da der Mensch bei der Geburt dabeisein muß, stellen erfahrene Züchter die Wurfkiste im Schlafzimmer auf. So kann der Mensch oder die Menschen, die die Hündin schätzt, bei der Hündin sein, ohne daß der Vorgang von anderen gestört wird.

Letzte Vorbereitung: Man gewöhnt die Hündin an das Wurflager und läßt sie dort einige Tage schlafen.

Dann setzen die Wehen ein

Etwa 24 bis 12 Stunden vor der Geburt wird die Hündin unruhig, nachdem ihre Flanken eingefallen sind und ihr Körper magerer erscheint. Die folgende Beschreibung ist üblich, jedoch kann das Verhalten von Hündin zu Hündin unterschiedliche Intensität zeigen.

Die Hündin beginnt, Nester zu bauen, zu scharren, im Garten Mulden zu graben oder in den Keller zu laufen. Im Zimmer wird auf dem Teppich und in Ecken gekratzt, manchmal auch die Matratze ihres Korbs zerrissen. Dekken, Tücher und Papier breitet sie um sich herum aus. Je näher die Geburt kommt, um so aggressiver kann sie zu Fremden werden (selten zur eigenen Familie), um so zutraulicher zu ihrer Bezugsperson. Sie hat starken Drang, sich zu lösen, auch wenn nichts kommt. Sie will in den Garten oder auf die Straße, und wenn man sie herausgelassen hat, zerrt sie an der Leine wieder nach Hause.

Das Hecheln wird stärker, und ein leichtes Zittern geht über den Körper und die Läufe. Aus der Scheide, die sie jetzt mehr und mehr leckt, tritt Schleim, der leicht blutig sein kann. Die Geburt kündigt sich an, kann aber noch bis zu 24 Stunden auf sich warten lassen.

Man darf nicht in Panik verfallen, sondern muß Ruhe bewahren. Das ist deshalb so wichtig, weil die Hündin jetzt besonders sensibel ist und jede Stimmung ihrer Menschen spürt. Und wir wollen sie ja nicht aufregen, sondern beruhigen. Auch wenn die Hündin noch keine Milch in den Zitzen haben sollte, ist das kein Grund zur Besorgnis. Züchter, die viele Würfe miterlebt haben, erzählten mir, daß bei einer Reihe von Hündinnen die Milch erst während der Geburt einschoß.

Wann eine Hündin wirft, unterliegt keinen Gesetzmäßigkeiten. Es kann rund um die Uhr sein. Doch ebenfalls nach Züchteraussage kommen viele Hunde gegen zwei, drei Uhr morgens auf die Welt. Die ganze Geburt dauert dann bis in den späten Vormittag. Die Geburt setzt ein, wenn die Hündin mit dem Bauch preßt, wenn sie stöhnt und den Schwanz abwinkelt. Eine leichte Massage der Bauchdecke läßt die Wehen sich verstärken. Zunächst liegt die Hündin auf der Seite mit dem Rücken gegen die Wand. Dabei wechseln Perioden des Hechelns und des langsamen Atmens ab. Zittern der Läufe oder des Körpers ist natürlich.

Am längsten dauern die Wehen bis zur Ankunft des ersten Welpen. »Lang« kann hier ein paar Stunden heißen. In der *Öffnungsphase* wird die Fruchtblase vorgetrieben und dadurch der Muttermund langsam geöffnet. Kommen die Wehen schneller und heftiger, kann sich die Hündin so hinsetzen, als würde sie Stuhlgang haben. Wird in der Scheide eine dunkle Blase sichtbar oder tritt grüner Ausfluß aus, beginnt die Hündin sich heftig an der Scheide zu lecken, dann geht es los. Die einzige Hilfe jetzt ist Streicheln und gutes Zureden, um die Hündin zu beruhigen, falls sie unruhig wird oder kratzen und scharren will.

Die Geburt

Nach dem Herauslaufen des Fruchtwassers richtet die Hündin ihre Rute steil nach oben, und der Welpe kommt in der Fruchtblase durch das Becken. Die Mutter packt die Fruchtblase und schüttelt sie. Dabei reißt sie auf, und der freiliegende Welpe wird von der Nase her kräftig abgeleckt. Die Eihülle frißt die Mutter auf. Die Plazenta wird zusammen mit dem Welpen ausgestoßen und hängt an der Nabelschnur. Die Nabelschnur beißt die Hündin mit ihren Prämolaren durch. Durch das Kauen werden die Blutgefäße so gequetscht, daß es zu keiner Blutung kommt.

Auch die Plazenta wird von der Hündin gefressen. Sie ist hormonreich, was wiederum gut für die Milchproduktion der Hündin ist. Allerdings können mehrere Plazenten bei der Hündin zu etwas später auftretendem Durchfall führen. Zwischen der Geburt des ersten Welpen und dem Wehenbeginn für die nächste Geburt verstreichen 20 Minuten bis zu einer Stunde. Doch es gibt auch noch längere Pausen.

Die Größe eines Wurfes steigt im Verhältnis zu der Widerristhöhe einer Rasse. So haben Bernhardiner eine mittlere Wurfstärke von acht Welpen, Kleinpudel von knapp fünf. Der Durchschnitt sind sechs Welpen, niedrigere Rassen mit größerer Durchschnittszahl sind Beagle und Basset.

Nach der Geburt zeichnet die Hündin noch fast drei Wochen lang. Zuerst mit Blut und grün gefärbt, dann immer heller und glasiger. Diese Selbstreinigung hat nichts mit Nachgeburt zu tun, denn diese (die Plazenta) wurde mit jedem Welpen bereits entfernt. Durch das Fressen der Nachgeburt braucht die Hündin während der Geburt keine Nahrung. Wir sorgen für Wasser oder dünnen Tee zum Trinken.

Wichtig ist zu wissen, daß die Welpen vor allem gegen Unterkühlung empfindlich sind, eventuell muß man die Tierchen mit einem Tuch trockenreiben, wenn es die Mutter mit dem Trok-

8 Internationale Champions, 7 Hündinnen, 1 Rüde aus dem Zwinger für Französische Bulldoggen von Ratibor und Corvey

kenlecken nicht schafft. Ist die Geburt abgeschlossen, lassen wir die Hündin heraus, damit sie sich lösen kann. Inzwischen säubern wir das Wurflager, wechseln die Tücher aus. Dann brauchen Hündin und Welpen einige Stunden Ruhe.

Was ich hier beschrieben habe, ist die normale Geburt einer instinktsicheren Hündin. Es gilt nicht für schwergebärende Rassen wie Französischer Bully, Pekinese, Zwergpinscher oder Scotch Terrier. Schwierigkeiten kann es mit erstgebärenden Hündinnen geben, die sich oft unbeholfen verhalten, sowie beim Abnabeln mit Rassen, die wie Boxer oder Bulldogge einen Vorbiß haben. Ich empfehle das Hinzuziehen von einem mit Hundegeburten Erfahrenen oder des Tierarztes. Anweisungen für Geburtshilfe gebe ich nicht.

Großer Wurf, kleiner Wurf

In älteren Büchern wird empfohlen, der Hündin höchstens sechs Welpen zu lassen, und die Rasseclubs hatten in ihren Zuchtvorschriften entsprechende Bestimmungen. Die sogenannten »überzähligen« Welpen bekamen keine Papiere, wurden also als nicht rasserein disqualifiziert.

Die Auswahl der zu tötenden Tiere wurde vom Züchter, oft zusammen mit dem Zuchtwart des Vereins, nach körperlicher Beschaffenheit und nach Geschlecht vorgenommen. Es wurden mehr Hündinnen getötet als Rüden, da diese leichter zu verkaufen sind. Man konnte dann in den »Wurfmeldungen« des Clubs lesen: 6,6 Welpen, 4,2 wurden aufgezogen. Die Zahl vor dem Komma zählt die Rüden, die nach dem Komma die Hündinnen.

Die willkürliche Tötung von Welpen ist nach dem Tierschutzgesetz von 1972 verboten. Der Züchter muß sich um eine Amme bemühen, und nur wenn das nicht gelingt und die Gesundheit der Mutter gefährdet wird, ist die schmerzlose Tötung erlaubt. Auch aus medizinischen Gründen wie Mißbildungen, Lebensschwäche oder Verletzungen ist sie gestattet. Züchterische Fehlfarben sind jedoch kein Grund.

Die Hauptargumente der Welpentöter sind: der Mutterschutz, daß man aus einem großen Wurf zugunsten der Rasse selektionieren muß, und die Welpensterblichkeit bei großen Würfen. Das sind aber Argumente, die nicht stimmen. Eine Hündin hat zehn Zitzen, von denen mindestens acht Milch absondern. Große Würfe stimulieren dazu noch die Milchleistung, kleine Würfe re-

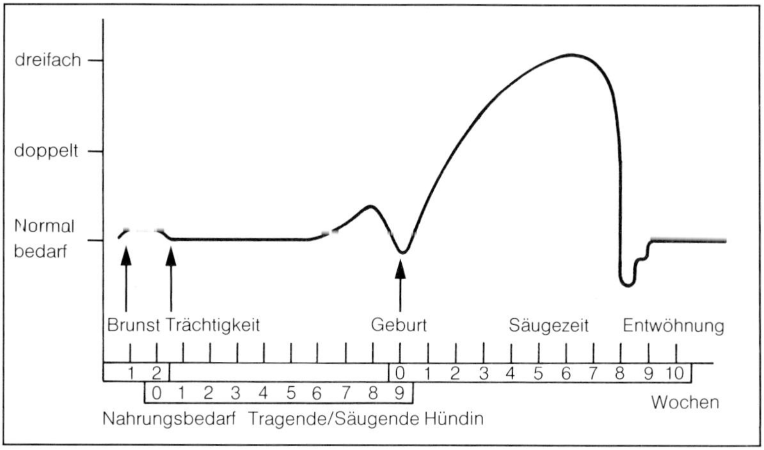

duzieren die Milch. Außerdem gibt es Ammen und Trockenmilch, mit der, wie in Versuchsreihen bewiesen wurde, eine Aufzucht großer Würfe gut möglich ist.

Zur Selektion: Welcher Züchter oder Zuchtwart kann bei einem eben geworfenen Welpen sehen, wie er sich entwickelt, welche wesensmäßigen Anlagen er hat? Müßten dann nicht auch kleine Würfe selektioniert werden? Denn es sind doch nicht nur in großen Würfen vom Typ her schlechtere Hunde.

Und die Sterblichkeit? Abgesehen davon, daß große Rassen sowieso eine größere Welpensterblichkeit haben, ist das weniger ein biologischer als ein Züchterproblem.

Die richtige Ernährung der Mutterhündin

Nach der Geburt steigt der Energie- und Nährstoffbedarf steil an (was auch von der Zahl der Welpen abhängt) und kann in der 5. Woche das Dreifache des Normalbedarfs erreichen. Über den Normalbedarf informieren Sie sich auf Seite 61.

Die Begründung für diese große Menge liegt in der Zusammensetzung der Hundemilch. In einem Liter Milch sind etwa 80 Gramm Protein enthalten. Man kann bei der Milchbildung mit einer sechzigprozentigen Ausnutzung des verdaulichen Eiweißes rechnen, das die Hündin zu sich nimmt. Um einen Liter Milch bilden zu können, muß die Hündin 135 Gramm verdauliches Protein zu sich nehmen. Aus den gleichen Gründen muß wegen des erhöhten Stoffwechsels die Mineralstoffversorgung garantiert werden, und da die Hundemilch auch reichlich Vitamine enthält, hat die Vitaminzufuhr durch die Nahrung große Bedeutung.

Wenn wir beginnen, an die Welpen Beifutter zu geben, und die Milchleistung der Hündin zurückgeht, kann die Nährstoffkonzentration im Futter der Hündin reduziert werden. Setzt man alle Welpen zur gleichen Zeit ab, empfiehlt es sich, für zwei Tage der Hündin nur die Hälfte ihres Normalbedarfs zu füttern. Damit wird die Beendigung der Milchbildung unterstützt.

Um zu zeigen, wie wichtig in dieser Zeit eine reichliche und konzentrierte Ernährung der Hündin ist, sei hier die Milchleistung notiert. Es wurde berechnet, daß ein Welpe, um ein Gramm Körpergewicht zu bilden, zwei Gramm Muttermilch braucht. Sechs Welpen nehmen pro Tag etwa 400 Gramm zu. Das bedeutet eine tägliche Milchleistung von 800 Gramm. In der 40tägigen Säugeperiode sind das 32 Liter. Gleich 32 Kilo Milchproduktion bei einem Hund von knapp 20 Kilo Eigengewicht (berechnet wurde die Leistung bei einer Pointer-Hündin).

Die Hündin braucht bestes Fleisch, Aufzuchtflocken, Milch, Gemüse, Vitamin-Mineralstoff-Präparate oder Lebertran und Calcipot. Quark ist noch geeigneter als Milch, da er vom Hund besser verdaut wird. Natürlich kann man die Hündin mit Vollwert-Fertignahrung füttern, aber eben die dreifache Ration.

Die richtige Ernährung der Welpen

Wie sich die Welpen nach der Geburt verhalten, wie sie sich entwickeln und was in ihnen und mit ihnen vorgeht, habe ich genau im Kapitel »Der Hund und sein Leben« beschrieben. In den ersten vier bis sechs Wochen wird das Hundebaby von seiner Mutter gesäugt. Das heißt, es bekommt eine hochwertige Spezialnahrung, die alle notwendigen Vitamine und Mineralstoffe enthält und reich an Fett und leicht verdaulichem Eiweiß ist. Dieser hohe Energiegehalt ist notwendig, da die Welpen in der ersten Woche ihr Körpergewicht verdoppeln.

Hundemilch unterscheidet sich von Handels-Kuhmilch dadurch, daß sie diese in ihrem Eiweißgehalt um fünf Prozent, in ihrem Fettgehalt um sechs Prozent übertrifft, dafür aber wesentlich weniger Milchzucker enthält. Das zu wissen ist für die Zusatzfütterung wichtig: Kuhmilch kann Hundemilch nicht ersetzen, sie kann sogar zu Durchfällen führen. Dagegen sind Nebenprodukte der Milch wie Quark für Hunde geeignet, da beim Quark der Milchzucker durch die Gärung bei der Herstellung fast ganz abgebaut wurde.

In der dritten Woche sollte man, je nach Milchleistung der Mutter, mit der Beifütterung beginnen.

Wenn übrigens eine Hündin ihre Jungen nicht gerne saugen läßt, dann sind nicht, wie man annehmen könnte, die nadelspitzen Zähne schuld. Sie berühren die Zitzen gar nicht, da der Welpe seine Zunge um sie legt. Es sind die ebenso spitzen Krallen der Welpen, die beim Milchtritt die Mutter schmerzen. Diese Krallen sollte man rechtzeitig stutzen.

Das Beifutter neben der Muttermilch muß sehr eiweißhaltig sein, da die jungen Hunde einen fast sechsmal höheren Eiweißbedarf als ausgewachsene haben.

Wenn also Welpen nach dem Säugen unruhig werden und jammern, brauchen sie zusätzliches Futter. Da alle Säugetiere, wie schon der Name sagt, zuerst flüssige und dann erst feste Nahrung zu sich nehmen, muß man den kleinen Hunden das Trinken beibringen. Am einfachsten: Man bestreicht einen Unterteller mit ein wenig Butter und läßt sie daran lecken. Dann gießt man angewärmte, speziell für die Hundeaufzucht hergestellte Trockenmilch wie »Welpi-Lac« oder »Ipevet Milch« dazu. Es eignet sich auch gut der Deckel eines Einmachglases. Nochmals möchte ich vor Kuhmilch warnen, da sie nicht nährstoffreich genug ist. Die fettere Kondensmilch ist noch ungeeigneter, da sie Milchzucker in konzentrierter Form enthält und bestimmt zu Durchfällen führt. Gerade beim Welpen reagiert das Verdauungssystem auf jede Fehlernährung mit einer Störung: Der Wassergehalt des Kotes wird erhöht, die Nahrung nicht richtig abgebaut.

Bekommt ein Welpe Durchfall, muß man die Fütterung für mehr als sechs Stunden aussetzen. Den Flüssigkeitsverlust durch überhöhte Wasserausscheidung gleicht man durch dünnen, handwarmen schwarzen Tee aus, den man dem noch saugenden Welpen mit der Flasche gibt. Ist der Welpe von der Hündin bereits abgesetzt, bekommt er den Tee am besten durch eine Spritze mit aufgesetztem Schlauch in das Mäulchen. Dauert der Durchfall an, ist der Tierarzt zu Rate zu ziehen, da er ihn dann medikamentös behandeln muß.

Hat der Welpe das Trinken vom Teller gelernt, bekommt er festes Futter. Das geschieht in der dritten Woche. Die ersten Gaben können kleine Brocken von Tatar oder »Welpen-Pal« sein. Insgesamt soll die Nahrung sehr eiweißreich sein, genügend Fett enthalten, Kohlenhydrate sparsamer, reichlich Vitamine, Mineralstoffe und Spurenelemente, und dies in einem ausgewogenen Verhältnis.

Wichtig ist die Gewichtskontrolle, die alle zwei bis drei Tage erfolgt. Stetige Gewichtszunahme hängt von der richtigen Zusammensetzung des Futters und einer ausreichenden Menge ab. Mit der Beifütterung muß man frühzeitig beginnen. Man gibt durchgedrehtes Fleisch wie Truthahn, Huhn oder Kalb (alle sehr eiweißreich), dann Rind, vermischt mit Quark, etwas Maiskeimöl, leicht löslichen Flocken und gehacktem, eben angedünstetem Spinat, geriebenem Apfel. Oder aber nach Vorschrift Welpen-Pal, das speziell für junge Hunde zusammengesetzt ist und ihren hohen Mineralstoffbedarf deckt. Ebenfalls geeignet sind Peka-Welpen-Kost in Kombination mit Peka-Welpenmilch.

Man fängt mit kleinen Futtermengen an, die man mehrmals täglich gibt. Ist der Hund von der Mutter abgesetzt, vermindert man die Portionen von sechs am Tag allmählich auf fünf, später auf vier und drei. Doch das finden Sie auf Seite 63. Der Übergang zu den in der Zahl reduzierten, in der Menge vergrößerten Portionen sollte fließend erfolgen. Zum richtigen Futter gehört stets ausreichend frisches Wasser. Junge Hunde haben einen großen Bedarf.

Auch wenn der Welpe kaum noch säugt und fast ausschließlich von festem Futter lebt, sollte er bis zum Alter von acht Wochen bei der Mutter bleiben. Die tägliche Massage von Bauch und Flanken durch das intensive Belecken seitens der Mutter verhindert Blähungen, beugt einer Verstopfung vor und reguliert die Verdauung.

Da der junge Hund in der Phase der *Prägung* (Seite 114) ist, werden zu dieser Zeit die Freßgewohnheiten für das Leben festgelegt und die Vorlieben für einen bestimmten Futtertyp geprägt.

Sporthund, Schutzhund und Gebrauchshund

Drei Begriffe, die ineinander übergehen und die relativ schwierig zu definieren sind bzw. falsch verstanden und benutzt werden. So ist ein *Sporthund* jeder Hund, mit dem man sportliche Leistungen vollbringen kann. Sie reichen vom gemeinsamen Dauerlauf bis zum Schlittenhundrennen, von der Fährtensuche bis zum sogenannten Breitensport, bei dem man mit seinem Hund eine Reihe von Aufgaben erfüllen muß, wie zum Beispiel eine Hindernisstrecke bewältigen. Natürlich sind auch Windhundrennen Sport, doch mehr für die Hunde als für ihre Besitzer. Anders ausgedrückt: Hundesport soll dazu dienen, die körperliche und geistige Beweglichkeit von Hund und Herr zu fördern.

Die perfektesten Sporthunde sind die *Schutzhunde,* wenn man damit die Hunde meint, die die Schutzhundprüfung abgelegt haben. Womit übrigens keineswegs gesagt ist, daß ein geprüfter Schutzhund auch ein schützender Hund ist. Denn bei Ausbildung und Prüfung wird besonders der Gehorsam betont, der *Täter* wird gestellt und verbellt. Der Hund darf ihn nur in den geschützten Arm beißen und muß seinen Schlägen standhalten. Das könnte in der Praxis für den Hund tödlich sein. Dagegen kann ein unausgebildeter Hund schon zum schützenden Hund werden, wenn er nahende Fremde durch Gebell ankündigt und durch Drohen warnt, das Grundstück oder die Wohnung zu betreten.

Merkwürdigerweise haben heute viele Leute, die nicht direkt mit Hunden zu tun haben, vor ihnen eine irrationale Angst. Vielleicht kommt es daher, daß unsere Gesellschaft gegenüber körperlichen Schmerzen – ja allein schon dem Gedanken daran – so empfindlich ist. Diese schützende Eigenschaft eines Hundes nimmt proportional mit seiner Schulterhöhe und dem grimmigen Aussehen zu. Am einfachsten hat man es mit einem Deutschen Schäferhund, der als Polizeihund schlechthin fast das Image einer Waffe hat.

Ein mannabwehrender Hund muß nach Ansicht von Konrad Most, der 1908 die erste Polizeihundprüfung veranstaltete und die erste Hundeabrichtungslehre auf wissenschaftlicher Grundlage erarbeitete, stockscheu sein, vor Tritten zurückweichen, nicht blindlings angreifen, sondern geschickt und fest zupakken: Er soll den Täter so schnell wie möglich ausschalten. Das genaue Gegenteil des Absolventen einer Schutzhundprüfung also.

Gebrauchshunde sind sie alle, die eine nützliche Arbeit leisten als Hirten- und Hütehunde, als Polizeihunde, als Jagdhunde, Sanitäts- und Blindenhunde, als Wachhunde. Man nennt sie so im Gegensatz zu den Familienhunden. Doch die Grenzen sind verschwommen, es kommt weniger auf die Rasse als auf das Hundeindividuum an. Einige Rassen genießen den Vorzug, von den Hundeverbänden als *anerkannte Schutz- oder Diensthundrasse* bezeichnet zu werden. In Deutschland sind es der Deutsche Schäferhund, der Boxer, der Rottweiler, der Dobermann, der Riesenschnauzer, der Airedale Terrier, der Hovawart und der Bouvier. In Frankreich zählt man die französischen Schäferhundrassen dazu, in England den Bullmastiff, in Ungarn den Komondor und in Belgien die belgischen Schäferhunde.

Angehörige dieser Rassen legen die meisten Schutzhundprüfungen ab und sind vornehmlich auf den Übungsplätzen zu finden. Was allerdings nicht ausschließt, daß man mit einem Großpudel, einem Bullterrier oder einer Deutschen Dogge auch diese Prüfung machen kann. Damit erzieht man zwar keine Hunde für den persönlichen Schutz, aber man bekommt einen gehorsamen Hund, der mit einem durch dick und dünn geht und dadurch bereits zu einem verläßlichen, schützenden Begleiter wird. Man kann bei dieser Arbeit die Kräfte und den Kampftrieb des Hundes so steuern, wie man es für gut hält: der Sportplatz als Überdruckventil. Schließlich entwickelt man die naturgegebenen Fähigkeiten dieser Hunde und gibt ihnen Aufgaben. Wie diese aussehen, möchte ich im folgenden beschreiben.

Kurze Klärung der Begriffe

Wer in die Mitteilungen der Hundesportverbände schaut oder in einem Ausbildungsbuch liest, wird mit einer Anzahl von Abkürzungen konfrontiert, die ihm als Laien nichts sagen. Es ist bezeichnend für organisierten Sport und organisiertes Hobby, daß man Kürzel einführt. So gibt es bei den Bierdekkelsammlern den *Sf* = Sammlerfreund, bei den Hundesportlern den *HF* = Hundeführer. Ihn darf man nicht verwechseln mit der *FH* = Fährtenhundprüfung, die man allerdings nur ablegen kann, wenn der Hund schon das *AKZ* = Ausbildungskennzeichen einer *SchH I* = Schutzhundprüfung I hat oder eine *VB* = Verkehrssicherer Begleithund-Prüfung bestand.
Daneben gibt es noch die *AD* = Ausdauerprüfung, die beim Schäferhundverein zur Zuchtzulassung gehört und die jeder Hund zwischen 16 Monaten und sechs Jahren ablegen kann, wenn er eine Strecke von 20 Kilometern, rechts am Fahrrad angeleint, mit einer Durchschnittsgeschwindigkeit von 12 bis 15 Stundenkilometern und drei Pausen von etwa 15 Minuten zurücklegt, ohne anschließend Erschöpfungserscheinungen zu zeigen. Die Schutzhundprüfung gibt es in 3 Stufen: *SchH I, SchH* II *und SchH III.* Die Bestimmungen sind in der *PO* = Prüfungsordnung des VDH genau festgelegt, die der Hundeführer immer bei sich tragen sollte. So Manfred Müller, der Mentor der modernen Schutzhundausbildung: »Die Prüfungsordnung ist das ›Gebetbuch des Hundeführers‹, in dem er täglich ein Kapitel studieren sollte. Er muß den Inhalt der Prüfungsordnung genau kennen, damit die Fehlerquellen während der Prüfung nicht mehr beim Hundeführer liegen.«
Darüber hinaus gibt es noch die *IP* = Internationale Prüfungsordnung für das Internationale Gebrauchshundewesen der FCI. Sie ist eine wichtige Prüfung, die über die nationale hinausgeht. Hier gibt der *PR* = Prüfungsrichter die Anordnungen zur Ausführung der Übungen, der Hundeführer kann den Hund mit ihm freigestellten *HZ* = Hörzeichen leiten.
Genug der Abkürzungen, gehen wir in die Praxis über.

Zur Praxis: das Gehen bei Fuß

Bevor wir überhaupt das erste Mal einen Übungsplatz betreten, bevor unser Hund eine Ankörung = Zuchttauglichkeitsprüfung bestehen soll, muß er das exakte Bei-Fuß-Gehen mit und ohne Leine lernen. Es geht über das hinaus, was ich im Kapitel »Die Erziehung zum folgsamen Haushund« als *Leinenführigkeit* beschrieben habe. Allerdings ist diese Leinenführigkeit Voraussetzung für das Bei-Fuß-Gehen, auch muß der Hund den Befehl »Sitz« können, da die Übung mit dem sitzenden Hund beginnt. Achten Sie außerdem darauf, daß Sie immer Wort- und Blickkontakt zu Ihrem Hund haben. Wie der Hovawartzüchter Fred Graf mir sagte: »Wenn bei der Übung dein Hund dich nicht ansieht, sind deine Erziehungskünste für die Katz.«
Wir haben den Hund angeleint an unserer linken Seite sitzen. Dann geben wir den Befehl »Hasso, Fuß!« und machen gleichzeitig mit unserem linken Fuß den ersten Schritt. Dieser erste Schritt kann im Anfang etwas dramatisiert werden: Man schreitet betont los. Für die Übung wählen wir uns eine Fläche, auf der man gut gehen kann und die groß genug ist, um in jede Richtung eine bestimmte Strecke zurückzulegen. Die Gegend sollte ruhig sein, damit der Hund nicht abgelenkt wird. Später gehören Ablenkungen mit dazu. Wir beginnen schnell zu gehen, wiederholen das Kommando und schlagen bei jedem »Fuß« mit unserer linken flachen Hand gegen unseren Oberschenkel. Die Leine halten wir rechts, so daß sie schräg vor unserem Körper zum Halsband verläuft. Prescht der Hund vor, fassen Sie mit der linken Hand die Leine, rucken kurz daran und geben wieder das Kommando »Hasso, Fuß!«. Wir benutzen so lange den Namen des Hundes mit, bis er die Übung gut beherrscht, dann geben wir nur noch das Kommando »Fuß«, da wir bei den offiziellen Übungen nur dieses Hörzeichen benutzen dürfen und die Leine in der Linken halten müssen.
Bleibt der Hund zurück, zerren Sie ihn nicht wie einen Sack hinter sich her, sondern beginnen Sie die Übung wieder von vorne. Dabei stellen Sie auf jeden Fall Blickkontakt her, der Hund soll Sie anschauen. Die ganze Übung muß in einer freudig erregten Stimmung stattfinden, der Hund muß motiviert werden und aufmerksam bleiben. Folgt der Hund gut, genügt ab und zu ein aufmerksames Wort oder ein freundlicher Blick. Ideal ist, wenn die Leine durchhängt und nicht gespannt ist.
Es nützt gar nichts, wenn Sie mit Ihrem Hund nur geradeaus gehen können. Sie müssen also immer wieder Richtungsänderungen vornehmen. Das ist nicht nur für die Praxis wichtig, sondern zwingt auch den Hund zur Aufmerksamkeit. Diese Richtungsänderungen sollten in einem möglichst rechten Winkel erfolgen, zunächst nach rechts, wobei Sie wieder das Kommando geben und mit der Linken an Ihren linken Oberschenkel klopfen. Bei den Wendungen nach links werden Sie sicher mit Ihrem Hund zusammenstoßen. Das ist aber nicht schlimm, sondern eine gewollte Korrekturmethode, die Sie auch benutzen können, wenn der Hund

immer nach vorne prescht. Sie machen dann eine Linkswendung und rennen mit dem linken Knie gegen den Hals oder die Schulter des Hundes. So merkt er schnell, daß das Vorpreschen von unangenehmen Zusammenstößen begleitet ist und er es besser zu unterlassen hat.

Versucht bei diesen Übungen der Hund nach rechts auszuscheren, nehmen wir ihn so zwischen einen Zaun oder eine Mauer, daß er es nicht mehr kann. Wir gehen an dem Zaun entlang, geben unser Kommando und arbeiten korrigierend mit der Leine. Von Zeit zu Zeit bleiben wir stehen, bremsen den Hund und geben den Befehl »Sitz«. Wir üben täglich etwa zehn Minuten, auf jeden Fall darf der Hund keine Ermüdungserscheinungen zeigen. Dabei wechseln wir die Plätze, damit der Hund begreift, daß er überall bei Fuß gehen muß und nicht nur auf einem bestimmten Übungsplatz. Man kann die Übungen auch teilweise im Laufschritt machen, wichtig ist vor allem, daß Sie immer zügig gehen, nicht trödeln und das Tempo des Marschierens bestimmen.

Ich möchte noch einmal betonen, daß man den Hund nicht zu hart anfassen soll, was nicht heißt, daß man mit dem Hund diskutiert. Sie geben klar und ein deutig die Befehle und bestimmen der Verlauf der Übung, sorgen aber dafür daß alles dem Hund Spaß macht. Es darf allerdings nicht als Spiel aufgefaß werden. Zu streng erzogene Hunde erkennt man daran, daß sie ihren Fuß au den linken Fuß des Herrn stellen, um nicht das Losgehen zu verpassen, ode aber sogar angstvoll das linke Bein des Herrn umklammern. Wollen Sie späte mit dem Hund eine Prüfung ablegen müssen Sie nach und nach das Sprechen mit dem Hund reduzieren und das Kommando »Sitz« vergessen. De Hund muß so weit kommen, daß er

Das Gehen bei Fuß von rechts nach links: der Hund sitzt links, man geht betont los und achtet auf Blickkontakt. Versucht der

wenn Sie stehenbleiben, sich von selber setzt.

Ähnlich verlaufen die Übungen zum Frei-Folgen-bei-Fuß. Hier hält man nur die Entfernungen kürzer. Man geht etwa 15 Schritte geradeaus, macht dann eine rechtwinklige Wendung nach links, wieder 15 Schritte, eine rechtwinklige Wendung nach links, wieder 15 Schritte und noch mal eine Wendung nach links. Dann ist man wieder zu seinem Ausgangspunkt zurückgekehrt und hat ein Quadrat von 15 Metern Kantenlänge umschritten. Es ist zu empfehlen, daß man diese Übung zunächst ein- oder zweimal ohne Hund macht, damit man sie exakt beherrscht. Mit Hund wird es zu Abweichungen kommen, wenn der Hund vorausläuft oder zurückbleibt. Beim Versuch vorauszulaufen machen wir wieder unsere knappe Wendung nach links, um mit ihm zusammenzustoßen. Beim Zurückbleiben wenden wir uns sofort nach rechts, so daß uns der Hund nachlaufen muß. Dabei wiederholen wir immer das Kommando und schlagen mit der Hand auf unseren linken Oberschenkel.

Beherrscht der Hund diese Übung, gehen wir vom Quadrat zum Kreis über. Die Kreise werden immer enger gezogen und in verschiedene Richtungen geführt, so daß der Hund im einen Fall sich in der Innenseite des Kreises bewegt, beim Kreis rechts herum an der Außenseite des Kreises läuft. Immer neben dem linken Bein. Das Üben der Wendungen und Kreise ist nach Ansicht des Wiener Tierpsychologen Brunner nicht nur ein Mittel, um den Hund dazu zu bringen, auf Befehl brav an der Seite seines Herrn ohne Leine einherzugehen, sondern auch eine vorzügliche Methode, um einen nachlässigen oder allzu selbständig werdenden Hund wieder zur Unterordnung zu bringen, ohne ihn zu strafen.

Hund vorzupreschen, macht man eine Linkswendung, sodaß der Hund gegen das Knie prallt. Weitergehen

Schütteln mit Blickkontakt als Strafe bei einem erwachsenen Hund

Immer, wenn ein Hund sich widersetzlich oder ungebärdig benimmt, übt man gleich ein paarmal Kreise und Quadrate, nachdem man ihn zunächst herangerufen hat und neben dem linken Fuß absetzen läßt. Wenn man diese Übung als Erziehungsmaßnahme benutzt, kann man sie auch in einem größeren Zimmer machen.

Für das Freie-Folgen-bei-Fuß vergrößern wir die Entfernungen, bis uns der Hund wirklich auf unseren Spaziergängen folgt. Machen Sie die Bei-Fuß-Übung mit einem Hund, der schon fast ein Jahr alt ist und sich recht unbotmäßig zeigt, dann sollten Sie ihn ruhig einmal bestrafen. Ich finde die Methode der Mönche von New Skete in den USA gut, die sich als Ordensarbeit der Hundeausbildung verpflichtet haben: Der Hund muß sitzen und durch Leine und Griff in der Position gehalten werden. Dann tritt man vor ihn, packt ihn mit beiden Händen zu beiden Seiten des Halses am Nackenfell, greift also etwas um den Hals herum, hebt ihn kurz an, daß die Vorderbeine den Boden nicht mehr berühren, schaut ihm in die Augen und schüttelt ihn mehrmals kräftig, wobei man ihn wieder auf die Füße läßt. Dabei sagt man ihm mit scharfen Worten, was man von seinem Benehmen hält. Es ist eine Strafe, die einen Hund stark beeindruckt. Man sollte sie nur selten anwenden und möglichst nicht bei sehr sensiblen Hunden. In einer Zeichnung habe ich sie darstellen lassen. Ebenso wurde ein Ablauf vom Gehen-bei-Fuß gezeichnet. Denn man kann das, worauf es ankommt, so besser darstellen als mit Fotos.

Der Verlauf einer Wesensprüfung

Eine Reihe von Clubs verlangen für ihre Rassen im Alter zwischen sechs und zwölf Monaten eine Wesensprüfung, die meist mit der Ankörung, also der Zuchttauglichkeitsprüfung, verbunden ist. Eine Körkommission besteht aus zwei Gruppen, von denen die eine das Aussehen des Hundes, die andere sein Verhalten in verschiedenen Situationen prüft. Ein Hund, der die körperliche Beurteilung wie auch die Wesensprüfung mit Erfolg bestanden hat, ist angekört. Er darf zur Zucht verwendet werden, ein unangekörter nicht.

Geprüft wird das Verhalten: 1. in friedlicher Situation, 2. bei optischen und akustischen Reizen, 3. bei Bedrohung des Hundebesitzers, 4. bei einer Mutprobe, 5. bei Abklingen der Erregung, 6. bei der Schußabgabe. Die Summe des Verhaltens in allen diesen Situationen läßt eine Beurteilung des Wesens zu. Der Hund sollte möglichst noch nicht ausgebildet sein.

1. Friedliche Situation: Ein Dutzend Leute flanieren auf beiden Seiten einer möglichst verkehrsfreien Straße. Sie bilden am Straßenrand zwei sich gegenüberstehende Reihen. Durch diese Gasse soll der Hund angeleint und mit seinem Herrn gehen. Der Hund muß nicht bei Fuß gehen, der Besitzer darf ihm zureden. Die Gasse ist in beiden Richtungen einmal zu passieren. Die Leute haben sich ruhig zu verhalten, sie säumen schweigend die Straße. Es wird festgestellt, wie ihre Anwesenheit auf den Hund wirkt. Die Situation nennt man *die weite Gasse*.

Bedeutend schwerer ist *die enge Gasse*. Hier nähern sich die beiden Reihen und stehen in der Mitte der Straße in einem Abstand von etwa 70 Zentimeter zueinander. Hunde, die hier ohne Hilfe ihres Herrn unangeleint zweimal durchgehen, sind in der Minderzahl.

Die nächste Übung nennt man *erster Kreis*. Die zwölf Leute bilden einen Kreis von etwa vier Meter Durchmesser. Der angeleinte Hund begibt sich mit seinem Besitzer ins Zentrum. Der Hund soll möglichst stehenbleiben. Nun leint der Besitzer seinen Hund ab. Auf Befehl verengt sich der Kreis, in dem die Leute in normalem Schritt auf das Zentrum zugehen. Sind Hund und Herr auf engstem Raum eingeschlossen, wird die Körperhaltung des Hundes beurteilt – wenn er noch da ist. Zieht der Hund es vor, dem Kreis zu entwischen, schafft man eine Lücke, und der Besitzer versucht, seinen Hund wieder hereinzulocken.

Eine Steigerung ist der *zweite Kreis*. Aufstellung wie zuvor, diesmal aber wird rasch auf das Zentrum zugegangen. In dieser Situation fühlen sich viele Hunde bedrängt und brechen aus. Beurteilt wird der Grad seines Erschreckens und die Zeitdauer, bis er sich wieder in den Kreis hereinlocken läßt, oder ob er ganz draußen bleibt.

Gasse und Kreis bieten die Möglichkeit, Festigkeit und Sicherheit des Hundes in friedlicher Situation zu ermitteln. Doch man sollte nicht zu schnell urteilen, denn es gibt auch träge, apathische und interesselose Hunde. Ihre Wesensfestigkeit und Sicherheit ist fragwürdig.

2. Optische, akustische Reize: Wieder wird eine weite Gasse gebildet, durch die er gehen muß. Doch jetzt stehen die beiden Reihen nicht ruhig und schweigend da, sondern vor dem Hund wird ein Schirm geöffnet, ein Tuch geschwenkt oder eine Stange mit

Der Gang durch die enge Gasse

Optische Reize bei der Wesensprüfung

Rasseln mit Konservendosen

Lappen ihm vorgehalten. Auf dem Rückweg liegen die benützten Gegenstände in der Gasse. Das waren die *optischen Reize.*
Bei den *akustischen Reizen* wird eine Dose mit Steinen benutzt, eine Glocke oder einige aneinander gebundene Konservendosen. Sie werden vor dem Hund durch die Gasse geworfen, ohne ihn zu treffen. Beim Rückweg liegen sie wieder auf dem Weg.
Hunde, die mit der Qualifikation *ängstlich* beurteilt werden müssen, können nicht angekört werden. Sie sind zu stark auf Selbsterhaltung aus und können später Angstbeißer werden. Von solchen Hunden ist Nachwuchs unerwünscht. Es gibt aber auch eine Reihe Hunde, bei denen Lärm und optische Reize nur ein gesteigertes Interesse auslösen. Sie haben die Situation bestanden.

3. Bedrohung des Hundeführers: Der Besitzer setzt sich in einiger Entfernung auf einen Baumstumpf und hat den Hund an der Leine bei sich. Nach einiger Zeit nähert sich der Angreifer. Er muß verstehen, sich beim Anmarsch verdächtig zu machen. Er weckt das Interesse des Hundes durch die Art, wie er sich nähert: stehenbleiben – wieder weitergehen – vom Weg abweichen – zögern – sich einmal ducken. Hat er Herr und Hund erreicht, so bedroht er mit seinem Stock, den er vorher versteckt hatte, den Herrn (nicht den Hund). Die Art der Bedrohung richtet sich nach der Reaktion des Hundes, die sich folgendermaßen zeigen kann:

- Er hält den Angriff für ein Spiel und möchte mittun.
- Er knurrt, bellt, fletscht die Zähne, zeigt sich angriffslustig und ist frei von Angst. Er hat erkannt, daß sein Herr angegriffen werden soll, und stellt sich zwischen den Angreifer und ihn.
- Der Hund knurrt, bellt und macht auch Gegenangriffsversuche, aber er möchte mehr den Herrn zwischen sich und den Angreifer bringen.
- Er versteht nicht, was passiert. Er will weder fliehen, noch bellt er und ist auch nicht aggressiv. Er verhält sich von passiv bis ratlos.
- Der Hund bellt und greift an, aber nur, weil er wegen der Leine nicht weglaufen kann. Er verteidigt sich selbst und nicht seinen Herrn. Er ist in Wirklichkeit ein Angstbeißer.

4. Die Mutprobe: Hier wird die Furchtlosigkeit des Hundes getestet. Das Wort *Mut* ist vermenschlichend. Der Hund steht mit seinem Herrn angeleint da, ein Fremder kommt mit einem biegsamen Stock und schlägt die Straße vor Hund und Herr, dann läuft er davon. Ist er etwa 40 Meter entfernt, löst der Herr den Hund von der Leine und hetzt ihn auf den Fliehenden. Der Herr läuft anfeuernd und den Hund unterstützend hinterher oder nebenher. Der Hund wird durch keine Leine gehindert und ist frei in seinem Tun. Wie nahe er den Fliehenden umkreist und verbellt, ist von Bedeutung. Denn je näher sich der Hund heranwagt, um so höher wird seine Leistung bewertet. Man muß aber eindeutig erkennen können, daß er angreifen will und nicht mit dem laufenden Menschen spielen. Ist ein Hund bei der *Flucht* zu wenig aktiv, dann hat sich der Scheintäter dem Hundebesitzer zuzuwenden, ihn am Arm zu fassen oder sonst zu beuteln, um doch noch Aktivität zu wecken.

5. Das Abklingen der Erregung: Nach dem Furchtlosigkeits-Test wird der Hund wieder angeleint. Besitzer, Hund und Scheintäter begeben sich auf den Rückweg. Der Hund geht in der Mitte. Nach einer gewissen Zeit hält die Gruppe an, und der Scheintäter versucht, den Hund zu streicheln. Hierbei muß man vorsichtig sein, es gibt Hunde, die so schnell nicht vergessen und unwillig reagieren.

6. Die Schußreaktion: In einer Entfernung von 25 Metern zum unangeleinten Hund wird in die Luft geschossen. Der Hund darf erschrecken, sollte jedoch nicht davonlaufen, sondern sehr bald wieder normal reagieren.

7. Zusätzliche Tests: Bei sehr kontaktfreudigen Hunden kann man ausprobieren, ob sie sich durch eine fremde Person von ihrem Herrn fortlocken lassen. Hunde, die schon Übungsplatzerfahrung haben, müssen deshalb genauer angeschaut werden, weil sich ihr wirkliches Wesen hinter der Motorik der Ausbildung verstecken kann. Außerdem muß die Körkommission den Lebensraum eines Hundes berücksichtigen, damit nicht der kontaktarm lebende Hund einem mit vielen Menschenkontakten gegenüber benachteiligt ist.
Der Hund soll von dem Familienmitglied vorgeführt werden, zu dem er die engsten Beziehungen hat. Weitere Familienangehörige haben bei den Übungen nichts zu suchen, genausowenig wie ein Mitglied der Kommission, das der Hund kennt.
Es klingt nicht gerade sportlich, wenn ich hier sage, daß auch ein Hund, der nicht angekört wird, ein sehr lieber Hund sein kann.

Die verkehrssichere Begleithundeprüfung (VB)

Erkundigen Sie sich bei einem Hundesportverein oder Ihrem nächstliegenden Schutzhundverein, wann und ob diese Prüfungen abgehalten werden. Daran teilnehmen können Hunde aller Rassen und Größen, das Mindestzulassungsalter des Hundes beträgt 12 Monate. Zur Prüfung darf der Hund nur von seinem Eigentümer oder einer mit ihm in Gemeinschaft lebenden Person ausgebildet und vorgeführt werden. Es geht also nicht, daß Sie den Hund in eine Hundeschule schicken, dort ausbilden lassen und sich dann dem Prüfer stellen. Die VB ist in den Augen der Hundesportler zwar nicht der Schutzhundprüfung Stufe I gleichwertig, der

VDH hat jedoch festgesetzt, daß ein Hund mit »VB bestanden« genauso die Fährtenhundprüfung absolvieren darf wie ein Schutzhund der Stufe I. Diese VB-Prüfung soll den Familienhund in seiner Eigenschaft als Begleiter seines Herrn nicht nur verkehrssicher machen, wie der Name sagt. Sie soll vielmehr auch einem Hund, dessen Besitzer kein Hundesportler ist oder werden möchte, oder der von seiner Rasse her sich nicht zu einer Schutzhundprüfung eignet, die Möglichkeit geben, richtiges Verhalten zu lernen. Das ist für das Zusammenleben sehr wichtig, ein Hund ist immer bereit zu lernen und lernt ständig. Gleich ob wir ihm dabei helfen oder nicht. Ich halte diese Prüfung für gut, gerade für Hunde, die in der Großstadt leben, da es sich anschließend besser mit einem so ausgebildeten Hund leben läßt. Wohlerzogene Hunde geben weniger Reibungsflächen mit Nichthundehaltern, und in einer Konfrontation wegen eines Hundes mit anderen Menschen zieht der Satz sicher: »Was wollen Sie denn, Arko hat die anerkannte Prüfung eines verkehrssicheren Begleithundes bestanden!«

Und nun zur Prüfung: Sie besteht aus zwei Teilen, und zwar dem Teil A = Begleithundprüfung auf einem Übungsplatz oder auf einem freien Gelände und dem Teil B = Verkehrssicherheitsprüfung auf öffentlicher Straße mit mäßigem Verkehr, wobei der Verkehr nicht beeinträchtigt werden darf. Der Hund und sein Herr haben die Prüfung bestanden, wenn sie in Teil A 70 Prozent der Gesamtpunktzahl von 50 Punkten = 35 Punkte erreichen und in Teil B die Übungen vom Richter als ausreichend bewertet wurden. Es gibt kein Ausbildungskennzeichen, sondern nur das Werturteil »bestanden« oder »nicht bestanden«. Die Prüfung kann wiederholt werden.

Auf einem Übungsplatz oder freien Gelände (Teil A): Bei Hundesportlern geht es nun einmal exakt zu. So geht der Hundeführer mit seinem angeleinten Hund vor dem Beginn der Übungen zum Richter, läßt den Hund Sitz machen, stellt sich selber gerade hin und meldet: »Hundeführer Klever meldet sich mit Hund Stasi zur Begleithundprüfung.« Im übrigen beginnt jede Einzelübung mit der Grundstellung und endet auch so.

1. Leinenführigkeit: Wird mit 15 Punkten bewertet, als Hörzeichen werden »Fuß«/»Sitz« empfohlen. Auf Anweisung des Richters geht der Hundeführer mit seinem angeleinten Hund aus der Grundstellung im normalen Schritt, im langsamen Schritt und im Laufschritt innerhalb des Geländes umher. Der Hund hat sich dabei immer dicht an der linken Seite seines Herrn zu bewegen; die Leine muß lose durchhängen; der Hundeführer muß Rechts-, Links- und Kehrtwendungen vollführen; das Hörzeichen »Fuß« darf nur beim Angehen und beim Wechsel der Gangart gebraucht werden; der Hund muß sich auf das einmalige Hörzeichen »Sitz« sofort dicht links bei Fuß setzen, wenn der Hundeführer stehenbleibt; der Hund darf sich durch zwei schußähnliche Geräusche aus 20 Metern Entfernung nicht beeindrucken lassen, und der Hundeführer darf weder mit dem Hund reden noch ihm Handzeichen geben. Auf erneute Anweisung des Richters geht der Hundeführer mit dem Hund durch eine Gruppe von mindestens vier Personen, die sich bewegen und hin und her gehen. Innerhalb dieser Gruppe hat er mehrere Male stehenzubleiben.

2. Frei folgen: Wird mit 20 Punkten bewertet, auch hier sind die Hörzeichen »Fuß«/»Sitz« empfohlen. Auf Anweisung verläßt der Hundeführer mit dem angeleinten Hund die Gruppe, macht nach etwa acht Schritten eine Links-Kehrtwendung, leint den Hund aus der Bewegung heraus ab und begibt sich mit dem frei folgenden Hund wieder in die Personengruppe. Dabei hängt der Hundeführer die Leine um die Schulter (korrekt von rechts nach links) oder steckt sie in die Tasche. Dann macht er dasselbe wie vorher mit dem angeleinten Hund. Auf Anweisung verläßt er die Gruppe und nimmt mit dem unangeleinten Hund die Grundstellung ein. Sekunden später gibt er das Hörzeichen »Fuß« und geht mit dem folgenden Hund geradeaus, ohne seinen Schritt zu ändern. Nach rund 40 Schritten macht er eine Links-Kehrtwendung zum Hunde hin und geht, ohne dabei zu zögern, sofort den gleichen Weg zurück. Beim Geradeaus-Gehen sind in einer Entfernung von etwa 15 Schritt zwei Schüsse im Abstand von zehn Sekunden abgegeben worden. Hierbei hat sich der Hund gleichgültig zu verhalten. Auf dem Rückweg nach etwa acht Schritten gibt der Hundeführer das Hörzeichen »Fuß« und zeigt die gleiche Übung im Laufschritt. Etwa 15 Laufschritte später gibt er noch mal das Hörzeichen »Fuß« und geht wieder im normalen Schritt weiter. Nach etwa acht Schritten gibt er wieder das Hörzeichen und zeigt die Übung in betont langsamem Schritt. Acht langsame Schritte, erneutes Hörzeichen und im normalen Schritt weitergehen. Noch mal acht Schritte, dann eine Rechtswendung, ohne zu zögern. Nach der gleichen Entfernung bleibt der Hundeführer stehen, ohne dem Hund irgendein Zeichen zu geben. Der Hund hat sich schnell und dicht neben den Hundeführer zu setzen. Zwei Sekunden später gibt der Hundeführer das Hörzeichen »Fuß« und macht nach acht Schritten eine Linkswendung. Diese Wendung sollte der vorherigen entgegengesetzt sein. Weitere acht Schritte, Grundstellung einnehmen, den Hund loben.

3. Hinsetzen und sitzenbleiben: Wird mit zehn Punkten bewertet, das empfohlene Hörzeichen ist »Sitz«. Nach der Grundstellung gibt der Hundeführer das Hörzeichen »Fuß« und geht mit seinem frei bei Fuß folgenden Hund geradeaus. Nach mindestens zehn Schritten gibt er das Hörzeichen »Sitz«, worauf sich der Hund schnell zu setzen hat. Das Sitz wird langgezogen »Siiiitz« ausgesprochen. Der Hundeführer selber hat aber nicht angehalten, sondern geht weiter geradeaus, ohne sich umzusehen. Nach mindestens 30 Schritten bleibt er kurz stehen und dreht sich sofort zum Hund um. Auf Anweisung des Richters geht er dann zu seinem Hund zurück. Dabei geht er links am Hund vorbei und nimmt an dessen rechter Seite wieder die Grundstellung ein. Nach zwei Sekunden lobt der Hundeführer seinen Hund.

4. Ablegen in Verbindung mit Herankommen: Wird mit zehn Punkten bewertet, die Hörzeichen sind »Fuß«/»Platz«/»Hier«. Die Übung beginnt mit der Grundstellung und dem sitzenden unangeleinten Hund. Mit dem Hörzeichen »Fuß« geht der Hundeführer los, und der Hund folgt ihm frei links neben dem Knie. Nach mindestens zehn Schritten gibt der Hundeführer das Hörzeichen »Platz«, und der Hund hat sich schnell hinzulegen. Der Hundeführer geht im gleichen Schritt weiter und sieht sich nicht um. Nach mindestens 30 Schritten hält er an, dreht sich sofort zu seinem Hund um und bleibt ruhig stehen. Auf Anweisung des Richters ruft dann der Hundeführer seinen Hund mit dem Hörzeichen »Hier« zu sich heran. Der Hund hat sich freudig und schnell seinem Herrn zu nähern und sich dicht vor ihn hinzusetzen. Sagt dann der Hundeführer »Fuß«, hat sich der Hund schnell und dicht neben seinen Herrn zu setzen, indem er vorn oder hinten um ihn herumgeht. Der Hundeführer ist nun wieder in der Grundstellung, wartet ein bis zwei Sekunden und lobt seinen Hund kurz. Damit ist der Teil A beendet.

Anmerkung: Da seit dem letzten Jahr (1981) diese Übungen genauso ablaufen wie in der Schutzhundprüfung I, werden auch kleine Dinge als Fehler bewertet, Dinge die vor allem auch den Hundeführer angehen. So gilt als Fehler,

- O wenn der Hundeführer bei der Kehrtwendung zögert,
- O wenn der Hundeführer den Hund nicht aus der Bewegung heraus ableint,
- O wenn der Hundeführer die nötige Schrittzahl nicht einhält,
- O wenn der Hundeführer sich umsieht,
- O wenn der Hundeführer nicht um seinen Hund herumgeht.

Die Fehler des Hundes sind verständlicher:

- O Wenn der Hund vorprescht, nachtrottet oder zur Seite ausbricht,
- O wenn der Hund nicht freudig und aufmerksam, sondern gelangweilt mitläuft,
- O wenn der Hund nicht sitzen bleibt,
- O wenn der Hund nicht liegen bleibt,
- O wenn der Hund die Übung abbricht.

Verkehrssicherheitsprüfung in praktischer Ausführung (Teil B): Hierbei werden keine Punkte vergeben. Maßgeblich für das Bestehen ist der Gesamteindruck des sich im Verkehr bewegenden Hundes. Ob er sich ablenken läßt, ob er nervös ist, ob er erschrickt.

1. Leinenführigkeit und Verhalten im Straßenverkehr: Auf Anweisung des Richters geht der Hundeführer mit dem angeleinten Hund auf den Gehweg eines Straßenabschnittes. Bei durchhängender Leine hat der Hund dicht an der linken Seite des Hundeführers zu gehen. Er soll sich den Fußgängern und dem Fahrverkehr gegenüber gleichgültig verhalten. Auf diesem Weg werden Hund und Hundeführer von einer vorbeilaufenden Person geschnitten und von einem direkt von hinten vorbeifahrenden Radfahrer überholt, der ein Klingelzeichen gibt. Der Hundeführer macht kehrt, geht auf den Richter zu, bleibt bei ihm stehen, begrüßt ihn mit Händedruck und unterhält sich mit ihm. Der Hund kann bei der Unterhaltung stehen, liegen oder sitzen, wenn er sich nur ruhig verhält.

2. Das Verhalten des Hundes unter erschwerten Verkehrsverhältnissen: Auf Anweisung bewegt sich der Hundeführer mit dem angeleinten Hund inmitten von stärkerem Fußgängerverkehr. Dabei hat er kurz an einer Stelle mit außergewöhnlichen Geräuschen wie Bahnhofshalle oder Baustelle stehenzubleiben. Der Hund hat sich während der Übung einmal auf das Zeichen »Sitz« hinzusetzen, auf das Zeichen »Platz« schnell hinzulegen und liegen zu bleiben und dem Hundeführer aufmerksam, willig und unbeeindruckt zu folgen.

3. Verhalten des kurzfristig im Verkehr angeleint allein gelassenen Hundes, Verhalten gegenüber Tieren: Auf erneute Anweisung geht der Hundeführer wie bei der vorigen Übung mit dem angeleinten Hund auf einer mäßig belebten Straße. Auf Anweisung bleibt der Hundeführer stehen und befestigt die Leine an einem Zaun oder ähnlichem und geht für zwei Minuten fort, so daß der Hund ihn nicht sehen kann. Der Hund kann stehen, sitzen oder liegen. In der Zwischenzeit geht ein Fremder mit einem angeleinten Hund seitlich am Prüfungshund vorbei, Entfernung etwa fünf Schritt. Der angebundene Hund muß den vorbeigeführten ruhig passieren lassen und warten, bis sein Besitzer kommt.

4. Gehorsamsprüfung im Verkehr: Auf Anweisung des Richters leint der Hundeführer an einer geeigneten Stelle seinen Hund ab und läßt ihn laufen. Auf weitere Anweisung ruft der Besitzer seinen Hund mit Namen und dem Hörzeichen »Hier« zu sich heran und leint den Hund wieder an. Er kann das Hörzeichen zwei- bis dreimal wiederholen. Der Hund hat diese Übung schnell und willig auszuführen, wobei er beim Anleinen stehen oder sitzen kann. Und damit ist diese Prüfung beendet.

Ich habe dieses so ausführlich geschildert, damit Sie wissen, was Sie und Ihren Hund erwartet. Ein wenig Sportsgeist und Hundeführermentalität müssen Sie schon mitbringen, und allzu lässig sollten Sie sich vor Ihrem Richter nicht bewegen.
So sagt denn Manfred Müller in seinem Buch »Der erfolgreiche Hundeführer«: »Einen Menschen zu einem guten Hundeführer zu erziehen ist viel schwieriger und oft zeitraubender als die Ausbildung eines Schutzhundes.«

Bemerkungen zum Breitensport
Unter Breitensport versteht man die gemeinsame aktive Beschäftigung einer Gruppe von Hundebesitzern mit ihren Tieren. Das kann ein gemeinsamer Spaziergang sein, wie ihn zum Beispiel die Landesgruppen des Basset-Hound-Club an einem Sonntag im Monat veranstalten. Wobei die Bassets lernen, in Meute zu marschieren und zu laufen und zu anderen Hunden friedlich zu sein. Das kann ein Wandertag mit Hunden eines Hundesportvereins sein oder ein Hindernisrennen, Gehorsamsübungen auch für kleine Hunde – es gibt eine Menge Möglichkeiten. Die aktiven Hundesportler, die auf Ausbildungskennzeichen hinarbeiten, hören das Wort nicht so gerne, da sich solche Art von Gruppenarbeit fast nur auf den Plätzen von Hundevereinen durchführen läßt. Außerdem braucht man dafür Ausbilder, und diese können wieder nur aus den Reihen der aktiven Hundesportler gewonnen werden. Wo sich durch idealistische Hundesportler und interessierte Hundehalter so etwas organisieren läßt, hat es gute Ergebnisse gebracht. Für die Orts- oder Kreisvereine war es auch nicht schlecht, denn durch diese Gruppenarbeit werden vor allem Jugendliche dem Hundesport zugeführt. In der Schweiz sind zur Zeit starke Bestrebungen im Gange, auch außenstehende Hundehalter auf die Sportplätze zu holen und sogar Hunde ohne Stammbaum zu gewissen Prüfungen zuzulassen.

Training auf dem Platz und Schutzhundprüfung
Bevor wir mit unserem Hund in einen Hundesportverein eintreten, um den Übungsplatz benutzen zu können, sollten wir uns den Betrieb zunächst genau ansehen. Vor allem auch anhören, welcher Ton auf dem Platz herrscht. Was der Übungswart für ein Mensch ist, nach welcher Methode er ausbildet und was er für Helfer hat.
Was aus einem Hund einmal werden soll, wird von folgenden Faktoren bestimmt:

- Zunächst vom Hund selbst, er ist das Material, das wir formen.
- Zum zweiten vom Hundeführer, also von uns. Wir müssen unseren Lehrstoff für die Prüfung bis ins kleinste Detail beherrschen und darüber hinaus uns über die Bedeutung aller Übungen informieren. Wir müssen unseren Hund nicht nur genau kennen, sondern auch verstehen, so daß wir ihn richtig führen können.
- Drittens sind nicht nur der Hund und wir bestimmend, sondern auch die Helfer im Schutzhundedienst.

Anmerkung. Wie sich ein Hund später einmal gegenüber den Menschen verhält, ist stark abhängig von den Erfahrungen, die der Hund während seines Aufbaues im Schutzdienst gesammelt hat. Was wird aus einem Schutzhund, der beste Veranlagungen hat und den wir gut aufgebaut haben, den aber ein schlechter Helfer so behandelt, daß der Hund entweder gar keine Lust mehr hat zu arbeiten oder aber bösartig und aggressiv wird? Der schon zitierte Schutzhundspezialist Manfred Müller meint dazu: »Vom Hund verlangen wir einwandfreien Charakter, Mut, Kampftrieb und sportliches Verhalten. Beobachten wir dagegen die Arbeit und das Produkt Schutzhund vieler Helfer, dann gewinnen wir den Eindruck, als ob die Tätigkeit des Helfers an keine Voraussetzungen gebunden scheint.« Schutzhundarbeit verlangt ausgeglichene, beherrschte, charakterfeste und verantwortungsbewußte Menschen, die außerdem noch fachlich qualifiziert sind. Sie sollen ein ausgeprägtes Einfühlungs- und Reaktionsvermögen besitzen sowie geistige Reife haben. Jähzornige, reizbare, unsichere und voreingenommene Menschen eignen sich nicht zu einem Schutzhundeführer und noch weniger zu einem Schutzhundehelfer oder gar Übungswart. Vor allem die Helfer müssen geschult werden, dazu stehen in den Gebrauchshundeverbänden und im Verein für Deutsche Schäferhunde sogenannte *Lehrhelfer* zur Verfügung. Sie vermitteln die in langen Jahren erarbeiteten Ausbildungsmethoden, die Erfahrungen mit auszubildenden Hunden und die Erkenntnisse der Verhaltensforschung.
Aus der Verhaltensforschung wissen wir, daß es wichtig ist, schon sehr früh, fast gleich nach der Geburt, die *Prägungs*-Phasen auszunutzen und so mit dem Aufbau zum Schutzhund oder Gebrauchshund zu beginnen. Ab der sechsten Woche können wir mit der *Belehrung* des Welpen beginnen, ab dem sechsten Monat mit der *Erziehung* und ab dem zwölften Monat mit der *Abrichtung*. Wichtig ist, daß man mit seinem Hund täglich übt: Er lernt nur durch Gedankenverbindungen und Wiederholung. Eine kleine Unterbrechung kann das Erlernte wieder vergessen lassen. Außerdem muß man den Hund planmäßig ab dem fünften Monat auf die Schutzhundprüfung vorbereiten. Mit Beendigung des sechsten Lebensmonats sollte der Hund eine Schutzhund-I-Fährte an einer etwa drei Meter langen Leine sicher absuchen können. Er sollte den Helfer verbellen und das Beißen und Angreifen im Prinzip beherrschen. Das heißt, daß man in einer

Woche eine Fährten-, neun Schutzdienst- und zehn Unterordnungsübungen macht, wovon einmal pro Woche unter Anleitung auf dem Übungsplatz trainiert wird.

Noch ein Ratschlag eines Praktikers: Treten Sie keinem Verein bei, in den man Sie erst nach längerer Probezeit aufnimmt. Hier will ein Vorstand Sie formen, unterordnen und in seinem Sinne aufbauen. Sie aber wollen ja keine Prüfung ablegen, sondern nur Ihr Hund.

Die klassische Prüfung im Hundesport ist die Schutzhundprüfung. Sie gibt es in 3 Stufen, die der Entwicklung des Hundes angepaßt sind und die man hintereinander ablegen muß:

- SchH I für Hunde ab 14 Monate
- SchH II für Hunde ab 16 Monate
- SchH III für Hunde ab 18 Monate.

Der Ablauf einer Schutzhundprüfung

Die Schutzhundprüfung ist in drei Abteilungen geteilt: 1. die Fährtenarbeit, 2. die Unterordnungsleistung, 3. der Schutzdienst. Bei diesem wird auch noch der Kampftrieb und die Härte beobachtet und mit einem Prädikat bewertet. Es gibt *ausgeprägt, vorhanden* und *nicht genügend.*

Fährtenarbeit nach dem Hörzeichen »Such«. Die Länge der Fährte von drei- bis vierhundert Schritten wird in rechtwinkliger U-Form vom Hundeführer angelegt. Darauf legt dieser zwei Gegenstände, die nicht größer als eine Brieftasche sind und die er mindestens 30 Minuten an geruchsintensiven Körperstellen getragen hat. Der Hund muß die Fährte an zehn Meter langer Leine ausarbeiten, die Gegenstände finden, aufheben oder verweisen. Bei den Prüfungsstufen SchH II und SchH III ist die Fährtenarbeit erschwert, die Fährte ist älter und länger, und es sind mehr Gegenstände zu finden.

Unterordnungsleistungen. Die Übungen der Leinenführigkeit, des Frei-Folgens, die Sitzübung und die Platzübung (ablegen und kommen) habe ich schon bei der VB beschrieben. Hinzu kommt noch das Bringen eines Gegenstandes auf ebener Erde, den der Hundeführer etwa acht Schritt weit fortgeworfen hat. Die Hörzeichen sind »Bring«, »Aus« und »Fuß«.

- Das Bringen eines Gegenstandes oder eines Bringholzes im freien Sprung über eine einen Meter hohe und 1,50 Meter breite Hürde. Zusätzliches Hörzeichen ist »Hopp«, die Wurfentfernung 8 Schritt.
- Der Hundeführer schickt mit ausgestrecktem rechten Arm und dem Hörzeichen »Voraus« den Hund etwa 25 Schritt in der angezeigten Richtung voraus. Dort hat sich der Hund auf das Zeichen »Platz« sofort hinzulegen und wird vom Hundeführer abgeholt.
- Der Hund wird abgelegt, der Hundeführer entfernt sich 40 Schritt und bleibt mit dem Rücken zum Hund stehen. Erst dann holt er den Hund wieder ab. Bei den Prüfungsstufen II und III sind die Unterordnungsübungen erschwert und werden durch einen Klettersprung über eine Schrägwand erweitert sowie durch Stehenbleiben im Schritt und aus dem Lauf.

Schutzdienst. Hier heißt es: Ein Hund kann die Prüfung nicht bestehen, wenn er nicht in der Hand des Hundeführers steht, bei allen Kampfhandlungen nur durch körperliche Einwirkung des Hundeführers abläßt, bei einer Kampfhandlung versagt und sich verdrängen läßt. Im Schutzdienst muß der Hund den Helfer stellen und verbellen, wobei der Helfer versteckt ist. Die Hörzeichen hierfür heißen »Revier« oder »Voran«. Er muß einen Überfall des Helfers auf seinen Herrn vereiteln, indem er ihn in den Schutzarm beißt. Der Helfer darf ihn zweimal schlagen, und der Hund darf nicht loslassen. Auf das Hörzeichen »Aus« hat er sofort vom Helfer abzulassen und ihn scharf zu beobachten. Die sogenannte Mutprobe ist das Verfolgen des fliehenden Helfers und das Stellen, wenn sich der Helfer umdreht und den Hund bedroht. Der Hund hat den Helfer zu beobachten, während sein Herr den Helfer entwaffnet. Herr und Hund transportieren den Helfer zum Richter: »Täter gestellt und entwaffnet. Schutzdienst beendet.« Bei den Prüfungen II und III sind die Übungen erschwert.

Die Fährtenhundprüfung

Obwohl der Hund von Natur ein Nasentier ist und über einen ausgezeichneten

Angriff auf den Scheintäter

Klettersprung über die Schrägwand

Geruchssinn verfügt, sind ausgebildete Fährtenhunde selten. Das mag seinen Grund darin haben, daß die Hundesportler den Schutzdienst überbewerten und deshalb auf den Spürsinn ihres Hundes nicht achten. Zum anderen kommt es sicher daher, daß nur ein Hund die Fährtenhundprüfung bestehen kann, wenn er vorher die Schutzhundprüfung I oder die VB-Prüfung erfolgreich bestanden hat. Und da machen einige Rassen und ihre Besitzer nicht mit, obwohl sich die Hunde von ihrer Nasenleistung hervorragend zu Fährtenhunden eignen würden.

Die Fährte ist 1000–1400 Schritte lang und enthält sechs dem Gelände angepaßte rechte Winkel. Auf sie wurden vier Gegenstände gelegt, die ein Helfer »verwittert« hat. Die Fährte muß über eine begangene feste Straße führen und wird dreimal von einer frischeren Fremdfährte gekreuzt.

Das Ausarbeiten der Fährte erfolgt frei oder an zehn Meter langer Leine. Der Hund hat die Gegenstände zu finden, anzuzeigen oder aufzunehmen. Gefundene Gegenstände nimmt der Hundeführer an sich. Der Hund darf sich durch die fremde Verleitungsfährte nicht ablenken lassen, sie höchstens nur ein kurzes Stück verfolgen, um wieder auf die Ausgangsfährte zurückzukehren. Das Ausbildungskennzeichen *Fährtenhund* (FH) wird nur vergeben, wenn der Hund von den 100 Punkten mindestens 70 erreicht hat.

Weiche Welle oder Starkzwang?

In den Methoden der Ausbildung gibt es zwei grundverschiedene Schulen, die *moderne weiche* und ihr Gegenteil, die mit Härte, mit *Starkzwang* arbeitet und die man in der Jagdhundausbildung *Parforcedressur* nennt.

Grundsätzliches zur Erziehung: Der Hund lernt, einen Reiz mit einer Reaktion zu verknüpfen, so daß der Reiz die Reaktion auslöst. Das bekannteste Beispiel ist der Pawlowsche Reflex: Beim Klang einer Glocke, die mit der Fütterung verbunden ist, beginnt der Versuchshund zu speicheln. Auf gleiche Weise können Hand- und Hörzeichen als Reize die Reaktion »Komm« oder »Sitz« auslösen, stimmliche Tonlagen wie ein weiches »Brav« und ein hartes »Pfui« mit den Gefühlserlebnissen Lob und Tadel verknüpft werden. Wer diese Zusammenhänge kennt, wird nie auf dem Übungsplatz Starkzwang anwenden, da die Umgebung mit dem seelischen Schock und dem körperlichen Schmerz in Beziehung gebracht wird, und den Hund auch in Zukunft verunsichert.

Bullterrier unkonventionell, aber wirkungsvoll Hürde überwindend

Der Hund hat ein einfaches, wenn auch tiefes Gefühlsleben und seine Motive zu handeln sind Lust und Furcht. Das heißt für uns, daß wir ihm das, was er tun soll, durch Lob lustvoll machen und das, was er nicht tun soll, durch Strafe verleiden. Wobei Strafen einfacher ist als richtiges Loben. Wir sind meist zu verklemmt, um aus uns herauszugehen, beim Loben aber muß man Gefühlsüberschwang zeigen. Und davor haben viele Hundesportler Angst. Zu beherzigen ist im übrigen die Erkenntnis, daß man in guter Stimmung leichter und intensiver lernt als unter Druck. Darauf beruht unter anderem

die weiche Methode. In Chicago wurde mit der Gründung des Suzuki-Orchesters bewiesen, daß Früherziehung auch beim Menschen unglaublich erscheinende Ergebnisse zeitigt. Zweijährige Kinder lernten das Geigenspiel, mit vier Jahren wurden sie schon zu Virtuosen und sind heute mit 14 oder 15 Jahren wahre Meister. Diese Früherziehung spielt beim Hund eine noch größere Rolle, da er in den ersten Monaten seines Lebens *geprägt* wird. Ausführliches über diese Prägung finden Sie auf Seite 113. Dr. Siveke hat diese Frühsterziehung mit großen Erfolgen in die Jagdhundschulung eingeführt, Manfred Müller macht dasselbe bei den Schutzhunden.

Das heißt aber auch, daß beide ohne brutale Härte und ohne gewaltsames Brechen von Widerstand arbeiten. Es gibt keinen psychischen Druck, und der Lernvorgang wird so angenehm wie möglich gemacht. Je mehr man mit Lob zum Ziel kommt und je weniger Strafe man braucht, um so bessere Erfolge erzielt man. Für den Schutzdienst wird der im Welpen vorhandene *Beutetrieb* ausgenutzt, der aus den Verhaltensweisen Hetzen, Vorstehen, Verfolgen, Tragen, Beutetotschütteln, Anspringen und Zubeißen besteht. Ihn

Rottweiler wird durch Teletaktgerät (Hals) am Angriff gehindert

kann man von klein auf trainieren, indem man mit einem Lappen anfängt und mit dem Hetzarm des Helfers endet. Der Vorteil: Die Hunde haben Freude am Lernen. Das Gegenteil ist die **harte Methode.** Hier wird der Hund meist das erste Jahr über *roh* gelassen, es wird nicht mit ihm gearbeitet. Dann wird er mit harter Hand dressiert: Er hat zu gehorchen und tut das für ihn Unangenehme, um noch Unangenehmeres zu vermeiden. Das noch Unangenehmere sind Wurfketten, Peitschen und Elektroschocks. Hierfür wird das Empfangsgerät eines elektronischen Dressurapparates am Halsband befestigt. Der Hundeausbilder hat einen Sender, der eine Reichweite von etwa 500 Metern hat. Wenn der Hund vom Herrn entfernt etwas macht, was er nicht tun soll, dann kann man ihn durch einen korrigierenden, dosierbaren Stromschlag bestrafen.

Dieser Apparat ist inzwischen genauso umstritten wie das *Korallenhalsband* bei der Jagdhundausbildung. Dieses nagelgespickte Halsband wird bei der *Down-Dressur* verwendet, bei der der Hund auf Pfiff lernt, vom Hasenhetzen abzulassen. Der Hund hetzt an langer Leine und wird, wenn er auf den Pfiff nicht reagiert, von der Hand des Gehilfen niedergerissen. Der Schmerz besiegt in diesem Fall die Natur, das Beutemachenwollen. Elektroschock und Nagelschmerz erzielen beide das, was Horst Stern den »Lieber-Gott-Effekt« nannte, der Hund glaubt sich auch noch in weiter Entfernung in der Hand des Herrn. Der Vorteil der Parforcedressur: Man kann einen Hund durch einen Ausbilder in verhältnismäßig kurzer Zeit zu einem perfekt funktionierenden Jagdgehilfen oder Hürdenspringer machen.

Bei robusten und harten Hunden muß diese Art Ausbildung nicht unbedingt den Hund verderben. Die meisten Hunde aber, die mit Starkzwang ausgebildet wurden, zeigen eine erschütternde Unterwürfigkeit und gleichen programmierten Robotern und nicht mehr lebensfrohen Hunden. Ein weiterer Nachteil: was beim Ausbilder perfekt funktioniert hat, kann durch Fehlverhalten des Besitzers teilweise oder völlig vom Hund »vergessen« werden. Zwischen beiden Methoden gibt es auch noch einen gangbaren Mittelweg, den ich

die autoritative Methode nennen möchte. Denn auch der psychologisch arbeitende Ausbilder kommt ohne Zwangsmittel nicht aus. Der Hund ist vom Rudel her Autorität gewohnt und braucht sie. Vor allem, wenn man ihm Verhaltensweisen beibringen will, die er, würde er wie wir denken, für schwachsinnig halten muß: eine bestimmte Spur weiterverfolgen, auch wenn sie von einer besser riechenden gekreuzt wird; eine Ente apportieren, ohne sie zuvor und dabei zu zerknautschen; hinter einem Hasen zu stöbern, ohne sich von einem querlaufenden Karnickel stören zu lassen.

Zeigen wir dem Hund durch wohldosierten Einsatz unserer Macht, worauf es uns ankommt, wird er auch das lernen, was seinen natürlichen Instinkten widerspricht. Das erfordert eine Menge Einfühlungsvermögen.

Bretonischer Vorstehhund (Suchensieger Don) mit apportiertem Eichelhäher

Die Ausbildung der Jagdhunde

Hier werden die meisten Hunde von Berufsabrichtern ausgebildet, die die Frühesterziehung gar nicht praktizieren können, weil sie keine Zeit dafür haben und die Hunde gar nicht so früh bekommen. Sie müssen in relativ kurzer Zeit dem Hund Dinge beibringen, die für ihn von seiner Natur her viel schwieriger sind als zum Beispiel die Schutzhundübungen. So wird ein Wissen eingebleut, das, kommt der Hund in die Hände eines Sonntagsjägers, nicht lange hält.

Über das, was Jagdhunde können und lernen müssen, kann ich hier nur kurz berichten. Es gibt eine Anzahl guter Fachbücher für jeden, der es genauer wissen will.

Wir kennen die **Feldarbeit,** bei der der Hund auf dem Land nach dem Wild sucht. Er kann es dem Jäger durch **Vorstehen** anzeigen, das aber nur, wenn sich das Wild drückt und dabei liegen bleibt. Der Jäger nähert sich dem Hund und fordert ihn auf, das Wild herauszudrücken, was bedeutet, daß das Wild aus seiner Deckung kommen soll, damit der Jäger es schießen kann. Der Hund darf flüchtendem Wild nicht nachstellen, sondern muß sich hinlegen und abwarten. Nach dem Schuß bekommt er den Befehl zu **apportieren.** Er bringt das Wild im Fang seinem Herrn, setzt sich vor ihn hin und überläßt es ihm auf den Befehl »Aus«. Der Hund lernt das Apportieren mit Gewichten bis zu 18 Pfund. Wird das Wild nur krank geschossen, muß der Hund so lange suchen, bis er es gefunden hat. Deshalb nennt man diese Arbeit **Verlorensuchen.** Hierbei ist wichtig, daß der Hetztrieb des Hundes nicht gefördert wird. Er ist bei der Jagd (die Schweißarbeit ausgenommen) nicht erwünscht.

Bei der **Wasserarbeit** muß der Hund auf Wasserwild jagen. Das erfordert Kraft und Ausdauer und dazu ein gutes Schwimmvermögen. Er muß im Schilf stöbern und dabei zum Beispiel die Enten aus dem Schilf herausdrücken. Er muß die geschossenen Tiere apportieren und nach den angeschossenen Tieren verlorensuchen. Das ist besonders schwierig, da es unter den Enten Tauchspezialisten gibt oder solche, die aufs Land gehen und sich dort drücken (= verstecken).

Die **Schweißarbeit** dient der Nachsuche nach angeschossenem, schweißendem Wild. Hier arbeiten Hund und Führer zusammen. Der Hund am langen Riemen, der Führer quer durch Dickicht und Unterholz. Der Hund gibt Spurlaut und wird zur Hetze vom Riemen gelöst. Das klassische Ende einer Nachsuche ist das **Totverbellen.** Der Hund ruft, am gefundenen Wild sitzend, seinen Jäger herbei. Oder aber er stellt, ebenfalls bellend, das noch lebende Wild, was bei Wildschweinen zum Beispiel gefährlich sein kann.

Die Bau- oder Bodenjagd ist die Jagd mit Erdhunden auf Fuchs und Dachs unter der Erde. Hier muß heute der Hund auf jeden Fall gegen Tollwut geimpft sein. Der Hund soll den Dachs unter der Erde stellen und verbellen. Einen Dachs aus dem Bau zu treiben, bringen nur wenige Hunde fertig. Dann muß der Jäger graben. Der Fuchs läßt sich aus seinem Bau treiben.

Die Erdhunde Teckel, Foxterrier und Deutscher Jagdterrier unterscheidet man nach ihrer Arbeitsweise in:

- Vorlieger (die nur vorbellen)
- unstete Sprenger (die zwar Angriffsversuche machen, aber nicht konsequent am Gegner bleiben)
- rücksichtslose Sprenger (er verbellt und greift an, wenn der Gegner nicht weicht) und
- Würger (er greift, wann immer er kann, mit Kehlgriff an und tötet mit Herzgriff). Manchmal kann er aber den toten Fuchs wegen Hindernissen nicht aus dem Bau ziehen. Dann ist es nichts mit dem Jagderfolg.

Die Spezialisten

Aus den Hunden, die die Schutzhundprüfungen bestanden haben, rekrutieren sich die Diensthunde und Polizeihunde. Sie legen noch besondere Prüfungen ab. Wer zum Beispiel in Bayern die Polizeihundeprüfung I bestanden hat, bekommt mehr Futter- und Wartungsgeld als ein Hund, der die Prüfung noch nicht abgelegt hat. Auch für Hundekarrieren sind Prüfungen wichtig. Zumindest, wenn die Hunde in den Staatsdienst wollen. Rund 7000 Deutsche Schäferhunde arbeiten zur Zeit als Diensthunde.

Erstaunliches leisten auch die Zollhunde, die nach Haschisch schnüffeln (früher nach Kaffee). Sie erriechen Hasch in Metallkoffern, in Autoreifen, unter Holzfußböden oder 30 cm tief im Boden vergraben. Es sind Deutsche Schäferhunde und Cocker Spaniels. Im Zeitalter des Terrorismus sind diese Hunde auch auf Sprengstoff geübt worden.

Blindenhunde dürfen sich nie durch andere Hunde, eine Katze oder Personen ablenken lassen. Deshalb laufen in der Blindenhundschule des Staates Israel bei Haifa Katzen zwischen den Zwingern herum, und der zukünftige Blindenhund gewöhnt sich an sie. Er muß Hindernisse umgehen, er muß vor Bordsteinkanten, Treppen, Gräben und ähnlichem stehenbleiben und seinen Herrn vor Hindernissen warnen, unter denen er selbst bequem durchlaufen könnte. Das lernt er mit dem »künstlichen Menschen«, einem wagenartigen Gestell, das von Dr. Heinz Brüll im zweiten Weltkrieg entwickelt wurde.

Der Gedanke ist einfach: Wo der Hund mit dem Wagen anhakt, wird er später auch mit seinem Herrn nicht durchkommen. In der Blindenhundschule in Bern ist man jetzt dabei, den Hunden auch beizubringen, auf Verkehrszeichen und sogar Schriften zu reagieren. Vereinfacht gesagt, dort lernen die Hunde lesen. Bei uns werden meist Schäferhunde als Blindenhunde aus-

gebildet. Frau Schapira, die Leiterin der Blindenhundschule in Haifa, sagte mir, daß bei allen Versuchen der Labrador Retriever sich als bester Blindenhund erwiesen habe.
Die Schäferhunde passen darauf auf, daß die Herden beisammen bleiben. Beim Deutschen Schäferhund stimmt der Name eigentlich nicht mehr. Bei ihm sind die Schutzhundkomponenten immer stärker herausgezüchtet worden. Auch Schafherden gibt es immer weniger, eine Folge der Landschaftskultivierung. Immerhin werden noch rund 270000 deutsche Schafe in Herden gehalten, das sind etwa 800 Herden. Ihrer Größe nach brauchen sie manchmal mehrere Hunde. Es sind vorwiegend zotthaarige Hunde, die sogenannten Schäferpudel, die als Rasse aber nicht mehr anerkannt werden. In Wales gibt es im August das große *Sheepdog Trial*. Diese Hütehundprüfung blickt auf eine hundertjährige Tradition zurück. Hier wird getestet, wie die Hunde selbständig und unter natürlichen Bedingungen arbeiten.
Helden dieser Übung sind die Border Collies, die überall in der Englisch sprechenden Schafe haltenden Welt die Herden hüten und die nur in Australien als Rasse anerkannt sind. Hauptaufgabe: eine Gruppe von Schafen durch mehrere Hindernisse in ein Gatter zu treiben, nur gelenkt durch die Befehle des Schäfers, der manchmal bis zu 800 Yard = 732 Meter von Hund und Herde entfernt ist.
Die Rettungshunde sollen Menschen finden, die in Häusertrümmern verschüttet worden sind. Da es hierbei um Menschenleben geht und nicht um die Erringung von Preisen und Ausbildungskennzeichen, müssen Mensch und Hund immer wieder üben. Denn nur die perfekte Rettungsmannschaft kann Menschen in Gefahr helfen. So wird das Ausbildungskennzeichen *Rettungshund (RH)* nicht an einen Hund für immer vergeben (wie bei der Schutzhundprüfung), sondern nur an das Team Hund/Mensch und auf Zeit, solange die beiden zusammenarbeiten. Bei Führerwechsel verliert der Hund die Anerkennung und muß mit dem neuen Führer wieder eine Prüfung ablegen.
Es gibt in Baden-Württemberg den Verband für das Rettungshundewesen in Heilbronn und einige private Staffeln. Sie werden bei Bedarf mit der Rettungsflugwacht eingesetzt. Dr. Rudolf

Blindenführhund in der Ausbildung

Haschhund des Zolls schnüffelt im Münchener Flughafen Riem an Koffern

Sewerin schreibt über einen Erdbebeneinsatz in Lioni bei Neapel: »Hier braucht man hochbelastbare Hunde mit sicherem Wesen ... Und kämpfen muß er können, die Trümmer sind scharfkantig, spitz, Stahlarmierungen, zersplitterte Bretter, Scherben, schräge glatte Flächen, auf denen der Hund ins Rutschen kommt. Wenn er jetzt in Panik abspringt, kann er sich erheblich verletzen. Statt dessen duckt er sich, wie bei der Übung gelernt, er rutscht mit.« (»Bullterrier Gazette« Dez. 1980).

Auch der Lawinensuchhund ist ohne seinen Führer nichts wert. Beide werden mit Hubschrauber und Notarzt am Ort der Katastrophe abgesetzt. Denn auf Tempo kommt es an. Wenn eine Lawine zum Stillstand kommt, leben noch 85 Prozent der Opfer, zwei Stunden später nur noch vier. Ein physikalisches Gesetz macht es den Überlebenden besonders schwer: Unter Schnee kann man zehnmal weiter hören als gehört werden.

Die ausgebildeten Hunde wittern die Verschütteten noch durch eine sechs Meter dicke Schicht von nassem Firnschnee. Sie sind dadurch allen technischen Hilfsmitteln weit überlegen. Ihr außergewöhnliches Riechvermögen wird durch eine lange und spezielle Ausbildung zielbewußt vom Menschen eingesetzt. Selbstverständlich, daß ein Lawinensuchhund auch eine Schutzhundprüfung absolviert hat.

Abschließende Erklärung des mißverstandenen Begriffs »Zivilschutzhund«. Er ist kein Sporthund, sondern ein Ernsthund und nicht auf die Situation Übungsplatz-Figurant-Ärmel-Stock abgerichtet. Er wehrt Angriffe ab, indem er den Angreifer unschädlich macht. Nur in verantwortungsvoller Hand ist er nicht allgemeingefährlich.

Mannscharfe Schäferhunde bewachen einen Flugplatz der Royal Air Force nahe der holländischen Grenze

Hundehaltung in der Großstadt

In der Bundesrepublik werden nach neuesten Schätzungen 5 Millionen Hunde gehalten. Diese Zahl ist sicher zu niedrig gegriffen, es gibt eine Dunkelziffer der nicht angemeldeten Hunde, die die Steuerbehörden auf etwa zehn Prozent taxieren, die aber wohl noch höher liegt. Zum Vergleich: In Frankreich sollen acht Millionen Hunde leben (steuerfrei); in England etwa 4,5 Millionen; in der Schweiz etwa 500 000; in Österreich sind es 600 000. Das hundereichste Land sind die USA mit 34 Millionen, wobei auf jeden vierten (gezählten) Hund noch ein herrenloser Streuner kommt. Die Städte mit der absolut höchsten Hundezahl sind Mexico City mit einer Million (grob gerechnet, da auch die Einwohnerzahl von zwanzig Millionen nur geschätzt ist), Paris mit knapp einer Million (und genauso vielen Katzen), London mit 900 000 und Los Angeles mit 700 000.

Von den 5 Millionen besteuerten deutschen Hunden leben etwa 1,3 Millionen in Großstädten. Die meisten Hunde werden in Städten zwischen 20 000 und 50 000 Einwohnern gehalten.

Wenn wir uns weiter die statistischen Zahlen anschauen, die Prof. Dr. Wilhelm Wegner in »Hundehaltung in der Bundesrepublik« 1972 und in »Tendenzen der Hundehaltung« 1977 veröffentlicht hat, stellen wir eine deutliche Steigerung der Hundezahl sowie ein wesentlich erhöhtes Hundesteueraufkommen fest (1971 ca. 50 Mio. DM, 1977 ca. 119 Mio. DM). Diese Entwicklung hält bis heute an; nach den jüngsten Zahlen (für 1993) nahmen die Kommunen 243,9 Mio. DM ein, davon in den alten Bundesländern (ohne Hamburg, Bremen und Berlin) 215,2 Mio. und in den neuen 28,7 Mio., wobei die mittleren Steuersätze zu Grunde gelegt wurden, und zwar nur für den Ersthund. Nicht berücksichtigt wurden die Zweit- und Dritthunde mit durchweg doppeltem Steuersatz, aber auch nicht die steuerermäßigten Wach-, Jagdgebrauchs- und Arbeitshunde. Dienst-, Versuchs- und Blindenhunde sind sowieso steuerfrei.

Die Hundesteuer ist in den einzelnen Kommunen unterschiedlich hoch. Am teuersten ist wohl Köln mit 276 Mark; Berlin liegt bei 180, München bei 150 und Jena bei 80 Mark, jeweils für den ersten Hund. Weitere gehaltene Hunde sind noch teurer.

Anmerkungen zur Hundesteuer

Die Besteuerung der Hunde als einzigem Haustier führten Städte und Länder im ersten Drittel des vorigen Jahrhunderts ein. Fast immer ist die Begründung Tollwut und Überhandnehmen von Hunden und die daraus für die Bevölkerung entstehenden Gefahren gewesen. Auch die Verwendung der Steuer wurde damals begründet: In Hamburg, wo man sich 1866 zur Steuer von zwei Talern entschloß, sollte dieser Betrag für die Personen aufgebracht werden, die den Leinen- und Maulkorbzwang überprüften, gleichzeitig aber auch darauf zu achten hatten, daß die Maulkörbe die Hunde nicht quälten. Aus Gründen der Straßenverunreinigung gab die Stadt Basel 1812 Bewilligungszeichen (Steuermarken) aus, die die Hunde zu tragen hatten und deren Erwerb vier Franken für den ersten, acht Franken für den zweiten und zwölf Franken für den dritten Hund eines Haushaltes kostete. Von den eingehenden Beträgen wurde eine Hundepolizei unterhalten. Als man in Bonn 1835 wegen dem Überhandnehmen der Luxushunde in der Hand von Studenten die Steuer von einem Taler und 15 Silbergroschen pro Hund und Jahr einführte, sollten die Einnahmen zur »späteren Erbauung eines städtischen Leichenhauses dienen«. Wozu es allerdings nie kam.

Heute ist der Gesetzgeber ehrlicher: Die Hundesteuer ist als prohibitive Steuer zu betrachten. Sie soll die uferlose Ausweitung der Hundehaltung und der damit verbundenen Belästigungen und Gefahren unterbinden. »Steuern müssen durchaus nicht nur dazu dienen, Geld in den Staatssäckel zu schaffen,« so das Bundesverwaltungsgericht (7 B 73.77), als es die Besteuerung von Pferden ablehnte. Die Gerichte gehen davon aus, daß die Belästigung der Allgemeinheit durch Hunde erheblich größer ist als durch Pferde. Gesundheitliche Beeinträchtigungen werden hervorgehoben, die beispielsweise durch das Verschmutzen von Gehwegen oder Kinderspielplätzen durch Hundekot entstehen oder die sich aus Geräuschbelästigung durch Hundegebell ergeben.

Hundesteuer ist eine Luxussteuer, ungerecht, weil sie für den teuren Rassehund genauso hoch ist wie für den Findling aus dem Tierheim, weil sie den sozial Schwachen genausoviel Geld abnimmt wie den Spitzenverdienern. Und außerdem ist sie keineswegs hundebeschränkend, wie das Anwachsen der Familienhunde zeigt, obwohl die Kommunen in den letzten 20 Jahren die Steuern nicht unerheblich angehoben haben.

Nicht gezahlte Steuer kann durch Pfändung eingetrieben werden. Der Hund selbst kann nur gepfändet werden, wenn sein Wert 200.– Mark nicht übersteigt und er nicht zum Verkauf bei einem Züchter oder Händler steht. Dieser Wert wird vom Gerichtsvollzieher geschätzt, als Preis, der bei einem freihändigen Verkauf am Versteigerungsort zu erzielen wäre. Doch das ist aber theoretisch, denn kaum ein Gerichtsvollzieher kommt auf die Idee, einen Hund zu pfänden.

Anmerkungen zum Hundedreck

Das Hauptargument der Leute, die die Hundehaltung in den Städten einschränken wollen, ist die Verschmutzung durch Kot und Urin auf öffentlichen Wegen. In frisch erwachtem Umweltbewußtsein rechnete man den Hundebesitzern New Yorks vor, daß ihre Lieblinge täglich 50 Tonnen Exkremente und 10 000 Liter Urin in der Stadt absetzten.

Wortführerin der Antihundebewegung war die Journalistin Fran Lee, die in einer ihrer Kolumnen schrieb: »Ich habe es jetzt wirklich satt. Ich bin fertig mit einer Gesellschaft, die ihre Hunde mit Erdbeeren und Schlagsahne füttert und den Tieren diamantbesetzte Gürtel um den Hals hängt, und dann dürfen die Hunde auch noch den Platz vor meinem Haus verdrecken. Der Hundedreck überall hat auch verhindert, daß sich der Maxi als Moderichtung durchsetzen konnte.«

Um die Jahrhundertwende hatten die Amerikaner schon einmal Exkrementenprobleme. Es gab in den Städten insgesamt drei Millionen Pferde. Allein die 15 000 Gäule in Rochester produzierten nach Angaben einer damaligen Zeitung jährlich so viel Mist, daß ein Hektar Land mit einer 60 Meter hohen Schicht bedeckt werden konnte.

Das Argument mit dem Hundedreck ist auch bei uns immer wieder ein dankbares Thema. Es gibt Schätzungen von 2200 bis 6000 Zentner täglich. Illustrierten-Überschriften wie »Ach du liebe Scheiße« oder »Eine Wurst von Berlin bis Bremen« fachen immer wieder öffentliche Diskussionen darüber an, ob die Straßenreinigungen die überquellende Fülle noch bewältigen können.

Zunächst einmal: Wer hat diese Zahl ausgerechnet? Bei 3,5 Millionen Hunden bedeutet das (nimmt man die größte Schätzung) eine tägliche Produktion von 86 Gramm pro Hundeschwanz. Der

Aus Berlin stammt die unbezeichnete Steuermarke von 1836 mit Windspiel, die ovale rechts aus Braunau

Chef der Hamburger Stadtreinigung hat den hanseatischen Hunden im Durchschnitt 200 Gramm zugeschrieben. Berechnet man die Kotmenge, die ein Hund bei richtiger Ernährung absetzt, nach seinem Kalorienbedarf und den Ballaststoffen, die man füttert (die meisten Hunde bekommen sowieso zu wenig Ballaststoffe, die allein eine umfangreiche Verdauung gewährleisten), dann erreichen Hunde von der Größe eines Schäferhundes knapp die 200 Gramm, ein Dackel oder Spaniel bleibt meist unter 100.

Trotz dieser Widersprüche sollten wir uns nicht um die Größe und das Gewicht der Hunderückstände streiten: 40 000 Häufchen (so viele Hunde sind derzeit in Hamburg registriert), auf 3600 Kilometer Straßen (so groß ist Hamburg) verteilt, sind objektiv nicht viel, für den, der hineintritt, allerdings ein Ärgernis und für den Straßenreiniger eine ständige Zumutung.

Ein Ärgernis und eine Zumutung für die Hundebesitzer ist jedoch die Tatsache, wie die Hundedreckgeschichte hochgespielt wird. Von den 100 Tonnen menschlicher Fäkalien, die die Bundesbahn täglich auf ihrem Schienennetz verstreut, spricht zum Beispiel niemand. Auch nicht davon, daß Hundekot zu 80 Prozent aus Wasser besteht und sich schnell zersetzt.

Eine Befragung durch ein unabhängiges Institut (Mafo 1976) zeigt deutlich, daß Hundedreck als Schmutzproblem Nummer eins ein Märchen ist. Auf die typische Frage der Meinungsforscher »Wodurch fühlen sich Ihre Bekannten am meisten belästigt oder gestört?« – nach der eigenen Meinung wird man wegen Befangenheit nicht gefragt –, kamen die Antworten: Motorenlärm und Straßenlärm (23%); sonstiger Lärm (14%); Kinderlärm (4%); Auspuffgase (3%); Lärm durch Nachbarn (2%); Hundedreck (1%); Abfälle auf der Straße (1%); Rauchen (1%); Hundebellen (1%); sonstige Belästigungen (12%); weiß nicht (38%).

Auf die Fragen an Gemeinden »Wodurch werden Straßen und Gehsteige generell verunreinigt, bzw. was macht für Ihre Mitarbeiter im Außendienst die meiste Arbeit und kostet das meiste Geld?« kamen die Antworten: 1. Plastik- und Papierabfälle; 2. Obst- und Lebensmittelreste, Sperrmüll, abgelegter Hausmüll; 3. Laub- und pflanzliche Abfälle; 4. Flaschen und Flaschenscherben; 5. Hundedreck; 6. andere Verunreinigungen durch Menschen, z. B. Kaugummi. Bei der gleichen Frage in bezug auf Grünanlagen und Spielplätze vertauscht sich die Reihenfolge so: 1. Papier- und Plastikabfälle; 2. Laub und pflanzliche Abfälle; 3. Flaschen und Flaschenscherben; 4. Obst- und Lebensmittelreste; 5. Hundedreck.

Diese Darstellung der Tatsachen kann für Sie eine Argumentationshilfe sein, ist aber kein Freibrief, Hunde, wo es sie gerade drängt, ihren Haufen setzen zu lassen. Man schafft dadurch neue Hundegegner, und außerdem ist ein Hundehaufen eine echte Belästigung für jeden Fußgänger. Leider werden zahlreiche Hundebesitzer immer rücksichtsloser, wie man in den gehobenen Wohnvierteln und kleinen Grünanlagen der Großstädte bemerken muß. Besonders offensichtlich wird der Hundedreck in schneereichen Wintern.

Doch wohin soll man seinen Hund machen lassen? Die Rinnsteine, für deren Sauberhaltung die Stadtverwaltung zuständig ist, sind mit Autos vollgeparkt, und Parklücken, wie es sie in Paris speziell als Hundeklos gibt, sind in deutschen Städten kaum denkbar. Die Ein-

Wie häßlich doch die heutigen Steuermarken geworden sind

Die Innenstadt oder eine Fußgängerzone sind nicht der Platz, an dem man Hunde ausführt. Muß oder will man sie mitnehmen, sollten sie sich vorher von ihren großen Geschäften gelöst haben. Daß ein Rüde auch hier an markanten Punkten sein Bein hebt, ist unvermeidbar, man sollte ihn nicht daran hindern. Auch ist Hunde-Urin harmlos gegenüber dem Schmutz, den Menschen machen. Breitgetretene Hundehaufen schaffen indes nur weitere Hundefeinde. Hundetoiletten wie diese (rechts außen) in Köln sind für Notfälle geeignet, aber keineswegs ausreichend vorhanden

richtung von Hundekotplätzen hat sich in einer Reihe von Städten schon bewährt, wenn sie regelmäßig gereinigt werden. Hunde setzen gerne den Kot an Stellen ab, wo sie durch Düfte angelockt werden. Außerdem lassen sie sich leicht erziehen, nur an bestimmte Stellen zu gehen, die an Wegrändern, unter Büschen oder an anderen diskreten Orten liegen.

Die vom VDH vertriebenen wasserdichten Tüten mit Pappschaber sind Hilfen für einen Notfall, sie machen aber – wie ich selbst ausprobiert habe – den Spaziergang zum Spießrutenlauf: Wer auffällig saubermacht, wird unlogischerweise als Dreckmacher beschimpft oder mitunter auch als Klofrau verlacht.

Das Notdurftverrichten wie der tägliche Spaziergang ist eines der Hauptprobleme der Hundehaltung in der Stadt. Doch inzwischen schätzen es auch die Landwirte in Stadtnähe nicht, wenn man Hunde auf Weide- und Viehfutterwiesen machen läßt.

Daß Rüden an Hausecken, Laternenpfählen und anderen markanten Punkten ihr Bein heben, gehört zu ihrem Verhalten. Und man sollte sie daran nicht hindern, auch wenn Hausbesitzer oder Hausmeister das nicht gerne sehen. Da Hunde das Bein nur heben, wenn vorher schon eine *Nachricht* gegeben worden war, schützt man seine Hausecken am besten durch Sauberkeit.

Das schwierige Leben eines Großstadthundes

Der Stadthund muß lernen, aufs Wort zu folgen, Lärm und Gestank zu ertragen und sich friedlich unter vielen Menschen zu bewegen. Er muß meistens angeleint sein, da selbst ein verkehrssicherer Hund durch eine Hundedame oder einen Hundefeind auf der anderen Straßenseite seine gute Erziehung vergessen, den Verkehr gefährden oder selbst überfahren werden kann. Auch plötzlicher Krach wie Preßlufthammer, Fehlzündungsknall, Hupen oder Bremsenquietschen kann ihn erschrecken und davonlaufen lassen. So sind denn Stadtspaziergänge alles andere als ideal und genügen dem Hund keineswegs, wenn sie nur um Häuserblocks führen. In verkehrsreichen Straßen machen die Abgase ihm mehr zu schaffen als uns, da Hunde, je nach Größe, ein oder zwei Etagen unter uns atmen.

Auch in Anlagen kann man ihn kaum frei laufen lassen, da es viele Leute nicht schätzen, wenn ein fremder Hund auf sie zuläuft, sie freundlich begrüßt oder drohend anknurrt. Da ist es gleich, ob dieser Hund eine Dogge oder ein Dackel ist, und auch die Beteuerung des Hundeherrn, Arko sei nur zutraulich und habe noch nie jemanden gebissen, wird oft nicht freundlich zur Kenntnis genommen. Es gibt nun einmal Leute, die keine Hunde mögen – obwohl sich das ein Hundefreund gar nicht vorstellen kann –, die sich nicht ihre hellen Hosen, die Strümpfe oder den Mantel verdrecken, besabbern oder zerreißen lassen wollen oder die einfach Angst vor Hunden haben.

Diese Angst vor dem Gebissenwerden ist ein weiteres Argument der Gegner von Hunden in der Großstadt. Da werden Emotionen geschürt, da fordert der Kinderschutzbund »für jeden Schäferhund einen Maulkorb«, da werden Rassen diskriminiert, zu »Mörderhunden« gestempelt und Unfälle zu Untaten hochstilisiert. Fest steht, daß am häufigsten Kinder oder kleinere Hunde gebissen werden. Fest steht auch, daß, »wenn Hunde beißen, Menschen schuld sind«: entweder die Hundehalter, die ihre Hunde scharfmachen und mit ihnen nicht umgehen können, sie unbeaufsichtigt lassen, oder das Fehlverhalten der Gebissenen. Manche Hunde lassen sich nun einmal nicht von fremden Kindern anfassen oder reagieren mit Schnappen, wenn man von hinten an ihnen vorbeirennt oder sie neckt.

Großstadthunde sind Hunde mit einem beschränkten Leben, vielleicht sogar arme Hunde. Und dennoch sind sie wichtig. Wichtig für alte Leute, denen ein Hund Trost bringt und oft noch die einzige Verbindung zum Leben ist. Wichtig für Kinder, die sonst keinen Kontakt zur Natur mehr hätten. Außerdem gibt es in den Wohnblocks der Großstädte Leute, die ganz einfach mit einem Hund, einem vierbeinigen Kameraden, leben wollen, weil sie Hunde mögen, weil sie eine Ansprache haben wollen und Zuneigung, weil sie am Wochenende große Wanderungen und jeden Tag einen einstündigen Spaziergang machen wollen. Hunde in der Großstadt sind wichtig für die seelische Gesundheit der Menschen, die dort leben. Und die seelische Gesundheit der Großstadthunde?

Hunde haben in ihrem langen Zusammenleben mit dem Menschen gelernt, sich immer wieder neuen Gegebenheiten anzupassen. Wenn wir versuchen, ihnen ein so artgerechtes Dasein wie nur möglich zu verschaffen, werden die

Ein verkehrssicherer Hund beobachtet den Fahrdamm, bevor er ihn überquert

Die meisten Hunde sind frei laufend eine ständige Gefahr im Straßenverkehr

Hunde mit uns auch in der Großstadt glücklich sein. Die Journalistin Fee Zschocke schreibt dazu: »Kinder, ebenso wie Haustiere, werden weiter geboren werden; beiden können wir (in der Stadt) keine optimalen Lebensbedingungen mehr bieten. Beide aus diesen Gründen abzuschaffen wäre wohl kaum eine Alternative.«

Der ideale Großstadthund

In meinen Regeln zur Frage »Welche Rasse soll es sein?« heißt es: Je größer die Stadt, desto kleiner der Hund. Das ist grundsätzlich richtig und hängt mit den Größen der Wohnungen zusammen und damit, daß kleinere Hunde eher toleriert werden als große Rassen. Kleine Hunde haben den Nachteil, daß sie in Auspuffhöhe atmen, daß sie nervlich nicht immer ausgeglichen sind und zum Bellen neigen. Das wiederum mögen die Nachbarn nicht gerne und kann uns eine Anzeige wegen Ruhestörung und Verstoß gegen das Lärmschutzgesetz einbringen (siehe Seite 330). Vor allem in Wohnblocks wird Gebell auch durch Heizungsrohre, Wasserleitungen und Entlüftungsschächte übertragen.

Man sollte sich innerhalb der Rassen Dackel, Scotch Terrier, französische Bulldogge, Mops, Zwergschnauzer, Kleinpudel, Cocker Spaniel oder Chihuahua Zuchtfamilien aussuchen, die widerstandsfähig gegen Lärm und Unruhe sind. Ein guter Züchter wird Sie dabei beraten. Doch ist mancher Deutsche Schäferhund, Dobermann oder Airedale Terrier für die Großstadt besser geeignet als ein kleinerer Foxterrier oder Welsh Terrier. Die letzteren sind Temperamentsbündel mit lockerer Stimme, während die Schutzhunde sich besonders anpassen, unterordnen und leicht lernen können. Sie kommen auch dem Schutzbedürfnis entgegen, das bei Großstadtbewohnern im gleichen Verhältnis wie die Kriminalität wächst.

Großstadthunde müssen für ihr spezielles Leben erzogen werden. Sie sollten gehorchen und die Befehle »Sitz«, »Komm« und »Bei Fuß« befolgen, wobei ich bei letzterem nicht das Kleben am linken Knie meine, sondern nur das Neben-seinem-Herrn-Gehen an der Leine. An jeder Straßenkreuzung sollte der Hund, wenn sein Herr stehenbleibt, sich auch ohne Befehl hinsetzen. Er muß gelassen durch Menschenmengen gehen können und sich Fremden gegenüber ebenso gelassen wie zurückhaltend betragen. Denn die Fremden können ihn zärtlich locken oder nach ihm schlagen. Er darf nichts von Fremden nehmen, er muß mit dem Lift fahren können, auch wenn dieser von anderen mitbenutzt wird, er sollte mit öffentlichen Verkehrsmitteln fahren können.

Ein Großstadthund muß alleine in der Wohnung bleiben, ohne zu bellen oder zu winseln. Er muß seelisch robust und lernwillig sein.

Überhaupt nicht geeignet für das Leben in der Großstadt sind Laufhunde wie Barsoi und Irish Wolfshound; ebensowenig die Schlittenhunde, die seit Anfang der achtziger Jahre *in* sind und zusammen mit geländegängigen Fahrzeugen das Gefühl von Abenteuer und Wildnis vermitteln sollen. Diese Hunde werden sich nie an stickige, stinkende Großstadtluft gewöhnen können. Genauso fehl am Platz sind Mastinos oder Fila Brasileiros, die entweder zu scharf und aggressiv sind oder Hundeängstliche zu Tode erschrecken. Ähnlich wie Deutsche Doggen, so harmlos wie sie auch sein mögen, Urängste wecken.

Ein neues Problem bei der so problemreichen Hundehaltung in der Stadt sind die wachsenden Diebstähle. Mit immer professionelleren Methoden werden Hunde entführt, um sie gegen Finderlohn zurückzubringen oder aber an Laboratorien zu verkaufen, die für ihre Versuche keine eigenen Zuchten halten. Beliebtester Trick: Mit Hilfe eines Lockhundes – bei Rüden ein läufiges Weibchen – werden die Hunde in ein Fahrzeug gelockt und abtransportiert. Auf jeden Fall Anzeige erstatten und das örtliche Tierheim benachrichtigen. Falls Ihr Hund ausreißt, weiß die Polizei Bescheid. Eine Anzeige in der örtlichen Zeitung mit entsprechendem Finderlohn kann Ihnen den Hund zurückbringen. Denn so gute Preise zahlen die Laboratorien nicht.

Wer allerdings in der Stadt seinen Hund wie vorgeschrieben an der Leine hat, dem kann das nicht passieren.

So könnte es aussehen, wenn ein Dieb Ihren Hund in sein Auto lockt

Unser Hund und der Gesetzgeber

Die widerspruchsvolle Stellung des Hundes im Recht ist eigentlich nur von Juristen zu begreifen. Nach dem Zivilrecht wird er als *Sache* angesehen, Verletzungen werden als Sachbeschädigung eingestuft, Arztkosten nur nach dem Zeitwert erstattet. Nach dem Tierschutzgesetz und dem Strafrecht wird er als Lebewesen und Teil der Schöpfung geschützt; wer ihm aus Roheit erhebliche Schmerzen und Leiden zufügt, kann zu einer Freiheitsstrafe bis zu zwei Jahren verurteilt werden. Für das Fleischbeschaugesetz ist der Hund noch immer ein schlachtbares Haustier, andererseits verbietet das Tierschutzgesetz seine Tötung ohne vernünftigen Grund und ermächtigt eigentlich nur Tierärzte dazu.

Verboten ist auch »Wirbeltieren länger anhaltende oder sich wiederholende Schmerzen und Leiden zuzufügen«, dagegen sind Tierversuche erlaubt, allerdings »auf das unerläßliche Maß beschränkt«. In der Praxis werden jedoch zahllose Hunde für fragwürdige Experimente geopfert oder zu Demonstrationen vor Studenten getötet (die einmalige Aufzeichnung einer solchen Demonstration auf Video würde für immer genügen). Noch immer gibt es kein Gesetz, das den Handel mit Hunden zu Versuchszwecken verbietet beziehungsweise den Versuchstierhaltern nur erlaubt, Hunde aus eigenen Zuchten zu verwenden. Die Überwachung des Hundehandels wird lasch gehandhabt, zur Führung eines solchen Geschäftes wird keine Sachkunde gefordert. Bei Hundefabrikanten, die in Massenzuchten den Hunden Schmerzen, Leiden und Schäden zufügen, drücken Amtstierärzte die Augen zu; es gibt keine Vorschriften, die das Ausstellen einer gefälschten Ahnentafel unterbinden. Es werden gegen diese Tierschinder aus Geldgier höchstens einmal Bußgelder verhängt, die, wie man in Niederbayern sagt, »aus dem Westentaschl« gezahlt werden. Beaufsichtigung und Überwachung ist mangelhaft, wodurch das an sich gute Tierschutzgesetz durchlöchert wurde.

Leider ist das Verbot des Ohrenkupierens, an dem eine Reihe von Rassezuchtvereinen nach wie vor festhält, nicht durchgesetzt worden. Auch wenn der Eingriff unter Betäubung vorgenommen wird, treten nach Abklingen der Anästhesie Schmerzen auf, die eigentlich *ohne vernünftigen Grund* verursacht werden. Typisch für die Haltung des Staates ist, daß zwar Naturschutz und Umweltschutz finanziert und unterstützt werden, der Tierschutz aber nicht.

Und nun eine Reihe von Bestimmungen für die Praxis.

Kein Hund kann für Schaden zur Verantwortung gezogen werden

Die Zeiten, in denen Hunde hingerichtet oder mit Einsperrung bestraft wurden, sind vorbei. Heute trifft die Schadensersatzpflicht voll den Hundehalter. Gerade bei der heutigen Verkehrssituation, bei der Hunde leicht Unfälle verursachen können, ist es ratsam, neben der gewöhnlichen Haftpflichtversicherung eine zusätzliche Hundehalter-Haftpflichtversicherung abzuschließen. Für einen Jahresbeitrag von etwa 70 Mark ist man bis zu einer Million Mark bei Personen- und Sachschäden versichert. Hat man jedoch die Sorgfaltspflicht verletzt, kann über den Schadensersatz hinaus wegen fahrlässiger Körperverletzung und/oder Sachbeschädigung verurteilt werden.

Hunde sind auf einer verkehrsreichen Straße immer an der Leine zu führen, und zwar von einer Person, die auf den Hund einwirken kann. Grundsätzlich verboten ist es, Hunde von Motorfahrzeugen (also auch von Mofas) aus zu führen. Das Führen vom Fahrrad ist erlaubt, bei entsprechendem Verkehr wird es in der Regel nicht beanstandet,

wenn gut erzogene Hunde nicht an der Leine, sondern durch Zurufe und Handzeichen geleitet werden (Verwaltungsvorschrift zu § 28 StVO). Hierbei ist zusätzlich die Polizeiverordnung zu beachten, daß innerhalb geschlossener Ortschaften Hunde höchstens 20 Meter von der Aufsichtsperson entfernt frei laufen dürfen.

Vorschriften für Hund und Herr

Bei Tollwutsperrbezirken muß man unterscheiden zwischen *Tollwut! Gefährdeter Bezirk* und *Wildtollwut! Gefährdeter Bezirk.* Im ersten Fall ist ein seuchenverdächtiger Hund aufgegriffen worden. Dann müssen nach dem Gesetz alle Hunde *festgelegt* werden. Das heißt, wenn sie nicht gegen Tollwut geimpft sind: Leinenzwang und Maulkorb. Sind sie geimpft, müssen sie an der Leine geführt werden und am Halsband die Impfplakette tragen. In Gegenden, in denen man nicht zu Hause und nicht bekannt ist, muß man die Impfung Polizisten oder Förstern mit dem Impfpaß beweisen. Plakette allein genügt nicht als Dokument. Im Wildtollwutbezirk (tollwütiges Wild wurde festgestellt) genügt die Leine für ungeimpfte Hunde, geimpfte dürfen, wenn sie gut gehorchen, auch ohne Leine laufen.

Leinenzwang ist angeordnet

- bei Volksfesten und Umzügen
- in Gaststätten
- in umfriedeten Parkanlagen (meist durch Schilder kenntlich gemacht)
- auf Sportanlagen
- auf Friedhöfen
- auf Märkten und Hundeausstellungen
- beim Betreten von Wäldern.

Darüber hinaus müssen bissige Hunde außerhalb des eingezäunten Eigentums an der Leine geführt werden.

Situationen aus dem Rechtsleben: Hund hetzt Wild; Dackel beißt Briefträger; Schäferhund springt in ein Motorrad; Überfall eines Raufers

Außerdem kann es nach örtlichen Polizeiverordnungen verboten sein, Hunde in Kirchen, Schulen, Krankenhäuser, Theater und Kinos mitzunehmen oder auf Liegewiesen, in Badeanstalten und an Badestrände.
In öffentlichen Verkehrsmitteln sollte man auf jeden Fall den Hund anleinen, örtlich kann auch ein Maulkorb vorgeschrieben sein. Zu Hauptverkehrszeiten sollte man nicht mit einem Hund fahren, er ist eine Belästigung für die Mitfahrer und kann selber leicht getreten werden. Taxifahrer sind im übrigen nicht verpflichtet, einen Hund mitzunehmen. Man sollte ihn ohne Hundedecke nicht auf den Sitz lassen.
Im eigenen Auto darf er die Sicht des Fahrers oder dessen Fahrtüchtigkeit nicht beeinträchtigen (§ 23 StVO), also weder auf dessen Schoß sitzen noch im Auto umherspringen. Die Beförderung im Kofferraum ist nur zulässig, wenn dieser so hergerichtet ist, daß der Transport, wie es im Tierschutzgesetz heißt, *ohne erhebliche Schmerzen, Leiden oder Schäden* erfolgen kann. *Leiden* bedeuten hier seelische Unlustgefühle wie zum Beispiel Angst. Der Hund darf auch nicht in einem verschlossenen Personenwagen eingesperrt werden, der in praller Sonne steht, wenn dadurch im Wageninneren die Temperatur auf 50 und mehr Grad steigt.

Der bellende und der bissige Hund
Eine Lautäußerung des Hundes ist das Bellen, es gehört zu seiner Sprache. Soll er anzeigen, daß jemand vor der Haustür steht oder klingelt, ist Bellen seine Pflicht. Vor Freude zu bellen ist sein gutes Recht. Dauerkläffer machen jedoch die Nachbarschaft rebellisch, denn Hunde können einen Lärmpegel

Spaziergänger wird angesprungen und beschmutzt; der Kettenhund; der angeleinte Hund auf dem Friedhof und das Warnschild »Vorsicht! Bissiger Hund«

von 100 Dezibel erreichen, das liegt 45 Dezibel über der erträglichen Dauerbelastung. Zum Lärm kommt dabei noch die nervtötende Gleichmäßigkeit. Das kann zu Anzeigen wegen Lärmbelästigung, Ruhestörung, ja sogar wegen Körperverletzung führen.

Bissige Hunde müssen außerhalb des umzäunten Besitztums einen Maulkorb tragen. *Bissig* ist ein Hund, der ohne Provokation (Kind zerrt ihm schmerzhaft am Ohr, Rentnerin schwingt Schirm gegen ihn) angreift und zubeißt. Diese übersteigerte Aggression kann sich gegen Menschen und andere Hunde richten. So sind *notorische Raufer* in ihrem Sozialverhalten gestört, *Angstbeißer* haben eine niedrige Reizschwelle, während bei *bewußt scharf gemachten Hunden* der Hundehalter ein Neurotiker ist. Doch die Ursachen sind dem Gebissenen gleichgültig, er möchte vor solchen Hunden geschützt werden.

Daß ein Hund seinen und unseren Besitz verteidigt, ist sein gutes Recht, und deshalb halten wir uns Wachhunde. Ist unser Hund ein echter Wächter, müssen wir die erforderlichen Vorkehrungen treffen, daß das Grundstück nicht unbefugt betreten werden kann. Dazu gehören Schilder wie *Vorsicht, Wachhund!* oder *Vorsicht, bissiger Hund!*, die gut lesbar an allen möglichen Eingängen angebracht sind. Wer diese Warnschilder nicht beachtet, handelt auf eigene Gefahr (OLG Stuttgart Vers. R. 55, 686).

Verhütung von Unfällen durch Hundebiß

Diesen Titel trägt ein Merkblatt, das von der Deutschen Bundespost herausgegeben wurde, da Briefträger zu den am häufigsten von Hunden gebissenen Personen zählen. Im Jahre 1981 waren es 2661. Es ist aber für jedermann gültig: 1. Zeigen Sie einem Hund gegenüber niemals Furcht oder Mißtrauen. Laufen Sie vor Hunden nicht davon, sie sind schneller. 2. Achten Sie auf Schilder, die vor bissigen Hunden warnen. 3. Wehren Sie sich nicht, wenn ein Hund Sie beschnuppern will. Das ist die Art, mit der er sich einem Menschen vertraut macht. 4. Vermeiden Sie schnelle Bewegungen, und streicheln Sie fremde Hunde nicht. 5. Schlagen Sie Hunde nicht. 6. Denken Sie daran, die meisten Hunde beißen aus Angst. Kommt ein Hund knurrend auf Sie zu, dann bleiben Sie ruhig stehen. Sprechen Sie von weitem beruhigend auf das Tier ein, und lassen Sie sich beschnuppern.

Im Wald und auf der Feldmark

Immer wieder bekomme ich Anfragen, wo man denn noch einen Hund frei laufen lassen darf, um ihm richtige Bewegung zu verschaffen. Die Antwort ist nicht leicht, denn wie gut erzogen der Hund auch ist, eine Wildspur ist eine zu große Versuchung, und freilaufend ist er dann auf das Wohlwollen der Leute mit Jagdschein angewiesen. Im Wald und auf der Feldmark (das sind die Wege durch Wiesen und Felder) darf man spazierengehen, doch sind die freilebenden Tiere vor streunenden, wildernden und herrenlosen Hunden zu schützen. Nach dem Hamburgischen Landesjagdgesetz (§ 16 Abs. 1) gelten im Zweifel alle Hunde als *wildernd*, die im Jagdbezirk außerhalb von öffentlichen Wegen und außerhalb der Einwirkung ihres Herrn angetroffen werden. Sie dürfen abgeschossen werden. Nach einem »Spiegel«-Bericht aus dem Jahr 1976 sollen es innerhalb von zwölf Monaten 16000 Hunde gewesen sein.

Das Gesetz ist ein Freibrief für Jäger, jeden freilaufenden Hund zu erschießen. Der Jagdberechtigte braucht nicht zu beweisen, daß der Hund das Wild gehetzt oder gerissen hat; da auch das *Beunruhigen* von Wild zum *Wildern* gehört, bekommt er vor Gericht meist recht. Dennoch ist jemand, der einen offensichtlich für kurze Zeit entlaufenen, also nicht streunenden Hund tötet, schießwütig. Macht er es vor den Augen des Besitzers, ist er ein grausamer Killer, auch wenn er im *Recht* ist. Für den Hundebesitzer ist das nämlich die Ermordung eines Familienmitglieds, für den Jäger jedoch nur der Schutz eines Wildtieres, zu dem niemand einen persönlichen Kontakt hat. Das sollte man, bitte, erwägen. Ich glaube, daß man bei gegenseitigem Verständnis am weitesten kommt. Das heißt, mit Hunden nicht zu den Jagdzeiten, also am frühen Morgen und in die Dämmerung hinein, an Waldrändern spazierengehen. Den Hund, wenn er nicht aufs Wort gehorcht, angeleint lassen (man kann ja eine lange Leine nehmen). Die Größe des Hundes spielt dabei keine Rolle, denn auch ein Dackel kann zwar kein Reh reißen, aber es beunruhigen und vergrämen.

Anmerkung: Laut schreiende Kinder oder Spaziergänger mit plärrenden Kassettenrecordern sind genauso schlimm wie wildernde Hunde. Sie dürfen zwar nicht erschossen, können aber mit Bußen bis zu 1000 Mark bestraft werden.

Ich möchte noch etwas klarstellen: Jäger sind keine Buhmänner. Ohne sie gäbe es kein Wild, und ohne sie gäbe es auch nicht mehr die etwa 150000 aktiven Jagdhunde. Vielleicht aber wird das Jagdgesetz so abgeändert, daß nur noch wirklich wildernde Hunde abgeschossen werden dürfen, wie es in unseren Nachbarländern üblich ist.

Wer gewerbsmäßig mit Hunden handelt

Sie führen hochtrabende Namen wie »Hundeparadies«, »Kleintier-Ranch«, »Rassehund-Center«, sie verstecken sich hinter Bezeichnungen wie »Allgemeiner Club der Hundefreunde« oder »Internationaler Rassehund-Club«. Sie verlangen hohe Preise und stellen erfundene, phantasievoll aufgemachte Ahnentafeln und genauso gefälschte

Impfpässe aus. Denn in das schmutzige große Geschäft mit armen, kranken Hunden sind auch einige Tierärzte verwickelt. Hunde werden in Niederbayern wie die Ferkel produziert (50000 Tiere im Jahr, die Hälfte davon Dackel), um an den Hundehandel abgegeben zu werden und die Schaufenster der Tierhandlungen zu füllen. So entstand der »Internationale Dackelclub Gergweis« mit eigenen Stammbäumen, eigenen Ausstellungen und großen Umsätzen. Im Gegensatz zum Deutschen Teckel-Club, dessen Motto lautet: »Züchten heißt nicht vermehren, sondern die Rasse verbessern.« Den ihm angeschlossenen Züchtern ist bei Ausschluß verboten, Hunde an den Handel abzugeben. Im übrigen blüht das Handelsgeschäft durch Hundefabriken in Holland und England, deren bedauernswerte Fabrikate teils importiert, teils geschmuggelt werden. Zwar verstoßen diese Händler laufend gegen das Tierschutzgesetz, das in seinem § 2 besagt: »Wer ein Tier hält, betreut oder zu betreuen hat, muß dem Tier angemessene artgemäße Nahrung und Pflege sowie eine verhaltensgerechte Unterbringung gewähren, darf das artgemäße Bewegungsbedürfnis eines Tieres nicht dauernd und nicht so einschränken, daß dem Tier vermeidbare Schmerzen, Leiden oder Schäden zugefügt werden.« Der Text des Tierschutzgesetzes und die Verordnung über das Halten von Hunden im Freien sind als Sonderdruck erschienen und werden vom Deutschen Tierschutzbund e. V., Baumschulallee 15, 53115 Bonn, kostenlos abgegeben. Oder fragen Sie Ihren Tierarzt danach.

Leider ist das im Tierschutzgesetz vorgesehene Verbot des Nachnahmeversandes von lebenden Tieren durch das Bundesverfassungsgericht am 2.10. 1973 wieder aufgehoben worden. Ich appelliere an jeden Hundekäufer, sich nie einen Hund per Nachnahme schikken zu lassen. Ich warne, einen Hund aus einem Schaufenster zu kaufen, und ich empfehle, wenn man überhaupt einen Hund bei einem Händler kauft, einen Kaufvertrag abzuschließen oder bei vorliegendem Kaufvertrag sehr genau das Kleingedruckte zu lesen. Im Kaufvertrag sollte der Verkäufer für die zugesicherten Eigenschaften haften (BGB § 459). Der Käufer sollte sich Rückgängigmachung des Kaufes wegen Mängeln vorbehalten (BGB § 462) und am besten einen Fachmann mitnehmen. Am allerbesten sollte er so einen Hund gar nicht kaufen: Hunde aus dem Handel sind meist überteuert, oft krank oder psychisch gestört. Wenn nur noch wenige bei Hunde-Versandhändlern, Massenzuchten oder aus Schaufenstern kaufen, werden diese Geldmacher ihr Geschäft einstellen. Das ist die einzige Art, wie man sie bekämpfen kann, da anscheinend unser Recht dafür nicht ausreicht.

Die Hundesteuer und unsere Steuererklärung

Auf die Hundesteuer selbst bin ich ausführlich im vorigen Kapitel eingegangen. Wie kann man sie verringern?

Steuerfrei sind grundsätzlich Dienst- und Blindenhunde. Steuerermäßigung kann man für Hunde beantragen, die man aus beruflichen Gründen hält. Das gilt für Wach- und Jagdhunde, die zum *beweglichen Vermögen* ihres Besitzers gehören. Ihren Anschaffungspreis kann man in einer Höhe bis zu 800 DM als *geringwertige Anlage* gegebenenfalls abschreiben.

Doch wird von den Finanzämtern die *Schutzfunktion* recht restriktiv ausgelegt und vom Bundesfinanzhof zum Beispiel nicht anerkannt, wenn sie sich *zum Teil auch auf den privaten Bereich bezieht*. Das heißt Lagerplatz ja, steht aber das Wohnhaus auch auf dem Lagerplatz, nein.

Einige Gemeinden geben Steuerermäßigung bei sozialen Härtefällen. Doch nach wie vor widerstreben mir die juristischen Begriffe für den Hund wie *Sache, bewegliches Vermögen, geringwertige Anlage*. Hier fehlt jedes Gefühl für Recht und Würde eines Lebewesens.

So fotografiert man seinen Hund

Wer einen Hund hat, hat in den meisten Fällen auch einen Fotoapparat. Das heißt aber noch lange nicht, daß sich in seinen Fotoalben oder Diakästen gute Bilder vom eigenen Hund finden. Hund und Kamera stehen in einem merkwürdig gespannten Verhältnis zueinander. Wobei es sogar noch einfacher ist, einen fremden Hund gut zu fotografieren, als den eigenen.

Ich habe dieses Kapitel in mein Buch aufgenommen, nachdem ich versuchte, Bilder von Spitzenhunden von ihren Züchtern und Besitzern zu bekommen. Die Bereitschaft aller Angeschriebenen zu helfen war groß, die Zahl der Fotos ebenso, doch konnte ich nur ganz wenige verwenden. Ich erhielt Fotos, die sicherlich für den Eigengebrauch liebe Erinnerungen sind und die der Hundebesitzer nicht missen möchte. Für die Darstellung eines typischen Vertreters einer Rasse aber waren sie nicht geeignet.

Hinzu kommen eigene Erfahrungen mit Hunden vor der Kamera, die Schwierigkeiten, die ich miterlebte, wenn Fotografen – und es waren solche mit großen Namen darunter – meine Hunde und mich aufnehmen wollten. Oder wenn wir für einen Zeitschriftenartikel oder eine Illustriertenserie auf Hundereportage waren. Zu guter Letzt kommen meine Enttäuschungen und Frustrationen dazu, wenn ich Hunderte von Hundefotos durchsah, um zur Veröffentlichung geeignete auszusuchen. Sehr gute, sehr typische und sehr lebendige Hundebilder gibt es nicht viele. Aus diesem Grund sieht man manche Bilder auch immer wieder in Zeitschriften, in Kalendern oder in Büchern.

Vielleicht werden Sie sagen: »Ich will die Fotos meiner Bella oder meines Schnuffel ja gar nicht veröffentlichen. Ich möchte einen bestimmten Ausdruck festhalten, ein Foto zur Erinnerung, eine Situation und sonst gar nichts.« Aber selbst dann ist ein gutes Foto eine schönere Erinnerung als ein mißglücktes. Andererseits sieht jeder seinen Hund gerne abgebildet: im Kalender des Rasseclubs, in der Clubzeitschrift oder auch als Inserat für den eigenen Zwinger.

So ist denn eine kleine Hunde-Fotoschule durchaus von Nutzen.

Von den Schwierigkeiten mit dem eigenen Hund

Es gibt Hunde, die reagieren ausgesprochen allergisch auf eine Kamera. Sie scheuen das starre Auge der Linse und drehen den Kopf weg, wenn man sie auf sie richtet. Spätestens erschrekken sie beim Klicken des Verschlusses, verändern die Position, in der man sie gerade fotografieren wollte, oder gehen weg. Diese Hunde kann man mit einem kleinen Teleobjektiv überlisten.

Schwieriger ist es bei den kontaktfreudigen. Für sie ist die auf sie gerichtete Kamera eine Aufforderung zum Spiel, vor allen Dingen wenn man in die Kniebeuge geht, um sie aus der Hundeperspektive aufzunehmen. Was auch immer sie vorher getan haben, sie kommen auf einen zugelaufen und weichen um keine Handbreit von einem. Sie versuchen uns die Kamera aus der Hand zu stoßen, und es ist wesentlich leichter, von einem solchen Hund eine Makroaufnahme seines Nasenspiegels zu machen als ein Porträt oder eine Bewegungsstudie. Das Dilemma der hauseigenen Hundefotografie ist, daß nur die Vertrautheit mit dem Hund, das Gespür für sein Verhalten und seine Stimmung gute Bilder geben, die Intimität zwischen Herr und Hund aber die für das Foto nötige Distanz meistens verhindert.

Eine weitere Widrigkeit beim Fotografieren ist der Hintergrund.

Wenn der Hund gerade besonders liebevoll schaut, wenn er besonders lustig spielt, dann macht er das mit Si-

cherheit vor dem Gartenzaun oder vor einer Wand, von der der Verputz etwas abgebröckelt ist, oder er liegt auf dem Sofa mit dem großen Blumenmuster oder auf dem persischen Teppich. Dunkle Hunde bewegen sich, wenn sie fotografiert werden sollen, gerne vor dunklem Hintergrund, und weiße Hunde finden sich am schönsten auf einer Schneedecke. Beides ergibt natürlich kein kontrastreiches Foto.
Da wir, wenn sich unser Hund besonders fotogen zeigt, meist erst die Kamera holen müssen, hat er inzwischen eine völlig falsche Stellung eingenommen und ist zu dem gewünschten Motiv nicht mehr zu bewegen.
Strahlender Sonnenschein gibt harte schwarze Schatten, wenn wir ein Schwarzweißfoto machen, bei einem Farbfoto verändert er die Farben. Nehmen wir unseren Hund an einem sehr hellen Sonnentag mit blauem Himmel im Schatten auf, so müssen wir, wenn der Hund ein helles Fell hat, mit einem kräftigen Blaustich rechnen. Beseitigen kann man ihn nur mit einem Skylight-Filter, der mit seiner schwach rötlichen Farbe den Blauanteil des Mittagslichtes mildert. Doch wer hat schon immer einen Filter zur Hand?
Porträtschnappschüsse scheitern oft daran, daß unser Hund zuvor nicht zurechtgemacht worden ist. Ein bißchen Sekret am Auge, einige hochstehende Haare oder ein winziger Essensrest im Mundwinkel kommen auf dem Foto überdeutlich zur Geltung. Genauso muß man auf die Pfoten und Krallen achten. Wenn sie nicht ganz sauber und gut zurechtgefeilt oder geschnitten sind, sehen sie auf dem Foto häßlich aus. Es ist erstaunlich, was ein Foto alles zeigt, das unser Auge übersehen hat.

Die häufigsten Fehler beim Fotografieren

Man sollte es eigentlich gar nicht erwähnen müssen, da es selbstverständlich erscheint, aber ein beachtlicher Teil der Amateuraufnahmen ist nicht scharf. Bei jeder Vergrößerung oder gar im Druck zeigt sich Unschärfe gnadenlos. Deshalb sind auch die meisten mit einer Pocketkamera gemachten Aufnahmen für die Reproduktion nicht geeignet, da sie nicht scharf genug durchgezeichnet sind. Achten Sie deshalb darauf, daß das Foto Ihres Hundes mit einer ausreichend großen Schärfenzone aufgenommen wird. Ein gewollt unscharfer Hintergrund dagegen kann das Objekt plastischer und lebendiger machen.
Noch häufiger werden Hunde aus der falschen Perspektive aufgenommen. Das heißt, der Fotograf begibt sich nicht in die Hocke und damit in die Hundeperspektive, sondern bleibt stehen und fotografiert den Hund aus der Menschenperspektive. Der Hundefotograf Norbert Fischer meint dazu: »Man weiß es von Kinderaufnahmen her, daß sie klischeehaft und gar nicht kindgemäß werden, wenn man die Kleinen aus Erwachsenenhöhe fotografiert. Sie scheinen in gestellter Pose zu einem höheren Wesen aufzublicken, was aber nicht aus ihrer Welt stammt.«
So ist es auch beim Hund. Wenn man ihn von schräg oben aufnimmt, wird er perspektivisch verzerrt, der Kopf zu groß, der Körper zu kurz, die Beine zu klein. Das ist um so auffälliger, je kurzbeiniger und kleiner der Hund ist. Von schräg oben kann man nur aus größerer Entfernung mit einem Teleobjektiv fotografieren, sonst muß man in die Hocke gehen oder sich flach auf den Boden legen. Eine Möglichkeit bei vornehmlich kleinen Hunden: Man bringt sie in unsere Perspektive, indem man sie auf einen Tisch, eine Mauerkrone oder eine Verladerampe stellt. Das Foto von meinem Basset Henry, das 1967 ganzseitig im STERN erschien und damit diese Rasse in Deutschland bekannt machte, hatte der Fotograf Christian von Alvensleben im Studio aufgenommen. Er hatte auf eine Säule eine Plattform montiert und darauf den Hund gesetzt. Da Henry sehr nervenfest und schwindelfrei war, posierte er für das Foto fast unbeweglich.
Sehr störend und ein Foto zerstörend kann der falsche Hintergrund sein. Grundsätzlich sei gesagt, daß keinerlei Dinge im Hintergrund sein dürfen, die vom Objekt, dem Hund, ablenken. Da gibt es zunächst einmal die linearen Störfaktoren. Der Hund steht zum Beispiel vor einem Geländer, das auch noch schräg durch das Bild geht (siehe Fotobeispiel). Der Hund wirkt dadurch schief und unorganisch. Die eine Stange drückt auf den Rücken. Der Hintergrund wird wichtiger als der Hund.
Ein anderes Beispiel, das ich in der Hand hatte: Ein hochprämierter Boxer stand auf einer leeren Straße in Seitenansicht, so daß man die abfallende Rückenlinie gut sehen konnte. Ein ideales Foto, wenn nicht der Bürgersteig als helle, breite Linie im spitzen Winkel den Hund durchschnitten hätte. So war das Foto unmöglich. Ähnlich störend können ein Jägerzaun, der Winkel einer Zimmerecke, ein Feldweg, Zweige eines Busches oder Baumes, ein Tischbein oder ein Waldrand sein. Dieser nimmt auf einem Schwarzweißfoto einem Hund die Ohren weg oder läßt ihn sich auflösen, wenn er eine dunkle Decke hat. Womit wir bei den flächigen Behinderungen sind.
Ein unruhiger oder farbig greller Hintergrund läßt den Hund nicht zur Wirkung kommen, er drängt sich vor und überspielt ihn. Ich frage mich, warum so viele Leute ihre Hunde so gerne vor blühenden Blumenbeeten fotografieren, vor großblütigen Chrysanthemen, vor Tulpen oder Heckenrosen. Das tut weder den Blumen noch dem Hund gut. Achten Sie auch darauf, daß dem Hund weder ein Ast aus dem Ohr, noch ein Stamm aus dem Kopf wächst, bei Zimmeraufnahmen kann es eine Schmuckkerze oder eine Kaktee sein.

Gerade bei Innenaufnahmen gibt es oft einen Farbliniensalat aus Chintzmuster - Zierkordelkante - Kissenknick-Tapetendesign, so daß man kaum den Hund findet und ihn schon gar nicht in seiner ganzen edlen Schönheit beurteilen kann. Bodenvasen und angeschnittene Fernsehapparate gehören ebensowenig auf ein Hundeporträt wie ein kräftig gemusterter Teppich. Obwohl ich das alles weiß, mache ich die Fehler auch immer wieder, wenn unsere Hunde beim Spielen typische Verhaltensmerkmale zeigen. Hinterher weiß ich, daß ich mir die Aufnahmen hätte sparen können. Kein musterreicher Teppich, keine zu hohe Wiese, die die Beine verdeckt und dem Hundekörper die Proportionen nimmt, kein fleckiger Betonboden und kein zu spiegelblankes Parkett: Man kann jede Menge Fehler machen.

Und noch ein typischer: der gerade Blitz in die Augen. Wenn wir ein am Fotoapparat angebrachtes oder in ihn integriertes Blitzgerät haben, sind Blitz und Aufnahmeachse fast identisch. Wenn uns der Hund jetzt anschaut, reflektiert die rote Netzhaut in seinem Augenhintergrund das Blitzlicht. Auf dem Foto erscheinen rote, leuchtende Augen. Vermeiden lassen sie sich, wenn der Hund nicht direkt in die Kamera schaut oder aber der Blitz an einer Blitzschiene mindestens 20 Zentimeter von der Kamera entfernt befestigt ist. Man kann den Blitz auch nach oben richten. Die roten Augen entstehen vor allem dann, wenn der Hund vorher im Dunkeln war und sich seine Iris weit geöffnet hat. Hat der Hund vorher ins Helle geschaut, schließt sich seine Iris, und es entstehen in den Hundeaugen nur kleine, helle Blitzreflexe, die auf dem Foto durchaus ansprechend sein können.

Nachdem Sie nun genau wissen, was man alles falsch machen kann, will ich Ihnen einige Tips geben, wie man richtig fotografiert.

So kann man selbst einen Bundessieger »verfotografieren« (zu sehr von oben)

Wie man eine Standardaufnahme macht

Wollen Sie Ihren Hund in seiner ganzen Rasseschönheit verewigen, dann machen Sie von ihm eine Standardaufnahme. Darunter versteht man, daß der Hund von der Breitseite aufgenommen wird, daß alle vier Läufe gut sichtbar sind und daß der Hund gut steht. So ähnlich also, wie er in einer Ausstellung im Ring vom Richter begutachtet wird. Sie können diese Aufnahme als Schnappschuß auf einem Ihrer Spaziergänge machen, bei denen der Hund frei läuft. Doch dieser Schnappschuß wird immer ein Zufall sein. Das habe ich selbst ausprobiert und erst im Laufe der Jahre ein paar gute Standardfotos von meinen Hunden bekommen.

Besser ist, man geht gezielt vor. Da nur wenige Hunde ohne Leine frei und ungezwungen stehen können, brauchen wir einen Helfer, am besten sogar zwei. So arbeitet Eva-Maria Vogeler, die sehr viele Aufnahmen zu diesem Buch beigesteuert hat. Sie hat mir ihre Technik genau beschrieben.

Zunächst richtet man seinen Hund sehr sorgfältig her, so, als wolle man mit ihm auf eine Ausstellung gehen und den ersten Preis gewinnen. Man bürstet ihn, man sorgt dafür, daß kein Sekret in den Augen ist, daß er sauber ist, daß seine Pfoten und die Läufe gepflegt sind. Dann geht man ins Freie, wobei ein heller Tag mit leicht bedecktem Himmel ideal ist. Als Leine nimmt man eine dünne Schnur, die lang genug ist, daß der Helfer nicht mit auf das Bild kommt.

Wir suchen einen Fußballplatz oder eine große Wiese in einem Park aus, deren Rasen kurz ist. Bei einem hochbeinigen Hund kann etwas höheres Gras recht vorteilhaft sein. Zwei Freunde oder Mitglieder unserer Familie begleiten uns. Der eine hält den Hund an langer Leine, und wenn wir einen ge-

Oben schlechter Hintergrund, unten eine perfekte Standardaufnahme

eigneten Platz gefunden haben, bleibt er stehen. Und zwar bleibt er wirklich stehen, denn er soll den Hund nur halten, damit der Fotograf den Schärfebereich einstellen kann.

Unser zweiter Begleiter versucht, den Hund aufmerksam zu machen. Ein aufmerksamer Hund hat aufgerichtete Ohren, seine Vorderläufe stehen eng beisammen, die Hinterhand ist leicht versetzt, die Rute hängt tief oder ist nach Rassevorschrift halb oder ganz aufgerichtet. Frau Vogeler sagt: »Dies muß gekonnt sein, zuviel Rufen und Locken veranlassen den Hund, mit angelegten Ohren vor Freude johlend auf und ab zu hüpfen. Am besten geht der zweite Helfer langsam weg, hält ihm einen duftenden Leckerbissen hin, macht leise pfeifende Geräusche. Man muß dabei sehr einfallsreich sein, um einen Hund in die gewünschte Stellung zu bringen. Oft ist es nützlich, wenn ein anderer Hund in einiger Entfernung langsam vorübergeht oder wenn man einen Ball hoch in die Luft wirft. Zu allem gehört viel Geduld. Die besten Ergebnisse erzielte ich immer in öffentlichen Parks oder Ausstellungsgeländen, wo immer irgend etwas das Interesse des Hundes weckt. Hat der Hund etwas entdeckt und steht er ohne unser Zutun frei und gespannt in idealer Haltung voller Würde, wie es der Standard verlangt, dann sollten die Helfer sofort ruhig sein. Ich verliere meist die Nerven, wenn die Helfer dann erst recht lautstark versuchen, die Aufmerksamkeit des Hundes auf sich zu lenken. Hundertprozentig verändert er dann die Stellung, und das Bild ist hin. Der Fotograf muß natürlich auch wissen, wann der Hund optimal steht, und immer schußbereit sein. Es ist ein anstrengender Job, in der Hocke auf den richtigen Moment zu warten.«

Dabei soll man nicht gegen die Sonne fotografieren und eine Reihe Fotos hintereinander schießen. Mit Bildern sparen hat wenig Sinn. Es ist besser, wenn man nachher aus einer Reihe von Fotos das beste aussuchen kann. Je nachdem, welche Kamera Sie benutzen, können Sie auch noch zwischen den einzelnen Schüssen die Blende verändern und auch den Blickwinkel.

Von Porträt bis Aktion

Hundeporträts mit treuem Blick oder in Oh-wie-süß-Pose gibt es mehr als genug. Jeder möchte die verschiedenen Gesichtsausdrucksmöglichkeiten seines Hundes für das Familienalbum festhalten. Das ist typisch für unsere vermenschlichende Einstellung: Wir fotografieren den Hundekopf, den Augenaufschlag und das Schlafgesicht, so wie wir auch unsere Kinder porträtieren, und nicht das ihm Eigentümliche wie zum Beispiel die verschiedenen Gesten seiner Körpersprache.

Eine Frage des Geschmacks oder persönlichen Humors sind die vielen Fotos, auf denen der Hund eine Sonnenbrille oder einen Hut trägt, oder was es sonst noch für lustige Requisiten gibt, den vierbeinigen Liebling zu verfremden. Der gute Porträtschnappschuß wird immer Zufall bleiben und oft durch den unpassenden Hintergrund zerstört werden. Wollen wir den Hundekopf groß ins Bild bringen, ist es sehr wichtig, zuerst das Hundegesicht gepflegt herzurichten.

Etwa zehn Minuten lang beschäftigt sich der Fotograf mit dem Hund, wobei der Hund die Kamera sehen soll. Sonst könnte der Hund abweisend werden, während er sich so an die Kamera gewöhnt, vor allem, wenn Sie zwischendurch ihn durch die Kamera betrachten und damit auch die Aufnahme vorbereiten, Schärfe einstellen und sich den Hintergrund anschauen. Halten Sie ihn durch eine weit geöffnete Objektivblende leicht unscharf.

Wichtiger als Porträts sind in der Hundefotografie Aktionsfotos. Darunter verstehe ich nicht nur Hunde im Sprung über das Hindernis, Windhunde im Rennen, Jagdhunde bei der Arbeit, sondern vor allem die Aufnahmen, die das Wesen Hund zeigen. Hier eine mögliche Bildliste: Zwei Hunde treffen sich und haben Nasenkontakt; Hunde beriechen sich; unser Hund stellt das Fell; eine Kopfaufnahme, wenn er die Lefzen kräuselt und droht; er hebt sein Bein ganz besonders hoch; er scharrt; er mäuselt und beißt Erdbrocken aus dem Wühlmausgang (siehe Foto Seite 45); Hunde im Spiel; das Über-den-Fang-Beißen. Ich könnte diese Liste noch lange fortsetzen. Lesen Sie dazu das Verhaltenskapitel: Es mußte zum Teil mit Zeichnungen illustriert werden, weil es passende Fotos nicht gibt.

Bei Aktionsfotos braucht man eine kurze Verschlußzeit von 1/250 bis 1/1000 Sekunde, bei schlechten Lichtverhältnissen ist ein Aufhellblitz hilfreich. Hat man eine Kamera mit Belichtungsautomatik, so sollte man, wenn es möglich und nötig ist, die schnelle Verschlußzeit manuell einstellen. Denn es nützt uns nichts, wenn unsere »denkende« Kamera zum Beispiel Blende 11 und eine Verschlußzeit von 1/60 Sekunde wählt. Denken Sie bei den Verhaltensfotos auch an den Hintergrund, wenn das möglich ist. Spielende Hunde vor dem Jägerzaun oder vorm Heckenrosenbusch sind als Fotos uninteressant. Mit einem kleinen Teleobjektiv brauchen Sie nicht allzu nahe heranzugehen und den oder die Hunde vielleicht stören, und Sie müssen sich nicht unbedingt flach auf den Boden legen, um in der Hundeperspektive zu sein.

Nehmen Sie Hunde im Sprung oder im Rennen auf, dann können Sie sie dank der Kameratechnik ganz scharf auf dem Foto »einfrieren«. Das ist keine Kunst. Kunst ist schon, den richtigen Augenblick festzuhalten. Das heißt, man muß üben, bis man weiß, wann man bei einem springenden Hund abzudrücken hat, damit er schwerelos schwebend auf dem Foto festgehalten wird. Es gehört eine gute Reaktionsfähigkeit und eine genaue Kenntnis des Hundes dazu. Der Hundeprofi Toni Angermayer sagt: »Erst wenn Sie zu erahnen vermögen, was er im nächsten Augenblick tun wird, beginnt Ihr Finger im rechten Moment zu reagieren. Oft braucht es viel Zeit, bis das Tier das von Ihnen gewünschte Verhalten zeigt.«

Der Trick, den die Sportfotografen benutzen, um auf den Fotos die Bewegung zu zeigen, ist das Mitziehen der Kamera. Hierzu verwendet man keine zu kurzen Verschlußzeiten, denn dann wäre auf dem Foto alles wieder scharf. Mit 1/125 Sekunde nimmt man den springenden oder rennenden Hund in seinen Sucher, zieht die Kamera so mit, daß der Hund immer im Sucher bleibt und drückt ab. Wenn Sie das richtig machen, ist der Hund scharf, seine Umgebung aber verwischt, und das gibt dem Foto seine Rasanz. Die Methode ist anwendbar, wenn sich der Hund für eine gewisse Strecke parallel zur Kamera bewegt.

Blickwinkel, Hintergrund und Umgebung

Wir wissen inzwischen, daß die Aufnahme von schräg oben den Hund kleiner macht und ihn in seinen Proportionen verzerrt. Nun muß man nicht unbedingt für alle Aufnahmen das Kameraobjektiv in Augenhöhe des Hundes bringen. Bei kleinen Hunden ist es sogar angebracht, daß sich das Objektiv ein wenig über der Augenhöhe des Hundes befindet, das zeigt später auf dem Foto die Zierlichkeit des Hundes. Zusätzlich lassen wir über dem Hund noch relativ viel freien Raum. Bei großen Hunden machen wir es umgekehrt. Wir fotografieren sie leicht von unten. So wirken sie noch mächtiger.

Eine Gruppe von Hunden oder Welpen, die sich um ihre Mutter drängen, fotografieren wir von schräg oben. Dabei achten wir darauf, daß das ganze Bildformat mit Hunden gefüllt ist. Wir ver-

zichten auf jeglichen Hintergrund und erzielen einen Eindruck von Fülle.
Sonst ist der Hintergrund wichtig für das Gelingen eines Hundefotos. Wenn er keine oder eine möglichst gleichmäßige Struktur hat, ist es für das Bild um so besser. Das gleiche gilt für den Untergrund. Sand oder Wiese sind geradezu ideal. Wenn wir dann die Kamera in Hundeperspektive bringen, können wir als übrigen Hintergrund den Himmel wählen, dadurch wird die Form des Hundekopfes oder des Hundekörpers besonders gut herausgestellt.
Es gibt unter den Hundefotografen Verfechter der These, daß man einen Hund nur im Freien, also nur in natürlicher Umgebung, aufnehmen soll. Doch ist es ein Unterschied, ob ich einen Hund vor einem neutralen oder farbigen Hintergrundskarton in einem Atelier aufnehme oder in einem Wohnraum. Der Kartonhintergrund wirkt immer etwas gekünstelt, das Interieur einer Wohnung kann störend sein. Andererseits gefällt mir ein Haus- und Luxushund wie ein Pekinese oder ein Chihuahua in seiner häuslichen Umgebung besser als am Strand oder auf einer Wiese.
Dagegen fotografiert man Jagd-, Hüte- oder Schäferhunde nicht in der Wohnung, sondern in der freien Natur. Wir müssen also Kompromisse finden. Das heißt, daß wir in der Wohnung Störendes wegräumen, andere das Bild unterstützende Attribute jedoch hinzufügen. Ein Wohnungsbild muß immer arrangiert werden, während ein Bild im Freien nur die Regie des rechten Augenblicks braucht. Vor allem ist bei Wohnungsbildern wichtig, wenn wir Farbaufnahmen machen, daß die Farben zusammenstimmen. Hier müssen Umgebung und Hund in Farbe und Helligkeit kontrastieren. Scheuen Sie sich auch nicht davor, störende Tapetenmuster mit einer einfarbigen Hintergrundsfolie oder Karton abzudecken, das macht die Aufnahme keineswegs steril, wenn die Umgebung stimmt.

Das technische Zubehör

Es gibt drei Kameratypen:
1. Die Sucherkamera, bei der wir das Motiv durch den Sucher sehen, die Kamera sieht es durch das Objektiv. Alle Pocketkameras sind Sucherkameras wie auch die Kleinbildkameras (24 × 36 mm) verschiedenster Handlichkeit von der 190 Gramm schweren Minox 35 GT bis zur 750 Gramm schweren Yashica electro. Die teuerste Kamera dieser Art ist die Leica M4-P. Relativ wenige Sucherkameras haben ein Wechselobjektiv-Programm.
2. Die einäugige Spiegelreflexkamera. Hier sieht man das Motiv durch das Objektiv, also haargenau das, was später auf dem Foto erscheint. Durchwegs sind diese Kameras schwerer als die Sucherkameras, und das Auslösegeräusch ist lauter. Es gibt für alle Modelle Wechselobjektive, das Marktangebot ist so breit, daß man, seinen Bedürfnissen und dem Geldbeutel angepaßt, auf jeden Fall eine maßgerechte Kamera findet. Die meisten einäugigen Spiegelreflexkameras arbeiten mit dem Kleinbildformat; die sog. Mittelformatkameras (mit Bildformat 6 × 4,5 cm oder 6 × 7 cm) sind in der Anschaffung, aber auch bezüglich Filmmaterial, Entwicklung und Zubehör deutlich teurer.
3. Die zweiäugige Spiegelreflexkamera, bei der man von oben auf eine Mattscheibe schaut und das Bild durch einen Sucher direkt über dem Objektiv sieht, hat ebenfalls 6 × 6 cm Negativformat. Die bekannteste (und teuerste) ist die Rolleiflex, außerdem gibt es noch japanische und chinesische Fabrikate. Sie wurde durch die **einäugigen Mittelformat-Spiegelreflexkameras** ersetzt. Für diese Modelle gibt es verschiedene Sucherformen, auch den klassischen Aufsicht-Mattscheibensucher, auf dem man das ganze Bild scharf einstellen kann. Der Nachteil dieser Kameras ist ihr Gewicht und eine gewisse Unhandlichkeit, der Vorteil für die Hundefotografie, daß man in Bodennähe aufnehmen kann, ohne sich selbst flach auf den Boden zu legen. Außerdem sieht man das Bild in voller Diagröße. Auch diese Kameras sind mit Wechselobjektiven ausgerüstet.
Mein Rat: eine handliche, technisch gute Sucherkamera, die man auf allen Spaziergängen bei sich tragen kann, ohne sich als Fotograf vorzukommen, und eine Kleinbild-Spiegelreflexkamera, wenn man gezielt fotografieren will. Hier kommt man zunächst mit dem Normalobjektiv aus und sollte sich, wenn man anfängt, gute Bilder zu machen, und sich verbessern möchte, ein leichtes Teleobjektiv mit einer Brennweite zwischen 90 und 135 Millimeter kaufen. Ich mache mit einem 100-Millimeter-Objektiv meine Aufnahmen und bin sehr zufrieden.
Zur Filmempfindlichkeit kann ich nur ein paar Pauschalratschläge geben. Das werden Sie in der Praxis bald selbst besser wissen. Für Porträtaufnahmen, ob Farbe oder Schwarzweiß, nehme ich eine Empfindlichkeit von 21 DIN, dann habe ich bei trübem Wetter Helligkeitsreserven und kann auch kürzer belichten. Je schneller das ist, was Sie aufnehmen wollen, desto empfindlicher sollte der Film sein, das heißt 27 bis 30 DIN. So können Sie bei ausreichender Tiefenschärfe mit mittlerer Blende und kurzen Verschlußzeiten auch noch bei mäßigem Wetter präzise Aufnahmen machen.
Einen Elektronenblitz sollten Sie sich ebenfalls anschaffen. In manchen Kameras ist er sogar eingebaut. Das hat aber den Nachteil, daß sein Licht direkt von vorne kommt, und das geht auf Kosten der Plastik. Das Porträt wirkt flach. Besser ist ein Blitz, den man mit einer Hand seitwärts halten kann oder der ein so langes Kabel hat, daß ein Helfer ihn hält. Noch besser arbeitet es sich mit zwei Blitzen. Doch das zu beschreiben geht über diese kleine Fotoschule hinaus.

Die Kinderhunde

Beagle – für freundliche Kinder
Dieser liebe, lebhafte Hund braucht ständig Kontakt: ein idealer Spielgefährte für lebendige, wenn auch nicht zu wilde Kinder. Läuft gerne, manchmal auch davon. Deshalb möglichst im Garten spielen. Eher anschmiegsam als ein Beschützer. Ein sanfter Hund, auch zum Schmusen und Streicheln.

Collie – braucht Zeit und Zuneigung
Ein attraktiver, wenn auch nicht einfacher Hund. Guter Beschützer, der ebenso intensiv erzogen wie täglich gepflegt werden muß. Kann sehr sensibel sein. Sehr lieb im Umgang mit den eigenen Kindern. Für die kleine Wohnung gibt es die recht lebhafte Rassen-Kleinausgabe Sheltie.

Neufundländer – für Gartenkinder
Lebt gerne im Freien und geht genauso gerne ins Wasser. Liebt seine Leute und seine Kinder noch mehr. Die dürfen sogar auf ihm reiten. Leicht zu erziehen und gehorsam. Aber auch sehr kräftig, was an der Leine Komplikationen ergeben kann. Benötigt viel Pflege: ein Bürsten-Beschäftigungsprogramm.

Rauhhaardackel – für brave Kinder
Von den Dackeln sind besonders die lebhaften und härteren Rauhhaarteckel des »Förstertyps« gute Spielgefährten. Sie gehen mit den Kindern durch dick und dünn. Wobei wichtig ist, daß die Kinder wohlerzogen sind. Denn wenn der Hund auf Rufen nicht hört, sollte das Kind kommen.

Dalmatiner – Bewegung inbegriffen
Bei diesem bewegungshungrigen Hund kommen die Kinder ausreichend an die frische Luft. Die muß allerdings vorhanden sein. Er paßt sich dem Temperament und auch den Launen der Kinder an, was für diese aber kein Freibrief ist. Fröhlich, unkompliziert, lernt sehr leicht.

Airedale Terrier – der Mitspieler
Bis ins hohe Alter ein guter, stets bereiter Spielkamerad mit großem Schutztrieb: Mit ihm kann ein Kind auch allein in den Park gehen. Ist kinderleicht zu pflegen, sehr gutmütig und sollte eher in größeren Wohnungen gehalten werden. Viel Bewegung tut ihm und dem Kind gut.

Die Seniorenhunde

Affenpinscher – klein, aber oho
Wer Temperament schätzt, kläffende Hysterie aber nicht mag, hier hat er seinen Hund. Ist drahtig und hält fit. Sehr anhänglich und sehr treu. Ein furchtloser Beschützer trotz Miniformat. Sein hartes Fell ist pflegeleicht, haart nicht und läßt Teppich und Sessel sauber. Hat Platz in einer Tasche.

Französischer Bully – Kraftpaketchen
Ist intelligent und kann aufmerksam zuhören. Muntert auf nach dem Motto: Der Clown im Haus erspart die Depressionen. Ist liebebedürftig und unkompliziert, auch in der Pflege. Muß zu langen Spaziergängen erst erzogen werden. Ein mutiger und verteidigungsbereiter Beschützer.

Kleinspitz – vierbeinige Alarmanlage
Ein sehr guter Wächter, der allerdings häufig bellt. Fremde betrachtet er mit Mißtrauen, zu seinen Besitzern ist er liebenswürdig, freundlich und sehr anhänglich. Lerneifrig, so daß man ihm Gehorsam und kleine Kunststücke leicht beibringen kann. Spaziergehdrang nicht sonderlich groß.

Kleinpudel – der Alleinunterhalter
Ein geduldiger, liebenswürdiger und umgänglicher Hund, der ganz auf seinen Menschen fixiert ist. Mit ihm hat man niemals Langeweile, denn er beweist täglich seinen Einfallsreichtum als Alleinunterhalter. Ist lebhaft, manchmal sogar sehr. Andererseits robust und pflegeleicht.

Scotch Terrier – ein ganzer Kerl
Er begnügt sich mit wenig Platz und ist ruhig, anhänglich und wachsam. Fremden gegenüber mißtrauisch und unzugänglich. Ein großer Hund mit kurzen Beinen. Für Leute, die zwar Gefühl lieben, aber nicht den Überschwang. Für bedächtige Tiefstapler, die einen Marschbegleiter suchen.

Kromfohrländer – fröhlicher Freund
Eine verhältnismäßig neue Rasse, die handlich, zärtlich und sehr klug ist. Da sein Fell kaum Schmutz annimmt, macht er auch das Sofa nicht schmutzig. Seine Aufmerksamkeit macht ihn zum guten Zuhörer wie Wächter. Braucht aber einen Herrn, der noch gut und gern zu Fuß ist.

Garten vorhanden

Hovawart – eines Mannes Hund
Vorzüglicher Wachhund aus Veranlagung: Des Herren Haus macht er zu einer Burg. Braucht Tätigkeit, Training und Bestätigung. Steht voll zu seinem »Leithund«, wenn dieser sich als Leithund bewährt. Kann auch im Freien wohnen, wenn er voll in die Familie integriert wird. Wesensfest.

Chow Chow – nichts zum Schmusen
Aufmerksamer Wächter, der aber leise ist. Sehr individualistisch und zunächst wenig zugänglich, eigenwillig bis zur Aufsässigkeit. Wohnt lieber im Garten, auch im Winter. Braucht weniger lange Märsche als intensive Fellpflege. Haart selbst dann kräftig. Erziehbar, aber nicht abzurichten.

Welsh Corgi – der kleine Große
Vom Format ein Etagenhund, vom Temperament nur mit Garten zu empfehlen. Der Pembroke-Typ ist wachsam, lernfreudig und stets spielbereit. Unermüdlich für Trimmbewußte. Dieser kleinste aller Schäferhunde ist ein guter Schutz: Er kann erstaunlich kräftig zupacken.

Kuvasz – der weiße Wachmann
Kein Fremder dringt in einen Garten ein und verläßt ihn ungehindert wieder, wenn ein Kuvasz ihn bewacht. Der mächtige weiße Hund, der seine Familie und mehr noch deren Kinder liebt, ist keinesfalls ungefährlich. Ich möchte ihn als Hund für Könner mit Garten bezeichnen. Oder für Ungarn.

Bernhardiner – zum Träumen
Er braucht viel Platz, viel Liebe und viel Futter. Zur Beförderung einen Kombi und einen Herrn mit Sinn für Romantik und/oder Monumentalität. Kinder zu schützen macht ihm besondere Freude. Manchmal schneller als man denkt, braucht er mehr Bewegung, als man zunächst glaubt.

Bordeauxdogge – liebes Urviech
Ein mächtig-wuchtiges Kraftpaket mit einem empfindsamen Herzen. Liebt neben der Familie alles, was klein ist. Kein Nur-Draußenhund, gar kein Zwingerhund. Handelt im Ernstfall richtig und sehr, sehr energisch. Nachteile: sehr selten und relativ kurze Lebenserwartung.

Appartement in der Großstadt

Yorkshire Terrier – seine Winzigkeit
Für die Kleinstwohnung ein Kleinsthund, der trotz seiner Winzigkeit ein ganzer Hund ist. Sehr temperamentvoll und häufig laut. Macht sich seine Bewegung überall selbst, auch auf der Stelle. Beschäftigt seinen Menschen stark mit der Fellpflege. Ist überhaupt nicht ängstlich.

Chihuahua – der Taschenhund
Das Kleinste, was die Hundezucht zu bieten hat. Ganz hübsch aggressiv und furchtlos. Ein echter Schoß- und Armhund, der nicht kläfft, sondern knurrt und murrt. Sehr anhänglich, nicht mißtrauisch gegen Fremde. Liebt Geselligkeit, wenn Frauchen dabei ist. Versteht jedes Wort.

Schäferhund – warum nicht?
Der Große unter Kleinen. Besser geeignet für die Wohnung als ein Welsh Corgi oder sonst ein Hirten-Schäfer-Hund. Wer sich in der Stadt schützen möchte, der Schäferhund, anpassungsfähig wie kein anderer, macht es möglich. Benötigt allerdings viel, viel Bewegung.

Zwergschnauzer – harter Flitzer
Ein typischer Anti-Modehund, der temperamentvoll, mutig und mißtrauisch ist. Er kann mit seinen Zähnen schnell bei der Hand sein, braucht jedoch einen konsequent erziehenden Herrn, weil er sonst zum Familientyrann wird. Körperlich robust und mit sehr hoher Lebenserwartung.

Zwergpudel – Pelz mit Pep
Stets munter, oft zum Bellen, immer zum Springen bereit, bis hin zur Nervosität (beim Kauf Eltern anschauen). Sehr anhänglich und kontaktfreudig, findet er Platz noch im kleinsten Bett. Er haart nicht, ist leicht zu pflegen. Regelmäßig zum Friseur und viele Schritte auf der Straße.

Mops – der Muntermacher
Er paßt wirklich in die kleinste Wohnung, ist unkompliziert und ruhig, ohne pomadig-langweilig zu sein. Hat ein gesundes Phlegma, dazu ein fröhliches Wesen. Kläfft nicht, aber schnarcht. Verlangt nicht nach langen Spaziergängen, macht sie aber mit. Zeigt manchmal, daß er zu den Doggen gehört.

Hunde für Anfänger

Cocker Spaniel – der schöne Fresser
Ein Stadt- wie Landhund, wobei man auf seine Jagdpassion achten muß. Mehr noch muß man auf seine unersättliche Freßsucht achten. Meist freundlich, anpassungsfähig bis sanft, liebebedürftig. Bellt viel, läuft sehr gerne und geht genau so gerne ins Wasser. Braucht viel Pflege: Fell und Ohren.

Boxer – der ungestüme Junge
Bleibt bis ins hohe Alter verspielt und ist, falls richtig und konsequent erzogen, leicht lenkbar. Ein guter Wächter und treuer Familienhund, der wegen seines Temperaments eine Menge Freiraum braucht. Hat eine Neigung zum Dickkopf, läuft gern und rauft recht gern mit gleichstarken.

Eurasier – die ideale Mischung
Aus zurückhaltendem Chow Chow und lockerhalsigem Spitz ist ein nahezu problemloser Hund gezüchtet worden. Er ist sehr einfühlsam und wird leicht zum Spiegel seines Herrn. Mit Kindern verträgt er sich wie mit anderen Haustieren. Außerdem ist er ein guter nicht lauter Beschützer.

Langhaardackel – der Beliebteste
Es ist nicht schwer, mit einem Dackel klarzukommen. Entweder erziehen Sie ihn richtig, dann gehorcht er auch. Oder Sie erziehen ihn nicht, dann gehorchen Sie ihm. Ansonsten ein schöner Hund, der nicht zu sehr zieht, notfalls auch mal getragen werden kann und viel Spaß macht.

Mittelschnauzer – die rauhe Schale
Sein Tempo und Temperament sind beachtlich, seine Wächtereigenschaften sehr gut. Der Schnauzer – unter rauher Schale steckt eine empfindsame Seele – paßt sich gut an und läßt sich meist leicht lenken. Zudem ist das Mittelformat kinderfreundlich und pflegeleicht. Regelmäßige Schur.

Bobtail – selbstbewußte Fröhlichkeit
Ein großer Hund, der seinen Platz braucht, der viel laufen will und einmal pro Woche zwei Stunden Zeit für Fellpflege benötigt. Kinderlieb, selbst von liebenswerter Verspieltheit, die sich mit Würde paart. Sehr intelligent und lernbegierig. Steht auf der Grenze zu den Hunden für Könner.

Hunde für Könner

Bullterrier – der Gladiator
Verlangt einen wesensfesten, konsequenten und einfühlsamen Herrn: Der Bullterrier wird zu seinem Abbild. Stur, liebevoll und kampfstark: das muß man zwischen ein Halsband bringen. Pflegeleicht, kein Zwingerhund, nicht übermäßig laut und ein sehr, sehr guter Leibwächter der Familie.

Dobermann – der Hundesportliche
Mit einem Dobermann sollte man auf den Platz gehen und arbeiten. Außerdem braucht er viel Bewegung. Ein sehr schneller Hund. Sehr zuverlässig, meist wesensfest, von natürlicher Schärfe. Mag keine Launenhaftigkeit, muß fest in der Hand des Herrn sein. Körperlich unempfindlich.

Irish Wolfhound – der graue Riese
Der schlanke Hund wiegt bis hundert Kilo: »Gestreichelt ein Kavalier, gereizt ein wildes Tier.« Sein Besitzer darf nicht zu Aggressionen neigen. Braucht viel Bewegung, möglichst neben dem Fahrrad. Und natürlich Platz, am besten einen Park mit großem Zwinger. Insgesamt friedlich.

Mastino Napoletano – die Wucht
Ein Klotz von einem Hund, stark, wachsam und ungemein bedrohlich aussehend. Konsequente Erziehung, aber keine Ausbildung mit Figuranten. Sehr kinderlieb und anhänglich an seine Familie. Um schützen zu können, muß er körperlich völlig gesund und gut im Futter sein.

Rottweiler – der gute Kamerad
Stämmig und kraftvoll. Für Kenner ein schöner, für Laien ein alltäglich aussehender Hund. Ausgezeichneter Schüler, der gerne arbeitet. Sollte ausgebildet werden. Guter, relativ geräuscharmer Wächter. Richtiger Familienhund, der einen Garten und Kinder gerne hat. Ausgesprochen pflegeleicht.

Deutsche Dogge – das Superwesen
Der Eindruck von Kraft, Größe und Eleganz ist überwältigend. Guter Wächter, der durch Abschreckung wirkt. Bei konsequent-liebevoller Erziehung sehr handlich. Kein harter Hund, seelisch empfindlich. Anhänglicher Familienhund, der Platz braucht. Nicht laut und nett zu Kindern.

Lexikon der Fachausdrücke

Dies ist eine Zusammenstellung der Wörter, denen man bei der intensiven Beschäftigung mit Hunden immer wieder begegnet, und ihre knappe Erklärung. Zum größten Teil kommen die Ausdrücke auch im Buch vor, wo sie zumeist im laufenden Text erläutert wurden. Vorliegendes Lexikon ist für das schnelle Nachschlagen gedacht, vor allem wenn Sie Fachartikel oder andere Bücher lesen. Benutzen Sie gleichzeitig auch das Register, um sich zusätzlich zu informieren.

Aalstrich: Eine dunkle, strichförmige Färbung des Rückens vom Nacken bis zur Rute.

Ablegen: Die Erziehung zum Liegen an einem bestimmten Platz oder an jeder beliebigen Stelle im Haus oder im Freien. Der Hund darf den Platz nur auf ausdrücklichen Befehl verlassen.

Abrufen: Hund durch Ruf, Pfiff oder Sichtzeichen zur Rückkehr zum Herrn auffordern.

Abzeichen: Einzelne braune, graue, schwarze oder andersfarbige Flecken oder Platten am Kopf und am Körper weißer, auch andersfarbiger Hunde. Als Augenpunkte → Vieräugler.

Adel: Rassetypische edle Erscheinung, stolze Haltung, auch Abstammung von formschönen und leistungsfähigen Ahnen.

Afterklaue, Afterkralle, Afterzehe: Die bei den Caniden verschwundene fünfte Zehe am Hinterlauf, die bei manchen Haushundrassen als verkümmertes, loses Gebilde an der Innenseite der Pfoten auftritt. Auch Wolfskralle genannt. Die fünfte Zehe an den Vorderläufen ist ebenfalls verkümmert, doch immer vorhanden.

Aggression: Wertfreier Begriff für Angriffslust. In positivem Sinn erwünschte Schärfe, die durch Erziehung gelenkt wird, im negativen neurotisch gesteigert und nicht mehr lenkbar.

Ahnenverlust: Erwünschte wie unerwünschte Eigenschaften eines Elternpaares, die bei den Großkindern nicht mehr vorhanden sein können, da sie gemäß den Mendelschen Vererbungsgesetzen verschwunden (= ausgemendelt) sind.

Albinismus, Albino: Der angeborene Farbstoffmangel bei Mensch und Tier. Haut und Haarfarbe des Albino sind nahezu weiß, wichtiger noch als Erkennungszeichen sind die rötlichen Augen, die weißen, durchscheinenden Krallen, der rosa Nasenspiegel und die rosa Lefzen.

Alpha-Tier: Begriff aus der Verhaltensforschung für das ranghöchste Tier im Rudel.

Ankörung: Sorgfältige Prüfung eines Junghundes auf Zuchttauglichkeit nach dem Standard der jeweiligen Rasse. Die Körung entscheidet über die Zulassung zur Zucht.

Anpassung: Eine Angleichung an die Umgebung, Umwelt und Klima. Das dichte Fell der Tiere aus Polargebieten, die helle Farbe der Wüstentiere sind Anpassungserscheinungen. Das Wort Anpassung wird aber auch für das gute Verhältnis des Hundes zu seinem Herrn, seinem Heim und den Menschen benutzt.

Appell: Unbedingte Folgsamkeit als Grundlage für die gesamte Erziehung. Auch schnelles Ausführen eines Befehls.

Apportieren: Bringen eines weggelegten oder geworfenen Gegenstandes. Bei der Jagd das Bringen von Wild.

Askariden: Spulwürmer des Hundes

Assoziation: In der Verhaltensforschung die Fähigkeit, Wahrnehmungen zu verknüpfen und diese Verknüpfung im Gedächtnis zu behalten. Auf dieser Fähigkeit, aus Erfahrungen zu lernen, beruht die Erziehung eines Hundes.

Außenlinie: Der Umriß eines Hundes, der bei der Beurteilung auf Schönheit berücksichtigt wird. Man unterscheidet zwischen der oberen (Hals–Rücken) und der unteren Außenlinie (Brust–Bauch).

Bastard: Nachkomme von Eltern derselben Gattung, aber verschiedener Arten. Auch Hybride genannt. Beim Hund der Mischling zwischen verschiedenen Rassen. Der zoologisch richtigere Ausdruck ist Blendling.

Behang: Lang herabhängendes Ohr. Ausdruck aus der Waidmannssprache.

Blesse: Breiter weißer Längsstreifen von der Stirn zur Nase.

Blue Merle: Tigerung bei Collies, Doggen und Teckeln (Tigerteckel). Auch Blauschecke genannt. Der Merlefaktor, eine Erbanlage, die diese Aufhellung der Pigmente (auch im Auge) hervorruft, kann zu Weißtigern mit Anomalien führen.

Blutlinie: Ahnenreihe einer Rassefamilie, die aus der Ahnentafel ersichtlich ist. Der Ausdruck beruht auf der falschen Annahme, daß das Blut der Träger der Erbanlagen sei.

Brand: Rot- bis rostbraune Abzeichen schwarzer Hunde.

Charakter: Eigenschaften und Eigentümlichkeiten, die die Individuen einer Rasse gemein haben oder die bei ihnen gehäuft vorkommen. Es sind Temperament, Lernfreudigkeit, Kampfesmut, Ausdauer, besondere Anhänglichkeit. Der Charakter bestimmt, ob eine Rasse zu einem Menschen paßt.

Chromosomen: Winzige schleifenförmige Gebilde, Teile des Kerns der Ei- und Samenzelle. Sie sind Träger der Gene, in denen die Erbanlagen liegen. Der Hund hat 78 Chromosomen. Bei der Vereinigung der Ei- und Samenzelle würden es 156 werden, wenn sie nicht durch die sogenannte Reduktionsteilung wieder auf 78 vermindert würden. Dabei geht ein Teil des elterlichen Erbgutes verloren. → Ahnenverlust.

Degeneration: Körperliche und seelische erbliche Verschlechterung einer Rasse, eine Folge von Inzucht oder unzweckmäßiger Kreuzung. Anhäufung von Anlagen, die nachteilig sein können. Degeneration kann sich in Anfälligkeit gegen Krankheiten, in Neurosen oder wesensmäßiger Instabilität bemerkbar machen.

Domestikation: Die Umwandlung von Wildtieren in Haustiere.

Dominanz: Erbanlage, die sich sichtbar vererbt und dabei andere Erbanlagen unterdrückt. So verhält sich bei Schnauzern zum Beispiel das Gen für schwarze Farbe gegenüber dem für Pfeffersalz dominant.

Drahthaar: Kurzes, hartes Stockhaar wie beim Foxterrier oder Deutsch-Drahthaar.

Dysplasie: Eine Fehlentwicklung oder Fehlbildung wie zum Beispiel die der Hüftgelenkpfanne bei der Hüftgelenk-Dysplasie (HD).

Ektropium: Auch offenes Auge genannt. Das untere Lid hängt mehr oder minder schlaff herunter, dadurch liegt der untere Teil des Auges bloß. Bei Bernhardiner, Bloodhound und Basset Rassekennzeichen.

Entropium: Eingerolltes Augenlid, dabei stoßen die Wimpern gegen die Hornhaut des Auges und reizen es zum Tränen. Durch kleine Operation leicht zu beseitigen.

Erbkoordination: Angeborene Bewegungsformen, die von Impulsen aus Nervenzentren gelenkt werden. Zu diesen Instinktbewegungen gehört das Saugen und der Milchtritt.

Faking: Englische Bezeichnung für die unzulässige Verbesserung des Hundes durch Menschenhand, um Käufer oder Preisrichter zu täuschen.

Fang: Die ganze Schnauzenpartie des Ober- und Unterkiefers mit Lefzen und Mundwinkeln.

Federn: Die langen und weichen Haare auf der Rückseite der Vorderläufe wie bei Settern und Spaniels.

Fledermausohr: Breites Stehohr mit abgerundeter Spitze wie beim Französischen Bully.

Formwert: Bewertung der Hunde auf Ausstellungen mit den Prädikaten »vorzüglich«, »sehr gut«, »gut«, »genügend« und »ungenügend«. Die Bewertung wird nach dem Rassestandard vorgenommen.

Fransen: Lange Haare am Ohr wie zum Beispiel beim Spaniel.

Führigkeit: Die angeborene oder anerzogene Lenksamkeit des Hundes, sowohl angeleint wie freilaufend. Bekannt ist auch der Begriff Leinenführigkeit.

Genotyp: Die ererbten Anlagen, das Erbgut eines Hundes, also das, was er von seinen Ahnen mitbringt und an seine Nachkommen weitergeben wird.

Geschlossenes Auge: Die Lider umschließen das Auge so straff, daß das Weiße kaum und nur die dunklen Partien zu sehen sind.

Gestromt: Der Hund weist eine durchlaufende oder unterbrochene Querstreifung auf. Bei dunkler Grundfarbe spricht man von dunkelgestromt, bei heller Grundfarbe von hellgestromt, und bei graugelber Grundfarbe von Silberstrom.

Getigert: Unregelmäßige Farbflecken auf andersfarbigem, meist hellerem Untergrund.

Grannenhaar: Das harte, die Unterwolle überlagernde Deckhaar.

Grauer Star: Trübung der Augenlinse aus Altersgründen.

Grüner Star: Auch Glaukom genannt, Erhöhung des Augeninnendruckes, meist angeboren, tritt bei Rassen wie Spaniel, Pudel, Foxterrier und Basset Hound in bestimmten Familien auf.

Hart: Ein Hund von unempfindlichem Charakter, der wohl hart im Nehmen und Ertragen, aber auch wesensmäßig schwer zu leiten ist. Harte Hunde sind nicht einfühlsam.

Hasenpfote: Lange, flache und schmale Pfoten wie zum Beispiel beim Barsoi.

Hinterhand: Der hintere Teil des Hundes von den Hüftknochen bis zu den Hinterpfoten.

Hitze: Ein anderer Ausdruck für Läufigkeit.

Hose: Die langen weichen Haare an der Hinterseite der Oberschenkel.

Hybride: Das Kreuzungsprodukt zweier Rassen oder Arten. → Bastard.

Imponiergehabe: Vor allem mimische Ausdrucksform des Hundes, mit der er die Rangordnung unblutig zu regeln versucht. Es drückt sich in der Körperhaltung durch Haarsträuben und Schwanzheben sowie durch Knurren aus. Ein Begriff aus der Verhaltensforschung.

Inzestzucht: Paarung nächster Verwandter wie Bruder/Schwester, Vater/Tochter, Mutter/Sohn. Kommt unter Wildtieren, die im Rudel oder in der Herde leben, häufig vor, ohne daß sich deswegen irgendwelche nachteiligen Folgen zeigen.

Inzucht: Paarung nahe verwandter Tiere. Durch Inzucht entstehen keine neuen Fehler, sondern es werden Fehler, die im Erbgut liegen, lediglich aufgedeckt. Eine richtige Inzucht ermöglicht deshalb dem Züchter, seine Zuchtlinien rasch und gründlich von Fehlern zu reinigen. Eine falsche Inzucht häuft die Fehler.

Karpfenrücken: Ein stark gewölbter Rücken, der meist als fehlerhaft gilt.

Katzenpfoten: Kleine, eng geschlossene Pfoten, die nach Katzenart gewölbt sind. Katzenpfotige Rassen: Border Terrier, Spitz und Chow Chow.

Kippohr: Man unterscheidet ein hohes Kippohr, wenn wie beim Collie nur die äußerste Spitze nach vorne fällt, ein schweres Kippohr, wenn der Ohrlappen im oberen Drittel nach vorne fällt.

Knopfohr: Es ist mittellang, hoch angesetzt und liegt dort, wo es hängt, V-förmig dem vorderen Rand des Schädels an wie beim Mops.

Kondition: Die körperliche Verfassung zu einem bestimmten Zeitpunkt.

Konstitution: Die ererbte, unveränderliche Körperbeschaffenheit, ihre Widerstandskraft gegen äußere Einflüsse und ihre Leistungsfähigkeit.

Körung: siehe Ankören.

Kraushaar: Das einzelne Haar ist gedreht, so daß bei größerer Länge der Haare Verfilzungen entstehen können, zum Beispiel beim Pudel.

Kreuzung: Biologisch die Paarung von Vertretern verschiedener Rassen, wie zum Beispiel Neufundländer und Bernhardiner, oder die Paarung verschiedener Arten wie Pferd und Esel. Der Hundezüchter meint damit die Paarung von Tieren der gleichen Rasse, die jedoch nicht miteinander verwandt sind.

Kryptorchismus: Die Hoden liegen nicht sichtbar im Hodensack, sondern unsichtbar in der Leibeshöhle. Hunde mit diesem Fehler werden auf Ausstellungen nicht bewertet und von der Zucht ausgeschlossen.

Kurzhaar: Auch Glatthaar genannt. Sehr kurzes, glatt anliegendes Deckhaar ohne oder mit geringer Unterwolle wie beim Dobermann oder Boxer.

Langhaar: Weiches, langes Deckhaar mit guter Unterwolle wie beim Bernhardiner und Neufundländer. Ohne Unterwolle wie beim Setter oder dünn und seidig wie beim Malteser. Ist die Unterwolle sehr dicht und steht das Deckhaar derb und steif ab, spricht man von Langstockhaar, wie bei Spitz und Eskimohund.

Lefzen: Die herabhängenden Lippen des Oberkiefers. Sie werden saftig genannt, wenn sie wie beim Boxer tief herabhängen, und trocken, wenn sie wie beim Bullterrier fest anliegen.

Leistungszeichen: Der erworbene Nachweis einer bestandenen Leistungsprüfung wie der Schutzhundeprüfungen I bis III. Die Bewertungen werden in die Ahnentafel übernommen.

Letalfaktor: Erbfaktoren, die zu schweren Mißbildungen wie Wolfsrachen oder Taubheit, manchmal auch zu Totgeburten führen. Häufig sind sie an andere, in der Zucht erwünschte Merkmale gebunden. So tritt der Wolfsrachen zusammen mit dem Vorbiß auf, die Taubheit mit der Farbe Weiß oder der Dalmatinerscheckung. Die Letalfaktoren sind rezessiv, sie können zwar weitgehend unterdrückt, aber praktisch nie ganz ausgeschaltet werden.

Linienzucht: Die Zuchttiere werden innerhalb der engeren oder weiteren Verwandtschaft ausgesucht, nach der Theorie, daß verwandte Tiere, die sich äußerlich ähnlich sind, das auch in ihren Erbanlagen sein müssen. → Inzucht.

Lohfarben: Gelb- bis rostbraun, bei den Engländern *tan* genannt.

Markenfarbig: Wird auch Dobermannzeichnung genannt, ist eine andere Bezeichnung für Abzeichen.

Maske: Scharf begrenztes dunkles Farbfeld im Gesicht.

Milchtritt: Die erbkoordinierte Bettelgeste, mit der die noch blinden Welpen gegen die Zitzen der Mutter drücken, um mehr zu bekommen. Aus dem Milchtritt hat sich das Pfotengeben entwickelt.

Modifikation: Abänderung der äußeren Erscheinungsform, die durch Umwelteinflüsse bewirkt wird. Sie ist nicht erblich.

Monorchiden: Rüden mit nur einem sichtbaren Hoden. Werden in der Bewertung wie Kryptorchismus behandelt.

Mutation: Abänderung der inneren oder äußeren Erscheinungsform, die sprunghaft auftritt (Erbsprung). Sie wird durch Veränderung der Erbmasse bewirkt und ist daher erblich.

Phänotyp: Das individuelle, äußere Erscheinungsbild eines Hundes. Es ist das Produkt des Genotyps (= ererbte Anlagen) und der Umwelteinflüsse.

Pigmentierung: Farbstoffablagerungen, besonders in den Lidrändern, der Nase und den Lefzenrändern. Ist vor allem bei weißen Hunden vorgeschrieben.

Platten: Größere, zusammenhängende Farbflecken wie beim Greyhound.

Prädisposition: Eine besondere Empfindlichkeit oder auch Anlage für bestimmte Krankheiten.

Prägung: Ein Lernvorgang, der nur in einer bestimmten sensiblen Zeit (= Prägungsphase) stattfindet und nicht nachholbar ist. Das durch Prägung Erlernte wird nie wieder vergessen.

Rasse: Untergruppe einer Art, bestehend aus gleichartigen Lebewesen mit gemeinsam vererblichen Eigenschaften. Diese Merkmale unterscheiden sie von den anderen Rassen.

Rauhhaar: Sich hart und rauh anfühlendes, kurzes oder mittellanges Deckhaar, das nach verschiedenen Richtungen absteht. Kommt besonders bei Terriern vor.

Reinrassig: Hunde, die in wesentlichen Eigenschaften gleich sind und diese von uns zu Rassemerkmalen ernannten Eigenschaften regelmäßig vererben. Reinrassig darf nicht mit reinerbig verwechselt werden, sonst sähen alle Pudel, Boxer oder Dackel einer wie der andere aus.

Reizschwelle: Die Stärke eines Reizes, die beim Hund eine Reaktion auslöst. Darf nicht absolut gesehen werden (niedrige Reizschwelle – hohe Reizschwelle), sondern ist der jeweiligen Situation angepaßt, wobei der Rassecharakter schon eine Rolle spielt. Wird fälschlich nur für Angriff und Abwehr benutzt: Ein Hund mit »niedriger Reizschwelle« reagiert mit Angriffsverhalten auch auf harmlose Annäherung eines Fremden.

Rezessiv: Das Gegenteil von dominant: Erbanlagen, die überdeckt werden können, aber im Erbgut erhalten bleiben, um in einer späteren Generation wieder aufzutauchen.

Ringelrute: Wird über dem Rücken geringelt oder seitlich getragen. Charakteristisch bei der Spitzsippe, beim Japan Chin und beim Pekinesen. Ringelschwänzigkeit ist ein Zeichen von Domestikation.

Rosenohr: Die Spitze der nach hinten gefalteten Ohrmuschel zeigt nach unten und läßt das Innere der Muschel teilweise sehen wie bei der Englischen Bulldogge, dem Greyhound und dem Whippet.

Rückbiß: Diese Bezeichnung wird laut FCI einheitlich für die zoologisch korrekte Bezeichnung Hinterbiß benutzt. Hierbei ist der Unterkiefer zu kurz und unterbeißt den Oberkiefer. Diese Gebißform ist nicht erwünscht, kann aber bei langschädeligen Rassen vorkommen.

Rüde: Männlicher Hund. Die Bezeichnung wird bei allen Hundeartigen verwandt, auch bei Wolf und Fuchs.

Rute: Der Fachausdruck für Schwanz.

Schärfe: Eine im Wesen verankerte, auf dem Gefühl der eigenen Stärke beruhende Aggressivität, die für die Verteidigung des Herrn durch Erziehung wirksam gemacht wird.

Scherengebiß: Die Schneidezähne des Oberkiefers greifen knapp über die des Unterkiefers. Bei fast allen Rassen erwünscht.

Schlag: Eine Gruppe von Hunden, die innerhalb ihrer eigenen Rasse zusätzliche gemeinsame Merkmale haben.

Sozialisierungsphasen: Die Einordnung des Welpen in seine Umwelt und das richtige Verhalten gegenüber anderen Hunden und Menschen. Die soziale Prägung erfolgt von der 9. bis zum Ende der 12. Lebenswoche.

Stammbuch: Wird auch Zuchtbuch genannt. In ihm werden alle Würfe der vom jeweiligen Rasseclub erfaßten rassereinen Hunde eingetragen. Unentbehrliche Informationsquelle für die Geschichte einer Rasse, deckt allerdings nicht die Fehler der Hunde auf. Ahnentafeln, die nicht im Stammbuch nachprüfbar sind, sind wertlos.

Standard: Beschreibung des Idealtyps einer Rasse mit allen ihren Merkmalen. Wird vom verantwortlichen Club aufgestellt und von der FCI genehmigt.

Stehohr: Aufrecht stehendes Ohr. Das natürliche Stehohr braucht manchmal sechs Monate und mehr, bis es sich gestellt hat. Stehohrige Rassen sind der Schäferhund, Chow Chow, Spitz, Samojede und Bullterrier.

Stichelhaar: Mittellanges, nicht allzu abstehendes Stockhaar.

Stockhaar: Das ursprüngliche Haar, das aus dichter Unterwolle mit mittellangen Deckhaaren besteht wie beim Deutschen Schäferhund.

Stop: Ausgeprägter Stirnabsatz, die Entfernung vom Nasenrücken bis zur Stirn. Fast ohne Stop sind Saluki und Afghane, einen starken Stop haben Boxer, Pekinese und Japan Chin.

Tan: Englische Bezeichnung für gelb- bis rostbraun.

Trocken: Muskulöse Körperbeschaffenheit ohne Fettablagerungen mit eng anliegender Haut, unter der die Muskeln, Bänder und Knochen plastisch hervortreten. Hunde mit trockenem Körper sind ebenso kräftig, wie sie aussehen. Beispiel Bullterrier.

Tulpenohr: Scharf zugespitzte Stehohren wie beim Skye Terrier, Scotch Terrier, Bullterrier und Deutschem Schäferhund.

V-förmig: Ein Kippohr, dessen fallender Teil wie ein V aussieht. Beispiel Foxterrier.

Vieräugler: Hunde mit einem hellen Fleck über jedem Auge. In der sozialen Auseinandersetzung zwischen den Tieren kommt diesen Flecken die Funktion eines zweiten, starren Augenpaares zu, sie schüchtern den Gegner ein. Bei den Schweizer Sennenhunden gehören die Augenflecken zum gefälligen Aussehen.

Vorbiß: Die Schneidezähne des Unterkiefers beißen vor die des Oberkiefers, ihre Schneiden treffen sich nicht. Bei der Bulldogge und beim Boxer Rassekennzeichen, bei anderen Rassen meist als Fehler gewertet.

Vorderhand: Der vordere Teil des Hundes, also Schulter, Brust, Vorderläufe und Pfoten.

Wamme: Lose Haut an der Kehle, bei manchen Rassen wie Bernhardiner, Bloodhound oder Basset erlaubt.

Wellhaar: Unterwolle und Deckhaar sind gewellt wie beim Barsoi. Starkes Wellhaar wird zum Kraushaar.

Wesen: Die Gesamtheit aller angeborenen und erworbenen körperlichen und seelischen Anlagen, Eigenschaften, Fähigkeiten, die das Verhalten des Hundes zur Umwelt bestimmen, gestalten und regeln.

Wesensfest: Ein Hund, der selbstsicher ist, über eine kräftige Portion Robustheit und Härte verfügt und gute Nerven hat. In diesem Zusammenhang wird auch gerne der Begriff Reizschwelle benutzt.

Widerrist: Jener Teil der Wirbelsäule, der zwischen den Schulterblättern liegt, ohne sie zu überragen. Die Größe eines Hundes wird am Widerrist gemessen.

Zangengebiß: Die Schneidezähne treffen genau aufeinander wie beim Greyhound und Komondor.

Zotthaar: Sehr langes, grobes, verfilztes Haar vereinigt sich zu langen Strähnen wie beim Komondor oder Puli.

Zuchtbuch: → Stammbuch.

Zuchtgruppe: Die Vorführung von mindestens drei Hunden einer Rasse aus gleichem Zwinger auf einer Ausstellung. Die Hunde müssen am gleichen Tag bei der Einzelbewertung mindestens die Note »gut« erhalten haben.

Zuchtwahl: Bei der natürlichen Zuchtwahl unter Wildtieren haben die lebenskräftigeren Männchen mehr Aussicht, ein Weibchen zu gewinnen und so ihre Eigenschaften zu vererben, als lebensschwächere. Bei den Wölfen sind es ohnehin nur die Alpha Tiere, die sich vermehren. Bei den Hunden wählt der Züchter Tiere aus, die seiner Meinung nach die von ihm gewünschten Eigenschaften besitzen.

Anschriften der Verbände und Clubs

Wenn Sie Fragen haben, sich einen Rassehund anschaffen wollen, mit Ihrem Hund sportlich arbeiten möchten, hier sind alle notwendigen Adressen. Ich habe sie nach den drei deutschsprachigen Ländern geordnet; vor den Rasseclub-Adressen stehen die der übergeordneten Verbände. An sie können Sie sich wenden, wenn Sie allgemeingültige Hundefragen beantwortet haben wollen oder sich über die Ausstellungen informieren möchten. Beim VDH und seinen Landesverbänden bekommen Sie ebenfalls Antwort, falls Sie mit einem Club keinen Kontakt herstellen können.
Hierzu einige praxisnahe Bemerkungen: Ich habe mit allen hier angegebenen Adressen korrespondiert oder, falls die Briefe unbeantwortet blieben, telefoniert. Die meisten Clubs und Vereine geben gerne und prompt Auskunft, das gilt für die ganz großen wie für die sehr kleinen. Es sind aber auch saumselige, überlastete Vereinsfunktionäre darunter, oder sie haben sich gerade mit ihrem Verein zerstritten. Dann bekommen Sie, wenn Sie nach Züchteradressen fragen, so schnell keine Antwort. Außerdem wechseln bei manchen Vereinen die Funktionäre häufiger als bei anderen, und nicht immer geben die alten dann die noch einlaufende Post an die neuen weiter. Da ich diese Erfahrungen (in geringem Maße) gemacht habe, möchte ich Sie darauf hinweisen.
Bei Korrespondenz legen Sie bitte immer einen frankierten Umschlag oder eine Postkarte für die Rückantwort bei, am besten schon mit Ihrer Adresse versehen. Das spart den ehrenamtlichen Zuchtbuchstellenleitern oder Welpenvermittlern Arbeit und der Vereinskasse Porto.
Adressen können sich ändern, manchmal sehr schnell. Ich werde in jeder Neuauflage die Adressen überarbeiten. Sollte bei Ihnen die Verständigung mit einem Verein nicht klappen, fragen Sie bei dem für Sie zuständigen Landesverband des VDH an. Dort weiß man die neueste Adresse oder die Ihrem Wohnsitz am nächsten gelegene, denn die meisten Vereine sind ebenfalls in Landesgruppen aufgeteilt.
Die hier aufgeführten Verbände und Clubs gehören (bis auf wenige, besonders gekennzeichnete Ausnahmen) der *Fédération Cynologique Internationale* (FCI) an. Die FCI ist die kynologische Weltorganisation mit Mitgliedsverbänden in Europa (Belgien, Bulgarien, Dänemark, Deutschland, Estland, Finnland, Frankreich, Griechenland, Gibraltar, Irland, Island, Italien, Kroatien, Luxemburg, Monaco, Niederlande, Norwegen, Österreich, Polen, Portugal, Rumänien, San Marino, Schweden, Schweiz, Slowakei, Slowenien, Spanien, Tschechien, Ungarn, Zypern), Amerika (Argentinien, Bermudas, Bolivien, Brasilien, Chile, Costa Rica, Dominikanische Republik, Ecuador, El Salvador, Guatemala, Honduras, Kolumbien, Kuba, Mexiko, Panama, Paraguay, Peru, Puerto Rico, Uruguay, Venezuela), Asien (Bahrain, Hongkong, Indien, Indonesien, Israel, Japan, Malaysia, Philippinen, Singapur, Sri Lanka, Südkorea, Taiwan, Thailand), Afrika (Madagaskar, Marokko, Simbabwe, Südafrika) sowie Australien und Neuseeland.
In den USA gibt es den *American Kennel Club* (AKC; 51 Madison Avenue, New York), der das *studbook* (Zuchtbuch) führt und das *Complete Dog Book* herausgibt, in dem die offiziellen Rassestandards der USA verzeichnet sind.
Wenn die Vereine eine eigene Zeitschrift oder regelmäßige Mitteilungen herausgeben, ist dies jeweils bei der Adresse vermerkt.
Am Schluß der Liste werden noch Hinweise auf einschlägige Zeitschriften gegeben.

Internationaler Kynologischer Verband
Fédération Cynologique Internationale (FCI)
12, Rue Léopold II
Thuin, Belgien

Deutsche Hundeverbände und -klubs

Dachorganisation:
Verband für das Deutsche Hundewesen e. V.
(VDH) Geschäftsstelle
Bernhard Meyer (Hauptgeschäftsführer)
Postfach 104154
44041 Dortmund
Tel. 0231/56500-0, Fax 0231/592440

Landesverband Baden-Württemberg
Ulrich Reidenbach (1. Vors.)
Dennefstr. 7b
71665 Vaihingen/Enz-Ensingen
Tel. 07042/22065, Fax 07042/23505

Vera Köllmann
Geschäftsstelle
Justinus-Kerner-Str. 14
71717 Beilstein
Tel. 07062/8494, Fax 07062/23806

VDH-Landesverband Bayern
Hans Wiblishauser
Parzivalplatz 3a
80408 München
Tel. 089/366295

VDH-Landesverband Berlin-Brandenburg
Lothar Buhrke
Scheelestr. 51
12209 Berlin
Tel. 030/7722145

VDH-Landesverband Franken-Oberpfalz
Egon Erdenbrecher
Pfälzer Str. 2
90518 Altdorf
Tel. 09187/7676

Landesverband Hessen
Horst Wendt (Geschäftsführer)
Fulderbergstr. 8
36358 Herbstein
Tel. 06643/1308

VDH-Landesverband Niedersachsen
Jochen Rissmann
Schmiedstr. 5
30159 Hannover
Tel. 0511/323228

VDH-Landesverband Nord
Christoph Stadelbauer
Insp.-Weimar-Weg 10
24239 Achterwehr
Tel. 04340/1215

Landesverband Nordrhein
Horst Kellermann (Vorsitzender)
Gewerbeschulstr. 97
42289 Wuppertal
Tel. 0202/556620

Hubert Hünnies (Geschäftsstelle)
Friedhofstr. 11
58710 Menden
Tel. 02373/85065

Landesverband Rheinland-Pfalz
Klaus May (1. Vors.)
Beindersheimer Str. 100
67227 Frankenthal
Tel. 06233/7962

VDH-Landesverband Saar
Hans-Erwin Neisens
Uhlandstr. 2
66265 Heusweiler
Tel. 06806/5606

VDH-Landesverband Thüringen
Rainer Jacobs
Johannes-Kepler-Str. 11
99097 Erfurt
Tel. 0361/4222106

VDH-Landesverband Weser-Ems
Klaus Wibben
Am Goldacker 1
26759 Hinte
Tel. 04925/8333

VDH-Landesverband Westfalen
Hans Lücker
Max-Planck-Str. 70
58093 Hagen
Tel. 02331/51764

Deutscher Hundesportverband e. V.
Geschäftsstelle
Gustav-Sybrecht-Str. 42
44536 Lünen
Tel. 0231/87949

Jagdgebrauchshundeverband
Geschäftsstelle
Dr. Lutz Frank
Neue Siedlung 6

15938 Drahnsdorf
Tel. 03 54 53/2 15

Bundesverband für das Rettungshundewesen e. V.
Wilfried Heines
Fliederstr. 5
67112 Mutterstadt
Tel. 0 62 34/17 08

Basenji-Klub Deutschland
Ursula Grewe
Watzmannstr. 84
71067 Sindelfingen
Tel. 0 70 31/80 03 06

Basset-Hound-Club von Deutschland e. V.
Monika Meyer
Rubargen 8
25494 Borstel-Hohenrade
Tel. 0 41 01/7 14 60

Klub für **B**ayerische Gebirgsschweißhunde 1912 e. V.
1. Zuchtleiter:
Oberjäger Georg Jörg
Gunzesried 36
87544 Blaichach
2. Zuchtleiter:
Theodor Schlag
Fs. Sababurg
34369 Hofgeismar
Tel. 0 56 71/4 00 23

Beagle Club Deutschland e. V.
Anne Ellissen
Im Neugrabener Dorf 80
21147 Hamburg
Tel. 0 40/7 02 37 84

Deutscher Club für **B**elgische Schäferhunde e. V.
Josef Schaller
Brunnenplatz 5
88276 Berg
Tel. 07 51/4 31 70

Belgische Schäferhunde Berlin e. V.
Wolfgang Spitzbart
Dorfstr. 10
29413 Wistedt
Tel. 01 71/4 15 54 37

Deutscher Club für **B**erner Sennenhunde e. V.
Britta Schnur
Heusenstammer Str. 15
63150 Heusenstamm
Tel. 0 61 06/1 42 03

Bernhardiner Club Deutschland e. V.
Irene Krienke
Ackerstr. 38
85757 Karlsfeld
Tel. 0 81 31/9 29 28

St. **B**ernhards-Klub e. V.
Werner Moser
Müncherlbach 61
91560 Heilsbronn
Tel. 0 98 72/18 23

Saint Hubert **B**loodhound-Club von Deutschland e. V.
Siegfried Peter
Mommsenstr.70
10629 Berlin
Tel. 0 30/8 81 85 85

Deutscher **B**ouvier-Club von 1977 e. V.
Maria Goj
Annastr. 6
47239 Duisburg
Tel. 0 21 51/40 07 82

Bouvierfreunde e. V.
Gerd Eirund
Kranzes 4
52525 Heinsberg
Tel. 0 24 52/6 66 82

Klub für **B**ouvier des Flandres e. V.
Inge Tebernum
Großenbaumer Allee 139
47269 Duisburg
Tel. 02 03/76 74 98

Boxer-Klub e. V.
Veldener Str. 66
81241 München
Tel. 0 89/56 86 72

Deutscher **B**racken-Club e. V.
Walter Kramarz (Zuchtbuchführer)
Rhoder Weg 23
57462 Olpe, Biggesee
Tel. 0 27 61/6 16 61
Betreut: Deutsche Bracke,

Westfälische Dachsbracke
»Bracken-Zeitung« erscheint vierteljährlich
Deutscher **B**rackenverein e. V.
Wolfgang Brachem
Am Klingengraben 6
91781 Weißenburg
Tel. 0 91 41/12 00

Club für **B**retonische Vorstehhunde e. V.
Harald Fath (1. Vors.)
Lauterbachstr. 79
91541 Rothenburg o. d. T.
G. Fährmann (Schriftführung)
Foßsölen 5
22359 Hamburg
Halbjahreszeitschrift

Briard Club Deutschland e. V.
Vera Sandmann
Georg-Bleibtreu-Str. 20
46509 Xanten
Tel. 0 28 01/69 66

Club für **B**ritische Hütehunde e. V.
Urs. Müller (Zuchtbuchstelle)
Bahnstr. 8
52399 Merzenich
Tel. 0 24 21/3 56 72
Betreut: Bobtail, Collie, Bearded Collie, Sheltie, Welsh Corgi-Cardigan, Welsh-Corgi-Pembroke
Informationsschrift

Deutscher Club für **B**ullterrier e. V.
Sylvia Klups
Baueracker 20
44672 Herne
Tel. 0 23 23/3 92 22

Gesellschaft der **B**ullterrier-Freunde e. V.
Helga Zorn
Friedenstr. 10
67685 Weilerbach
Tel. 0 63 74/13 94

Cavalier-King-Charles-Spaniel Club Deutschland e. V.
Annelore Pfeiffer
Töpferstr. 26
63674 Altenstadt
Tel. 0 60 47/12 02

Internationaler Club für **C**avalier-King-Charles-Spaniel e. V.
Sigrid Steinbacher
Hohenzollernstr. 30
47799 Krefeld
Tel. 0 21 51/59 68 67

Chihuahua-Club e. V.
Johanna Billhardt
Seilandstr. 23
59379 Selm i. W.
Tel. 0 25 92/15 34

Chihuahua-Klub Deutschland e. V.
Heidi Gehring
Hinter Lehen 4
71120 Grafenau
Tel. 0 70 33/4 21 25

Chow-Chow-Club in Deutschland e. V.
Gisela Büchner
Fichtenstr. 7
74906 Bad Rappenau
Tel.

Chow-Chow-Club in Deutschland e. V.
Simone Heine
Petzer Str. 18
31675 Bückeberg
Tel. 0 57 22/16 26

Chow-Chow-Club e. V.
Irmgard Mohr
Brandströmstr. 27 f
07749 Jena
Tel. 0 36 41/2 59 47

Cocker Club Deutschland e. V.
Erika Spoo
Birkenfelder Str. 8
26160 Bad Zwischenahn
Tel. 0 44 03/48 66

Deutscher **C**ollie-Club e. V.
Elke Thier
In den 13 Morgen 12
67580 Hamm
Tel. 0 62 46/76 02

Deutscher **D**almatiner-Club von 1920 e. V.
Sigrid Ronneburg
Poppenweilerstr. 16

71672 Marbach
Tel. 07144/6346

Club für **D**almatiner-Freunde e. V.
Ute Körbs
Lindenstr. 16
38271 Baddeckenstedt
Tel. 05345/558

Dalmatiner Verein Deutschland e. V.
Susanne Kühl
Sandkuhlenkoppel 5
22399 Hamburg
Tel. 040/6024550

Verein **D**eutsch-Drahthaar e. V.
Georg Greller (Hauptzuchtwart)
Siegelsdorfer Str. 18a
90587 Veitsbronn
Tel. 0911/756333, Fax 0911/7540019

Deutsch-Kurzhaar-Verband e. V.
Claus Kiefer (Vorsitzender)
Germersheimer Str. 148
67352 Römerberg
Tel. 06232/82002

Deutsch-Langhaar-Verband
Richard Schmeda (Zuchtwart)
Mühlenweg 16
26603 Aurich/Ostfriesland
Karl Walch (Zuchtbuchführer)
Kernerstr. 12
74193 Schwaigern/Württ.

Verein **D**eutsch Stichelhaar e. V.
Elsa Kratzenberg (Geschäftsstelle)
Emderstr. 78
26624 Südbrookmerland
Tel. 04942/3439

Kynologische Gesellschaft für
Deutsche Doggen e. V.
Silke Hasler
Wibbeltstr. 4
46397 Bocholt
Tel. 02871/8331

Deutscher **D**oggen-Club 1888 e. V.
Siegfried Goldschmitt
Ringstr. 2
48480 Lünne
Tel. 05906/1230

Deutscher **D**ogo-Argentino Club
DAC 1976 e. V.
Kurt Lindlar (1. Vorsitzender)
Johannesstr. 21
51465 Bergisch Gladbach

Dobermann-Verein e. V.
Ilse Jost
Dellwiger Str. 17
45357 Essen 11
Tel. 0201/698801

Allgemeiner Club für **E**nglische Bulldogs e. V.
Gerhard Klan
Bahnhofstr. 33

66999 Hinterweidenthal
Tel. 06396/480

English-Setter-Club Deutschland e. V.
Klaus-Peter Färber
Hauptstr. 51
55437 Nieder-Hilbersheim
Tel. 06728/1284

Kynologische Zuchtgemeinschaft **E**urasier e. V.
Margot Steinwand
Strombergstr. 12
71672 Marbach
Tel. 07144/14855

Zuchtgemeinschaft für **E**urasier e. V.
Gisela Aach (Hauptzuchtleiterin)
In den Forstwiesen 43
56745 Bell
Tel. 02652/989080

Eurasier-Klub e. V.
Balbine Simon (Geschäftsstelle)
Kopernikusstr. 23
52134 Herzogenrath
Tel. 02407/6544

Club für **E**xotische Rassehunde e. V.
Joachim Weinberg (Vorsitzender)
Emmetal 6
21224 Rosengarten-Ehestorf
Tel. 040/7962945
Betreut: Chinese Crested, Hairless Dogs, Perro sin Pelo del Peru, Thailand Ridgeback, Xoloizcuintle, Chinese Shar Pei

Club der Freunde des **F**ila Brasileiro e. V.
Hildegard Müller
Obeltshauser Str. 3
91174 Spalt
Tel. 09175/225

Deutscher **F**oxterrier-Verband e. V.
Axel Möhrke (Hauptgeschäftsstelle)
Dorneystr. 65/67
44149 Dortmund
Tel. 0231/65812
Zeitschrift »Der Foxterrier« 11 × im Jahr

Internationaler Klub für
Französische Bulldoggen e. V.
B. Pallasky
Victor-Achard-Str. 7
61350 Bad Homburg
Tel. 06172/304244

Club für **F**ranzösische Hirtenhunde e. V.
Ute Kördel
Olengroden 4
27804 Berne
Tel. 04406/1060

Verein für **F**ranzösische Laufhunde e. V.
Helgard Elser
Theodor-Heuss-Str. 7
34277 Fuldabrück
Tel. 0561/44470

Griffon-Club e. V.
Dr. Klaus-Ulrich Loß
Dreikönigstr. 29
59821 Arnsberg
Tel. 02935/4844

Verein **H**irschmann (**H**annoversche Schweißhunde) e. V.
Udo Peters
Forsthaus
29367 Steinhorst
Tel. 05148/247

Rassezuchtverein für **H**ovawart-Hunde e. V.
Elke Lorenz (Pressewart)
Mühlenkamp 8
24242 Felde
Tel. 04340/1711037

Hovawart-Stammzucht
Fred Graf (Zuchtberatung)
An der Rottriede 3
49637 Menslage-Hahlen
Tel. 05437/305

Jack Russell Terrier Club Deutschland e. V.
Joachim Dexling
Winsener Landstr. 8
21376 Garlstorf
Tel. 04172/6022

Verein **J**agdgebrauchsspaniel e. V.
Edith Kübler
Bannmühle
73669 Lichtenwald
Tel. 07161/38087

Jagdspaniel-Klub e. V.
Bruno Richter (Schriftleitung)
Trainsjochstr. 6
81825 München
Tel. 089/4316172
Hulda Ottinger (Welpenvermittlung)
Simmerner Str. 78
56075 Koblenz
Tel. 0261/56150
Klubnachrichten: »Der Jagdspaniel«

Jagdspaniel-Klub e. V.
Hulda Ottinger
Simmerner Str. 78
56075 Koblenz
Tel. 0261/56150

Deutscher **J**agdterrier-Club e. V.
Hans Schindl (Präsident)
Waldstr. 31
64683 Einhausen
Tel. 06251/587144
Nachrichtenblatt: vierteljährlich

Internationaler Club für **J**apan-Chin, Peking-Palasthunde und King-Charles-Spaniel 1920 e. V.
Gabriele Runge
Unter den Linden 2a
21465 Reinbek
Tel. 040/7104837

Jugoslawischer Hirtenhunde-Klub der Bundesrepublik Deutschland e. V. 1976

Ilona Hambitzer
Rheinaustr. 158
53225 Bonn
Tel. 0228/465552

Klub für **K**anaan-Hunde e. V.
Rachel Hinze
Clarenbachstr. 202
50931 Köln

Kaukasischer-Owtscharka-Club e. V.
Helga Rasch
Stockumer Feld 1
49143 Bissendorf
Tel. 05402/5226

Kaukasischer Schäferhunde-Club e. V.
Karin Lögow
Karl-Marx-Str. 7
03172 Guben
Tel. 03561/3550

Verband Deutscher **K**leinhundezüchter e. V.
Sabine Stadler
Moutingerstr. 19
32836 Untermeitingen
Tel. 08232/3764

Rassezuchtverein der **K**romfohrländer e. V.
Werner Rahmann (Zuchtobmann)
Waldegge 36
58456 Witten
Tel. 02302/73387

Deutscher **L**andseer Club (DLC) e. V.
Dr. Hans Matenaar
Margarethenhöhe
An der Perlenhardt 1
53639 Königswinter
Tel. 02223/21712, Fax 02223/28671

Deutscher Club für **L**eonberger Hunde e. V.
Gerhard Zerle (Vorsitzender)
Am Hang 1
59229 Ahlen/Westfalen
Löwenhund Deutschland

Rhodesian Ridgeback e. V. (LDRR)
Helga Jürgens (Pressestelle)
Neustädter Str. 25
29690 Schwarmstedt
Tel. 05071/2801

Club für **M**olosser e. V. (VDH)
Walt Weisse (Vorstand)
Vagantenhof
82544 Egling-Deining
Tel. 08170/7824, Fax 08170/9133
Betreut: Dogue de Bordeaux, Mastiff, Bull Mastiff,

Mastino Napoletano, Fila Brasileiro, Tosa Inu,
Mastin Espanol

Verband Große **M**ünsterländer e. V. (VGM)
Bruno Oelmann (Verb.-Vorsitzender)
Stiftsplatz 5
45721 Haltern-Flaesheim
Tel. 02364/3513
Mitteilungsblatt viermal jährlich

Verein für kleine **M**ünsterländer Vorstehhunde e. V.
Herbert Schmidt (Geschäftsstelle)
Schönbergstr. 19
34587 Gensungen
Tel. 05662/4688

Deutscher **N**eufundländer-Club e. V.
Inge Brünning
Beckmannweg 1
46286 Dorsten
Tel. 02369/1013

Verein von **N**eufundländer-Freunden und -Züchtern in Deutschland e. V.
Günther Ipsen
Rendsburger Str. 21
24340 Eckernförde
Tel. 04351/5717

Deutscher Club für **N**ordische Hunde e. V.
Ralf M. Linzenmeier
Stüttgesgasse 2
52152 Simmerath
Tel. 02473/7100

Papillon & Phalene-Club Deutschland e. V.
Johanna Billhardt
Seilandstr. 23
59379 Selm i. W.
Tel. 02592/1534

1. Deutscher **P**ekinesen-Club von 1987 e. V.
Ingrid Carstens
Bärenhäuterweg 18
22119 Hamburg
Tel. 040/6531700

Pinscher-Schnauzer-Klub 1895 e. V.
Arnold Dierkes (1. Vorsitzender)
Feldstr. 59
49596 Gehrde
Tel. 05439/1246, Fax 02191/55399
Klubzeitung erscheint monatlich

Podenco und Cirneco Club e. V.
Gert Benecke (Vorsitzender)
Dorfstr. 14
25560 Warringholz

Deutscher **P**ointerclub e. V.
Franz Locher
Ostpreußenstr. 10c
30633 Lahnau
Tel. 06441/62352

Verein für **P**ointer u. Setter e. V.
Hans Meier (Zuchtbuchamt)
Marquardsholz C22
91161 Hilpoltstein
Tel./Fax 09174/1525
Betreut: Pointer, Setter, Englisch-, Irish-, Gordon-Setter, Irish Red and White Setter

Allgemeiner Klub für **P**olnische Hunderassen e. V.
Inge Schmidt
Postfach 24
30808 Garbsen
Tel. 05131/2950

Allgemeiner Deutscher **P**udelclub e. V.
Warna Vogel
Paumannstr. 2
90469 Nürnberg
Tel. 0911/484143

Deutscher **P**udel-Klub e. V.
Vaderkeborg 19
26768 Leer
Tel. 0491/64837

Verein **P**udelpointer e. V.
Heinz Fillenberg
Hofmühle
93426 Roding
Tel. 09461/833

Deutscher **R**etriever Club e. V.
Cornelia Wolter
Kronskamp 2
21423 Winsen/Luhe
Tel. 04171/75075

Allgemeiner
Deutscher **R**ottweiler Klub ADRK e. V.
Südring 18
32429 Minden
Tel. 0571/50404-0, Fax 0571/50404-44

Verein für Deutsche **S**chäferhunde (SV)
Hauptgeschäftsstelle
Steinerne Furt 71/71a
86167 Augsburg
Tel. 0821/74002-0
SV-Zeitung monatlich

Schweizer Sennenhund-Verein e. V.
Wolfgang Salbert (Geschäftsstelle)
Kleekampweg 13
33613 Bielefeld
Tel. 0521/884686, Fax 0521/66334
Broschüre: »Die Schweizer Sennenhunde«

1. Deutscher **S**har-Pei-Club 1985 e. V.
Eva Kemper
Neuer Weg 5
65614 Beselich
Tel. 06484/1234

Internationaler **S**hih-Tzu Club e. V.
Brigitte Gerigk
Enzianweg 16
83052 Götting
Tel. 08062/6673

Siberian Husky Club Deutschland e. V.
Marita Kahl
Texas 6
29393 Groß-Ösingen
Tel. 05838/1349

Deutscher **S**loughi-Club e. V.
Gisela Masurat-Walden
Winterbergstr. 91
32825 Blomberg
Tel. 05281/10260

Club **S**lovensky **C**uvac e. V.
Werner Braune
Im Rosental 27
53804 Much
Tel. 02245/3699

Spaniel-Club Deutschland e. V.
Wiebke Laudi
Baumwiesenweg 3
67551 Worms
Tel. 06241/33998

Verein für Deutsche **S**pitze
Melitta Borchert (Zuchtbuchamt)
Wilkestr. 1 a
58809 Neuenrade
Tel. 02392/61978, Fax 02392/61903

Deutscher **T**eckelklub e. V.
Herr Kussel (Geschäftsstelle)
Postfach 100362
Prinzenstr. 38
47058 Duisburg
Tel. 0203/330005

»Der Dachshund« 10 × jährlich
Klub für **T**errier e. V.
Hauptgeschäftsstelle
Schöne Aussicht 9
65451 Kelsterbach
Tel. 06107/2365

Internationaler Klub für
Tibetische Hunderassen e. V.
Renate Koch
Groten Grund 19
24787 Fockbek
Tel. 04331/62718

Klub für **U**ngarische Hirtenhunde e. V.
Gegr. 1922
Dr. Dietmar Friedrich
Baldersheimer Weg 16
12349 Berlin
Betreut: Komondor, Kuvasz, Puli, Pumi,
Pyrenäenberghunde, Bergamasker
Klubzeitung 6 × jährlich

Verein **u**ngarischer Vorstehhunde e. V.
Gisela Kern (Hauptzuchtwart)
Joh.-Brahms-Str. 1
86356 Neusäß
Tel. 0821/482894

Weimaraner Klub e. V.
Dr. Werner Petri (1. Vorsitzender)
Konradin-Kreutzer-Str. 15
76185 Karlsruhe
Tel./Fax 0721/575240
Klubzeitschrift 4 x jährlich

1. Deutscher **Y**orkshire-Terrier-Club e. V.
Gisela Saponaro
Gärtlingsweg 4
38268 Lengede
Tel. 05344/6604

Österreichische Hundeverbände

Dachorganisation:
Österreichischer Kynologenverband
Johann-Teufel-Gasse 8, 1230 Wien
Tel. 01/8887092, Fax 01/8892621
Airedale-Terrier-Spezialklub
Josef V. Max (Präsident)
Ingeborg Max (Geschäftsstelle)
Sobieskigasse 33, 1090 Wien
Tel. 01/3194698, 3101222

Verein der Freunde der Belgischen
Schäferhunde in Österreich
Hauptstr. 60, 6401 Inzing
Tel. 05238/88420

Österreichischer Boxerklub
Hansi Höhne
Mittelgasse 26, 1060 Wien
Tel. 01/5970869

Österreichischer Klub für
Britische Hütehunde
Margit Brenner
Donaufelderstr. 215, 1222 Wien
Tel./Fax 01/2034762

Österreichischer Bullterrier Club
Camilla Soucek
Abraham a Santa Clara-G. 13, 1140 Wien

Österreichischer Dachshunde Klub
Klubsekretariat
Beheimgasse 62, 1170 Wien
Tel. 01/4857638

Club zur Züchtung
Deutscher Jagdterrier
in Österreich
Alex Prenner (Obmann)
Mühlbachstr. 32, 7371 Piringsdorf
Tel. 02616/8712

Österreichischer
Deutschlandhaar-Klub ÖDLK
Geschäftsstelle
Ofö. Richard Blochberger
Seebarn 103, 3484 Grafenwörth
Tel. 02738/2292

Österreichischer Kurzhaarklub (ÖKK)
Ing. Dieter Kowarovsky (Präsident)
Schloßhof 110, 2294 Marchegg
OSR Heinrich Mayr (Geschäftsstelle)
Hadersfelderweg 22, 3423 Wöldern
Tel./Fax 02242/32466

Österreichischer Pudelpointer-Klub
Leopold Koller (Geschäftsstelle)
Hauzing 62, 4791 Rainbach
Tel. 07716/8150

Österreichischer Club für
Leonberger Hunde (ÖCLH)
Gerold Doppelbauer (1. Vors.)
Traunleiten 115, 4600 Wels
Peter Cejnek (Zuchtleiter)
Schlickgasse 6, 1090 Wien
Tel. 01/3196120

Österreichischer Neufundländer Klub
Marina Froehlich
Lerchenfelderstr. 100/13, 1080 Wien
Tel. Geschäftsstelle 01/4081423
Mobiltel. 0664/3005135

Österreichischer Club der Hundefreunde
Ing. S. v. Versbach-Hadamar
(Präsident u. Geschäftsstelle)
In der Gugl 6, 3400 Klosterneuburg
Tel. 02243/2981

Österreichischer Verein für
Rauhhaarige Vorstehhunde
Rudolf Sonntag
Kaiseredt 31, 4690 Oberndorf bei Schwanenstadt

Österreichischer Schweißhundeverein
(Ö. S. H. V.)
Daniel Schneeweiß (Geschäftsstelle)
Waldbadstr. 18, 3804 Allentsteig
Tel. 02824/2638

Österreichischer Verein für
Große u. Kleine Münsterländer
Wilhelm Niederwimmer
Au 43, 4062 Thening

Verein für Schweizer Sennenhunde
in Österreich (V. S. S. Ö.)
Dietlind Stingl (Vorsitzende)
Rehgraben 1, 2103 Langenenzersdorf
Tel. 02244/2057, Fax 02244/30011

Scottish Terrier Club – Austria
Geschäftsstelle
Schererstr. 22/6/1, 1210 Wien
Tel. 01/2597437

Klub Tirolerbracke
Hans Heinz Machalitzky
Geschäftsstelle
Hörmannstr. 9, 6020 Innsbruck
Tel. 0512/419143
Klub zur Züchtung

Ungarischer Vorstehhunde (MVC)
Ilse-Maria Kettner
Döblinger Hauptstr. 33, 1190 Wien
Tel. 01/362484

Österreichischer Weimaraner-Verein
Anton Görgl
Jubiläumsstr. 9, 3701 Großweikersdorf
Tel. 02955/7362 oder 02826/428

Österreich. Klub der Windhundezucht
und Rennsport (ÖKWZR)
Ing. Johannes Lützow (Präsident)
Prinz-Eugen-Str. 42, 2283 Obersiebenbrunn
Tel./Fax: 02286/2643

Österreichischer Yorkshire-Terrier-Klub
Renate Scheckenbacher
Geschäftsstelle
Rehfingstr. 18, 2486 Pottendorf
Tel. 02623/73493

Schweizerische Hundeverbände

Dachorganisation:
Schweizerische Kynologische Gesellschaft
(SKG)
Postfach 8217, 3001 Bern
Tel. 031/3015819, Fax 031/3020215

Schweizerischer Terrier-Club
Roland Schenk (Präsident)

Lätti 411, 3053 Münchenbuchsee
Tel. 031/8693842
Club für Appenzeller Sennenhunde
Willi Urich
Raihalde, 4314 Zeiningen

Schweizerischer Bearded-Collie-Club
Barbara Müller (Präsidentin)
Altlandenbergstr. 23, 8494 Bauma
Tel. 052/461221

Schweizerischer St.-Bernhards-Club
Roland Hans
Gnöd 7, 4614 Hägendorf
Tel. 062/463210

Schweizerischer Briard-Club
Ernst Rutschmann (Präsident)
Birmensdorferstr. 69, 8902 Urdorf
Tel. 017/343589

Schweizerischer Collie-Club
Pötzi Gerhard
Halde 475, 9104 Waldstatt
Tel. 071/524217

Schweizerischer Club für
Deutsche Doggen
Roger Perrin (Präsident)
Aux 4 Vents, 1328 Mont-La-Ville
Tel. 021/8645578

Schweizerischer Schäferhund-Club (SC)
Hannes Tobler (Präsident)
Gulachenstr. 3, 5746 Walterswil
Tel. 062/7971749

Schweizer Dobermann Verein
Franz Kneubühler (Präsident)
Giebenacherstr. 67, Füllinsdorf
Tel. 061/9016413 (P), Tel. 061/2847216 (G)

Schweizer Club für English Bulldogs
Dr. Franz Schreiber (Präsident)
Wülflingerstr. 190, 8408 Winterthur
Tel. 052/2224271

Schweizerischer Club für
Entlebucher Sennenhunde
Vreni Siegenthaler
Stauffenfeld, 3399 Oschwand
Tel. 063/661132

Schweizerischer Klub für Flandrische Treibhunde
Otto Kränzle (Präsident)
Dorfstraße, 8152 Opfikon
Tel. 01/8104854

Schweizerischer Foxterrier Club
Louis Möckli
Hauptstr. 130, 8280 Kreuzlingen
Tel. 072/751233

Klub für Große
Schweizer Sennenhunde
Alfred Kobelt (Präsident)
Steingrubenweg 12, 4125 Riehen-Basel
Tel. 061/6411947

Schweizerischer Club für Deutsche Jagdterrier
Guido Stehrenberger (Präsident)
c/o Renold AG, 9602 Bazenheid
Tel. 07331/2610, Fax 07331/2490

Schweizerischer Laufhund-Club
Christine Demagistri (Zentralpräsidentin)
2800 Delémont/Jura

Club Suisse du Chien de Montagne
des Pyrénées
Miserez Alain (Président)
Au Moulin, 1733 Treyvaux
A. et E. Schuler (Correspondance)
Bruckacherstr. 60, 4105 Biel-Benken
Tel. 061/7214268

Schweizerischer Neufundländer- und
Landseer-Klub
Karl Nussbaumer (Präsident)
8004 Zürich
Tel. 01/2411936

Schweizerischer Niederlauf-Club
Reinhard Schmidt
Eigerweg 11, 3123 Belp
Tel. 031/8190096

Schweizerischer Klub für Nordische Hunde
Ueli Irmiger
Alte Mühle, 4344 Mettau
Tel. 064/651318

Rhodesian-Ridgeback-Club der Schweiz
François-Charles Otth (Präsident)
Schachenstr. 21, 6030 Ebikon
Tel. 041/367161

Schweizerischer Rottweilerhunde-Club
(SRC)
Stephan Meyer (Präsident)
Brunnenweid 76, 5643 Sins/AG
Tel. 041/7872437

Schweizerischer Club für Schnauzer und
Pinscher
Odette Eichenberger (Präsidentin)
Stägacher 40, 3624 Goldiwil
Tel. 033/421569

Schweizerischer Schweißhund-Club SSC
Max Straub (Präsident)
Fischerei- u. Jagdverwaltung
Walcheplatz 1, 8090 Zürich
Tel. 01/2593465

Schweizerischer Shetland-Sheepdog Club
Peter Reber (Präsident)
Altikofenstr. 55, 3048 Worblaufen

Schweizerischer Club für Spitze
Roland Bächtold (Präsident)
Sonnenweg, Postfach 1154, Reinach

Schweizerischer Club für Terrier
Xander E. Hehl (Präsident)
Postfach 168, 5430 Wettingen
Tel. 056/2224242

Schweizerischer Vorstehhund-Club
Dr. W. Müllhaupt (Präsident)
Waldmannstr. 10, 8024 Zürich

Windhundclub
H. Zuber (Präsident)
Kollerweg 3, 3006 Bern
Tel. 031/3527438

Schweizerischer Zwerghunde-Club
Elsbeth Clerc
3067 Boll
Tel. 01/4620003

Zeitschriften
Offizielles Organ des VDH ist

Unser Rassehund
Erscheint monatlich im Selbstverlag des VDH. Enthält neben allgemeinen Artikeln und Mitteilungen des VDH wie Ausstellungskalender auch die Mitteilungen des Deutschen Hundesportverbandes sowie die Nachrichten von Rasseclubs. Für Mitglieder dieser Clubs im Beitrag inbegriffen, kann aber auch direkt bezogen werden.

Offizielles Organ der Schweizerischen Kynologischen Gesellschaft ist

Hunde
Erscheint im Paul Haupt Verlag AG, Falkenplatz 11, CH-3001 Bern. Enthält neben allgemeinen Artikeln Mitteilungen der SKG wie Ausstellungskalender, die Nachrichten der Lokalsektionen und die Nachrichten von Vereinen und Spezialclubs sowie eine nach Rassen geordnete ausführliche Züchtertafel mit Anschriften. Kann beim Verlag abonniert werden.

Offizielles Organ des Österreichischen Kynologenverbandes ist

Unsere Hunde
Erscheint monatlich im Eigenverlag des Österreichischen Kynologenverbandes. Redaktionsleitung: Sigrid Jarmer.
Neben allgemeinen Artikeln vorrangig Mitteilungen der Verbandskörperschaften, Ausstellungskalender, Prüfungs- und Turnierergebnisse. Einschlägige Kleinanzeigen. Die UH kann direkt beim Verlag abonniert werden.

Weitere Hundezeitschriften:

Die Hundewelt
Zeitschrift für den Hundehalter, Züchter, Jäger und Hundefreund. Erscheint monatlich im Minerva-Verlag. Postfach 100625, 41706 Viersen. Älteste deutsche Hundezeitschrift. Neutral und unabhängig. Informierende und unterhaltende Artikel zum Thema Hund. Kann beim Verlag abonniert oder am Kiosk gekauft werden.

Bull Terrier Gazette
Spezialzeitschrift über Bullterrier, Staffordshire Bullterrier, Staffordshire Terrier mit fundierten Artikeln und guten Illustrationen. Club-ungebunden. Erscheint 3mal im Jahr. Verlag Kynos, Haus Alemannentrutz, 54570 Mürlenbach/Eifel.

Molosser-Report
Zu beziehen über Club für Molosser, Walt Weise, Vagantenhof, 82544 Egling-Deining.

Mein Hund
Hunde Revue
Hunde Anzeiger
Alle drei im Symposion Verlag, Otto-Volder-Str. 7 b, 65843 Sulzbach.

Partner Hund
Gong-Verlag, Nordendstr. 64, 80801 München.

Der Hund
Deutscher Bauernverlag, Reinhardstr. 14, 10117 Berlin.

Für Hundehalter interessante kostenlose Broschüren gibt heraus: Interessengemeinschaft Deutscher Hundehalter e. V. Pressestelle Auguststr. 5, 22085 Hamburg. Es werden auch die Hundehaltung betreffende Fragen beantwortet.

Einen Spezialversand für Hundeliteratur, auch ausländischer, betreibt die Buchhandlung Gollwitzer, Postfach 146, 92637 Weiden. Der Katalog enthält das umfangreichste kynologische Fachbuchangebot der Welt: rund 2000 Titel.

Bildnachweis

Bildagentur Prenzel-Aberham, S. 99/2; Bals, Franz-Josef S. 314/1; Doris Baumann S. 151, 161 u, 162, 169, 209, 228, 230 o, 231 o, 341/4, 342/2, 343/2, 343/6; Behrend, Gerd S. 156 Gebirgsschweißhund »Artus v. Spechtshardt«; Bossi, Erna S. 219 Groenendael, S. 221 Tervueren; Brühl, Karin S. 273 English Toy Terrier »Eileen« u. »Emelly«; Büchner, Gisela S. 158 Chow Chow, S. 340/2; Bullterrier Gazette S. 53; Burkert Berta S. 176 Basenji; Christmann, Lothar S. 147 Basset Hound »Antonius vom Picadilly Circus«; Verein f. Deutsche Wachtelhunde, S. 251; Verein Deutsch-Stichelhaar e. V. S. 248; Dobrovolny, Gert S. 156 Tiroler Brakke »Blitz von Zunig«, S. 212; DPA S. 319/2, S. 320; Effem Forschung für Kleintiernahrung S. 61, S. 67, Tabellen S. 63 u. 302; Egelstaff, Johanne S. 279 Sealyham Terrier »Zwinger v. d. Sulzmühle«; Eggerking, Lore S. 282 Welsh Terrier »Janka aus d. Bauernhöhle«; Elser, Helgard S. 194 Basset Artesien; Allg. Club f. Englische Bulldogs e. V. S. 281; Eurasier Club e. V. S. 167, S. 246/47 (Jentzsch, W.), S. 342/3; Fährmann, Friedrich S. 317; Flach, Ruth S. 112, S. 113, S. 266 Airedale Terrier, Dt. Ch. »Alpha vom Cusdomus«, S. 338/6; Club f. Franz. Hirtenhunde e. V. S. 270 Picard Champ. »Mirka du Frene Av Lieare«, Champ. »Vox du Grand Tarsac«, Champ. »Nieky du Bois du Caoc«; Frisch, Peter S. 101; Gebhardt, Heiko S. 13; Goeldlin von Tiefenhau, Dr. Ed. S. 249 Pointer »Jo de Lemania«; Granada TV S. 38; Griffon Club e. V. S. 243; Gursky-Studios S. 300/301; Gustke, G. S. 163, S. 214/15, S. 256/57; Hinsch, Frauke S. 278 Norfolk Terrier; Hütte, Gerhard S. 155 Deutsche Bracke »Dux von der Mauert«; Interessengemeinschaft Deutscher Hundehalter e. V. Zeichn. Dieter Wiesmüller: S. 1, S. 114/115, Fotos: S. 52, S. 54, S. 55, S. 107 Nr. 1 bis 3 u. 5 bis 8, S. 186 Malteser, S. 210 Großpudel, S. 213 Golden Retriever, S. 260 Italienisches Windspiel, S. 267 Border Terrier, S. 293; Jäckel, Silvia S. 45, S. 161 Dalmatiner »Addis von Lutzina«, S. 338/5; Jagdspaniel-Klub e. V. S. 233 Clumber Spaniel »Zwinger von Rehgarten«; Int. Klub f. Japan-Chin. Peking-Palasthunde u. Toy Spaniel S. 187 Toy Spaniel »Esther v. d. Gebhardshöhe«; Kleinmetall GmbH S. 47; Klever-Archiv S. 19, S. 47 u, S. 71, S. 120, S. 131/2, S. 136, S. 322/23 Hundemarken; Knoblauch, Gretel S. 165 Inca Orchid Dog »Rivercrest's Artemis de Peru«; Kolb, Christian S. 57; Kopernik, Udo S. 170 Pyrenäen-Schäferhund; Rassezuchtverein Kromfohrländer S. 190 »Heike vom Dieke« WSgr. 81, S. 339/6; Kulbe, E. S. 148 Beagle Int. Ch. »Interim's Fair Lady Fidget«, S. 338/1; Liepelt, Edeltraud S. 280 Silky Terrier »Zwinger Jou-Jou«; London Express News S. 29; Lorenz, Evelyn S. 157 Engl. Bulldog Ch. »Markroy Mr. Chips of Denbrough«; Moses, Stefan S. 9; Nowak, Lilian S. 229 Podenco Ibicenco; Allg. Klub f. Polnische Hunderassen APH-e. V. S. 208 PON; Popper S. 99/1; Bildagentur Prenzel, S. 172/173; Ratibor u. Corvey, Alexander Prinz v. S. 158 Französische Bulldogge, S. 196 Leonberger »Chipsy v. Theresienhof«, S. 339/2; Rau-

S. 280 Skye Terrier, Ch. »Belinda of Morningsky«
S. 282 West Highland White Terrier »Sheila«
S. 283 Wheaten Terrier, Ch. »Buacaix Caoin Mo Lurquan«
S. 283 Yorkshire Terrier »von der Burgwiese«
S. 284 Mischlinge
S. 85, S. 287, S. 288/1 bis 4, S. 203, S. 309/1 bis 3, S. 314/2, S. 316, S. 319/1, S. 324/1 u. 2, S. 325/1 bis 4, S. 334, S. 335/1 u. 2, S. 338/2, 3 u. 4, S. 339/1 u. 3 bis 5, S. 340/3 bis 6, S. 341/1 bis 3 u. 5 bis 6, S. 342/1 u. 4 bis 6, S. 343/1 u. 3 u. 5, Weimaraner Club S. 117, S. 285; Weinberg, Joachim S. 166 Chinese Crested Hairless Dog, Int. Ch.-W. »El-Chiquitin's Toshi-Katschei«; Weisse, Walt S. 200 Fila Brasileiro »Athos vom Grünlandhof«, S. 201 Mastino Napoletano, S. 265 Mastiff, S. 343/4; Wiehe, Eberhard, S. 180 Hovawart, S. 340/1

Register